Zechlin
Krieg und Kriegsrisiko

Egmont Zechlin

Krieg und Kriegsrisiko

Zur deutschen Politik im Ersten Weltkrieg

Aufsätze

Droste Verlag Düsseldorf

Umschlagentwurf: Helmut Schwanen
Gesamtherstellung: Poeschel & Schulz-Schomburgk, Eschwege/Werra
ISBN 3-7700-0534-1

Inhalt

Vorwort

Die folgenden Studien werden in der Mehrzahl unverändert abgedruckt. Damit sollen die Forschungsergebnisse markiert werden, die der Verfasser im Laufe der letzten Jahre erarbeitet hat. Doch wurde ein »Nachwort« wesentlich erweitert, um meine Auffassung über die Julikrise von 1914 differenzierter zum Ausdruck zu bringen. Neu ist der Beitrag über die »Adriakrise«. Er greift das Balkanproblem auf, an dem sich der Weltkrieg entzündet hat und demonstriert das potentielle Gewicht Serbiens für die internationale Politik. Aber er bietet auch ein Erkenntnismittel, warum es im November/Dezember 1912 mit einem schon damals drohenden Einmarsch der Österreicher nicht und dann 1914 doch zum Weltkrieg gekommen ist. Die deutsche Regierung hat sich zwar in beiden Krisen für den Fall eines russischen Angriffs auf Österreich-Ungarn zur Bündnistreue bekannt. Doch im November 1912 ergriff Kiderlen-Wächter, damals noch Staatssekretär des Auswärtigen, zugleich die Initiative, um eine von den Westmächten erstrebte diplomatische Lösung des Konfliktes mit einer Verständigung der Großmächte ins Spiel zu bringen. Damit wurde der Kriegspartei in Wien der Boden entzogen, so daß sich auch Kaiser Franz Joseph für die Botschafterkonferenz in London entschied.

In dieser Studie wird auch auf den sogenannten Kriegsrat vom 8. Dezember 1912 eingegangen, der heute für einen angeblich von der deutschen Regierung für 1914 geplanten Angriffs- und Hegemonialkrieg in Anspruch genommen wird. Diese Besprechung Wilhelms II. mit den Spitzen von Heer und Marine, die der daran unbeteiligte Reichskanzler Bethmann Hollweg – und zwar ironisch – einen »Kriegsrat« genannt hat, ist für Fritz Fischer, wie auch für andere Historiker ein Ansatzpunkt für die These, die er in bewußter »Verschärfung« seiner früheren Ausführungen formuliert hat: daß die deutsche Reichsleitung den »großen Krieg gewollt, dementsprechend vorbereitet und herbeigeführt« habe, und zwar in Übereinstimmung mit den »imperialistischen Eroberungszielen der nationalen Führungsschicht«. Soweit wäre also der Kriegsausbruch aus der »inneren Machtstruktur des Wilhelminischen Reiches« zu erklären, mit einem Bündnis von Wirtschaft, Gesellschaft, Bürokratie, Justiz und bewaffneter Macht, die von einem siegreichen Kriege eine Festigung ihrer Position in Gesellschaft und Staat und außenpolitisch die Möglichkeiten für eine kriegerische Expansion zur Verbreiterung der europäischen Macht des Reiches erwarteten und so auch in der übrigen Welt – eben der »Griff zur Weltmacht«[1].

Ein Forschungsergebnis, wonach Deutschland 1914 den Krieg entfesselt habe, um die Hegemonie auf dem Kontinent zu erobern und damit die Basis für eine Weltmachtstellung zu gewinnen, ist auch heute ein Politikum. Und dies um so mehr, als eine solche These nach den Erfahrungen des Dritten Reiches dazu verführen könnte, eine Kontinuität der deutschen Geschichte mit Tendenzen für eine »germanische Vorherrschaft« zu behaupten. Eine Ableitung des Kriegsausbruchs aus der gesellschaftlichen Gewichtsverteilung berührt zudem eine aktuelle geschichtstheoretische Diskussion über sozialökonomische Ursachen politischer Entscheidungen und vom »Primat der Innenpolitik«.

Nun handelt es sich beim Ausbruch des Ersten Weltkrieges – wie überhaupt in der Geschichte des menschlichen Zusammenlebens auf dieser Erde – um einen vielfach verschlungenen Komplex gesellschaftlicher, politischer, wirtschaftlicher und militärischer Faktoren, die im einzelnen abzuwägen und etwa zu einem Gesamtbild zusammenzufügen ein umfangreiches Unternehmen verlangt. Aber soviel ist doch zu erkennen: Dieses so folgenschwere Ereignis ist gerade ein eklatantes Beispiel für die entscheidende Bedeutung der internationalen Auseinandersetzungen und Beziehungen in der Staatenwelt mit ihren diplomatischen Aktionen und Reaktionen. Insofern ist dieser Krieg also eher aus der »äußeren Machtstruktur« zu erklären. Wenn man schon für die deutsche Haltung in der Julikrise von 1914 nach der geschichtlichen Kontinuität sucht, so liegt sie vorwiegend im Ringen um das Kräfteverhältnis in der europäischen Staatenwelt, wie sie aus der universitas christiana des Mittelalters erwachsen ist, mit souveränen Machtstaaten, die, gestützt auf ein stehendes Heer und mit Hilfe von Allianzen, sich mit ihren »Lebensinteressen« durchzusetzen suchten. Man kann dies mit der »Dämonie der Macht« (Gerhard Ritter) interpretieren, wie ja doch überhaupt die »Weltgeschichte als Machtgeschichte« zu verstehen ist. Dazu gehört als wesentliches Element das Sicherheitsproblem. Und dies galt besonders für das in seiner Mittellage so exponierte Deutschland, wie sie Bismarck einmal in einer Reichstagsrede charakterisiert hat: »daß Millionen Bajonette ihre polare Richtung doch im ganzen in der Hauptsache nach dem Zentrum Europa haben, daß wir im Zentrum stehen und schon infolge unserer geographischen Lage, außerdem infolge der ganzen europäischen Geschichte den Koalitionen anderer Mächte vorzugsweise ausgesetzt sind«[2]. Diese Sorge, und auch die Verbindung des Sicherheitsbedürfnisses mit den Aufgaben einer

1 S. u. S. 139 f. und 169 f.
2 S. u. S. 112 Anm. 36

Machtversammlung, ist bereits bei den Zeitgenossen vor der Reichsgründung zu erkennen. Schon damals empfanden sie den »Zweifrontendruck« und fürchteten, daß Deutschland von »Turkos und Tataren« überflutet würde. So schrieb etwa Theodor Mommsen in der Kriegskrise von 1859 angesichts eines drohenden Bündnisses Napoleons III. mit Zar Alexander von Rußland: »Es ist noch nie eine Waffe anders geschmiedet worden, als wenn das Metall zwischen zwei Eisen geriet. Der Druck ist da, von hüben und drüben; wir fühlen ihn alle, gäbe es denn mit der Zeit eine gute Klinge[3].«

Wenn es nun Bismarck noch gelungen war, mit dem regulierenden Einsatz des deutschen Machtgewichtes und in Ausnutzung internationaler Spannungen die Mächte von einer Koalition gegen die Mitte abzuhalten, so wurde sein in Berlin zentriertes europäisches Balancesystem um die Jahrhundertwende von einem Gleichgewichtssystem der zwei sich mehr und mehr polarisierenden Mächtegruppen abgelöst. Das bedeutete wiederum den »cauchemar des coalitions«, den Bismarck bis zu seinem Tode empfunden hat. Bülow hat als einer seiner Nachfolger wohl davor gewarnt, die »Einkreisungspolitik König Eduards«, auf die sich Wilhelm II. noch in den Tagen des Kriegsausbruchs berief, zu überschätzen. Aber gerade er wies wiederholt auf die »Einkreisungsgefahr« und die »Ringbildung« hin, mit der die Mächte darauf ausgingen, einen Kreis um Deutschland zu bilden, es zu isolieren und lahm zu legen. Das wäre nicht möglich, erklärte er, ohne Ausübung eines gewissen Druckes. »Druck erzeugt Gegendruck, aus Druck und Gegendruck können schließlich Explosionen hervorgehen[4].«

Bülow und Holstein haben dann deshalb versucht, mit kraftvollem Auftreten die Entente cordiale Frankreichs und Englands zu sprengen und mit dem weltpolitischen Gegensatz Rußlands und Englands – von »Bär und Walfisch« – operiert. Aber wenn es auch gelang, in Paris Delcassé zu stürzen, und in der bosnischen Annexionskrise von 1908/09 Iswolski als Außenminister gehen mußte, so wirkten sich die Methoden der deutschen Politik sowohl in einer persönlichen Deutschfeindlichkeit aus, wie sie auch wesentlich dazu beigetragen haben, daß sich die Mächte eher mehr zusammenfanden. Nachdem sich dann in den letzten Jahren vor dem Kriegsausbruch Bethmann Hollweg – auch mit Abwehr weiterer Tirpitzscher Flottenwünsche – um eine englisch-deutsche Verständigung bemüht hat, drohte sich im Foreign Office der Kurs des auf einen Ausgleich mit Rußland bedachten Unterstaatssekretärs, Arthur Nicolson, und des von Miß-

3 Zit. mit weiteren Zeugnissen: E. Zechlin, Bismarck und die Grundlegung der deutschen Großmacht (2. A. 1960), S. 107 ff. u. Die Reichsgründung (3. A. 1978), S. 36.

4 W. von Massow (Hg.), Fürst Bülows Reden (o. D.), 4. S. 113 f.

trauen gegen Deutschland erfüllten Hilfsstaatssekretärs, Eyre Crowe, durchzusetzen.

Dies deuteten die Verhandlungen über ein russisch-englisches Marineabkommen an, für das Rußland schließlich als Preis Zurückhaltung in Persien und damit für die britische Empire-Politik die »Sicherheit Indiens« anbot. Doch war das nur ein Teil einer Entwicklungstendenz, die eine Verschiebung des Kräfteverhältnisses im Staatensystem ankündigte. So betrieb das Zarenreich mit Unterstützung der französischen Diplomatie die Gründung eines »neuen Balkenbundes unter russischem Protektorat« und nahm damit eine Hegemonialpolitik wieder auf, die in den achtziger Jahren unter dem ideologischen Banner des Panslawismus eine europäische Kriegsgefahr heraufbeschworen hatte. Dazu kommt eine gewaltige Aufrüstung, die es in wenigen Jahren instand zu setzen drohte mit einem Massenheer und dem Ausbau strategischer Eisenbahnen in Polen zum Vormarsch auf Berlin anzutreten.

In diesem Augenblick wurde die deutsche Regierung vor die Entscheidung gestellt, eine bisher von ihr verhinderte »Aktion« des Bundesgenossen gegen Serbien zu decken oder, wenn sie sich von der in Wien als Lebensinteresse angesehenen gewaltsamen Lösung der südslawischen Frage distanzierte, in die Gefahr zu geraten, völlig isoliert zu werden. Mit der »Blankovollmacht« übernahm der deutsche Reichskanzler bewußt das Risiko, wie er es am Abend dieses Tages in einem vertraulichen Gespräch mit Riezler formuliert hat: »Eine Aktion gegen Serbien kann zum Weltkriege führen[5].« Aber er rechnete auch mit der Möglichkeit, damit, daß Rußland noch nicht kriegsbereit sei und daß es von seinen Ententepartnern von einer Intervention abgehalten und es somit gelingen würde, den Krieg gegen Serbien zu »lokalisieren«. Diese Vorstellung wird durch interne Zeugnisse, insbesondere mit den Tagebucheintragungen von Riezler, bezeugt. Damit dürfte auch Fischers These widerlegt sein, daß das österreichische Ultimatum an Serbien für die deutsche Führung ein »hingehaltener Degen« gewesen sei, um den Krieg mit Rußland »zu verbürgen«, und daß die Lokalisierungsparole ausgegeben worden wäre, um dieses Vorgehen als defensiv erscheinen zu lassen. Vielmehr hoffte Bethmann Hollweg im Zuge einer solchen Krise die Tripleentente »auseinander zu manöverieren« und damit dann auch die gefährliche Gesamtkonstellation zu Fall zu bringen.

Die Frage ist freilich, unter welchen Umständen und warum dann die Risikogrenze überschritten wurde, m. a. W. der Kurs vom 5./6. Juli nicht rechtzeitig verlassen worden ist. Denn im gleichen Augenblick, als in Bel-

5 Tgb. Riezler, 7. Juli 1914, K. D. Erdmann, Kurt Riezler, Tagebücher, Aufsätze, Dokumente (1972), S. 183.

grad das Ultimatum übergeben wurde, verständigten sich Rußland und Frankreich bei dem Besuch Poincarés in Petersburg darüber, die »Souveränität und Integrität« Serbiens gegenüber einem Eingreifen Österreich-Ungarns zu verteidigen. Das entsprach dem Zusatz zum französisch-russischen Bündnis, wie ihn Delcassé um die Jahrhundertwende mit einer gegenseitigen Verpflichtung zur Aufrechterhaltung des europäischen Gleichgewichtes erreicht hatte und der Einbeziehung des Balkans in die strategische Konzeption, zu der sich Poincaré nach dem Ersten Balkankrieg von 1912 veranlaßt sah. So war es eine logische Folge, daß im russischen Ministerrat vom 24. Juli eine »Teilmobilmachung« und im Kronrat vom 25. Juli die »Kriegsvorbereitungsperiode« beschlossen wurde. An diesem Tage wurde das Außenministerium in Wien von seinem Botschafter darüber informiert, daß man auch in Berlin mit einer Kriegserklärung und kriegerischen Operationen im Falle einer abweisenden Antwort Serbiens rechnete. Die Erwartung, daß dieser Krieg »lokalisiert bleiben« würde, hat auch Moltke am folgenden Tage seiner Frau mitgeteilt. Man wollte einer Einmischung der Ententemächte zuvorkommen und mit ihnen aufgrund eines fait accompli verhandeln. Als die Kriegserklärung dann am 28. Juli in Belgrad übergeben wurde, hat sie dann freilich in Petersburg die Kriegspartei zum Zuge gebracht.

Die Absicht, in der Julikrise einen sich drohend zusammenziehenden »Einkreisungsring« zu »sprengen«, erweist sich als das Mittelstück in einer Kontinuität der Politik der Vorkriegsjahre mit der nach dem Scheitern der »Illusion vom begrenzten Krieg« im November 1914 einsetzenden Bemühungen um einen Separatfrieden zur »Ausschaltung Rußlands«. Zu dieser Problematik bietet die Studie über Österreich-Ungarn und die Bemühungen um einen Sonderfrieden von 1915« eine Ergänzung. Dabei zeigt sich der Teufelskreis, in den die Friedensfrage gebannt war, wonach nur die Alternative von Sieg oder Niederlage übrig blieb. Mit dem Beitrag über Bethmann Hollwegs »Kriegsziel der Selbstbehauptung« mit »Sicherungen« wird auch ein springender Punkt der Kontroverse berührt. Halten wir es ja sogar für glaubhaft, daß Bethmann Hollweg in der Abschiedsaudienz nach seiner Entlassung im Juli 1917 – und zwar im Einverständnis mit Wilhelm II. – sogar geraten hat, »etwaige Friedensmöglichkeiten auch nicht für angeblich notwendige, bei fortschreitender Kriegstechnik aber leicht trügerische strategische Sicherungen preiszugeben[6]«. Und als die Annexionspropaganda am hundertsten Geburtstag Bismarcks in einer Mischung von Sage und Mythos den »germanischen Recken« in Anspruch nahm, ließ Bethmann Hollweg in einem offiziösen Gedenkartikel vielmehr seine »Weisheit und Mäßigung« herausstellen. Wird dies in dem

6 S. u. S. 192

Beitrag über »Das Bismarck-Bild 1915« dargestellt, so bieten die »Unveröffentlichten Briefe Ludendorffs im Jahre 1915« einen Einblick in das militärische Denken eines Feldherrn, auf den Bethmann Hollweg damals seine Hoffnung setzte und der dann 1917 einen entscheidenden Anteil daran hatte, daß dieser Kanzler gestürzt wurde.

Die letzte Gruppe der Beiträge ist im Zusammenhang mit dem sogenannten »Anastasia-Prozeß« entstanden. Die Frage, ob es sich bei dieser unglücklichen Frau um eine Zarentochter handele, die etwa dem Blutbad von Jekaterinenburg entkommen sei, ist zwar für den Historiker unwichtig – der Verfasser hält »Frau Anderson« für die polnische Landarbeiterin Schanzkowski. Aber der durch drei Instanzen durchgeführte Prozeß gab Anlaß und Gelegenheit, sich mit den Beziehungen deutscher Fürstenhöfe zum Zarenhofe während des Krieges zu befassen und damit auch zu den Versuchen, auf diesem Wege zu einem russischen Sonderfrieden zu gelangen.

Nicht aufgenommen wurden zwei größere Abhandlungen, weil sie in eine umfangreiche Darstellung eingegangen sind, die ich demnächst vorzulegen hoffe: Die 1961 und 1963 erschienene Serie »Friedensbestrebungen und Revolutionierungsversuche. Deutsche Bemühungen zur Ausschaltung Rußlands im Ersten Weltkriege«. (Aus Politik und Zeitgeschichte, Beilage zur Wochenzeitung »Das Parlament«, Nrn. 20, 24 und 25 [1961] und Nrn. 20 und 22 [1963]. Aus dem gleichen Grunde wurde nicht wieder abgedruckt der Aufsatz »Deutschland zwischen Kabinettskrieg und Wirtschaftskrieg. Politik und Kriegführung in den ersten Monaten des Weltkrieges 1914« (Historische Zeitschrift, Band 199 [1964], S. 347-458). Als Stimmungsbild der Mobilmachungstage sei zur Ergänzung der Beiträge dieses Sammelbandes auf das vierte Kapitel meines Buches über »Die deutsche Politik und die Juden im Ersten Weltkrieg« (1969) verwiesen. Um den inneren Zusammenhang der Beiträge zu bewahren, wurde in Kauf genommen, daß sich mitunter Passagen wiederholen oder auch Themen durchkreuzen. Das geschah auch, um sie – wenn der Vergleich mit der literarischen Form der Novelle erlaubt ist – jeweils mit einem eigenen Schwergewicht zu erhalten. Die Mannigfaltigkeit der Publikation in wissenschaftlichen Fachzeitschriften, Sammelwerken und Zeitungsaufsätzen bringt es mit sich, daß Namen mit verschiedenen Transkriptionen gebracht werden. Auch bittet der Verfasser nachzusehen, daß er die Zitierweise nicht auf einen einheitlichen Nenner gebracht hat.

Bei der Zusammenstellung der zu verschiedenen Zeiten entstandenen Aufsätze bin ich mir eines Phänomens bewußt geworden, das die Kontroversen mitbeeinflußt haben dürfte. Es ist das des unmittelbaren Eindrucks, den bisher unbekannte Quellen jeweils auf die Urteilsbildung des Historikers ausüben. So stand Fritz Fischer offensichtlich unter dem Einfluß des sogenannten »Septemberprogramms«, das in der Handschrift Kurz Riezlers in den Potsdamer Akten zu finden ist. So kommt andererseits der Verfasser der folgenden Aufsätze jeweils auf das »Novemberräsonnement« zurück, in dem Falkenhayn und Bethmann Hollweg schon dreieinhalb Monate nach dem Kriegsausbruch zu der Einsicht gelangten, daß die Mittelmächte »keines ihrer Gegner ganz Herr werden« könnten und solange diese zusammenhalten würden, »deren militärische Niederwerfung ausgeschlossen« sei. Das erinnert mich an Seminarübungen über Bismarcks Außenpolitik im Seminar von Hermann Oncken nach dem Ersten Weltkrieg in Heidelberg. Je nachdem, was gerade aus den Akten veröffentlicht wurde, entschieden wir uns für eine mitteleuropäische Orientierung Bismarcks, dann angesichts des »Geheimen Zusatzprotokolls« zum Rückversicherungsvertrag für eine russische und unter dem Eindruck der Briefe Bismarcks an Salisbury vom November 1887 und vom Januar 1889 für eine englische Option. Wenn man zudem unveröffentlichte Quellen im Original zu Gesicht bekommt, die sozusagen noch »atmen«, kann sich das trotz aller zeitlichen und sachlichen Distanz auch in der Urteilsbildung auswirken.

Daß einige der Beiträge kontroversen Charakter haben, ergab sich schon im Zuge von Auseinandersetzungen auf wissenschaftlichen Kongressen. Es entspricht aber auch den Methoden, gemeinsam zur Wahrheit vorzudringen. Doch sei versichert, daß dies den persönlichen Beziehungen der Kontrahenten keinen Abbruch getan hat. Schließlich handelt es sich hier um ein historisches Ereignis, dessen Erforschung nicht nur von wissenschaftlichem Eifer oder unter dem Gesichtspunkt betrieben wird, daß hier Umwälzungen eingeleitet wurden, von denen die Welt von heute getragen wird: Es bietet sich auch ein Lehrstück für die elementare Aufgabe unserer Zeit, zu verhindern, daß wieder, sei es aus einem lokalen Konflikt, sei es mit dem Zusammenstoß von zwei großen Mächtegruppen, ein noch viel schrecklicherer Weltkrieg entstehen könnte.

Heute liegt hier ein aktueller Antrieb für die Forschung vor. Nach dem Zusammenbruch von 1918 bot er sich in der Kriegsschuldfrage. Nunmehr, in zeitlicher und sachlicher Distanz von politischer Apologetik entlastet, richtet sich unsere Aufmerksamkeit darauf, daß das Staatensystem schon in dem Jahrzehnt vor dem Ausbruch des Ersten Weltkrieges von zwei sich gegenüberstehenden Machtgruppen getragen und der Frieden von der Aufrechterhaltung des Gleichgewichtes abhängig war. Damals bewegten sich die Aktionen der Diplomatie um die militärische und wirtschaftliche Machtversammlung des Deutschen Reiches und um den Machtanstieg Rußlands. Zwei Jahre vor dem Kriegsausbruch sprach Bethmann Hollweg unter dem Eindruck einer Reise nach Rußland von seinem »Reichtum an Bodenschätzen und derber physischer Menschenkraft«. Ja, er bezweifelte in einem Anflug von Pessimismus sogar, ob es überhaupt noch Zweck habe, in seinem Gutspark in Hohenfinow neue Bäume anzupflanzen, da in wenigen Jahren ohnehin die Russen dort wären[7]. Daß ihn das machtpolitische Potential des russischen Reiches auch in der Julikrise bewegte, zeigen seine Worte am Abend jenes Tages, an dem er dem Botschafter Österreich-Ungarns die bereits von Wilhelm II. zugesicherte »Blankovollmacht« für ein Vorgehen gegen Serbien bestätigt hat. »Die Zukunft gehört Rußland, das wächst und wächst und sich als immer schwerere Alb auf uns legt.« und wieder: »Rußlands wachsende Ansprüche und ungeheure Sprengkraft. In wenigen Jahren nicht mehr abzuwehren, zumal, wenn die jetzige europäische Konstellation bleibt[8].« Diese Konstellation zu beseitigen und damit auch die »Russische Gefahr« zu bannen, war das Ziel der deutschen Politik im Sommer 1914. In einer defensiven Situation wurde eine politische Offensive unternommen, um einen andernfalls für unvermeidlich gehaltenen Krieg zu verhindern. Auch nach dem Kriege hat Bethmann Hollweg sich darauf berufen, eine Preisgabe Österreich-Ungarns hätte der slawischen Welt einen säkularen Sieg gebracht und »Moskaus kampfloser Triumph einer Epoche schweren russischen Drucks eingeleitet.« Das aber habe »Deutschland nur als östlichem Winken gegenüber gefügiger Vasall überlebt.« Er erinnerte an die Vormachtstellung des Zarenreiches in Mitteleuropa nach dem Wiener Kongreß: »In anderen Formen, in einem geänderten Europa, hätte sich für uns die Ära Nikolaus I, vielleicht unter dem dritten (sic!) des Namens wiederholt[9]«.

Auch der Gegenspieler Bethmann Hollwegs im Foreign Office, Arthur Nicolson, kommentierte damals einen französischen Bericht über die Millionenziffer der künftigen russischen Heeresstärke: »Rußland ist eine furchtbare Macht und es wird noch weiter erstarken[10].« Während man in Berlin geglaubt hatte, mit Stärkung der Großmachtstellung Österreich-Ungarns den Konflikt durchstehen und sich einem Vordringen des Panslawismus entgegenstellen zu müssen, griff die britische Politik für eine Weltmacht Partei, die anderenfalls die »Sicherheit Indiens« bedrohte und mit einem Frankreich verbündet war, das vor einem Auftreten der deutschen Militärmacht an der belgischen und der Kanalküste zu schützen, die Sicherheit des Inselstaates verlangte.

Hamburg und Selent/Holstein, Januar 1979

Egmont Zechlin

7 S. u. S. 17 Anm.**
8 Tgb. Riezler, 7. Juli 1914, s. o. S. 10 und 20. Juli a.a.O., S. 187
9 Th. v. Bethmann Hollweg, Betrachtungen zum Weltkriege, 1 (1919) S. 131
10 Zu einem Bericht von Granville an Grey, 18. Juli 1914, Bd. XI, Nr. 66.

1.
Ein Interview
1. August 1964

Geschke: 50 Jahre, ein halbes Jahrhundert, trennen uns vom Ausbruch des Ersten Weltkrieges, und noch immer haben sich die Historiker nicht auf ein einheitliches Bild jener Epoche einigen können. Kann man sagen, daß die bisherigen Darstellungen der Ursachen und der Verantwortlichkeiten für diesen Krieg an einer stark national ausgerichteten Geschichtsforschung litten? Und hängt das mit der Quellenlage und mit dem Streit um die Schuldfrage zusammen?

Prof. Zechlin: Da muß ich zunächst einmal widersprechen, wenn Sie einen Zusammenhang mit der Quellenlage vermuten. Neue deutsche Quellen sind zwar für die politische Geschichte des Ersten Weltkrieges zugänglich geworden und in einigen Jahren ist auch die Öffnung der englischen und französischen Archive für diese Zeit zu erwarten. Aber für die Julikrise 1914 ist das Material von allen Seiten veröffentlicht und seit 30 Jahren ist nichts Wesentliches dazugekommen. Lediglich einige charakteristische Äußerungen Bethmann Hollwegs aus diesen Tagen nach dem von K. D. Erdmann bearbeiteten Tagebuch seines Mitarbeiters Riezler belebten in den letzten Monaten die Diskussion*. – Die nationale Ausrichtung der Geschichtsforschung aber, auf die Sie anspielen, hat in Deutschland bereits mit dem Ende der Reparationen (das war zur Zeit der Ära Brüning) ihren eigentlichen Impuls verloren. Denn mit den Reparationen entfiel auch das politisch-juristische Motiv, die Kriegsschuldanklage des Versailler Vertrages zu widerlegen, mit dem die Reparationen begründet worden waren.

Geschke: Wie würden Sie denn den Forschungsstand nach dieser Entpolitisierung der Schuldfrage skizzieren?

Prof. Zechlin: Das Problem, wie es nach dem Zweiten Weltkrieg auf internationalen Historikertagen diskutiert wurde, war das folgende: In der *deutschen Forschung* hatte man für entscheidender am Kriegsausbruch die russische Gesamtmobilmachung vom 30. Juli gehalten, in der *ausländischen* aber jene »Blankovollmacht« vom 5./6. Juli, mit der die deutsche

Aus: Sonntagsblatt Nr. 31, 2. Aug. 1964.

* Das Riezler-Tagebuch wurde inzwischen von H. D. Erdmann (1972) veröffentlicht. S. o. S. 10, Anm. 5. Es bringt wesentliche Aufschlüsse zur Julikrise, die aber die obenstehenden Ansichten bestätigen.

Regierung der österreichisch-ungarischen die bündnismäßige Rückendekkung einer militärischen Aktion gegen Serbien gegeben hat. Besonders die Amerikaner Bernadotte Schmitt und der Italiener Luigi Albertini sahen hierin eine deutsche Initiative und damit eine größere Verantwortung Deutschlands für den Ausbruch des Krieges. Ohne das Versprechen der deutschen Hilfe, so machten sie geltend, würde Österreich-Ungarn den Krieg gegen Serbien nicht geführt haben. Die Deutschen hätten die Österreicher geradezu gedrängt!

Geschke: Stimmt das?

Prof. Zechlin: Ja. Und durch dieses Drängen gewann man in Wien sogar eine Handhabe gegenüber dem widerstrebenden ungarischen Ministerpräsidenten Graf Tisza.

Geschke: Offensichtlich geht es doch darum, daß man auf der einen Seite meint, Deutschland sei etwa aus »Nibelungentreue« zum österreichisch-ungarischen Bundesgenossen in den Krieg hineingeschlittert, während es andererseits so aussehen würde, als habe das Deutsche Reich die Donaumonarchie buchstäblich in den Krieg gegen Serbien hineingehetzt und damit den Weg zum Weltkrieg geebnet? Wie denken Sie persönlich darüber?

Prof. Zechlin: Ich bin nach wie vor der Überzeugung, daß das Drängen der deutschen Regierung in Wien auf rasches Losschlagen gerade der Aufgabe dienen sollte, den Krieg zu lokalisieren – in der Hoffnung, daß es in der Atmosphäre der Entrüstung über das Attentat noch möglich sein würde, Rußland, vor vollendete Tatsachen gestellt, still zu halten. Andererseits schließe ich mich der Meinung an, wie sie etwa der Schweizer Werner Näf in seinem 1932 erschienenen Buch »Kriegsursachen und Kriegsschuldfrage 1914« formuliert hat, und wie sie auch Bernadotte Schmitt und Albertini vertreten, daß man in Berlin – und zwar bereits am 5./6. Juli – bewußt das Risiko des großen Krieges auf sich genommen hat. Das haben dann die anderen, also Rußland mit der Entscheidung zur militärischen Intervention am 25. Juli, und die Franzosen mit der Zusicherung der Bündnishilfe auch getan. Immerhin waren die Deutschen dabei mit den Österreichern die ersten.

Seeberg: Wenn Sie nun sogar den großen europäischen Krieg für die deutsche Politik in Rechnung stellen, wird die Frage nach den Motiven um so dringlicher . . .

Prof. Zechlin: Da ist zunächst einmal zu sagen, daß ich mich in dieser Beziehung in Übereinstimmung mit Gerhard Ritters These befinde, wie er sie gerade in diesen Tagen formuliert hat: daß die Idee einer deutschen Hegemonie – auf dem Kontinent oder den Meeren und in Übersee – sogar in der Publizistik der Vorkriegszeit nur eine ganz unbedeutende Rolle gespielt hat im Vergleich mit dem Verlangen nach »Gleichberechtigung« und politischer Bewegungsfreiheit unter den Weltmächten. Und nur eine Regierung von Abenteurern hätte in dieser Lage, schreibt Ritter, »daran denken können, einen Krieg zu provozieren, um ›nach der Weltmacht zu greifen‹«, um Hegemonie zu erringen! Abenteurernaturen aber waren die Bethmann Hollweg, die Jagow, die Zimmermann gewiß nicht! Die Motive für die Entscheidungen der deutschen Regierung in der Julikrise waren vielmehr defensiv. Sie betrafen m. E. die russische Gefahr. Rußland stand damals mit seinen Menschenmassen und seinen unerschöpflichen Rohstoffquellen vor dem Durchbruch zu einem der Industriegiganten der Erde. Wie gerade Bethmann Hollweg dies empfunden hat, dafür möchte ich hier eine unbekannte Äußerung zitieren, die er 1912 nach einer Rußlandreise im vertrauten Kreise gemacht hat. Es war auf der Veranda seines Gutshauses Hohenfinow in der Mark. Da stellte er die düstere Frage, ob es denn noch Zweck habe, im Gutspark neue Bäume zu pflanzen, da ja doch in einigen Jahren die Russen dort sein würden!**

Jetzt, im Sommer 1914, war die russische Balkan- und Meerengenpolitik aufgrund von Ministerratsbeschlüssen in Petersburg unmittelbar aktiv geworden. Serbien aber war dabei sowohl der Eckstein für das Gebäude eines unter russischer Hegemonie stehenden neuen Balkanbundes wie auch der Vorposten der panslawistischen Bewegung, die hier mit ihrem südslawischen Zweig die Existenz des Habsburger Vielvölkerstaates unmittelbar bedrohte.

Gleichzeitig wuchs in Berlin die Einsicht, daß die englische Politik sich künftig enger an Rußland anschließen würde. Es entstand – wie Jagow am 18. Juli schrieb – »das Gefühl, daß der eiserne Ring um uns sich immer enger schließen sollte«.

Geschke: Was lag nun also dem deutschen Entschluß, 1914 das Kriegsrisiko auf sich zu nehmen, im einzelnen zugrunde?

Prof. Zechlin: 1. Man sah es als zwingende Notwendigkeit an, den einzigen Bundesgenossen, den Deutschland besaß, als Großmacht durch einen politischen Erfolg aufzuwerten. Damit sollte auch verhindert werden, daß er sich etwa genötigt sah, in das Lager der Entente abzuschwenken, wodurch Deutschland völlig isoliert gewesen wäre.

2. Mit der erwarteten Steigerung des Konfliktes zu einer europäischen Krise schien sich eine Chance zu ergeben, daß die Entente erschüttert und daß vielleicht sogar Rußland angesichts der Möglichkeit deutsch-englischer

** Persönliche Mitteilung des damals vierzehnjährigen Sohnes, Felix v. Bethmann Hollweg, an den Vf. Die Szene läßt sich mit Hilfe korrespondierender Quellen auf die zweite Hälfte des Juli 1912 bestimmen.

Zusammenarbeit von England getrennt – der Ring der Entente also gesprengt – würde.

Geschke: War das aber nicht ein Spiel mit dem Feuer?

Prof. Zechlin: Es war, wie Bethmann Hollweg damals sagte, ein »Sprung ins Dunkle«. Und zwar aus einer politischen Grundstimmung heraus, daß Kriege wie Naturkatastrophen letztlich doch unvermeidbar seien und fatalistisch hingenommen werden müßten.

Seeberg: Wir neigen heute, unter dem Eindruck der furchtbaren Folgen zweier Weltkriege dazu, gerade in dieser Grundhaltung eine Schuld zu sehen. War nicht aber der Krieg überhaupt 1914 noch ein legitimes Mittel der Politik?

Prof. Zechlin: Ganz recht. Das zeigt schon ein Blick in die damalige internationale Völkerrechtslehre. Die modernen Völkerrechtler sehen im Ersten Weltkrieg *die* große Wende, in der die ungeheuren Opfer, die der moderne Krieg forderte, zu einer Umorientierung in den Anschauungen über das Recht zum Kriege führten. Selbst maßgebende Politiker jener Zeit haben diese Wende gespürt. Dafür vielleicht nachher noch ein Zeugnis aus dem Ersten Weltkrieg.

Seeberg: Jene Wende, von der Sie sprechen, mag von den Völkerrechtlern vollzogen worden sein. Haben aber auch die Politiker sich gewandelt? Anders gefragt: Ist nicht z. B. Kennedys »Short-of-war-Politik« in Kuba, mit der Übernahme des Risikos einer bewaffneten Auseinandersetzung, im Prinzip mit der Risiko-Politik Bethmann Hollwegs vergleichbar?

Prof. Zechlin: Hier verlassen Sie den Boden meiner Wissenschaft. Eine Antwort darauf können Ihnen vielleicht die Historiker von übermorgen geben.

Geschke: Zurück zum Ersten Weltkrieg! Mir scheint besonders bedeutsam zu sein, daß Sie, Herr Professor, sich zwar einerseits, wie Sie vorhin ausführten, mit der Auffassung von Gerhard Ritter begegnen, andererseits aber doch jene These der ausländischen Historiker, also Näf, Schmitt, Albertini anerkennen, daß die deutsche Regierung bewußt das Risiko des großen Krieges auf sich nahm. Stimmen Sie vielleicht in diesem Punkt mit der Auffassung Ihres Hamburger Kollegen Fritz Fischer überein, dessen Buch »Griff zur Weltmacht« zur Zeit in der Diskussion ist?

Prof. Zechlin: Fischer übernimmt hier den Forschungsstand von Bernadotte Schmitt und Albertini; d. h. er glaubt wie diese, daß man damals in Berlin darauf spekuliert habe, es lediglich mit einem Kontinentalkriege, also mit Frankreich und Rußland, zu tun zu haben. Ich gehe in der Analyse der deutschen Bereitschaft zum Kriegsrisiko weiter, denn meines Erachtens läßt sich nachweisen, daß Bethmann Hollweg, Jagow und Zimmermann von vornherein auch die Gefahr des britischen Kriegseintritts gesehen haben. Vor allem aber komme ich zu einem anderen Ergebnis bei der Analyse der Motive, die zur deutschen Bereitschaft geführt haben, das Kriegsrisiko auf sich zu nehmen.

Geschke: Hat man in Berlin das Risiko eines Krieges nicht zu leicht genommen?

Prof. Zechlin: Nein. Allerdings bedeutete die Übernahme des Kriegsrisikos damals für die deutsche Regierung nur eine ultima ratio. Man strebte keineswegs den Krieg an. Daß es schließlich soweit kam, hing damit zusammen, daß man »die Direktion verloren hatte«, wie Bethmann Hollweg dann in der Staatsministerialsitzung am 30. Juli gestand. Denn in gewisser Weise hat die von Bethmann Hollweg und Jagow angewandte Pressionstaktik zunächst zu einem diplomatischen Erfolg geführt.

Geschke: Wieso eigentlich?

Prof. Zechlin: Das kann hier nur angedeutet werden, weil es eine genauere Schilderung der Ereignisse vom 29. Juli erfordern würde. Damals ging es darum, daß auch England Wien eine vorübergehende und teilweise Besetzung serbischen Gebietes zugestand mit der gleichzeitigen Erklärung der Österreicher, daß ihnen »territoriale Erwerbungen in Serbien fern liegen«. Das hat Bethmann Hollweg in Wien verlangt und hier haben ihm das Wiener Kabinett und die russischen Militärs einen Strich durch die Rechnung gemacht, wobei die russischen Maßnahmen wiederum als eine Folge der österreichischen Kriegshandlungen gegen Serbien anzusehen sind. Durch das Anlaufen der Kriegsmaschine und die Eigenmächtigkeiten des Bundesgenossen, die Bethmann Hollweg freilich nicht verstanden hat, mit letzter Energie zu verhindern, ging an diesem 29. Juli »die Direktion verloren«.

Geschke: Da sind doch augenscheinlich eine ganze Reihe von Fehlkalkulationen und Fehlentscheidungen. Bedeutet das nicht eine erhebliche Belastung der deutschen Führung?

Prof. Zechlin: Gewiß. Nur gilt das dann für die anderen auch. Wenn Bethmann Hollweg am 29. Juli zu spät in Wien auf Mäßigung gedrängt hat, so hat in Petersburg Sasonow am 30. Juli dem Zaren zu früh den Befehl zur allgemeinen Mobilmachung abgerungen. In beiden Fällen wurde nicht genug getan, den Krieg zu verhindern, auch wenn man ihn nicht gewünscht hat. »Andere Handlungsweise«, so schrieb der vorhin genannte Werner Näf, »hätte zu anderem Resultat führen können, wenn in den Leitenden Kraft und Wille der Kriegsvermeidung unbedingt und genügend stark vorhanden gewesen wären.« Näf führt dann die Punkte auf, wo andere Entschlüsse den Frieden hätten erhalten können, und erklärt das Versagen der Politiker daraus, daß sie nicht vermocht hätten, aus einer bestimmten Form und Bindung der Politik hinauszuführen.

Geschke: Wenn ich rekapitulieren darf: Sie sehen also in der deutschen Politik während der Julikrise eine – schließlich fehlgeschlagene – politische Offensive, aber aus einer defensiven Zwangslage heraus? Von dieser Motivanalyse weicht doch Fritz Fischer ab?

Prof. Zechlin: Fischer hält für die deutsche Haltung das deutsch-französische Verhältnis für entscheidend und meint, daß die deutsche Regierung am 6. Juli »kriegswillig« gewesen sei, und zwar in der Annahme, daß Rußland und Frankreich nicht zurückweichen würden (und erst in zweiter Linie, daß sie eine diplomatische Niederlage einstecken würden).

Geschke: Und die Motive?

Prof. Zechlin: In der Schilderung der Julikrise im zweiten Kapitel seines Buches behandelt Fischer die Motivfrage überhaupt nicht, das wird in der öffentlichen Diskussion, die sich vorwiegend um das erste Kapitel dreht, irrtümlicherweise immer wieder vermutet. Fischers Buch schildert auf etwas über 50 Seiten den Kriegsausbruch und auf über 700 Seiten das, was er im Untertitel seines Buches die »deutsche Kriegszielpolitik« nennt. Diese führt er vor allem auf übermächtige Einflüsse der Wirtschaft, genauer der Wirtschaftsverbände, zurück. Er glaubt, aus den Quellen »die weitgehende Identität der Ziele Bethmann Hollwegs mit denen dieser Verbände« ablesen zu können. Hier behauptet er eine Kontinuität mit einer expansiven, imperialistischen deutschen Wirtschaftspolitik von 1914.

Seeberg: Steht denn die deutsche Politik in der Julikrise im Zusammenhang mit derartigen expansiven Interessen? Gibt es dafür ernsthafte Quellen?

Prof. Zechlin: Nein. In den Akten zur Julikrise gibt es keine Belege dafür. Um so größere Bedeutung mißt Fischer aber seiner Auffassung von der deutschen Kriegszielpolitik nach dem Ausbruch des Krieges zu. Hierzu aber ist zu sagen, daß gerade die auch von Fischer benutzten Quellen im Gegenteil den krassen Widerspruch der Vorstellungen Bethmann Hollwegs zu denen der Wirtschaftsverbände zeigen. Lassen Sie mich zu dem, was ich darüber veröffentlicht habe, dies noch an einer weiteren zentralen, unveröffentlichten Quelle demonstrieren: Sie sehen hier die Fotokopie der berühmten Denkschrift der Wirtschaftsverbände vom 5. März 1915, die dem deutschen Reichskanzler gleichzeitig mit der Forderung der Freigabe der Kriegszieldiskussion überreicht wurde. Und nun lesen Sie einmal die folgenden Marginalien, die in Fischers Darstellung fehlen: Da schreibt der Unterstaatssekretär in der Reichskanzlei, Wahnschaff: »Es wird doch notwendig sein, den Männern, die solche Ideen verbreiten, die Augen zu öffnen. Es fragt sich auch, ob nicht die Bundesregierungen etwas mehr über die wirkliche Lage aufzuklären sind.« Dazu Bethmann Hollweg: »Aufklären über die militärische Situation kann *ich* die Petenten nicht. Entweder sie bezichtigen mich des Flaumachens oder sie werden selbst ängstlich. Beides können wir nicht brauchen. Die Aufklärung kann nur ganz allmählich durch die militärischen Ereignisse selbst stattfinden.«

Ich glaube, meine Herren, das ist eindeutig.

Seeberg: Wir haben allerdings in unserer Unterhaltung eine große Frage noch nicht berücksichtigt, darum möchte ich sie zum Schluß noch stellen: Wie weit läßt sich der Ausbruch des Ersten Weltkrieges aus den überkommenen machtstaatlichen Gegensätzen des europäischen Staatensystems erklären? Und wie weit muß man die »neuen Kräfte« des 19. Jahrhunderts – Imperialismus, Nationalismus, Militarismus – zum Verständnis heranziehen?

Prof. Zechlin: Das kann ich nicht besser beantworten als mit den Worten Bethmann Hollwegs, ebenfalls aus einer noch unveröffentlichten Quelle, in der er sich sozusagen als »Philosoph von Hohenfinow« noch während des Krieges über die tieferen Ursachen des Weltkrieges klar zu werden sucht***. Da wendet er sich gegen Äußerungen seines Nachfolgers Michaelis, mit der dieser die deutsche Politik im Juli 1914 mit dem »Zusammentreffen unglücklicher Umstände« zu entschuldigen sucht. Das, so schreibt Bethmann Hollweg dazu, »sei unwahr«. Verantwortlich sei »der Imperialismus, Nationalismus und wirtschaftliche Materialismus, der während des letzten Menschenalters in der großen Linie die Politik aller Nationen bestimmte« und sich Ziele setzte, »deren Verfolgung für jede einzelne Nation nur auf Kosten eines allgemeinen Zusammenstoßes möglich war«.

Damit will Bethmann Hollweg aber keineswegs die Verantwortung der handelnden Staatsmänner abschwächen. Er spricht zwar von einer allgemeinen Kriegsdisposition der Welt, ohne die die wahnsinnige Leidenschaftlichkeit nicht erklärbar sei, mit der die Völker in den Krieg eintraten. Und er schreibt davon, daß auch Deutschland unter dem Banne der alle Welt beherrschenden Machtideen gestanden habe, und hat denn auch bedauert, daß kein großer Menschheitsgedanke die Politik der Kabinette bestimmt und die europäischen Großstaaten nur das Wachstum eigener Macht im Auge gehabt hätten. Geradezu wie ein Testament an seine Nachfolger aber klingen seine folgenden Worte, die ich in derselben Quelle fand: »Die schauerliche Größe dessen, was wir erleben, die leuchtende Höhe menschlichen Heldentums und die dunkle Abgrundtiefe menschlichen Wahnsinns, die wir durchschreiten, packen mich, seitdem ich

*** Der Brief Bethmann Hollwegs an Prinz Max von Baden vom 17. Januar 1918 wurde inzwischen von mir veröffentlicht und kommentiert in: »Deutschland zwischen Kabinettskrieg und Wirtschaftskrieg«, Historische Zeitschrift 199 (1964), S. 451 ff.

nur noch den Zuschauer spiele, eigentlich mit jedem Tage noch gewaltiger als früher. Diese ungeheuerlichste aller Revolutionen, die jemals den Erdball erschütterten, kann nicht zu Ende gehen, die Nationen können von allem Furchtbaren, was sie ausrichten, vor Gott und der Welt nicht ›entsündigt‹ werden, wenn sich die Menschheit nicht entschlossen von den Zuständen abkehrt, die diesen Krieg heraufbeschworen haben und an ihrer Stelle etwas Neues zu schaffen trachtet.«

2.
Ein »Sprung ins Dunkle?«
Die deutsche Politik im Sommer 1914

Zwei Wochen vor dem Attentat in Sarajewo, am 16. Juni, erhielt der deutsche Botschafter in London, Fürst Lichnowsky, vom Reichskanzler Bethmann Hollweg die Anweisung, mit dem britischen Außenminister über die Frage des europäischen Friedens zu sprechen. Hierfür sei das deutsch-britische Verhältnis die Schlüsselfrage. In seinem Erlaß wies der Kanzler auf den gefährlichen Umstand hin, daß bei einem Wiederausbruch der Balkankrisis Rußland anders als in den bisherigen Krisen, gedeckt durch seine umfangreichen militärischen Rüstungen, »kräftiger« aufzutreten wünsche: »Und man wird ihm das nicht übelnehmen können.« Ob es dann zu einer »europäischen Konflagration« komme, werde ausschließlich von der Haltung Deutschlands und Englands abhängen. Träten beide Großmächte »geschlossen als Garanten des europäischen Friedens auf, woran uns ... weder die Dreibund- noch die Ententeverpflichtungen hindern, so wird sich der Krieg vermeiden lassen. Andernfalls kann ein beliebiger, auch ganz untergeordneter Interessengegensatz zwischen Rußland und Österreich-Ungarn die Kriegsfackel entzünden«.

Der Anlaß zu dieser grundsätzlichen Besprechung mit dem britischen Außenminister waren beunruhigende Nachrichten über »kriegerische Tendenzen der russischen Militärpartei« und vor allem eine Erklärung Sir Edward Greys im Unterhaus, in der er Pressemeldungen dementiert hatte, wonach kürzlich Verhandlungen zwischen England und Rußland zum Zwecke eines Marineabkommens stattgefunden hätten. Wenn der deutsche Botschafter jetzt den Dank der deutschen Regierung dafür übermitteln sollte, daß Grey »mit solcher Entschiedenheit« in »offenen und geraden Erklärungen« diesen »Gerüchten« entgegengetreten sei, so war dies reine Ironie und bedeutete in Wirklichkeit eine diplomatische Warnung. Denn dem Auswärtigen Amt in Berlin wurde laufend durch einen baltendeutschen Beamten der russischen Botschaft in London der Schriftwechsel der an den Verhandlungen beteiligten englischen und russischen Persönlichkeiten übermittelt, der keinen Zweifel an der Bereitschaft der britischen Stellen ließ, ein Marineabkommen abzuschließen. So erfuhr man in Berlin sogar, daß den Russen die Texte der französisch-britischen Militärabspra-

Aus: Wochenzeitung »Die Zeit« Nr. 41, 9. Okt. 1964.

chen übergeben worden waren, um nach diesem Muster für den Kriegsfall die Deckung einer russischen Landungsexpedition in Pommern durch die englische Flotte zu vereinbaren, und daß für den Transport bereits im Frieden englische Handelsschiffe in der Ostsee stationiert werden sollten.

Hätten sich die »Gerüchte« über ein britisch-russisches Marineabkommen bewahrheitet, so ließ der deutsche Kanzler seinen Botschafter in London sagen, »so wäre dadurch allerdings nicht nur der russische und französische Chauvinismus stark gereizt worden«, sondern auch ein neuerliches Rüstungsfieber in Deutschland mit einem neuen »navy scare« und einer abermaligen Vergiftung der Atmosphäre unvermeidlich gewesen. »Inmitten der nervösen Spannung, in der sich Europa seit den letzten Jahren befindet, wären die weiteren Folgen unübersehbar gewesen. Jedenfalls wäre der Gedanke an eine gemeinschaftliche, den Frieden verbürgende Mission Englands und Deutschlands bei etwa auftauchenden Komplikationen in verhängnisvoller Weise gefährdet worden.«

Am 24. Juni übermittelte Botschafter Lichnowsky die Versicherung des britischen Außenministers, daß keinerlei unveröffentlichte Abmachungen zwischen Großbritannien und dem Zweiverband beständen. Damit hatte die deutsche Regierung Anlaß, grundsätzlich an der Möglichkeit eines erfolgreichen Ausgleichkurses zu zweifeln, obwohl mit der Unterzeichnung der Abkommen über die portugiesischen Kolonien und über die Bagdadbahn gerade in diesen Tagen positive Ergebnisse erzielt worden waren. Die verschwiegenen Fakten sowohl wie die Unaufrichtigkeit des britischen Außenministers ließen erkennen, daß dieser sich doch militärisch fester an das Ententesystem band, als es eine Politik der »freien Hand« erlaubte. Vor allem für den Fall eines formellen Abschlusses des britisch-russischen Marineabkommens, so schrieb der Staatssekretär des Äußeren, Jagow, sei »an eine weitere Annäherung an England ... für uns kaum mehr zu denken«.

Der Schriftwechsel des deutschen Kanzlers und des Staatssekretärs mit dem Botschafter in London am Vorabend des Kriegsausbruchs läßt grundsätzliche Vorstellungen über das Verhältnis der Mächte und über die Aufgaben der deutschen Politik im europäischen Staatensystem erkennen, die für das Verständnis der deutschen Haltung in der Julikrise bedeutsam sein dürften.

So räumte Bethmann Hollweg selbst einem Gegner wie Rußland bei der Vertretung der eigenen Interessen das Recht zu einem offensiven – »kräftigeren« – Auftreten ein, als ein legitimes Mittel, das man ihm nicht »übelnehmen« könne. Ein Blick auf die Julikrise mit der stereotypen Betonung des Rechts auf unkontrollierte Handlungsfreiheit der Großmacht Österreich-Ungarn zeigt, daß diese Vorstellung um so mehr als selbstverständlich für die eigene Politik und die des Bundesgenossen in Anspruch genommen wurde. Dementsprechend verlangte die deutsche Regierung von den »Garanten« des europäischen Gleichgewichtes ein ausgleichendes Eingreifen erst in jenem späten Stadium, an dem Interessenkonflikte bereits an den Rand des europäischen Krieges herangeführt hatten. Eine frühzeitige Bindung der in ihrem politischen Spielraum an sich freieren Garantiemächte würde sie ihrer Ausgleichsmöglichkeiten berauben. Für die Julikrise und das deutsch-englische Verhältnis bedeutete das nach diesem Schriftwechsel, daß eine zu weitgehende Bindung Englands durch formelle Militärabsprachen auch Deutschland zwingen würde, in einer Krise frühzeitig zu optieren und aus einer gesteigerten Isolierung heraus um so stärker die Politik des einzigen Bundesgenossen und dessen Aufwertung als Großmacht zu unterstützen – auch auf die Gefahr hin, daß die »weiteren Folgen unübersehbar« wären.

Die Erkenntnis der bedrohlichen Verletzung des Kernprinzips der britischen Politik, der *balance of power,* durch diese selbst verband sich im Bewußtsein der handelnden Persönlichkeiten in Berlin mit der zentralen Vorstellung, daß die Bewegungsfreiheit einer Großmacht nicht durch eine auch nur potentielle Beschränkung wesentlich beeinträchtigt werden durfte. Eine solche Störung des europäischen Gleichgewichtes, dessen Funktion sich freilich in den deutschen Vorstellungen von denen der Engländer unterschied, rechtfertigte im Bewußtsein der Zeitgenossen – mit Ausnahme der Sozialisten und der Friedensbewegungen – die Bereitschaft, eine Krise jederzeit selbst bis zum äußersten Mittel, dem Krieg, durchzustehen.

Bereits am 5. Juli stand Bethmann Hollweg vor der Entscheidung, die er am 16. Juni in seinem Schreiben an den Botschafter Lichnowsky vorausgedacht hatte. Der befürchtete Balkankonflikt entwickelte sich zu einem Zeitpunkt, als die britisch-russische Militärallianz zwar noch nicht formell vollzogen war, aber jederzeit abgeschlossen werden konnte. Wurde doch eine dafür geplante Reise des Ersten Seelords, Prinz Battenberg, nach Petersburg – wohl infolge der von Berlin veranlaßten Presse-Indiskretionen – lediglich auf den August verschoben. So schien denn für die deutsche Politik der letzte Augenblick gekommen zu sein, in dem Großbritannien – wenn überhaupt noch – den Spielraum zur politischen Entscheidung besaß. Hatte Rußland erst einmal für seine Balkanpolitik die sich aus militärischen Absprachen fast zwangsläufig ergebende moralische und politische Rückendeckung, so bestand kaum noch Aussicht für die deutsche Politik, Interessengegensätze mit dem östlichen Nachbarn zugunsten des Dreibundes auszutragen; dies um so weniger, wenn in zwei oder drei Jahren die russischen Rüstungen den vorgesehenen Stand erreichten.

In dieser Lage kam man in Berlin zu dem Entschluß, sich der Bewegungsfreiheit als Großmacht durch eine politische Offensive zu versichern. Das Memorandum des österreich-ungarischen Außenministeriums und das Handschreiben Kaiser Franz Josephs, die am 5. Juli übergeben wurden, boten dafür eine Grundlage. Der Bundesgenosse erbat hier die Rückendeckung des Deutschen Reiches für eine militärische Aktion, um Serbien, das Zentrum der südslawischen Bewegung und zugleich den Vorposten des russischen Panslawismus, als Machtfaktor auszuschalten und an Stelle eines unter russischer Hegemonie stehenden Balkanbundes den Weg für eine entsprechende Gruppierung »unter der Patronanz des Dreibundes« zu bahnen. Dabei lagen dem Entschluß zur Deckung der Aktion des Bundesgenossen in Steigerung des darin enthaltenen Risikos auf deutscher Seite folgende Motive und Ziele zugrunde:

1. Mit einer offensiven Taktik schien es notwendig, möglich und auch erreichbar – am 29. Juli hätte sich mit der Greyschen Zusage, unter gewissen Bedingungen einer vorübergehenden und teilweise Besetzung serbischen Gebietes zuzustimmen, dieses Vorgehen fast als erfolgreich erwiesen –, Österreich-Ungarn zu einem politischen Erfolg zu verhelfen und damit, so formulierte es Jagow am 18. Juli, dem »immer mehr sich zersetzenden Staatsgebilde an der Donau« den Charakter der »vollwertigen Großmacht« zu verschaffen; das hieß, die Bündnisgruppe davor zu bewahren, durch eine Minderung der österreichischen Machtstellung geschwächt zu werden und gleichzeitig zu verhindern, daß der einzige Bundesgenosse in das Lager der Entente abschwenkte.

2. Mit der erwarteten Steigerung des Konfliktes zu einer europäischen Krise entstand die Chance, daß die Entente zerrüttet wurde: sei es, daß das Gewicht einer deutsch-englischen Kooperation in der Krise sich zur politischen Bindung vertiefte, sei es, daß ein unbefriedigtes Rußland die Bündnisfronten auflockerte – eine ständige Sorge der englischen Politik.

3. Aus der Besonderheit des Zeitpunktes und mit der Pression eines auf Serbien lokalisierten Krieges ergab sich folgerichtig die Bereitschaft der deutschen Regierung zum Kontinentalkrieg. Selbst wenn es – worauf man in Berlin spekulierte und weswegen man auf Wien drängte – gelingen sollte, durch rasches Losschlagen gegen Serbien vollendete Tatsachen zu schaffen, war unter den bestehenden Umständen ein Eingreifen Rußlands nicht ausgeschlossen. Dabei war Bethmann Hollweg bewußt, daß das österreich-ungarische Ultimatum an Serbien ein »Sprung ins Dunkle« sein würde. Doch das schien ihm »schwerste Pflicht«, und zwar – um es mit den Worten seines Staatssekretärs Jagow vom 15. Juli zu sagen – »aus dem Gefühl, daß der eiserne Ring um uns sich doch immer enger schließen sollte« und dies »bei drohender Erstarkung Rußlands und den immer

aggressiver werdenden Tendenzen des Panslawismus schließlich doch einmal zu gefährlichen Konsequenzen führen müsse«.

4. Die Gefahr des englischen Kriegseintrittes wurde gesehen und als einschneidende Veränderung der politischen und strategischen Situation empfunden. Er sollte vermieden werden, aber man sah sich genötigt, auch dieses Risiko auf sich zu nehmen. Noch während des Krieges hat sich Bethmann Hollweg gegenüber Bülow darauf berufen, daß die deutsche Politik bereits seit der ersten Marokkokrise von 1905/06 von Krise zu Krise zunehmend gezwungen gewesen sei, »zu einer Politik äußersten Risikos, und zwar eines sich mit jeder Wiederholung steigernden Risikos«.

Der Reichskanzler ist also nicht auf Grund von Illusionen über die wahrscheinliche Mächtekonstellation in die Julikrise gegangen. Es gab für ihn im Juli 1914 keine »Fehlrechnung mit der englischen Neutralität« – wie sie Fritz Fischer im Anschluß an die bisherige Forschung dargestellt hat. Und Bethmann Hollweg sah auch das Ende des Krieges nicht in der Verfügung über den Kontinent nach einem schnellen Sechs-Wochen-Feldzug gegen Frankreich.

Er war sich der militärischen Unüberwindlichkeit der beiden Hauptgegner Rußland und England voll bewußt. Dementsprechend ist der »Vorwurf einer irrealen Überschätzung der deutschen Möglichkeiten« insofern unberechtigt, als der Illusionismus über die allein entscheidende Bedeutung der Niederlage Frankreichs von Bethmann Hollweg nicht geteilt wurde. Ihm war bewußt, daß neben der Unangreifbarkeit des den Weltmarkt beherrschenden Englands Rußland durch seinen »Reichtum an Bodenschätzen und derber physischer Menschenkraft« und angesichts der sich anbahnenden Industrialisierung und der zunehmenden Aggressivität der panslawistischen Tendenzen »so oder so prädominant« in Europa werden würde, also unabhängig von Sieg oder Niederlage. Wie gerade Bethmann Hollweg diesen Alpdruck empfunden hat, dafür sei eine unbekannte Äußerung angeführt, die ich der Mitteilung seines Sohnes verdanke. Unmittelbar nach einer Rußlandreise im Juli 1912 stellte der Kanzler auf der Veranda seines Gutshauses Hohenfinow in der Mark die düstere Frage, ob es denn noch Zweck habe, im Park neue Bäume zu pflanzen, da ja doch in einigen Jahren die Russen dort sein würden.

Wir sind in der günstigen Lage, daß der »Philosoph von Hohenfinow« selbst mehrfach die Grundzüge seiner Politik in Selbstkritik aufgedeckt und dabei sich und den europäischen Kabinetten den Vorwurf der Begrenztheit ihrer politischen Weltordnung gemacht hat.

Dies geschah zuerst in einem bisher unbekannten Brief an den Prinzen Max von Baden, den ich unter dessen Papieren fand. (Der Brief wird von mir im Anhang eines größeren Aufsatzes, der unter dem Titel »Deutschland zwischen Kabinettkrieg und Wirtschaftskrieg« in der nächsten Ausgabe der Historischen Zeitschrift, Bd. 199 H. 2, veröffentlicht.) Bethmann Hollweg beriet ihn hier am 27. Januar 1918, ob und unter welchen Umständen er eine Berufung als Reichskanzler annehmen solle. Damals, im Januar 1918, schien Deutschland durch die Friedensverhandlungen von Brest-Litowsk noch einmal die militärische Initiative gewonnen zu haben, verkündete Präsident Wilson in seinem 14-Punkte-Programm neue Ideen einer demokratischen Weltordnung und erinnerten Massenstreiks in Österreich-Ungarn, die vom 14. bis 20. Januar andauerten, wieder an die revolutionären Auswirkungen des Krieges.

Bethmann Hollweg gab dem Prinzen den Rat, sich noch nicht im Kampf mit der militärischen Gewalt zu verbrauchen, sondern die Reichsgeschäfte erst im Augenblick der »großen Krisis«, wenn sich die äußere und innere Lage zugespitzt hätte, in die Hand zu nehmen.

Für diese Situation – im Vorhof der Niederlage und Revolution, wenn die Macht der OHL geschwächt sei – entwickelte Bethmann Hollweg die Grundzüge seiner politischen Weltanschauung, die als Testament für seinen Nachfolger gedacht waren.

Ausgangspunkt seiner Überlegungen bildeten die Erfahrungen des Weltkrieges: »Die schauerliche Größe dessen, was wir erleben, die leuchtende Höhen menschlichen Heldentums und die dunkle Abgrundtiefe menschlichen Wahnsinns, die wir durchschreiten, packen mich, seitdem ich nur noch den Zuschauer spiele, eigentlich mit jedem Tage noch gewaltiger als früher. Diese ungeheuerlichste aller Revolutionen, die jemals den Erdball erschütterten, kann nicht zu Ende gehen, die Nationen können von allem Furchtbaren, was sie anrichten, vor Gott und der Welt nicht ›entsündigt‹ werden, wenn sich die Menschheit nicht entschlossen von den Zuständen abkehrt, die diesen Krieg heraufbeschworen haben und an ihrer Stelle etwas Neues zu schaffen trachtet.«

Von dieser ethisch-politischen Radikalität seines Standpunktes aus bedauerte Bethmann Hollweg tief die Entschuldigung des Reichskanzlers Michaelis von dem »Zusammentreffen unglücklicher Umstände, die den Krieg verursacht« hätten, denn sie sei »unwahr«. Verantwortlich sei »der Imperialismus, Nationalismus und wirtschaftliche Materialismus, der während des letzten Menschenalters in der großen Linie die Politik aller Nationen bestimmte« und sich Ziele setzte, »deren Verfolgung für jede einzelne Nation nur auf Kosten eines allgemeinen Zusammenstoßes möglich war«.

In diesem Brief an Prinz Max von Baden legte Bethmann Hollweg das Schwergewicht noch auf die »allgemeine Kriegsdisposition der Welt«, »sonst wäre auch die wahnsinnige Leidenschaftlichkeit nicht erklärbar, die den im Anfang vom Krieg nicht ergriffenen Ländern, wie Italien, Rumänien, aber auch Amerika keine Ruhe ließ, bevor sie nicht selbst in das Blutbad untergetaucht waren«. Mit der Anklage gegen sich und die Politiker der Vorkriegszeit, die nicht für den Frieden gearbeitet hatten, sondern den Krieg zuließen, rechtfertigte der Kanzler die Friedenspolitik der SPD: »Mehr oder weniger vorausgefühlt wurde diese Entwicklung von vielen. Offen hingedeutet auf sie hat im Grunde nur die Sozialdemokratie, und nur sie arbeitete überzeugt gegen den Krieg. Die übrigen Parteien gerieten mehr und mehr in den Bann des Imperialismus«, und er verlangte als Konsequenz, daß »mehr in Übereinstimmung mit dem wahren Volkswillen regiert werde«.

Obwohl hier nicht in allem unverändert Gedanken und Überlegungen des Reichskanzlers von 1914 wiedergegeben sind, so kann doch an dem für unsere späteren Darlegungen wichtigsten Problemkreis ein enger Zusammenhang aufgezeigt werden: Der Kanzler wußte sich 1914 wie 1918 von jeder Kriegsleidenschaft frei und lehnte die »Schuld der Regierungen«, speziell der deutschen Regierung, dafür ab, daß es zu dem »Haß« zwischen den europäischen Nationen gekommen war. Denn diese Leidenschaftlichkeit und dieser Haß zerstören sein ganzes politisches Kalkül, und es ergriff ihn die »schauerliche Größe« leuchtenden Heldentums und die »Abgrundtiefe menschlichen Wahnsinns«, obwohl oder gerade weil er die Möglichkeit revolutionärer Veränderungen durch den Krieg gesehen und gefürchtet hatte.

Eindeutiger als in den Hinweisen auf die allgemeine Kriegsdisposition, die sich in dem Brief an Prinz Max von Baden finden, hat Bethmann Hollweg in den »Betrachtungen zum Weltkriege« die Begrenztheit seiner politischen Vorstellungen als Beitrag zum historischen Verstehen seiner Politik analysiert. Auf die Frage, warum die deutsche Politik nicht so geführt worden sei, daß sie gar nicht erst vor die »Schicksalsfrage«, das Kriegsrisiko anzunehmen, gestellt worden wäre, antwortete er sich selbst und seinen Kritikern: Ihm scheine, »daß dabei vielfach die Freiheit überschätzt wird, die uns im letzten Jahrzehnt bei unseren Entschlüssen gelassen war. Auch Deutschland stand unter dem Banne der alle Welt beherrschenden Machtideen«. Der »brutalen Tatsache« müsse man »ins Gesicht sehen, daß kein großer Menschheitsgedanke die Politik der Kabinette bestimmte, daß vielmehr die Staatskunst nichts anderes vermochte oder nichts anderes wollte, als die Verwirklichung ihrer Aspirationen von dem Glück der Waffen abhängig zu machen«.

Bethmann schreibt weiter: »Zu der Überzeugung, daß die Entwicklung der Weltverhältnisse die Nationen zu einer Revision ihrer Stellung zum Kriege nötigte, hat sich die Politik eben nicht durchgerungen. Ohne Rücksicht darauf, daß bei der bestehenden Mächtegruppierung jede Verschiebung der großen europäischen Machtverhältnisse die gesamte Welt in Mitleidenschaft zog, hatten die europäischen Großstaaten nur das Wachstum eigener Macht im Auge, und die vielfach überkommene Vorstellung, daß der Krieg nicht nur gegebener Ausdruck nationaler Kraft sei, sondern auch die Völker sittlich erneuere, wucherte unbekümmert darum fort, daß das Kriegsaufgebot ganzer Völker und die unheimlichen Erfindungen der Technik aus ritterlicher Kräftemessung eine wahnsinnige, bei genügender Dauer jede sittliche Empfindung vernichtende Menschenschlachterei machen mußten. Gefühl für kollektive Menschheitsverantwortung lag den Kabinetten fern.«

Trotz dieser durch die bitteren Erfahrungen des Weltkrieges geprägten Eingeständnisse, die ein hohes Maß öffentlicher Selbstkritik darstellen und im Grunde die politische und moralische Abdankung zugunsten neuer Gewalten beinhalten, bekannte sich Bethmann Hollweg auch in seinen Betrachtungen noch voll und ganz zu seiner Politik. »Wer freilich der Ansicht ist, daß Rußland überhaupt keine Durchkreuzung seiner Balkanpläne hinnehmen konnte«, wer annehme, daß das voraussehbar gewesen sei, und verlange, daß Deutschland »deshalb Österreich-Ungarn in seinem Vorgehen gegen Serbien nicht hätte unterstützen dürfen, *der mutet Deutschland Selbstentmannung zu«*. Den Zerfall Österreich-Ungarns hinzunehmen, hätte Deutschland in Abhängigkeit von Rußland gebracht, es wäre durch eine Hegemonie im Sinne Nikolaus' I. schließlich aus der Zahl der »Großmächte ausgelöscht« worden. Eine »solche Kapitulation« sei ihm unmöglich erschienen.

Wie stark sich dieser Begriff der »Großmacht« als ein von allem Pragmatismus der Tagespolitik abstrahierender Grundwert und als eine Grundvoraussetzung des politischen Weltbildes manifestiert hatte, zeigt die Tatsache, daß gerade im Zusammenhang so grundsätzlicher Betrachtungen das Recht auf Interessenpolitik und die Suche nach »Palliativmitteln« zur Sicherung der Großmachtstellung bekräftigt und wesentliche Einschränkungen als »Selbstentmannung« und »Kapitulation« abgelehnt werden.

Fürst Lichnowsky hatte Jagow in der leidenschaftlichen Diskussion über das deutsche Ziel der Aufwertung Österreich-Ungarns als Großmacht am 23. Juli 1914 aus seiner pragmatischen Gegenposition heraus gefragt: »Was würden Sie dazu sagen, wenn England oder Rußland die Franzosen zur Wiederbelebung ihres doch tatsächlich sehr gesunkenen Ansehens zu einer aktiven und gefährlichen Auslandspolitik ermutigte?« In dieser Frage dokumentiert sich wiederum, daß eine Verständigung zwischen formaler Grundanschauung mit ihren Tendenzen zum alles oder nichts und den Gesichtspunkten pragmatischer Politik nicht möglich war. Bethmann Hollweg hat nachträglich diese wesentliche Begrenztheit des deutschen politischen Denkens als einen Grundfehler vor allem seiner Englandpolitik angesehen: »Möglich waren eben nur praktische Interessenausgleiche unter Verzicht auf eine bald erkennbare Umstellung der bestehenden Mächtegruppierungen.« Hierfür habe ihm in der bedrohlichen Lage Deutschlands die Geduld gefehlt.

3.
Probleme des Kriegskalküls und der Kriegsbeendigung im Ersten Weltkrieg[1]

Unsere Diskussion steht unter dem Thema: »Die deutschen Kriegsziele im Ersten Weltkrieg«. Mein eigener Forschungsansatz geht nicht von dieser Fragestellung aus, weil die »Kriegszielpolitik« nach meinen Forschungsergebnissen nicht im Mittelpunkt der deutschen Politik stand. Um dies jedoch deutlich herausarbeiten zu können, nehme ich die Thesen meines Hamburger Kollegen Fritz Fischer als Ausgangspunkt wieder auf, wie er sie in der soeben erschienenen dritten Auflage seines Buches »Griff nach der Weltmacht« erneut entwickelt hat.

Fischers zentrale Aussage ist, die deutsche Politik im Ersten Weltkrieg sei von festen Kriegszielen bestimmt gewesen. Sie sei Ausdruck der wirtschaftsexpansionistischen Struktur des Deutschen Reiches, so daß »fast eine Identität von Wirtschaft und Politik« geherrscht habe[2].

Hierauf aufbauend, entwirft Fischer folgendes Bild von dem politischen Geschehenszusammenhang seit 1911: Die wirtschaftsexpansionistische Politik Deutschlands sei seit der zweiten Marokkokrise in eine Sackgasse geraten. Besonders eine wachsende Unfähigkeit der deutschen Banken, den Wettlauf mit Frankreich um die Anleihen für den Balkan und den Orient (Bagdad-Bahn) zu bestehen, sowie die eklusive finanzielle Aufrüstung Rußlands durch Paris hätten die deutsche Regierung veranlaßt, nach einem Mittel zu suchen, Frankreich als finanziellen Hauptgegner, als »Herzstück der antideutschen Liga« auszuschalten. Dies sei die zielstrebige Politik des nervenstarken, kriegswilligen Kanzlers gewesen, auf Befehl des Kaisers und im Einvernehmen mit dem Generalstabschef[3]. Deshalb schreibt Fischer der deutschen Regierung den Plan zu, sie habe 1914 über die Balkanfrage eine Provokation Rußlands herbeiführen wollen. Hierdurch sollte die Möglichkeit eröffnet werden, Frankreich als Hauptriegel gegen die deutsche Wirtschaftsexpansion in sechs Wochen zu zerstören.

Aus der Zeitschrift »Geschichte in Wissenschaften und Unterricht«, Jg. 16, 1965.

1 Vortrag, gehalten auf der 26. Versammlung deutscher Historiker in Berlin am 9. Oktober 1964, dort aus zeitlichen Gründen gekürzt.

2 S. hierzu im besonderen die Kapitel »Wirtschaftsexpansionismus und Weltmachtstreben«, S. 20 ff. und »Bethmann Hollwegs Septemberprogramm«, S. 113 ff.

3 Für diesen Gedankengang s. vor allem S. 37, 39, 42, 50, 53, 56 f.

Und man hoffte, England aus diesem Krieg herauszuhalten[4]. Deshalb habe der Kaiser – nach Fischer – zur Ausführung dieses Planes am 8. Juni 1914 seinen Kanzler angewiesen, »Klarheit im Verhältnis zu England (zu) schaffen«[5]. Obwohl Fischer die Durchführung dieser »Weisung« vom 8. Juni 1914 nicht verfolgt, antwortet er indirekt auf der nächsten Seite bei der Behandlung der Julikrise mit der Kapitelüberschrift: »Die Fehlrechnung mit der englischen Neutralität.« Diese Politik sei zwar am 29. Juli wie das so oft zitierte »Kartenhaus« zusammengebrochen, als Bethmann Hollweg vergeblich die »Früchte« seiner Ausgleichspolitik mit England zu ernten suchte[6]. Dennoch sei das eben beschriebene – also gegen Frankreich gerichtete – Ziel der deutschen Politik im Zuge der machtpolitischen Hybris in der Erwartung eines allein entscheidenden Sechs-Wochen-Sieges über die Franzosen verfolgt worden. Dieses Ziel der Ausschaltung Frankreichs sei das zentrale Ziel der deutschen Politik in der Julikrise gewesen. Und unter der Vorstellung dieser Planmäßigkeit gelangt Fischer zu dem Anspruch, er habe »zum erstenmal die doch wohl entscheidende Frage gestellt . . .: Wie sollte Europa denn nach der in fünf bis sechs Wochen erwarteten Niederwerfung Frankreichs aussehen?« Die Antwort auf diese Frage ist nach Fischer »Bethmann Hollwegs Septemberprogramm« von 1914[7], und zwar seien die darin niedergelegten Richtlinien im Prinzip Grundlage der deutschen Kriegszielpolitik bis zum Ende des Krieges gewesen.

Das deutsche Kalkül in der Julikrise

Die grundlegenden Voraussetzungen dieses Gedankenganges und damit der Anspruch auf die entscheidende Fragestellung erweisen sich jedoch als falsch. Um ein Beispiel dafür zu zeigen, wie eine Grundthese des Fischerschen Buches aus einer Quellenauswertung entstanden und aus ihr wiederum die Fragestellung abgeleitet worden ist, möchte ich Sie bitten, mir bei einer Akteninterpretation zu folgen[8]:

4 Hierzu etwa S. 39, 45, 86, 88 u. pss.
5 S. S. 56 ff.
6 S. 92 f. u. pss.; vgl. auch das Kapitel mit dem Titel »Zusammenbruch einer Politik«, S. 93 ff.
7 S. Fischer, »Der erste Weltkrieg – ein historisches Tabu«, in »Die Welt« nr. 172, 27. Juli 1963, in Beantwortung einer Besprechung meiner Aufsatzreihe durch Paul Sethe. Zum folg. Fischer, S. 119.
8 Die speziellen quellenhistorischen Bemerkungen auf den folgenden Seiten (Seite 34/35) würde ich heute anders formulieren. Eine unterschiedliche Interpretation ist aber mitunter ein wesentlicher Punkt der Kontroverse. Siehe

Die in seinem Buch angeführte »Weisung« Wilhelms II. vom 9. Juni 1914[9], »Klarheit im Verhältnis zu England schaffen!«, wird von Fischer als Beweis dafür gewertet – dies ist eine seiner Grundthesen –, daß Deutschland sich erneut der englischen Neutralität für einen geplanten Angriff auf Frankreichs politische und wirtschaftliche Schlüsselstellung auf dem Balkan und im Orient zu versichern suchte.

Diese Interpretation wird durch zwei erwähnenswerte Bedingungen ermöglicht:

1. Fischer konstruiert den in der von ihm angeführten kaiserlichen Randbemerkung fehlenden Bezug auf die deutsch-französische Wirtschaftsrivalität dadurch, daß er eine Äußerung Wilhelms II. aus dem Jahre 1907 – also eine sieben Jahre zurückliegende – über den neidischen Orientkonkurrenten Frankreich, mit dem er sich – wenn zur Wahrung eigener Interessen notwendig – eventuell schlagen werde, heranzieht, um einen Beweiszusammenhang herzustellen.

2. Fischer setzt als eindeutig und geklärt voraus, daß sich die Aufforderung Wilhelms II., »Klarheit im Verhältnis zu England schaffen!«, auf die Frage der englischen Neutralität gegenüber Deutschland bezieht.

Das von Fischer wiedergegebene Zitat ist jedoch nur der Schluß einer längeren Randbemerkung des Kaisers, die dieser – in einem anderen sachlichen Bezug – zu einem Bericht seines Botschafters in Konstantinopel machte[10]. Und zwar kommentierte Wilhelm II. die Nachricht, daß die Ermordung zahlreicher Griechen in der Türkei die griechisch-türkischen Spannungen wieder verschärft habe, mit den Worten: »Die Jungtürken gehen *nur* nach der Popularität! Sie werden die armen Griechen durch Verfolgung und Massacres so lange provozieren, bis Venizelos entweder stürzt oder nachgeben muß! Und dann ist der Krakehl der aber, wir *müßten* alle Parthei gegen die Muhamedaner , für die Christen ergreifen! Also zugunsten auch der Orthodoxen, damit der Russen; d. h.: Türkei auftheilen!

Es kommt bald das dritte Kapitel des Balkankrieges, an dem wir alle beteiligt sein werden, daher die [mächtigen] und kolossalen Russ.-Franz. Kriegsvorbereitungen! Klarheit im Verhältnis zu England schaffen!«

aber die strittige Auslegung einer Textstelle des Riezler-Tagebuches auf Seite 171 unten, Anm. 20.

9 Fischer datiert sie irrtümlich auf den 8. Sie befindet sich auch nicht in AA, Türkei 169 – »Die Beziehungen der Türkei zu Frankreich«, sondern AA, Türkei 168 – »Die Beziehungen der Türkei zu Griechenland« (!). S. S. 57 f.; zum Folgenden auch S. 56. Vgl. die gleiche Beweisführung auch in seinem Aufsatz »Weltpolitik, Weltmachtstreben und deutsche Kriegsziele«, in: HZ 199/2, vor allem S. 321 f. und S. 338 f.

10 Wangenheim an Ausw. Amt, 8. Juni 1914, AA, Türkei 168.

Des Kaisers »Weisung« hatte also zum Ziele, in London zu erfahren, welche Haltung England einnehmen würde, falls ein aus den lokalen griechisch-türkischen Spannungen erwachsender dritter Balkankrieg die Folge hätte, daß bei einer Aufteilung der Türkei auch Deutschland seine Ansprüche behaupten wollte – angesichts der mächtigen französischen und russischen Rüstungen gegebenenfalls auch unter Einsatz militärischen Druckes. Der Kaiser ging dabei ausdrücklich davon aus, und er mußte es tun – dieses entscheidende Faktum übersieht Fischer –, daß selbstverständlich auch England »vitale« Interessen in der Türkei zu wahren hatte, womit der Kaiser der Sache nach also nur die Aufforderung zu einer Konsultation Greys in der türkischen Frage aussprach. Und er konnte dabei das gemeinsame Interesse an der Erhaltung der Türkei voraussetzen[11].

Fischer hat also das bereits durch die Verkürzung entstellte Zitat darüber hinaus in einen falschen Sach- und Beweiszusammenhang gebracht. Hierbei erweckt er den Eindruck, in der Einleitung des Zitats lediglich den vorangehenden Text und Gedankengang der Quelle zu referieren; in Wirklichkeit jedoch handelt es sich um eine eigene Reflexion, die den Sinn des Zitats entstellt und erst dadurch dessen Einordnung in die Beweisführung des Verfassers – scheinbar – ermöglicht[12]. Fischers Interpretation wiegt aber um so schwerer, als er der kaiserlichen Randbemerkung vom 9. Juni 1914 eine bedeutende Beweiskraft für seine Zentralthese zuerkennt, daß zwischen der deutschen »Weltpolitik« seit der Mitte der

11 Das Ausw. Amt reagierte auf die Verschärfung der griechisch-türkischen Krise auch ganz gelassen erst sechs Tage später, und am 17. Juni konnte Jagow die befriedigende Feststellung machen, daß auch Grey den drohenden türkisch-griechischen Krieg auf die Ägäis lokalisiert sehen wollte, um größere Verwicklungen zu vermeiden. S. Aide-mémoire der englischen Botschaft in Berlin vom 17. Juni 1914, AA, Türkei 168. Grey hatte seine Ansicht mitgeteilt auf ein Telegramm Goschens vom 15. Juni, in dem dieser Jagows Überlegungen über die möglichen Maßnahmen in der türkisch-griechischen Krise wiedergibt: »... Should hostilities break out, he (Jagow) is strongly of the opinion that the Great Powers should join in seeing that war is localised and, if possible, confined to the Aegean See.« S. British Documents on the Origins of the War 1898-1914, Vol. XI, Nr. 280, S. 259.

12 Das von Fischer wiedergegebene Teilzitat der Randbemerkung ist in diesem gleichen Umfange abschriftlich in AA, England 78, Bd. 96. Er leitet es im Textzusammenhang folgendermaßen ein: »Der Kaiser jedoch unterstützte 25 Tage vor Sarajewo im vollen Umfange die Bethmann Hollwegsche Politik, wenn er dem Kanzler den Auftrag erteilt, angesichts der Pressefehden mit Rußland und Frankreich, den Spannungen zwischen Österreich-Ungarn, Serbien und Rumänien, dem geplanten Besuch des Zaren bei König Carol in Constanza und nicht zuletzt der Gesamtlage auf dem Balkan und in der Türkei, ›Klarheit im Verhältnis zu England schaffen‹!« (S. 57 f.) Diese Zitateinleitung und die Übereinstimmumg im Umfang zwischen seiner Wiedergabe und der Abschrift in »England 78« weisen darauf hin, daß Fischer den Aktenquerverweis auf das vollständige Original – und damit auf einen Sachzusammenhang überhaupt – nicht beachtet hat.

90er Jahre, der Julikrise und der »Kriegszielpolitik« nach dem August 1914 eine Kontinuität bestehe.

Ganz unabhängig von dieser Sorge über die Entwicklung des griechisch-türkischen Verhältnisses und trotz der grundsätzlichen Übereinstimmung zwischen Grey und Jagow kam es – ohne Kenntnis des Kaisers – zwischen Berlin und London über das Verhältnis der beiden Großmächte zueinander zu einem grundsätzlichen Gespräch, das sich zu einer entscheidenden deutsch-englischen Vertrauenskrise zuspitzte.
Hiervon ausgehend, lassen Sie mich nunmehr meine Interpretation des deutschen Kriegskalküls entwickeln. Bereits am 6. (Entwurf vom 4.) Juni[13] hat Staatssekretär Jagow seinen Botschafter in London darauf hingewiesen, daß Grey die Gerüchte über den bevorstehenden Abschluß einer englisch-russischen Marinekonvention noch nicht dementiert habe und daß ihre Verwirklichung einschneidende Konsequenzen für das deutsch-britische Verhältnis haben würde. Die entscheidenden Etappen dieses hiermit eingeleiteten sondierenden Gesprächs, das sich in seinem Verlauf immer mehr zuspitzte, sind der 10., der 16. und besonders aber der 27. Juni. Der Mord von Sarajewo platzte also mitten hinein in eine deutsch-englische Vertrauenskrise. Den Tatbestand englisch-russischer Verhandlungen über eine Marinekonvention und den, daß Grey – dem Lichnowsky noch am 10. Juni »die Ethik ›der heiligen Lüge‹« nicht zutraute[14] – dies erst nach zweifachem Leugnen am 9. Juli zugestand, deuteten Bethmann Hollweg, Jagow, Zimmermann und Stumm, die als einzige exakt informiert waren, als eine unmittelbare Gefahr, die Abwehrmaßnahmen erfordere. Nach geradezu verzweifelten Bemühungen, die Verhandlungen durch Zeitungsartikel, präzise Anfragen, schließlich, am 15. Juli, durch eine Mission Albert Ballins nach London, »zum Scheitern zu bringen«, sahen sie sich einer Entwicklung gegenüber, die von der »Triple-Entente zur Triple-Allianz« führen und den Ring der Einkreisung endgültig schließen würde[15].

So erschien denn die Julikrise von 1914 dem deutschen Reichskanzler

13 Jagow an Lichnowsky, 4. (abgg. 6.) Juni 1914, AA, England, Nr. 83 geh., Bd. 3; abgedr. in »Die Große Politik der Europäischen Kabinette«, Bd. 39, Nr. 15 879, S. 620. Zur Bedeutung der Vorverhandlungen zu einer englisch-russischen Marinekonvention für das deutsch-englische Verhältnis und zum folgenden s. Egmont Zechlin, Deutschland zwischen Kabinettskrieg und Wirtschaftskrieg, in: HZ, 199/2, S. 347 ff. (weiterhin zitiert: E. Zechlin, Kabinettskrieg); und ders., Ein Sprung ins Dunkle?, in: »Die Zeit«, Nr. 41, 9. Oktober 1964.

14 Lichnowsky an Bethmann Hollweg, 10. Juni 1914, abgedr. in: GP, Bd. 39, Nr. 15 880, S. 622.

15 E. Zechlin, Kabinettskrieg, Kap. »Großmacht und Kriegsrisiko«, S. 347 bis 355.

Bethmann Hollweg als der letzte Moment, den er als den »am wenigsten ungünstigsten« charakterisierte[16], in dem Deutschland mit einer aktiven Politik in eine als immer bedrohlicher empfundene Entwicklung noch eingreifen konnte, um sich zu behaupten. Dahinter stand die Befürchtung, daß es seine Handlungsfreiheit gegenüber einer übergroßen festgefügten Koalition verlieren würde und der einzige Bundesgenosse in das Lager der Entente abschwenkte. Die Verhandlungen über die Marinekonvention hatten signalisiert, daß eine Kooperation mit England vielleicht noch im Juli 1914, aber kaum noch in Zukunft – wenn es sich formell an Rußland gebunden hätte – möglich sein würde[17]. Hinzu kam die bedrohliche Sorge vor dem – wie sich von Krise zu Krise deutlicher gezeigt hatte – erstarkenden Rußland, das »in wenigen Jahren nicht mehr abzuwehren« wäre. »Die Zukunft gehört Rußland, das wächst und wächst und sich als immer schwerer Alp auf uns legt[18].«

So übernahm die deutsche Reichsleitung bewußt das Risiko des Krieges. Aber eben das Risiko, d. h. die Gefahr, daß es zu einem Kriege komme. Nicht jedoch war sie »kriegswillig« – wie Fischer meint[19] – in der Bedeutung, daß es ihr darum gegangen sei, mit der Rückendeckung der englischen Neutralität über den österreichisch-russischen Gegensatz einen Kontinentalkrieg zu provozieren, durch den Frankreich als wirtschaftlicher Hauptrivale ausgeschaltet werden sollte. Die uneingeschränkte Unterstützung Österreichs charakterisierte der Reichskanzler vielmehr als »Sprung ins Dunkle und dieser schwerste Pflicht«[20]. Wohl hoffte er dabei mit einem schnellen Handeln des Bundesgenossen die Entente vielleicht vor ein »fait accompli« stellen zu können, um die Krise danach mit diplomatischen Mitteln zu lösen: ». . . und dann freundlich gegen die Entente, dann kann der Choc ausgehalten werden«[21]. Aber sollte es doch zum Kriege kommen, so glaubte er angesichts jener britisch-russischen Marineverhandlungen kaum noch mit der englischen Neutralität rechnen zu können. War ihm doch aus geheimer Quelle mitgeteilt worden, daß England

16 Tagebucheintragung Riezlers vom 13. September 1914, nach K. D. Erdmann, Zur Beurteilung Bethmann Hollwegs, in: GWU, H. 9, 1964, S. 536. S. auch ders., Der Kanzler und der Krieg, in: »Die Zeit«, Nr. 35, 28. August 1964, S. 16.

17 Die Sorge Bethmann Hollwegs über einen endgültigen Zusammenschluß der Entente wurde verstärkt durch die gleichzeitig eintreffenden Nachrichten über Wiederaufnahme der russisch-französischen Militärabsprachen. S. hierzu Randbemerkung des Reichskanzlers v. 27. Juni 1914 zu einem Artikel der Deutschen Zeitung vom 26. Juni, AA, England Nr. 83 geh.

18 Tagebucheintragungen Riezlers vom 20. und vom 7. Juli 1914, nach K. D. Erdmann, in: »Die Zeit«, a.a.O. und in: GWU, a.a.O., S. 536.

19 Fischer, S. 107.

20 Tgb. Riezler v. 14. Juli 1914, a.a.O., S. 536.

21 Tgb. Riezler v. 11. Juli 1914, ebd.

und Rußland bereits koordinierte Operationen in Nord- und Ostsee planten[22], und gegenüber Riezler sprach der Kanzler sogar davon, daß für den Kriegsfall mit einem englischen Landungsversuch in Pommern zu rechnen sei.

Für die Übernahme des Kriegsrisikos war also nicht entscheidend, daß der Kampf »nur« gegen Frankreich und Rußland zu führen sei, wie Fischer, und zwar im Anschluß an Bernadotte Schmitt und Luigi Albertini, behauptet, sondern – und auch damit erweist sich die Fischersche Motivanalyse der deutschen Zielsetzung und Entscheidungen in der Julikrise als nicht mehr haltbar – das Risiko des Krieges wurde trotz eines drohenden Kriegseintritts Englands übernommen: Man überschritt die Schwelle zum Weltkrieg im Zuge einer politischen Offensive, die auch den Einsatz des militärischen Machtinstrumentes in der Kalkulation hatte, um in einem noch »am wenigsten ungünstigen« Augenblick einer als lebensgefährlich empfundenen Entwicklung der Gesamtsituation zu begegnen. Drohte auf dem Balkan eine Hegemonie Rußlands, die bis an die Grenzen des verbündeten Habsburger Reiches reichte, so schien sich nun auch noch ein Netz von Militärbündnissen über den Mittelmächten zusammenzuziehen. Demgegenüber bedeutete Unterlassen geradezu Versagen der deutschen Diplomatie. Zudem galt die Alternative eines diplomatischen Rückzuges als unehrenhafte Kapitulation.

Daß es für die Reichsleitung in der Julikrise 1914 nur die Wahl zwischen Kriegsbereitschaft und Kapitulation gegeben hat, erscheint unserem heutigen politischen Verständnis fast unbegreiflich. Aber man wird dieses Denken und die hinter ihm stehende Geisteshaltung aus den Wertvorstellungen jener Zeit erklären müssen, um das Handeln der Staatsmänner und ihre Motive verstehen zu lernen und differenzierend beschreiben zu können. Nur so – und hier liegt die eigentliche wissenschaftliche Aufgabe – läßt sich der reale Wirkungszusammenhang erfassen, nur so kann man den historischen Persönlichkeiten gerecht werden und nur so der Gefahr entgehen, durch eine verkürzende Motivanalyse zu einem vorschnellen und unzureichenden oder schiefen Gesamturteil zu gelangen. Wenn wir dann heute mit dem Abstand eines halben Jahrhunderts feststellen, daß der kaiserliche Reichskanzler mit seinem Kalkül und mit seinen Entscheidungen in der Julikrise an die Grenzen seines politischen Denkens stieß,

22 E. Zechlin, Kabinettskrieg, S. 348 f. mit Nachweisen, S. 349, Anm. 1. Bereits Anfang Juni – unmittelbar nach Bekanntwerden der englisch-russischen Marineverhandlungen – äußerte Bethmann Hollweg zu Bassermann, man treibe auf den Weltkrieg zu, und wenn es zum Kampfe komme, dann dürfte England auf der Seite der Gegner zu finden sein. Darüber und über weitere Zusammenhänge berichte ich ausführlich an anderer Stelle. Zum folgenden Zitat: Tgb. Riezler v. 6. Juli 1914, a.a.O., S. 536.

so geht es darum, diese Grenzen zu erkennen, zu suchen und darzustellen, nicht aber darum, sie ihm zum Vorwurf zu machen[23].

In Erwartung des Kabinettskrieges: Kampf gegen unbesiegbare Gegner

Und nun ein zweites Problem, ein zweites Beispiel auch für den Gegensatz der Methoden und Fragestellungen.

Das Hauptergebnis meiner Untersuchungen der ersten Kriegswochen[24] ist folgendes: Es herrschte in der entscheidenden Frage der Einschätzung der Feindmächte im eingeweihten Kreise der – ich möchte einmal sagen – »Führungsspitze« trotz aller sonstigen schärfsten Gegensätze *eine* Übereinstimmung: sie alle wußten – auch vor der Niederlage an der Marne –, daß selbst nach einem erfolgreichen Sechs-Wochen-Krieg gegen Frankreich das britische Weltreich militärisch überhaupt nicht zu besiegen war und daß Rußland wegen seiner räumlichen Ausdehnung ein *militärisch* kaum lösbares Problem bot. Man findet diese Einsicht in der Diplomatie, bei Zimmermann wie bei Stumm, unter den Wirtschaftsfachleuten der Handelspolitischen Abteilung des Auswärtigen Amtes und fast aller Fachressorts, in der Umgebung des Kaisers, bei Valentini und Müller, bei den Militärs Falkenhayn, Tirpitz, Pohl, und auch bei Wirtschaftsführern wie Helfferich, Rathenau, Ballin und Gwinner.

Aus dieser Analyse lassen sich folgende Fragestellungen gewinnen:

1. Wie wollte man die konkrete Lage bewältigen, die durch das bewußt eingegangene Risiko eines Kampfes auch gegen zwei unüberwindliche Gegner entstanden war?

2. Warum wurde dieses – von heute aus gesehen – untragbare Risiko übernommen?

Ich beschäftigte mich dabei zunächst mit Bethmann Hollweg, der in der Julikrise die Entscheidungen getroffen hat und dieses Risiko voll verantwortlich, aktiv und bewußt eingegangen ist.

Dabei ist folgendes vorauszusetzen:

a) Zum Großmachtbegriff gehörte die Vorstellung einer von der Staatsraison bestimmten und kontrollierten Kabinettspolitik, die auch bei den Gegnern vorausgesetzt wurde. Sie erleichterte zunächst die Übernahme des Kriegsrisikos. Und sie begründete die Erwartung eines nur begrenzten Kabinettskrieges. Dieser würde, so meinte man, das Auskämpfen vermeiden, also den strategisch-militärischen Gesamtsieg als Voraussetzung zur Kriegsbeendigung überflüssig machen.

23 So Fischer in: »Die Welt«, s. o. Anm. 7.
24 Zum folgenden E. Zechlin, Kabinettskrieg, a.a.O.

b) Diese Rechnung mit dem traditionellen, begrenzten Kabinettskrieg schien durch die internationale Verflechtung der modernen Weltwirtschaft eine neue, verstärkte Rechtfertigung zu erhalten. Das internationale Finanzsystem und der Weltverkehr galten als unabdingbare Voraussetzungen für die Existenz der Industriestaaten, die höchstens eine kurzfristige Unterbrechung vertrugen. Dies schien in besonderem Maße für die vitalen Interessen der Haupthandelsnation England zuzutreffen.

Bethmann Hollweg rechnete also mit dem begrenzten und kurzen Kabinettskrieg; aber England und die Koalition verstanden das deutsche Vorgehen als Kampf um die Hegemonie und antworteten – aus wohlerwogenen Gründen – auf einen Hegemonialkrieg.

Diese bittere Einsicht kam dem Reichskanzler zwischen dem 27. August und dem 6. September 1914, also bereits vor dem Umschlag an der Marne. Bis dahin hatte er geglaubt, England würde aus Rücksicht auf seine Gleichgewichts- und Wirtschaftsinteressen den Krieg lediglich kurz und formell führen wollen. »Ich halte es nach eingehender Erwägung für wahrscheinlich, daß England zurückhält, um keine Entscheidung für Verlängerung des Krieges zu geben. Es wäre dringend erwünscht, daß wir ebenso verführen, um die Möglichkeit zu geben, daß England den Frieden herbeiführen kann.« Das hatte Bethmann Hollweg am 8. August gegenüber dem Chef des Admiralstabes nachdrücklich betont und gefordert[25]. Nun aber – seit dem 27. August – erlebte er an einer Reihe von unzweideutigen Beispielen das nicht erwartete Engagement Englands[26]. Folgende sind zu nennen:

1. Vom 27. August an wurde deutlich, daß England sich an den Kämpfen auf dem Kontinent mit einem Expeditionskorps beteiligte, das eine unerwartete Kampfkraft besaß und gerade eben ausschlaggebend dazu beitrug, eine Umfassung des Nordflügels der alliierten Front durch deutsche Truppen zu verhindern.

2. Am 4. September wurde im Großen Hauptquartier die Nachricht über eine angebliche – vor allem auf englische Initiative zurückgehende – Entsendung japanischer Truppen auf den europäischen Kriegsschauplatz bekannt, die den Kanzler »sichtlich beunruhigte«[27].

25 Aufz. Pohls v. 8. August 1914, in: A. v. Tirpitz, Politische Dokumente, Deutsche Ohnmachtspolitik im Weltkriege (1926), S. 48. Für Einzelheiten s. E. Zechlin, Kabinettskrieg, die Kapitel »Britisches Friedensinteresse im deutschen Kalkül«, S. 381 ff. und »Englisches Wirtschaftsinteresse am kurzen Krieg?«, S. 386.

26 Vgl. die ausführliche Darstellung im Textzusammenhang in E. Zechlin, Kabinettskrieg, S. 384 f., S. 392 ff.

27 H. v. Pohl, Aus Aufzeichnungen und Briefen (1920), Aufzeichnung 4. September 1914, S. 46.

3. Am gleichen Tage erfuhr man von einer Veröffentlichung der englischen Regierung, die, gegen alle Regeln diplomatischer Etikette, die sehr vertraulichen Gespräche zwischen Bethmann Hollweg und dem britischen Botschafter im Anschluß an die Überreichung der Kriegserklärung in einseitiger und verletzender Form bekanntgab und damit auch die letzten persönlichen Verbindungen mit den Vertretern der Ausgleichspolitik in der deutschen Regierung zerriß.

4. Am 5. September veröffentlichte die britische Regierung, um die Kampfentschlossenheit der Ententepartner zu betonen, das Abkommen vom 4., das die Verbündeten verpflichtete, keinen Separatfrieden zu schließen.

5. Außerdem konfrontierten den Kanzler Wirtschaftsanalysen Rathenaus, Gwinners und Ballins Ende August 1914 mit der Möglichkeit, daß England und Amerika den Exportanteil Deutschlands in Übersee erobern würden und damit in England eine Kriegskonjunktur und das Interesse an einer Kriegsverlängerung zu erwarten sei.

So sah sich der Kanzler in Übereinstimmung mit seinen innenpolitischen Gegnern vor der Notwendigkeit, Kampfmittel gegen den militärisch unbesiegbaren Hauptgegner zu finden. Es entstand die Septemberdenkschrift.

Wir stehen damit in der Geschichte des Ersten Weltkrieges vor einer völlig neuen Chronologie. Die bestürzende Einsicht in eine unerwartete, existenzbedrohende Struktur des Krieges führte zwischen dem 27. August und dem 6. September unaufhaltsam zu einem Bruch mit der politischen und militärischen Konzeption der Julikrise und der ersten Kriegswochen.

Die Septemberdenkschrift: Kampfmittel, nicht Kriegsziel[28]

Angesichts dieser neuen Wirklichkeit des Krieges ist die Septemberdenkschrift der erste, in aller Eile durchgeführte Versuch, für den Fall der erhofften Niederwerfung Frankreichs vorbereitend die Frage zu klären, von welcher materiellen Basis aus dann der nicht erwartete Krieg à outrance gegen England zu führen sei. Bei allen inneren Widersprüchen, die die Denkschrift nicht als endgültiges Programm, sondern als »vorläufige Aufzeichnung« und Materialsammlung ausweisen, sind es im wesentlichen zwei Forderungen, die als eine solche Basis zur Kriegführung gegen Eng-

28 Nachweise hierzu und zum folgenden sowie eine ausführlichere Darstellung in E. Zechlin, Kabinettskrieg; vor allem die Kapitel »Der Entwurf der Kampfmittel«, S. 395 ff.; »Die politisch-taktische Geschichte der Septemberdenkschrift«, S. 405 ff. Vgl. auch die Edition der Denkschrift in E. Zechlin, a.a.O., B 20/63, S. 10-23.

land genannt werden und nun von den zuständigen Ressorts auf ihre Realisierbarkeit als Kampfmittel geprüft werden sollen[29]:

1. Die Kontrolle über Frankreich und Belgien mit den Zugängen zum Kanal und zum Mittelmeer.

2. Ein kontinentaler Binnenmarkt, der die englische Blockade ausgleichen und – als Antwort auf die englischen Kriegsmaßnahmen – wie eine erneute Kontinentalsperre wirken sollte.

Diese Interpretation der Septemberdenkschrift als einer vorläufigen Erörterung der möglichen Kampfmittel für einen gegen England à outrance zu führenden Krieg wird durch einen bisher unbekannten Brief bestätigt, den am 5. September 1914 – also als sich beim Reichskanzler im Großen Hauptquartier die bestürzende Einsicht in die englische Kampfentschlossenheit durchsetzte – der württembergische Militärbevollmächtigte im Großen Hauptquartier, Generalleutnant von Graevenitz, an den württembergischen Ministerpräsidenten Carl von Weizsäcker schrieb[30]. In Zusammenfassung zahlreicher Gespräche mit den leitenden Militärs und Politikern berichtete er nach Stuttgart: »Der Reichskanzler, wie alle anderen, geht davon aus, daß England und Japan niedergekämpft werden müssen. Besonnene Elemente sind sich darüber klar, daß dann unsere derzeitigen maritimen Kräfte nicht ausreichen, daß wir also den größten Teil der Flotte erst bauen müssen mit französischem und belgischem Gelde.« Und als Wiedergabe des in den Gesprächen gezogenen Fazits und als eigene Schlußfolgerung zugleich spricht er dann von der Aufgabe, »daß wir uns

29 Der apodiktische Ton in der Formulierung des allgemeinen Zieles des Krieges (»Sicherung des Deutschen Reiches nach West und Ost auf erdenkliche Zeit. Zu diesem Zweck muß Frankreich so geschwächt werden, daß es als Großmacht nicht neu erstehen kann, Rußland von der deutschen Grenze nach Möglichkeit abgedrängt und seine Herrschaft über die nichtrussischen Vasallenvölker gebrochen werden«) darf über ihren »vorläufigen« und politisch noch unverbindlichen Charakter nicht hinwegtäuschen. Einmal wird die Interpretation der Denkschrift als einer schnell entworfenen Materialsammlung für einen möglichen Präliminarfrieden mit Frankreich dadurch entscheidend gestützt, daß die Forderung, Frankreich so zu schwächen, »daß es als Großmacht nicht neu erstehen kann«, in einem offensichtlichen Widerspruch zu dem Wunsche, Frankreich in einen mitteleuropäischen Wirtschaftsverband aufzunehmen, steht — und darauf hat Delbrück denn auch in seiner Antwort an Bethmann Hollweg hingewiesen. Zum anderen trat — was die Forderung der Zurückdrängung Rußlands betrifft — der Osten mit seinen militärischen und politischen Problemen erst im November 1914 in das politische Entscheidungszentrum der deutschen Reichsleitung — und dann unter der ganz anderen Voraussetzung, daß durch das Mißlingen der Niederwerfung Frankreichs die in der Septemberdenkschrift diskutierten Kampfmittel für die Auseinandersetzung mit England nicht verwirklicht werden konnten. Zum letzteren Punkt vgl. E. Zechlin, Kabinettskrieg, Kapitel »Polen und die Kompensation an Italien«, S. 370 ff.

30 Privatnachlaß Carl von Weizsäcker.

mit dem Gedanken eines Zwischenfriedens nach völliger Niederwerfung Frankreichs befassen müssen«[31]. Eben dies geschah in der Septemberdenkschrift.

Sie steht also nicht im Zusammenhang eines »Griffes nach der Weltmacht«. Daß dann jedoch der Entwurf der Kampfmittel bereits bei der Entstehung von innenpolitischen Gegnern umgedeutet wurde in die Vorbereitung eines Kriegszielprogramms, ließ der Kanzler zu; konnte er doch so am leichtesten den Angriff auf seine innenpolitische Stellung abwehren. Seine eigene politische Konzeption in der Frage der Kriegführung und der Kriegsbeendigung begann Bethmann Hollweg erst seit dem 11. September – also zwei Tage nach der Septemberdenkschrift – zusammen mit den Fachressorts zu bedenken. Dabei war Bethmann Hollweg in Hinsicht auf die Nachkriegszeit über den Verlust der Absatzmärkte für das exportintensive Deutschland am meisten betroffen. Der radikale Verfall des völkerrechtlichen Schutzes des Privateigentums in der Blockade hatte das erwartete Ausmaß weit überschritten. Hatte man doch bis 1914 in Deutschland erwartet, daß z. B. die Dividenden auch im Kriege den feindlichen Aktionären ausgezahlt würden.

Den schnellen »Ersatz« für den verlorenen Markt brauchte der Kanzler vor allem für sein wichtigstes außenpolitisches Ziel, nämlich England die Aussichtslosigkeit einer auch noch so langen Blockade vor Augen zu führen, um dadurch doch noch ein Arrangement im Sinne des begrenzten Krieges zu erzwingen.

Hierfür bot sich die ihm schon aus der Vorkriegszeit bekannte Mitteleuropa-Idee Rathenaus an, die dieser der Kriegslage und der Kampfmittelkonzeption Bethmann Hollwegs angepaßt hatte. Daraus entwickelte sich dann 1914/15 eine handelspolitische Debatte zwischen dem Kanzler und den Fachressorts. Bereits am 19. September aber lehnte Bethmann Hollweg den Rathenauschen Zollunionsplan wegen inner- und handelspolitischer Nachteile ab, die er befürchtete, und am 22. Oktober ersetzte er auch formell die Septemberdenkschrift durch neue Richtlinien zur Vorbereitung von zweiseitigen Handelsverträgen mit den Gegnern. Dies führte dazu, daß die Fachressorts nun den extremistischen Forderungen

31 Wie wenig es gerechtfertigt ist, für den Inhalt der Septemberdenkschrift – auch als Erörterung von Kampfmitteln – politische Verbindlichkeit vorauszusetzen, wird durch eine Mitteilung im gleichen Briefe erhellt. Hier heißt es: »(Der Frieden wird vorbereitet von den) in Berlin sitzenden Beamten von Delbrück abwärts, die alle Möglichkeiten vorbereitend bearbeiten müssen, damit die Sache nachher stimmt. Gewisse Direktiven werden diese sicher auch vom Reichskanzler, der mit von Jagow und einigen anderen gegenwärtig fabelhaft bescheidenen und liebenswürdigen Diplomaten im Großen Hauptquartier sich befindet, erhalten; aber doch nur zur Vorbereitung aller Möglichkeiten.«

der Industrie zur Ausgestaltung von Handelsverträgen entgegentraten, da diese die »Wiederbelebung unseres überseeischen Exports nach dem Kriege« schwer schädigen würden.

Am Ende der Diskussion stand also die Einsicht, daß eine die Struktur des modernen Industriestaates bestimmende Maßnahme, wie es der kontientale Binnenmarkt gewesen wäre, eine endgültige Entscheidung sein würde und nicht als vorübergehendes Kampfmittel durchgeführt werden könnte. Eine solche endgültige Entscheidung für den kontinentalen Binnenmarkt aber erschien allen Fachressorts als indiskutabel, da Deutschland den offenen Zugang zu den Weltmärkten des britischen Empire und des russischen Reiches brauche. Die Wiederherstellung des Marktes sei nur durch Arrangement mit den Hauptgegnern zu haben – Arrangement also nicht aus Mäßigung, sondern aus wohlerwogenem Eigeninteresse.

Dies ist die Geschichte und *dies* der Zusammenhang der Septemberdenkschrift und des »Mitteleuropaplanes« von 1914, des Zentralstückes der Fischerschen Beweisführung und seiner Kontinuitätsthese. Diese »vorläufige Aufzeichnung«, die der Kanzler hat »anfertigen lassen«, bedeutete für ihn keineswegs die endgültige Friedensordnung Europas, und in ihrem Mittelpunkt stehen nicht die territorialen Kriegsziele, sondern organisatorische Vorschläge für einen von Deutschland abhängigen Wirtschaftsraum zur Mobilisierung des wirtschaftlichen Potentials für eine Kriegführung gegen England, das militärisch für nicht besiegbar gehalten wurde.

Wege zur Kriegsbeendigung?

Voraussetzung dieser Überlegungen war: Deutschland wird weder siegen noch besiegt werden. Das war die einheitliche politische Vorstellung des gesamten eingeweihten Führungskreises. Über die Frage, wie diese Krisenlage zu bewältigen sei, zerstritten sich jedoch die beiden Gruppen der Eingeweihten in der Führungsspitze, die sich um Bethmann Hollweg und Tirpitz kristallisierten. Tirpitz hoffte auf die Wirkungen einer energischen Kriegführung ohne Rücksicht auf diplomatische und handelspolitische Folgen und befürwortete deshalb den äußersten Einsatz aller Kampfmittel. Der Kanzler und seine Ressorts glaubten dagegen an die politische Wirkung des Stellungskrieges und seiner Blutopfer und an die rationale Einsicht aller Kabinette in die Aussichtslosigkeit, den Krieg mit einem Gewaltdiktat beenden zu können. In einem Verhandlungsfrieden sah Bethmann Hollweg die einzige noch befriedigende Chance für Deutschland. Das Friedensangebot aber mußte von der Gegenseite ausgehen. Denn nach seiner Meinung würde durch ein deutsches Angebot – vollends auf der Grundlage des status quo – die bisher verdeckte Schwäche Deutschlands offenbart und damit die Siegeszuversicht und Kampfentschlossenheit der Gegner entscheidend gestärkt.

Beiden Gruppen – dem Kreis um Bethmann Hollweg und dem um Tirpitz – war es wegen der Begrenztheit ihrer politischen Wertordnung nicht gegeben, aus dieser Lage den Verlust der Großmachtstellung Deutschlands hinzunehmen, geschweige denn sich auch nur im entferntesten ein Versailles vorzustellen. Mit *Großmacht* meinten sie, daß Deutschland – in der Mitte Europas auf sich gestellt – in der Lage bleiben müsse, auch künftig das Kriegsrisiko eingehen zu können. Der Verzicht hierauf galt als Auslieferung an die Interessen der Nachbarmächte und als unehrenhafte Kapitulation. Das Gegenmodell einer internationalen Friedensorganisation, der Völkerbund, konnte in den Überlegungen des amtlichen Deutschland keine Rolle spielen.

Welche Mittel also zur Kriegsbeendigung sah der Kanzler? Er glaubte in sein Kalkül einsetzen zu können:

1. Die Hoffnung auf geheime, ernstgemeinte Anknüpfungsversuche aller Gegner oder eines einzelnen als Folge des Stellungskrieges und des für Deutschland günstigen Frontverlaufs.

2. Den Besitz von Faustpfändern auf beiden Seiten (Belgien/Nordfrankreich für Deutschland und für die Gegner Galizien, die Kolonien und die Herrschaft über den Welthandelsverkehr).

3. Den Separatfrieden mit einem der Gegner, falls dieser aus Revolutionsfurcht oder Sorge vor der Niederlage oder eben aus Staatsraison – der goldene Brücken nachhelfen sollten – dazu bereit sein würde. Das galt besonders für Rußland (Meerengen), obwohl der Kanzler Ende 1915 nicht mehr an Revolution und Separatfrieden glaubte.

4. Im U-Boot-Krieg sah er ein solches Mittel nicht, weil er den amerikanischen Kriegseintritt auslösen mußte.

5. Und schließlich ist die Vorstellung zu nennen, daß letzten Endes doch die Interessen der traditionellen Kabinettspolitik auch für die Gegner maßgebend sein würden.

Diese Kabinettspolitik in Deutschland im entscheidenden Moment in der Führung und auch beim Kaiser durchzusetzen, traute sich Bethmann Hollweg zu, wenn erst einmal – im tiefsten Geheimnis diplomatischer Sondierungen – ein entscheidender Anknüpfungspunkt und eine Friedensbereitschaft des Gegners gefunden sein würde. Dann hatte er drei Institutionen, die er in die Waagschale des innenpolitischen Kampfes zu werfen hoffte. Da war das preußische Staatsministerium. Gelang es ihm doch im Frühjahr 1915 sogar, das Staatsministerium für eine eventuelle Abtretung schlesischen Gebietes, einer Eroberung Friedrichs des Großen, zu einigen, und Wilhelm II. zur Unterschrift unter ein Schreiben an Kaiser Franz Joseph zu bringen, in dem ihm dieses Angebot gemacht werden sollte, damit Österreich dafür den Italienern das Trentino überließ[32]. Und da waren die Parteiführerbesprechungen, deren Bedeutung sich erst heute auf Grund der (unveröffentlichten) Notizen des Unterstaatssekretärs Wahnschaffe erkennen läßt. Auch im Bundesrat hatte der Kanzler im »Ausschuß für Auswärtige Angelegenheiten« ein Gremium, in dem Männer, wie etwa der württembergische Ministerpräsident v. Weizsäcker, Verständnis für seine Gedankengänge hatten. Hier konnte er auch manches sagen, was er der Öffentlichkeit vorenthielt. Gestützt auf das Votum solcher Gremien, glaubte er, auch den Kaiser gewinnen zu können, vor allem, wenn es sich um einen Weg zum Frieden handelte[33].

Für die Dämpfung der Annexionszuversicht der Öffentlichkeit hoffte Bethmann Hollweg auf den Eindruck der militärischen Lage. So vermerkte er zu den übermäßigen Kriegszielforderungen der Wirtschaftsverbände in ihrer berühmten Denkschrift am 12. März 1915: »Die Aufklärung kann nur ganz allmählich durch die militärischen Ereignisse selbst stattfinden[34].« Und über diese »militärischen Ereignisse« schrieb er zwei Tage später an Treutler, seinen Vertreter im Großen Hauptquartier: »Mir scheint es, daß mit jedem Kriegsmonat unsere Situation sich verschlechtern wird[35].« Nur schien es ihm nicht zweckmäßig zu sein, dies den Annexionisten zu sagen: »Entweder sie bezichtigen mich des Flaumachens oder sie werden selbst ängstlich. Beides können wir nicht brauchen[36].«

32 Für die Einzelheiten s. Egmont Zechlin, Das »schlesische Angebot« und die italienische Kriegsgefahr 1915, in: GWU, H. 9, 1963, S. 533 ff.

33 Vor dem Parl. U. A. berichtete Zimmermann, daß er vor Besprechungen mit der OHL über die Kriegsziele den Kanzler beruhigt habe: »... falls sich Verhandlungsmöglichkeiten ergeben, so werden ... (wir) uns da auf den Kaiser verlassen können, der uns die Möglichkeit geben wird, das durchzusetzen, was eben zu erreichen ist, und sich damit zufrieden geben wird.« Und »der Zeuge Gesandter Dr. Riezler« ergänzte diese Aussage ausdrücklich auch für die Person Bethmann Hollwegs: »Er (B. H.) hatte ... jeden Augenblick die absolute Sicherheit, daß im gegebenen Moment der Kaiser, wenn der Kanzler mit einer realen Möglichkeit kommen würde, ihm unbedingt zustimmen würde.« (AA, unveröffentl. Protokolle des Parl. U. A., 2. Unterausschuß., Sitzg. v. 20. Dezember 1921.)

34 In den Akten DZA Potsdam, Rk 2442/10. Die Randbemerkung ist als Faksimile abgedruckt bei E. Zechlin, »So kam es zum Krieg, der die Welt veränderte«, in: »Sonntagsblatt« Nr. 31, 2. August 1964.

35 Bethmann Hollweg an Treutler, 14. März 1915, DZA Potsdam, Rkz. 2398/2. Vgl. auch Bethmann Hollweg an Valentini, 12. März 1915, im Besitz des Verf.; abgedr. in: E. Zechlin, Friedensbestrebungen und Revolutionierungsversuche im Ersten Weltkrieg, Beilage zum »Parlament«, B 22/63, Anl. Nr 42. Für weitere Nachweise s. E. Zechlin, Kabinettskrieg, S. 445, Anm. 1.

36 Randbemerkung zur Denkschrift der Wirtschaftsverbände vom 5. März 1915, s. Anm. 34.

Als weiteres wesentliches Element kam hinzu, daß Bethmann Hollweg lange als Garant galt für das zum mindesten notdürftige Einvernehmen mit den Führern der sozialdemokratischen Massen. Ohne diese aber konnte der Krieg nicht geführt werden. Hatte doch bei der letzten Reichstagswahl vor dem Kriege jeder dritte Deutsche (34,8 %) die SPD gewählt.

Schließlich gab es in Deutschland eine sich gegenseitig oft neutralisierende Konkurrenz der agrarischen und industriellen Kräfte, die in den führenden Schichten insbesondere auch regional zwischen Ostdeutschland und dem rheinischen Westen zum Ausdruck kam. Daß im Reichstag und bei Kriegszielresolutionen der Wirtschaftsverbände Konservative und Nationalliberale zusammen operierten, schloß nicht aus, daß, wenn es zu Entscheidungen kommen sollte, der Kanzler mögliche Gegensätze benutzen konnte, um sich mit einer eigenen Konzeption durchzusetzen. Blieb es doch ein großer Streitpunkt, ob ein weltoffener Industriestaat oder ein geschlossener Kriegswirtschaftsstaat die richtige Konsequenz aus der deutschen Lage sei, wobei sich die Handelnden über ihren eigenen Standort und die eigenen Interessen oft selbst nicht klar waren.

Allerdings – und dies dürfte wohl entscheidend gewesen sein – ist Bethmann Hollweg seitens der Alliierten oder auch nur eines von ihnen niemals eine Verhandlungsgrundlage geboten worden, die es ihm ermöglicht hätte, darauf gestützt in den genannten Gremien und gegenüber dem Kaiser zu agieren. Unter diesen Umständen weitete sich das Übergewicht der Militärs in Fragen der Kriegführung und militärischen Lagebeurteilung aus wie auch der Einfluß der Obersten Heeresleitung auf den Kaiser, nachdem die durch den Streit Falkenhayns mit Hindenburg/Ludendorff zerstrittene Armee Ende 1916 wieder durch ein Idol vereint war. Da entwickelte sich dann ein Verhältnis, in dem es dem Kanzler kaum noch sinnvoll erschien, sich mit der OHL in Kriegszielfragen auch nur auf einen Kompromiß einzulassen, jedenfalls nicht bevor eine greifbare Friedensmöglichkeit vorlag[37]. Daß dies nicht der Fall war, ist eine der wesent-

37 Bis dahin erschien es dem Kanzler jedoch als zweckmäßig, Kontroversen mit der OHL auszuweichen, um seine ohnehin bedrohte Position nicht noch mehr zu erschüttern. In der o. a. Aussage vor dem Parl. U. A. umriß Zimmermann die damalige Situation folgendermaßen: Die »... Vereinbarungen mit der OHL wurden von uns nicht als ernst und als bindend für uns angesehen.« Riezler beschrieb ergänzend das Verhältnis Bethmann Hollwegs zur OHL wie folgt: »Er legte kein Gewicht darauf, die Ansprüche der OHL um 50 % herunterzusetzen, um nicht gezwungen zu sein, seine unterste Linie um 50 % hinaufzusetzen und sich dadurch die Hände zu binden.« Und als Ende Dezember 1916 ein Kriegszielprogramm der OHL bei dem Reichskanzler eintraf, verteidigte dieser Riezler gegenüber sein Schweigen dazu folgendermaßen: »Es hat gar keinen Zweck, ein Kompromiß auf mittlerer Linie zu schließen. Das würde noch viel zu weit gehen und uns immer noch die Hände binden.« (S. o. Anm. 33).

lichen Ursachen dafür gewesen, daß es zur »Diktatur Ludendorffs« und damit zum Sturz Bethmann Hollwegs gekommen ist.

Eine Bemerkung zur wissenschaftlichen Kontroverse:

Mir scheint, daß man sich das Verständnis für die deutsche Politik verbaut, wenn man glaubt, sie sei von bewußter Planung bestimmt gewesen, um dann diese Planung des Illusionismus und der Hybris zu zeihen.

Vor allem scheint es notwendig, den von Fischer verwendeten Begriff der »Kriegszielpolitik« einmal in Frage zu stellen und ihn streng von dem der »Kriegszielbewegung« zu unterscheiden. »Kriegszielpolitik« in der Bedeutung von zielbewußter Planung unterstellt der Reichsleitung – denn letztlich geht es im »Griff nach der Weltmacht« doch um den Führungskreis und nicht um das »kaiserliche Deutschland« – für jede Erörterung von Kriegszielen eine politische Aktivität und Eigeninitiative, Ernsthaftigkeit und Endgültigkeit, die diese Erörterungen nicht gehabt haben. Hierbei wäre für die Beschreibung der außenpolitischen Zukunftsvorstellungen Bethmann Hollwegs, des verantwortlichen Leiters der deutschen Politik, zu beachten, daß er jede Friedensbedingung grundsätzlich abhängig sah von der militärischen Lage Deutschlands bei Kriegsschluß. So hielt er es denn für nutzlos, sich auf bestimmte Forderungen festzulegen – nicht etwa, um seine Kriegsziele gegenüber der Linken zu verschleiern, wie Fischer behauptet, sondern »weil er nicht wisse, ob er sie durchsetzen könne«[38]. »Politik (wird) immer die Kunst des Erreichbaren bleiben«, schrieb er an Hindenburg[39]. Wohl unterschied er zwischen wünschenswerten und notwendigen Erwerbungen; aber er war nicht bereit, den Frieden an einer deutschen Forderung scheitern zu lassen[40] und überließ

38 Protokoll der Sitzung des Preußischen Staatsministeriums vom 10. April 1915, BA Koblenz, Nl. Heinrichs Nr. 10. Für weitere Äußerungen des Kanzlers und Belege s. E. Zechlin, in: Beilage zum »Parlament«, B 20/63, S. 3 bis 10.

39 Bethmann Hollweg an Hindenburg, 4. Januar 1917, AA, Wk 15 geh. abgedr. in: Sten. Ber. der Deutschen Verfassunggebenden Nationalversammlung, Bd. 2 (1920), Beilage 1, S. 117 f.

40 Quellennachweise s. E. Zechlin, a.a.O., B 20/63, S. 7 f. Hierfür äußerst aufschlußreich und für Bethmann Hollwegs politische Zielsetzung kennzeichnend ist eine Aktennotiz des Reichskanzlers zu dem sogenannten Kreuznacher Kriegszielprogramm vom 23. April 1917, in dem Fischer »nicht nur die Kontinuität des deutschen Kriegszielwillens, sondern auch die prinzipielle Übereinstimmung zwischen militärischer und ziviler Reichsleitung in ihren Kriegszielforderungen« dokumentiert sieht. Diese Fehlinterpretation kommt u. a. vornehmlich dadurch zustande, daß Fischer jene Aktennotiz unbeachtet läßt, in der Bethmann Hollweg in bestimmter Form betont: »... Ich habe das Protokoll mitgezeichnet, weil mein Abgang über Phantastereien lächerlich wäre. Im übrigen lasse ich mich durch das Protokoll natürlich in keiner Weise binden. Wenn sich irgendwo und irgendwie Friedensmöglichkeiten eröffnen, verfolge ich sie. Was ich hiermit aktenmäßig festgestellt haben will.« (Graf Werstarp, Konservative Politik, Bd. 2, S. 85 f.)

es den Verhandlungen, was etwa zu erreichen sei. Schließlich hing auch viel davon ab, ob sich die Mittelmächte auch dann noch mit einer solidarischen Front der Gegner auseinanderzusetzen hatten oder ob es gelingen würde, deren Interessengegensätze ausnutzend, die Koalition zu sprengen.

Diese Relativierung des Kriegsziels stellt die Kontinuitätsthese in Frage und ermöglicht erst den Zugang zu den zentralen politischen Problemen des Ersten Weltkrieges. Dies wären etwa: der Abgrund zwischen eingeweihter Lagebeurteilung und öffentlicher Meinung, der Zwang zur »Politik der Diagonale« und die Frage des politischen Handlungsspielraums; vor allem aber ist es das Problem des Friedensschlusses mit der Schwierigkeit, militärische Erfolge in eine Friedensbereitschaft unbesiegbarer Hauptgegner und in die Wiedererlangung politischer Handlungsfreiheit umzuwandeln. Nicht als Inhalt einer vermeintlichen Kontinuität der deutschen Politik, eines nie aufgegebenen Plans, sondern als Zugang zu den innen- und außenpolitischen Problemen, die die Wirklichkeit des Weltkrieges in Deutschland geschaffen hat, kann die Beschreibung der Kriegszieldiskussion wissenschaftlich fruchtbar gemacht werden.

Es spricht manches dafür, daß schon die Selbstbehauptung Deutschlands, wie sie Bethmann Hollweg erstrebte – sei es auf der Basis des status quo oder eines nach dem »do ut des« ausgehandelten Friedens – in gewisser Weise eine faktische Hegemonialstellung begründet hätte, solange der Großmachtbegriff die Kontrolle durch eine internationale Organisation ausschloß. So sahen es offensichtlich die Gegner Deutschlands, wie umgekehrt Bethmann Hollweg schon recht hatte mit seiner wiederholten Erklärung, daß es für Deutschland bereits den Sieg bedeute, wenn vor der Welt konstatiert würde, daß es selbst von einer so ungeheuren Koalition nicht überwunden sei. Freilich hatte man auf seiten der Entente auch keinerlei Anlaß, die Bereitschaft zur Selbstbeschränkung bei der deutschen Regierung zu vermuten. Denn es ist wohl unbestritten, daß bei den gegnerischen Regierungen die Glaubwürdigkeit Deutschlands durch die nichtgebändigte »Kriegszielbewegung« stärker belastet wurde, als es der Kabinettspolitiker Bethmann Hollweg befürchtete. Aus diesem und vielen anderen Gründen kam es dazu, daß der Weltkrieg bis zur Kapitulation dreier Reiche und dem Tod von Millionen von Menschen ausgekämpft wurde. Noch während des Krieges beklagte der »Philosoph von Hohenfinow« die moralische und politische Schwäche der europäischen Kabinette, auch seines eigenen, und er klagte sie und die Völker an, sich nicht rechtzeitig in Verantwortung für die Menschheit zu entschlossener Abkehr von den Machtideen des Imperialismus bereitgefunden zu haben[41].

41 Bethmann Hollweg an Prinz Max von Baden, 17. Januar 1918, NL. Prinz Max von Baden, Salem; abgedr. in: E. Zechlin, Kabinettskrieg, .S 451 ff.

Mit dieser Kritik appellierte Bethmann Hollweg in seinem politischen Testament an das Gewissen seines Nachfolgers und in den Memoiren an das Gewissen der Öffentlichkeit Europas. Dieser Appell ist eindringlich auch heute an uns gerichtet.

4.

Problèmes politiques de la Ière guerre mondiale

(Internationaler Historikertag vom 31. August 1965)

K. D. Erdmann (Kiel):
Der Stand der Forschung

Den mir vom Herrn Präsidenten zuteil gewordenen Auftrag, den Bericht von Gerhard Ritter zu präsentieren, möchte ich so auffassen, daß ich den Stand der Forschung skizziere, in der dieser Bericht seinen Platz hat. Der Erforschung der deutschen Politik vor und im Ersten Weltkrieg haben sich in Deutschland in den letzten Jahren vornehmlich drei Historiker gewidmet: Gerhard Ritter, Fritz Fischer, Egmont Zechlin. Ihre Arbeit beruht auf einer breiten Kenntnis der amtlichen Akten. Die genannten Forscher kommen auf Grund der Akten zu durchaus unterschiedlichen Ergebnissen. Mein eigener Beitrag zur Forschung beruht auf den noch unveröffentlichten Tagebüchern des engsten Mitarbeiters Bethmann Hollwegs, Kurt Riezler. Bei keinem der genannten Forscher ist das wissenschaftliche Interesse primär auf die Person Bethmann Hollwegs gerichtet. Ritter behandelt den deutschen Kriegskanzler im Zusammenhang mit seiner weitausholenden Behandlung des Problems nach dem Verhältnis von »Staatskunst und Kriegshandwerk«. Die Ausgangsfrage für die Forschungen Fischers lautet: Wie hätte Europa ausgesehen, wenn Deutschland den Krieg gewonnen hätte? Für Zechlin ist der Ansatz die Untersuchung der deutschen Revolutionierungsversuche im Osten. Es ist also keine Überbewertung der Person Bethmann Hollwegs, die dazu geführt hat, daß sein Name in der gegenwärtigen Diskussion immer wieder auftaucht. Im Gegenteil! Alle diese Studien zeigen, wie beschränkt in der gesellschaftlichen und politischen Verfassungsstruktur Deutschlands die persönliche Wirkungsmöglichkeit des Kanzlers gewesen ist und wie er schließlich den inneren Gegenkräften erlag. Um so interessanter ist die keineswegs neue Beobachtung, daß selbst ein als so gemäßigt geltender Mann wie Bethmann Hollweg, zeitweise weitgesteckte Kriegsziele verfolgt hat und daß er in voller Bewußtheit im Juli 1914 das Kriegsrisiko auf sich genommen hat. Aus der in Deutschland geführten Diskussion hebt sich als das entscheidende Problem die Frage heraus, wie das Verhältnis von Ursache und Wirkung sei. Sind die im Verlaufe des Krieges 1914-1918 formulierten

Aus: XII Congrès International des Sciences Historiques, Vienne 29. Aout 5. Septembre 1965, V Actes S. 717-737.

Kriegsziele situationsbedingt und als ein Produkt des Krieges zu verstehen oder liegt in der Verfolgung solcher Ziele die Ursache des Krieges.

Mit Notwendigkeit führt daher die Analyse der Kriegsziele Deutschlands zur Analyse der Julikrise 1914 und der politischen Zielsetzung Deutschlands vor 1914. Im folgenden sei zu diesen drei Fragen jeweils der Stand der Argumentation umrissen und jeweils daran anschließend dargelegt, was sich aus den Aufzeichnungen Riezlers zur Sachlage ergibt.

1. Deutsche Zielsetzung von 1914

Worauf wollte Deutschland hinaus? Allgemein akzeptierte Ausgangsbasis der Argumentation ist die Tatsache, daß Weltpolitik und Wirtschaftsexpansion Deutschlands zu mancherlei Rivalitäten mit den konkurrierenden Großmächten geführt hatten, namentlich auf dem Balkan, in der Türkei und in Nordafrika. In den Jahren 1911-1913 erlitt die deutsche Weltpolitik Rückschläge (Marokko, Tripoliskrieg, Balkankriege, drohender Abfall Rumäniens, Begrenztheit des deutschen Anleihemarktes für die Finanzierung von Bahnbauten etc. auf dem Balkan und in der Türkei). Wie hat Deutschland auf diese Schwierigkeiten reagiert?

Hierzu lautet These A (Fischer): Die Reichsleitung habe in der Überzeugung gelebt, daß die deutsche Weltpolitik in eine Sackgasse geraten sei. Hieraus habe sie die Zielsetzung ergeben, zunächst eine europäische Hegemoniestellung als Voraussetzung für eine Weltmachtstellung zu erringen. Damals habe die Mitteleuropaidee eine Wiedergeburt erlebt. In der Tat hat Walter Rathenau im Jahre 1912 den Gedanken einer mitteleuropäischen Wirtschaftsgemeinschaft unter deutscher Führung literarisch vertreten und seinem Gutsnachbarn Bethmann Hollweg mündlich vorgetragen. Diese Ideen Rathenaus seien von Bethmann Hollweg aufgenommen worden. Sie stellen – nach Fischer – den »Kern seiner politischen Kriegszielkonzeption« dar.

These B (Zechlin): Die Ideen Rathenaus seien keineswegs von Bethmann Hollweg akzeptiert worden. Die Vorschläge Rathenaus seien einzuordnen in die periodisch immer wieder auftauchende Diskussion um Schutzzoll oder freie Handelspolitik. Entscheidend sei für die Einstellung Bethmann Hollwegs und der Reichsregierung die Erklärung des stellvertretenden Reichskanzlers Delbrück im Reichstag vom 18. Januar 1914, daß der gegenwärtige Zustand der handelspolitischen Verhältnisse, d. h. eine Fortführung der Handelspolitik nach dem Muster der den Export begünstigenden Caprivischen Handelsverträge, den Bedürfnissen der deutschen Volkswirtschaft entspreche.

Aus dem Tagebuch Riezlers ergibt sich hierzu zunächst die negative Feststellung, daß in den Notizen aus der Zeit vor dem Kriege die Mitteleuropaidee keine Rolle spielt. Diese Fehlanzeige ist deshalb bemerkenswert, weil Riezler im Kriege wiederholt auf diesen Gedanken zurückkommt. Er war im Kriege mit der Federführung hierfür durch Bethmann Hollweg beauftragt. Wenn dennoch vor 1914 in diesem Tagebuch, und zwar mit dem Ausdruck ernster Sorge vom Kriege die Rede ist, so geschieht dies nicht im Zusammenhang mit irgendwelchen Expansions- oder Hegemonialzielen, sondern in einer fatalistischen Grundstimmung, namentlich im Hinblick auf die wachsende Macht Rußlands. Nach Riezler war die Reichsleitung keineswegs darauf aus, es auf einen Krieg anlegen zu wollen, bei aller Entschlossenheit, falls notwendig, um der Selbstbehauptung willen das Kriegsrisiko auf sich zu nehmen.

2. *Julikrisis 1914*

These A (Fischer): Hier wird die Julikrisis als ein lediglich technischer Ablauf bezeichnet zur bewußten Herbeiführung eines vorgeplanten europäischen Kontinentalkrieges gegen Rußland und Frankreich. Die Voraussetzung dieser These, mit der sie steht und fällt, mit den Worten Fischers ihr »Angelpunkt«, ist die Behauptung, Bethmann Hollweg habe fest mit der Neutralität Englands gerechnet. Denn nur wenn England neutral blieb, bestand für die Deutschland zugeschriebenen Eroberungspläne eine Chance der Verwirklichung.

These B (Ritter): Auch hier wird Bethmann Hollweg das Kalkül mit der britischen Neutralität zugeschrieben. In diesem Punkte stimmen Fischer und Ritter überein. Im Gegensatz zu Fischer ist aber Ritter der Überzeugung, daß die Kalkulation mit der britischen Neutralität für Bethmann Hollweg nicht die Voraussetzung gewesen sei, um einen Kontinentalkrieg gegen Rußland und Frankreich zu entfesseln, sondern im Gegenteil, um den serbisch-österreichischen Konflikt wenn irgend möglich zu lokalisieren, ähnlich wie es in den Jahren 1912 und 1913 gelungen war, durch deutschbritische Kooperation zu verhindern, daß sich die von Rußland angeheizten Balkankriege zu einem allgemeinen europäischen Kriege ausweiteten.

These C (Zechlin, Erdmann): Auch hier wird Bethmann Hollweg der Wille zugeschrieben, den Konflikt wenn irgend möglich zu lokalisieren. Aber im Unterschied zu Ritter und Fischer wird festgestellt, daß Bethmann Hollweg keineswegs mit der Wahrscheinlichkeit der britischen Neutralität gerechnet habe, wenn er sich auch um sie bemühte. Die beiden Hauptargumente hierfür lauten: seit der Haldane Mission 1912 wußte man, daß die Bindungen an die Entente England daran hinderten, für den Fall eines Kontinentalkrieges ein Neutralitätsversprechen abzugeben, gleichgültig ob Deutschland der Angreifer oder der angegriffene Teil sein würde. Klassisch ist die damals von Sir Arthur Nicolson angestellte Reflexion über den Begriff des Angreifers: »Who can say, further, who in reality is the aggressor? A country, and history furnishes many examples, may be forced by the political action of her adversary to assume the role of an apparent agressor.« Im Juni 1914 wurde ferner das deutsch-englische Verhältnis durch eine schwere Vertrauenskrise belastet. Auf geheimem Wege erhielt die Reichsregierung unzweideutige Beweise dafür, daß zwischen Großbritannien und Rußland ernsthafte Verhandlungen über den Abschluß einer Marinekonvention geführt wurden, ähnlich der britisch-französischen Marinekonvention vom Jahre 1912. Auch ohne förmliche Verträge war die Entente auf dem Wege, den Charakter einer tatsächlichen Allianz anzunehmen.

Das Riezler-Tagebuch bestätigt die These C. In der Tat hat Bethmann Hollweg schon am 6. Juli, in dem Augenblick, wo er den sogenannten Blankoscheck an Österreich-Ungarn ausstellte, damit gerechnet, daß England nicht an der Seite Deutschlands in den Krieg eintreten werde. Dennoch hat Bethmann Hollweg bewußt das Risiko auf sich genommen, daß sich aus einer Aktion Österreich-Ungarns gegen Serbien ein Weltkrieg entwickeln könnte. Die Aktion war für ihn ein »Sprung ins Dunkle«. Eine Möglichkeit, den allgemeinen Krieg zu vermeiden, sah Bethmann Hollweg darin, durch eine schnelle Aktion Österreichs ein fait accompli zu schaffen. Deutschland trieb Österreich an zu einem energischen Akt staatlicher Selbstbehauptung, von dem man hoffte, daß er am allgemeinen Krieg vorbeiführen könnte, wenn die Aktion nur energisch und schnell genug erfolgte. Wenn Deutschland das darin einbeschlossene allgemeine Kriegsrisiko von Anfang an bewußt auf sich nahm, so war das Motiv, nach Aussage des Riezler-Tagebuchs, eindeutig die Sorge, bei mangelnder Unterstützung Österreichs den letzten Bundesgenossen zu verlieren und ihn in die Arme der Entente zu treiben. Das Mitteleuropa- oder Hegemonialmotiv läßt sich nicht nachweisen. Es mußte in der Tat bei einem Krieg, an dem England wahrscheinlich von vornherein beteiligt sein würde, illusorisch erscheinen. Einen allgemeinen Krieg konnte Bethmann Hollweg schon aus dem Grunde nicht wünschen, weil er, der Konservative, von seinem Ausgang eine Revolutionierung der sozialen und politischen Verhältnisse befürchtete und der Überzeugung Ausdruck gab, daß diejenigen sich in einem tiefen Irrtum befänden, die vom Kriege eine Stärkung der patriarchalischen Gewalten erwarteten.

3. Die im Kriege vertretenen Kriegsziele

Nach dem Gesagten ist von den während des Krieges in Deutschland formulierten, zum Teil weitausgreifenden wirtschaftlichen, politischen und militärischen Eroberungsphantasien festzustellen, daß sie als Produkt des Krieges, nicht als seine Verursachung zu betrachten sind. Aber unabhängig von aller Problematik maximaler Kriegsziele, war jede Spekulation über einen eventuellen Verständnisfrieden durch deutschen Verzicht auf Eroberung von vornherein illusorisch, da sich die gegenseitigen Minimalziele ausschlossen: Deutschland war nicht bereit, auf die Bewahrung Elsaß-Lothringen zu verzichten, Frankreich war nicht bereit, nachdem der Krieg nun einmal ausgebrochen war, den Gedanken an die Wiedergewinnung Elsaß-Lothringens preiszugeben. Zu der deutschen Kriegszielprogrammatik lautet These A (Fischer): die Kriegszielvorstellungen seien mit geringen Schwankungen immer die gleichen geblieben, und zwar so wie sie im Septemberprogramm 1914 von Bethmann Hollweg festgelegt worden seien. Die Regierung und alle deutschen Schichten hätten sich mit nur geringen Gradunterschieden auf ein weitausgreifendes Eroberungsprogramm festgelegt. These B (Ritter, Zechlin): Das Charakteristische für Bethmann Hollweg sei im Gegenteil, daß er sich niemals festgelegt habe. Er nehme den Frieden, wo er ihn bekomme, erklärte er im Preußischen Staatsministerium am 19. August 1916. Und wenn er dem Kriegszielprogramm der OHL am 23. April 1917 aus Gründen innerpolitischer Taktik zugestimmt habe, so habe er sofort darauf seinen Vorbehalt aktenkundig gemacht, und im Auswärtigen Ausschluß des Bundesrates habe er am 8. Mai 1917 erklärt, daß er an Gebietserwerbungen den Frieden nicht scheitern lassen werde. Unbestritten ist, daß Bethmann Hollweg einen Status quo-Frieden nicht für einen idealen Ausgang des Krieges hielt und, falls es die Kriegslage im Augenblick des Friedensschlusses erlauben würde, nach dem Gewinn eines Vorfeldes für das Reich im Osten und Westen strebte.

Speziell zum Septemberprogramm hat Zechlin festgestellt, daß sich in der hier entwickelten Vorstellung eines von Deutschland geführten europäischen Wirtschaftsverbandes die Vorstellung von Kriegsziel und Kampfmittel gegen England verbinden. In der Tat wird im Tagebuch Riezlers im Zusammenhang mit dem Septemberprogramm der Begriff der Kontinentalsperre verwendet. Es ist festzuhalten, daß die Mitteleuropaidee hier erst auftaucht, nachdem durch die von England ausgeübte Blockade die deutsche Weltstellung zerschlagen worden war.

Als Fazit kann aus dem Tagebuch Riezlers festgehalten werden, daß Bethmann Hollweg von der Vorstellung einer deutschen Hegemonie in

Europa als Basis einer deutschen Weltmachtstellung eher abgestoßen als angezogen wurde. Er hielt Deutschland auf Grund seiner inneren Gegebenheiten für nicht prädestiniert dazu, eine Herrschaftsrolle in Europa zu übernehmen. Von tiefer Sorge gequält, erinnerten sich Bethmann Hollweg und sein Gesprächspartner an das düstere Wort Nietzsches von der möglichen Exstirpation des deutschen Geistes zugunsten des Deutschen Reiches. Von einem »Griff nach der Weltmacht« (Fischer) als dem zentralen Motiv der Politik Bethmann Hollwegs vor und im Kriege kann keine Rede sein.

E. Zechlin (Hamburg): Die Illusion vom begrenzten Krieg*

Die Geschichte des Ersten Weltkrieges gehört heute zu den umstrittensten Problemen der historischen Wissenschaft. Dabei hat sich der Schwerpunkt der Diskussion mehr und mehr auf den Kriegsausbruch und die Kriegsziele verlagert. Unbestritten ist wohl, daß es in Deutschland nach Kriegsbeginn auch bei der Regierung Kriegsziele gegeben hat. Erbittert umkämpft aber ist die Bedeutung dieser Ziele, die in einer Fülle von Denkschriften der Ressorts erörtert wurden.

Waren sie die Frucht des Krieges oder haben sie ihn verursacht? Sind sie aus dem Bedürfnis der Kriegssituation nach »Sicherheit« und »Garantien« erwachsen und – wie bei allen Völkern – nach Ersatz der Opfer? Oder hat Deutschland den Weltkrieg – auch den Ersten Weltkrieg – entfesselt um territorialer und wirtschaftlicher Expansion willen? Dies hat Fritz Fischer auf Grund von Aktenkenntnis postuliert. Danach hätte die Reichsleitung den Krieg planmäßig und zwar im Vertrauen auf die britische Neutralität gegenüber Rußland und Frankreich provoziert, um mit dem Siegesrezept des Schlieffenplanes in einem Friedensschluß ein »Imperium Germanicum« vom Nordkap bis zu den Grenzen Indiens zu schaffen. Die eigentlichen Ziele der deutschen Regierung auch in der Julikrise und zugleich das Bild der künftigen Friedensordnung enthüllte das »Septemberprogramm« Bethmann Hollwegs vom 9. September 1914.

Dies scheint mir auf einer falschen Voraussetzung aufgebaut zu sein: auf einer unreflektierten Verwendung des Begriffes »Sieg« – vielleicht orientiert an den »bedingungslosen Kapitulationen« des Zweiten Weltkrieges. Doch die Vorstellung einer totalen Niederwerfung aller Gegner,

* Unter diesem Titel wurde der Beitrag auch abgedruckt in der Wochenzeitung »Die Zeit« Nr. 38 vom 17. September 1965.

die allein die Verwirklichung der Ziele der Septemberdenkschrift ermöglicht hätte, bestand bei der Reichsleitung in den ersten Kriegsmonaten keineswegs.

Diese meine These widerspricht den herrschenden Meinungen. Angesichts der bis zur Hybris gesteigerten Siegeszuversicht der öffentlichen Meinung und des Siegeslaufes der deutschen Armeen in Frankreich wird die Septemberdenkschrift auch von Gerhard Ritter als Ausdruck einer Siegeserwartung der deutschen Reichsleitung interpretiert und den Machtträumen deutscher Patrioten 1914« zugeordnet. Aber die Reichsleitung teilte die einfache Gleichsetzung von strategischen Siegen und politischem Erfolg nicht. Damit ist ein bisher wenig beachtetes Problem berührt, das ein Schlüssel zur politischen Geschichte Deutschlands im Ersten Weltkrieg bietet: die Lagebeurteilung durch die deutsche Führung.

An zwei Fragen möchte ich dies erörtern:

1. Wie sah man in der Reichsleitung das Problem der Kriegsbeendigung in den ersten Kriegswochen, also vor der Marneschlacht?

2. Welche Vorstellung und Motive lagen der Risikopolitik in der Julikrise 1914 zugrunde?

Aufschlußreich für die Beantwortung der ersten Frage ist die Zeit vom 27. August bis 8. September 1914. Das sind die Tage vor dem Umschlag an der Marne (9. September), als die deutschen Truppen sich Paris näherten und im Großen Hauptquartier die Septemberdenkschrift entstand. Doch damals war das Kernproblem aller Diskussionen nicht die militärische Lage in Frankreich, sondern die Haltung *Englands,* denn selbst ein strategischer Sieg über die französische Armee hätte die deutsche Lage gegenüber dem Inselstaat nicht entscheidend verbessert.

Bis zum 27. August lebte der Kanzler in der Vorstellung, daß der Krieg gegen die große Koalition aus britischer wie aus deutscher Staatsräson nicht ausgekämpft werden würde, daß die englische Regierung vielmehr interessiert und bereit sein würde, den Frieden mit Frankreich zu vermitteln. So betonte und forderte Bethmann Hollweg am 8. August, also wenige Tage nach dem britischen Kriegseintritt, gegenüber dem Chef des Admiralstabes: »Ich halte es nach eingehender Erwägung für wahrscheinlich, daß England zurückhält, um keine Entscheidung für Verlängerung des Krieges zu geben. Es wäre dringend erwünscht, daß wir ebenso verführen, um die Möglichkeit zu geben, daß England den Frieden herbeiführen kann.«

Und noch am 13. August, unmittelbar vor der Abreise des Hauptquartiers nach Koblenz, faßte der Kanzler in einem vertraulichen Gespräch mit dem früheren Reichskanzler Bülow seine Erwartungen folgendermaßen zusammen: »Es wird ein heftiges, aber kurzes, sehr kurzes Gewitter werden. Ich rechne mit einer Kriegsdauer von drei, höchstens vier Monaten und habe darauf meine Politik eingestellt. Und dann hoffe ich, trotz des Krieges und gerade durch den Krieg, zu einem wirklich freundschaftlichen, vertrauensvollen, loyalen Verhältnis zu England zu kommen und durch England auch zu Frankreich.«

Zu dieser Vorstellung, daß England den Krieg nur kurz und formell führen und den Frieden bald anbahnen werde, gelangte Bethmann Hollweg durch eine Reihe wirtschaftlicher und politisch-militärischer Überlegungen. So waren etwa die deutschen Wirtschaftsexperten überzeugt, daß die Zerstörung der finanziellen Organisation der Weltwirtschaft die britische Handelsnation schwerer treffen würde als die deutsche, ebenso davon, daß sich die Großmacht USA nicht von dem deutschen Markt absperren lassen würde und daß die übrigen Neutralen den Handel mit den Mittelmächten vermitteln würden.

Dies berührte sich mit Überlegungen aus dem politischen Bereich. Wenn England aus Gründen der balance of power in den Krieg eintrat, das heißt, um Frankreich vor der Niederlage zu schützen, so erwartete man, daß es aus dem gleichen Grunde alles tun werde, um sie politisch zu mildern. Der Kanzler war aber auch – wie jedermann im Hauptquartier – überzeugt, daß Deutschland militärisch unbesiegbar sei und die große Koalition kein Machtmittel besaß, um es aus dem okkupierten Belgien und Nordfrankreich zu vertreiben. Damit verfügte Deutschland über Faustpfänder, die abzuhandeln die Engländer genötigt sein würden. Sie würden – als das kleinere Übel –, um die Okkupation aufzuheben, den Deutschen den strategischen Erfolg auf dem Verhandlungswege politisch honorieren müssen.

Diese Faustpfandüberlegung, die während des ganzen Krieges bei der deutschen Regierung lebendig blieb, war irreal, wie sich aus den englischen Kriegsakten ergibt. Das strategische Ziel der englischen Regierung war und blieb, die deutschen Okkupationsarmeen aus diesen Ländern mit eigener Kraft zu vertreiben. Vorher stand der Friede nicht zur Diskussion.

Die Einsicht in die englische Kampfentschlossenheit entstand im Großen Hauptquartier seit dem 27. August 1914. Die Erfahrung des unerwartet harten Engagements des englischen Expeditionskorps (27. August), die Nachricht von dem Separatfriedensverbot des Dreierverbandes (5. September), die – im Hauptquartier geglaubte – Meldung von der Entsendung japanischer Truppen nach Europa, entzogen den früheren Hoffnungen auf einen kurzen, begrenzten Krieg den Boden. Dazu kam, daß der Kanzler in den letzten Augusttagen durch Wirtschaftsführer darüber aufgeklärt wurde, daß die Kriegskonjunktur *für* England und *gegen* Deutschland arbeite.

So konzentrierten sich jetzt die Überlegungen auf die Führung des Krieges gegen England. Als der österreichische Botschafter, Prinz Hohenlohe, am 28. August sein Beglaubigungsschreiben überreichte, sprach der Kaiser »fast ausschließlich über die Kriegslage, die er trotz der bereits erfochtenen Siege noch immer als sehr ernst ansieht, vor allem, weil England immer trachten werde, den Friedensschluß zu vereiteln«. Und den Reichskanzler und Staatssekretär des Äußeren fand der Botschafter beide »hauptsächlich auch in Beziehung auf England in sehr ernster, fast gedrückter Stimmung«.

Nun bildeten sich die Gegenbegriffe. Von nun an sprach man im deutschen Hauptquartier vom Krieg »à outrance« – so der Kanzler; vom »Vernichtungskrieg« des Gegners – so resignierende Diskussionen an der kaiserlichen Tafel; vom »weit angelegten Endspiel« – so Rathenau. Für den Kampf mit dem britischen Weltreich (und mit Japan) einen Zwischenfrieden mit Frankreich herzustellen und etwa mit französischem und belgischem Gelde eine Flotte zu bauen, gehörte zu den Gedanken, die der württembergische Militärbevollmächtigte im Großen Hauptquartier als Zusammenfassung zahlreicher Gespräche mit den leitenden Militärs und Politikern an den Ministerpräsidenten von Weizsäcker am 5. September berichtete. So schien nur noch der Weg Napoleons zu bleiben.

Unter dem Eindruck der neuen Lage notierte Riezler – von dessen Hand auch der Entwurf der Septemberdenkschrift geschrieben ist – das Wort von der »Kontinentalsperre«. Und in diesem Rahmen eines möglichen Kampfmittels gegen England scheint mir auch die Septemberdenkschrift mit ihrem zentralen Kern, der Mitteleuropaidee, zu gehören. Der Kanzler hatte diese »vorläufige Aufzeichnung« »anfertigen« lassen, um den Ressorts mit dieser Materialsammlung eine Diskussionsunterlage zu bieten.

Dabei ist es aufschlußreich, wie die Machtlage der Nachkriegszeit am Beispiel der Handelspolitik – eben in der Mitteleuropafrage – durchdacht wurde. Beide Gruppen – die Befürworter Mitteleuropas, in den Ressorts die Minderheit, und die Gegner der Zollunionspläne, dies die Mehrheit in der Ministerialbürokratie – waren übereinstimmend der Ansicht, daß man es bei Rußland und England mit unbesiegbaren Gegnern zu tun habe, die mächtig genug sein würden, auch in der Nachkriegszeit Deutschland die Märkte zu sperren und denen jedenfalls keine Diktate auferlegt werden könnten. Dabei setzte sich die Ressortmehrheit, unter Führung des Staatssekretärs Delbrück, durch, die den großen Binnenmarkt als Ausgleich gegenüber dem Weltmarkt für unzureichend hielt und die Mitteleuropaidee auch als Kampfmittel verwarf, weil es in der Wirtschaftspolitik keine »vorläufigen« Lösungen gäbe.

So verzichtet der Kanzler im Oktober 1914 ausdrücklich auf den Mitteleuropaplan zugunsten der traditionellen Handelsvertragspolitik. An die Stelle der Idee, England mit einem mitteleuropäischen Wirtschaftsverband die Aussichtslosigkeit eines alliierten Sieges vor Augen zu führen, trat seit November 1914 die eines Separatfriedens mit Frankreich oder Rußland. Doch handelte es sich hier ebensowenig wie bei den Mitteleuropaplänen des September 1914 um eine in allen Konsequenzen durchdachte Politik – wurden doch erst fünf Monate nach dem Beginn der Fühlungnahme mit Rußland die möglichen Folgen für die Bundesgenossen Österreich-Ungarn und Türkei überhaupt erörtert.

Nun zur Julikrise: Weil Bethmann Hollweg davon ausging, daß der Krieg nicht ausgekämpft werden würde, hat er auch den britischen Kriegseintritt als tragbares Risiko angesehen, als er die politische Offensive trotz der Weltkriegsgefahr sich zuspitzen ließ. Die alte These, daß der Kanzler gemeint habe, nur das Risiko eines kontinentalen Krieges einzugehen, und nun die neue These, daß er im Vertrauen auf die britische Neutralität den Krieg gegen Rußland und Frankreich provoziert habe, scheint mir nach den vorliegenden Quellen nicht haltbar.

Für meine Auffassung spricht:

1. Der Eindruck, den die Kenntnis des Schriftwechsels der Verhandlungen über eine russisch-britische Marinekonvention auf den Kanzler und das Auswärtige Amt machte – darunter ein russischer Vorschlag für eine schon im Frieden zu erfolgende englische Unterstützung zur Vorbereitung einer russischen Landung in Pommern im Kriegsfall. Dabei ist für die Analyse der deutschen Haltung allein der Eindruck wichtig, den die Verhandlungen in der Wilhelmstraße machten, nicht aber die tatsächliche Bedeutung dieser Verhandlungen im Rahmen der diplomatischen Geschichte der Vorkriegszeit, wie sie sich etwa aus dem Studium der russischen und englischen Akten ergibt.

2. Daß Bethmann Hollweg und das Auswärtige Amt einen britischen Kriegseintritt von vornherein für möglich, ja wahrscheinlich, wenn auch nicht für sicher gehalten haben, geht auch aus Äußerungen hervor, die aus jenen Juni- und Julitagen von 1914 übermittelt worden sind. So sagte er am 4. Juni zu dem bayerischen Gesandten Graf Lerchenfeld: »Zu allen Zeiten habe die britische Macht immer gegen die stärkste Macht auf dem Kontinent gestanden. Zuerst gegen Spanien, dann gegen Frankreich, später gegen Rußland, jetzt gegen Deutschland. England wolle keinen Krieg. Er – der Reichskanzler – wisse bestimmt, daß die englische Regierung in Paris wiederholt erklärt habe, daß sie keine provokatorische Politik und keinen vom Zaune gebrochenen Krieg gegen Deutschland mitmache. Aber das hindere nicht, daß, wenn es zum Kriege komme, wir England nicht auf unserer Seite finden würden.«

Es traf die Sorge des Kanzlers, wenn Lerchenfeld feststellte: »Solche

Gerüchte, wie daß eine Kooperation der russischen mit der englischen Flotte für den Kriegsfall vereinbart werden solle, seien, wenn sie unwidersprochen bleiben, durchaus geeignet, den kriegerisch gesinnten Elementen den Rücken zu stärken.«

Zwei Tage darauf – am 6. Juni – erklärte Bethmann Hollweg dem nationalliberalen Parteiführer Bassermann: »Die Beziehungen zu England seien in der jüngsten Zeit nicht besser geworden.« »Bethmann Hollweg«, so notierte dieser weiter, »sagte mir fatalistisch resigniert: wenn es Krieg mit Frankreich gibt, marschiert der letzte Engländer gegen uns. Wir treiben dem Weltkrieg zu.«

Das war also drei Wochen vor Sarajewo, und es war zu einer Zeit, die in der Geschichtsschreibung als ein Höhepunkt deutsch-englischer Verständigung geschildert wird (deutsch-englische Abkommen über die portugiesischen Kolonien und über die Bagdadbahn). In Wirklichkeit war eine deutsch-englische Vertrauenskrise entstanden, die sich in den folgenden Tagen noch verstärkte. Gestand doch Grey – dem der deutsche Botschafter Lichnowsky noch am 10. Juni die »Ethik der heiligen Lüge« nicht zutraute – erst nach zweifachem Leugnen, am 9. Juli, die Tatsache der Marineverhandlungen zu.

Am Abend der »Blankovollmacht« an Österreich-Ungarn, am 6. Juli, wiederholte der Kanzler seine düstere Prognose gegenüber Riezler. Und mit diesen unmittelbaren Quellenzeugnissen deckt sich auch die Mitteilung des Pressechefs im Auswärtigen Amt, Hamann: Der zu Selbstkritik und Skepsis neigende Kanzler habe sich nach der Mordtat von Sarajewo »nicht darüber getäuscht, daß, wenn es zum Kriege komme, auch England gegen uns fechten werde. In vertrautem Kreise sprach er dies schon Anfang Juli aus. Nach außen mußte er mit Rücksicht auf die von ihm unternommenen letzten Versuche, England vom Kriege abzuhalten, selbstverständlich seinen Pessimismus unterdrücken«.

Dieses Bewußtsein von der wahrscheinlichen, wenn auch nicht absolut sicheren Teilnahme Englands an einem europäischen Krieg ging auch in den folgenden Julitagen nicht verloren. Am 18. Juli berichtete der bayerische Geschäftsträger in Berlin, v. Schön, an Ministerpräsident Graf Hertling: Im Auswärtigen Amt hoffe man zwar, daß der von einer Ablehnung des österreichischen Ultimatums erwartete Krieg gegen Serbien lokalisiert bleiben würde, da – mit den Worten Zimmermanns – »Bluffen« »eines der beliebtesten Requisite der russischen Politik« bilde. Komme es aber zu einem Krieg zwischen Zweibund und Dreibund, so schrieb Schön auf Grund seiner Rücksprachen mit der Wilhelmstraße, »so würden wir aber nach hiesiger Anschauung die englischen Vettern auf der Seite unserer Gegner finden, da England befürchtet, daß Frankreich im Falle einer Niederlage auf die Stufe einer Macht zweiten Ranges herabsinken und damit die ›balance of powers‹ gestört würde«.

Diese Zeugnisse, die übereinstimmend beweisen, daß die Reichsleitung für den Fall eines europäischen Krieges mit dem Kampf gegen Rußland, Frankreich *und* England rechnete, scheinen mir der These zu widersprechen, daß die deutsche Regierung den Krieg entfesselt habe, um mit der Niederwerfung der beiden kontinentalen Nachbarmächte den Plan eines »Imperiums von grandiosen Ausmaßen« durchzuführen, wie er in der Septemberdenkschrift zum Ausdruck gekommen und bis 1918 im Prinzip beibehalten worden sei. Denn diese These steht und fällt mit der »Fehlrechnung mit der englischen Neutralität«, die zumindest die Voraussetzung für einen solchen Plan geboten hätte.

Daß die deutsche Regierung das Kriegsrisiko gegenüber einer Koalition von drei Großmächten übernahm – sehr bewußt übernahm –, scheint mir neben der Illusion eines durch die Vernunft der Kabinette gezügelten und in Grenzen gehaltenen Krieges insbesondere bedingt zu sein durch die Sorge von dem unaufhaltsamen Erstarken Rußlands. Bereits im Juli 1912 schrieb Bethmann Hollweg nach einer Rußlandreise an den preußischen Gesandten in Karlsruhe vom »Reichtum an Bodenschätzen und derber physischer Menschenkraft« Rußlands als Faktoren, »die gerade wir unter dem Einflusse unserer verweichlichten Kulturfortschritte zwar nicht fürchten, aber auch nicht unterschätzen sollten«. Und es mag immerhin zur Illustration dienen, daß er in den gleichen Tagen bei einem Blick über den Gutspark im märkischen Hohenfinow Zweifel geäußert hat, ob es Zweck habe, neue Bäume zu pflanzen, in wenigen Jahren wären die Russen ja doch da.

Jetzt im Juli 1914 steigerte sich die Sorge des Kanzlers vor dem erstarkenden Rußland, das – so zu Riezler – »in wenigen Jahren nicht mehr abzuwehren« wäre. »Die Zukunft gehört Rußland, das wächst und wächst und sich als immer schwerer Alp auf uns legt«. Wie wir heute wissen, hat der Generalstabschef Moltke noch im Mai 1914 eindringlich den Staatssekretär des Äußeren, Jagow, auf die in zwei Jahren übermächtige Stärke Rußlands hingewiesen. Offenbar in Aufnahme seiner Gedankengänge schrieb Jagow am 18. Juli an Lichnowsky: »In einigen Jahren wird Rußland nach aller kompetenten Annahme schlagfertig sein ... Ich will keinen Präventivkrieg, aber wenn der Kampf sich bietet, dürfen wir nicht kneifen.«

Und Bethmann Hollweg selbst hat im Februar 1918 eine Frage des Abgeordneten Haussmann bei einem Besuch in Hohenfinow so beantwortet:

»Ja, Gott, in gewissem Sinne war es ein Präventivkrieg, aber wenn der Krieg über uns hing, wenn er in zwei Jahren noch viel gefährlicher und unentrinnbar gekommen wäre und wenn die Militärs sagen, jetzt ist es noch möglich, ohne zu unterliegen, in zwei Jahren nicht mehr ...«

Der Wille, gegenüber den modernen Weltmächten eine Macht ersten Ranges zu bleiben und die politische Bewegungsfreiheit zu behaupten, war der Hauptantrieb der deutschen Politik in der Julikrise.

Wir sind heute geneigt, die kriegerische Lösung nicht als einzige Lösung dieses Konfliktes anzusehen. Aber die politischen Wertvorstellungen der Reichsleitung ließen Sorge und Angst um das nationale Fortbestehen Deutschlands als Großmacht entstehen, das angesichts der Entwicklungstendenzen im Staatensystem nur noch durch einen Krieg gesichert werden könnte. Der amerikanische Historiker Fritz Stern hat auf der Versammlung deutscher Historiker in Berlin im Otober 1964 dargelegt, der Stil des deutschen Imperialismus sei im Unterschied von den älteren Imperialismen »eine Kombination von Angst, Arroganz und politischer Unsicherheit in der Beurteilung des Auslandes gewesen«.

Weshalb sich diese Mentalität in Deutschland so kraß herausgebildet hat, wird dabei eine wichtige Aufgabe der Forschung bleiben. Stärker als bisher ist dabei die Verschränkung der innenpolitischen, ideologischen und außenpolitischen Bereiche zu berücksichtigen. Hier ergeben sich auch für die westdeutsche Geschichtswissenschaft Berührungspunkte mit fruchtbaren und differenzierten jüngsten Untersuchungen der »Arbeitsgruppe Erster Weltkrieg« an der Deutschen Akademie der Wissenschaften in Ostberlin.

Aus: XII Congres International des Sciences Historiques, Vienne 29. Aout 5. Septembre 1965, V Actes S. 717-737.

5.
Bethmann Hollweg, Kriegsrisiko und SPD 1914

Vorbemerkung

Die Kontroverse über die deutsche »Kriegszielpolitik« im Ersten Weltkrieg hat auf das Problem der Politik in der Julikrise von 1914 übergegriffen. Hierüber hat eine Reihe von Historikern, unter ihnen Egmont Zechlin, im Oktober 1964 auf der Versammlung deutscher Historiker in Berlin und im September 1965 auf dem Internationalen Historikerkongreß in Wien diskutiert, ohne daß die Gegensätze überbrückt werden konnten. Schon wird in der Öffentlichkeit nach einer schiedsrichterlichen Instanz gerufen, die es natürlich nicht geben kann.

Im Gegensatz zu der These, daß die Reichsleitung 1914 planmäßig einen Expansionskrieg entfesselt habe, sieht Zechlin in der deutschen Politik der Julikrise eine politische Offensive, die das Risiko des allgemeinen Krieges auf sich nahm, um im Rahmen strategisch-politischer Sicherheitsvorstellungen einer Machtverschiebung zuungunsten der Mittelmächte entgegenzutreten. Zugleich stellt Zechlin auf Grund neuen Materials heraus, wie die Regierung Bethmann Hollweg ihr präventives Vorgehen in eine Reaktion auf einen Überfall durch die Entente umdeutete. Die Analyse dieser Politik, die das Recht auf Machtpolitik und Staatsräson auch dem Gegner zubilligt, ihn aber – um die innere Geschlossenheit der eigenen Nation zu erreichen – in der Öffentlichkeit mit dem Vorwurf der »Schuld« belastet, öffnet den Blick für den Zwiespalt der Zeit und der politischen Grundanschauungen einer Epochenscheide. Dabei fällt auch neues Licht auf das Verhalten der SPD-Führung.

Wohl eines der merkwürdigsten Phänomene der deutschen und europäischen Geschichte bilden die Augusttage des Jahres 1914, als überall in Europa die Völker mit Begeisterung in den Krieg zogen und jedes Volk überzeugt war, daß es gelte »unsere heiligsten Güter, das Vaterland, den eigenen Herd ... gegen ruchlosen Überfall zu schützen«, wie es etwa in Wilhelm II. Aufruf an das deutsche Heer und die deutsche Marine vom 6. August 1914 hieß[1]. Diese Vorstellung, überfallen zu sein und damit das Bewußtsein von dem guten Recht der eigenen Sache, hat bei allen Nationen den Kampfgeist geschürt und noch die politische und wissenschaftliche Polemik der Nachkriegszeit beeinflußt. Einen Frieden, der Deutschland »vor erneutem Überfall unserer Feinde schützt«, forderte die deutsche Regierung im Kriege von der Tribüne des Reichstages wie auch in

Aus der Zeitschrift »Der Monat«, Heft 208, Januar 1966.

1 Faksimile des Originals bei Bernhard Poll, »Deutsches Schicksal 1914 bis 1918« (1937), S. 74.

Verhandlungen mit neutralen Friedensvermittlern[2]. Und in Versailles motivierten die Siegermächte ihren Anspruch auf Ersatz der Kriegsschäden damit, daß Deutschland und seine Verbündeten sie »angegriffen« hätten, um »planmäßig mit Gewalt die Vorherrschaft in Europa zu begründen«.

Die Formel vom »ruchlosen Überfall«, die Wilhelm II. in dem Aufruf vom 6. August persönlich eingefügt hat, entsprach seiner Überzeugung[3]. Daß sie aber allgemein die Auffassung des deutschen Volkes geworden ist, hat seine Ursache einmal in dem weitverbreiteten Gefühl von einer »Einkreisung« der Mittelmächte durch das Ententesystem; hinzu kam aber nun eine zielbewußte Taktik der Regierung, die damit schon in der Julikrise die Voraussetzungen für die spätere Legende geschaffen hat. Zum Verständnis dieser propagandistischen Aktion ist es freilich nötig, kurz den allgemeinen Rahmen abzustecken, in dem sich das diplomatische Geschehen der Krise vollzog, sowie die grundsätzlichen Vorstellungen von Krieg und Frieden der verantwortlichen Persönlichkeit, des Reichskanzlers von Bethmann Hollweg, kennenzulernen.

Bethmann Hollwegs Vorstellung vom Krieg

»Wird uns ein Krieg aufgenötigt, so werden wir ihn schlagen und mit Gottes Hilfe nicht dabei untergehen. Unsererseits aber einen Krieg heraufbeschwören, ohne daß unsere Ehre oder unsere Lebensinteressen tangiert sind, würde ich für eine Versündigung an dem Geschicke Deutschlands halten, selbst wenn wir nach menschlicher Voraussicht den völligen Sieg erhoffen könnten.«

Mit diesen programmatischen Worten begründete Bethmann Hollweg am 6. März 1912 ein Abschiedsgesuch[4], als Wilhelm II. eine von den Engländern im Zuge der Flottenverhandlungen angedrohte Verstärkung ihrer Nordseeflotte mit einer Kriegsdrohung beantworten wollte. Positiv ausgedrückt hieß das also, daß, wenn »unsere Ehre oder unsere Lebensinteressen tangiert sind«, der Krieg als ein legales Mittel der Diplomatie zu gelten hatte. Das waren für den Kanzler »Gesichtspunkte durchaus praktischer Natur«[5].

2 Vgl. Egmont Zechlin, Friedensbestrebungen und Revolutionierungsversuche, in: Aus Politik und Zeitgeschichte, Beilage zum »Parlament« Nr. 20/63 (15. Mai 1963), S. 3 ff.

3 Vgl. auch seine ausführliche Randbemerkung vom 30. Juli zu einem Telegramm Pourtalès' (Faksimile bei Poll, a.a.O., S. 64).

4 Bethmann Hollweg an Wilhelm II., 6. März 1912, abgedr. bei Tirpitz, »Der Aufbau der deutschen Weltmacht« (1924), S. 319.

5 So Bethmann Hollweg in einem Brief an einen führenden deutschen Juristen

So hatten auch Kaiser und Kanzler die damals erst wenige Monate zurückliegende Marokkokrise durchgestanden: Einmal »in dem vollen Bewußtsein, daß jede politische Aktion einer Großmacht die Schicksalsfrage: Krieg oder Frieden! heraufbeschwören kann, und in fester Bereitschaft, für die Ehre der Nation mit dem Schwerte einzutreten«, aber auch in der »Pflicht, die Geschäfte so zu führen, daß ein Krieg, der vermieden werden kann, der nicht von der Ehre Deutschlands gefordert wird, auch vermieden wird«[6]. – »Wer ohne solchen Anlaß den Krieg will, muß Lebensaufgaben der Nation im Auge haben, die ohne Krieg nicht erfüllt werden können«, verteidigte sich Bethmann Hollweg gegen den alldeutschen Vorwurf der Nachgiebigkeit in der Marokkopolitik, den ihm der Kronprinz übermittelte[7]. Im Gegensatz zu seiner konservativen Umwelt, die auch im Juli 1914 vom Krieg eine »Stärkung der patriarchalischen Ordnung und Gesinnung« erhoffte, erwartete der Kanzler im Innern »von einem Krieg, wie er auch ausgeht, eine Umwälzung alles Bestehenden«[8]. So faßte er in jenem Brief an den Kronprinzen seine Ansichten zusammen:

»In einem zukünftigen Krieg, der ohne zwingenden Anlaß unternommen wird, steht nicht nur die Hohenzollernkrone, sondern auch die Zukunft Deutschlands auf dem Spiel. Gewiß muß unsere Politik kühn geführt werden. Aber in jeder diplomatischen Verwicklung mit Schwertern rasseln, ohne daß die Ehre, die Sicherheit und die Zukunft Deutschlands bedroht sind, ist nicht nur tollkühn, sondern verbrecherisch.«

Um »die Sicherheit und Zukunft Deutschlands« ging es dem Kanzler in der Julikrise von 1914. Aber nicht in dem Sinne, daß er Ziele deutscher Außenpolitik, wie sie im imperialistischen Wettbewerb auch in Deutschland angestrebt wurden, den Rang zugemessen hätte, um ihretwillen einen Krieg vorzubereiten und durchzusetzen. Und nirgends findet sich ein Beweis für die Behauptung, daß hier mit kriegerischer Gewalt Projekte der

und Hochschullehrer, Karl Binding, vom Juni 1913, in dem er sich dagegen verwahrte, seine Stellung zum Präventivkrieg sei durch »theoretische Friedensneigungen« bestimmt. Zitiert bei Kurt Stenkewitz, »Gegen Bajonett und Dividende« (1960), S. 110.

6 Aufz. Bethmann Hollwegs vom 9. November 1911, BA Koblenz, NL Thimme 62: Exzerpte aus dem Privatnachlaß Bethmann Hollwegs.

7 Bethmann Hollweg an Kronprinz Wilhelm, 15. November 1913, jetzt vollständig abgedruckt: H. Pogge- v. Strandmann/Imanuel Geiß, »Die Erforderlichkeit des Unmöglichen« (1965), S. 36.

8 Nach Tgb. Riezler vom 7. Juli 1914, zit. bei Karl Dietrich Erdmann, Zur Beurteilung Bethmann Hollwegs, GWU 15 (1964), H. 9, S. 529 und 536. Ähnlich äußerte sich Bethmann Hollweg auch Anfang Juni 1914 in einem Gespräch mit dem bayerischen Gesandten in Berlin, Graf Lerchenfeld, nach dessen Bericht an Hertling vom 4. Juni 1914, »Bayrische Dokumente zum Kriegsausbruch und Versailler Schuldspruch«, hrsg. von P. Dirr, 3. erw. A. 1925, S. 113 (im folgenden zit. »Bayr Dok.«).

politischen, wirtschaftlichen und territorialen Expansion verwirklicht werden sollten und an Stelle eines Gleichgewichtes im Staatensystem die Idee einer deutschen Hegemonie in Europa Motiv und Ziel der deutschen Politik in der Julikrise gewesen seien[9]. Viel elementarere Überlegungen waren im Spiel; die strategische Gesamtlage in Europa schien den Status als Großmacht selbst zu berühren: Deutschland befürchtete den Zustand endgültiger militärischer Unterlegenheit und damit eine Entwicklung des Staatensystems, in dem es – ohnehin in seiner Mittellage bedrängt – den Interessen der Nachbarmächte ausgeliefert sein würde, d. h. bei der nächsten Krise – mehr noch als in den vorhergehenden – genötigt sein würde, dem Druck der Gegner nachzugeben. Wie Bethmann Hollweg am 20. Juli 1914 seinem Vertrauten Riezler sagte, fürchtete er insbesondere »Rußlands wachsende Ansprüche und ungeheure Sprengkraft. In wenigen Jahren nicht mehr abzuwehren, zumal wenn die jetzige europäische Konstellation bleibt«[10].

Präventivkrieg?

Diese Vorstellung von einer Zukunftsentwicklung, die infolge der immer stärker werdenden feindlichen Übermacht kein erfolgreiches Bestehen eines kriegerischen Konflikts mehr erwarten ließ, lastete als schwere Sorge auf den leitenden Militärs. Im Mai dieses Jahres war der deutsche Generalstabschef Moltke zu der Überzeugung gekommen, »daß jedes Zuwarten

9 So die These von Fritz Fischer, »Griff nach der Weltmacht« (3. A. 1964), kürzlich noch präzisiert in: »Die Zeit« 1964, Nr. 36 vom 3. September 1964. – Zu den Kontroversen um Fritz Fischers »Griff nach der Weltmacht« bemerkt Ralf Dahrendorf in seinem soeben erschienenen Buch »Gesellschaft und Demokratie in Deutschland« (München 1965): »Es gibt keine Instanz und keine Methode, die zu entscheiden vermöchte, wer denn nun Recht hat, der Freund oder der Feind, der Nachbar oder der Fremde, Fischer oder Zechlin« (S. 33, vgl. auch S. 31). Mit dieser Auffassung kann sich der Historiker nicht begnügen. Hierfür – und auch in anderer Beziehung – ist es lehrreich, die beiden großen Kontroversen unseres Faches zu studieren: die zwischen Heinrich v. Sybel und Julius Ficker um die mittelalterliche Kaiserpolitik in den 60er Jahren und die zwischen Alfred Naudé und Max Lehmann in den 90ern um die Kriegsschuldfrage und das Präventivkriegsproblem von 1756. (Darüber zuletzt Theodor Schieder, Die deutsche Geschichtswissenschaft im Spiegel der Historischen Zeitschrift, in: Hundert Jahre Historische Zeitschrift 1859-1959, H. Z. Bd. 189, S. 37 ff.) Beide Streitfragen wurden beeinflußt von politischen Problemen ihrer Zeit, dem der großdeutschen oder kleindeutschen Lösung der deutschen Frage und dem der machtpolitischen Grundlagen der preußischen Geschichte. Sollte es nicht auch bei den Kontroversen unserer Zeit möglich sein, mit den Mitteln der historischen Methode und mit wachsender Distanz zu einer Klärung zu kommen?

10 Erdmann, a.a.O., S. 536.

eine Verminderung unserer Chancen bedeute«[11]. Durch die forcierten strategischen Bahnbauten und die gewaltigen Heeresverstärkungen werde Rußland ab 1916 eine Stärke und Kriegsbereitschaft erlangt haben, der das deutsche Heer selbst bei einer vollen Ausschöpfung der eigenen Wehrkraft nicht mehr gewachsen sein werde; denn eine »Konkurrenz in bezug auf Massen« schien Moltke mit Rußland zu Recht undurchführbar. Im Gegensatz zu dem unaufhaltsamen Erstarken Rußlands verlor der einzige sichere Bundesgenosse Österreich-Ungarn durch die »Wühlarbeit der divergierenden Nationalitäten« im Innern und durch die Verschiebung der Machtverhältnisse auf dem Balkan, dem Abschwenken Rumäniens vom Dreibund, militärisch immer mehr an Wert. So erschien es dem Generalstab bereits 1914 höchst zweifelhaft, ob die Donaumonarchie noch eine kräftige Offensive gegen Rußland durchzuführen imstande war. Ohne eine solche Fesselung der russischen Streitkräfte durch Österreich brach der deutsche Kriegsplan zusammen. Mit einer ungesicherten Ostfront im Rükken ließ sich kein Feldzug in Frankreich führen. Die Offensive im Westen aber war nach dem Ergebnis aller militärischen Planspiele die einzige Möglichkeit zur Lösung eines Zweifrontenkrieges, in dem die deutsche Armee auch bei stärkster Konzentration an einer Front jedem Gegner allein bereits zahlenmäßig unterlegen war[12].

In dieser Situation lehnte der Generalstabschef gegenüber der Reichsleitung jede Verantwortung für die Fortführung der bisherigen Politik ab[13], forderte fast ultimativ in einem Immediatvortrag beim Kaiser die

11 So Moltke in einem Gespräch mit dem österreichischen Generalstabschef Conrad am 12. Mai 1914 nach Feldmarschall Conrad, »Aus meiner Dienstzeit«, Bd. 3 (1922), S. 670. Für die Lagebeurteilung des Generalstabes im Mai 1914 vgl. außer diesem Gespräch die Denkschrift des Oberquartiermeisters I Graf Waldersee vom 18. Mai 1914 (auszugsweise abgedr. in: »Die Kriegsschuldfrage 5« [1927], S. 409 und 8/1930, S. 133) und ein darauf beruhender Briefentwurf Moltkes an den Kanzler vom Mai 1914, der als Unterlage für einen Immediatsvortrag bei Wilhelm II. diente (abgedr. Reichsarchiv, »Der Weltkrieg 1914-1918, Kriegsrüstung und Kriegswirtschaft«, Anlagen-Band [1930], S. 192 f.). Diese Anschauung, »besser würden die Verhältnisse und Aussichten für uns nicht werden«, war im Sommer 1914 offenbar im Generalstab weiter verbreitet, und man sah es dort in der Julikrise als »ganz günstig« an, »wenn es jetzt zum Krieg käme«. (Bericht des sächsischen Militärbevollmächtigten in Berlin vom 3. Juli 1914, »Deutsche Gesandtschaftsberichte zum Kriegsausbruch 1914«, hrsg. von A. Bach [1937], Nr. 3 [im folgenden zit. Bach].) Solche Aussagen sind immer relativ in bezug auf die erwartete Verschlechterung der Lage zu werten und nicht als absolute Siegeszuversicht aufzufassen.

12 Vgl. für die Zahlenverhältnisse 1914 RA, »Kriegsrüstung und Kriegswirtschaft«, Bd. 1 (1930), S. 221.

13 Nach Graf Waldersee, »Der deutsche Generalstab und die Kriegsschuld«, Deutscher Offizier-Bund 5 (1926), S. 338.

»Einstellung sämtlicher wehrfähiger Deutschen zum Waffendienst«[14] und empfahl in einem persönlichen Gespräch dem Staatssekretär des Äußeren, Jagow, dem von ihm für 1916 erwarteten Krieg jetzt zuvorzukommen und damit die letzte Gelegenheit zu ergreifen, in der sich für Deutschland überhaupt noch eine Aussicht auf einen militärischen Erfolg eröffnete[15]. Denn für Moltke, der keineswegs ein Mann war, um nach Kriegslorbeeren zu streben, schien es in dieser Lage die unvermeidliche Aufgabe einer klugen Politik zu sein, das Wagnis eines Krieges in die Überlegungen einzubeziehen. Ein etwaiges präventives Vorgehen verstand er unter diesen Umständen immer noch als defensiv.

Mit dieser Argumentation scheint Moltke den Kaiser, Bethmann Hollweg und Jagow stark beeindruckt zu haben. Acht Tage vor Sarajewo, am 21. Juni 1914, fand der Hamburger Bankier Max Warburg Wilhelm II. in einem langen Gespräch über die allgemeine Lage »tief beunruhigt« und »nervöser als sonst«. »Die Rüstungen Rußlands, die großen russischen Bahnbauten waren seiner Ansicht nach Vorbereitungen für einen Krieg, der im Jahre 1916 ausbrechen konnte.« Und »bedrängt von seinen Sorgen, erwog der Kaiser sogar, ob es nicht besser wäre, loszuschlagen, anstatt zu warten«. Bestürzt über diese »düstere Auffassung der Lage« hielt Warburg, der im übrigen nicht an ernstliche Präventivkriegsabsichten des Kaisers glaubte, ihm die wirtschaftliche Entwicklung Deutschlands entgegen: »Deutschland werde mit jedem Jahr des Friedens stärker. Abwarten könne uns nur Gewinn bringen[16].«

Doch diese in Wirtschaftskreisen weit verbreitete Anschauung wog offenbar für den Kaiser und auch für den Kanzler und den Staatssekretär des Äußeren gering angesichts der drohenden Verschlechterung der militärischen und politischen Lage. Durch die russischen Rüstungen, durch die sich anbahnende engere Verbindung zwischen England und Rußland, wie sie die im Gang befindlichen englisch-russischen Marineverhandlungen signalisierten, und durch Rußlands Bemühungen um einen Balkanbund

14 RA, »Kriegsrüstung und Kriegswirtschaft«, a.a.O., S. 193.

15 Nach einer späteren Aufzeichnung Jagows, mitgeteilt von Imanuel Geiß auf dem Wiener Internationalen Historikertag im September 1965. Die von Geiß herausgegeben zwei Bände »Julikrise und Kriegsausbruch« (1963/64) sind eine nützliche Zusammenstellung der wichtigsten Dokumente der europäischen Regierungen zum Kriegsausbruch.

16 Max M. Warburg, »Aus meinen Aufzeichnungen«. Als Privatdruck erschienen (1952), S. 29. Für die Überzeugung des Kaisers, »daß von Russo-Gallien mit Hochdruck auf einen baldigen Krieg gegen uns hingearbeitet wird«, vgl. seine Randbemerkungen zu einem Bericht des »Berliner Lokalanzeigers« vom 14. Juli 1914 über einen Artikel der Birschewija Wjedomosti, »Die deutschen Dokumente zum Kriegsausbruch 1914«, Bd. I-IV (2. A. 1922), Bd. I, Nr. 2 (im folgenden zit. »DD«).

unter seiner Führung[16a] drohte die Bewegungsfreiheit Deutschlands als Großmacht verloren zu gehen. Mit den Worten Jagows: »Das Gefühl, daß der eiserne Ring um uns sich doch immer enger schließen sollte, könnte bei der immer drohender werdenden Erstarkung Rußlands und den immer aggressiver werdenden Tendenzen des Panslawismus schließlich doch einmal zu gefährlichen Konsequenzen führen[16b].«

Die potentielle Einschränkung des eigenen Willens war für Bethmann Hollweg das eigentlich Gefährliche der Zukunftsentwicklung. An einen »Überfall« der Entente auf Deutschland im Jahre 1916 hat er offensichtlich im Gegensatz zu den Militärs und dem Kaiser nicht geglaubt[17]. Das bedeutet freilich nicht, daß ihm die Situation weniger gefährlich für Deutschland erschien, denn ein Verzicht auf die volle Handlungsfreiheit einschließlich der Möglichkeit, um der eigenen Interessen willen auch die militärische Macht einzusetzen, erschien ihm für eine Großmacht undenkbar. Eben diese Möglichkeit aber hätte Deutschland nach Ansicht des Generalstabes spätestens 1916 verloren.

Dennoch lehnte es Bethmann Hollweg noch im Juni 1914 ab, einen Krieg zu provozieren. Für einen Präventivkrieg sei vom Standpunkt der militärischen Erfolgsaussichten aus 1905 der günstige Moment verpaßt worden[18]. Wohl aber war der Kanzler bereit, als mit dem Mord von Sarajewo unvorhergesehen am 28. Juni 1914 eine neue Krise ausbrach, den angesichts der künftigen Machtverschiebungen noch »am wenigsten ungünstigen Zeitpunkt«[19] zu benutzen, um selbst auf das Risiko eines Weltkrieges hin die innere Zersetzung der Donaumonarchie durch einen glänzenden Erfolg über Serbien »wenigstens für einige Zeit aufzuhalten«[20],

16a Hierzu Egmont Zechlin, Die türkischen Meerengen – ein Brennpunkt der Weltgeschichte, in: »Ströme und Meere in Geschichte und Gegenwart« (1964), bes. Kap. »Meerengenfrage, Balkanpolitik und Kriegsausbruch«, S. 49 ff.

16b Jagow an Ballin, 15. Juli 1914; DD, I, Nr. 56.

17 Vgl. Bethmann Hollweg an den deutschen Botschafter in London, Fürst Lichnowsky, 16. Juni 1914, »DD« I, Nr. 3. Für die Wirkung der englisch-russischen Marineverhandlungen auf den Kanzler siehe die Belege bei Egmont Zechlin, »Deutschland zwischen Kabinettskrieg und Wirtschaftskrieg«, in: HZ 199 (1964), S. 348 ff. und ders., »Die Illusion vom begrenzten Krieg, in: »Die Zeit«, Nr. 38, vom 17. September 1965.

18 So in dem oben Anm. 8 zitierten Gespräch mit Lerchenfeld, Anfang Juni 1914.

19 So bezeichnete Bethmann Hollweg nach dem Tgb. Riezler am 13. September 1914 die Julikrise, zit. bei Erdmann, S. 536.

20 So der Unterstaatssekretär Zimmermann zu dem sächsischen Geschäftsträger in Berlin am 17. Juli 1914 nach dessen gleichzeitigem Bericht, Bach Nr. 4. Auch Jagow erklärte es am 15. Juli 1914 in einem Telegramm an Lichnowsky für ein »vitales Interesse« Deutschlands, »die Weltstellung des österreichischen Bundesgenossen zu erhalten«, »da bei den Ew. Durchl. bekannten

damit selbst der drohenden Isolierung in Europa zu entgehen und eventuell über eine erneute eklatante diplomatische Niederlage Rußlands auf dem Balkan die Entente »auseinanderzumanövrieren«[21]. Sei es, daß Rußland mit Rücksicht auf seine noch unfertige Rüstung von selbst zurückwich oder daß der Zar sich durch den Druck Frankreichs und Englands zum »Stillehalten« gezwungen sah[22].

Das Auswärtige Amt, das von dem östlichen Nachbarn nicht weniger verlangte, als Serbien bedingungslos Österreich zu überlassen, wußte wohl, daß es Rußland kaum einen diplomatischen Handlungsspielraum gelassen hatte, setzte aber das eigene »Recht« auf Bündnissicherung und Bündnisaufwertung gegen das »Recht« der russischen Balkaninteressen[23]. Damit aber wurde die Krise zum Prüfstein, ob auch Rußland nicht davor zurückschreckte, für seine Interessen, jetzt, wo es stärker war als in den vorhergehenden Krisen, das militärische Machtinstrument einzusetzen und es ebenfalls auf den Krieg ankommen zu lassen[24].

Zeigten sich die Russen jetzt kriegsbereit, dann war um so mehr zu erwarten, daß sie es sein würden, wenn es in den folgenden Jahren und eben unter für Deutschland ungünstigeren Umständen zu Krisen und Machtproben der Bündnissysteme kommen würde.

So hat Bethmann Hollweg später selbst den Ersten Weltkrieg »in ge-

intimen Beziehungen Englands zu Rußland eine andere Orientierung unserer Politik zur Zeit ausgeschlossen erscheint«. »DD« I, Nr. 48.

21 So zu Riezler am 8. Juli 1914, Erdmann, a.a.O., S. 536. Vgl. auch Egmont Zechlin, »Probleme des Kriegskalküls und der Kriegsbeendigung im Ersten Weltkrieg«, in: GWU H. 2 (1965), S. 72 f.

22 Vgl. hierfür das von Riezler entworfene Schreiben Bethmann Hollwegs an den Staatssekretär für Elsaß-Lothringen, Graf Roedern, vom 16. Juli 1914, Konzept in DZA Potsdam, Reichskanzlei 4/1, abgedr. »DD« I, Nr. 58; ferner Tgb. Riezler vom 8. Juli 1914, zit. bei Erdmann, S. 536.

23 So erkannte Jagow in seinem Runderlaß an die Missionen vom 30. Juli 1914 ausdrücklich an: »Wenn Rußland in diesem Konflikt für Serbien eintreten zu müssen glaubt, so ist das an sich gewiß sein gutes Recht.« (»DD« II, Nr. 423). Damit war die seit dem 7. Juli 1914 verfolgte Lokalisierungspolitik von vornherein fast aussichtslos, und schon an diesem Tage hatte der deutsche Militärattaché in Wien in einem Schreiben an Moltke gewarnt: »Wenn aber die Forderung derart für das serbische Nationalgefühl verletzend ist (was der Fall zu sein scheint), so kann meiner Ansicht nach Rußland nicht zugeben, daß das slawische Volksbewußtsein am Balkan überhaupt einen solchen Prestigeverlust erleidet. Damit würde auch Rußland aktiv auftreten.« (Bach S. 15.) Ähnliche Warnungen gingen der Reichsleitung vor allem von Lichnowsky zu. Vgl. etwa »DD« I, Nr. 236.

24 »Österreich-Ungarns Außenpolitik von der Bosnischen Krise 1908 bis zum Kriegsausbruch 1914«, bearb. von L. Bittner und H. Uebersberger, Bd. VIII (1930), Nr. 9966 (im folgenden zit. »ÖD«). Dieser Gedankengang Victor Naumanns in seiner Unterredung mit Hoyos am 1. Juli 1914 scheint auch Bethmann Hollweg nach dem Tgb. Riezler vom 8. Juli — »will der Zar nicht ...« — nicht ferngelegen zu haben. (Erdmann, S. 536.)

wissem Sinn« einen Präventivkrieg genannt und sich für sein Handeln in der Julikrise auf die Prognose der Militärs berufen, die keinen anderen Ausweg zugelassen hätten als die bewußte Übernahme des Kriegsrisikos[25]. Mehr als dies aber scheint der Kanzler mit dieser Bezeichnung nicht gemeint zu haben, denn ebensowenig wie in der Marokkokrise hatte es Bethmann Hollweg 1914 auf den Krieg »abgelegt«[26], und es gibt keinerlei Beweise, daß die Reichsleitung den Ersten Weltkrieg bewußt vorbereitet und langfristig geplant hätte, um ihn bei sich bietender Gelegenheit herbeizuführen und daß ihr Drängen auf Durchführung der militärischen Aktion in Serbien allein den Zweck gehabt habe, den allgemeinen Krieg – d. h. den Kontinentalkrieg mit dem Ziel der deutschen Hegemonie – zu entfesseln[27].

Auch den europäischen Kabinetten war damals bewußt, daß sich durch die russischen Rüstungen und durch die Verhandlungen über eine englisch-russische Marinekonvention die Situation in Europa entschieden verschärft hatte. So warnte Grey am 8. Juli ausdrücklich den russischen Botschafter in London, Benckendorff: »All dies könnte die deutschen Behörden zu der Ansicht verleiten, daß ein Coup gegen sie vorbereitet werde, um in einem günstigen Augenblick ausgeführt zu werden[28].« Zwar versicherten sich beide Gesprächspartner, daß eine solche deutsche Annahme völlig irrig sei – und in den Akten findet sich tatsächlich kein einziges Indiz, das einen Überfall der Entente auf Deutschland für 1916 wahrscheinlich macht –,

25 In einem Gespräch mit dem Abgeordneten der Fortschrittlichen Volkspartei Conrad Haußmann in Hohenfinow im Frühjahr 1918, zit. bei Wolfgang Steglich, »Die Friedenspolitik der Mittelmächte«, Bd. 1 (1964), S. 418, Anm. 3.

26 Diese Unterscheidung zwischen »durchhalten und das Kriegsrisiko tragen müssen« und »auf den Krieg ablegen« machte Bethmann Hollweg selbst in der Marokkokrise am 29. Juli 1911 nach dem Tgb. Riezler, Erdmann, S. 534. Damit sollen freilich die aktiven Züge der deutschen Politik im Juli 1914 nicht verwischt werden. Sie zeigt jedoch recht gut, daß der Krieg gegen die Entente keineswegs das primäre Ziel war, sondern Bethmann Hollweg zur Erreichung anderer Ziele — nach meiner Ansicht der Erhaltung der Bewegungsfreiheit als Großmacht – auch bereit war, den Krieg in Kauf zu nehmen.

27 Siehe Anm. 9.

28 Grey zu Benckendorff am 8. Juli 1914 nach dem Erlaß Greys an Buchanan vom gleichen Tage, »British Documents on the Origins of the War 1898 bis 1914«, ed. by G. P. Gooch and H. Temperley, Vol. XI (1926), Nr. 39 (im folgenden zit. »BD«). Grey war von Lichnowsky am 6. Juli 1914 über die »Besorgnisse und den Pessimismus in Berlin« unterrichtet worden. »Der Botschafter ging so weit zu bemerken, in Deutschland habe man . . . einigermaßen das Gefühl, daß ganz sicher Verwicklungen eintreten würden, und daß es darum besser wäre, Österreich nicht zurückzuhalten und das Übel lieber jetzt als später herankommen zu lassen.« Dabei bezog sich L. für die veränderte deutsche Haltung ausdrücklich auf die russischen Rüstungen und die englisch-russischen Marineverhandlungen. Grey an Geschäftsträger Rumbold, 6. Juli 1914, »BD«, Nr. 32.

aber auch der russische Botschafter fürchtete eine überstürzte deutsche Reaktion, die den Frieden gefährden könnte. Dabei glaubte er allerdings nicht an eine Sorge der deutschen Reichsleitung vor einem Überfall, sondern vermutete, »daß neben dieser bequemen und leicht auszunutzenden Theorie die militärische Lage, die nicht mehr die gleiche ist, an sich betrachtet, Deutschland zu denken gibt. Sie kann Deutschland zur Besonnenheit bewegen, sie kann es aber auch veranlassen, die Ereignisse zum Bruch zu bringen[29].« Es war durchaus in den Bahnen des Großmachtdenkens argumentiert, wenn Benckendorff Deutschland zugestand, einer bevorstehenden bedrohlichen Verschiebung der militärischen Kraftverhältnisse notfalls mit Einsatz des militärischen Machtinstruments zuvorzukommen.

Doch jeder Krieg im 20. Jahrhundert würde ein Volkskrieg sein, ein »blutiger Zusammenstoß der Völker«[30], in dem der Volksstimmung eine bisher unbekannte Bedeutung zukam. Dies war auch vor 1914 dem Generalstab voll bewußt. So hatte Moltke in seiner Denkschrift vom 21. Dezember 1912 die Reichsleitung warnend darauf hingewiesen, daß »in unserer Zeit, die keine Kabinettskriege mehr will«, die »Opferwilligkeit« des Volkes ein entscheidender Kriegsfaktor geworden sei und Deutschland nur, »wenn es gelingt, den *casus belli* so zu formulieren, daß die Nation einmütig und begeistert zu den Waffen greift, unter den augenblicklichen Verhältnissen auch den schwersten Aufgaben noch mit Zuversicht entgegen sehen« könne[31]. Damit war die Einsicht formuliert, daß die eigenen Vorstellungen vom Krieg als einem legitimen Mittel der Politik nicht mehr mit den Überzeugungen großer Teile des deutschen Volkes, vor allem der sozialdemokratischen Arbeitermassen, übereinstimmte. Bethmann Holl-

29 Benckendorff an Sasonow über die Unterredung mit Grey, 9. Juli 1914, »Die Internationalen Beziehungen im Zeitalter des Imperialismus«, hrsg. von O. Hoetzsch, Reihe I, Bd. 4 (1932), Nr. 146 (im folgenden zit. Int. Bez.).

30 So etwa der spätere Generalfeldmarschall Colmar Frh. v. d. Goltz, »Krieg- und Heerführung« (1901), S. 13. Dies war eine durchgehende Überzeugung der militärischen Fachliteratur vor 1914.

31 RA, »Kriegsrüstung und Kriegswirtschaft«, Anlagen-Band (1930), S. 162 f. Der aktuelle Anlaß dieser Warnung war die Verärgerung des Generalstabes über die Pressepolitik des Auswärtigen Amtes und des Reichskanzlers während der Balkankrise. »Nur vereinzelte Zeitungen, zumeist konservative, berühren das eigentliche Thema der großserbischen Frage. Mit Recht wird deshalb befürchtet, daß die Enttäuschung und Bestürzung dann aber um so größer sein werden, sollte das Deutsche Reich zu einem aktiven Eingreifen gezwungen sein.« Bericht des k. u. k. Militärattachés in Berlin vom 18. Dezember 1912 über Gespräche im Generalstab, KA. Wien, Archiv Militärattaché Berlin 12, Rep. No. 266. Bereits am 8. Dezember wurde der Reichskanzler von Wilhelm II. aufgefordert, die amtliche Pressepolitik im Sinne des Generalstabes zu ändern. Vgl. Geiß I, S. 45.

weg erfaßte das Problem mit der Konsequenz, Deutschlands Position bei Kriegsausbruch so zu gestalten, daß der Krieg vor der eigenen Nation als Überfall legitimiert werden konnte.

Auf diese Aufgabe hat sich die deutsche Regierung seit dem 26. Juli 1914 mit zunehmender Intensität konzentriert. Damals hatte Österreich-Ungarn bereits die serbische Antwort auf sein Ultimatum abgelehnt und die diplomatischen Beziehungen zu Belgrad abgebrochen. Die deutsche Reichsleitung erwartete den Beginn der kriegerischen Operationen gegen Serbien und riet selbst »dringendst, sofort vorzugehen und die Welt vor ein *fait accompli* zu stellen«[32]. Zwei Wochen zuvor hatte sie noch an die Möglichkeit gedacht, daß das nicht »schlagfertige« Rußland zurückschrekken und sich die Krise mit diplomatischen Mitteln lösen lassen würde: »... und dann freundlich gegen die Entente, dann kann der Choc ausgehalten werden[33]«. Nun aber zeigten die aus Rußland einlaufenden Nachrichten an, daß man in Petersburg vielmehr nicht gesonnen war, sich auf die deutsche Lokalisierungstheorie einzulassen[34]. Sei es doch, wie Sasanow dem Zaren erklärte, das »deutliche Ziel« des österreichischen Vorgehens, »Serbien zu vernichten« und eine Hegemonie auf dem Balkan zu schaffen[34a]. Dementsprechend beschloß am Vormittag des 25. Juli ein Ministerrat unter Vorsitz des Zaren in Krasnoje Selo militärische Vorbereitungen, um einem etwaigen österreichischen Einmarsch in Serbien mit Waffengewalt zu begegnen[35]. In Berlin aber dachte man nicht daran, auf die Beseitigung des »serbischen Gefahrenherdes« und die Aufwertung des Habsburger Reiches zu verzichten. So spitzte sich die Krise zu einer Machtprobe der Bündnissysteme zu, bei der, wenn keiner zurückwich, der Ausbruch des großen Krieges zu erwarten war, und zwar wahrscheinlicher

32 Szögyény an Berchtold, Tel. Nr. 285, 25. Juli 1914, »ÖD«, Nr. 10 656.

33 Bethmann Hollweg zu Riezler am 11. Juli 1914, Erdmann, S. 536. Die deutsche Hoffnung auf Lokalisierung hatte schon am 5. Juli 1914 Wilhelm II. die »Blankovollmacht« an Österreich-Ungarn erleichtert. Sie zieht sich wie ein roter Faden durch die deutschen Spekulationen in der Julikrise. Vgl. Bach, Nr. 2, S. 14; »DD«, S. XVIII; »ÖD« 10 076, 10 091; »DD«, S. XVI; »DD« I, Nr. 36; »Bayr. Dok.«, Nr. 8, »ÖD«, Nr. 10 215; »DD« I, Nr. 56, 72; »Int. Bez.« I, 4, Nr. 322; Bach, Nr. 17; »BD«, Nr. 677.

34 Vgl. Pourtalès an Bethmann Hollweg, 25. Juli 1914, »DD« I, Nr. 204.

34a Vortragsaufzeichnung Sasonows für Nikolaus II., 25. Juli 1914; »Int. Bez.« I, 5, Nr. 47.

35 Der bayerische Gesandte in Petersburg meldete dies nach München bereits am 26. Juli, 2.30 Uhr vormittags (»Bayr. Dok.«, Nr. 26). Am Vormittag des 26. Juli traf dann in Berlin ein Telegramm aus Petersburg mit der Meldung des deutschen Militärbevollmächtigten, v. Chelius, über plötzlich abgebrochene Truppenübungen und über seinen »Eindruck, daß man alle Vorbereitungen zur Mobilmachung gegen Österreich treffe«. (»DD« I, Nr. 194).

der Weltkrieg, d. h. gegen Rußland, Frankreich und England[36]. Dementsprechend sah man sich in Berlin nunmehr veranlaßt, unmittelbare Maßnahmen für diesen Fall zu treffen.

Der 26. Juli

Am 26. Juli übersandte Moltke dem Auswärtigen Amt einen Entwurf für die Sommation an Belgien[37], da der europäische Krieg nach dem deutschen Kriegsplan mit einer Offensive im Westen unter Bruch der belgischen Neutralität beginnen mußte. An diesem Tage wurden auch die diplomatischen Bemühungen um Bündnishilfe verstärkt, so um Italien – wofür in Wien die Abtretung des Trentino angeregt wurde –, um Bulgarien und um Schweden. Und so schickte sich die deutsche Regierung an, die psychologische Ausgangsposition der Kriegsführung zu schaffen, d. h. sowohl vor der Welt wie vor dem eigenen Volke als zum Kriege gezwungen dazustehen. Hatte der Reichskanzler schon in den vorhergehenden Tagen sich darum bemüht, unter allen Umständen zu vermeiden, »daß das Ausland den

36 Die Frage, ob Bethmann Hollweg im Falle eines Krieges auch den englischen Kriegseintritt erwartet hat, ist wegen der weitreichenden Folgen für die deutsche »Kriegszielpolitik« und die aus ihr abgeleiteten Motive der deutschen Reichsleitung in der Julikrise umstritten. Belege für eine pessimistische Einschätzung der englischen Neutralität im Juni und Juli 1914 durch Bethmann Hollweg in meinen oben Anm. 17 zitierten Aufsätzen. Die gegenteiligen Äußerungen Bethmann Hollwegs in der Julikrise sind teils taktisch gemeint, etwa zur Beruhigung des österreichischen Bundesgenossen (vgl. etwa »ÖD«, Nr. 9966, »ÖD«, Nr. 10 215), teils dem Bestreben entsprungen, auch das Äußerste nicht zu unterlassen, um vielleicht die natürlich erwünschte englische Neutralität gegen alle Wahrscheinlichkeit noch zu erreichen. Ein solches Verhalten des Kanzlers bezeugt etwa einer seiner engsten Mitarbeiter, der Unterstaatssekretär in der Reichskanzlei, Wahnschaffe. Vgl. Wahnschaffe, »Gesamtverantwortung«, »Berliner Monatshefte« (1934), S. 651. Die von mir begründete Auffassung, daß Bethmann Hollweg das Risiko eines Weltkrieges, also mit Einschluß Englands, übernommen habe, wertet Geiß jetzt (Pogge-v. Strandmann/Geiß, a.a.O., S. 67) als Bestätigung der »Ergebnisse Fritz Fischers und seiner Richtung«, die »bisher nur aus Mangel an direkten Belegen dem Kanzler zugute gehalten« habe, »daß er das Risiko eines Weltkrieges nicht gesehen und im Grunde gescheut hatte«. Tatsächlich aber hat die von Fischer auch noch auf dem Internationalen Historikerkongreß in Wien vertretene These von der »Fehlrechnung auf die englische Neutralität« entscheidendes Gewicht in seiner Argumentation. « Gerhard Ritter wiederum nimmt in Anhang zur 2. Aufl. von Bd. II seines Werkes »Staatskunst und Kriegshandwerk«, 1965, S. 387-389, gegen meine Auffassung Stellung mit dem Hinweis, daß dann die Politik Bethmann Hollwegs als die eines »leichtfertigen Spielers, ja, eines Abenteurers« anzusehen sei. Als Antwort verweise ich auf meinen o. a. (Anm. 17) Aufsatz, »Die Illusion vom begrenzten Krieg«.

37 Nach »DD« II, Nr. 376, Anm. 1.

Eindruck einer fortgesetzten Kriegshetze gewinnen muß«[38], so bat er jetzt den Monarchen, von der Nordlandreise nicht nach Berlin, sondern nach Potsdam zurückzukehren, da die »mit Sicherheit zu erwartende sehr stürmische Begrüßung« zu erneuten antiserbischen Demonstrationen führen würde. »Rußland würde das dahin ausdeuten, daß wir den Krieg mit ihm wollen. Der Zeitpunkt hierzu wäre aber verfrüht, solange Rußland gar keine aggressiven Schritte ergreift. Rußland aber muß rücksichtslos unter allen Umständen ins Unrecht gesetzt werden«, so erklärte Bethmann Hollweg dem Kaiser in diesem bisher unbekannten Telegramm vom 26. Juli[39].

Dieses taktische Ziel verlangte, daß Deutschland selbst keinerlei militärische Vorbereitungen unternahm, sondern abwartete, bis sich Rußland, das durch das österreichische Vorgehen in Serbien zum Reagieren gezwungen war, ins »Unrecht« setzte. Dann nämlich bestand einmal die vage Chance, daß England sich an einem von Rußland »entfesselten« Krieg nicht beteiligte[40], und zum anderen bot sich die begründete Hoffnung, daß das deutsche Volk geschlossen hinter die eigene Regierung trat.

Diese Aufgabe, Rußland für die Verschärfung der Lage verantwortlich

38 Privatbrief Jagows an Bethmann Hollweg, 19. Juli 1914, BA Koblenz, NL Thimme 62. In diesem Brief empfahl Jagow ein scharfes Vorgehen gegen »den neuen Anfall von Telegraphitis, der sich bei dem Thronerben zeigt«. Bethmann Hollweg folgte am 20. Juli in einem Telegramm an den Kaiser dieser Anregung. »DD« I, Nr. 84. Damals hatte der Kronprinz Wilhelm in offenen Telegrammen alldeutschen Pamphleten seine Anerkennung ausgesprochen. Der gleichen Beruhigungstaktik diente der vergebliche Versuch Bethmann Hollwegs, am 25./26. Juli eine vorzeitige Heimreise der Flotte zu verhindern. Vgl. »DD« I, Nr. 182, 231, 221.

39 Siehe Anhang, S. 31 f. [Jetzt unten S. 93.]

40 Vgl. etwa Bethmann Hollwegs Ausführungen am 29. Juli 1914 abends in der Besprechung mit Moltke, Jagow und Falkenhayn; H. v. Zwehl, »Erich von Falkenhayn« (1926), S. 57. Optimistisch über die englische Haltung äußerte sich am 28. Juli auch noch der Dirigent der Polit. Abt. des AA, v. Stumm. Vgl. »Regierte der Kaiser? Kriegstagebücher, Aufzeichnungen und Briefe des Chefs des Marinekabinetts, Admiral George Alexander v. Müller, 1914-1918«, hrsg. v. W. Görlitz (1959), S. 36. Eine Klärung der englischen Haltung brachte die Depesche Lichnowskys vom Abend des 29. Juli. Nach Fischer (»Griff nach der Weltmacht«, S. 93 ff.) bedeutete dieses Telegramm den »Zusammenbruch« der Bethmann Hollwegschen Politik, die auf der Rechnung mit der englischen Neutralität beruht habe. Tatsächlich nahm die deutsche Regierung Greys Drohung mit dem englischen Kriegseintritt zwar »mit Bedauern, wenn auch nicht gerade mit Überraschung« zur Kenntnis. (So Jagow zu Goschen; Goschen an Grey, 30. Juli 1914; »BD« Nr. 305.) Die beiden aufgeregten Telegramme des Reichskanzlers nach Wien in der Nacht vom 29. auf den 30. Juli (»DD« II, Nr. 395, 396) entsprangen nicht dem »Schock über die nicht erwartete englische Haltung« (so Fischer, S. 94), sondern vor allem der Sorge, daß auch Österreichs eigenmächtige Ablehnung jeder Vermittlungsvorschläge die so wohlvorbereitete Regulierung der Schuldfrage zerstört werden könnten. [Dazu jetzt unten S. 165 u. 181.]

zu machen, stellte sich um so mehr, als die Krise in eine neue psychologische Phase führte. Unter dem Eindruck des Mordes von Sarajewo hatte die europäische Öffentlichkeit Verständnis für die Situation des Habsburgerreiches gezeigt. Die am 27. Juli veröffentlichte weit entgegenkommende serbische Antwortnote offenbarte aber, daß es die Regierung in Wien darauf abgesehen hatte, den Krieg gegen Serbien zu führen. Um so mehr kam es darauf an, ihn politisch abzuschirmen. Dazu gehörte die Behandlung von Vermittlungsaktionen. Sie waren auch der deutschen Regierung unwillkommen, sofern sie dem Zweck dienten, den Krieg gegen Serbien zu verhindern. So drängte Bethmann Hollweg am 28. Juli in Wien, mit der militärischen Aktion gegen Serbien nicht erst bis zum 12. August zu warten. Aber er begründete dies damit, daß sonst in der Zwischenzeit die Zurückhaltung der Reichsleitung gegen die englischen Vermittlungs- und Konferenzvorschläge dazu führen würde, daß

»daß Odium, einen Weltkrieg verschuldet zu haben, schließlich auch in den Augen des deutschen Volkes auf sie zurückfällt. Auf einer solchen Basis aber läßt sich ein erfolgreicher Krieg nach drei Fronten nicht einleiten und führen. Es ist eine gebieterische Notwendigkeit, daß die Verantwortung für das eventuelle Übergreifen des Konflikts auf die unmittelbar Beteiligten unter allen Umständen Rußland trifft«[41].

Dieses Ziel der Belastung Rußlands mit der Kriegsschuld stand in dieser letzten Phase der Krise im Mittelpunkt der deutschen diplomatischen Aktivität, und dies je mehr sich die Konfrontation mit Rußland zuspitzte und schließlich mit höchster Wahrscheinlichkeit zum Weltkrieg auszuweiten drohte. Doch empfahl der Kanzler in den nächsten Tagen der österreichischen Regierung dringend, Verhandlungen mit Rußland aufzunehmen und wandte sich in schärfster Form gegen die Nichtbefolgung seiner Ratschläge[42]. Dabei hielt er an der Lokalisierungsfiktion fest und gab im diplomatischen Verkehr und in der Presse die Parole aus, daß Rußland allein die Verantwortung dafür trage, »wenn aus dem österreichisch-serbischen Handel, den alle übrigen Großmächte zu lokalisieren wünschen, ein europäischer Krieg entsteht[43]«. Und so gelang

41 Bethmann Hollweg an Tschirschky, Tel. Nr. 174, 28. Juli 1914, »DD« II, Nr. 323.

42 Bethmann Hollweg an Tschirschky, Tel. Nr. 200, 30. Juli 1914, »DD« II, Nr. 441: Durch eine Ablehnung dieser Verhandlungen dokumentierte Wien, »daß es unbedingt einen Krieg will, in den wir hineingezogen sind, während Rußland schuldfrei bleibt. Das ergibt für uns der eigenen Nation gegenüber eine ganz unhaltbare Situation«.

43 So am 26. Juli in dem nicht abgesandten Erlaß Bethmann Hollwegs an die Botschafter in Paris, London und Petersburg (»DD« I, Nr. 234), gleichlautend in dem Erlaß Jagows an die Missionen vom 30. Juli 1914 (»DD« II, Nr. 423). Bei Geiß II, S. 385, Anm. 2 weitere Belege. Für die Presse vgl.

es ihm noch am 30. Juli – trotz des ständig wachsenden Drucks der Militärs –, deutsche Mobilmachungsmaßnahmen zu verhindern mit der Begründung, daß die russischen Aktionen abzuwarten seien, »weil wir sonst die öffentliche Meinung weder bei uns noch in England für uns haben würden«[44]. Doch er täuschte die Entente nicht, insbesondere nicht das britische Kabinett, das der deutschen Regierung die angebliche Unkenntnis des Ultimatums an Serbien nicht abgenommen hatte und spätestens nach Ablehnung der serbischen Antwort und der Zurückhaltung des Auswärtigen Amtes gegenüber Vermittlungsvorschlägen die deutsche Politik als kriegsbereit interpretierte[45].

»Defaitisten« oder »Patrioten«

Um so mehr bedurfte der Kanzler einer innenpolitischen Einheitsfront für den nun immer wahrscheinlicher gewordenen großen Krieg. Aber zunächst sah es keineswegs so aus, als ob die Nation »einmütig und begeistert zu den Waffen greifen« würde. Wohl gab es eine Volksstimmung, die teils aus Kraftgefühl und Selbstbewußtsein, teils in Besorgnis über die Verschlechterung der Lage und Verengung der deutschen Großmachtstellung in der Krisenkette der letzten Jahre bereit war, die Ehre des Reiches auch mit dem Schwerte zu wahren und dem Bundesgenossen die »Nibelungentreue« zu halten. Hierfür war symptomatisch, daß es am Abend des 25. Juli auf die Nachricht von dem Abbruch der diplomatischen Beziehungen Österreich-Ungarns mit Serbien in Berlin zu patriotischen Kundgebungen kam. Aber eine Politik, die den Krieg als Mittel für eine präventive Machtbehauptung riskierte, vertrug nicht das Licht der Öffentlichkeit, nicht das der europäischen Welt und nicht das eines internationalen Pazifismus, wie er zu der Lehre der deutschen Sozialdemokratie gehörte. Am 25. Juli verurteilte der Parteivorstand in einem sofort veröffentlichten Aufruf schärfstens die »frivole Kriegsprovokation der österreichisch-ungarischen Regierung« und forderte die Parteigenossen auf, »in Massenversammlungen den unerschütterlichen Friedenswillen des klassenbewußten Proletariats zum Ausdruck zu bringen«[46]. »Das klassen-

Theo Goebel, »Deutsche Pressestimmen in der Julikrise 1914« (1939), S. 111, 115, 137.

44 Bethmann Hollweg in der Besprechung mit Moltke, Jagow und Falkenhayn am 29. Juli abends, Zwehl, S. 57.

45 »BD«, Nr. 144; »BD«, Nr. 149; »BD«, 185; »BD«, 174.

46 Faksimile der Extraausgabe des »Vorwärts« Nr. 200a vom 25. Juli 1914 mit dem Aufruf des Parteivorstandes bei Julius Braunthal, »Geschichte der Internationale«, Bd. 2 (1963), S. 25.

bewußte Proletariat Deutschlands erhebt im Namen der Menschlichkeit und der Kultur flammenden Protest gegen dies verbrecherische Treiben der Kriegshetzer.« Von der deutschen Regierung verlangte der Aufruf, sich »jeder kriegerischen Einmischung« zu enthalten und dadurch einen Druck auf Österreich-Ungarn auszuüben. Gleichzeitig drohten einzelne Parteiblätter bereits unverhüllt mit der sozialen Revolution im Gefolge eines großen europäischen Krieges[47]. Die Dinge schienen unaufhaltsam dem Bruch zuzutreiben. Zwar hatte die offiziöse *Kölnische Zeitung* noch am 25. Juli in einem – offensichtlich amtlich inspirierten – Leitartikel beruhigend festgestellt: »Wenn unsere Sozialdemokraten in den nächsten Tagen Kundgebungen gegen den Krieg veranstalten, so werden sie darin bis zu einem gewissen Grade die Zustimmung des deutschen Bürgertums finden. Denn bei uns will niemand den Krieg und flucht demjenigen, der das schreckliche Übel heraufbeschwört[48].«

Dennoch kam es am 28. Juli in Berlin zu schweren Zusammenstößen zwischen der Polizei und sozialdemokratischen Demonstranten. An diesem Tage fanden nach einem Aufruf des *Vorwärts* vom 27. Juli Massendemonstrationen gegen den Krieg – die Politik des »übelberatenen Österreich« in allen deutschen Großstädten – statt, und auch die Berliner Sozialdemokratie protestierte in 27 stark besuchten Versammlungen gegen das »verbrecherische Treiben der Kriegshetzer«[49]. Trotz des Verbotes von Straßendemonstrationen waren dabei einzelne Gruppen bis zum Stadtzentrum Unter den Linden vorgedrungen und hier auf die Polizei gestoßen. »Die Polizei ist durchweg mit Energie vorgegangen und hat, wo es erforderlich war, von der Hiebwaffe Gebrauch gemacht. Die patriotischen Kundgebungen, insbesondere Gesänge vaterländischer Lieder haben die sozialdemokratischen Gesänge weit überwogen[50].« Dies berichtete Bethmann Hollweg am 29. Juli 1914 dem Kaiser, und Wilhelm II. wußte – impulsiv

47 Vgl. etwa den Leitartikel des »Vorwärts« vom 27. Juli: »Denn die Leutchen müssen ja fühlen, daß ihnen der Boden unter den Füßen wankt, daß sich bei einer Kriegskatastrophe der Boden unter ihnen öffnen kann, um sie zu verschlingen.« Zit. bei Curt Schön, »Der ›Vorwärts‹ und die Kriegserklärung« (1929), S. 42. Weitere Belege bei Heinz Wohlgemuth, »Burgkrieg, nicht Burgfriede!« (1963), S. 46.

48 Zit. bei Schön, S. 40.

49 Text der Resolution bei Carl Grünberg, »Die Internationale und der Weltkrieg I« (1916), S. 55 f.

50 Tel. Bethmann Hollweg an Wilhelm II., 29. Juli 1914, DZA Potsdam, Reichskanzlei 1395/8. Vgl. auch den Artikel »Jagows Demonstranten«, »Vorwärts« Nr. 204, 29. Juli 1914, zit. bei Schön, S. 43. Nach dem Bericht des Kommandos der Schutzpolizei besuchten etwa 29 000 Personen die Protestversammlungen. »Einige Säle mußten wegen Überfüllung geschlossen werden ...«, zit. bei Jürgen Kuczynski, »Der Ausbruch des Ersten Weltkrieges und die deutsche Sozialdemokratie« (1957), S. 56 f.

wie immer – nur noch einen Ausweg: »Die Sozen machen antimilitärische Umtriebe in den Straßen, das darf nicht geduldet werden, jetzt auf keinen Fall, im Wiederholungsfalle werde ich Belagerungszustand proklamieren und die Führer samt und sonders *tutti quanti* einsperren lassen[51].« Ähnlich hatte bereits am Vortage der Zentrumsabgeordnete Matthias Erzberger in einem Zeitungsartikel vorgeschlagen, die »vaterlandslosen Gesellen, die defaitistischen sozialdemokratischen Journalisten« einzusperren[52].

Doch Bethmann Hollweg hielt den Einsatz brutalen Terrors am Vorabend eines Krieges für völlig verfehlt und unwirksam. Mit dieser Meinung stand er nicht allein. Bereits im November 1913 hatte der preußische Kriegsminister Falkenhayn Absprachen zwischen seiner Behörde, dem preußischen Innenministerium und dem Reichsamt des Innern empfohlen, um eine »einheitliche Behandlung der Sozialdemokratie im ganzen Reich« auch »hinsichtlich der Ausübung des Vereins- und Versammlungsrechts und der Festnahme führender sozialdemokratischer Personen« zu erreichen[53]. Falkenhayn hatte dabei warnend darauf hingewiesen, »daß nach den Mitteilungen der Generalkommandos über die von ihnen bei Erklärung des Kriegszustandes beabsichtigten Maßnahmen an vielen Stellen des Reiches mit einem scharfen Vorgehen gegen die Sozialdemokraten zu rechnen ist«. Tatsächlich hatte der kommandierende General des 7. Armeekorps, General v. Bissing, zu dessen Kommandobereich auch das Ruhrgebiet gehörte, 1910 in einem geheimen Erlaß die Festnahme aller sozialdemokratischen Führer und Redakteure ohne Rücksicht auf ihre Immunität als Reichstagsabgeordnete befohlen. Dieser Erlaß war der SPD in die Hände gefallen und vor ihr veröffentlicht worden[54]. So hielten Partei und Gewerkschaften auch im Juli 1914 die Zerschlagung ihrer Organisationen durchaus nicht für unmöglich. Am 30. Juli fuhren deshalb Ebert und Otto Braun auf Beschluß des Parteivorstandes mit der Parteikasse in

51 Randbemerkung Wilhelms II. zu einem an ihn gerichteten Telegramm des Zaren vom 29. Juli 1914. »DD« II, Nr. 332. Der Kaiser las das Telegramm morgens um 7.30 Uhr. Der Bericht Bethmann Hollwegs (Anm. 50) ist offenbar bereits eine Reaktion auf die kaiserliche Randbemerkung.

52 Erzberger in »Der Tag« vom 28. Juli 1914, nachgedruckt in der »Kreuzzeitung« vom 29. Juli, Text bei Philipp Scheidemann, »Memoiren eines Sozialdemokraten«, Bd. 1 (1928), S. 246.

53 Falkenhayn an den Preußischen Minister des Innern, abschriftlich an das Reichsamt des Innern, 26. November 1913, DZA Potsdam, RdI 12 215/1 Akten betr. Kriegszustand. Vgl. auch Johanna Schellenberg, »Die Herausbildung der Militärdiktatur in den ersten Jahren des Krieges«, in: »Politik im Krieg 1914-1918. Studien zur Politik der deutschen herrschenden Klassen im Ersten Weltkrieg« (1964), S. 29 ff.

54 Protokoll über die Verhandlungen des Parteitages der SPD in Magdeburg (1910), S. 430.

die Schweiz, um sie dem Zugriff der deutschen Behörden zu entziehen[55], und nach der Mobilmachung am 1. August erwarteten in Dresden – aber wohl auch an anderen Orten – die Parteifunktionäre »zitternd die Auflösung der Partei und der Gewerkschaften, die Verhaftung der Führer und die Beschlagnahme der Kassen sowie Schließung der Gewerkschaftshäuser und Verbot der sozialdemokratischen Zeitungen«. Entsprechend wurden bereits sichere Verstecke für die Gewerkschaftsgelder gesucht[56]. An diesem Tag traf auch die Generalkommission der Gewerkschaften Vorsorge, um nötigenfalls ihre Gelder zu sichern, und fragte beim Reichsamt des Innern an, ob eine Weiterarbeit der gewerkschaftlichen Organisationen im Kriege möglich sei[57]. Der Parteivorstand warnte ebenfalls am 1. August seine Anhänger: »Die strengen Vorschriften des Kriegsrechts treffen mit furchtbarer Schärfe die Arbeiterbewegung. Unbesonnenheit, nutzlose und falsch verstandene Opfer schaden in diesem Augenblick nicht nur dem einzelnen, sondern unserer Sache[58].« Alle diese Sorgen waren unbegründet.

Die Taktik Bethmann Hollwegs

Bereits am 2. Juli 1914 war in kommissarischen Beratungen der einzelnen Instanzen beschlossen worden, keine Verhaftungen im Kriegsfall vorzunehmen, und am 25. Juli wies der Kriegsminister die Generalkommandos in den ihnen übersandten »Gesichtspunkten für die Vorbereitung des Kriegszustandes und die Ausübung der vollziehenden Gewalt« ausdrücklich darauf hin, es sei nicht erwünscht, daß politische Parteien durch Unterdrückung ihrer Presse und Verhaftung ihrer Führer von vornherein in einen scharfen Gegensatz zur Regierung hineingetrieben werden. Deshalb ist zunächst ein abwartendes Verhalten, bei strenger Überwachung gegenüber der sozialdemokratischen, polnischen, dänischen und elsaß-lothringischen Presse und Partei angezeigt[59]. Und am 31. Juli warnte Falkenhayn noch einmal die Generalkommandos vor übereilten Handlungen: »Nach sicherer Mitteilung hat die sozialdemokratische Partei die feste Absicht, sich so zu verhalten, wie es sich für jeden Deutschen unter den

55 Vgl. Georg Kotowski, »Friedrich Ebert«. Eine politische Biographie, Bd. 1 (1963), S. 226. Ebert kehrte erst am 6. August zurück.
56 Nach Ernst Lorentz, »5 Jahre Dresdner U.S.P.« (1922), S. 4 f.
57 Vgl. Paul Umbreit, »Die deutschen Gewerkschaften im Weltkrieg« (1917), S. 21, und Heinrich Ströbel, »Die deutsche Revolution. Ihr Unglück und ihre Rettung« (1922), S. 36.
58 Abgedr. »Vorwärts« Nr. 207, 1. August 1914, zit. bei Schön, S. 50 f.
59 DZA Potsdam, RdI 12 215/1.

gegenwärtigen Verhältnissen geziemt. Ich halte es für meine Pflicht, dies zur Kenntnis zu bringen, damit die Militärbefehlshaber bei ihren Maßnahmen darauf Rücksicht nehmen[60].«

Die Sorge der Regierung vor einer sozialen Revolution, vor Aufständen, Wehrdienstverweigerungen, Massenstreiks war im Juli 1914 nicht sehr groß. Denn die SPD hatte sich für den Fall eines Kriegsausbruchs nie in dieser Richtung festgelegt: die Revisionisten nicht, weil sie sich mit dem kapitalistischen System so weit verbunden fühlten, daß sie es auf jeden Fall verteidigen wollten; das Zentrum nicht, weil es die proletarischen Interessen bei einem Angriff auf das Deutsche Reich verteidigen wollte, und die linken Sozialisten nicht, weil es nach marxistischer Sicht den gegebenen objektiven Bedingungen vorbehalten sein muß, welche Maßnahmen zu ergreifen sind. Das Gefühl der hoffnungslosen Unterlegenheit gegenüber der Staatsmacht war ein zusätzliches Motiv für diese Haltung[61]. Dies bekräftigte der auf der äußersten Linken der Partei stehende Franz Mehring noch am 30. Juli[62].

Am selben Tage konnte denn auch der Reichskanzler in der Sitzung des Preußischen Staatsministeriums berichten, daß in dieser Beziehung von der SPD »nichts Besonderes zu befürchten« sei[63]. Am Vortrage hatte der revisionistische Reichstagsabgeordnete Südekum dem Kanzler nach Rücksprache mit den in Berlin anwesenden Mitgliedern des Parteivorstandes schriftlich versichert, »daß – gerade aus dem Wunsche heraus, dem Frieden zu dienen – keinerlei wie immer geartete Aktion (General- oder partieller Streik, Sabotage und dergleichen) geplant oder auch zu befürchten sei«[64]. Offensichtlich hatte Bethmann Hollweg am 28. Juli Südekum nachdrücklich darauf hingewiesen, daß innere Unruhen nur die kriegswilligen Kreise in Rußland ermuntern und die Stellung des Kanzlers gegenüber der auch

60 Schreiben Falkenhayns an alle Generalkommandos vom 31. Juli 1914, zit. bei Heinz Wohlgemuth, »Burgkrieg, nicht Burgfriede!« (1963), S. 49.
61 Siehe Julius Braunthal, »Geschichte der Internationale«, Bd. 1 (1961), S. 341 ff.
62 Franz Mehring, »Die Arbeiterklasse und der Weltkrieg«, »Sozialdemokratische Korrespondenz« vom 30. Juli 1914, abgedr. bei F. M., »Krieg und Politik«, Bd. 1 (1959), S. 142 ff., besonders S. 144.
63 Protokoll der Sitzung des Preußischen Staatsministeriums vom 30. Juli 1914, »DD« II, Nr. 456, S. 178.
64 Südekum an Bethmann Hollweg, 29. Juli 1914, abgedr. bei Kuczynski, S. 78 f. Nach der dort ebenfalls abgedruckten Aufzeichnung Grotjahns erklärte Bethmann Hollweg am 28. Juli zu Südekum, »daß die Kriegsgefahr drohend wäre. Er täte, was er könne, um den Krieg zu vermeiden. Aber es gäbe auch eine Kriegspartei bei uns«. Nach dem Tgb. David vom 1. August 1914 soll die sozialdemokratische Friedensdemonstration vom 28. Juli »von Bethmann Hollweg sogar gewünscht worden« sein. BA Koblenz, NL David.

in Deutschland vorhandenen »Kriegspartei« schwächen würde. Ähnlich war bereits der Parteivorsitzende Hugo Haase am 26. Juli im preußischen Kriegsministerium gewarnt worden, daß durch die Betonung der österreichischen Schuld zu Unrecht der Eindruck entstehen könnte, daß Deutschland seine Bündnisverpflichtungen bei einem russischen Angriff auf Österreich-Ungarn nicht erfüllen würde. Dies aber werde nur die Kriegslust in Rußland bei den Panslawisten weiter schüren[65].

Auf Grund dieser »absolut zuverlässigen Mitteilungen über die Haltung der Reichsregierung« sandte der sozialdemokratische Parteivorstand am 29. Juli ein streng vertrauliches Schreiben an alle Redaktionen der Parteipresse und riet darin dringend, sich Mäßigung in der Antikriegspropaganda aufzuerlegen, »die gebotene Vorsicht obwalten zu lassen«[66].

Selbst die Antikriegsdemonstrationen des 28. Juli machten trotz ihrer dramatischen Nebenumstände auf unbefangene Beobachter keineswegs einen besorgniserregenden Eindruck. »Man verlangt nicht den Krieg, aber man hat sich mit dem Gedanken abgefunden«, war etwa der Eindruck des bayerischen Gesandten in Berlin[67]. Doch der Reichskanzler brauchte mehr, nämlich eine solche »Einheitlichkeit, Tiefe und Stärke des patriotischen Empfindens«, das der Reichstag den Gesetzentwürfen der verbündeten Regierungen, also vor allem den Kriegskrediten, ohne jede Diskussion »rasch und in patriotischer Begeisterung« zustimmte[68]. Das war aber nur möglich, wenn Deutschland eindeutig als der schuldlos Angegriffene, als der zum Krieg Gezwungene dastand, der bis zum letzten Augenblick sich um den Frieden bemüht hatte. Dabei konnte sich die Regierung von vornherein stützen auf einen großen Schatz an Vertrauen, das damals der Friedensliebe des Kaisers und seiner Regierung entgegengebracht wurde. Selbst die radikale Sozialistin Rosa Luxemburg glaubte am 28. Juli, man könne den »kopflosen Leitern der deutschen Politik ruhig zugestehen, daß ihnen in diesem Augenblick jede andere Perspektive in lieblicherem Licht erscheint, als die, um des habsburgischen Bartes willen alle Schrecken und Wagnisse des Krieges mit Rußland und Frankreich oder gar im letzten Ende mit England auf sich zu nehmen«[69]. Und noch zwei Tage später erkannte der *Vorwärts* unumwunden an, »daß Wilhelm II. sich durch

65 Nach einer Mitteilung Haases auf der Reichskonferenz der Sozialdemokratie Deutschlands im September 1916, zit. bei Kuczynski, S. 70.
66 Zit. bei Wohlgemuth, S. 49.
67 Lerchenfeld an Hertling, 29. Juli 1914, »Bayr. Dok.«, Nr. 47.
68 Mit diesem Argument suchte der Reichskanzler am 18. Juli 1914 in einem Schreiben an Falkenhayn vergeblich eine Beschränkung des Belagerungszustandes auf die Grenzbezirke zu erwirken. DZA Potsdam, RdI 12 215/1.
69 In »Sozialdemokratische Korrespondenz«, Nr. 85, 28. Juli 1914, zit. bei Kuczynski, S. 53, abgedruckt am 30. Juli im »Vorwärts«.

seine Haltung namentlich in den letzten Jahren als aufrichtiger Freund des Völkerfriedens bewährt hat«[70].

Das taktische Kalkül der Reichsleitung wurde am 30. Juli 1914 noch einmal gefährdet, als der *Berliner Lokalanzeiger* fälschlich die Mobilmachung des deutschen Heeres und der Marine[71] verbreitete. Zwar wurde dieses Extrablatt sofort durch Schutzleute eingezogen und bereits nach 15 Minuten durch eine neue Sondermeldung als »grober Unfug« widerrufen. Aber in der Zwischenzeit waren bereits etwa 150 Exemplare verteilt worden, und der russische Botschafter und ein russischer Journalist hatten die Nachricht nach Petersburg gemeldet[72]. Damit war es möglich, daß Deutschland die russische Generalmobilmachung und damit die Mechanik der gegenseitigen Mobilmachungen, die unausweichlich zum Kriege führte, ausgelöst hatte. Das war freilich, wie wir heute wissen[73], nicht der Fall, aber der Kanzler und das Auswärtige Amt hielten dies im Juli 1914 und auch später »nicht für unmöglich«[74]. Die SPD vermutete unter dem Eindruck der vertraulichen Erklärungen des Reichskanzlers, hinter allem stünde das zielstrebige Treiben einer Clique von Kriegshetzern[75].

Obwohl die *Lokalanzeiger*-Episode ohne weitreichende außenpolitische Folgen blieb, wurde sie für den SPD-Parteivorstand der letzte Anlaß, Ebert und Otto Braun mit der Kasse in die Schweiz zu senden[76]. Am 31. Juli wurde dann in Berlin die russische Generalmobilmachung bekannt. Noch am selben Tag verkündete der Kaiser unter Berufung auf die russischen Maßnahmen den »Zustand drohender Kriegsgefahr« und am 1. August folgte die Mobilmachung[77]. Am 2. August verbreiteten die

70 Abgedruckt bei Grünberg, S. 60 f.

71 Die »Lokalanzeiger«-Episode werde ich aufgrund von z. T. noch unveröffentlichtem Material in einem besonderen Aufsatz behandeln. Vgl. für den Ablauf Alfred von Wegerer, »Das Extrablatt des ›Lokalanzeigers‹«, »Berliner Monatshefte 7 (1929), S. 1037-1045. Hier auch Faksimiles des Extrablatts und des Dementis.

72 Vgl. die Telegramme des russischen Botschafters an Sasonow vom 30. Juli 1914. Int. Bez. I, 5, Nr. 301, 302, 303.

73 Vgl. Graf Max Montgelas, »Der Zusammenbruch der Entente-Legende über die russische allgemeine Mobilmachung«, »Deutsche Rundschau« 191 (1922), S. 113-124, ferner Wegerer, S. 1062.

74 Vgl. Bethmann Hollweg an Lichnowsky, Tel. 196, 31. Juli 1914, »DD« III, Nr. 488, ferner Lerchenfeld an Hertling, 31. Juli 1914, »Bayr. Dok.«, Nr. 70. Für die spätere Kontroverse mit der Entente 1916. Vgl. AA, Wk. 8 c, Bd. 1 bis 3 und Deutschland 122, No. 16, No. 1, Bd. 8.

75 Vgl. Philipp Scheidemann, »Der Zusammenbruch« (1921), S. 4 f. und ders., »Memoiren eines Sozialdemokraten«, Bd. 1 (1928), S. 244 f. Dieselbe Vermutung auch im Tgb. David vom 1. August.

76 Vgl. Philipp Scheidemann, »Der Zusammenbruch« (1921), S. 4 f.

77 Texte der betreffenden Aufrufe in »Schulthees' Europäischer Geschichtskalender« 33/1914 (1917), S. 370 f.

deutschen Zeitungen in Extrablättern ein amtliches Kommuniqué über die deutsche Kriegserklärung an Rußland unter der Überschrift »Rußland eröffnet den Krieg«[78].

Wie war das möglich? Zwar gab auch das offizielle deutsche Kommuniqué, das in allen Zeitungen abgedruckt wurde, an, daß der deutsche Botschafter beauftragt gewesen sei, »der russischen Regierung zu erklären, daß wir uns als mit Rußland im Kriegszustand befindlich betrachten«, doch sei über das Ergebnis dieser Aktion nichts bekannt. Dagegen hätten in der Nacht zum 2. August russische Patrouillen die deutsche Grenze überschritten und unter anderem versucht, eine deutsche Eisenbahnbrücke über die Warthe zu zerstören. »Hiernach«, so heißt es weiter, »hat Rußland deutsches Reichsgebiet angegriffen und den Krieg eröffnet. Tatsächlich waren im Generalstab Meldungen über russische Grenzübergriffe eingegangen[79], und Moltke hat sie in der Konferenz beim Reichskanzler in der Nacht zum 2. August als Druckmittel benutzt, um den Kanzler zur Anerkennung des faktischen Kriegszustandes mit Rußland zu bewegen[80]. Diesem wiederum boten die Meldungen die willkommene Möglichkeit, Rußland für die »Eröffnung« des Krieges verantwortlich zu machen.

Entscheidung der SPD

Bethmann Hollwegs Taktik bestand ihre Bewährungsprobe, um so mehr, als der Haß gegen das reaktionäre Regime des Zarismus sich als die stärkste Kraft in dem damals »vorwiegend sentimentsgeprägten politisch-humanistischen Weltbild« der Sozialdemokratie erwies[81]. Die Nachrichten über die russische Generalmobilmachung am 31. Juli und nun die über russische Grenzverletzungen am 2. August, brachten den großen Um-

78 Text in »Chronik des Deutschen Krieges, nach amtlichen Berichten und zeitgenössischen Kundgebungen«, Bd. 1 (1914), S. 30 f.

79 Das Telegramm Bethmann Hollwegs an Wilhelm II. vom 2. August 1914 berief sich auf eine Meldung des Generalstabs vom 2. August, 4 Uhr vorm., nach der ein »Bahnzerstörungsversuch und Vormarsch (von) 2 Schwadronen Kosaken auf Johannesburg« stattgefunden hätten (»DD« III, Nr. 629). Dieser Bericht des Generalstabs ist in den deutschen Akten zum Kriegsausbruch nicht enthalten. Im Reichsarchivwerk liegt kein Hinweis auf den Zerstörungsversuch der Warthebrücke vor, doch sind die Grenzüberschreitungen zweier russicher Kosakenabteilungen verzeichnet, RA II, S. 47.

80 Vgl. A. v. Tirpitz, Deutsche Ohnmachtspolitik im Weltkriege (1926), S. 20. Das Telegramm des deutschen Botschafters in Petersburg vom 1. August, 8 Uhr abends, das die Übergabe der Kriegserklärung an Rußland meldete, war im Auswärtigen Amt nicht eingegangen. »DD« III, Nr. 588.

81 Eine Formulierung von Erich Matthias, »Die deutsche Sozialdemokratie und der Osten 1914-1915« (1954), S. 6.

schwung in der Haltung der sozialdemokratischen Presse, die hier offenkundig die Stimmung des überwiegenden Teils der Parteimitglieder widerspiegelte und zugleich beeinflußte[82]. Hatte man bisher vor allem die Politik Österreich-Ungarns als Kriegshetze scharf verurteilt und keine deutsche Bündnisverpflichtungen anerkannt, so klangen jetzt Töne an, die neben aller ideologischen Gegnerschaft deutlich das Gefühl elementarer Bedrohung und eines ungebrochenen, fast rassistischen Hasses gegen den unheimlichen Feind im Osten verrieten, wie er sich gleichzeitig auch vielfach in der bürgerlichen Presse findet[83]. Rußland erschien dabei nicht nur als »blutiger Hort der europäischen Reaktion«, als »Feind alles Fortschritts und aller Kultur«, als »Todfeind aller Demokratie und aller Freiheit«, sondern vor allem als der »schonungslose und barbarische Feind«. »Deutschlands Frauen und Kinder sollen nicht das Opfer russischer Bestialitäten werden, das deutsche Land nicht die Beute der Kosaken[84].« Dies war ein immer wiederkehrendes Motiv. »Kaum jemals in der Geschichte«, so schrieb später im Rückblick Konrad Haenisch, hat die zermalmende Wucht einer welthistorischen Tatsache in so kurzer Zeit das ganze Denken und Fühlen von Millionen von Menschen so von Grund aus revolutioniert wie in diesem Falle. Es geht gegen Rußland! Nieder mit dem Zarismus! Diese Parole war es, die damals den Krieg mit einem Schlage in unserem ganzen Lande so ungeheuer volkstümlich machte. Sie war es, die auch Millionen sozialdemokratischer Volksgenossen mit heller Begeisterung zu den Fahnen trieb, die in der Zeit von wenigen Stunden alles das bei uns tief ins Unterbewußtsein hinabdrängte, was uns eben noch von den anderen Klassen und Parteien des Reiches getrennt hatte[85].«

Das hatte Haenisch, der vor 1914 dem radikalen Flügel der SPD angehörte, Anfang August selbst erfahren. Am 2. August war er erschöpft in Berlin angekommen mit der Absicht, einen Massenstreik zu entfesseln. Auf dem Bahnhof traf er Parteifreunde, die berichteten, die Russen seien in Ostpreußen eingefallen. Von diesem Augenblick an stellte Haenisch

82 Pressezitate vom 31. Juli 1914 bei Kuczynski, S. 74, Matthias, S. 4, Schön, S. 60.

83 Vgl. bei Goebel, S. 185 ff. die zitierten Haßausbrüche gegen die »Horden Asiens und Halbasiens«, den »asiatischen Despotismus« und die »kosakische Raubgier«.

84 So die »Erzgebirgische Volksstimme« am 1. August 1914, abgedr. bei Grünberg, S. 66 ff. Vgl. auch die sozialdemokratische »Münchener Post« vom selben Tage bei Goebel, S. 188 f.: »Wir können dieses Vertrauen nicht haben zu den buntgemengten Völkerschaften des Zaren, und wir wollen nicht, daß unsere Frauen und Kinder das Opfer kosakischer Bestialität werden.«

85 Konrad Haenisch, »Die deutsche Sozialdemokratie in und nach dem Weltkriege«, 3. unveränderte Aufl. 1919, S. 13, 17.

alle seine Kräfte in den Dienst der Vaterlandsverteidigung, womit er sich plötzlich auf dem von ihm bisher immer bekämpften rechten Flügel seiner Partei wiederfand[86].

Vergeblich hatte in den letzten Julitagen und auch noch Anfang August die Linke in der Partei gemahnt, daß Rußland »keineswegs mehr bloß der Hort der Reaktion, sondern auch der Herd der Revolution« geworden und deshalb die Berufung auf Marx, Engels und Bebel seit 1905 nicht mehr möglich sei[87]. Vergeblich fragte der *Vorwärts*, der die Schwenkung der übrigen Parteipresse mit wenigen anderen Blättern nicht mitmachte und während der ersten Jahre des Weltkrieges in scharfer Opposition zum Parteivorstand verharrte, am 1. August, »ob nicht Rußland nur deshalb seine Kriegsbereitschaft in forciertem Tempo fortzusetzen für notwendig hielt, weil der *Lokalanzeiger* durch ein eigentümliches Versehen fälschlicherweise die deutsche Mobilmachung publizierte«[88].

Diese Stimmen fanden keinen Widerhall. Sogar der revisionistische Parteiführer Ludwig Frank war Ende Juli über die Reaktion der Arbeiter bestürzt. »Selbst von Arbeitern kann man hören, Rußland sei ein barbarischer Staat, der internationale Störenfried, der eine Niederlage verdiene! Aber diese verführerische Ansicht ist irrig[89].« Jetzt erwies sich die Richtigkeit von Franz Mehrings Prognose aus dem Jahre 1907: »Solange Kriege geführt worden sind, hat sich jeder der Kriegführenden für den Frömmsten und seine Gegner für den bösen Nachbarn gehalten, und das wird auch in Zukunft nicht anders werden, solange überhaupt der Krieg sein menschenwürgendes Dasein führen kann[90].«

Was sollte die SPD in dieser Lage tun? Wie sollte sie sich am 4. August 1914 verhalten? Noch am 31. Juli war die Mehrheit des Parteivorstandes bereit gewesen, den Krediten nicht zuzustimmen, sie also entweder abzulehnen oder sich der Stimme zu enthalten[91]. Die Tage bis zum 4. August aber wurden für die sozialdemokratischen Reichstagsabgeordneten, den

86 Nach einem Augenzeugenbericht seines damaligen Freundes Hermann Dunkker bei Kuczynski, S. 77.

87 Zitat aus dem Leitartikel des »Vorwärts« vom 3. August, »Der Kampf gegen den Zarismus«, zit. bei Schön, S. 67, vgl. ferner den Artikel des »Vorwärts« vom 28. Juli 1941 bei Kuczynski, S. 71.

88 »Vorwärts«, 1. August 1914.

89 So Frank auf der Mannheimer Friedenskundgebung vom 29. Juli 1914, zit. bei L. Frank, »Reden, Aufsätze und Briefe« (1924), S. 352.

90 Franz Mehring, »Eine Schraube ohne Ende«, 31. Dezember 1907, abgedr. in F. M., »Krieg und Politik«, Bd. 1 (1959), S. 129.

91 Nach dem Zeugnis Kautskys, »Sozialisten und Krieg« (1937), S. 444. Hermann Müller, der an diesem Tag nach Paris geschickt wurde, berichtete entsprechend, die deutsche Sozialdemokratie werde den Krediten nicht zustimmen. Vgl. den Bericht bei Grünberg, S. 296 ff. Für diese Sitzung vgl. vor allem das Tgb. David, der damals bereits für eine Zustimmung agitierte.

Mitgliedern der stärksten Fraktion des Reichstages, den Vertretern von einem Drittel des deutschen Volkes, »Tage der größten Unschlüssigkeit, ja wahrer Seelenqual«, wie Karl Kautsky, der führende Theoretiker der Partei, rückblickend berichtete[92]. Doch am 4. August bewilligte die sozialdemokratische Reichstagsfraktion nach außen hin in einmütiger Geschlossenheit im Plenum des Reichstages die Kredite.

Viele Gründe haben bei dieser Entscheidung mitgesprochen, die auf das Bürgertum mit der Wucht einer ungeheuren Überraschung wirkte. Schon auf dem Parteitag in Essen 1907 und noch deutlicher während der zweiten Marokkokrise hatte sich gezeigt, daß es den linken Sozialdemokraten in der Frage der Landesverteidigung nicht möglich war, die Partei auf einen radikalen Kurs festzulegen. Auch die Zustimmung der Reichstagsfraktion zu der 1913 verabschiedeten Wehrvorlage war ein bedeutender Schritt der Partei auf dem Weg zur Integration in den nationalen Staat. Der süddeutsche revisionistische Flügel unternahm nun, das sich in der Vorkriegszeit bereits vollzogene allmähliche Hineinwachsen der Sozialdemokratie in den Staat[93] öffentlich zu demonstrieren und damit »die gemeinsame Basis zu einflußreichem Wirken während und nach dem Kriege« zu gewinnen[94] – in dem vollen Bewußtsein, »daß in diesem Kriege die Grundlagen für einen unübersehbaren Fortschritt gelegt werden«[95]. Diese Abgeordneten waren schon am 1. August fest entschlossen, für die Kredite zu stimmen, notfalls auch unter Bruch der Fraktionsdisziplin[96].

In den Gewerkschaften, den Hochburgen des »Organisationspatriotismus« und späteren Hauptträgern der Politik des 4. August, bangte man noch immer um den Bestand der Organisation und wollte nicht die Verantwortung dafür übernehmen, die Arbeiterschaft schutzlos »dem Versinken in Not und Elend« preiszugeben[97]. Bei Kriegsausbruch wurde nämlich allgemein von der äußersten Rechten bis zur äußersten Linken in der Partei eine »Arbeitslosigkeit in erschreckendem Maße« und gleich-

92 Karl Kautsky, »Sozialisten und Krieg« (1937), S. 443. Vgl. auch Lensch, »Die Sozialdemokratie, ihr Ende und ihr Glück« (1916), S. 73.
93 Vgl. hierfür die eindrucksvollen Zahlenangaben bei Gerhard A. Ritter, »Die politische Arbeiterbewegung Deutschlands 1863-1914«, Beilage zu »Das Parlament« B 21/63, S. 19.
94 So Eduard David am 5. August 1914 in seinem Tagebuch, BA Koblenz, NL David.
95 So Ludwig Frank an Südekum, 31. August 1914, abedr. bei L. Frank, S. 359.
96 Vgl. den Frank-Brief an Wilhelm Kolb, 1. August 1914, Faksimile bei S. Grünebaum, »Ludwig Frank« (1924), nach S. 32, ferner Franks öffentliche Festlegung vor den Mannheimer Vertrauensmännern am selben Tag bei L. Frank, S. 354.
97 So das »Korrespondenzblatt der Generalkommission der Gewerkschaften Deutschlands« Nr. 33, 15. August 1914.

zeitig eine »riesige Steigerung der Lebensmittelpreise« erwartet[98]. Das aber mußte notgedrungen zu einer »allgemeinen Hungersnot« führen, denn die Reichsunterstützung für die Familien der eingezogenen Soldaten betrug nach dem Reichsgesetz vom 28. Februar 1888 für die Ehefrau im Falle der Bedürftigkeit für die Monate Mai bis Oktober 6 Mark monatlich, für die übrigen Monate 9 Mark. Für jedes Kind wurden 4 Mark gewährt[99]. Entsprechend beschlossen die Gewerkschaften schon am 2. August, alle Lohnkämpfe einzustellen, und verhandelten bereits im Reichsamt des Innern über die Bedingungen, unter denen Industriearbeiter in der Landwirtschaft verwandt werden könnten[100]. Angesichts dieser prekären Lage erwies sich zugleich die völlige Ohnmacht der Internationale. Bereits die Beratungen des internationalen sozialistischen Büros in Brüssel am 28. Juli waren überschattet gewesen von einem tiefen Gefühl der Resignation[101], und am 3. August brachte Hermann Müller die Nachricht aus Paris, daß die französischen Genossen in der Kammer für die Kredite stimmen würden, da sie sich von Deutschland überfallen fühlten[102].

Es mag sein, daß alle diese Umstände für die Partei bereits ausgereicht hätten, den Krediten zuzustimmen. Daneben aber machte sich jetzt auch die Stimmung der Arbeitermassen bemerkbar. Es waren sicher nicht wenige Reichstagsabgeordnete, die, wie das spätere Mitglied der unabhängigen sozialdemokratischen Partei, Dittmann, auf der Fahrt nach Berlin durch das von nationaler Begeisterung aufgewühlte Land zu dem Entschluß kamen, daß die Bewilligung der Kriegskredite eine unbedingte Notwendigkeit sei und die Partei nicht anders handeln könne. Damals erklärte Dittmann einem mitreisenden Fraktionskollegen: »Wenn die Fraktion anders handeln würde, so würde die sozialdemokratische Partei nicht nur einen Sturm der Entrüstung unter den Kriegern und den Daheimgebliebenen wachrufen, sondern die sozialistische Organisation würde von dem Unwillen des Volkes über den Haufen gefegt werden[103].« Unter dem Eindruck ähnlicher Erfahrungen hat Noske später das Wort geprägt,

98 So Ludwig Frank auf der Mannheimer Friedenskundgebung am 29. Juli 1914, Frank, S. 349. Der »Vorwärts« druckte am 31. Juli 1914 die entsprechenden Ausführungen Bebels vom Jenaer Parteitag 1911 ab.
99 Nach dem »Vorwärts« Nr. 206 vom 31. Juli 1914, zit. bei Schön, S. 57.
100 Nach dem Bericht der Generalkommission über ihre Tätigkeit Juni 1914 bis Juni 1915 bei Waldemar Zimmermann, »Der Krieg und die deutsche Arbeiterschaft« (1915), S. 150.
101 Vgl. die Darstellung bei Braunthal I (1961), S. 338 f.
102 Nach den Aufzeichnungen Wilhelm Dittmanns, Bl. 425 f. wurde dies der Fraktion erst am 4. August bekanntgegeben, hatte also keinen Einfluß mehr auf die Entscheidung. Für die Einsicht in Dittmanns Aufzeichnungen danke ich Georg Kotowski.
103 Brief des Abgeordneten König in der »Vossischen Zeitung« vom 5. Mai 1916.

daß die Abgeordneten der SPD am 4. August für die Kredite gestimmt haben, »um nicht vor dem Brandenburger Tor zu Tode getrampelt zu werden«[104].

Und genau zwei Monate nach dem 4. August verteidigte Haenisch seine Haltung und die der Mehrheit der Sozialdemokratie gegenüber Radek mit den gleichen Argumenten: »Hätte sie sich nicht entschlossen auf die Seite ihres Volkes gestellt, so wäre sie erledigt gewesen ... Wir wären wieder das geworden, was wir vor Jahrzehnten waren, eine einflußlose, ohnmächtige Sekte[105].«

Damit war die Sozialdemokratie am 4. August genau in die Lage geraten, die ihr Kautsky bereits 1911 prophezeit hatte:

»Nichts fürchtet ein Volk mehr als eine feindliche Invasion ..., kommt es unter solchen Umständen zum Kriege, dann entbrennt in der ganzen Bevölkerung auch einmütig das heiße Bedürfnis nach Sicherung der Grenze vor dem bösartigen Feinde, nach Schutz vor seiner Invasion. Da werden zunächst alle zu Patrioten, auch die international Gesinnten, und wenn einzelne den übermenschlichen Mut haben sollten, sich dagegen auflehnen und hindern zu wollen, daß das Militär zur Grenze eilt und aufs reichlichste mit Kriegsmaterial versehen wird, so braucht die Regierung keinen Finger zu rühren, sie unschädlich zu machen. Die wütende Menge würde sie selbst erschlagen[106].«

Ein Weißbuch

Hier erleichterte nun die Taktik der Regierung der Sozialdemokratie ihre Entscheidung. Sie vermied nicht nur ängstlich alles, was die SPD hätte reizen können, sondern sie konnte jetzt auch die Früchte ihrer diplomatischen Vorarbeit ernten. Am 3. August, in einer Zeit, als bei der SPD »alles Hals über Kopf« ging und die Linke zu ihrem »Schrecken plötzlich vor einer völligen Zersprengung des radikalen Flügels« stand[107], veröffentlichte die Regierung für den Reichstag ein Weißbuch, das später unter dem Titel *»Wie Rußland Deutschland hinterging und den euro-*

104 Noske, im Reichstag am 10. Oktober 1918, »Verhandlungen des Reichstages«, Bd. 314, S. 6212 ff. Weitere Belege bei Herzfeld, »Die deutsche Sozialdemokratie und die Auflösung der nationalen Einheitsfront im Weltkriege« (1928), S. 409.

105 Haenisch an Radek, 4. Oktober 1914, zit. bei Wohlgemuth, S. 56 f.

106 Kautsky in »Die Neue Zeit«, 28. April 1911, zit. bei Kuczynski, S. 139 f.

107 So beschrieb Karl Liebknecht in einem Brief vom 18. Januar 1915 die Situation des 3./4. August, zit. bei Wohlgemuth, S. 61.

päischen Krieg entfesselte« in Zehntausenden von Exemplaren verbreitet worden ist[108]. Als ein Beweis, daß »Rußland den Krieg gegen Deutschland begonnen« habe, wurde darin auch Telegramme abgedruckt, die Wilhelm II. mit dem Zaren in den letzten Tagen vor Kriegsausbruch gewechselt hatte. Aber die Telegramme des deutschen Kaisers waren z. T. bereits formuliert worden, um – wie Bethmann Hollweg das Telegramm vom 28. Juli begründete – »wenn es dann doch zum Kriege kommen sollte, die Schuld Rußlands in das hellste Licht zu setzen«[109]. Und am 30. Juli sandte Wilhelm II. auf Wunsch des Reichskanzlers ein Telegramm an den Zaren, das, indem es die Fiktion einer Bereitschaft zur Vermittlung aufrecht erhielt, nach Bethmann Hollwegs Begründung ein »besonders wichtiges Dokument für die Geschichte«[110] bilden sollte. Dagegen fehlte in dem Weißbuch für den Reichstag ein Telegramm, in dem der Zar am 29. Juli die Einschaltung des Haager Schiedsgerichts empfohlen hatte. Für die Sozialdemokratie aber war es gerade der Prüfstein für Schuld und Unschuld einer Regierung, ob sie bereit war, ihre Konflikte vor das Haager Schiedsgericht zu bringen[111]. Um so mehr kamen nun in diesem Weißbuch die geradezu verzweifelten Hilferufe des Zaren zum Ausdruck, in denen er von dem Druck des Militärs berichtete, dem er kaum noch widerstehen könne.

Dieses Weißbuch hat denn auch manchem der sozialdemokratischen Reichstagsabgeordneten wie Eduard Bernstein die beruhigende Gewißheit verschafft, ihre Entscheidung vor dem eigenen Gewissen verantworten zu können[112]. In der im Reichstag verlesenen Erklärung aber klang noch einmal voll das Motiv der Vaterlandsverteidigung gegen die Gefahr des Zarismus auf.

»Für unser Volk und seine freiheitliche Zukunft steht bei einem Sieg des russischen Despotismus, der sich mit dem Blute der Besten des eigenen Volkes befleckt hat, viel, wenn nicht alles auf dem Spiel. Es gilt diese Gefahr abzuwehren, die Kultur und Unabhängigkeit unseres eigenen Landes sicherzustellen. Da machen wir wahr, was wir immer betont haben:

108 Nach Kuczynski, S. 90.
109 Bethmann Hollweg an Wilhelm II., 28. Juli 1914, Geiß Nr. 587.
110 So begründete Bethmann Hollweg am 30. Juli seine Bitte um ein erneutes Telegramm des Kaisers an den Zaren, obwohl nach den eigenen Feststellungen Wilhelms II. und Bethmann Hollwegs damals die Rolle des Kaisers als Vermittler bereits beendet war. Vgl. Geiß, Nr. 772.
111 »DD« II, Nr. 366. Dieses Telegramm wurde in der zweiten Auflage der »Aktenstücke zum Kriegsausbruch« (S. 35) im Mai 1915 abgedruckt, da es inzwischen im russischen Farbbuch erschienen war.
112 Siehe für Bernstein: Peter Gay, »Das Dilemma des demokratischen Sozialismus. Eduard Bernsteins Auseinandersetzung mit Marx« (dt. 1954), S. 338 ff.

Wir lassen in der Stunde der Gefahr das eigene Vaterland nicht im Stich[113].«

Die Frage war, ob diese Geschlossenheit wirklich in dem Maße eine neue Einheit der Nation stiften konnte, wie es nicht nur der Reichskanzler in den Augusttagen für möglich hielt, wenn er in einem Interview erklärte: »Es sind tiefe sittliche Kräfte, die alles vorwärts treiben[114].« In diesen Augusttagen herrschte wohl zum erstenmal in Deutschland das Gefühl, »eine Nation« zu sein. »Es fängt nach dem Krieg eine neue Zeit an. Die Standesunterschiede sind so stark zurückgetreten wie noch nie[115].«

Die deutsche Geschichte hat darauf eine zwiespältige Antwort gegeben. Ohne Zweifel hat der Entschluß der sozialdemokratischen Reichstagsfraktion wesentlich die SPD in den Staat hineingeführt, so fest, daß sie sogar vier Jahre später in der dunklen Stunde der Niederlage zur Übernahme der Verantwortung bereit war. Aber die Einheit des Augustes war durch die »Kriegszielbewegung« und konservativen Widerstände gegen die innenpolitische Neuorientierung im Kriege zerbrochen. So übernahm die SPD die Verantwortung für Deutschland gegen jene, die den Krieg riskiert und ihn verloren hatten.

Versucht man ein allgemeines Ergebnis zu formulieren, so läßt sich wohl sagen, daß aus den gewählten Beispielen das Spannungsfeld deutlich wurde, in dem sich Politik in der Julikrise und im Weltkrieg abspielte. Traditionelle politische Vorstellungen vertrugen nicht mehr das Licht der Öffentlichkeit, lagen aber den Entscheidungen der Regierung zugrunde. Obwohl die Reichsregierung mit dem Anspruch Politik machte, sie habe das »Recht« auf Machtpolitik, argumentierte sie öffentlich gegenüber der gleichen Machtpolitik auf russischer Seite mit dem Vorwurf der Schuld. Es sind dies die taktischen Mittel einer Politik in der Epochenscheide, eher aus Hilflosigkeit entstanden, bei einem Mann wie Bethmann Hollweg sicher nicht aus Zynismus. Unter der Spannung dieser Übergangszeit stand auch die Sozialdemokratie. Die Zukunftshoffnung eines internationalen Pazifismus erfüllte sich nicht. Der Nationalstaat erwies sich als das festere Gehäuse auch dieser politischen Bewegung. Der taktische Kompromiß führte unversehens in das Gelände traditioneller Machtbehauptung, dessen Grenze zur Offensive verschwommen ist. Auch hier wäre es ein unhistorisches Unternehmen, das Auseinanderfallen von sozialistischen Prinzipien und politischem Handeln in der Julikrise lediglich als »Verrat am Sozialismus« zu interpretieren. Vieles in diesem epochalen Ereignis des

113 Vielfach abgedruckt, etwa Kuczynski, S. 198.
114 Abgedruckt im »Vorwärts« vom 20. August 1914.
115 So Bethmann Hollweg am 4. Oktober 1914 zu Conrad Haußmann, zit. bei Gerhard Ritter, »Staatskunst und Kriegshandwerk«, Bd. 3 (1964), S. 32 f.

Weltkrieges ist durch diese Zwiespältigkeit heterogener Zielsetzungen, das Eigengewicht der Ereignisse, den Widerspruch zwischen Wollen und Ergebnissen der Politik bestimmt. Eindrücklichster Beleg für den Charakter dieser Umbruchszeit ist die Zweideutigkeit der Sprache ihrer Dokumente, die sich einseitiger, gar rationalistischer Interpretationen entziehen.

Anhang:
Bethmann Hollweg an Wilhelm II.

Ein unbekanntes Telegramm aus der Julikrise 1914

Dieses Telegramm ist der Ausdruck der seit dem 26. Juli sich durchsetzenden Erkenntnis der Reichsleitung, daß der allgemeine Krieg eingeplant werden müsse. So wird hier die Taktik formuliert: Rußland den Schwarzen Peter zuzuschieben.

Angesichts der unerwartet angekündigten Rückkehr des Kaisers bat Bethmann Hollweg am 26. Juli, 13 Uhr, um Mitteilung, »wo und wann Ew. M. an Land steigen, damit ich Ew. M. dort zum Vortrag erwarten darf«. »DD« Nr. 197 mit der Randbemerkung des Kaisers: »Er soll mich in Berlin erwarten; ich komme dorthin, oder Wildpark.« Die erstere Möglichkeit sollte mit diesem Telegramm Bethmann Hollwegs von 3 Uhr ausgeschaltet werden. Der Kaiser kam dann am 27. Juli um 3 Uhr nachmittags mit dem kaiserlichen Hofzug in der Station Wildpark an.
AA, Preußen Nr. 1 Nr. 1 d, Bd. 23

Der Reichskanzler an Seine Majestät den Kaiser und König[1]
(Entzifferung)
Tel. Nr. 148

Berlin, den 26. Juli 1914[2]

Nachdem gestriger Abend vergangen hat Eingang der Nachricht, daß Österreich die serbische Antwort als ungenügend erachtet hat, hier leb-

1 Nach dem handschriftlichen Konzept Bethmann Hollwegs vom 26. Juli mit Paraphe Jagows und Vermerk: »z(um) Tel(egraphen)Amt 26. 7. 3⁰«.
2 Durch Funk über Norddeich: aufgegeben in Berlin 3.30 Uhr nachm., angekommen im Hoflager in Kiel, 27. Juli, 7 Uhr vorm. Entzifferung vom Kaiser am 27. Juli ins Auswärtige Amt zurückgegeben.

hafte patriotische Kundgebungen veranlaßt, die bedauerlicherweise zu einer antiserbischen Demonstration vor russischer Botschaft geführt haben[3]. Es ist zu gewärtigen daß falls EW. Majestät von Nordlandreise direkt nach Berlin kommen die mit Sicherheit zu erwartende sehr stürmische Begrüßung Ew. Majestät zur Wiederholung dieser Demonstrationen führen wird. Rußland würde dies dahin ausbeuten, daß wir den Krieg mit ihm wollen. Der Zeitpunkt hierzu wäre aber verfrüht, solange Rußland gar keine aggressiven Schritte ergreift, Rußland aber muß rücksichtslos unter allen Umständen ins Unrecht gesetzt werden[4]. Ew. Majestät wage ich daher alleruntertänigst zu bitten zunächst nach Potsdam zurückkehren zu wollen[5].

Alleruntertänigst
Bethmann Hollweg

3 Über die Kundgebungen am Abend des 25. Juli vgl. Bericht Schöns an Hertling, 26. Juli 1914, »Bayr. Dok.« Nr. 29. Im »Berliner Lokalanzeiger erschien am 26. Juli ein offiziöser Artikel, der Demonstrationen gegen die Botschaften der beteiligten Mächte in Berlin scharf verurteilte.

4 Im Konzept Bethmann Hollwegs lautet dieser Satz: »Rußland aber muß nach unserem ehrerbietigsten Ermessen unter allen Umständen vor der Welt ins Unrecht gesetzt werden.« Von wem stammt die verschärfte Formulierung in der Entzifferung? Ist das Telegramm von einem Beamten des Auswärtigen Amts vor Abgang noch einmal redigiert oder vom Hoflager – vielleicht mit Rücksicht auf die kaiserliche Mentalität – zugespitzt worden?

5 Über die empörte Reaktion des Kaisers auf diese Bitte des Reichskanzlers vgl. »Regierte der Kaiser?«, S. 35. Danach hat Wilhelm II. geäußert: »Das wird immer toller, jetzt schreibt mir der Mann sogar vor, daß Ich Mich Meinem Volk nicht zeigen darf!...«

6.
Motive und Taktik der Reichsleitung 1914

I

Die Frage, ob und wieweit der Erste Weltkrieg als deutscher Präventivkrieg interpretiert werden kann, ist im Aufsatz des Januarheftes angesprochen worden[1]. Dabei wurde bereits auf eine Äußerung Jagows über die Haltung des Generalstabschefs v. Moltke im Mai/Juni 1914 hingewiesen. Diese – undatierte, eigenhändige – Niederschrift des Staatssekretärs des Äußeren wird nun im folgenden publiziert. Ihre historische Beurteilung wirft eine Reihe quellenkritischer Probleme auf.

Die Aufzeichnung stammt, wie der Gesamtinhalt beweist, aus der Zeit nach dem Kriege. Auch die Mitteilung des Gespräches mit Moltke ist offenbar aus dem Gedächtnis niedergeschrieben – darauf weist die Unsicherheit in der Datierung hin. So könnten sich unbewußt Akzentverschiebungen ergeben haben und besonders bei Anführung der Gründe, die gegen einen Präventivkrieg sprachen, spätere Argumentationen eingeflossen sein. Dazu wurde die Niederschrift verfaßt in einer Zeit erbitterter Kämpfe um die »Kriegsschuldlüge« von Versailles. Gerade vor diesem Hintergrund ist freilich die relative Offenherzigkeit erstaunlich. In seinem Rechenschaftsbericht von 1919 hat Jagow jedenfalls diese Unterredung mit Moltke noch verschwiegen und nur sehr verhüllt auf die Konsequenzen der russischen Rüstungen für die deutsche Politik angespielt[2]. Dagegen dürfte er sich im Einklang mit der Zeitstimmung nach 1919 befunden haben, wenn er sich dazu bekannte, aus den Ausführungen Moltkes die Zuversicht gewonnen zu haben, im Vertrauen auf die militärische Macht im Juli 1914 das Kriegsrisiko tragen zu können. Auch die starke Überschätzung eines deutschen Sieges in der Marne-Schlacht für den Gesamtverlauf dürfte unter dem Eindruck späterer Wertungen enstanden sein.

Doch gibt es innere Gründe für die Glaubwürdigkeit der Aussagen des ehemaligen Staatssekretärs, insbesondere auch über die zur Haltung der Reichsleitung. So deckt sich die in der Niederschrift vertretene Haltung

Aus der Zeitschrift »Der Monat«, Heft 209, Febr. 1914.

1 Vgl. Egmont Zechlin, Bethmann Hollweg, Kriegsrisiko und SPD 1914, »Der Monat«, Heft 208, S. 17 ff. Für wertvolle Mitarbeit an dieser und der vorliegenden Untersuchung danke ich meinem Assistenten im Historischen Seminar, Klaus Saul.

2 V. Jagow, »Ursachen und Ausbruch des Weltkrieges«, 1919, S. 77 u. 129.

zum Präventivkriegsproblem völlig mit der, die Bethmann Hollweg ausgesprochen hatte[3]. Und die Berufung auf das unaufhaltsame wirtschaftliche Erstarken Deutschlands ist tatsächlich 1914 ein wichtiges Argument gegen einen provozierten Krieg gewesen. Er war – wie bereits im Januarheft aufgeführt wurde – besonders in Wirtschaftskreisen vertreten[4]. Auf der anderen Seite ist auch Moltkes Sorge vor einer Machtverschiebung in Europa gerade für Ende Mai 1914 vielfach belegt. Aus dieser Lage zog er bereits am 12. Mai in seinem Gespräch mit dem österreichischen Generalstabschef Conrad den Schluß, »daß jedes Zuwarten eine Verminderung unserer Chancen bedeutet«[5]. Gleichzeitig verfestigte sich in den letzten Vorkriegsmonaten zunehmend seine – freilich unberechtigte – Überzeugung, daß die Gegner für 1916/17 einen Überfall planten. Aufschlußreich hierfür ist ein unbekannter Bericht des bayerischen Gesandten in Berlin, Graf Lerchenfeld, vom 5. August 1914, über eine Aussage des Generalstabschefs vom selben Tage: Moltke erklärte,

»auf das bestimmteste zu wissen, daß zwischen Rußland, Frankreich und England für 1917 ein Angriffskrieg gegen Deutschland beschlossen war und vorbereitet wurde. Als den Leiter der Machenschaft betrachtet Moltke Rußland. Man dürfe es als ein Glück betrachten, daß durch den Meuchelmord in Sarajewo die von den drei Mächten angelegte Mine schon in einem Zeitpunkt zum Auffliegen gebracht worden sei, in dem Rußland nicht fertig und Frankreichs Armee in einem Übergangsstadium begriffen sei. Gegen diese drei vollkommen gerüsteten Mächte würde Deutschland einen schweren Stand gehabt haben. Den Krieg gegen Rußland und Frankreich, wie wir ihn jetzt zu führen hätten, sei Deutschland, wenn nicht ein besonderes Unglück geschehe, zu bestehen stark genug[6]«.

Demnach dürfte Moltkes Äußerung vom Mai/Juni so gefallen sein, wie Jagow sie überliefert. Eine parallele Entwicklung der Stellung zum Präventivkrieg findet sich auch bei Wilhelm II. Dieser hat in seiner Regie-

3 Vgl. Zechlin, a.a.O., S. 18 f. und für die übereinstimmende Beurteilung der Bismarckschen Politik den dort Anm. 7 zitierten Brief an den Kronprinzen vom 15. November 1913.

4 Für Max M. Warburg vgl. Zechlin, a.a.O., S. 20, ferner die Unterredung des Direktors der Deutschen Bank, v. Gwinner, mit dem amerikanischen Botschafter Gerard Mitte August 1914 bei Tirpitz, »Deutsche Ohnmachtspolitik im Weltkriege«, 1926, S. 67. Ähnlich erklärte im September 1911 der Großindustrielle Hugo Stinnes dem Vorsitzenden des Altdeutschen Verbandes, Heinrich Claß: »... lassen Sie noch 3-4 Jahre ruhiger Entwicklung, und Deutschland ist der unbestrittene wirtschaftliche Herr in Europa«. Vgl. Heinrich Claß, »Wider den Strom«, 1932, S. 217.

5 Feldmarschall, Conrad, »Aus meiner Dienstzeit«, Bd. 3, 1922, S. 670.

6 Lerchenfeld an den bayerischen Ministerpräsidenten Hertling, 5. August 1914, Geheimes Staatsarchiv München MA I 957 a.

rungszeit wiederholt Präventivkriegsideen abgelehnt und noch am 25. März 1914 Warnungen des deutschen Botschafters in Rom, »daß wir sehr aufpassen müßten, um nicht später in eine kriegerische Zwangslage getrieben zu werden«, zurückgewiesen mit den Worten: »Aber einem Präventivkrieg führen wir darum doch nicht[7].« Anfang Juni spielte er dann selbst mit dem Gedanken, den drohenden Machtverschiebungen zuvorzukommen. Doch stand offenbar hinter Wilhelms II. und Moltkes Überlegungen kein zielbewußter Wille, einen solchen Krieg tatsächlich herbeizuführen, denn gerade Moltke hat – und zwar auf dem Höhepunkt der Julikrise – in einer internen Denkschrift »Zur Beurteilung der politischen Lage«, die er am 28. dem Kaiser und am 29. dem Kanzler übersandte, erklärt: »Deutschland will diesen schrecklichen Krieg nicht herbeiführen[8].«

Damit näherte sich der Generalstabschef der Haltung Jagows, der unter ausdrücklicher Berufung auf Moltkes Mitteilungen vom Mai 1914 am 18. Juli 1914 an den deutschen Botschafter in London schrieb: »Ich will keinen Präventivkrieg, aber wenn der Kampf sich bietet, dürfen wir nicht kneifen[9].« Dieses »nicht kneifen«, diese sehr bewußte Übernahme des Kriegsrisikos, wurde Jagow und Bethmann Hollweg zweifellos erleichtert durch die Lagebeurteilung der höchsten militärischen Autorität. Hier und nicht in der Empfehlung des Präventivkrieges liegt die eigentliche historische Bedeutung des »Gesprächs mit General v. Moltke im Frühjahr 1914«.

Gespräch mit General v. Moltke im Frühjahr 1914

»Am 20. Mai und 3. Juni 1914, den kurz aufeinanderfolgenden Geburtstagen des Kaisers von Rußland und Königs von England fanden zu Ehren derselben Déjeuners bei unseren Majestäten im Neuen Palais zu Potsdam statt, in denen die respectiven Botschafter – und deshalb auch ich als Staatssekretär d. A. A. – geladen waren. Bei einem derselben – ich weiß nicht mehr, ob am 20. 5. oder am 6. 6. –, an dem auch der Generalstabschef v. Moltke teilnahm, sagte mir dieser, er würde gern mit mir Einiges besprechen, ob ich nicht in seinem Automobil mit ihm nach Berlin zurückfahren wollte. Ich nahm die Einladung an.

Unterwegs entwickelte mir Moltke seine Auffassung unserer militärischen Lage. Die Aussichten in die Zukunft bedrückten ihn schwer. In

7 Nach Hans von Flotow, Um Bülows Römische Mission, in: »Front wider Bülow«, hrsg. v. Friedrich Thimme, 1931, S. 239. Datum nach Schulthess' Europ. Geschichtskal. 33/1914 (1917), S. 172.
8 »DD« 349.
9 »DD« 72.

2-3 Jahren würde Rußland seine Rüstungen beendet haben. Die militärische Übermacht unserer Feinde wäre dann so groß, daß er nicht wüßte, wie wir ihrer Herr werden könnten. Jetzt wären wir ihnen noch einigermaßen gewachsen. Es bliebe seiner Ansicht nach nichts übrig, als einen Präventivkrieg zu führen, um den Gegner zu schlagen, so lange wir den Kampf noch einigermaßen bestehen könnten. Der Generalstabschef stellte mir demgemäß anheim, unsere Politik auf die baldige Herbeiführung eines Krieges einzustellen.

Moltke war nicht der Mann, den nach Kriegslorbeeren gelüstet hätte. Bei unserem ersten Gespräch, zu Beginn des Jahres 1913, hatte ich wahrnehmen können, daß er der Eventualität eines Krieges mit großem Ernst, aber abwehrend entgegen sah. Seine jetzige Auffassung mußte mir um so mehr Anlaß zum Denken geben. Moltke war ein Mann, der es mit seiner Verantwortung sehr ernst nahm, der aber wohl etwas unter dem Gefühl litt, seiner Stellung nicht ganz gewachsen zu sein – es fehlt ihm an strategischer Genialität. Wenn er jetzt für den Krieg plädierte, so mußte das ein Ausfluß allzu großer Sorge um die wachsende Übermacht sein.

Ich entgegnete ihm, daß ich mich nicht dazu verstehen könnte, einen Präventivkrieg heraufzubeschwören und erinnerte an das Bismarcksche Wort, man könne der Vorsehung nicht in die Karten sehen. Den Ernst unserer Lage verhehlte ich mir zwar nicht. Ich habe auch nie den Gedanken eines Präventivkrieges prinzipiell und a limine verurteilt. Ein solcher kann unter Umständen als Defensivkrieg – so wie es Moltke auch jetzt ansah – zur unvermeidlichen Aufgabe einer vorausschauenden Politik werden. Erscheint ein Krieg unvermeidlich, so soll man sich den Moment nicht von dem Feind diktieren lassen, sondern ihn selbst bestimmen. Auch der fanatischste Friedensfreund wird, wenn er nicht ein ganz hirnverbrannter Doktrinär ist, diese Regel anerkennen. Selbst Bismarcks Kriege gegen Österreich und Frankreich waren im Grunde Präventivkriege gewesen. Aber abgesehen davon, daß der geeignete Moment vielleicht schon verpaßt war (bei dem Zusammenschluß der Triple-Entente und 1908/09, wo Rußland notorisch noch nicht wieder kampffähig war), hoffte ich noch, unser Verhältnis zu England würde sich so weit bessern lassen, daß ein allgemeiner Krieg ziemlich ausgeschlossen oder doch weniger gefährlich sein würde. Denn wenn mit Englands Teilnahme nicht mehr zu rechnen war, würden die Russen und Franzosen ohne diese Rücklehnung kaum versucht sein, einen Waffengang mit uns zu provozieren. Deutschland aber würde bei friedlicher Weiterentwicklung seiner wirtschaftlichen Stellung automatisch immer stärker und schwerer besiegbar. Abgesehen von der Abwehr unserer Feinde gab es für uns keine ›Kriegsziele‹, wie Eroberungen etc., die die schweren Blutopfer rechtfertigen könnten. Schließlich war ich hinsichtlich eines Krieges auch aus internen Gründen nicht frei von Sorge: wegen der Persönlichkeit des Obersten Kriegsherrn. Und der Kaiser, der die Erhaltung des Friedens wollte, würde dem Kriege immer auszuweichen suchen und ihn nur führen, wenn er ihm von unseren Feinden aufgezwungen würde.

Moltke insistierte nach meiner Ablehnung nicht weiter auf seiner Anregung. Der Gedanke eines Krieges war ihm an sich, wie schon gesagt, nicht sympathisch.

Als der Krieg dann, unvorhergesehen und von uns *nicht* gewollt, wirklich ausbrach, war Moltke – durch die zweite Kur in Carlsbad im selben Jahre allerdings physisch mitgenommen – sehr nervös und stand sichtlich unter einer starken Depression.

Ich habe auch im Juli 1914 gehofft, daß ein allgemeiner Krieg sich würde vermeiden lassen. Aber ich kann nicht leugnen, daß für den Fall, daß dies nicht möglich wäre, die Erinnerungen an die Äußerungen Moltkes bei obiger Unterredung mir einiges Vertrauen in einen günstigen Ausgang gegeben hat.

Die Ereignisse haben Moltke gewissermaßen recht gegeben. Nur durfte er nicht die Fehler machen, die zu der Niederlage an der Marne führten!«

II

Am 15. Mai 1914, kurz vor dem Ende der letzten Friedenssession des Reichstages, richtete der sozialdemokratische Abgeordnete Eduard Bernstein – verärgert über die ungenügende Unterrichtung des Parlamentes durch die Regierung – an den Staatssekretär des Auswärtigen Amtes die ironische Frage: »Ist ihm die Einrichtung der Weißbücher bekannt und gedenkt er einmal Gebrauch davon zu machen[10]?« Welch geschickten Gebrauch das Auswärtige Amt von diesem Mittel zu machen wußte, bewies es wenige Monate später am 3. August 1914 mit seinem Weißbuch *»Vorläufige Denkschrift und Aktenstücke zum Kriegsausbruch«*.

Die Taktik der Reichsleitung, mit diesem Weißbuch den Reichstag von ihrem Friedenswillen zu überzeugen und die Schuld an der »Entfesselung« des Weltkrieges Rußland zuzuschieben, wurde bereits im Januarheft am Beispiel der Unterschlagung jenes Zarentelegramms aufgewiesen, in dem Nikolaus II. die Vermittlung des Haager Schiedsgerichtes anbot. Weitaus krasser zeigt sie sich noch an einer anderen Episode, die aus Platzgründen dort nicht mehr dargestellt werden konnte. Es handelt sich um das letzte

10 Zit. bei Johann Sass, »Die deutschen Weißbücher zur auswärtigen Politik 1870-1914«, 1928, S. 108.

Telegramm Wilhelms II. an Nikolaus II. am 1. August 1914, also am Tage der deutschen Mobilmachung und Kriegserklärung an Rußland.

Im deutschen Weißbuch bildete dieses Telegramm eine Antwort auf ein um 14 Uhr abgesandtes Telegramm des Zaren. In ihm erklärte sich Nikolaus II. trotz der russischen Mobilmachung zu weiteren Verhandlungen bereit und beschwor den Kaiser: »Unserer langbewährten Freundschaft muß es mit Gottes Hilfe gelingen, Blutvergießen zu verhindern[11].« Darauf forderte Wilhelm II. die Einstellung aller russischen Kriegsvorbereitungen und verlangte »auf das ernsteste«, »daß Du unverzüglich Deinen Truppen den Befehl gibst, unter keinen Umständen auch nur die leiseste Verletzung unserer Grenzen zu begehen«. Nach dem Weißbuch war dann erst, als keine Antwort aus Rußland erfolgte, um 17 Uhr die deutsche Mobilmachung angeordnet worden. Diese Chronologie mußte sich jedenfalls durch die Anordnung der Dokumente dem Leser aufdrängen.

Nun war zwar das Zarentelegramm um 14.05 Uhr in Berlin im Schloßtelegraphenamt eingegangen[12], aber erst um 21.45 Uhr hatte der Kanzler dem Kaiser einen Antwortsentwurf zugesandt und um 22.45 Uhr war diese Antwort als dringendes offenes Telegramm dann vom Haupttelegraphenamt Berlin abgegangen[13]. Damals aber glaubte man in Berlin, daß der deutsche Botschafter in Petersburg bereits um 17 Uhr – gemäß seiner Instruktion[14] – die deutsche Kriegserklärung übergeben hatte. Freilich wußte man noch nichts über die russische Reaktion auf diese in ultimativer Form gehaltene Erklärung, rechnete aber so sicher mit der Ablehnung der deutschen Forderung auf Einstellung der russischen Mobilmachung, daß der Kaiser gleichzeitig um 17 Uhr im Berliner Schloß die deutsche Mobilmachungsorder unterzeichnete. Mobilmachung aber bedeutete 1914 in den Augen der deutschen Reichsleitung den Krieg.

So war es schon ein ungewöhnliches Verfahren, mehrere Stunden nach der Kriegserklärung von dem Gegner die Respektierung der eigenen Grenzen zu verlangen. Entsprechend war die Reaktion in Petersburg. Als das Telegramm nachts um 1.55 Uhr (russischer Zeit) dem Zaren vorgelegt wurde, schickte er es mit dem Vermerk »Erhalten nach der Kriegserklä-

11 Verhandlungen des Reichstages, Bd. 315: Anlagen zu den Stenographischen Berichten, Berlin 1914/18, Nr. 19, S. 10, ebenso in der im Mai 1915 vom Auswärtigen Amt herausgegebenen 2. Auflage »Aktenstücke zum Kriegsausbruch«, S. 10. Bei Imanuel Geiß, »Julikrise und Kriegsausbruch 1914«, Bd. 2, 1964, ist das Weißbuch auf den 2. August datiert, der Telegrammwechsel fehlt (Nr. 1089, S. 644).

12 Vgl. »DD« 546, Anm. 2.

13 Vgl. »DD« 600, Anm. 2.

14 Jagow an Pourtalès, Tel. Nr. 159, 1. August 1914, ab 12.52 Uhr, »DD« 542. Durch technische Verzögerungen konnte Pourtalès seinen Auftrag erst um 19 Uhr erfüllen.

rung« an den Außenminister[15]. Sasanow rief noch um 4 Uhr früh beim deutschen Botschafter an, der formell gar nicht mehr im Amte war und sich »gerade hingelegt hatte, um noch etwas vor der Abreise zu ruhen«[16]. Auf die Frage des Außenministers, wie die Bitte, »Kaiser Nikolaus möge seinen Truppen befehlen, in keinem Falle die Grenze zu überschreiten«, mit der Kriegserklärung zu vereinbaren sei, konnte Pourtalès allerdings nur antworten, er könne »keine andere Erklärung finden, als daß wahrscheinlich das Telegramm meines Kaisers schon vorgestern abend 10.45 Uhr aufgegeben sei«[17].

Das Kaisertelegramm hat dann auch in der Forschung die verschiedensten Erklärungen gefunden. Alfred v. Wegerer, der 1939 den Stand der deutschen Kriegsschuldforschung zusammenfaßte, glaubte hierin noch einen letzten, freilich unglücklich inszenierten Versuch zur Erhaltung des Friedens zu sehen[18]. Dem widerspricht aber völlig die Lage in Berlin am Abend des 1. August 1914. Hier war kurz nach der Unterzeichnung der Mobilmachungsorder ein Telegramm des deutschen Botschafters aus London eingetroffen, in dem eine Erklärung des englischen Außenministers Grey angekündigt wurde, »daß, falls wir Frankreich nicht angriffen, England auch neutral bleiben und die Passivität Frankreichs verbürgen würde«[19]. »Diese Nachricht wirkte wie eine Bombe«, notierte sich der anwesende Chef des Militärkabinetts[20], denn hier eröffnete sich eine Möglichkeit, »daß man es statt mir drei nur mit einem Gegner zu tun haben würde, mit Rußland, dem der Krieg heute bereits erklärt ist«. So forderte der Kaiser spontan von dem eilig zurückgerufenen Moltke den Aufmarsch der ganzen Armee im Osten[21], und er sowohl wie der Kanzler und der Staatssekretär des Äußeren waren der Meinung, »daß die Triple-Entente damit gesprengt sei«[22]. Keinem unter den im Berliner Schloß versammelten Spitzen des Staates und der Armee kam der Gedanke, jetzt auf Rußland einen Druck zur Erhaltung des Friedens auszuüben.

Man wird aus dieser hektisch erregten Szene, bei der der Kaiser bereits

15 »Int. Bez.« I, 5, Nr. 416 und Anm. 1.
16 Nach Graf F. Pourtalès, »Meine letzten Verhandlungen in St. Petersburg Ende Juli 1914«, 1927, S. 75 f.
17 Pourtalès an AA, Tel. Nr. 215, 2. August 1914, ab 5.50 Uhr, DD 666.
18 Alfred v. Wegerer, »Der Ausbruch des Weltkrieges«, Bd. 2, 1939, S. 193.
19 Lichnowsky an AA, Tel. Nr. 205, 1. August 1914, »DD« 562. Offenbar handelte es sich tatsächlich um ein ernstgemeintes Angebot Greys. Vgl. Luigi Albertini, »The Origins of the War of 1914«, Bd. 3, 1957, S. 382 ff.
20 Tgb. Lyncker, 1. August 1914, »Deutsche Gesandtschaftsberichte zum Kriegsausbruch«, hrsg. August Bach, 1937, S. 39, auch zum folgenden.
21 Aufz. Moltkes vom November 1914 in: »Erinnerungen, Briefe, Dokumente 1877-1916«, hrsg. Eliza v. Moltke, 1922, S. 19.
22 Aufz. Tirpitz, 1. August 1914, »Deutsche Ohnmachtspolitik im Weltkriege«, 1926, S. 17.

wie später noch oft bei wirklichen oder angeblichen Siegen Sekt kommen ließ und von einer Minute zur anderen die strategische Arbeit des Generalstabes im letzten Jahrzehnt umstieß, trotz aller aggressiven Töne nicht ohne weiteres auf die Motive der Handelnden schließen können. Nach wie vor scheint die Beseitigung der angeblich für 1916/17 drohenden Gefahren der Hauptantrieb gewesen zu sein, der eine Erhaltung des Friedens auf der Grundlage des sich unaufhaltsam verschlechternden *status quo* als unannehmbar erscheinen ließ. So ist es wohl charakteristisch, daß gerade der Mann, der wie kein anderer die künftigen Machtverschiebungen fürchtete, nämlich Moltke, an diesem 1. August nur von der Sorge erfüllt war, »daß auch Rußland abschnappt«[23]. Und der Kaiser überlegte nach der Besprechung bereits, welches »Faustpfand« er von Frankreich verlangen könne, um der Gefahr vorzubeugen, daß Frankreich während des deutschen Ostfeldzugs eingriff. Und er versicherte dem österreichischen Botschafter, der ihn am Abend im Familienkreis antraf, sogar seine feste Entschlossenheit, auch mit Frankreich »abzurechnen«[24]. In dieser Stimmung hat Wilhelm II. gegen 22 Uhr das Telegramm an den Zaren unterzeichnet.

Damit dürfte die Interpretation, Wilhelm II. habe hier einen letzten Versuch zur Bewahrung des Friedens gemacht, hinfällig sein. Ebensowenig scheint das Telegramm als moralische Rückendeckung gegen England für den geplanten Ostfeldzug gedacht zu sein, wie Albertini vermutet[25]. Die Rücksicht auf die öffentliche Meinung in England war zweifellos ein wichtiges Motiv für die deutsche Diplomatie. So hatte erst wenige Tage zuvor – nach Bethmann Hollwegs eigener späterer Aussage[26] – die Reichsleitung eine sehr scharfe Anweisung an den deutschen Botschafter in Wien selbst »in der englischen Presse bekanntgeben lassen«. Dieser Erlaß, in dem Deutschland es ablehnte, sich »leichtfertig und ohne Beachtung unserer Ratschläge in einen Weltbrand hineinziehen zu lassen«, erschien am 1. August in der *Westminster Gazette*[27]. Dagegen wurde das Kaisertelegramm vom 1. August zwar in dem am Mittag des 2. August abgeschlossenen Weißbuch abgedruckt, aber nicht nach London weitergegeben und nicht einmal in den noch während der Besprechung entworfenen Telegrammen an Lichnowsky und Georg V. erwähnt.

Es bleibt somit nur, daß das Telegramm eigens zur Beeinflussung der öffentlichen Meinung Deutschlands für das Weißbuch hergestellt wurde.

23 Tgb. Müller, 1. August 1914, in: »Regierte der Kaiser?«, 1959, S. 39.
24 Szögyény an Berchtold, Tel. Nr. 362, 2. August 1914, Geiß Nr. 1063.
25 Albertini, a.a.O., Bd. 3, S. 179 f.
26 Reichstagsrede vom 19. August 1915 bei Friedrich Thimme, »Bethmann Hollwegs Kriegsreden«, 1919, S. 55. Es handelt sich um den Erlaß Bethmann Hollwegs an Tschirschky, 30. Juli 1914, »DD« 396.
27 Ebda., S. 55, Anm. 1.

7.
Das Kriegsziel der »Selbstbehauptung«*

Um die Jahreswende 1914/15 stand die deutsche Führung vor neuen Entscheidungen. Reichskanzler und Generalstabschef betrachteten »die ganze Situation doch als sehr ernst und schwierig«[1]. Sie waren übereinstimmend zu der Einsicht gekommen, daß die Mittelmächte »keinen ihrer Gegner ganz Herr werden« könnten, daß deren militärische »Niederwerfung« »ausgeschlossen« sei[2]. Solange Rußland, Frankreich und England zusammenhielten, so lautete die Lagebeurteilung Falkenhayns am 18. November, »sei es uns unmöglich, unsere Gegner so zu besiegen, daß wir zu einem anständigen Frieden kämen. Wir würden vielmehr Gefahr laufen, uns langsam zu erschöpfen«.

Unter dem Eindruck dieser Mitteilung der OHL mußte Bethmann

Aus: Egmont Zechlin, »Friedensbestrebungen und Revolutionierungsversuche, Die deutsche Politik zur Ausschaltung Rußlands im Ersten Weltkriege«, IV. Aus Politik und Zeitgeschichte, Beil. zur Wochenzeitung »Das Parlament«, 15. Mai 1963.

* Wie sich der Weltkrieg dann objektiv zum Napoleonischen Hegemonialkrieg entwickelte, siehe den Abschnitt bei E. Zechlin, »Deutschland zwischen Kabinettskrieg und Wirtschaftskrieg«, HZ 199 (1964), S. 360 ff. Dort auch die entscheidenden Sätze von Ludwig Dehio – im Gegensatz zu Fischers Kontinuitätsthese: »Erst jetzt (im Weltkrieg) übernahmen wir die Funktion einer europäischen Hegemonialmacht.« Erst im Kriege prägen sich unter der Last der neuen Situation auch ganz neue Züge unserem Wesen ein, deren einfache Zurückdatierung nicht angängig ist. Diese logische Funktionsanalyse ist bei Fischer zu einer konkreten Motivanalyse übersteigert worden. Vgl. aber auch die Kritik von Wolfgang Schieder auch an meiner Darstellung: »Fischers Darstellung eines bewußten Griffs nach der Weltmacht ist sicherlich zu einfach angelegt; man muß aber andererseits Zechlin fragen, wie die ›Wirklichkeit eines mörderischen und nicht gewollten Hegemonialkriegs‹ Bethmann Hollweg ›vollends unvorbereitet‹ treffen könnte.« (W. Schieder in: »Sowjetsystem und demokratische Gesellschaft« (1972), a.a.O., Sp. 855.

1 Aufz. Tirpitz über Unterredung mit Falkenhayn am 15. November 1914, Tirpitz, »Deutsche Ohnmachtspolitik im Weltkriege« (1926), S. 168; ebenso Brief Tirpitz' an Capelle, 16. November 1914, a.a.O., S. 168 f., sowie Tgb. Tirpitz vom 15. November über diese Besprechung in Tirpitz, »Erinnerungen« (1919), S. 427. Im übrigen s. das oben mitgeteilte Schreiben Bethmann Hollwegs an Unterstaatssekretär Zimmermann vom 19. November 1914, in: »Friedensbestrebungen und Revolutionierungsversuche«, 1. Folge, Aus Politik und Zeitgeschichte B 20/61, S. 284-286 (künftig zitiert als Räsonnement vom 19. November 1914).

2 Räsonnement vom 19. November 1914, a.a.O., S. 284 ff.

Hollweg befürchten, daß der Krieg, wenn er nicht gar infolge von militärischen Rückschlägen eine »im ganzen für uns ungünstige Wendung« nehme, sich zumindesten entscheidungslos hinziehen würde[3]. Und je länger er dauerte, desto mehr gewannen die Alliierten Zeit, ihr über die Erde verstreutes und mangelhaft organisiertes Übergewicht an Menschen und Material zum Einsatz zu bringen. Auch die in den Händen der Neutralen befindlichen Teile der Weltwirtschaft, des Seeverkehrs und des Nachrichtenwesens konnten sich so den Bedürfnissen der Kriegführung der Feindmächte anpassen. Mit fortschreitender Zeit mußte sich dann die Absperrung von den überseeischen Nahrungs- und Rohstoffquellen entscheidend auswirken. Es wurde die große Sorge des Reichskanzlers, daß es erst zu Friedensverhandlungen kommen würde, wenn die Mittelmächte im Zustand der Erschöpfung gezwungen wären, die Bedingungen der Gegner anzunehmen[4].

Das Kriegsziel der Selbstbehauptung

So blieb den Mittelmächten nach Ansicht des Reichskanzlers »als Chance nur, daß der Krieg wegen allgemeiner gegenseitiger Erschöpfung ohne ausgesprochene militärische Niederlage der einen oder der anderen Partei aufhört«. »Das Ergebnis des Krieges würde sich dann für uns im Wesentlichen auf die aller Welt demonstrierte Tatsache reduzieren, daß selbst die größte feindliche Koalition uns nicht niederzwingen kann[5].« Daß Bethmann Hollweg lediglich mit einem solchen Kriegsausgang der Selbstbehauptung des Reiches rechnete, wird noch dadurch bestätigt, daß er diese Erkenntnis des Räsonnements vom 19. November 1914 wiederholt auch in Ministerratssitzungen vorgetragen hat.

»Nach der gesamten militärischen Lage«, so wiederholte Bethmann Hollweg als Preußischer Ministerpräsident in der Staatsministerialsitzung vom 28. November 1914[6], »müsse man annehmen, daß der Krieg noch lange dauern würde, und man müsse darauf gefaßt sein, daß vielleicht noch Rückschläge auftreten würden, wie das ja von vornherein im Bereich der Möglichkeit gelegen hätte«. »Daß wir Erfolge erreichen würden, welche uns gestatteten, über die Welt zu disponieren, glaube er nicht. Aber

3 Ebd.
4 Karl Helfferich, »Der Weltkrieg« (1920), einbändige Ausgabe, S. 302.
5 Räsonnement v. 19. November 1914, a.a.O., S. 285.
6 Protokoll der Sitzung des Preuß. Staatsministeriums vom 28. November 1914. Über diese Protokolle während des Ersten Weltkrieges berichte ich im Zusammenhang an anderer Stelle.

selbst wenn wir nur erreichen sollen[7], vor der Welt zu konstatieren, daß uns selbst eine so ungeheure Koalition wie die jetzige nicht zu überwinden vermöge, so würde das einen Erfolg bedeuten, welcher die Gewähr für den späteren Frieden in sich trage.« Dies bedeutete für den Kanzler den »endgültigen Sieg«. Aber der müsse erst errungen werden, sagte er, bevor über Friedensbedingungen gesprochen werden könnte. Diese würden von dem Grade der militärischen Stärke abhängen. »Auch etwaige Einzelfriedensbeschlüsse müßten sich danach richten, wie die einzelne Macht bezwungen sei.«

Es gehört zum Wesen solcher Aussagen, daß sie von der jeweiligen Vorstellung über die Machtverhältnisse beeinflußt werden. Das gilt sowohl für zu erstrebende Ziele wie auch für Verzicht und Resignation. Zudem sah sich der Kanzler jeweils veranlaßt, solche Erklärungen in die Sprache der Siegeszuversicht zu kleiden, selbst wenn das angewandte Vokabular nicht ganz dem Inhalt der Mitteilung entsprach. Die Gesamtlage könne als gut angesehen werden und berechtige zu der Hoffnung auf den endgültigen Sieg, sagte er den Ministern auch am 28. November 1914. Aber selbst in diesen Klang mischen sich Töne des Ausgleichfriedens. So, wenn er auch in dieser Sitzung die von den Deutschen besetzten Gebiete in Nordfrankreich und Belgien als ein »Faustpfand« bezeichnet, das, nach der Interpretation im Räsonnement[8], »wir in den jetzt besetzten Umfang anzusetzen haben [wie] unsere Gegner das Faustpfand des größten Teiles von Galizien und mehrerer unserer Kolonien«[9].

So bietet sich denn hier eine *Grundüberzeugung Bethmann Hollwegs* dar, die unbeschadet situationsbedingter Modifikationen und taktischer Rücksichtnahme auch im weiteren Verlauf des Krieges zum Ausdruck kommt. »Wenn wir diese Übermacht bestehen und entwicklungsfähig herauskommen, so haben wir gewonnen«, erklärte er am 30. Oktober 1916 im Bundesratsausschuß für Auswärtige Angelegenheiten[10], und ähnlich im Januar 1917 dem bayerischen Gesandten in Berlin, Graf Lerchenfeld: »Seine Ansicht sei nun einmal die, daß wir den Krieg schon gewonnen haben, wenn uns ein Friedensschluß gelingt, der es ermöglicht, die wirtschaftliche Entwicklung Deutschlands wiederaufzunehmen[11].« Damit

7 Korrektur von der Hand Bethmann Hollwegs an Stelle von: »aber wenn wir auch nur erreichten«.
8 Aus Politik und Zeitgeschichte B 20/61, S. 285.
9 Das Protokoll fährt fort: »aus dem uns die Gegner nicht heraustreiben würden«. Korrektur von der Hand Bethmann Hollwegs.
10 Aufz. des Unterstaatssekretärs Wahnschaffe. Sitzung vom 30./31. Oktober 1916 bei Wolfgang Steglich, »Bündnissicherung oder Verständigungsfrieden? Untersuchungen zu dem Friedensangebot der Mittelmächte vom 12. Dezember 1916« (1958), S. 80 und S. 204.
11 Lerchenfeld an Hertling, 11. Januar 1917, Karl-Heinz Janßen, »Macht und

wird aus unmittelbarer politischer Arbeit bestätigt, was Bethmann Hollweg in einer Mischung von Rechtfertigungsbedürfnis und Mahnung seinem späteren Nachfolger Hertling im Januar 1918 schrieb: »Zu immer wiederholten Malen« habe er in seinen Gesprächen mit dem Kaiser »den Gedanken scharf vertreten, daß, da nun einmal, wie der Verlauf des Krieges von Anfang an gezeigt habe, eine völlige militärische Niederwerfung unserer Gegner ausgeschlossen sei, die siegreiche Abwehr unserer Feinde und die unversehrte Selbstbehauptung Deutschlands für uns den Gewinn des Krieges bedeute[12].«

»Sicherungen«, »Garantien« und der Frieden

Wie aber ist unter diesen Umständen zu erklären, daß der Kanzler wiederholt – und zwar im internen Schriftverkehr wie auch in Reichstagsreden – die Forderung nach einem Frieden erhoben hat, der dem Deutschen Reich »Sicherungen« und »Garantien« und Entschädigung für die gebrachten Opfer bringen sollte? Die Formel findet sich zuerst, wie wir schon hörten, in einer Weisung, die der Reichskanzler am 12. September 1914 aus dem Hauptquartier für die Behandlung eines amerikanischen Vermittlungsangebotes an den in Berlin amtierenden Unterstaatssekretär gab: »Wir können nur Frieden annehmen, der wirklich Dauer verspricht und uns vor neuen Überfällen unserer Feinde schützt. Wenn wir jetzt das amerikanische Vermittlungsangebot annehmen, würde uns dies von unseren Gegnern nur als Schwäche gedeutet und von unserem Volke nicht verstanden werden. Denn das Volk, das solche Opfer gebracht hat, verlangt Garantien für Sicherheit und Ruhe[13].« Die gleiche Sprachregelung gab Bethmann Hollweg, als Ende November das dänische Vermittlungsangebot benutzt werden sollte, um einen Weg für den Sonderfrieden mit Rußland zu bahnen: Deutschland, das einen Verteidigungskrieg führe, sei stets bereit, solche ihm zukommenden Friedensvorschläge zu prüfen, die ihm volle Entschädigung und Sicherung gegen erneuten Überfall durch drei Gegner gewährleisteten[14].

Verblendung, Kriegszielpolitik der deutschen Bundesstaaten 1914-1918« (1963), S. 257, Anm. 418, nach GStA/Mü, VII, 51.

12 Bethmann Hollweg an Reichskanzler Hertling, Brief, 26. Januar 1918, abgedr. Parl. Unters.-Ausschuß, 4. Reihe, Bd. 2 (1925), S. 142 ff.

13 Bethmann Hollweg an Ausw. Amt, Tel. Nr. 40, 12. September 1914, AA, Wk geh., Gr. Hq., Friedensschlüsse, vgl. Aus Politik und Zeitgeschichte B 20/61, S. 272.

14 Bethmann Hollweg an Ausw. Amt, Tel. Nr. 117, 24. November 1914, AA, Wk 2 geh., abgedr. Aus Politik und Zeitgeschichte B 20/61, S. 286.

Bei all diesen Äußerungen zur Kriegszielfrage lassen sich taktische Motive erkennen. Die Sprachregelung für die Beantwortung des amerikanischen und des dänischen Vermittlungsangebotes hatte den – ja auch ausgesprochenen – Zweck, den Eindruck der Schwäche zu kompensieren, den eine Bereitschaft Deutschlands zum Frieden beim Gegner hervorrufen konnte. Und die Rücksicht auf die allgemeine Stimmung in Deutschland verrät seine Bemerkung im Räsonnement, daß der Ausgang des Krieges, wie er ihn erwarte, »zwar nicht ohne friedenswirkende und entwicklungsfördernde Folgen bleiben, zunächst aber dem Volke als durchaus ungenügender Lohn für so ungeheure Opfer erscheinen würde«[15].

Was die Formel von den »Garantien und Sicherungen« für Bethmann Hollweg bedeutete, zeigen als ein instruktives Beispiel die Umstände, unter denen er am 7. April 1915 darüber im Bundesratsausschuß für Auswärtige Angelegenheiten sprach, wie auch Erläuterungen, die er dort und einige Tage später in einer Sitzung des Preußischen Staatsministeriums gegeben hat. Damals kursierten Gerüchte über Friedensabsichten der Reichsregierung. Es war die Rede von einem Separatfrieden mit Rußland, von einem Festhalten an der »Utopie eines anzubahnenden freundschaftlichen Verhältnisses mit Frankreich« und schließlich von der »Möglichkeit« eines Friedensschlusses mit England[16]. Der Großherzog von Oldenburg war daraufhin in München gewesen, um den König von Bayern zu veranlassen, »sich an die Spitze der deutschen Fürsten zu stellen und in ihrem Namen beim Kaiser vorstellig zu werden, daß es so nicht weitergehen könne«[17]. Der zu der Unterredung hinzugezogene Hertling empfahl statt dessen die Einberufung des Bundesratsausschusses, um sich zu-

15 Räsonnement v. 19. November 1914, Aus Politik und Zeitgeschichte B 20/61, S. 285.

16 So Hertling an Bethmann Hollweg, Brief, 28. März 1915, GStA/Mü VII, 53. Diesen Brief und die weiter unten angeführten Schriftstücke aus dem Staatsarchiv München stellte mir Karl-Heinz Janßen in Abschriften ganz oder in Auszügen freundlichst zur Verfügung. Inzwischen wurde die Korrespondenz (s. auch u.) publiziert und eingeleitet von Ernst Deuerlein, Briefwechsel Hertling-Lerchenfeld 1912-1917, 2 Bände, (1973).

17 Die Hintergründe hat kürzlich Karl-Heinz Janßen, a.a.O., S. 44 f. aufgedeckt. Die folgende Darstellung stützt sich daneben vor allem auf den Bericht Hertlings in seinem Brief an den bayerischen Gesandten in Berlin, Graf Lerchenfeld, vom 29. März 1915 (GStA/Mü VII, 50). Danach bewegten sich die Ausführungen des Großherzogs »ganz in der Richtung, die aus den Kundgebungen der Alldeutschen bekannt ist und neuerdings in der Eingabe des Zentralverbandes der Industrie, des Bundes der Landwirte und anderer großer Korporationen vertreten wird«. Zugleich ordnet sich der Schritt des Oldenburgers ein in die damaligen Versuche Tirpitz, den Kanzler zu stürzen, wie weiter unten dargestellt wird. Dort auch Belege über die Verbindungen des Großherzogs von Oldenburg zum Staatssekretär der Marine.

nächst dort Klarheit über die Politik des Reichskanzlers zu verschaffen[18]. Der bayerische Ministerpräsident konnte kaum wünschen, daß durch eine Aktion der Bundesfürsten, wie sie der als führender Annexionist bekannte Großherzog forderte, Bethmann Hollweg gezwungen würde, Männern wie Falkenhayn oder Tirpitz Platz zu machen[19].

Wie Bethmann Hollweg den Vorstoß im Bundesratsausschuß pariert hat, kann als typisch für die Taktik angesehen werden, mit der er das Kriegszielproblem behandelte. In seiner Antwort an Hertling[20] lehnte er dessen Vorschlag ab, »alle die Modalitäten zu erörtern, unter denen der Friede nicht geschlossen werden kann«, fand sich aber zu einem allgemeinen Gedankenaustausch darüber bereit, welche Friedensbedingungen anzustreben seien, falls die militärische Lage weiterhin so bleiben werde wie bisher. In der Sitzung vom 7. April[21] verstand es der Kanzler dann, den Annexionisten mit einem ihnen geläufigen Vokabular entgegenzutreten, ohne auf seine Grundkonzeption zu verzichten. Wie im Räsonnement vom 19. November nannte er es ein Glück, wenn der Frieden so geschlossen werden würde, daß die Welt sehe, Deutschland sei auch der stärksten Koalition nicht erlegen. Doch fügte er nunmehr den Wunsch nach Kriegsentschädigungen hinzu – so sprach er von einem deutschen Kolonialreich in Zentralafrika – und den nach »strategischer Sicherheit«, d. h. nach »Grenzverbesserungen« im Osten und im Nordwesten. Damit war die

18 Sein Gedankengang war dabei der, wie er an Lerchenfeld am 29. März 1915 schrieb: »Geht der Reichskanzler auf die Einberufung nicht ein, so kann man überlegen, ob dann der Moment für das Eintreten der Deutschen Fürsten gekommen ist, und das gleiche gilt, wenn der Ausschuß einberufen wird, die dort gegebenen Aufklärungen aber als unbefriedigend angesehen werden müssen.« So verlangte er in seinem Schreiben an den Reichskanzler vom 28. März 1915 Klarheit, »unter welchen Bedingungen ein Friede nicht geschlossen werden kann«. Zugleich wies er darauf hin, daß Ludwig III. nach wie vor der Meinung sei, »daß durchgehalten werden muß, bis ein dauernder und ehrenvoller Frieden gesichert ist, und daß bei den ungeheuren Opfern an Gut und Blut, welche gebracht wurden, es nicht genügen kann, zu dem status quo ante zurückzukehren«.

19 Falkenhayn und Tirpitz waren damals als Kandidaten für das Amt des Reichskanzlers schon soweit im Gespräch, daß sich Bethmann Hollweg am 1. April 1915 veranlaßt sah, Lerchenfeld zu erklären, er werde diesen Männern seinen Platz nicht freiwillig räumen. Vgl. den Bericht Lerchenfelds an Hertling, 3. April 1915, GStA/Mü VII, 50, nach Janßen, a.a.O., S. 45.

20 Bethmann Hollweg an Hertling, 1. April 1915, GStA/Mü VII, 53.

21 Über diese Sitzungen bringt Zusammenfassungen Ernst Deuerlein, »Der Bundesratsausschuß für die Auswärtigen Angelegenheiten 1870-1918« (1955). Die – von Deuerlein vorgenommenen – Zusammenfassungen – so die über die Sitzung vom 7. April (S. 189 f.), die zudem nicht sämtliche Berichte erfaßte –, zeigen jedoch, daß der Forscher nicht der Kenntnis und vergleichenden Interpretation der einzelnen Berichte, also der des bayerischen, württembergischen, sächsischen usw. Gesandten entbehren kann, soweit sie erreichbar sind.

belgische Frage angeschnitten, in den Augen des Reichskanzlers »ein schauderhaftes Problem«, bei dem man unter allen Lösungen nur nach der suchen könne, die noch am wenigsten schlecht sei[22]. Weil aber durch den militärisch notwendigen Einmarsch der Deutschen und den blutigen Widerstand der Belgier zukünftig mit einem von Haß erfüllten Nachbarn zu rechnen sei – führte Bethmann Hollweg am 7. April aus –, bedürfe Deutschland hier eines ebenso starken Schutzes wie gegenüber den feindlichen Großmächten. Doch an eine Annexion der flandrischen Küste sei nicht zu denken, sagte er einige Tage später in einer Sitzung des Preußischen Staatsministeriums[23]. Das würde eine Bedrohung Englands sein und den Zündstoff für den nächsten Krieg bringen. Daß er sich dabei auf ein Urteil Ludendorffs berief, wonach der Besitz von Lüttich als Sicherung ausreichend sein würde, wirkt vor dem Hintergrund seiner späteren Auseinandersetzung mit der dritten OHL geradezu paradox. Ein strategisches Sicherheitsproblem war auch die Frage der Annexion eines »polnischen Grenzstreifens« man habe das exponierte Ostpreußen gerade noch im letzten Augenblick durch die spektakuläre Schlacht von Tannenberg vor der Zangenbewegung der von Süden und Osten angreifenden Russen gerettet. Doch ließ der Kanzler auch durchblicken, daß Deutschland genötigt sein könnte, auf Grenzberichtigungen überhaupt zu verzichten. Es sei nutzlos, sich auf bestimmte Forderungen festzulegen, »weil er nicht wisse, ob er sie durchsetzen könne«[24], wie es denn »in diesem uns aufgezwungenen Krieg« darum ginge, »die Stellung, die wir uns in der Welt errungen haben, zu verteidigen«. »Es handelt sich nicht darum, daß wir den Krieg führten, um ein neues Ziel, das wir nur durch Krieg erreichen konnten, zu erlangen. Ein solches Ziel hatten wir nicht, und es wird auch durch den Krieg nicht geschaffen[25].«

Diese Worte wiegen um so schwerer, als sie, wenn auch vielfach verklausuliert und relativiert, keineswegs dem entsprachen, was die Zuhörer verlangten. Und sie erweisen sich als um so ernster, als Bethmann Hollweg auch in der Auseinandersetzung mit der dritten OHL die Kontinuität seiner Haltung und Taktik erkennen läßt. Eine Äußerung des Kanzlers, daß Deutschland das Erzbecken von Briey-Longwy vielleicht nicht be-

22 Bethmann Hollweg an Weizsäcker, Brief, 10. November 1914, Privatnachlaß Weizsäcker, zit. bei Janßen, a.a.O., S. 237, Anm. 121.
23 Protokoll der Sitzung des Preuß. Staatsministeriums vom 10. April 1915, s. o. Anm. 6. Vielleicht hat die Abwesenheit Tirpitz' auf dieser Sitzung mit zu der Offenheit des Kanzlers beigetragen.
24 Protokoll der Sitzung des Preuß. Staatsministeriums vom 10. April 1915.
25 Aufz. Lerchenfeld über die Bundesratssitzung vom 7. April 1915, »Politischer Schriftwechsel der Gesandtschaft Berlin«, GStA/Mü.

halten könne, nahmen Hindenburg/Ludendorff zum Anlaß, um in einem Schreiben des Feldmarschalls an den Reichskanzler vom 31. Dezember 1916 »Zweifel an Euere Exzellenz grundsätzlicher Stellungnahme« zu äußern und um Mitteilung der »territorialen Mindestforderungen« zu bitten, die selbst auf die Möglichkeit der Kriegsverlängerung hin durchgesetzt werden sollten[26]. Worauf der Kanzler auf diesen Versuch, ihn festzulegen, in seiner Antwort am 4. Januar 1917 erklärte, daß »Politik immer die Kunst des Erreichbaren bleiben« werde. So vermöge er nicht die Verantwortung zu übernehmen, den Erwerb von Briey-Longwy – so wichtig er auch in seinen Augen sei – »als eine conditio sine qua non für den Friedensschluß ohne Einschränkung zu proklamieren«, wenn etwa »die Absprengung Frankreichs von der Koalition oder überhaupt der ganze Friedensschluß von der Frage abhängig sein würde«[27]. Mit einer ähnlichen Argumentation lehnte er es auch ab, »an strategischen und wirtschaftlichen Voraussetzungen« eine Verständigung mit Rußland scheitern zu lassen[28]. Er werde versuchen, die erwünschten Grenzregulierungen durchzusetzen, wenn dies aber nicht gelinge, »sich auf das absolut Notwendige zurückziehen, um damit den Frieden zu erlangen«[29]. »Das Wünschenswerte muß dem Notwendigen weichen[30].«

Die Grundlage für die Kriegspolitik der Reichsleitung war – wie es am 18. November 1914 und wiederholt auch in den folgenden Monaten von Falkenhayn gefordert worden war –, daß der Krieg mit *einem* der Gegner so bald wie möglich beendet würde, wofür »in erster Linie Rußland« in Frage zu kommen schien. So erklärte Bethmann Hollweg auch der dritten OHL als »vornehmliche Aufgabe« der deutschen Politik, im Laufe von Verhandlungen »alle diejenigen Elemente auszunutzen, die eine Spal-

26 Hindenburg an Bethmann Hollweg, Brief, 31. Dezember 1916, pr. am 4. Januar 1917, AA, Wk 15 geh. Das Schreiben trägt – wie üblich – in der Ausfertigung am Schluß der letzten Seite die Paraphe Ludendorffs. Bereits abgedr. in Stenographische Berichte über die öffentlichen Verhandlungen des 15. Untersuchungsausschusses der Verfassunggebenden Nationalversammlung nebst Beilagen, Bd. 2 (1920), Beil. 1, S. 117.

27 Bethmann Hollweg an Hindenburg, Brief vom 4. Januar 1917, AA, Wk 15, geh. Entwurf Zimmermanns mit Korrekturen von der Hand Bethmann Hollwegs, bereits abgedr. in: Sten. Ber., Bd. 2 (1920), Beilage 1, S. 117 f.

28 Bundesratssitzung vom 8. Mai 1917, Aufz. Varnbühler. Bei Lerchenfeld lautet der Passus: »Wenn dies (der Friedensschluß) nur gelingen sollte unter Ausschließung jeder Gebietserwerbung, so dürfen wir an solchen nur bedingt wünschenswerten Erwerbungen den Frieden nicht scheitern lassen.« Angaben bei Janßen, a.a.O., S. 126 u. 262, Anm. 476.

29 Bundesratssitzung vom 8. Mai 1917, Antwort des Reichskanzlers auf die Forderung des mecklenburgischen Ministers Langfeld nach einer gesicherten Ostgrenze laut Aufz. Varnbülers nach Janßen, a.a.O., S. 261, Anm. 475.

30 Bundesratssitzung vom 8. Mai 1917, Aufz. Varnbüler nach Janßen, a.a.O., S. 262, Anm. 476.

tung der Koalition herbeiführen können, die uns jetzt gegenübersteht«[31], und nannte als das zentrale Thema seiner Kriegszielpolitik, »die jetzige Koalition unserer Gegner zu sprengen und einen oder mehrere derselben für die Zukunft auf unsere Seite zu bringen«[32].

Das Kriegsziel eines neuen Staatensystems

Ungeachtet der taktischen Bedingungen, unter denen die Äußerungen Bethmann Hollwegs zur Kriegszielfrage zu verstehen sind, bedeutete doch auch der Kampf um die Selbstbehauptung des Reiches für ihn, daß er eine Umgestaltung und Neuordnung der Machtverhältnisse im Staatensystem erstrebte. Auch ohne daß er ein Programm konkreter Kriegsziele gehabt hätte, war es das Wunschbild dieses Reichskanzlers vom Kriegsausbruch bis zu seinem Rücktritt, daß Deutschland aus diesem Krieg in einer Position hervorginge, in der es gesichert gegen künftige Angriffe und Übergriffe sei und politisch und wirtschaftlich mehr Bewegungsfreiheit habe. Auch Bethmann Hollweg stand unter dem unmittelbaren Eindruck des politischen Erlebnisses seiner Generation und zudem der Erfahrungen seiner Außenpolitik, die der Kriegsausbruch nun so drastisch bestätigt hatte: daß die Deutschen in ihrer kontinentalen Mittellage, und nunmehr noch tatsächlich vom Weltmeer abgeschnitten, auf Verbesserung ihrer politischen Lebensbedingungen angewiesen seien. Noch im Rückblick seiner Memoiren berief er sich mit dem Vokabular des Kriegsausbruchs darauf, daß die Nation 1914 zu den Waffen geeilt sei »nicht nur, um die Heimat vor Zerstörung zu bewahren, sondern auch in der Hoffnung, die Schranken niederlegen zu können, mit denen feindliche Mißgunst und Neid ihre friedliche Entwicklung einzuengen bestrebt gewesen waren«[33].

Aber die zu erkämpfende politisch-wirtschaftliche Position und etwa eine »verstärkte strategische Sicherheit« brauchen nicht unbedingt durch eine territoriale Machterweiterung geschaffen zu werden. Nicht an zu engen Grenzen habe Deutschland gekrankt, sondern daran, »daß es dauernd von einer überlegenen Koalition bedroht wurde«. Von diesem Alp und dem des damit drohenden Krieges befreit, könne es »seine Stärke auch

31 Bethmann Hollweg an Hindenburg, Brief, 4. Januar 1917, AA, Wk 15 geh.

32 Bethmann Hollweg an Hindenburg, Brief, 16. April 1917, AA, Wk 15 geh. Hiermit beantwortete Bethmann Hollweg einen Brief Hindenburgs vom 5. April 1917 (AA, Wk 15 geh.), in dem dieser unverzügliche kommissarische Besprechungen zur Festlegung von »Mindestforderungen« und »Ausgangsforderungen« für die erwarteten Friedensverhandlungen verlangte.

33 Th. v. Bethmann Hollweg, »Betrachtungen zum Weltkriege«, Teil 2 (1921), S. 4.

innerhalb unveränderter Grenzen ausleben«[34], und es wird durch die oben angeführten Zeugnisse bestätigt, wenn er berichtet, daß er dem Kaiser in der Abschiedsaudienz nach seiner Entlassung im Juli 1917 geraten habe – und dieser das auch als seine eigene Auffassung bezeichnete –, »etwaige Friedensmöglichkeiten auch nicht für angeblich notwendige, bei fortschreitender Kriegstechnik aber leicht trügerische strategische Sicherungen preiszugeben«[35].

Es liegt im Wesen des Krieges, daß er den Kriegführenden die Gelegenheit bietet, durch Einsatz des militärischen Machtinstruments das zu gewinnen, was allein mit Mitteln der Diplomatie nicht zu erreichen war. Für die Ententemächte hieß das, die Machtverschiebung einer »deutschen Revolution« zu revidieren, wie Disraeli im Februar 1871 in einer Unterhausrede die deutsche Nationalstaatsgründung genannt hat, die ein größeres politisches Ereignis sei als im vorhergehenden Jahrhundert die Französische Revolution. Zudem brachte der Krieg jedem Partner die Chance, ein besonderes Ziel der nationalen Geschichte zu gewinnen: für die Franzosen Elsaß-Lothringen, für die Russen Konstantinopel und die Meerengen und die Zertrümmerung des Habsburger Staates, für die Engländer schließlich die Gelegenheit, unter dem Schlagwort der »Zerstörung des preußischen Militarismus« die maritime Herausforderung durch den deutschen Schlachtflottenbau zu beseitigen. Wenn die englische Politik auf dem Wiener Kongreß dafür gesorgt hatte, daß der preußischen Armee die Wacht am Rhein anvertraut wurde, so erforderte es nunmehr das Gesetz der »balance of power« einen Machtzuwachs Deutschlands zu verhindern.

Auch den Deutschen brachte der Appell zu den Waffen ein positives Kriegsziel. Auch ihnen stellte die Geschichte eine Aufgabe, die sie im Frieden nicht bewältigt hatten. Es galt, eine Lage zu überwinden, wie sie Bismarck in einer Reichstagsrede vom Juni 1882 charakterisiert hat: »daß Millionen Bajonette ihre polare Richtung doch im ganzen in der Hauptsache nach dem Zentrum Europa haben, daß wir im Zentrum stehen und schon infolge unserer geographischen Lage, außerdem infolge der ganzen europäischen Geschichte den Koalitionen anderer Mächte vorzugsweise ausgesetzt sind«[36]. Bismarck war es 1866 gelungen, die Bildung einer »Kaunitzschen« – d. h. in Erinnerung an den Siebenjährigen Krieg österreichisch-französisch-russischen – Koalition zu verhindern. Und dann hatte er verstanden, mit Hilfe des in Berlin zentrierten Bündnissystems, durch den regulierenden Einsatz des deutschen Machtgewichtes und in Ausnutzung der internationalen Spannungen die Mächte von Koalitionen gegen

34 Ebd.
35 Ebd.
36 Bismarck, Gesammelte Werke, Bd. 12, S. 378.

Deutschland abzuhalten[37]. Auch seinen nächsten Nachfolgern gaben die Rivalitäten Frankreichs und Englands sowie Englands und Rußlands in Übersee noch Spielraum für eine Politik der »freien Hand«. Mit der französisch-englischen Entente von 1904/1905 und der russisch-englischen von 1907 schwand zunächst jedenfalls die Chance der deutschen Politik, die weltpolitischen Gegensätze ihrer Nachbarn zu nutzen, die viel mehr Kräfte gewannen und deren Interessengemeinschaft wuchs, um sich den historischen wie auch aktuellen Konflikten in Europa zuzuwenden. Gegenstöße, um die gefährliche Gruppierung aufzuhalten und Pressionsmethoden um das Ententesystem aufzulockern, hatte nur die Wirkung, daß es sich mehr und mehr verfestigte und um so mehr seine Spitze gegen die Mittelmächte richtete. Bis sich schließlich in der Julikrise eine Kettenreaktion von Bündnishilfen der Ententepartner auslöste, die sich ebensowenig gegenseitig verlieren wollten wie Deutschland den österreichisch-ungarischen Bundesgenossen.

So war der Versuch der deutschen Staatsführung, die feindliche Koalition durch einen Sonderfrieden mit einer der Flügelmächte zu sprengen, nicht nur ein unmittelbar militärisches Anliegen. Er hatte nicht nur den Zweck, eine Front zu entlasten und den Rücken frei zu bekommen, um an anderen Fronten stärker auftreten zu können: Dieser Politik lag vielmehr der tiefere Gedanke zugrunde, damit die »Einkreisung« zu beseitigen, die nach der Ansicht des Kanzlers zu den entscheidenden Ursachen des Krieges gehörte, und wenn sie erhalten bliebe, den Keim eines neuen Krieges mit wiederum ungünstiger Ausgangslage für Deutschland erhielt. Die Kriegszielpolitik Bethmann Hollwegs mit dem Bemühen, die feindliche Front durch Verständigung mit einem der Gegner aufzulösen, war auf eine Umgruppierung in der Staatenwelt gerichtet und auf eine Neuordnung der Machtverhältnisse, die der deutschen Politik wieder eine freiere Bewegung ermöglichte, wie sie sie vor der Bildung der französisch-russischen Militärallianz, der entente cordiale und der englisch-russischen Verständigung gehabt hatte. Seine Hauptaufgabe, erklärte Bethmann Hollweg in der Konferenz mit den Vertretern der Industrie am 8. Dezember 1914 nach der Aufzeichnung Stresemanns[38], sei es, »die Coalition der drei Großmächte für die Zukunft unmöglich zu machen«. Das nannte er an erster Stelle vor der zweiten, »nur einen Frieden zu schließen, der uns mindestens 50 Jahre Ruhe gibt«, und der dritten, »den Versuch zu machen, endlich

37 So im »Kissinger Diktat« (1877), in: »Große Politik«, Bd. 2, S. 154.
38 Aufz. Stresemann über Konferenz beim Reichskanzler am 8. Dezember 1914, abgedr. in: Aus Politik und Zeitgeschichte B 24/61, S. 335, vgl. auch: Aus Politik und Zeitgeschichte B 20/61, S. 283, Anm. 106 und 107. Zweiter Teil abgedr. als Anlage Nr. 38.

die Jahrhunderte alten Streitigkeiten zwischen Frankreich und uns zu beseitigen«.

Diese außenpolitische Konzeption erklärt auch, daß Bethmann Hollweg sich von den annexionistischen Plänen der Industrie distanzierte. Schrieb er schon im Räsonnement vom 19. November, daß bei einem Frieden mit den drei Feindmächten – selbst bei Zusammenwirken der günstigsten Faktoren – »die Herren Stinnes und Genossen dabei nicht auf ihre Rechnung kommen«, so sagte er den Vertretern der Verbände am 8. Dezember in aller Deutlichkeit: Nachdem Frankreich die Wunde von 1870 »wohl verwunden« habe, würde es von neuem zu verstümmeln, nichts anders heißen, als »die unnatürliche Coalition, der wir uns jetzt gegenüber befänden, zu verewigen«[39]. »Am liebsten möchte er überhaupt keinen Quadratmeter fremdsprachigen Gebiets haben«, stellte Stresemann in seiner Aufzeichnung fest, und, wenn der Generalstab aus militärischen Gründen dies verlange, es mit einem Tauschangebot (gegen das nördliche Belgien) »weniger verletzend für Frankreich« machen. Aber der Generalstab stellte gar keine Gebietsforderungen. Militärische und politische Führung stimmten damals überein, daß es die Aufgabe der deutschen Politik sei, im Westen wie im Osten einen Verständigungsfrieden zu erlangen. Das ergab sich bereits aus der Frontstellung zu dem offensichtlich unbesiegbaren britischen Weltreich. So hatte Falkenhayn in der Besprechung vom 18. November die Zustimmung der OHL angekündigt, »Frankreich einen ehrenvollen Frieden zu bewilligen« und dabei ausdrücklich erklärt, »auch von Frankreich verlange er kein Land« – weder den Vogesenabhang noch »das Vorland von Metz (bassin de Briey)« –, nur auf der Schleifung der Festung Belfort müsse er bestehen. Dabei hatte der Generalstabschef von »seiner festen Überzeugung« gesprochen, daß eine Verständigung mit Frankreich gelingen würde, und davon, daß er es »für eine Notwendigkeit halte, daß wir uns nach dem Frieden mit Frankreich ins Einvernehmen setzten«[40].

Nachbemerkung

Dabei ist zu berücksichtigen, daß »Sicherheit« und »Selbstbehauptung« relative Begriffe sind und auch ein politisches oder strategisches Gleichgewicht der Dynamik des rebus sich stantibus unterliegt. Dazu kommt die Taktik, schon um den Eindruck der Schwäche zu vermeiden mit einer Position der Stärke zu operieren, was wiederum das Sicherheitsbedürfnis der Gegenseite mobilisiert. In diesem circulus vitiosus haben sich auch die deutschen Friedensbemühungen gefangen.

39 Ebd.
40 Räsonnement vom 19. November, Aus Politik und Zeitgeschichte B 20/61, S. 285.

8.
Die Adriakrise und der »Kriegsrat« vom 8. Dezember 1912

Von den internationalen Krisen, die vor dem Ausbruch des Ersten Weltkrieges die europäische Staatenwelt bewegten, bietet sich die vom November/Dezember 1912 geradezu als ein Vorspiel zur Julikrise von 1914 an. Schon damals bereitete Österreich-Ungarn den Einmarsch in Serbien vor und trafen die Russen militärische Maßnahmen an der Grenze von Galizien, um dem serbischen »Brudervolk« zu Hilfe zu kommen. Und wie in Berlin, wurden die Regierungen in Paris und London vor die Entscheidung gestellt, ob sie – sei es im diplomatischen Kräftespiel oder mit den Waffen – ihren Partnern beistehen sollten, also Frankreich dem russischen Alliierten und England seinen beiden Ententepartnern. Dabei drängt sich dann unwillkürlich die Frage auf, ob sich mit einer Untersuchung dieser Krise auch Erkenntnisse und Einsichten für eine Analyse der Haltung der Mächte, insbesondere Deutschlands, für den Kriegsausbruch von 1914 ermitteln lassen. Der Unterschied war der, daß der österreichisch-serbische Konflikt der letzten Monate des Jahres 1912 sich nicht – wie der nach dem Attentat von Sarajewo – unmittelbar an der serbisch-südslawischen Agitation entzündete, sondern Serbien dabei war, sich an der Adria festzusetzen. Der adriatische Meerbusen aber war für das Habsburger Reich der einzige Zugang zum Mittelmeer.

I

Die Serben waren damals im Zuge des Ersten Balkankrieges gegen die Türkei in das türkische Albanien und dort bis zum Adriatischen Meer vorgestoßen. Am 18. November 1912 trafen zwei serbische Divisionen in Allessio (heute: Lesh) ein, und zehn Tage darauf bemächtigten sie sich, trotz österreichischen Einspruches, Durazzos – auch heute unter dem Namen Dures – der Haupthafen Albaniens. »Was wir mit dem Schwert errungen haben, kann auch nur mit dem Schwerte genommen werden.« »Das Volk will zum Meere«, erläuterte der serbische Ministerpräsident Nikola Pasič schon zu Beginn des Feldzuges einem prominenten österreichischen Historiker, und kündigte an, daß – wenn ihm Österreich feindlich begegnen sollte – »wir uns natürlich an die anderen Staaten halten müssen, an den Osten, an Rußland«[1].

Nun hatte Österreich-Ungarn bereits die Besetzung des Sandschak-Novibazar zugelassen, jenes Landstreifens zwischen Serbien und Montenegro, den es 1908 den Türken zurückgegeben hatte – immerhin der Weg nach Saloniki und damit zum Mittelmeer. Das war in Wien mit der ausdrücklichen Begründung hingenommen worden, um einen Krieg zu vermeiden; aber man hatte sich im Außenministerium auch darüber verständigt, dafür als Mindestforderung verkehrspolitische Abmachungen und vor allem die Gründung eines selbständigen Staates Albanien zu verlangen. Dies galt als äußerste Grenze des Entgegenkommens, andernfalls man zum Kriege gegen Serbien gezwungen sein würde[2]. Denn auch nur ein serbischer Handelshafen an der Adria wäre nach Ansicht Berchtolds nur die erste Etappe zu einem russischen Kriegshafen, womit Österreich-Ungarn riskiere, »im Ernstfall abgeschnürt zu werden in seinem einzigen maritimen Ausfallstor«[3]. Die Meerenge von Otranto konnte von einer Italien unmittelbar gegenüberliegenden Macht gesperrt werden. Das Wiener Kabinett ließ denn auch in Petersburg keinen Zweifel darüber, daß es einer Festsetzung Serbiens am Ostufer des Adriatischen Meeres und somit die Möglichkeit der Gründung einer serbischen Seemacht nicht zulassen könne[4].

Die Kernfrage des österreichisch-serbischen Konfliktes aber war schon damals die Agitation der großserbisch-südslawischen Nationalbewegung mit ihrem Anspruch auf Gebiete des Habsburger Reiches mit serbischer, kroatischer und slowenischer Bevölkerung, insbesondere auf Bosnien/Herzegowina. Als Berchtold im Sommer 1912 das Außenministerium übernahm, war es ihm beim Studium der Akten »wie Schuppen von den Augen gefallen«, als er das Ausmaß der Tätigkeit der südslawischen Geheimbünde erkannte[5]. Damals gab ein Attentat auf den Gouverneur von

1 Pasič zu dem Historiker Josef Redlich, Tgb. Redlich, 6. November 1912, Schicksalsjahre Österreichs 1908-1919, bearb. von F. Fellner (1953), Bd. 1, S. 175 (künftig zit. Redlich).

2 Protokoll über die Konferenz im Ministerium des Äußeren vom 16. Oktober 1912, ÖD IV, Nr. 4118.

3 Und. Aufz. Berchtolds, zit. bei Hugo Hantsch, Leopold Graf Berchtold (1963), Bd. 1, S. 339.

4 Berchtold an Thurn, 3. Nov. 1912, ÖD 4, Nr. 4257 u. Tschirschky an Bethmann Hollweg, 2. Nov. 1912, GP 33, Nr. 12317. Vgl. E. Chr. Helmholreich, The Diplomacy of the Balkan Wars, 1912-1913 (1938), H. Uebersberger, Österreich zwischen Rußland und Serbien (1958), S. 95 ff.; R. Giesche, Der serbische Zugang zum Meer und die europäische Krise 1912 (1932); A. Bach, Die November- und Dezemberkrise 1912, Berl.Mon.Hefte 13 (1935), S. 101 ff.

5 Aufz. Berchtolds zur Ministerratssitzung vom 12. Juli 1912, zit. b. Hantsch, Bd. 1, S. 283; vgl. auch ÖD Nr. 3618 u. 3621.

Kroatien in Zagreb Anlaß zu einer Dokumentation über »Versuche zur Schaffung einer südslawischen Republik«[6]. Diese Idee bekam neuen Auftrieb, als mit den Siegen im Balkankrieg das Selbstbewußtsein der Serben stieg. Nachdem es gelungen war, die Stammesbrüder in den türkischen Gebieten zu befreien, wandte man sich nun verstärkt denen im Habsburger Reich zu. Dort fanden die Kriegserfolge der Serben und die südslawische Nationalbewegung einen starken Widerhall[7]. Achtundzwanzig Landtagsabgeordnete aus Bosnien-Herzegowina entboten damals in einer gemeinsamen Resolution »den Brüdern in Serbien und Montenegro ihre brüderlichen Gefühle und ihre Bewunderung« und forderten angesichts der »beispiellosen Opfer und glänzenden Siege der serbischen Armee« und des hohen Kulturniveaus des Königreichs Serbien die »Wiedereinnahme der Gebiete des alten Serbiens bis zur Adria«. Die Donaumonarchie wurde beschuldigt, daß sie für die »unkultivierten Albaner« die Autonomie fordere, während sie diese Rechte den Südslawen in den eigenen Provinzen verweigere. Auch in Dalmatien kam es zu Sympathiekundgebungen für Serbien, und in Kroatien mußte die Regierung den Landtag auflösen, um zu verhindern, daß eine Mehrheit die Lostrennung von Ungarn forderte. Ungeachtet der Unterschiede zwischen den römisch-katholischen Kroaten und den griechisch-orthodoxen Serben gewann die Idee eines Zusammenschlusses der Südslawen an Boden, wenn auch dabei mehr an ein gleichberechtigtes Nebeneinander der Serben, Kroaten und Slowenen gedacht wurde, als an die Durchsetzung der großserbischen Staatsidee. Selbst in Böhmen wurden Geldsammlungen für die Serben veranstaltet. In einer Sitzung der Delegationen des Wiener Reichstages setzten sich am 15. und 16. November 1912 die jungtschechischen Führer Kramar und Masaryk offen für einen serbischen Adriahafen ein, und der Kroate Smoslaka benutzte die Gelegenheit, um die Beendigung der magyarischen Vorherrschaft in Kroatien zu fordern[8]. Unter dem Eindruck dieser Vorgänge bezweifelte der Statthalter in Böhmen, Fürst Thun, daß überhaupt noch an einen deutsch-tschechischen Ausgleich zu denken sei, weil die Tschechen nicht mehr bereit sein würden, die kleinste Konzession zu machen[9].

Um so mehr wuchs in Wien die Sorge, daß der Aufstieg des serbischen Staates und das Anschwellen der südslawischen Nationalbewegung es zunehmend erschweren würden, die sieben Millionen Südslawen in Bosnien-

6 Vgl. auch zum folgenden V. Dedijer, »Die Zeitbombe« (The Road to Sarajevo) (1967), S. 491 ff.
7 Vgl. auch zum folgenden Tschirschky an Bethmann Hollweg, 18. November 1912, GP 33, Nr. 12402.
8 Sten. Sitzungsprotokolle der Delegation des Reichsrates 47. Session, S. 31 ff. und 49 ff.
9 Tschirschky an Bethmann Hollweg, 18. November 1912, a.a.O.

Herzegowina, Dalmatien, Kroatien und Slowenien im Verband der Doppelmonarchie zu halten. Man fürchtete ein neues Lombardo-Venezien, eine Irredenta, die sich dem neuen großen serbischen Staat zuneigen würde, und schließlich eine Lostrennung der südslawischen Länder bis zur Steiermark. »Lassen wir Großserbien sich bilden«, so gibt ein aufmerksamer Beobachter die Stimmung in Wien wieder, »dann verlieren wir Bosnien und vielleicht auch Kroatien, sobald Rußland den Moment dafür gekommen und sich genügend gerüstet erachtet[10]«.

Der Rückmarsch des siegreichen serbischen Heeres nach dem Einzug in Monastir nötigte denn auch Österreich-Ungarn, Maßnahmen »zur Sicherung der Grenzen von Bosnien-Herzegowina, Dalmatien und evtl. Kroatien« zu treffen. Den Mobilmachungs- und Aufmarschplan B (Balkan) in Kraft zu setzen, lehnte Kaiser Franz-Joseph jedoch strikt ab, um nicht Rußland herauszufordern. Der Standpunkt des Wiener Kabinetts, wie er in einer Denkschrift des Außenministeriums auch dem deutschen Verbündeten mitgeteilt wurde, entsprach dem der öffentlichen Meinung im westlichen Europa. Denn Österreich-Ungarn setzte sich für eine »freie Entwicklung Albaniens« ein und konnte dafür das gerade von den Balkanstaaten in Anspruch genommene »Prinzip der ethnischen Autonomie« anführen[11]. Aber der Bund der vier slawischen Balkanstaaten, die mit dem ersten Balkankrieg zur Eroberung der europäischen Türkei angetreten waren, hatte nicht nur die diplomatische Protektion Rußlands – der Zar erhielt sogar vertraglich eine Schiedsrichterrolle zur Verteilung der Beute Mazedonien zwischen Serbien und Bulgarien. Rußland übernahm auch die militärische Rückendeckung mit Demonstrationen an den Grenzen Galiziens. Sollte hiermit ein Eingreifen Österreich-Ungarns auf dem Balkan verhindert werden, so steigerte sich doch damit die Gefahr eines russischen Angriffes, wenn es über dem Anspruch Serbiens auf einen Zugang zur Adria zu einem Konflikt kommen sollte.

Von Tag zu Tag häuften sich in Wien Meldungen über Kriegsmaßnahmen in den Militärbezirken von Warschau und Kiew. Es war die Rede von Truppentransporten mit der Verlegung eines Armeekorps und zweier Kavalleriedivisionen nach dem linken Weichselufer[12]. Stellten sich diese Gerüchte auch als übertrieben heraus, so blieb doch die Tatsache, daß der ausdienende dritte Jahrgang nicht, wie üblich, im November entlassen

10 Tgb. Redlich, 30. Oktober 1912, S. 165.

11 Erlaß nach Berlin, 30. Oktober 1912, ÖD; V Nr. 4205 u. Kiderlen-Wächter an Wilhelm II., GP 33 Nr. 12320. Vgl. auch Helmreich, a.a.O., S. 206 ff. u. Uebersberger a.a.O., S. 92 ff.

12 Vgl. R. Kiszling, »Rußlands Kriegsvorbereitungen im Herbst 1912 und ihre Rückwirkungen auf Österreich-Ungarn«, in: Berl. M. Hefte 13 (1935), S. 181 ff.

wurde, sondern bis zu dem gesetzlich zulässigen Termin, dem 31. Dezember (d. h. 13. Januar 1913 n. St.) zurückbehalten wurde. Da aber auch die für November fällige Einberufung des nächsten Rekrutenjahrganges beibehalten wurde, stieg auf diese Weise die Friedenspräsentstärke von 1 200 000 um 400 000 Mann. Damit und durch weitere fortlaufende Maßnahmen, so teilte Moltke dem Auswärtigen Amt am 18./19. November 1912 mit, habe die Kriegsbereitschaft Rußlands einen solchen Stand erreicht, daß weitere Maßnahmen, wie z. B. Probemobilmachungen, starke Truppenverschiebungen nach der Grenze oder Reservisteneinziehungen, als der Beginn einer Mobilmachung gedeutet werden müßten[13]. Und in Belgrad bestärkten der russische Gesandte von Hartwig und der Militärattaché, Oberst Artamanow, die serbische Armeeführung darin, ihre Truppen nicht aus Albanien abzuziehen und prophezeiten, daß der Habsburger Staat – wie die europäische Türkei – dem Schicksal der Aufteilung verfallen sei[14]. Zwar entsprach es der Wahrheit, wenn Sasonow dem österreich-ungarischen Botschafter versicherte, daß er bemüht sei, sowohl gegenüber dem serbischen Gesandten in Petersburg, wie auch »in Instruktionen in Belgrad« mäßigend zu wirken. Aber er vertrat doch noch am 16. November »mit größter Insistenz serbische Wünsche bezüglich eines eigenen Adriahafens«[15]. Dabei wies er auf die »Steigerung der Erregung im panslawistischen Lager« hin und darauf, daß es dem Großfürsten Nikolai Nikolajewitsch in Spala, dem Jagdaufenthalt des Zaren, neuerdings gelungen sei, den Zaren von seiner bisherigen äußerst versöhnlichen Stimmung gegen Österreich-Ungarn abzubringen[16]. Schließlich entsprach es den ursprünglich von den Slawophilen in kulturellem Sinne verkündeten und dann von den Panslawisten um Katkow politisierten Schlagwort von der »Einheit der Slawen vom Stillen Ozean bis zur Adria«.

In Wien fürchtete man, zumal nach der Nachgiebigkeit in der Sandschak-Frage, »eine diplomatische Niederlage Österreichs zu signalisieren«, ja, hielt »einen Sieg über Rußland in der Küstenfrage« auch für das Prestige der Großmachtstellung des Habsburger Reiches für erforderlich[17]. Als es bei dem Vormarsch der Serben in Mazedonien zu einem Zwischenfall mit einem österreichisch-ungarischen Konsul kam, berichtete der

13 Moltke an Kiderlen-Wächter, 12. November 1912, mit Anl. GP 33, Nr. 12360 und o. D., aber pr. 19. November 1912, ebd. Nr. 12394.

14 Bericht Ugron aus Belgrad, 10. November 1912, ÖD Bd. 4, Nr. 4354; vgl. auch Griesinger an Bethmann Hollweg, 5. Februar 1913, GP 38 Nr. 12805. Vgl. auch Hantsch 11, S. 348 und Uebersberger, a.a.O., S. 98 und 102.

15 Thurn aus Petersburg, 16. November 1912, ÖD 4, Nr. 4458.

16 Pourtalès an Ausw. Amt, 11. November, GP 33, Nr. 12355.

17 Tgb. Redlich 7. und 29. November sowie 10. Dezember, a.a.O., S. 176, 183 und 184.

deutsche Militärattaché aus Wien von der Wut der Offiziere über das provokatorische Verhalten der Serben, das mit dem Prestige einer Großmacht unvereinbar sei; man solle wenigstens einen Teil Serbiens als Faustpfand besetzen[18]. »Wir dürfen uns nicht alles gefallen lassen« meinte auch der Erzherzog-Thronfolger[19], der bisher Gegner einer Intervention auf dem Balkan gewesen war.

Deutschland wurde also mit einer Situation konfrontiert, in der es, wenn es dem österreich-ungarischen Bundesgenossen Rückendeckung für ein Vorgehen gegen Serbien geben würde, selbst in Gefahr geriet, in Konflikt und womöglich in einen Krieg mit Rußland zu geraten, andernfalls eine Schwächung der Großmachtstellung und des Prestiges des Habsburger Reiches in Kauf nehmen mußte, womöglich gar riskierte, das Bündnis zu gefährden. Schon als Bülow nach der bosnischen Annexionskrise von 1908/09 das Schlagwort von der »Nibelungentreue« prägte, entsprang dies nicht etwa nur einem romantischen Gefühl; vielmehr rechtfertigte er seine Politik damit, daß sich eine diplomatische Niederlage dieses Bundesgenossen auf die Stellung Deutschlands in Europa ausgewirkt haben würde und Österreich-Ungarn ein außerordentlich wichtiger Faktor in der europäischen Staatengesellschaft sei[20]. Je mehr sich aber im Bewußtsein der Deutschen die Mächte der Tripleentente zu einer »Einkreisung« zusammenzufinden drohten, desto weniger konnte man es sich leisten, den – angesichts der Unsicherheit Italiens – womöglich einzigen Bundesgenossen zu verlieren und dann völlig isoliert zu sein.

Kiderlen-Wächter, der als Staatssekretär des Auswärtigen für den aus dem preußischen Verwaltungsdienst entstammenden Reichskanzler Bethmann Hollweg praktisch damals die Außenpolitik führte[21], war entschlossen, die Großmachtstellung und das Prestige des Habsburger Reiches zu wahren und – soweit irgend möglich – seine Interessen zu vertreten, aber zugleich bemüht, eine friedliche Lösung des Konfliktes zu ermöglichen. Ein Desinteressement der Großmächte an den Umwälzungen auf dem Balkan wie es Poincaré vorschlug, kam für ihn nicht in Frage, da dies ja dem Vordringen Serbiens zur Adria freien Lauf gegeben hätte. Als der russische und sodann der französische und der englische Botschafter und schließlich auch der serbische Geschäftsträger ihn deswegen aufsuchten, erklärte er ihnen unumwunden mit dem gleichen Wortlaut, daß Öster-

18 Kageneck, Militärattaché in Wien, 18. November 1912, GP 33, Nr. 12393.
19 Zu Berchthold, 17. November 1912, Hantsch a.a.O., S. 347.
20 Reichstagsrede Bülows vom 29. März 1909, Fürst Bülows Reden, hrsg. W. v. Massow, (o. D.) 5, S. 127.
21 Tgb. Spitzenberg, 6. November 1912, in: »Das Tagebuch der Baronin Spitzenberg, Hrsg. R. Vierhaus (1960), S. 551.

reich-Ungarn sich einem Verlangen Serbiens nach einem Hafen am Adriatischen Meere entschieden widersetzen und in dieser Frage »die volle Unterstützung Deutschlands und gewiß auch Italiens finden würde«[22].

Kaiser Wilhelm II. war entschieden dagegen, sich durch das Bündnis mit Österreich-Ungarn in einen Weltkrieg hineinziehen zu lassen oder auch nur die Spannungen mit Rußland zu verschärfen. Er sah »absolut gar keine Gefahr für Österreichs Existenz oder gar Prestige in einem serbischen Hafen an der Adria« und hielt es für »bedenklich, ohne Not sich dem serbischen Wunsche entgegenzustemmen. Rußland würde sofort Serbien unterstützen«. Zwar wollte er dem österreichischen Standpunkt eine gewisse innerpolitische Berechtigung nicht absprechen, doch wäre dies *»mit allen sich daraus ergebenden Konsequenzen (Krieg etc.) lediglich Sache Österreichs und nicht seiner Verbündeten«*. Wenn er schon »wegen der Serben im Sandschak oder in Üsküb« beim Ausbruch des Balkankrieges den Casus foederis vermieden habe, so sei er noch viel weniger gesonnen, ihn wegen der Serben in Durazzo oder Albanien eintreten zu lassen. Sich wegen der für Wien gewiß unbequemen und auch unerwünschten Veränderungen auf dem Balkan einer kriegerischen Verwicklung auszusetzen, würde er weder vor seinem Volk noch vor seinem Gewissen verantworten können. »Danach ist zu verfahren« endet seine Weisung vom 7. November an den Staatssekretär des Auswärtigen[23].

Hier bietet sich nicht nur die Problematik der Bündnisfrage, wie sie in den letzten Wochen laufend bei der Reichsleitung erörtert wurde, sondern auch ein Einblick in eine außenpolitische Konzeption, die in der Julikrise von 1914 gegen den Kurs des Reichskanzlers und des Auswärtigen Amtes, dann also Jagows, vorgebracht worden ist, um den Weltkrieg zu verhindern. Denn die Instruktion des Kaisers an das Auswärtige Amt vom 7. November 1912 entsprach zum Teil fast wörtlich einem Brief, den er an diesem Tage von Lichnowskj erhalten hatte[24], seit kurzem Botschafter in London. Bethmann Hollweg und Kiderlen Wächter aber sahen sich auf das Dreibundsystem angewiesen und wollten – ebenso wie in der Juli-

22 Kiderlen-Wächter an Tschirschky, 7. November 1912, GP 33, Nr. 12338 und Szögyény aus Berlin, 6. November 1912, ÖD 4, Nr. 4289; Jules Cambon, DF 3 Ser Tome IV Nr. 377. Falls Rußland Serbien mit Waffen unterstützen sollte, so antwortete Kiderlen-Wächter dem französischen Botschafter, werde Deutschland in den Konflikt eingreifen, auch dann, wenn Frankreich neutral bleibe. Vgl. auch im übrigen A. Bach, »Die November- und Dezemberkrise 1912«, Berl. Mon.-Heft 13 (1935), S. 101 ff.

23 Wilhelm II an Kiderlen-Wächter, eigenh. Konzept, z. Zt. in Potsdam, 7. November 1912, GP 33, Nr. 12339.

24 Lichnowsky an Wilhelm II., 6. November 1912, C. G. Röhl nach ZStA Merseburg Rep. 53 J, Lit L Nr. 5) C. G. Röhl, Zwei deutsche Fürsten, Zwei deutsche Fürsten zur Kriegsschuldfrage (1971), S. 17.

krise – das Bündnis mit Österreich-Ungarn nicht gefährden und auch nicht das mit Italien, das diesmal mit der Abwehr Serbiens an der Adria mit Österreich-Ungarn zusammenging Als Wilhelm II. am 9. November zur Jagd nach Letzlingen fuhr und im Speisewagen anhand von Kriegskarten des Balkankrieges seiner Umgebung das Desinteressement Deutschlands demonstrierte, vermied es Bethmann Hollweg zu erscheinen und beriet sich am Abend mit Admiral von Müller, um sich dann am nächsten Morgen mit diesem über eine Argumentation zu verständigen, die er im Laufe des Tages dem Kaiser vorgetragen hat[25]. Sie ist dann auch zur Leitidee der deutschen Politik in dieser Krise geworden und sei deshalb auch hier wiedergegeben, wie sie von Müller in seinem Tagebuch festgehalten worden ist:

»Wenn wir Österreich jetzt erklären, wie der Kaiser das will, daß wir bei einem von Österreich gegen Albanien heraufbeschworenen Krieg den casus foederis als nicht vorliegend ansehen, so verlieren wir damit jeden Kredit. Das deutsche Volk würde darüber empört sein und der Dreibund erledigt. Andererseits müssen wir dafür sorgen, daß die Forderung Österreichs gegen Serbien so maßvoll bleibt, daß die Ablehnung bzw. die Einmischung Rußlands als eine die Ehre Österreichs verletzende Handlung erscheint und damit unser Eintreten für Österreich dem deutschen Volk verständlich wird.«

Über das Ergebnis dieser Besprechung Wilhelms II. mit Bethmann Hollweg erhielt Kiderlen Wächter am gleichen Tage zwei sich widersprechende Telegramme. Der Kaiser informierte ihn, daß er mit dem Reichskanzler »im Sinne der ihm gegebenen Instruktionen« gesprochen habe und dem Kanzler »bestimmt erklärt« habe, »daß er wegen Albanien und Durazoo unter *keinen Umständen gegen Paris und Moskau marschieren* werde«. Gleichzeitig telegraphierte aber Bethmann Hollweg an den Staatssekretär: »Richtige Basis heute wiedergefunden[26].« Das hieß nach dem Tagebuch des Admiral von Müller, der sich hier offensichtlich stark engagiert hat, der Kanzler habe »S. M. überzeugt, daß das Fallenlassen Österreichs unmöglich sei«[27]. Noch am Abend dieses Tages war Kiderlen Wächter im Schloß bei dem inzwischen nach Berlin zurückgekehrten Kaiser.

25 Auch zum Folgenden Tgb. Müller, 8. u. 9. November 1912, Der Kaiser ..., hrsg. W. Görlitz (1965), S. 122 f. Vgl. C. G. Röhl, Admiral von Müller and the Approach of War, 1911-1914, in: Historical Journal XII, 4 (1969), S. 651 ff. und derselbe, An der Schwelle zum Weltkrieg, Eine Dokumentation über den »Kriegsrat« vom 8. Dezember 1912, in: Mil.gesch. Mitt. 1/77, S. 77 ff.

26 Wilhelm II. z. Zt. in Letzlingen, eigenh. Konzept, an Ausw. Amt, 9. November 1912, ebd. Nr. 12348.

27 Bethmann Hollweg an Kiderlen-Wächter, dat. aus Letzlingen, 9. November 1912, GP 33, S. 302, Anm.

Die Aufzeichnung, die Wilhelm II. über die Gespräche mit dem Kanzler und dem Staatssekretär damals angefertigt hat, bringt in der Hauptsache wiederum seinen Standpunkt zum Ausdruck: Nachdem Österreich unvorsichtigerweise den serbischen Ansprüchen in Presse und offiziellen Auslassungen gegenüber einen schroffen diktatorischen Ton angeschlagen habe, könne dies provokatorisch wirken und zum Konflikt mit den Waffen kommen. »Dann tritt für Deutschland der casus foederis ein, da Wien von Petersburg angegriffen wird – laut Vertrag.« »Es muß also Deutschland in einen Existenzkampf mit drei Großmächten eintreten, bei dem alles aufs Spiel gesetzt werden muß und evtl. es untergehen kann.« »Und dies alles, weil Österreich die Serben nicht in Albanien oder Durazzo haben will.«

Der Kaiser blieb also auch jetzt dabei, daß niemand es mit seinem Gewissen und seiner Verantwortung vertreten könne und es auch über den Rahmen eines Vertrages weit hinausginge, aus diesem Grunde die Existenz Deutschlands aufs Spiel zu setzen; dieses habe denn auch keine Verpflichtung »zum bedingungslosen Mitgehen in Reibungen über den Besitz anderer«. Aber er war sich doch nunmehr darüber klar, daß der casus foederis eintreten würde, wenn Österreich von Rußland angegriffen würde. Das stand ja auch im Zweibundvertrag. »Aber nur dann, wenn Österreich Rußland *nicht* zum Angriff provoziert hat«, erklärte er dazu, »und das muß Wien unbedingt vermeiden.« Es solle bezüglich der Albanesen Vermittlungsvorschläge anhören und es den Russen überlassen, »diese zu stürzen und die Serben aufzuhetzen, aufs ganze zu gehen«. Wenn solche Vorschläge dann von den übrigen Mächten gebilligt, von den Russen aber abgelehnt seien, dann würden sich diese Wien gegenüber ins Unrecht setzen, »als Störenfriede angesehen, den Ärger aller Vernünftigen herausfordern, und so wenn es losgeht, als *provozierende* (erscheinen), welche Wien nicht in Ruhe lassen wollen (und) unserer Regierung eine gute Parole für die Mobilmachung geben[28]«. Und wir erinnern uns der Taktik Bethmann Hollwegs in der Julikrise, als er den Kaiser darauf aufmerksam machte, daß Rußland erst »aggressive Schritte« ergreifen müsse, »Rußland aber muß unter allen Umständen ins Unrecht gesetzt werden«[28a]. Ebenso – und ebenfalls mit Rücksicht auf England hat auch in der Adriakrise Benckendorff, der russische Botschafter in London, seinen Außenminister geraten, »die Verantwortlichkeit für aggressive Politik ausschließlich auf Österreich zurückfallen zu lassen«. Denn an dem Tage, an dem Rußland zu den Waffen greifen würde, müsse es für die öffentliche

28 Aufz. Wilhelm II., o. D. (pr. 11. November 1912), GP 33, Nr. 12349.
28a Siehe oben S. 33 f.

Meinung in England, um auf die Seite des Ententegenossen zu treten, ganz klar sein, daß es nicht anders handeln könne[29].

Allerdings war in den Verträgen weder der Begriff des »Angriffs« definiert worden, noch der eines »unprovozierten Angriffs«, der auch im Zweibund nicht vorkam und im Dreibundvertrag nur in bezug auf einen »unprovozierten französischen Angriff auf Deutschland«. Im deutsch-österreichisch-ungarischen Zweibundvertrag von 1879 war nur die aktive Beistandsverpflichtung mit der gesamten Kriegsmacht vorgesehen, wenn eines der beiden Reiche »von Seite Rußlands angegriffen würde« (Art. 1), und sollte der Zar verständigt werden, »daß sie einen Angriff auf einen von ihnen als gegen beide gerichtet betrachten müßten« (Art. 4).

Einer juristischen Interpretation der Texte hatte sich Bismarck wohlweislich entzogen und sich mehr auf die Überzeugung berufen, »daß wir einander nicht im Stich lassen«. Aber genau zu der Situation mit militärischen Maßnahmen der Russen an der Grenze Galiziens hat er sich einmal geäußert. Kaiser Franz Joseph beschwerte sich nämlich, daß der casus foederis dem Buchstaben nach erst eintreten würde, wenn die russischen Armeen die Grenzen bereits überschritten hätten und nicht schon angesichts der Bedrohung mit einer größeren Aufstellung russischer Armeen. Die Antwort Bismarcks lautete damals: »Evidente Vorbereitungen zum Angriff auf Österreich aber (Galizien) werde uns immer zur Vorbereitung der Abwehr (Mobilisierung) Anlaß geben und damit zum faktischen Eintritt in den russisch-österreichischen Konflikt[30].«

Als »Vorbereitungen zum Angriff auf Österreich« konnten die militärischen Maßnahmen der Russen an den Grenzen Galiziens angesehen werden. Während in Berlin noch über den Unterschied eines »provozierten« und eines »unprovozierten« Krieges diskutiert wurde, traf Kaiser Franz Joseph nach Beratung mit seinen höheren Militärs eine Entscheidung.

Im Hinblick auf die militärischen Maßnahmen der Russen verfügte Franz Joseph am 21. November 1912 die »Standeserhöhung« der drei in Galizien stationierten Armeekorps zu verfügen, d. h. eine Erhöhung des Mannschaftsbestandes auf Kriegsstärke und drei Tage später auch der vier Korps in Temesvar (VII), Agram (XIII), Sarajewo (XV) und Ragusa (XVI)[31]. Seine Majestät sei sich völlig klar über die evtl. Tragweite dieser

29 Benckendorff an Sasonow, 18. u. 19. November 1912, RD III, 4/1 Nr. 278 u. 292.

30 Bismarck an Prinz Reuß (Konzept Herbert Bismarck), 27. Dezember 1887, GP 6, Nr. 1186. Reuß an Bismarck, 8. Januar 1888 mit Randbemerkungen Bismarcks, GP 6, Nr. 1190 und Herbert Bismarck an Reuß, 14. Januar 1888, ebd. Nr. 1191. Vgl. auch Stephan Verosta, »Theorie und Realität von Bündnissen« (1971), S. 141 ff. Vgl. dazu oben Vorwort S. 14.

31 Vgl. Kiszling, a.a.O.

Maßnahme, berichtete Tschirschky aus Wien. Franz Joseph habe denn auch auf die Bemerkung des Kriegsministers Auffenberg, daß dies vielleicht der ernsteste Augenblick seit 1866 sei, geantwortet: »Es ist schwerer als 1866[32].« Was jedenfalls von den Militärs damit beabsichtigt war, hat der Kriegsminister damals auch dem deutschen Botschafter nicht verhehlt. Wenn Rußland diese »Grenzmaßregeln« ruhig hinnehme, so erklärte er Tschirschky, habe man »freie Hand gegen Serbien« und würde die Hoffnung der Südslawen auf russische Unterstützung definitiv beseitigt werden. Und wenn es auch hieß, Franz Joseph habe in jener Beratung mit den Militärs geäußert, er wolle keinen Krieg und habe immer nur Unglück mit den Kriegen gehabt, so hatte doch General Krobatin, damals Sektionschef im Kriegsministerium und wenige Wochen später Kriegsminister, »damit herumgeworfen, daß man gegen Serbien Ernst zeigen müsse, Monitore nach Belgrad schicken, die Stadt bombardieren usw.[33]«

Auch Wilhelm II sah jetzt »einen Augenblick tiefsten Ernstes heraufgezogen«. »Es kann der europäische Krieg werden und für uns evtl. ein Existenzkampf mit drei Großmächten«, lautet seine Randbemerkung zu dem Bericht über die Mitteilungen des österreich-ungarischen Kriegsministers. Aber er glaubte auch, aus der europäischen Presse – besonders der englischen – entnehmen zu können, daß allgemein Österreich als der provozierte Teil angesehen werde. Das kam auch in den Berichten über Äußerungen Greys und Nicolsons zum Ausdruck. »Damit ist der Standpunkt, den ich wollte, erreicht.« »Sollten russische Gegenmaßregeln oder Vorstellungen erfolgen, welche Kaiser Franz Joseph zwingen, den Krieg zu eröffnen, so hat er das Recht auf seiner Seite[34].«

Aber bereits am 18. November hatte Kiderlen-Wächter die Initiative ergriffen, um den Konflikt einer friedlichen Lösung durch die Großmächte zuzuführen. Dem Wiener Kabinett sicherte er zu, auch bei weiteren Ereignissen keinen Moment von der Erfüllung der Bündnispflichten zurückzuweichen, legte ihm aber nahe, noch vor den Friedensverhandlungen der Balkanstaaten mit der Türkei »möglichst eingehend präzisierte Konzessionen und Forderungen« vorzulegen, die dann von den Mächten als richtig anerkannt werden könnten. Als Basis einer solchen Verständigung

32 Franz Joseph zu General Auffenberg nach dem Bericht Tschirschkys vom 21. November 1912, GP 33, Nr. 12404. Dazu, sowie über die Beratung Franz Josephs mit den Militärs vom 19. November: M. Auffenberg-Kamerow, Aus Österreichs Höhe und Niedergang (1921), S. 214.

33 Tgb. Redlich, 29. November 1912, S. 183 sowie Ms. Berchtold, Hantsch, S. 349; Tgb. Baerenreither, 19. November 1912, J. M. Baerenreither, »Fragmente eines politischen Tagebuches« (1928), S. 175.

34 Wilhelm II an Kiderlen-Wächter, 21. November 1912, GP 33, Nr. 12405, auch zum Folgenden.

schlug er eine »Schienenverbindung« durch Albanien vor, die »in gewissen Grenzen von der albanischen Territorialhoheit unabhängig« und »ohne serbischen eigentlichen Territorialerwerb« zu einem Adriahafen führen sollte, und zwar mit Garantie für den serbischen Export. Diese Bahn könne dann auch den Anschluß an das übrige Eisenbahnnetz erhalten, so in Bosnien und mit einer evtl. zu erbauenden Sandschakbahn nach Saloniki. Diesen Plan ließ er auch in London vortragen. Und er verband ihn mit dem Wunsch, »daß Österreich-Ungarn tunlichst so verfährt, daß es bei ernsteren Ereignissen offenkundig im Rechte ist und nicht als der Provozierende, sondern als der Provozierte erscheint«[35].

Doch bedarf es – auch um den Unterschied der Politik Kiderlen-Wächters zu der in der Julikrise von 1914 zu demonstrieren – zunächst eines Blicks auf die internationale Situation in der November/Dezemberkrise von 1912.

Damals hatte Poincaré eine Botschafterkonferenz vorgeschlagen, auf der sich die Großmächte über die Umwälzungen auf dem Balkan auseinandersetzen und verständigen sollten. Aber er nahm dabei – um der internationalen Stellung Frankreichs willen – in Anspruch, daß sie ihren Sitz in Paris erhalten müsse. Das aber hätte nicht nur bedeutet, daß er dabei den Vorsitz einnehmen würde, dann wäre Iswolski, damals Botschafter in Paris, Vertreter Rußlands geworden. Dies aber war gar nicht im Sinne der Mittelmächte, die befürchteten, daß der frühere russische Außenminister diese Position benutzen würde, um sich für die Niederlage zu rächen, die er in der bosnischen Annexionskrise erfahren hatte[36]. Nun hatte aber Grey, ebenfalls schon im Oktober 1912, der deutschen Regierung sogar eine weitreichende Verständigung angeboten. Er sei des langen Haderns herzlich müde und wolle »in voller Aufrichtigkeit die Hand zu einer herzlichen und dauernden Versöhnung reichen«, ließ er durch seinen Privatsekretär William Tyrell in Berlin mitteilen. Als ersten Schritt schlug er eine Zusammenarbeit in der Balkankrise vor. Auf diese Weise, so ließ er sagen, könne man dann zu einer »Intimität in schwieriger Zeit« in China, Persien, der Türkei und Afrika gelangen. Auch in diesen Fragen erklärte sich Grey »zu allergrößtem Entgegenkommen« bereit[37].

Freilich gab es damals im Foreign Office zwei Richtungen, die sich allerdings nicht unbedingt entgegenstanden, aber insofern unterschieden, als Tyrell, dessen Position mehr bedeutete, als die Bezeichnung eines »Privat-

35 Kiderlen-Wächter an Tschirschky, 19. November 1912, ebd. Nr. 12397.
36 Kühlmann (London) an Bethmann Hollweg, 7. November 1912, ebd. Nr. 12346.
37 Kühlmann an Ausw. Amt, 7., 15. und 16. Oktober 1912, GP 33, Nr. 12240, 12284 und 12285.

sekretärs«, sich um eine deutsch-englische Verständigung bemühte, während der Ständige Unterstaatssekretär und ehemalige Botschafter in Petersburg, Harald Nicolson, und der Sachbearbeiter für die deutschen Angelegenheiten, Eyre Crowe, einen ausgesprochenen Ententekurs verfolgten. Eben jetzt verhandelte Nicolson mit dem französischen Botschafter Paul Cambon über eine Festigung der Tripleentente[38]. Schließlich datiert vom 22./23. November der Briefaustausch zwischen Grey und Cambon über eine Aufteilung der Funktionen der französischen Flotte im Mittelmeer und der englischen mit dem Schutze der französischen Kanal- und Atlantikküste. Tyrell erklärte dann auch ausdrücklich, daß es sich bei dem Angebot an die Deutschen um eine persönliche Ansicht Greys handele und weder Nicolson noch der britische Botschafter in Berlin über diesen Schritt informiert seien.

Auf diese Offerte des Foreign Office war Kiderlen-Wächter nach offensichtlich taktischem Zögern eingegangen[39], und so lag es denn auf der Linie dieser deutsch-englischen Verständigungspolitik, daß er den Plan für eine friedliche Lösung der Adriakrise mit einem »Schienenstrang« und einem »Débouché« für Serbien ins Spiel brachte – und wenn auch zunächst nur in Form einer »Registrierungskonferenz« – auch eine Zusammenkunft der Botschafter in London. Um sich aber in Wien damit durchzusetzen, ließ er dort nicht nur auf die Vorteile einer Isolierung Serbiens hinweisen[40], sondern auch – am 25. November – in der offiziösen Norddeutschen Allgemeinen Zeitung einen »kalten Wasserstrahl nach Wien hinspritzen« – so seine Formulierung, die er offenbar dem Sprachschatz Bismarcks entnahm. Das Wiener Kabinett wurde hier öffentlich davor gewarnt, irgendwelche offensiven Maßnahmen gegen Serbien oder Rußland zu treffen und darauf hingewiesen, daß die albanische und die adriatische Frage zusammen mit den anderen Balkanproblemen, d. h. mit Hilfe der Großmächte, geregelt würde[41]. Das eine gehörte zu der auch vielfach

38 Hierzu jetzt Zara Steiner, The Foreign Office and Foreign Policy, 1898 bis 1914 (1965); dieselbe, Britain and the Origins of the First World War (1977), S. 185 ff.

39 Kiderlen-Wächter an Jenisch (Gesandter im kaiserl. Gefolge), 12. Oktober 1912, GP 33, Nr. 12263. Am 17. Oktober 1912 wies er Kühlmann an, an Grey »gelangen zu lassen, wir seien durchaus bereit, pari passu mit England in der Balkanfrage vorzugehen« und würden »englische Wünsche und Auffassungen gern in Erwägung ziehen« (ebd., Nr. 12286). Am 20. Oktober setzte er hinzu, die deutsche Regierung müßte jedoch darauf bestehen, daß die »Verständigung nicht als ein pudendum behandelt, sondern auch den anderen Mächten gegenüber vertreten würde« (ebd., Nr. 12287).

40 Kiderlen-Wächter an Tschirschky, 18. November 1912, GP 33, Nr. 12391 und 12392.

41 Der Artikel der NAZ vom 25. November 1912 ist abgedruckt in: GP 33, S. 424, Anm. Dafür, daß die Formulierung vom »kalten Wasserstrahl« von Kiderlen-Wächter selbst stammt, Jäckh, a.a.O., S. 191.

mit dem Kaiser erörterten taktischen Aufgabe, für den Fall des Krieges die Schuld, also die Rolle des einen Angriff Provozierenden Rußland zuzuschieben, das andere aber war eine Anspielung auf die Aussicht einer internationalen diplomatischen Lösung des Konfliktes, um die er sich gerade bemühte.

Die Wirkung des »kalten Wasserstrahls« zeigte sich dann auch sofort. Berchtold war über diesen Zeitungsartikel »tief und nachhaltig betroffen«, ja »ziemlich fassungslos«. In Wiener Abgeordnetenkreisen sprach man sogar davon, daß Österreich hier eine »Ohrfeige« für seine Haltung in der Marokkokrise erhalten habe, als es an Unterstützung Deutschlands in seinem Konflikt mit den Westmächten fehlen ließ[42]. Und da Kiderlen-Wächter zugleich über Lichnowsky, der gerade sein Amt in London angetreten hatte, über eine Verständigung in der Adriafrage mit Grey in Verbindung stand, erweist sich hier ganz konkret seine Konzeption, zwar die Großmachtstellung und das Prestige des Habsburger Reiches und das Bündnis auch mit den Waffen gegenüber einem russischen Angriff zu verteidigen, aber mit den Mächten der Tripleentente – eben unter dem Druck der Kriegsgefahr – zu einer friedlichen Lösung der Adriakrise zu gelangen. Wie weit er Wilhelm II in das einigermaßen komplizierte Geflecht einer solchen, sich den gegebenen Umständen und Möglichkeiten anpassenden Diplomatie eingeweiht hat, bleibt offen. Bethmann Hollweg hat sich in der Marokkokrise darüber beklagt, daß sein Staatssekretär sich sogar ihm gegenüber nicht über seine eigentlichen Gedanken und Ziele geöffnet habe. »Um ihn zum Reden zu bringen«, gab er ihm deshalb einmal möglichst viel zu trinken, um dann allerdings zu seinem Schrecken zu erfahren, daß Kiderlen-Wächter einen Krieg nicht nur in Betracht ziehe, sondern es darauf anlegen wolle[43], was freilich auch wiederum eine Taktik Kiderlen-Wächters gewesen sein mag gegenüber dem als »schlapp« geltenden Kanzler. Nachdem Kiderlen-Wächter diesmal den Kaiser zunächst davon überzeugen mußte, daß Deutschland es nicht riskieren konnte, das Bündnis mit Österreich-Ungarn zu gefährden, glaubte Wilhelm II nun in den russischen Truppenbewegungen den dabei diskutierten Fall einer »Provokation« zu sehen. Damit stand er freilich im Gegensatz zu Kiderlen-Wächter. Als die Österreicher in diesen Tagen den russischen Aufmarsch als eine russische Provokation interpretierten und unter Berufung auf den Dreibundvertrag die Bündnishilfe des Deutschen Reiches forderten, reagierte

42 Vgl. Tschirschky an Bethmann Hollweg, 27./28. November 1912 und Kiderlen-Wächter an Tschirschky, 30. November 1912, GP 33, Nr. 12453, 12456, 12457.

43 Tgb. Riezler, 29./30. Juli 1911, Erdmann, S. 178, s. dort auch (Anm. 1) die Aufz. Hammanns vom 30. Juli 1911.

Kiderlen-Wächter brüsk und fast zynisch, diese russischen Maßregeln könnten auch nur einem etwaigen polnischen Aufstand gelten[44]; und da er das auch einige Tage später dem Auswärtigen Ausschuß des Bundesrates sagte, erweist sich damit, daß er die militärischen Demonstrationen der Russen nicht so ernst nahm, wie etwa Wilhelm II.

Indessen war in der Beratung Kaiser Franz Josephs mit den Militärs vom 19. November beschlossen worden – und dies zeigt den Ernst des Vorhabens –, den Generalstabschef, General Schemua, nach Berlin zu entsenden, »um Rücksprache für eventuelle Kriegsoperationen zu nehmen«[45]. Als dieser nun am Morgen des 22. November in Berlin eintraf – sehr zum Mißvergnügen des Auswärtigen Amtes[45a] –, geschah dies – ob Zufall oder Absicht –, als dann wenige Stunden später einer Jagdeinladung Wilhelms II. folgend auch der Erzherzog Franz-Ferdinand – im Kriegsfall Oberbefehlshaber der österreich-ungarischen Streitkräfte erwartet wurde. Wilhelm II. wiederum ließ es sich nicht nehmen, bereits zum Empfang des Erzherzogs in Uniform eines österreich-ungarischen Feldmarschalls, bei der Besprechung Moltkes mit Schemuas im Generalstabsgebäude zu erscheinen, um diesem mit Nachdruck zu versichern, daß Österreich unter allen Verhältnissen voll auf Deutschlands Unterstützung zählen könne, was auch Moltke mit den gleichen Worten bestätigte und hinzufügte, daß, wenn Österreich von Rußland bedroht sei, »eine Parallele, nicht zu wartende, sondern tatkräftige offensive Aktion«, versprach. Noch bevor der Kaiser noch am gleichen Tage mit dem Erzherzog und großem Gefolge zur Saujagd nach Springe fuhr, meldete Szögyeny nach Wien, Kaiser Wilhelm II. habe dem Erzherzog versichert, daß er sich, wenn es sich um das Prestige Österreich-Ungarns handele, »nicht einmal vor einem Weltkrieg fürchten würde und bereit wäre, in einen Krieg mit sämtlichen drei Ententemächten einzutreten«[46]. Und noch von Hannover aus ging ein Telegramm des Thronfolgers nach Wien, die Besprechung mit Kaiser Wilhelm sei vorzüglich ausgefallen, der besonders gnädig erklärt habe, »uns in allem unterstützen zu wollen. Vollkommene Sicherheit in dieser Beziehung«[47]. Und wenn der Kaiser ihm noch in Berlin gesagt hatte, er würde nur im äußersten Falle und auch nur einer »Registrierungskonfe-

44 Kiderlen-Wächter an Wilhelm II, 19. November 1912, GP 33, Nr. 12395, Kiderlen-Wächter an Tschirschky, 25. November 1912, ebd., Nr. 12433.

45 Hierzu vor allem der Bericht Schemuas vom 22. November 1912, der am 27. November auch Kaiser Franz Joseph vorgelesen wurde. Vgl. Helmreich a.a.O., S. 240. Faksimile bei Verosta, a.a.O., S. 627 ff.

45a Kiderlen-Wächter an Tschirschky, 25. November 1912, GP 33, Nr. 12433.

46 Szögyény aus Berlin, 22. November 1912, ÖD 4, Nr. 4559.

47 Telegramm Franz Ferdinands aus Hannover, 22. November 1912, ÖD 4, Nr. 4571.

renz« der Mächte und auch dies nur ungern zustimmen[48], so konnte er jetzt berichten, Wilhelm II. sei »absolut gegen Konferenz der Mächte«. »Sobald es unser Prestige verlangt, sollen wir energisch in Serbien auftreten und können Seiner Unterstützung sicher sein.« Wer würde hier nicht an die »Blankovollmacht« vom 5. Juni 1914 denken?

Die Jagdgesellschaft in Springe, die sich noch am Abend dieses Tages im Jagdhaus zu einem »Bierabend« zusammenfand, hatte schon in ihrer Zusammensetzung ein »staatspolitisches Gepräge«. Hier waren nicht nur der österreich-ungarische Thronfolger mit seinem Gefolge, sondern auch der Reichskanzler, Moltke, Tirpitz und andere hohe Militärs aus der Umgebung des Kaisers. Und wenn schon an diesem Abend eine »recht ernste Stimmung« vermerkt wurde, so kamen am folgenden Tage aus Berlin Nachrichten über eine »kriegerische Haltung Rußlands«. Im Auswärtigen Amt waren am 22. November unmittelbar hintereinander eine Reihe von Berichten des Petersburger Botschafters eingegangen, wonach bei einem Jagdaufenthalt des Zaren in Spala in Polen »der militärischen Umgebung des Zaren und der Partei des Großfürsten neuerdings gelungen sei, den bis jetzt sehr friedlichen Monarchen in einem nicht nur österreichfeindlichen, sondern, wie manche behaupten, direkt kriegerischen Sinne umzustimmen«. Auch habe Sasonow ganz offen von der sehr gefährlichen Lage gesprochen, wenn Österreich-Ungarn Serbien weiterhin so hartnäckig die Erwerbung eines Hafens am Adriatischen Meer verweigere und auf eine Frage nach der Gefahr für einen europäischen Frieden »lediglich die Achseln gezuckt«[49]. »Wie sehr sind wir doch von dem Kriegsgedanken entwöhnt«, notierte Müller daraufhin in seinem Tagebuch.

Es trifft sich nun, daß sich in den gleichen Stunden in Petersburg und in Zarskoje Selo Ereignisse abspielten, die zeigen, daß die Militärs dort tatsächlich eine »Provokation« herbeiführen wollten, wie sie nach den Worten Wilhelms II. und seinen Zusicherungen an den Erzherzog Thronfolger geeignet gewesen wären, eine Mobilmachung zur Unterstützung des Bundesgenossen herbeizuführen. Am Abend des 22. November erhielten Sasonow und der Ministerpräsident Kokowzow einen Anruf des Kriegsministers Suchomlinow mit der Mitteilung, daß sie für den nächsten Morgen zum Zaren befohlen seien[50]. Dabei wollte er ihnen nicht sagen, worum es sich handeln würde, und sie erfuhren das auch nicht, als sie dann mit

48 Szögyény aus Berlin, 22. November 1912, ÖD 4, Nr. 4559.
49 Pourtalès an Bethmann Hollweg, 20. November 1912, GP 33, Nr. 12413, 12414 u. 12415, sowie 12417; sämtl. präs. 22. November 1912.
50 W. N. Kokowzew, Out of the Past (1935), S. 342 ff. auch zum Folgenden. Im Text wird auf den 9. November datiert, doch handelt es sich da um die Chronologie, a. St.

ihm und mit dem Generalstabschef Shilinski auf dem Bahnhof zur Fahrt nach Zarskoje Selo zusammentrafen.

Dort legte ihne der Zar dann anhand einer Karte dar, daß angesichts der Langsamkeit eines russischen Aufmarsches es erforderlich sei, die an der österreichischen Grenze stehenden Truppen wesentlich zu verstärken. Deshalb sei am Tage zuvor in einer Besprechung mit den Kommandierenden Generälen von Warschau und Kiew die Mobilmachung ihrer Bezirke beschlossen worden und auch die des Bezirkes von Odessa vorbereitet. Dies bestätigte Suchomlinow und kündigte an, daß die Telegramme sofort nach Schluß der Besprechung abgesandt werden sollten. Der Zar fügte noch ergänzend hinzu, daß der Kriegsminister dies bereits am Tage zuvor habe tun wollen, er aber die Situation mit den Ministern noch erörtern wollte, die ja noch informiert werden müßten, bevor die endgültigen Befehle erteilt werden würden. Die verdutzten Minister waren nach Kokowzows Schilderung nur durch die Anwesenheit des Zaren verhindert, ihren eigenen Gefühlen Ausdruck zu geben, hätten sich aber »amüsiert« angesehen. Darauf legte der Ministerpräsident dem Zaren dar, daß seine militärischen Ratgeber »offenbar nicht erfaßt hätten, in welches Unglück sie mit einer solchen Mobilmachung von zwei Militärbezirken Rußland direkt in einen Krieg gegen Deutschland und Österreich stürzen würden«. Der Zar versuchte ihnen nun zu erklären, daß es sich nicht etwa um die Vorbereitung eines Krieges handele – dazu sei Rußland nicht genügend vorbereitet, und ein Krieg wäre geradezu eine Verrücktheit. – Es handele sich vielmehr um Vorsichtsmaßnahmen und nur um Truppenbewegungen zur Grenze von Österreich-Ungarn, nicht aber gegenüber Deutschland; mit dem man die besten Beziehungen habe. Sasonow und Kokowzow mußten ihm erst klar machen, daß Rußland mit einer solchen Mobilisierung doch auch in einen Krieg mit Deutschland hineintreiben würde, mit dem Österreich doch ein Bündnis habe. Und sie wiesen auf die Verantwortung gegenüber den französischen Alliierten hin, ohne deren Einverständnis eine solche Maßnahme doch nicht getroffen werden könnte. Es gelang ihnen schließlich, den Zaren dazu zu bringen, den Plan des Kriegsministers aufzugeben, in dem sie ihm vorschlugen, den bereits zurückgehaltenen dritten Dienstjahrgang noch weitere sechs Monate, d. h. also, bis zum 1. Juli 1913, bei den Fahnen zu behalten.

Charakteristisch ist auch, was Suchomlinow den Ministern entgegnete, als sie ihn auf der Heimfahrt wegen seines eigenmächtigen Vorgehens attackierten. Er selbst, so behauptete er jetzt, habe dem Zaren vorgeschlagen, sie alle hier heute zu versammeln. »Wenn er dies nicht für nötig gehalten hätte, so würde die Mobilmachung schon begonnen haben und nichts Böses sei dann damit geschehen. Es würde ohnehin zum Krieg kommen.« »Wir können ihn doch nicht vermeiden und da sei es günstiger, ihn früher zu beginnen.« Wenn sie aber meinten, dazu nicht genügend vorbereitet zu sein, so hätten der Zar und er den Glauben an die Armee und wüßten, »daß ein Krieg uns nur Gutes bringen wird«.

Der Vorgang ist in zweifacher Hinsicht für eine Analyse der Umstände von Bedeutung, die damals und später wieder zur Kriegsgefahr und schließlich zum Ausbruch des Weltkrieges geführt haben. Zum einen zeigt sich, mit welchen Mitteln die Kriegspartei den Zaren zu überrumpeln suchte, und daß es sehr darauf ankam, welche Persönlichkeiten gerade Einfluß auf ihn nehmen konnten. Zum andern wirkte sich der gescheiterte Versuch der Militärs günstig für eine Entspannungspolitik in der Adriafrage aus, wie sie den Bemühungen Kiderlen-Wächters entsprach. Sasonow und Kokowzow, die nun wieder mehr Kontakt mit dem Zaren hatten, konnten ihn davon überzeugen, daß Rußland von einem Kriege nur eine Katastrophe zu befürchten habe[51]. Dem Vertrauen der Panslawisten auf die »Kraft des Volkes« stellten sie die »realen Argumente« entgegen, daß die russische Armee schlecht ausgerüstet sei und unter dem Befehl unvorbereiteter Führer stände. Selbst Suchomlinow mußte zugeben, daß zwar »der Apparat fertig sei, um jede Armee von beliebiger Größe in Bewegung zu setzen, es aber sowohl an ausgebildeten Mannschaften, wie an Bewaffnung, Ausrüstung und Verpflegung fehle«[52].

So hat sich denn Kiderlen-Wächter in Wien bei seinen Bemühungen um einen Kompromiß mit Serbien in der Frage des Adriahafens mit Recht darauf berufen, daß Sasonow in Belgrad energisch zur Mäßigung riet und Rußland mit der Unterstützung der serbischen Ansprüche auf einen Hafen an der Adria nicht mehr bezwecke, als nach außen hin den Schein zu wahren und der traditionellen Rolle als Beschützer der Balkanstaaten treu zu bleiben[53]. Damit bot sich eine Chance, der Kriegspartei in Wien den Boden zu entziehen, zumindesten Berchtold den Rücken für eine Politik zu stärken, um – wie es der deutsche Bündnispartner betrieb – auf eine diplomatische Lösung der Krise mit Hilfe der Großmächte hinzuarbeiten.

Freilich hatte Franz Ferdinand aus den Besprechungen mit Wilhelm II auch mitgebracht, was er nun auch persönlich dem Außenminister berichtete: »Wir könnten äußerstenfalles auf sicheren Rückhalt bei ihm, dem obersten Machtfaktor in Europa rechnen[54]. Auch dies gehörte zur Taktik, man könnte sogar sagen, politische Strategie Kiderlen-Wächters.

51 Ebda.
52 Suchomlinow, Erinnerungen (Ausg. 1924), S. 342.
53 Kiderlen-Wächter an Jagow, 20. November 1912, GP 33, Nr. 12398.
54 Franz Ferdinand zu Berchtold nach Ms. bei Hantsch, a.a.O., S. 350.

Bei allen Bemühungen, die Gegensätze zu mildern, und den Krieg zu vermeiden, so legte er denn auch am 28. November im Bundesratsausschuß für auswärtige Angelegenheiten dar, es dürfe Österreich-Ungarn »keine Demütigung« zugemutet werden. Und er sprach aus, was tatsächlich ein Axiom der deutschen Politik war – damals wie 1914, aber im Grunde auch schon für Bismarck – daß es doch der Zweck des Bündnisses sei, die Großmachtstellung dieser großen mitteleuropäischen Monarchie unangetastet aufrecht zu erhalten. Wenn also Österreich, aus welchem Grund auch immer, darum fechten müsse, dann müßte Deutschland an seine Seite treten, um nicht eines Tages in Gefahr zu sein, nach Bismarcks Wort sich »nez a nez« mit Rußland zu befinden, mit Frankreich im Rücken und etwa gezwungen zu sein, später neben einem geschwächten Österreich allein zu kämpfen. Erweise es sich als unmöglich, den Krieg zu verhindern, dann solle man ihm »ruhig und fest ins Auge sehen«[55].

Aber Kiderlen-Wächter war ja gerade dabei – und zwar auch mit Einsatz des Bündnisses –, eine friedliche Lösung der Krise bei den europäischen Mächten durchzusetzen. Wie auch mit einem solchen Bekenntnis zu einer Politik der Stärke »der Ton die Musik macht«, zeigt die Reaktion bei den Vertretern der Bundesstaaten. Der württembergische Ministerpräsident v. Weizsäcker berichtet seinem König von dem beruhigenden Eindruck, den die Ausführungen des Staatssekretärs in ihrem »zuversichtlichen und beruhigenden Ton« gemacht hätten, und die Minister von Bayern, Sachsen und Baden dankten ihm ausdrücklich dafür, daß damit der europäische Frieden gesichert erscheine[56]. Am 2. Dezember verkündete dann Bethmann Hollweg öffentlich in einer Reichstagsrede, daß es zwar Sache der Bundesgenossen Deutschlands sei, ihre Interessen zur Geltung zu bringen, aber wenn sie wider Erwarten von dritter Seite angegriffen und damit in ihrer Existenz bedroht werden sollten, »dann würden wir, unserer Bundespflicht getreu, fest an ihre Seite zu treten haben. Und dann würden wir zur Wahrung unserer eigenen Stellung in Europa zur Verteidigung unserer eigenen Zukunft und Sicherheit fechten«[57].

Die Wirkung der Reichstagsrede Bethmann Hollwegs vom 2. Dezember 1912 fügt sich ein in den Kurs und in die Taktik, mit der die deutsche Politik damals die Krise zu meistern verstanden hat. Berchtold bedankte sich zwar für die »festen und entschiedenen Worte« des Kanzlers und die

55 Vortrag vor dem Bundesratsausschuß am 28. November 1912, abgedr. bei E. Jäckh (1925), S. 197 f.

56 K. F. Weizsäcker an Württem. Staatsministerium, 22. November 1912, HStA. Stuttg. Zit. bei E. Deuerlein, Der Bundesratsausschuß für Auswärtige Angelegenheiten, 1870-1918 (1955), S. 179 u. 267 f.

57 Schultheß' Europ. Geschichtskalender, Jahrg. 1912, S. 243 f.

Bekräftigung des Dreibundgedankens, die Klarheit in die Lage gebracht und zur Befestigung des Friedens beigetragen hätten, sagte sich aber auch, daß diese Reichstagsrede »nur auf den ersten Blick ein kraftvolles Manneswort« gewesen sei, eine »schimmernde Nibelungenwehr, furchtlos, deutsch und treu«, in der Hauptsache aber »eine väterliche Mahnung nach Wien, hübsch stille zu setzen«[58]. Immerhin hatte Bethmann Hollweg die Bündnishilfe nur zur Verteidigung eines die Existenz des Bundesgenossen bedrohenden Angriffs durch Rußland zugesagt. Das aber entsprach ohnehin dem Defensivcharakter des Zweibundvertrages und auch der Warnung, die Kiderlen-Wächter nach Wien gesandt hatte, so zu verfahren, daß es »offenkundig im Rechte sei und nicht als der ›Provozierte‹ erscheine«.

So zeichnet sich denn auch ein Einlenken in Wien, jedenfalls beim Außenministerium, ab. Am 4. Dezember übergab der österreich-ungarische Botschafter dem Auswärtigen Amt ein »Aide-mémoire« über die »Voraussetzung der von der k.u.k.-Regierung zu gewährenden Zustimmung zur Neuordnung der territorialen Gestaltung des Balkans aufgestellten Forderungen. »Dazu gehörte der ›Verzicht Serbiens auf Gebietserweiterung in Albanien oder an der Adriatischen Küste und Anerkennung des einzuführenden Zustandes in Albanien‹.« Das entsprach dem Grundsatzprogramm, das am 30. Oktober d. J. in Wien aufgesetzt worden war. Und wenn dies auch nach dem Urteil Greys erst als das Ende der Beratungen anzusehen sei[59], so ist es doch bereits die Grundlage für die Beratungen der Botschafterkonferenz in London geworden. Und am 6. Dezember teilte Berchtold die Absicht seiner Regierung mit »auf friedlichem Wege, womöglich mit einem diplomatischen Erfolge, jedenfalls aber mit Ehren aus der jetzigen Lage herauszukommen«[59]. Bereits am 17. Dezember konnten die Vertreter der Mächte in London zu ihrer ersten Sitzung zusammentreten.

Denn auch in Petersburg sah man hier eine Chance, die Krise ohne Prestigeverlust mit Hilfe der Großmächte zu bewältigen. Traf sie doch dort auf eine Situation, in der sich Kokowzow und Sasonow gegen die Militärs durchgesetzt hatten. Auch Sasonow charakterisierte die Rede des Reichskanzlers zwar, wie Berchtold als »echt deutsch«. Nachdem er aber vor wenigen Wochen noch die deutsche Regierung gewarnt hatte, Österreich-Ungarn etwa mit einer »Agadirpolitik« zu unterstützen, nahm er die Ausführungen des Kanzlers jetzt »mit erhabener Ruhe auf« und zeigte sich »eher bekümmert als verärgert«. Ja, er hatte sogar »Mitgefühl

58 Abgedr. GP 34/1, Nr. 12510 u. 12511. Zur Diskussion über Vorbehalte Österreich-Ungarns siehe dort die Anm. auf S. 15 u. 16. Dazu Kiderlen-Wächter an Tschirschky, 7. Dezember 1914, GP 34, Nr. 12519.

59 Tschirschky an Bethmann Hollweg, 6. Dezember 1912, GP 33, Nr. 12487.

für Herrn Bethmann Hollweg, der etwas habe sagen müssen, was seinem wirklichen Empfinden zuwider gewesen sein müsse und mehr die Worte von Herrn Kiderlen-Wächter gewesen wären«[60].

Dagegen wurde die Kanzlerrede in Paris als eine Steigerung der Kriegsgefahr empfunden. Poincaré hatte bereits auf die Nachricht von militärischen Maßnahmen Österreich-Ungarns an den Grenzen von Bosnien in Galizien auf die Absicht geschlossen, mit den Serben »abzurechnen« und Frankreich und Rußland vor das Dilemma zu stellen, entweder sich mit der vollendeten Tatsache abzufinden oder einen Krieg unter für Frankreich höchst ungünstigen Bedingungen zu beginnen. Denn Deutschland würde sich dann wahrscheinlich sofort mit allen seinen Streitkräften auf Frankreich stürzen, so hieß es jedenfalls in der Meldung Iswolkis über dieses Gespräch[61]. Und während der französische Generalstab präzise Meldungen über die intensiven Kriegsvorbereitungen Österreichs erhielt, erfuhren Pariser »Finanzgruppen« den Inhalt eines beabsichtigten Ultimatums, mit dem von Serbien Garantien für einen Verzicht auf Agitation unter den österreichischen Slawen sowie auf einen territorialen Ausgang zum Adriatischen Meer und eine Entschuldigung für die Mißhandlung eines österreichischen Konsul in Mazedonien gefordert werde und dazu eine Erklärung über künftige gutnachbarliche Beziehungen zu Österreich.

Und da Serbien zweifellos mit einer Ablehnung eines solchen Ultimatums antworten würde, mit dem es in die Stellung eines Vasallen gerate, werde die Besetzung Belgrads durch die Österreicher erfolgen. Das Wiener Kabinett würde zwar erklären, daß Österreich die territoriale Integrität Serbiens garantiere. Doch würde Rußland sich nicht damit zufrieden geben und Österreich wiederum vor einem Kriege nicht zurückschrecken[62]. Zwar erhielt Poincaré jetzt von Kiderlen-Wächter die Konzeption für die Londoner Botschafterkonferenz zu einer friedlichen Lösung der Adriafrage[63], aber im Zusammenhang mit den Meldungen aus Österreich-Ungarn, die ja dem entsprachen, was sich später in der Julikrise von 1914 ergab, ist es verständlich, daß ihn die Reichstagsrede Bethmann Hollwegs vom 2. Dezember in Aufregung versetzte.

Nach einem eilig einberufenen Ministerrat ließ er jetzt sofort in Petersburg anfragen, wie man sich dort im Falle eines österreichischen Angriffes

60 Buchanan an Grey, 11. Dezember 1912, BD 9, II/1, Nr. 371. Vgl. über die »persönliche Haltung« Sasonows auch den Bericht Buchanans vom 27. November, ebda, Nr. 227.

61 Iswolski an Sasonow, 28. November 1912, Der diplomatische Schriftwechsel Iswolskis 1911-1914, dt. Ausgabe, hrsg. v. F. Stieve (1924), Bd. 2, Nr. 620 u. 621.

62 Iswolski an Sasonow, 28. November 1912, ebd., Nr. 621.

63 Iswolski an Sasonow, 1. Dezember 1912, ebd., Nr. 629.

auf Serbien verhalten und was England tun würde, wenn Rußland zur Verteidigung Serbiens hineingezogen würde »und Deutschland zur Unterstützung Österreichs gegen Rußland interveniert und endlich, wenn Frankreich gezwungen werde, Rußland zu unterstützen«[64]. Es war genau die Abfolge der Ereignisse, wie sie sich dann in der Julikrise von 1914 abgespielt hat. In London erschien daraufhin am Spätnachmittag des 3. Dezember Haldane – damals Lordkanzler im britischen Kabinett – beim deutschen Botschafter, Fürst Lichnowsky, um ihm, offensichtlich im Auftrage Greys, mitzuteilen, daß England bei einem »allgemeinen Wirrwarr«, wie er sich aus einem Einmarsch Österreichs in Serbien ergeben könne, kaum »der stille Zuschauer« bleiben könnte, da es mit Rücksicht auf die Aufrechterhaltung des europäischen Gleichgewichtes unter keinen Umständen eine Niederwerfung der Franzosen dulden würde. Man könne und wolle nicht nachher einer einheitlichen kontinentalen Gruppe unter Führung einer einzigen Macht gegenüberstehen[65]. Grey hat dann auch noch am folgenden Tag, also dem 4. Dezember, Lichnowsky vor einer Rückendeckung Österreich-Ungarns durch »gewissermaßen einen Blankowechsel für alle Eventualitäten« gewarnt und darauf hingewiesen, daß Rußland nicht abermals eine Demütigung wie 1909 erleben[66], vielmehr durch die öffentliche Meinung gezwungen sein würde, in Galizien einzumarschieren, womit die Beteiligung Frankreichs unausbleiblich und die weiteren Folgen unabsehbar sein würden[67]. Und er informierte noch am gleichen Tage den französischen und den russischen Botschafter über seine »Unterhaltung« mit Lichnowsky und fügte hinzu, daß er Lichnowsky vor dem Versuch gewarnt habe, »die schimmernde Rüstung« hervorzuholen und auf den Unterschied der Situation gegenüber der von 1909 aufmerksam gemacht hätte. Dabei bekannte er sich auch gegenüber den Ententepartnern ausdrücklich dazu, daß auch England ein unmittelbares Interesse an den Verhältnissen auf dem Kontinent habe. Wenn Bethmann Hollweg von der eventuellen Notwendigkeit gesprochen habe, zu fechten, um Deutschlands Stellung in Europa zu schützen und um seine Zukunft und

64 Poincaré zu Cambon, 3. Dezember 1912, DDF IV, Nr. 612.

65 Lichnowsky an Bethmann Hollweg, 3. Dezember 1912, GP 39, Nr. 15612, mit Randbemerkungen Wilhelms II. Faksimile bei Bülow, Denkwürdigkeiten, Bd. 3 (1930), S. 128.

66 In der bosnischen Annexionskrise von 1908/1909 konnte Deutschland dem österreichisch-ungarischen Bundesgenossen die Rückendeckung für das Ultimatum an Serbien geben, weil Rußland nach dem Kriege mit Japan militärisch lahmgelegt war und – um es mit Holstein zu sagen – »die Interessen der Einkreisungsmächte in der Orientfrage direkt auseinandergingen und Grey sowie Iswolski nur geblufft hätten«. (Holstein-Papiere, hrsg. von Ritz, Bd. 1, Nr. 164.)

67 Lichnowsky an Bethmann Hollweg, 4. Dezember 1912, GP 33, Nr. 12481.

seine Sicherheit zu verteidigen, so könne dies die britische Regierung mit der gleichen Berechtigung auch von sich sagen, »denn auch England hat wie Deutschland eine Stellung in Europa zu verteidigen«[69].

Das alles war nicht nur eine Warnung an die Deutschen oder nur eine Beruhigung der Ententepartner, sondern entsprach auch der Überzeugung des Chefs des Foreign Office. Er hatte diesen Standpunkt auch schon vertreten, als ihn Sasonow im September 1912 bei einem Besuche im Königsschloß Balmoral in Schottland fragte, auf welche Weise die britische Flotte Rußland helfen und es beschützen würde, wenn es durch sein Bündnis mit Frankreich in einen Krieg mit Deutschland verwickelt würde. Darauf hatte Grey erklärt, daß die öffentliche Meinung in England zwar einen Angriffskrieg zum Zwecke der Revanche oder um Deutschland einzukreisen nicht gutheißen würde, aber England könne auch nicht neutral bleiben, wenn sich Deutschland mit seiner großen beispiellosen Stärke zu dem Versuch verleiten lassen würde, Frankreich »zu zermalmen«. Dann sollten wir nicht beiseite stehen und zuschauen, sondern unser möglichstes tun, um Frankreich vor diesem Schicksal zu bewahren[69].«

Wenn sich der britische Außenminister hier so ausdrücklich zum Ententekurs bekannte und dies sowohl den Partnern wie der deutschen Regierung zu verstehen gab, so operierte er kaum anders als Bethmann Hollweg und Kiderlen-Wächter, sowohl mit dem Einsatz des Bündnissystems, wie mit der Bereitschaft zu einer friedlichen Lösung des Konfliktes. Deshalb eröffnete er auch das Gespräch mit Lichnowsky vom 4. Dezember über die »Blankovollmacht« der Kanzlerrede mit dem Ausdruck der Freude über die »warmen Worte«, die der Staatssekretär des Auswärtigen im Reichstage »über unsere beiderseitigen Beziehungen« gesprochen habe, die »so vollkommen seinen Wünschen und Ansichten« entsprächen. Kiderlen-Wächter hatte nämlich die Aussprache über die Reichstagsrede des Kanzlers benutzt, um auf eine Rede des sozialdemokratischen Abgeordneten Ledebour die erfreuliche Intimität der Beziehungen Deutschlands zu England hervorzuheben, die einer Verständigung aller Mächte gute Dienste geleistet habe und die bestimmte Erwartung ausgesprochen, daß sie dies auch weiter tun werde[70]. Das war ein Hinweis auf die gemeinsamen Bemühungen, um eine Zusammenkunft der Botschafter der Großmächte zu einem »Meinungsaustausch« über die Balkanprobleme. Und dies wurde

68 Cambon an Poincaré, 3./4. Dezember 1912, DDF III, 4, Nr. 615 und 622, und Benckendorff an Sasonow, 4. Dezember 1912, Benckendorff-Schriftwechsel, Bd. 2, Nr. 747.

69 Memorandum Greys, 24. September 1912, IX/1, Nr. 805. Vgl. auch Grey, »Fünfundzwanzig Jahre ...« (dt. 1925), 1 S. 283.

70 Lichnowsky an Bethmann Hollweg, 4. Dezember 1912, a.a.O.

immer mehr der entscheidende Punkt dafür, um die Krise einer friedlichen Lösung zuzuführen. Am 6. Dezember berichtete Kiderlen-Wächter dem Kaiser, der sich wiederum zur Jagd in Bückeburg aufhielt, vom Einverständnis der österreichischen und der italienischen Regierung zu einer »Botschafterkonversation« in London, die dabei den Eindruck einer formellen Konferenz vermeiden sollte und meldete ihm, daß er bereits Lichnowsky als Vertreter Deutschlands mit den erforderlichen Instruktionen versehen habe[71]. An diesem Tage bekundete Berchtold dem deutschen Botschafter seine Absicht, auf »friedlichem Wege, womöglich mit einem diplomatischen Erfolge, jedenfalls aber mit Ehren aus der jetzigen Lage herauszukommen«[72]. Und am 7. Dezember übermittelte Lichnowsky dem Auswärtigen Amt auch bereits die Tagesordnung für die Botschafterbesprechung, wie sie Grey »der Berliner Anregung entsprechend«, d. h. für den Zusammentritt in London und somit als künftiger Vorsitzender entworfen hatte[73]. Gleichzeitig teilte der englische Botschafter dem Auswärtigen Amt mit, daß Rußland sich zwar weder für noch gegen Serbiens territoriale oder nur kommerzielle Zulassung zur Adria festgelegt habe, Grey aber die Überzeugung oder sogar Gewißheit habe, daß es auf adriatischen Gebietserwerb Serbiens nicht bestehen, sondern sich mit dessen kommerzieller Zulassung zum Meer durch eine Bahn begnügen würde. Durch Besprechung der Frage wolle es nur sein Gesicht wahren[74].

II

Dies war die Lage, als der Kaiser (nachdem er am Abend zuvor aus Bückeburg zurückgekommen war) am Morgen des 8. Dezember den Bericht Lichnowskys vom 3. Dezember mit der Warnung Haldanes las. Darauf befahl er noch für 11.00 Uhr mittags die Chefs des General- und Admiralstabes, also Moltke und Heeringen, und des Marinekabinetts, Admiral von Müller, zu sich ins Schloß. Bethmann Hollweg nannte die Besprechung später – und zwar ironisch – einen »Kriegsrat«, den der »entsetzlich erregte Kaiser mit seinen Getreuen von Heer und Flotte hinter seinem und des Staatssekretärs des Auswärtigen Rücken« abgehalten habe[75]. Über diesen »Kriegsrat«, der erst durch die Veröffentlichung des Tagebuches

71 Kiderlen-Wächter an Wilhelm II, 6. Dezember 1912, GP, Bd. 34/1, Nr. 12516.
72 Tschirschky an Bethmann Hollweg, 6. Dezember 1912, GP 33, Nr. 12487.
73 Lichnowsky an Ausw. Amt, 7. Dezember 1912, GP 34, Nr. 12518.
74 Kiderlen-Wächter an Tschirschky, 7. Dezember 1912, ebd., Nr. 12517.
75 Bethmann Hollweg an Eisendecher, 20. Dezember 1912, AA Nl. Eisendecher.

des Admirals von Müller bekannt geworden ist[76], haben John C. G. Röhl und Adolf Gasser[77] Untersuchungen mit dem übereinstimmenden Ergebnis veröffentlicht, daß sich damals »die eigentliche Zielvorstellung« des Kaisers offenbart und sein Entschluß sich gefestigt habe, »nicht viel länger zu warten, sondern den Weltkrieg auszulösen«, um das Deutsche Reich zur »stärksten Macht« mit »absoluter Hegemonie auf dem Kontinent« zu führen. »Hauptantrieb« und »Hauptziel« sei die »Festlandhegemonie« bzw. der »Durchbruch zur Vormachtstellung in Europa« gewesen, was nur durch einen Krieg gegen Frankreich und Rußland habe erzielt werden können. Alles übrige wird als Verschleierung durch »Zwecklegende« oder »Selbsttäuschung« bezeichnet. Damals sei »die möglichst baldige Kriegsentfesselung beschlossen« worden. So stände es »gestützt auf die neuesten Quellenerschließungen fest, daß das deutsche Kaiserreich den Kriegsausbruch von 1914 bewußt heraufbeschworen hat«. Die beiden Historiker stimmen auch darin überein, »nachgewiesen zu haben, daß die Entscheidung zur Kriegsauslösung (von 1914) nach der Eröffnung des erweiterten Kaiser-Wilhelm-Kanals in den Kriegsrat vom 8. Dezember gefallen ist« und glauben somit von der »Geheimbesprechung von 1912 zu der Kriegsentfesselung kurz nach Eröffnung des erweiterten Kieler Kanals am 24. Juni 1914 eine gerade Linie zu ziehen«. Es sei – so Röhl – eine »alle bisherigen Forschungsansätze über den Haufen werfende These über den Ursprung des Ersten Weltkrieges«[78].

Und so glaubt denn auch Fritz Fischer in diesem »Kriegsrat« einen

76 Tgb. Müller vom 8. Dezember 1912, »Der Kaiser«, hrsg. von W. Görlitz (1965), S. 124 f. Dazu John C. G. Röhl in: Historical Journal 12 (1969), S. 661 f.

77 A. Gasser, »Der deutsche Hegemonialkrieg von 1914«, in: Deutschland in der Weltpolitik des 19. und des 20. Jahrhunderts, Festschrift für Fritz Fischer zum 65. Geburtstag, hrsg. J. Geiss u. B.-J. Wendt (1973), S. 307 ff., sowie Erster Weltkrieg und »Friedensforschung« in: Allg. Schweiz. Militärzeitschrift 140 (1974), S. 235 ff.; John C. G. Röhl, »An der Schwelle zum Weltkrieg, eine Dokumentation über den ›Kriegsrat‹ vom 8. Dezember 1912, in: Militärgesch. Mitt. 1/77, S. 77; derselbe, »Die Generalprobe. Zur Geschichte und Bedeutung des ›Kriegsrates‹ vom 8. Dezember 1912, in: Industrielle Gesellschaft und politisches System, hrsg. D. Stegmann, B. J. Wendt, P. C. Witt, Festschrift für Fritz Fischer zum 70. Geburtstag (1978), insbes. S. 357 und 363.

78 Röhl, Die Generalprobe, a.a.O., S. 357. – So neu ist diese These nun auch wieder nicht. Daß Deutschland den Weltkrieg »vom Zaune gebrochen habe, nicht zu seiner eigenen Verteidigung, sondern zur Unterwerfung Europas, vielleicht sogar der ganzen Welt, unter seinen Willen«, war bereits der Inhalt eines Gutachtens, mit dem die französischen Historiker Émile Bourgois und Georges Pagès vom Außenminister aufgrund eines Beschlusses des Senates vom 5. Februar 1919 beauftragt wurden. Es ist den Sitzungsberichten des Senates vom 8. Oktober 1919 als Anlage beigefügt und dann auch (1921) als Buch erschienen. Eine autorisierte deutsche Übersetzung wurde heraus-

Ansatzpunkt für seine These von einem von Deutschland von langer Hand geplanten Angriffs- und Hegemonialkrieg gefunden zu haben. Die deutsche Reichsleitung hätte, so formuliert er in bewußter »Verschärfung« seiner früheren Darlegungen, hierfür den großen Krieg »gewollt, dementsprechend vorbereitet und herbeigeführt«. Das ergebe sich u. a. aus der Machtstruktur des Wilhelminischen Reiches in Übereinstimmungen mit den »imperialistischen Eroberungszielen der nationalen Führungsschicht« mit einem Bündnis von Wirtschaft, Gesellschaft, Bürokratie, Justiz und bewaffneter Macht[79].

Wenn wir diese Auffassung einer kritischen Betrachtung unterziehen, so geschieht dies zwar ebenfalls mit der Fragestellung, warum und unter welchen Umständen es damals nicht zum Weltkrieg gekommen ist und 1914 dann doch geschah. Aber die Schwerpunkte unserer Untersuchungen liegen, wie unsere Darstellung der Adriakrise zeigt, anderwärts. Daß der Reichskanzler und der Staatssekretär des Auswärtigen nicht hinzugezogen wurden, braucht weniger zu überraschen. Eine Beratung der Militärs lag im Bereich der monarchischen Kommandogewalt und war unabhängig von der konstitutionellen Ministerverantwortlichkeit. Zudem war die Wilhelmstraße an diesem winterlichen Sonntagmorgen ohnehin verlassen, da ja eine unmittelbare Kriegsgefahr für das Auswärtige Amt nicht bestand. Oder sollte der Kaiser etwa wirklich, wie das zu der o. a. These gehört, die Absicht gehabt haben, die Krise zu benutzen, um den Krieg loszuschlagen? Das wäre allerdings ein Grund gewesen, sich nicht von »Zivilisten« hineinreden zu lassen, die, wie das Auswärtige Amt in den letzten Tagen doch deutlich gezeigt hatte, auf eine friedliche internationale Lösung des Konfliktes hinsteuerten. Immerhin war die Meldung, daß England im Gegensatz zu der noch vor kurzem von Lichnowsky mitgeteilten Meinung, im Kriegsfalle nicht einmal neutral sein würde, ein Ereignis, das Konsequenzen für die operative Planung im Falle eines Krieges verlangte.

Doch machen wir uns zunächst ein Bild von dem Vorgang im Berliner Schloß, wie er, wenn auch in der verkürzten und zugespitzten Form einer Tagebucheintragung, offensichtlich zutreffend überliefert worden ist.

gegeben von Bernhard Schwertfeger unter dem gleichen Titel: »Die Ursachen und die Verantwortlichkeiten des Großen Krieges. Beweise und Zeugnisse von Émile Bourgeois, Mitglied des Institutes, Professor an der Sorbonne Paris und George Pagès, Generalinspekteur des öffentlichen Unterrichts«, Paris, Berlin 1926. Vgl. das Vorwort des Herausgebers, S. XVII f. und die Vorrede der Verfasser vom Juni 1921, S. 25 ff.

79 Fritz Fischer, »Krieg der Illusionen, Die deutsche Politik von 1911-1914«, (1969), insbes. 9. Kapitel: »Der vertagte Krieg«, S. 231 ff. und »Vom Zaun gebrochen – nicht hineingeschlittert« (Titel jedoch von der Redaktion) in der Wochenzeitung »Die Zeit«, Nr. 36 vom 3. September 1965.

Der Kaiser teilte den Militärs an der Hand des Berichtes des Fürsten Lichnowsky mit, daß England einem von Deutschland angegriffenen Frankreich unbedingt beispringen würde und begrüßte die Mitteilung Haldanes »als erwünschte Klärung der Situation«. Österreich müsse »den auswärtigen Slawen (den Serben) gegenüber kraftvoll auftreten«, weil sonst die Macht über die Slawen der österreich-ungarischen Monarchie verloren gehen würde. Wenn es in Serbien einmarschiere, würde nach einer Erklärung Sasonows Rußland sofort in Galizien einrücken. Der Kaiser war sich mit Moltke darüber einig, daß dann auch für Deutschland der Krieg »unvermeidlich« sein würde. »Je eher, je besser« meinte der Generalstabschef. Und er empfahl, die Volkstümlichkeit eines Krieges gegen Rußland durch die Presse vorzubereiten. Denn in der deutschen Öffentlichkeit war noch dazu im Nachklang der Agadirkrise Frankreich der »Erbfeind«, wie das etwa in den jährlichen Sedanfesten zum Ausdruck kam. Tirpitz jedoch, der die Schwäche der Flotte gegenüber England kannte, riet, den großen Kampf um eineinhalb Jahre hinauszuschieben – nach einer, allerdings abgeleiteten – Quelle, soll er dabei geltend gemacht haben, daß erst im nächsten Jahre der Kieler Kanal und der Hafen für »Untergrundboote« auf Helgoland fertiggestellt sein würde[80]. Doch hielt ihm Moltke, der mit einer Heeresvorlage mit dem Vorhaben des Marinestaatssekretärs für eine Flottennovelle konkurrierte, entgegen, daß die Marine auch dann nicht fertig sein würde, und die Armee in eine immer ungünstigere Lage käme, da die Gegner stärker rüsten und »wir mit dem Gelde sehr gebunden seien«. »Das war das Ende der Besprechung. Das Ergebnis war so ziemlich Null«, heißt es im Tagebuch des Admirals von Müller. Und er begründet dies damit, daß der Generalstabschef nicht die Konsequenz aus seiner Ansicht, »Krieg je eher je besser« gezogen habe; denn das wäre nach Müller gewesen, »Rußland oder Frankreich oder beide vor ein Ultimatum zu stellen, das den Krieg mit dem Recht auf unserer Seite entfesselte«. Hier bezog er sich offensichtlich auf taktische Überlegungen, die gerade von Wilhelm II auch im Hinblick auf die Dreibundverträge angestellt worden waren, ob im Falle eines russischen Angriffs oder überhaupt eines Kriegsausbruchs Österreich durch die militärischen Maßnahmen Rußlands oder dieses durch solche Österreichs gegenüber Serbien »provoziert« worden sei. Jedenfalls berichtete Admiral von Müller noch am gleichen Tage auftragsgemäß dem Reichskanzler, daß »gelegentlich einer Besprechung der militärpolitischen Lage« befohlen sei,

80 So der sächsische Militärbevollmächtigte von Leuckart und der bayerische von Wenninger vom 12. Dezember 1912 sowie der letztere am 15. Dezember 1912, abgedr. in der Dokumentation von Röhl, Militärgeschichtliche Mitteilungen 1/77, a.a.O., Nr. 14 u. Nr. 22, S. 106 f. u. 114.

durch die Presse das Volk darüber aufzuklären, welche großen nationalen Interessen auch für Deutschland bei einem durch den österreichisch-serbischen Konflikt entstehenden Krieg auf dem Spiele ständen, und daß das Volk schon vor dem Ausbruch eines großen europäischen Krieges mit dem Gedanken daran vertraut zu machen sei[81].

So erhielt denn bereits zwei bzw. drei Tage später der Kaiser vom Reichskanzler und von Kiderlen-Wächter einen »diesseits veranlaßten« Artikel der rechtsgerichteten Deutschen Tageszeitung, der entsprechend der ihnen von Müller »zugegangenen Weisung« das »vitale Interesse an einem evtl. österreichisch-serbischen Krieg« bekundete, um »zu der von Seiner Majestät dem Kaiser befohlenen Aufklärung der öffentlichen Meinung beizutragen«[82].

Zu diesem Tatbestand ist folgendes zu sagen:

1. In den Berichten über den »Kriegsrat« ist nicht mit einem einzigen Wort von dem postulierten Motiv oder Ziel eines Hegemonialkrieges die Rede. Wohl hat sich der Kaiser, als er ihm vertrauten Persönlichkeiten von den Eröffnungen Haldanes berichtete, über die »Begründung für dies unqualifizierte Benehmen« beklagt, mit dem England »skrupellos, roh und echt englisch« erklärt habe, nicht dulden zu können, daß Deutschland mit einem Kriege mit Frankreich »die Vormacht des Kontinents werde und der unter seiner Führung sich vereinige«[83]. Diese, wie der Kaiser es nannte, »moralische Kriegserklärung« »voll Gift und Haß und Neid« betraf aber nicht ein tatsächliches Ziel oder eine Konzeption der deutschen Politik, sondern einem Deutschlandbild, das im Ausland und besonders in England verbreitet war – nicht ohne, daß neben einem lärmenden Kraftbewußtsein alldeutscher Kreise militante Reden Wilhelm II. dazu beigetragen hatten. Allenfalls könnte man an die gegen England gerichtete Idee einer russisch-deutsch-französischen Kontinentalliga denken, wie sie der russische Ministerpräsident Graf Witte vertreten und der sich auch Wilhelm II zeitweilig zugewandt hatte, oder an die »halbhegemoniale« Position Deutschlands in dem Bündnissystem, mit dem Bismarck die Sicherheit des Reiches und den Frieden Europas stabilisierte. Aber nichts läßt die Interpretation zu, daß Wilhelm II oder gar Bethmann Hollweg

81 Admiral von Müller an Bethmann Hollweg, 8. Dezember 1912, bei Röhl, Nr. 5, S. 100, vgl. auch I. Geiss, »Julikrise und Kriegsausbruch«, a.a.O., 1, S. 45.

82 Bethmann Hollweg an Wilhelm II, 10. Dezember 1912, Röhl, a.a.O., Nr. 9 und Kiderlen-Wächter an Müller, 11. Dezember 1912, ebda., Nr. 10.

83 Wilhelm II an Erzherzog Franz Ferdinand, 9. Dezember 1912, R. A. Kann, »Kaiser Wilhelm II und der Thronfolger Erzherzog Franz Ferdinand in ihrer Korrespondenz«, jetzt auch in R. A. Kann, »Erzherzog Franz Ferdinand«, Studien (1976), S. 75.

– der dann auch für einen solchen Krieg gewonnen worden sei –, beschlossen hätten, einen, nur auf eine günstigere Situation vertagten Eroberungskrieg, zu entfesseln, um Deutschland die Hegemonie auf dem Kontinent zu verschaffen.

2. Dagegen bot sich mit der November-/Dezemberkrise von 1912 die Gefahr, daß Deutschland in einen Krieg »verwickelt« würde[84] und damit die Aufgabe sich für künftige Fälle darauf vorzubereiten. In diesem Zusammenhang ist auch in der Besprechung mit den Militärs im Berliner Schloß vom 8. Dezember die Rede davon, daß mit einem Einmarsch der Österreicher in Serbien und daraufhin der Russen in Galizien »der Krieg auch für uns unvermeidlich« sein würde. Der Kaiser zitierte da, daß der König von Bulgarien schon vor dem Ausbruch des Balkankrieges gesagt habe, man werde bald einen Krieg haben, bei dem es Deutschland kaum möglich bleiben werde, Frieden zu halten: »Es wird mitschlagen müssen und mitverwickelt werden, wenn es bundestreu bleiben will.« Und immer wieder schrieb oder sprach er in diesen Tagen von einem »Existenzkampf der Germanen gegen die von Romanen unterstützten Slawen« – offensichtlich eine Wirkung der Lektüre von Houston Stewart Chamberlain. Österreich müsse geholfen werden, nicht nur um Rußland abzuwehren, sondern, weil es sonst, vom Slawentum überschwemmt, bündnisunfähig werde – auch dies Reflex einer Überlegung der Zeit, die – im Auswärtigen Amt durch Zimmermann vertreten – im Vordringen der panslawistischen Ideologie in Südosteuropa eine unmittelbare Bedrohung sah. »Es handelt sich um die Zukunft der Habsburger Monarchie und die Existenz unseres Vaterlandes« schrieb Wilhelm II[85]. »Von drei Seiten bedroht, müssen wir auf alles gefaßt sein und dürfen nichts versäumen, um Armee und Flotte stark zu machen[86].« Es klingt eher wie ein Notschrei, und keineswegs als ein Entschluß, die Vorherrschaft in Europa zu erkämpfen, wenn er nach Bündnissen rief: mit Bulgarien, der Türkei, Rumänien, ja sogar mit Japan! »Jede Macht, die zu haben ist, ist gut genug, um uns zu helfen. Es geht um Sein oder Nichtsein Deutschlands[87].« Geradezu verzweifelt war schon die Schlußbemerkung in seiner Aufzeichnung über die Besprechungen mit dem Reichskanzler und dem Staatssekretär des Auswärtigen am 9. November: »Wir übten nach der Götter Lehre, Jahrelang uns im Verzeihen, doch endlich drückt des Joches schwere und abgeschüttelt muß es

84 Wilhelm II an Kiderlen-Wächter, 8. Dezember 1912, GP 39, Nr. 15613.

85 Wilhelm II an Albert Ballin, 15. Dezember 1912, B. Huldermann, Albert Ballin (1922), S. 273 f.

86 Wilhelm II zu Lerchenfeld am 13. Dezember 1912. Lerchenfeld an Hertling, 14. Dezember 1912, Schriftwechsel Hertling-Lerchenfeld, a.a.O., 1, Nr. 42.

87 Siehe Anm. 84.

sein.« Seitdem war – um es mit Bismarck zu sagen, der »cauchemar des coalitions« noch drückender geworden. Da waren die Meldungen über den Einfluß der Militärpartei und der Großfürsten beim Jagdaufenthalt des Zaren und über das »Achselzucken Sasonows« zur Friedensfrage. Nachdem sie Wilhelm II. am 23. November auf der Jagd in Letzlingen überbracht worden waren, hatte er nunmehr – auch wieder nach der Rückkehr von einer Jagd – die Mitteilung Haldanes an Lichnowsky vorgefunden, daß England im Kriegsfall Frankreich beistehen würde. Wenn jetzt in der Besprechung mit den Militärs etwa vom »sofortigen Losschlagen« die Rede war, dann geschah dies im Hinblick auf eine Situation, in der es, wie Wilhelm II. auch immer wieder hervorhob, um die »Existenz« des Deutschen Reiches ging.

Im Zeichen des Abwehrgedankens steht auch die große Denkschrift des Generalstabes zur Heeresvorlage, die von Ludendorff entworfen und in ihrem allgemeinen Teil auch von Moltke bearbeitet, dem Kaiser und dem Reichskanzler vorgelegt wurde. Darin werden der Tripleentente »starke offensive Tendenzen« zugewiesen: Der »begreifliche« Wunsch Rußlands, sich durch Niederwerfung Österreichs als slawische Vormacht in Europa durchzusetzen und sich durch Vermittlung Serbiens den Weg zur Adria zu öffnen, das Streben Frankreichs, die verlorenen Provinzen wiederzugewinnen und Revanche für die Niederlage von 1871 zu nehmen und schließlich, daß England sich mit Hilfe seiner Verbündeten von dem Alpdruck der deutschen Seemacht zu befreien suche. »Deutschland will dagegen nur seinen Besitzstand wahren[88].«

3. Die Planmäßigkeit aber, mit der militärische, wirtschaftliche und psychologische Vorbereitungen für den Krieg getroffen wurden, ergibt sich geradezu logisch aus der gesteigerten Kriegsgefahr, ohne daß dafür Motiv oder Ziel einer Eroberung der Vorherrschaft in Europa maßgebend zu sein braucht. Auf dem Balkan waren die Spannungen zwischen den Staaten noch gewachsen und damit ein Eingreifen sowohl Rußlands wie Österreich-Ungarns zu erwarten und auch die Polarisierung der beiden Mächtegruppen in der Staatenwelt nahm zu. Da wäre es geradezu ein Pflichtversäumnis der Regierung gewesen, sich nicht für den Ernstfall zu wappnen. Das betraf bereits die große Heeresvorlage. Sie ergab sich aus den Umwälzungen aus dem Balkankrieg. Eine Staatenwelt in Südosteuropa, die dem Einfluß Rußlands ausgesetzt zu werden drohte, und ein an Gebiet und Bevölkerung vergrößertes Serbien erforderten einen größeren Aufwand militärischer Kräfte Österreich-Ungarns, die dann der gemeinsamen Front gegen Rußland entzogen wurden. Und wie der routine-

88 Reichsarchivwerk, Kriegsrüstung und Kriegswirtschaft, Anl. Bd., S. 158 ff.

mäßigen militärischen Mobilmachungsvorbereitungen, bedurfte es auch einer psychologischen Kriegsvorbereitung für den wahrscheinlicheren Fall, daß sich ein europäischer Krieg an einem Balkanproblen entzünden würde. Diese im »Kriegsrat« beschlossene Aufklärung der öffentlichen Meinung hat denn auch ihren Niederschlag in der Denkschrift des Generalstabes ihren Niederschlag gefunden hat: »Um in den Krieg zu ziehen, ohne angegriffen zu sein, muß die Nation davon überzeugt sein, daß es auch um ihre Lebensinteressen geht, wenn der Bündnispartner angegriffen werden sollte.« Auch die Taktik, die wir in der Julikrise beobachten können, wird hier aufgeführt, »den casus belli so zu formulieren, daß eine Nation einig und begeistert zu den Waffen greifen würde«. Das ist dann in den Aufrufen beim Kriegsausbruch mit dem Wort vom »ruchlosen Überfall« geschehen. Doch sollte man damit nicht begründen wollen, daß Bethmann Hollweg die Überfallthese von vornherein eingesetzt habe, um damit die späteren Kriegsziele zu legitimieren[89]. Dies alles ordnet sich vielmehr in die allgemeine Rüstungspolitik ein, mit der sich die Mächte angesichts der internationalen Spannungen, und insbesondere des »Pulverfasses« auf dem Balkan, auf einen drohenden Krieg vorbereiteten, der als »unvermeidlich« oder sehr wahrscheinlich von Jahr zu Jahr erwartet wurde. Aus dieser wachsenden Kriegsgefahr, und wenn nun sogar mit einem Kriegseintritt Englands zu rechnen war, ergaben sich denn auch eine Reihe von Maßnahmen auf dem Gebiete der Wirtschaft, die, nicht anders wie Mobilmachungspläne, für den Fall eines Krieges getroffen wurden, ohne daß daraus Absichten auf einen Angriffs- oder gar Hegemonialkrieg abgeleitet werden sollten[90].

4. Schließlich soll der Termin für die Entfesselung eines Eroberungs- und Hegemonialkrieges von der Fertigstellung der Arbeiten zur Erweiterung bzw. Vertiefung des Nord-Ostsee-Kanals abhängig gemacht worden sein. Es wird sogar eine »gerade Linie gezogen«, von der »Geheimbesprechung« am 8. Dezember 1912 zur »Kriegsentfesselung« kurz nach der Wiedereröffnung des Kanals am 24. Juni 1914. So wichtig auch die Durchfahrt der Dreadnoughts für die Operationen der Marine gewesen sein dürfte, ist es doch höchst unwahrscheinlich, daß ein Krieg und womöglich

89 So F. Fischer, »Illusionen«, S. 663.

90 Dies glaubt Röhl aus den Arbeiten von W. Gutsche, R. Zilch mit dem dort veröffentlichten Material, wie z. B. dem Protokoll einer Sitzung des »Wirtschaftlichen Ausschusses vom 26. Mai 1914«, der Tätigkeit einer im Dezember 1912 im Reichsamt des Innern zusammengetretenen »Ständigen Kommission für Mobilmachungsangelegenheiten« zu schließen. Röhl, »Die Generalprobe«, a.a.O., S. 369 ff. Wie auch der Kaiser erfuhr, hatte die Kriegsgefahr zur Folge, daß Bankguthaben abgehoben wurden, um dafür Gold zu kaufen oder nach der Schweiz transferiert zu werden ... Tgb. Müller, 14. Dezember 1912, a.a.O., S. 126.

ein Weltkrieg von einer solchen Angelegenheit abhängig gemacht wurde, selbst wenn Tirpitz sie in die Debatte geworfen haben wollte. Die angeblich »voneinander unabhängigen«, zugespitzten Formulierungen der beiden Militärbevollmächtigten gehen im übrigen auf den Kriegsminister von Heeringen zurück, dessen Bruder am »Kriegsrat« teilgenommen hatte. Wenn man schon eine »Linie ziehen« will, dann bietet sie sich vielmehr in dem stereotypen Hinweis Wilhelm II auf die gefährdete Zukunft des Habsburger Reiches und die von »drei Seiten bedrohte« Existenz Deutschlands, die angesichts der wiederholten Krisen von Jahr zu Jahr wachsende Kriegsvorbereitungen erfordere.

5. So ist denn dem »Kriegsrat« vom 8. Dezember 1912, so aufschlußreich er auch sein mag, ein eigentlicher Stellenwert kaum zuzumessen. Wenn schon Admiral von Müller feststellte, daß das Ergebnis »so ziemlich Null« sei, so hat der Kanzler schon am 14. Dezember in einer Besprechung mit dem Kriegsminister und Tirpitz »mit allem Nachdruck« dagegen verwahrt, daß sie sich in der Angelegenheit der Heeres- und der Marinevorlagen hinter seinem Rücken auch Seiner Majestät gegenüber binden, und ihnen auch erklärt, daß er »irgendwelche Pressetreiberei« zugunsten der Projekte unter keinen Umständen dulden könne[91]. Und daß sich England für Frankreich einsetzen werde, wenn dieses Gefahr laufe, von Deutschland vernichtet zu werden, wollte er längst gewußt haben[91a]. Wenn er bisher davon gesprochen hatte, daß er *hoffe*, der Krieg werde sich vermeiden lassen, den er für ein großes Unglück halte und der für Rußland den Ausbruch der Revolution bedeute[92], so ging am 12. Dezember etwa nach München die Meldung des bayerischen Militärbevollmächtigten, der Reichskanzler sehe die Lage zwar immer noch »hoch gespannt, aber bei der Haltung der Großmächte durchaus hoffnungsvoll an«[93]. Daß er sich, wie der Kaiser in jenen Tagen sagte, jetzt doch an den Gedanken eines Krieges gewöhnt habe[94], sollte wiederum nicht mit dem Vorhaben eines »Angriffskrieges« identifiziert werden. Vielmehr war es, angesichts der Spannungen in der Staatenwelt und geradezu permanenten Konfliktsituation, eine allgemeine Vorstellung, daß es evtl. einmal zum Weltkrieg kommen würde. Bethmann Hollweg konnte auch feststellen, daß England

91 Aufz. Bethmann Hollweg, 14. Dezember 1912, GP 39, Nr. 15623.
91a Bethmann Hollweg an Eisendecher, 20. Dezember 1912, A.A. Nl. Eisendecher und an Wilhelm II, 12. Dezember 1912, GP 39, Nr. 15560.
92 Tgb. Öttingen, 9. Dezember 1912, zit. bei E. von Vietsch Bethmann Hollweg (1969), S. 149.
93 Wenninger an den bayerischen Kriegsminister, 12. Dezember 1912, Röhl, Dokumentation Nr. 6.
94 Tgb. Müller, 14. Dezember 1912, Müller, »Der Kaiser«, a.a.O., S. 126. Dazu Röhl, Militärgesch. Mitt., a.a.O., S. 87, und Generalprobe, S. 362.

in dieser Krise nach wie vor loyal und vertrauensvoll mit Deutschland zusammenarbeitete und auf Rußland »kalmierend« eingewirkt hatte. Allerdings dürfe Deutschland keine »nervöse Hampelmannpolitik« treiben, sonst reiße anderen Mächten doch einmal die Geduld. Und Kiderlen-Wächter sah in dem Besuch Haldanes bei Lichnowsky vom 3. Dezember, der den Kaiser so erregte, nur einen »gut gemeinten Versuch, uns zur Vorsicht zu mahnen«[95]. Als der Kaiser die Militärs zu sich befahl, hatte der Staatssekretär bereits die Zustimmung »Rußlands und Österreichs für die Botschafterversammlung« in London und das Einverständnis zu einer Lösung der Adriafrage mit einem »Schienenstrang« für Serbien zu einem Hafen in Form eines »Débouché«.

III

Und doch ist es nicht ganz unberechtigt gewesen, daß Wilhelm II die führenden Militärs zu einer Beratung gerufen hat. Denn e i n e Kriegsgefahr war tatsächlich vorhanden. Für die Kriegspartei in Wien war die Frage des Adriahafens nur ein Anlaß gewesen, um mit den bereits im Gange befindlichen Kriegsmaßnahmen das serbische Problem mit Gewalt zu lösen und damit die südslawische Bewegung zu bewältigen. Wenn Berchtold am 6. Dezember nach Berlin mitteilen ließ, daß er auf friedlichem Wege mit einem diplomatischen Erfolg aus der Lage herauskommen wolle[96], so erhielt am gleichen Tage Conrad von Hötzendorf vom Erzherzog den Befehl, sich am nächsten Morgen bei ihm einzufinden[97]. Der General war 1911 als Generalstabschef abgelöst worden, weil er den Präventivkrieg führen wollte, sowohl gegen Italien, mit seinem Anspruch auf die Adria und auf Südtirol, wie gegen Serbien mit dem auf Bosnien-Herzegowina. Jetzt empfing ihn der Thronfolger inmitten ausgebreiteter Karten und Aufmarsch- und Mobilmachungspläne für den Krieg gegen Serbien und eröffnete ihm, daß er wieder zum Chef des Generalstabes berufen werden würde. Für den Nachmittag zu Kaiser Franz Joseph befohlen, legte Conrad dar, daß jetzt vielleicht die letzte Möglichkeit gekommen sei, mit Serbien abzurechnen, bevor die Tripleentente zu einer ihr geeignet erscheinenden Zeit einen jetzt nicht ausgetragenen Streit wieder auf die Tagesordnung setzen würde. An diesem Tage, also dem 7. Dezember, ließ Franz Ferdinand aufgrund einer Meldung über einen Anmarsch von 24 000 Serben durch den Kaiser das XV. Armeekorps in Bosnien-Herzegowina und

95 Kiderlen-Wächter an Eisendecher, 19. Dezember 1912, GP 39, S. 124, Anm.
96 Tschirschky an Bethmann Hollweg, 6. Dezember 1912, GP 33, Nr. 12487.

das XVIII. in Dalmatien auf Kriegszustand bringen, d. h. den sogenannten »BHD«-Fall in Kraft setzen[98].

Am 11. Dezember sollte nun die Entscheidung getroffen werden. Am Morgen dieses Tages wurde Berchtold zum Thronfolger gerufen[99], der ihm eröffnete, daß die Provokationen Serbiens und Montenegros einen Grad erreicht hätten, den die Monarchie sich nicht weiter gefallen lassen könne, ohne ihr ganzes Ansehen sowohl jenseits der Grenze wie bei den eigenen Südslawen, zu verlieren. Jetzt noch könnten die nötigen militärischen Maßnahmen getroffen und entsprechende Forderungen gestellt werden. Rußland sei nicht voll gerüstet und werde sich ruhig verhalten, meinte der Erzherzog, eine Vorstellung, die uns dann auch in der Julikrise von 1914 bei Wilhelm II und der deutschen Regierung begegnen wird. Selbst wenn es losgehen sollte, hielt Franz Ferdinand dem Außenminister vor, »haben wir Deutschland mit uns, Rumänien als Flankendeckung und die Möglichkeit, durch einen Funken das polnische Pulverfaß zum explodieren zu bringen«[100]. Tatsächlich war schon unter Conrads Vorgänger eine »Insurrektion« in Russisch-Polen eingeleitet worden, ein Gedanke, den in Deutschland schon der ältere und beim Kriegsausbruch von 1914 der jüngere Moltke verfolgt haben. Der Erzherzog sprach mit Begeisterung von dem deutschen Kaiser, »auf den wir unbedingt rechnen können«, und rühmte sein Verständnis für die Notwendigkeit eines energischen Auftretens gegenüber Serbien und Montenegro. Wirkte sich bei ihm das »Erlebnis von Springe« aus, so stand Berchtold vielmehr unter dem Eindruck von Kinderlen-Wächters »kaltem Wasserstrahl«. »Kaiser Wilhelms kampfesfroher Elan«, so hielt er dem Thronfolger entgegen, werde nicht von der deutschen Regierung geteilt werden, die vielmehr deutlich zu verstehen gegeben habe, daß Deutschland keine aggressive Politik unterstützen werde.

Noch am Vormittag dieses 11. Dezember 1912 fuhren Thronfolger und Außenminister gemeinsam zum Kaiser nach Schönbrunn, der sie dort nacheinander zum Vortrag empfing. Der Außenminister vertrat auch hier die Ansicht, daß eine kriegerische Aktion gegen Serbien angesichts der Erfolge der Balkanstaaten und ihres noch bestehenden Bündnisses zu diesem Zeitpunkt militärisch schwer durchführbar sei. Auch außenpolitisch wäre es nicht ratsam, solange Serbien auf jede Provokation verzichte. Ein Krieg gegen Serbien würde auch innenpolitisch als ein Kampf der Monarchie

97 Auch zum Folgenden die Schilderung Conrads, Conrad II, S. 373.
98 Kiszling, a.a.O., S. 186. Tatsächlich handelte es sich um eine Mobilmachung, die mit Einzelweisungen kaschiert wurde.
99 Nach Ms. Berchtold, Hantsch, a.a.O., S. 359 ff.
100 Ebda., S. 361.

gegen das Slawentum aufgefaßt werden, und die Unzufriedenheit der hier lebenden Slawen in bedenklicher Weise steigern. Als sich in dem anschließenden Kronrat die Mehrheit der Minister auf die Seite Berchtolds stellte, entschied Franz Joseph zur Betroffenheit des Erzherzogs im Sinne seines Außenministers. Dieser erhielt den Auftrag, seine Versuche fortzusetzen, die Krise auf diplomatischem Wege zu lösen. Wesentlich für diesen Entschluß war folgende Begründung: 1. Die Haltung Deutschlands, wie sie der Außenminister geschildert hatte, das nicht bereit war, eine »aggressive Politik« zu unterstützen; 2. der unmittelbar bevorstehende Zusammentritt der Botschafterkonferenz der Großmächte. Es waren Hemmungen gegenüber einem Krieg gegen Serbien, die im Juli 1914 so nicht bestanden.

Indessen erklärte sich die russische Regierung in einem Rundschreiben an die Missionen in Paris und London vom 10. Dezember, dessen Inhalt auch in Belgrad übermittelt wurde, bereit, »die politische und ökonomische Emanzipation Serbiens« zu unterstützen, und für einen serbischen Zugang zur Adria durch albanisches Territorium mit realen Garantien für die freie Durchfahrt militärischer und kaufmännischer Güter einzutreten. Gleichzeitig bekannte sich aber Rußland dazu, daß es unmöglich sei, »für Serbien souveräne Rechte auf einen Teil der Adriatischen Küste zu erlangen«. »Weder wir noch die uns befreundeten Mächte können zulassen, daß die Entscheidung bezüglich eines europäischen Krieges der serbischen Regierung überlassen sei[101].« Noch am folgenden Tag entsprach Pasič dem russischen Verlangen und erklärte – um einem österreichisch-ungarischen Ultimatum zuvorzukommen – den Vertretern der Mächte in Belgrad, Serbien werde sich in der Frage des Zugangs zum Adriatischen Meer der Entscheidung und den Ratschlägen der Ententemächten unterwerfen[102].

In dieser Krise bewährte sich die Taktik der deutschen Politik, die Entschlossenheit zur Bündnishilfe für ein von Rußland angegriffenes Österreich-Ungarn zu dokumentieren und sich zugleich für eine internationale Lösung einzusetzen und dafür eine sachliche Grundlage zu betreiben, die auch das Prestige des Bundesgenossen berücksichtigte. Dabei kam es der deutschen Diplomatie freilich zugute, daß sich die Kriegsparteien nicht durchsetzten, weder die in Petersburg mit ihren panslawistischen Ambitionen noch die in Wien mit der Absicht, Serbien und damit die südslawische Nationalbewegung mit Gewalt zu zerschlagen. Allerdings blieben die Umstände, die dem serbisch-österreichischen Gegensatz zu-

101 Sasonow an Hartwig, 10. Dezember 1912, Iswolski-Schriftwechsel, Bd. 2, Nr. 617.

102 Ugron an Berchtold, 11. Dezember 1912, ÖD V, Nr. 4864.

grunde lagen. Abgesehen davon, daß sich im folgenden Jahr neue Konflikte über die Grenzen des neuen Staates Albanien ergaben, war weder der Machtkampf zwischen dem Habsburger und dem Zarenreich um die Interessensphären oder gar die Hegemonie auf dem Balkan beigelegt, noch die von Serbien aus organisierte Agitation der südslawischen Bewegung in Bosnien-Herzegowina abgestellt. Auch wurde die Regierung in Belgrad von Sasonow nur auf günstigere Zeiten vertröstet. Sie möge sich, so ließ ihr Sasonow durch den serbischen Gesandten in Petersburg sagen, mit dem bisherigen Gebietzuwachs begnügen und ihn organisieren, und dies zunächst als eine Etappe betrachten. Denn Serbien gehöre die Zukunft! Nach seinen großen Erfolgen habe er Vertrauen zu Serbiens Kraft, erklärte der russische Außenminister, er glaube, daß es Österreich erschüttern werde, um – wenn die Zeit dafür gekommen sei – »das österreichisch-ungarische Geschwür aufzuschneiden, da es jetzt noch nicht reif sei wie das türkische«[103].

Doch auch in Wien war die Aktion nur vertagt. Der neue Kriegsminister Krobatin erklärte bereits – als er sich beim Thronfolger, beim Außenminister und beim Kaiser meldete – unumwunden: »Kriegerische Niederwerfung Serbiens ohne Scheu vor den möglichen Konsequenzen eines solchen Schrittes«. Krobatin, der auch in der Julikrise von 1914 dem Kabinett angehörte, und Conrad waren sich einig darin, daß der Zusammenschluß der südslawischen »Rasse« sich nicht aufhalten und die Anziehungskraft eines erstarkten Serbiens im Zusammenhang mit einer erfolgreichen revolutionären Agitation dieses aufblühenden Staates eine weitere Passivität Österreich-Ungarns nicht zulassen dürfe. Nur ein energisches aktives Auftreten könne die Situation mit einem Schlage ändern. Das Habsburger Reich stünde also nur vor den Alternativen, so trug Conrad bereits am 14. und 16. Dezember mündlich und schriftlich dem Erzherzog und dem Außenminister vor[104]; entweder sollte Österreich-Ungarn Serbien auf Kosten seiner Selbständigkeit in sein Machtgebiet einbeziehen, oder es würde die südslawischen Länder und damit das ganze Küstengebiet und seine maritime Machtstellung und Großmachtstellung verlieren. Wenn die Sache mit Serbien aber wieder im Sande verlaufe, prophezeite er ein wesentlich verstärktes Serbien und eine Revolutionierung der südslawischen Bevölkerung mit Auswirkungen bei den übrigen Nationali-

103 Popowitsch an Pasič, 27. Dezember/13. Dezember 1912, abgedr. bei M. Boghitschewitsch, »Die Auswärtige Politik Serbiens«, Bd. 1 (1928), Nr. 253 u. 276; vgl. auch P. Herre, »Die kleinen Staaten Europas und die Entstehung des Weltkrieges« (1937), S. 385 ff. u. Uebersberger, S. 95 f. – Die Authentizität der von Milós Boghitschewitsch, dem früheren Gesandten in Berlin, publizierten Akten ist zu Unrecht vielfach bestritten worden.

104 Conrad an Franz Ferdinand, 14. Dezember 1912, Conrad II, S. 380 ff.

täten. Und er faßte zusammen: Niedergang des militärischen Geistes und des Selbstvertrauens der Armee und Verstimmung im Offizierkorps; dazu finanzielle Schwächung durch Rüstungen und immer wieder neue militärische Bereitstellungen, Verlust an Prestige sowie politischer und wirtschaftlicher Geltung, Mißtrauen der Dreibundmächte in Österreichs Bündniswert und eine Steigerung der militärischen Kraft Rußlands, wozu noch in Rumänien Verhältnisse eintreten könnten, die die bisher noch bestehende Bündnisfreundschaft in Frage stellten. Auf der Gegenseite aber stände eine noch mächtigere Koalition der Tripleentente, der die Monarchie, aber auch das Deutsche Reich dann nicht mehr gewachsen sein würden. Da sei es dann schon zweckmäßiger, die Kraftprobe mit der Tripleentente jetzt auszutragen.

So sehr man auch heute nach der Katastrophe des Weltkrieges geneigt sein mag, die Präventivkriegsabsichten Conrads zu verurteilen, ist doch zu bedenken, daß seine Vorstellungen von der fortdauernden Schwächung und Verschlechterung der Position Österreichs und dem Anwachsen der Macht der Tripleentente durch die Entwicklung der folgenden Jahre bestätigt wurde. Die Verdrängung der Türken bis unmittelbar vor Konstantinopel und der Aufstieg slawischer Staaten kam der russischen Politik zugute und schwächte den Einfluß der Donaumonarchie. Und für den Kriegsfall mußten die Mittelmächte mit einer dritten Front rechnen. Mit der »Diversion« österreichisch-ungarischer Streitkräfte in Serbien waren nicht nur die russischen in Galizien entlastet, sondern auch der deutsche Kriegsplan gefährdet, der während der deutschen Westoffensive die Verteidigung der Ostfront im wesentlichen der österreichischen Armee überließ. Praktisch wurde jetzt Serbien mit seinem potentialen Machtzuwachs durch die neuerworbenen Gebiete in die strategischen Planungen der franko-russischen Militärallianz einbezogen.

Poincaré, der im August d. J. bei einem Besuch in Petersburg über die russische Balkanpolitik informiert worden war, hatte nach seiner Rückkehr beim französischen Generalstab ein Gutachten zur strategischen Situation angefordert. Es ist sowohl aufschlußreich, über die militärischen Vorstellungen in Paris wie über die politischen Ziele aufschlußreich. Von einem Eingreifen Österreich-Ungarns auf dem Balkan versprach man sich eine beträchtliche Schwächung der Mittelmächte auf den anderen Kriegsschauplätzen – so in Polen und in Lothringen –, und womöglich eine Ab-

105 Note de l'État – Major de l'Armée, 2. September 1912, DDF III, 2, Nr. 359. Noch bei seinem Besuch in Petersburg im August 1912 war das Balkanproblem »der einzige Anlaß zu einer Meinungsverschiedenheit« mit dem russischen Außenminister gewesen. (S. D. Sasonow, Sechs schwere Jahre (1927), S. 67.

wendung Italiens vom Dreibund. Deutschland würde dann militärisch in eine äußerst kritische Lage geraten. Wenn es sich dann in Ostpreußen mit einer Mindeststärke an Truppen begnüge, würde Rußland einen für das Reich sehr gefährlichen Vorstoß nach Berlin unternehmen können. Die Tripleentente, so stellte die militärische Führung Frankreichs fest, könnte dann einen Sieg erringen, der es ihr, ungeachtet lokaler österreichischer Erfolge auf dem Balkan, erlauben würde, »die Karte Europas rückgängig zu machen«[105]. Das war also ein Hinweis auf das Kriegsziel Elsaß-Lothringen. Der Krieg der Balkanstaaten brachte sogar in der Öffentlichkeit ein »Reveil national«. Ihre Siege über die Türken galten als Erfolge von Schneider Creusot über Krupp-Kanonen und über die deutschen Instrukteure, so daß der Glanz der preußischen Feldzüge von 1864, 1866 und 1870/71 zu verblassen drohte. Schon kamen Vorstellungen über ein russisches Zusammenwirken der Republik mit dem Zarenreich wieder zur Geltung, wie sie Déroulède und Katkow in den achtziger Jahren propagiert hatten. »Man ist jetzt in Frankreich panslawistischer gesinnt als in Rußland«, berichtete der österreichische Botschafter aus Paris Anfang November 1912[105a].

Am 27. Oktober 1912 bot Poincaré im Zusammenspiel mit der öffentlichen Meinung und Abstimmung mit dem Ministerrat in einer Rede in Nantes dem russischen Alliierten an, »schon von jetzt ab eine gemeinsame Verhaltenslinie festzulegen für den Fall, daß Österreich versuchen sollte, einen Gebietszuwachs auf dem Balkan zu verwirklichen«. Und auch in den nächsten Wochen sicherte er und ebenso Paléologue, damals Abteilungsleiter im Außenministerium, Rußland »nachdrücklichsten Beistand« zu, wenn sich die Machtverhältnisse durch eine territoriale Ausdehnung Österreichs in Südosteuropa verschieben und mit einer »Verletzung des europäischen Gleichgewichtes« auch die Interessen Frankreichs berühren würden[105b]. Nach einem Bericht Iswolskis versprach Poincaré nicht nur die tätigste und energischste diplomatische Unterstützung, sondern erklärte auch, daß »die Möglichkeit irgendwelcher nicht rein diplomatischer Aktionen wie Heeres- und Marinedemonstrationen nicht ausgeschlossen werde«. Und wenn er sich auch einem, ihm darauf von Sasonow, übermittelten Text für einen Briefaustausch entzog und sich noch in seinen Memoiren darüber beklagte, daß Iswolski »dieser unruhige und wortreiche Diplomat«, ihm »Worte in den Mund gelegt habe«, so hat er doch

105a Scécsen aus Paris, 9. November 1912, ÖD 4, Nr. 4336.

105b Poincarés Rede in Nantes: Schulthess, Europ. Gesch. Kal. 1912, S. 383 f. Dazu Iswolski an Sasonow, 28. Oktober 1912, RD III, 4 Nr. 77 (auch Iswolskis Schriftw. 2, Nr. 532). Im übrigen die weiteren Berichte Iswolskis, vor allem die vom 7. November 1912, RD III, 4 Nr. 176 u. 177.

über den Botschafter in Petersburg seine – wenn auch abschwächende – Auffassung präzisiert, daß Frankreich »ohne Zweifel marschieren würde, wenn der durch das Bündnis vorgesehene casus foederis einträte, d. h. also Deutschland Österreich militärisch gegen Rußland unterstützte«[106].

Mit der, wie Iswolski damals feststellte, »neuen Ansicht« Poincarés wurde ein Hindernis für die Bündnishilfe beseitigt, auf das sich die französische Regierung noch 1909 in der bosnischen Annexionskrise und Poincaré selbst noch in seinen Petersburger Gesprächen vom August 1912 berufen hatte. So war es nur konsequent, daß er auf die »Kriegsmaßnahmen« Österreich-Ungarns mit dem Inkrafttreten des »BHD«-Fall vom 7. Dezember 1912 in Telegrammen nach Petersburg am 9. und noch einmal am 13. Dezember darauf hinwies, daß damit Österreich-Ungarn möglicherweise einen Vorsprung gewinnen und etwa Deutschland veranlaßt werden könnte, einen Teil der an seiner Ostgrenze aufgestellten Armeekorps nach dem Westen umzuleiten[107]. Um so mehr zeigten er, wie auch das gesamte Kabinett sich »höchst bestürzt und aufgeregt«, als darauf der französische Militärattaché in Petersburg vom russischen Generalstab informiert wurde, daß man an keinen Angriff Österreichs gegen Rußland oder Serbien glaube, Rußland aber auch dann keinen Krieg führen werde, wenn Österreich Serbien angreifen sollte[108]. »Folglich werden Sie Serbien seinem Schicksal überlassen müssen«, hielt der Kriegsminister dem russischen Militärattaché in Paris vor. »Das ist natürlich Ihre Sache. Man muß nur wissen, daß dies nicht durch unsere Schuld geschieht! Wir sind bereit, und das muß in Rechnung gestellt werden[109].« Alle Maßregeln

106 Sasonow an Iswolski, 14. November 1912, RD III, 4/1, Nr. 245 mit Anlage; Poincaré, Memoiren 1, S. 482 u. 486; Iswolski an Sasonow, 18. November 1912, ebd. Nr. 280 (Iswolski Schriftw. 2, Nr. 569). »Poincaré an Louis, 19. November 1912, ebd. Nr. 494. Poincarés Ziele sind auf Grund der Iswolski-Berichte in der Forschung sehr unterschiedlich, teils als Beweis eines Friedens- oder Kriegswillens interpretiert worden. U. E. ist seine Gesamtpolitik unter dem Gesichtspunkt zu betrachten, die Tripleentente zu einem Machtinstrument auszubauen, das dann je nach Umständen, Möglichkeiten und Aufgaben einzusetzen war.

107 Poincaré an Botschafter Louis, 9. und wieder 12. Dezember 1912, DDF 3, Ser. Tome V., Nr. 22 u. 48.

108 Iswolski an Sasonow, 14. Dezember 1912, ebd., Nr. 630 u. 639; Louis an Poincaré, 14. Dezember 1912, DDF III, 5, Nr. 61.

109 Oberst Ignatiew an den Chef des russ. Generalstabes, 19. Dezember 1912, abgedruckt bei E. Adamow, »Die europäischen Mächte und die Türkei«, Bd. 1 (1930), S. 55 f. – Auf Millerands weitere Frage, was man in Rußland überhaupt über den Balkan denke, erklärte ihm Ignatiew, so sehr den Russen die slawische Frage am Herzen liege, müßten sie doch an ihre eigenen Staatsinteressen denken, »ohne sie abstrakten Ideen zum Opfer zu bringen«. Der französische Kriegsminister warnte daraufhin, es handele sich nicht um Serbien oder Durazzo, sondern um die Hegemonie Österreichs auf dem Balkan.

seien getroffen, beklagte sich Poincaré am gleichen Tag bei Iswolski. Die Mobilmachung an der Ostgrenze sei überprüft worden und das Kriegsgerät liege bereit. »Und gerade in diesem Augenblick scheint sich Frankreich einer ganz anderen Haltung seines Verbündeten gegenüber zu befinden und das in einer Lage, an der dieser, sollte man meinen, am meisten interessiert sei[110].«

Hier war offenbar die Sorge maßgebend, daß ein Rußland, das in eigener Sache sich schwach zeigte, noch weniger seine Bündnispflicht erfüllen würde, wenn Frankreich in einen Konflikt mit Deutschland geriet. Das französisch-russische Bündnis von 1892/94 aber war die Grundlage sowohl für die Sicherheit Frankreichs wie auch für seinen Wiederaufstrieg als Großmacht und für das politische System der Tripleentente; denn auch die Entente mit England beruhte auf dieser Allianz, die auch die Brücke für die englisch-russische Entente war. Es kam also auch für den Einsatz des französischen Machtgewichtes im diplomatischen Spiel der Kräfte darauf an, des russischen Alliierten sicher zu sein, gerade auch, wenn es zu einer neuen Kriegskrise kommen sollte. Allerdings galt die öffentliche Meinung in Frankreich als »tief friedensliebend«. Dazu meldete Iswolski jedoch, wenn es zu einer Krise komme, würde die Entscheidung von den führenden Kabinettsmitgliedern, den drei »starken Persönlichkeiten« Poincaré, Millerand und Delcassé, getroffen; es sei ein Glück für Rußland, daß man es mit diesen Personen zu tun habe[110a]. Mit ausdrücklicher Zustimmung Poincarés stellte die russische Regierung 300 000 Franken für eine Propagandaaktion zur Verfügung, um die öffentliche Meinung in Frankreich im voraus auf die Teilnahme an einem Krieg vorzubereiten, der wegen der Balkanfrage ausbrechen konnte[111]. Das Geld wurde auf Weisung Poincarés vom französischen Finanzminister zur »Beeinflussung von Persönlichkeiten« an Direktoren und Zeitungsredakteure verteilt, »die einen Anhang im Parlament und in der Presse hatten«. Zum Kummer des nach Paris entsandten Vertreters des russischen Finanzministers blieb diese Aktion der ursprünglich vereinbarten Kontrolle durch den russischen Botschafter allerdings entzogen[112]. Die Korruptionsversuche mit dem, wie sie in den Akten genannt wurden, »finanziellen Druck auf die Presse« erwiesen sich schnell als erfolgreich. Im Dezember 1912 berichtete Iswolski, daß seine Beeinflussung der Presse und die Verteilung

110 Iswolski an Parnow, 18. Dezember 1912, Iswolski-Schriftwechsel, Bd. 2, Nr. 639.

110a Iswolski an Sasonow, 5. Dezember 1912, ebd., Nr. 608.

111 Vgl. zum Folgenden Iswolski-Schriftwechsel, Bd. 2, Nr. 527, 564, 625, 635, 639, 648, 649.

112 Raffalowitsch an den Chef der russ. Kreditkanzlei, 24. Dezember 1912, ebda., Nr. 649.

der »Subsidien« die nötige Wirkung, ja »bedeutende Ergebnisse« erzielt hätten. Mehr und mehr werde in den politischen, militärischen und gesellschaftlichen Kreisen das Bewußtsein verbreitet, daß der Krieg nicht um serbischer oder österreichischer Sonderinteressen willen, sondern wegen des Versuchs Österreichs und des hinter ihm stehenden Deutschlands ausbrechen werde, die Herrschaft der Mittelmächte in Europa und auf der Balkanhalbinsel zu errichten[113]. War nach Iswolskis Meinung die Verbreitung des Revanchegedankens in der Armee von einem Eingreifen Deutschlands abhängig gewesen, so konnte der Chef der Operationsabteilung im englischen Generalstab, Sir Henry Wilson, bei einem Besuch in Paris im Januar 1913 von führenden Generälen hören, es sei besser, wenn es jetzt als Folge der Balkanschwierigkeiten zum Kriege käme, da Frankreich in diesem Falle der rückhaltlosen Unterstützung Rußlands sicher sei. Diese sei jedoch fraglich, bei einem Krieg, der allein wegen irgendeines Konfliktes zwischen Deutschland und Frankreich ausbreche[114].

Mit der Ausrichtung der franko-russischen Allianz auf einen Balkankonflikt traf zusammen die Erklärung Englands, im Falle eines Krieges der Kontinentalmächte sich auf die Seite der Ententepartner zu stellen. Diese Mitteilung an die deutsche Regierung durch Haldane und dann auch durch Grey wurde bekräftigt durch eine gleichlautende Warnung, die König Georg V in jenen Tagen dem Prinzen Heinrich von Preußen aussprach, der ihn – am 6. Dezember 1912 – im Schloß Balmoral besuchte. Als ihn der Bruder des Kaisers – ob mit oder ohne Auftrag, läßt sich nicht feststellen – fragte, »ob England im Falle, daß Deutschland und Österreich mit Rußland und Frankreich in einen Krieg verwickelt würden, diesen beiden Beistand leisten würden«, antwortete der König: »Zweifellos Ja – unter gewissen Umständen.« So berichtete es der König Grey und teilte ihm mit, daß er es für richtig halte, Deutschland wissen zu lassen, daß England nicht zusehen könne, wie seine Freunde zerschlagen würden (to be crippled)[115].

»Glaubst Du«, so habe er dem Prinzen vorgehalten, »daß wir weniger Ehrgefühl haben als Ihr? Ihr habt Allianzen und Unterschriften, wie wir

113 Iswolski an Sasonow, 18. Dezember 1912, ebda., Nr. 639. Auch der deutsche Botschafter in Paris berichtete am 12. Dezember 1912 von einem »gewissen Umschwung«, da so ziemlich auf die gesamte Presse »der rollende Rubel« seine Wirkung ausgeübt habe. GP 33, Nr. 12491.

114 Nicolson an Grey, 24. Februar 1913, BD IX, 2/I Nr. 656.

115 Georg V an Grey, 8. Dezember 1912, BD 10, II/2, Nr. 452, auch bereits bei G. M. Trevelyan, Grey of Falladon (London 1937), S. 230. Die Herausgeber der englischen Aktenpublikation halten den Brief für so wichtig, daß sie ihn in Faksimile bringen. Vgl. im übrigen H. Lutz, »König Georgs Brief vom 8. Dezember 1912 und seine Bedeutung«, Berl. Monatshefte 16 (1938), S. 1123 ff.

Ententen ohne Unterschriften. Wir können aber weder Frankreich noch Rußland niederwerfen lassen[116].« Nach dem Bericht des Prinzen Heinrich an den Kaiser soll der König freilich nur gesagt haben, daß vielleicht mit einer Neutralität Englands, nicht aber mit einem Mitgehen auf deutscher Seite zu rechnen sei[117]. Doch hat er selbst in seinem Tagebuch am 6. Dezember als Antwort notiert: »Falls Europ. Krieg, dann England, Frankreich und Rußland gegen uns und den Dreibund[118].« Wilhelm II, durch die Mitteilung Haldanes informiert, schrieb denn auch zu dem Bericht seines Bruders an den Rand: Bereits erledigt. Es geht mit Frankreich.«[119]

Nicht minder bedeutsam als die Feststellung des englischen Königs ist die Antwort, mit der Grey seinen Brief quittierte. Er bestätigte, daß es gefährlich und irreführend wäre, bei der deutschen Regierung den Eindruck bestehen zu lassen, daß England unter keinen Umständen Frankreich zu Hilfe käme. Zwar sei England für den Fall eines Krieges nicht gebunden und die öffentliche Meinung sehr dagegen, daß aus einem Streit wegen Serbien ein Krieg entstünde. »Doch wenn Österreich Serbien aggressiv angriffe, und Deutschland Rußland angriffe, falls dieses Serbien zu Hilfe käme, und dann Frankreich hineingezogen würde, könnte es für England notwendig werden, zu fechten; so wie der deutsche Kanzler gesagt hat, daß Deutschland zur Wahrung seiner Stellung in Europa und zur Verteidigung seiner eigenen Zukunft und Sicherheit fechten würde[120].«

Damit war eine Formel für die britische Politik fixiert worden, der nicht nur deshalb besondere Bedeutung zukommt, weil dies intern geschah, d. h. also ohne etwaige taktische Rücksichten, sondern auch weil sie sowohl vom König wie auch von Grey den Botschaftern der beiden Ententepartner mitgeteilt wurde. So konnte denn Paul Cambon an Poincaré berichten, es habe sich nunmehr gezeigt, daß die britische Regierung sich – wie in den beiden Marokkokrisen – »ohne Geschrei vorbereitet und nicht daran zweifelt, daß sie im gegebenen Augenblick von der öffentlichen Meinung des Landes unterstützt werden wird[121].«

Dabei ergab sich eine Gemeinsamkeit der drei Ententemächte, aus der

116 Georg V zu dem österreichisch-ungarischen Botschafter, Graf Mensdorff, nach dessen Bericht vom 22. Dezember 1912, ÖD V, Nr. 5028.
117 Prinz Heinrich an Wilhelm II, 11. Dezember 1912, Tirpitz, »Der Aufbau der deutschen Weltmacht« (1924), S. 363 f.
118 Tgb. Prinz Heinrich, 6. Dezember 1912, veröffentlicht von Röhl, »Dokumentation«, a.a.O., Nr. 2, S. 99.
119 Tirpitz, a.a.O.
120 Grey an Georg V, BD, a.a.O., Nr. 453.
121 DDF 3 Sèr. Tome V (1933), Nr. 248. Ebenso berichtete auch der russische Botschafter. Benckendorffs diplomatischer Schriftwechsel, hrsg. von Siebert (1928), III, Nr. 833.

Vorstellung von einem angeblichen Streben des Deutschen Reiches nach der Vorherrschaft auf dem Kontinent, wie sie von Nicolson und Crowe gepflegt wurde. Unter der Flagge der Aufrechterhaltung des europäischen Gleichgewichtes aber trafen sich jetzt nicht nur Frankreich mit dem seit Jahrhunderten vertretenen Prinzip der britischen Europapolitik. Die »Aufrechterhaltung des Gleichgewichtes in Europa« hatte Delcassé bereits 1899 als Außenminister im Briefaustausch mit Murawjew als Zweckbestimmung der franko-russischen Allianz hinzugefügt. Und wenn auch in England die Empirepolitik zum Schwerpunkt geworden war und eben jetzt die wieder auflebenden Auseinandersetzungen mit der russischen Expansionspolitik in Mittelasien, d. h. besonders in Persien die Aufmerksamkeit erforderten, so war doch die Rückendeckung der Weltpolitik auf dem Kontinent auch jetzt ein wesentliches Element der britischen Diplomatie. Dazu gehörte insbesondere der Schutz der Insel vor einem Deutschland, das wie es sich jetzt wieder gezeigt hatte, durch eine österreichrussische Auseinandersetzung über Serbien in einen Krieg mit Rußland und damit auch mit Frankreich verwickelt zu werden drohte.

Die November-/Dezemberkrise von 1912 hat aber auch deutlich gemacht, weshalb sich in der letzten Phase der Julikrise die Mächte, und zwar sowohl Deutschland wie Frankreich und Rußland so intensiv bemüht haben, jeweils dem Gegner das Odium des Angreifers zuzuschieben. Schon jetzt glaubte Bethmann Hollweg gegenüber der Warnung Haldanes eine Chance für Deutschland zu sehen, daß im Kriegsfalle England zumindesten erst »nachträglich – zunächst wohl diplomatisch – aktiv eingreifen würde«, wenn Rußland und Frankreich direkt als die *Provozierenden* erschienen. »Unter allen Umständen haben wir diese Chance, wenn *wir* jede Provokation vermeiden[122]. Schließlich war er durch das Material aus der russischen Botschaft in London darüber informiert und berief sich auch darauf, daß Benkendorff seinem Außenminister geraten hatte, den »Schein einer Provokation« den Mittelmächten zuzuschieben.

Doch diese »Adriakrise« war auch für die Mächte, und nicht zuletzt für die deutsche Regierung, geradezu ein Lehrstück, wie leicht sich aus dem serbisch-österreichischen Gegensatz ein Weltkrieg entwickeln konnte. Das war diesmal aufgrund der Zurückhaltung Rußlands gegenüber Serbien, der Geschicklichkeit der deutschen Politik im Zusammenwirken mit Eng-

122 Bethmann Hollweg an Wilhelm II, der den Kaiser auf einer Fahrt nach München begleitete, 18. Dezember 1912, GP 39, Nr. 15560, Konzept von Kiderlen-Wächter. Eine Abschrift ging an den Chef des Zivilkabinetts von Valentini: »... damit Sie informiert sind, falls auf dem Wege nach München die in dem Telegramm behandelten Fragen zur Sprache kommen.« (S. Anm. ebda.)

land und mit gleichzeitigen Demonstrationen der Bündnishilfe für ein von Rußland angegriffenes Österreich und Druck für eine Kompromißlösung in Wien verhindert worden. Wenn jetzt der bereits vorbereitete Einmarsch in Serbien unterblieb, so hat doch Conrad von Hötzendorf im Laufe des Jahres 1913 unentwegt den Standpunkt vertreten, daß mit Serbien »endgültig aufgeräumt werden müsse, bevor es zu spät sei«. Er ist dabei bis zu der Vorstellung gegangen, daß die Kraftprobe zwischen Dreibund und Tripleentente womöglich bis zu einem Krieg gegen Rußland ausgetragen werden müßte. Aber der Generalstabschef hatte jetzt einen mächtigen Antipoden. Es war der Erzherzog-Thronfolger selbst, bei dem sich ein entscheidender Sinneswandel vollzogen hatte. Er, der die Wiederberufung Conrads durchgesetzt hatte, um den Feldzug gegen Serbien durchzuführen, gelangte unter dem Eindruck jener Adriakrise zu der Erkenntnis, daß Österreich nicht in Ruhe mit Serbien abrechnen könne, ohne daß die Großmächte eingreifen würden. Ja, er gratulierte sogar Berchtold dazu, »mit Friedensmitteln unseren Willen durchzusetzen und das Prestige der Monarchie intakt zu halten« und legte ihm am 1. Februar 1913[123] ein, wie er feierlich formulierte, »Glaubensbekenntnis« ab, für das er sein ganzes Leben arbeiten und kämpfen werde!

Und so spiegeln sich die Erfahrungen des Thronfolgers in der Adriakrise hier wieder: »Wenn wir den großen Krieg mit Rußland entamieren, so ist dies ein Unglück, und wer weiß, ob unser linker und rechter Flankenschutz funktioniert... Führen wir einen Spezialkrieg mit Serbien, so werden wir es in kürzester Zeit über den Haufen rennen, aber was dann, und was haben wir davon? Erstens fällt ganz Europa über uns her und betrachtet uns als Friedensstörer und Gott behüte uns, daß wir Serbien anectiren; ein total verschuldetes Land, gepfropft mit Königsmörder und Spitzbuben etc.... Zuerst muß man Ordnung im eigenen Hause haben und *alle* Völker wie einen Mann hinter sich haben, dann kann man Hurrah-Politik machen... Wir haben ja, dank Ihres Eingreifens, diplomatisch schon so viel erreicht, vide Adria-Frage, Couloir Albanien usw., und jetzt gibt es nach meiner Meinung nur die Politik zuzuschauen, wie sich die anderen die Schädel einhauen, sie soviel als möglich aufeinander zu hetzen und für die Monarchie den Frieden zu erhalten.« So wurden Generalstabschef und Thronfolger, jetzt als Generalinspekteur der gesamten bewaffneten Macht sein unmittelbarer Vorgesetzter, auch persönlich erbittertste Gegner. »Conrads Idee ist Wahnsinn«, äußerte sich Franz Ferdinand jetzt im vertrauten Kreise. »Ein Krieg mit Rußland ist unser

123 Franz Ferdinand an Berchtold, 1. Februar 1913, abgedr. bei Hantsch, a.a.O., 1, S. 388 ff., auch zum Folgenden.

Ende.« »Wenn wir gegen Serbien antreten, so steht Rußland hinter ihm und wir haben Krieg mit Rußland. Wollen sich der Kaiser von Österreich und der Zar gegenseitig vom Thron stoßen und der Revolution die Bahn freigeben[124]?« Seit dem letzten heftigen Zusammenstoß mit Conrad hat der Erzherzog im Oktober 1913 denn auch die Ablösung Conrads vorbereitet.

Erst damit erweist sich die Tragik der Mordtat von Sarajewo in ihrer geschichtlichen Bedeutung. Denn nicht nur nach dem Zeugnis der Attentäter, sondern gerade dem ihres Auftraggebers, des Abwehrchefs im serbischen Generalstab, Dragutin Dimitrijevič (genannt »Apis«), geschah sie in der Vorstellung, »daß durch das Verschwinden des Thronfolgers Ferdinand die Tendenz zum Kriege und die Kriegspartei ihre Stärke verlieren und so die Kriegsgefahr von Serbien abgewendet oder mindestens etwas verschoben werden würde«[125]. Das hat Oberst Dimitrijevič schriftlich am 28. März 1917 dem Offiziersgericht im »Salonikiprozeß« mitgeteilt, bevor er dort zum Tode verurteilt und anschließend exekutiert worden ist.

124 Herzog Albrecht v. Württemberg (Wien) an Fürst Fürstenberg, 2. Februar 1913, GP 34/I, Nr. 12788; ebenso Oberst Bordloff zu Conrad am 22. Februar 1913, Conrad III, S. 127. Vgl. auch Moltke an Jagow, 6. Februar 1913, GP 34/I, Nr. 12793. Ähnlich äußerte sich Franz Ferdinand zu L. v. Chlumetzky nach dessen Mitteilung in Berl. Monatshefte (1934), S. 459 f.

125 Dimitrijewitsch an das Offiziersgericht, 12. April/28. März 1917, übers. von H. Uebersberger in: Der Salonikiprozeß, dt. übers. nach serb. Originaltexten (1933), S. 398. Auch abgedr. in: derselbe, »Österreich zwischen Rußland und Serbien (1958), S. 287 ff.

9.
Ein »Nachwort«
Zur Julikrise von 1914

Je weiter sich der Historiker in die politischen und militärischen Probleme des Ersten Weltkrieges vertieft und je mehr Quellen ihm zugänglich werden, desto stärker vermag er die Aussagen über seinen Forschungsgegenstand zu differenzieren; desto eher auch wird er imstande sein, in der verwirrenden Vielfalt noch emotionsgebundener Standpunkte und scheinbar gleichberechtigter Fragestellungen das »Objektive« vom »Subjektiven« und das Wesentliche vom Unwesentlichen deutlicher zu scheiden und, um die Grundlagen einer neuen Gesamtdarstellung zu schaffen, schon in seinen Voruntersuchungen die Akzente auch im Detail richtig zu setzen und die Bedeutung des Teiles für das Ganze zu bestimmen. Wenn sich aber bei der ersten vorbereitenden Klärung von Einzelproblemen die Grundzüge der Interpretation als stichhaltig erweisen, so ist der Zweck dieser Darstellung vollauf erfüllt.

In den vorhergehenden Beiträgen ist, neben der Analyse innenpolitischen Aspekts, zum erstenmal der Versuch unternommen worden, »offensive« Politik des Reichskanzlers in der Julikrise daraus zu erklären, daß sich für ihn die machtpolitische Gesamtlage Deutschlands als Großmacht seit dem Mai 1914 durch zwei Faktoren einschneidend zu verschlechtern schien: 1. durch die Mitteilung der Militärs, Deutschland werde – angesichts der enormen militärischen Rüstungen Rußlands – in wenigen Jahren einer Auseinandersetzung mit dem Zarenreich nicht mehr gewachsen sein; 2. durch die verläßliche Nachricht, England und Rußland verhandelten über eine Marinekonvention, deren Abschluß nach Auffassung Bethmann Hollwegs als ein »letztes Glied in der Kette« jede noch so geringe Hoffnung auf eine Umstellung der bestehenden Mächtegruppierungen zerstörte. Beides, der Ausbau eines russischen Massenheeres und die Verständigung und die Annäherung Rußlands und Englands mit Hilfe des Marineabkommens, ließ befürchten, daß Deutschland in Zukunft einem Krieg mit der Tripleentente nicht mehr gewachsen sein würde. Die russische »Dampfwalze« drohte dann ungehindert auf Berlin zuzurollen, wenn die deutsche Hauptmacht mit dem Feldzug in Frankreich engagiert war. Und mit der britischen Flotte sollte Deutschland durch eine Blok-

Wesentlich erweiterte Fassung aus Wolfgang Schieder (hsg.) Erster Weltkrieg, (1969), S. 199 ff.

kade »binnen sechs Wochen einer völligen sozialen und inneren Katastrophe entgegengeführt werden«. Dies hatte Sasonow dem Zaren und in der Ministerkonferenz vom 13. Januar 1914 als ein Ziel seiner Politik vorgetragen[1].

Denn das geplante Marineabkommen galt nicht etwa nur der militärischen Ergänzung der schon bestehenden französisch-englischen und französisch-russischen Verträge über das Zusammenwirken ihrer Flotten. Es diente einer »weiteren Festigung und Entwicklung der sogenannten ›Tripleentente‹ und wenn möglich ihrer Verwandlung in eine neue ›Tripleallianz‹«. So lautete die Direktive Sasonows an Isowolski für den Besuch des englischen Königspaares und Greys in Paris im April 1914. Das sei »eine Aufgabe von aktueller Bedeutung«. Eine engere Konvention zwischen Rußland und England sei für alle drei Teilnehmer an der jetzigen Tripleentente in gleicher Weise wünschenswert. Zur Begründung führte der russische Außenminister an, daß es erforderlich sei, ein Deutschland in Schranken zu weisen, das nach der Hegemonie in Europa strebe und damit den Weltfrieden bedrohe[2]. In Berlin war man hierüber durch das Material informiert, das laufend von dem baltendeutschen Diplomaten der russischen Botschaft in London geliefert wurde[3]. Schließlich hat Sasonow den Engländern sogar angeboten, das Marineabkommen mit einer erneuten Verständigung über die Interessensphären in Persien zur Garantie der »Sicherheit Indiens« zu bezahlen. Bereits wurde ein Besuch des Ersten Seelords, Prinz Louis Battenberg, in Petersburg für August 1914 angekündigt. Zeigten schon diese Verhandlungen eine antideutsche Spitze, so drohte mit einer Verstärkung der russisch-englischen Entente und damit der Tripleentente eine Schwächung der Position des Deutschen Reiches, zumindest mit Beschränkung seiner diplomatischen Bewegungsfreiheit.

Dazu kam drittens die drohende Einbeziehung der Staatenwelt auf dem Balkan in das franko-russische Allianzsystem. Schon um die Jahreswende 1912/13 war das im Ersten Balkankrieg territorial und an Bevölkerung um mehr als ein Drittel gewachsene Serbien für die strategische Konzeption des französischen Generalstabes interessant geworden; und Poincaré hatte – entgegen seiner und seiner Vorgänger früheren Auffassung – den Balkan de facto in das Bündnis mit Rußland einbezogen. Im Hinblick auf

1 Siehe unten Kap. 12, Seite 328 f.
2 Sasonow an Iswolski, 3. April 1914, Die internationalen Beziehungen im Zeitalter des Imperialismus, Dokumente aus den Archiven der Zarischen und der Provisorischen Regierung, dt. Ausg., hrsg. v. O. Hoetzsch, Reihe I (Berlin 1933), (künftig zit. RD) 2 Nr. 137. – Im übrigen wird im Folgenden mehrfach auf Quellen und Belege verzichtet, die vom Verfasser an anderer Stelle beigebracht wurden oder werden.

die nunmehr stärkere Bindung von Kräften des österreichischen Bundesgenossen, bereitete auch der deutsche Generalstab die große Heeresvorlage von 1913 vor[3]. Seit dem Ausgang des Zweiten Balkankrieges und nach dem Empfang des serbischen Ministerpräsidenten Pasič beim Zaren am 2. Februar 1914 betrieb Rußland zusammen mit der französischen Diplomatie die Gründung eines neuen Balkanbundes – diesmal zwischen Serbien, Griechenland und Rumänien. Vergeblich suchte die deutsche Politik dagegen die Hohenzollernschen Familienbeziehungen in Bukarest und in Athen ins Spiel zu bringen. Auch drängten der Kaiser und das Auswärtige Amt in diesen Monaten wiederholt in Wien darauf, sich wirtschaftlich, kulturell und auch militärisch mit Serbien zu verständigen. Dem stand nicht nur die russische Hegemonialpolitik auf dem Balkan entgegen. Es handelte sich hier um die Agitation der serbisch-südslawischen Bewegung, wie sie von Belgrad aus besonders in Bosnien-Herzegowina organisiert war, das seit dem Berliner Kongreß von 1878 von Österreich-Ungarn verwaltet, und 1908 von ihm annektiert worden war.

Meine weiteren Forschungen haben bestätigt und teilweise noch sehr viel schärfer hervortreten lassen, daß sich erst innerhalb des relativ kurzen Zeitraumes von kaum mehr als zwei Monaten vor dem Attentat von Sarajewo ein solch schwerwiegender Wandel in der Lagebeurteilung vollzogen hat. Daraus folgte dann unmittelbar die Bereitschaft, den lokalen österreichisch-serbischen Konflikt zur präventiven Abwehr dieser für Deutschland zunehmend gefährlicher erscheinenden außenpolitischen Bedrohung zu benutzen. Der Verwirklichung dieser primär und der Intention nach defensiven Aufgabe der Machterhaltung und des Machtausgleiches galt die deutsche Politik im Juli 1914. Dazu gehörte ebenso die Behauptung der Großmachtstellung des österreichischen Bündnispartners und sein Prestige im Innern und nach außen wie die Sicherung und Stärkung der internationalen Position des Deutschen Reiches in der europäischen Staatenwelt und die Bewegungsfreiheit in der Weltpolitik. Weder aus den Vorkriegsjahren noch aus den Tagen der Julikrise existieren irgendwelche Belege dafür, daß die deutsche Regierung einen Expansions- und Hegemonialkrieg mit Eroberungen in Ost oder West erstrebt habe. Wohl gab es politische, gesellschaftliche und wirtschaftliche Kräfte, die schon im Frieden mit Tagträumen von einem größeren Deutschland und einer der englischen ebenbürtigen Weltmachtstellung sich gegenseitig zu übertreffen wußten. Aber es ist doch ein wesentlicher Unterschied zwischen dem, was dort proklamiert wurde und dem Handeln der verantwortlichen Staatsführung, und es führt mindestens zu falschen Akzenten, die Ziele der

3 Siehe oben Kap. 8, »Die Adriakrise und der ›Kriegsrat‹ vom 8. Dezember 1912«, S. 144 f.

Reichsleitung in der Julikrise mehr oder minder explicite aus dem Spektrum solcher Konzeptionen abzuleiten. Für den Kanzler und das Auswärtige Amt stellte sich das Kontinuitätsproblem vielmehr mit dem »cauchemar des coalitions«, jenem Alpdruck, der Bismarck seit der »Krieg-in-Sicht-Krise« von 1875 bis in seine letzten Tage beunruhigt hatte. Das Schlagwort von der Einkreisung, das Bülow nach der Konferenz von Algeciras 1905 mit einer Reichstagsrede in die Publizistik einführte, war – jedenfalls in deutscher Perspektive – gar nicht so abwegig. Es bestimmte auch die wachsende Kriegsstimmung der letzten Jahre vor dem Kriegsausbruch, wie auch die »Ertüchtigung« der Jugend der Verteidigung des Vaterlandes gegenüber den ringsum drohenden Gefahren galt, »mens sana in corpore sano«[4]. Dabei spielte auch die Erinnerung an den Aufstand gegen die Fremdherrschaft der Franzosen in den Befreiungskriegen von 1813 eine Rolle. Schließlich ist es auch für die Julikrise charakteristisch, daß es sich damals nicht um den überseeischen »Imperialismus« handelte, der dem Zeitalter seit den achtziger Jahren den Namen gegeben hat und der seinen Höhepunkt bereits um die Jahrhundertwende hatte. Es war vielmehr eine Konfliktsituation, die zumeist noch aus dem 19. Jahrhundert überliefert war: die deutsch-französische »Erbfeindschaft«, die mit dem Thema Elsaß-Lothringen in Frankreich und mit den jährlichen Sedanfeiern in den Schulen und Garnisonen in Deutschland genährt wurde, das Ringen zwischen dem Zarenreich und Österreich-Ungarn um die Hegemonie auf dem Balkan und der Anspruch der Russen auf die türkischen Meerengen. Hier ging es also um die Machtverhältnisse der europäischen Staatenwelt, wie sie in den Jahrhunderten der Neuzeit im Wechsel der Zeiten mit diplomatischen wie auch mit kriegerischen Auseinandersetzungen das Schicksal der Völker bestimmten. Neu war der Rüstungswettlauf zwischen England und Deutschland mit der Sorge der Engländer, daß die stärkste Militärmacht auf dem Kontinent nun auch als

4 So der Titel eines Schulaufsatzes des Verfassers vom 13. Juni 1913, der mit den für die allgemeine Stimmung charakteristischen Worten schließt, die deswegen hier zitiert werden mögen: »Und wenn einst der Tag kommt, an dem wir unseren Platz an der Sonne verteidigen, wenn wir nach unseres Kaisers Ausspruch unsere heiligsten Güter wahren müssen, dann wollen wir geschlossen antreten, Mann für Mann zum großen heiligen Krieg, gesund an Leib und Seele – Pro patria est, dum ludere videmur!« Es folgt dann ein Gedicht, das mit den Worten beginnt: »Halt fest, was einst vor hundert Jahren die Väter kühn mit Blut erstritten« und, ebenfalls den Verteidigungscharakter kennzeichnend, endet: »Und mit dem Schwerte in der Hand laßt treu vereint uns schlagen, für König und für Vaterland mit Gott den Feind verjagen.« [sic.] – Natürlich lasen wir Bücher, wie etwa das von Paul Rohrbach. »Der deutsche Gedanke in der Welt« (1912), aber von Eroberungen, etwa der Hegemonie in Europa, ist in meinen damals verfaßten »patriotischen« Gedichten nicht die Rede.

zweitstärkste Seemacht zu einer Bedrohung der englischen Insel anwachsen würde. Nachdem die Engländer in früheren Jahrhunderten von einer französischen Invasion bedroht waren – zuletzt von Napoleon III. in Konkurrenz mit dem Bau von Panzerschiffen und mit dem Ausbau des Kriegshafens Cherbourg und von Eisenbahnstrecken zur Kanalküste[5] –, befürchteten sie, nunmehr dort eine Festsetzung der Deutschen, wenn es wieder zu einem deutsch-französischen Kriege kommen würde.

Bietet sich hier eine mannigfaltige Konfliktsituation in der europäischen Staatenwelt, aus der sich der Zusammenstoß vom Sommer 1914 verstehen läßt, so neigt Fischer dazu, die deutsche Außenpolitik mit dem Kriegsausbruch aus der Machtstruktur des Wilhelminischen Reiches zu erklären. Zwar hebt er sich methodisch von jener dogmatischen und theoretisierenden Strömung ab, die sich in den letzten Jahren auch in der Geschichtswissenschaft verbreitet hat. Aber man braucht sich nicht unbedingt nur in den Bahnen der klassischen Überlieferung Rankescher Prägung vom Primat der Außenpolitik zu bewegen, um zu erkennen, daß gerade die Ereignisse und Entscheidungen der Julikrise von 1914 ein Beispiel für die außenpolitische Seite der Geschichte, d. h. die Machtkämpfe in der Staatenwelt darstellt. Doch entfällt mit Fischers »Zweitem Buch« der Eindruck von Kritikern, »als hinge die Bedeutung der Ausführungen über die Kriegsziele einzig und allein von der Richtigkeit oder Fehlerhaftigkeit der Interpretation der Julikrise ab«[6]. Seine detaillierte und materialreiche Analyse der Haltung gesellschaftlicher Kräfte zum Kriege und Darlegung ihrer machtpolitischen Ideen hat ihren Wert in sich. Nur bietet die strukturgeschichtliche Erklärungsweise auch nur *einen* Zugang zur historischen Totalität, wie auch »die Würdigung der individualisierten Persönlichkeit« nur *ein* Moment historischer Betrachtungsweise ist[7]. Das ist eigentlich eine Selbstverständlichkeit, wie es denn auch gilt, die objektiven Bedingungen für das Handeln der »Verantwortlichen« zu erkennen und wiederum den Spielraum, der sich aus ihrer Eigenart und ihren Vorstellungen mit seinen Denkprozessen ergibt. So geht es denn auch hier um »Bethmanns Ziele« *und* »Deutschlands Ziele« zugleich[8] und darum, festzustellen, wo sie sich überschnitten, wo sie verschieden oder identisch waren und in welchem Umfange sie jeweils das politische Handeln bestimmten. Und so hoch man auch den Einfluß wirtschaftlicher und gesellschaftlicher Kräfte auf die

5 Hierzu E. Zechlin, Bismarck und die Grundlegung der deutschen Großmacht (2. A. 1960), S. 33 ff.
6 F. Fischer, »Krieg der Illusionen« (1969), S. 672.
7 F. Fischer, »Weltmacht oder Niedergang. Deutschland im Ersten Weltkrieg. Eine Antwort an Gerhard Ritter und Egmont Zechlin« (1965), S. 89.
8 Fischer formuliert als Antwort an seine Kritiker »Nicht Bethmanns Ziele, sondern Deutschlands Ziele habe er untersucht und darstellen wollen«. Ebd.

Staatspolitik veranschlagen mag, so reicht das nicht aus, die internationalen Krisen der Vorkriegszeit und somit also den Kriegsausbruch mit vorwiegend ökonomischen Ursachen zu erklären oder die Regierung gar zum reinen Exekutor von Wirtschaftsverbänden zu machen. Hier sei nur an die mehrfachen Äußerungen Bethmann Hollwegs in der Marokkokrise von 1911 erinnert, daß es ein »Verbrechen« wäre, für die Interessen der Gebrüder Mannesmann in Marokko Krieg zu führen[9].

So ist denn auch eine detaillierte französische Untersuchung zu dem eindeutigen Ergebnis gelangt, daß es nicht wirtschaftliche und finanzielle Gründe gewesen seien, die 1914 zum Kriege zwischen Deutschland und Frankreich geführt hätten, und daß auch ein späteres deutsches Kriegsziel wie das der Erzgruben und Eisenwerke von Longwy und Briey keineswegs zwingend im deutsch-französischen Wirtschaftsverhältnis angelegt gewesen sei[10]. Auch nach dem Kriegsausbruch hat gerade Bethmann Hollweg den Industriellen unmißverständlich klargemacht, daß in der Haager Landkriegsordnung der völkerrechtliche Grundsatz der Unverletzlichkeit des Privateigentums garantiert sei[11].

Eine wesentliche Rolle in der Argumentation, daß die deutsche Regierung den Hegemonialkrieg geplant und entfesselt habe, spielt die These, Bethmann Hollweg habe geglaubt, es nur mit den beiden Kontinentalmächten zu tun zu haben, in der Erwartung, mit der englischen Neutralität »die Früchte seiner jahrelangen Bemühungen um England zu ernten«[12]. Diese Auffassung bewegt sich im Grunde auf der früheren Linie in

9 Bethmann Hollweg an Eisendecher, 16. November 1911, AA Bonn, Nl. Eisendecher, 1/1-7, siehe oben, S.

10 R. Poidevin, Les relations economiques et financires entre la France et l'Allemagne de 1898 á 1914 (1969), zit. bei K. D. Erdmann, »Die Zeit der Weltkriege« (Gebhardt, Handbuch der deutschen Geschichte 4, 1 [1973], S. 30).

11 Siehe hierzu den Abschnitt: »Das Beispiel: Longwy-Briey und die Haager Landkriegsordnung«, bei E. Zechlin, »Deutschland zwischen Kabinettskrieg und Wirtschaftskrieg«, HZ 199 (1963), S. 366.

12 Fritz Fischer hat die in der ersten Auflage seines »Griff nach der Weltmacht« (1961), S. 86, vertretene These von der »Fehlrechnung mit der englischen Neutralität« sukzessive abgebaut und auf die »sichere Hoffnung«, auf eine zum mindesten vorläufige Neutralität reduziert (vgl. »Griff nach der Weltmacht«, 3. Aufl. 1964, S. 59, 93, 95; Volksausgabe 1967, S. 74, 76; »Krieg der Illusionen«, 1969, S. 712, 723, 734). Doch läßt sich diese verbale Abschwächung auch im Zusammenhang mit der von ihm analysierten Bedeutung der englischen Kriegsdrohung vom 29. Juli für das deutsche Kalkül nicht mit der Tatsache vereinen, daß Bethmann Hollweg aufgrund seiner jüngsten Erfahrungen mit Grey und dem offensichtlichen Ententekurs der Nicolson und Crowe wesentliche Zweifel am Erfolg seiner englischen Verständigungspolitik gekommen waren. So wendet sich auch Andreas Hillgruber dagegen, daß das Motiv Bethmann Hollwegs für eine deutsch-englische Annäherung gewesen sei, den Kontinentalkrieg zu ermöglichen und sieht darin vielmehr ein begrenztes Ziel: die Erhaltung Englands als Partner

der Geschichtswissenschaft, mit der die deutsch-englischen Abkommen über die Bagdadbahn und über die portugiesischen Kolonien bewertet wurden. Gegenüber einer solchen Spekulation auf die englische Neutralität ist aber das – und zwar berechtigte – Mißtrauen des Kanzlers zu erkennen, daß sich aus den Verhandlungen über ein russisch-englisches Marineabkommen eine Stärkung der Tripleentente zu einer Tripleallianz entwickeln würde, die – wie das jedenfalls Sasonow und Poincaré erstrebten – imstande sein würde, die Mittelmächte im Falle eines Interessenkonfliktes oder einer Krise unter Druck zu setzen. Daß Grey die Tatsache dieser Verhandlungen zu leugnen suchte, konnte diesen Verdacht nur bestätigen.

Wie ernst diese Meldungen in Berlin genommen wurden und welche Rolle sie bei den Entschlüssen vom 5./6. Juli für den Kanzler gespielt haben, wird aus seinen Äußerungen zu Kurt Riezler noch am Abend in Hohenfinow bestätigt. Und wenn auch der formelle Abschluß fehlte, so bleiben wir doch bei unserer Auffassung, daß der Bruch mit England für den Fall eines Krieges als »wahrscheinlich, wenn auch nicht sicher« galt[13], aber doch die Hoffnung bestand, daß England vielleicht doch noch neutral bleiben würde, wenn das Zarenreich als Aggressor erscheinen würde. Eben deshalb war man in Berlin bemüht, die Schuld am Kriegsausbruch Rußland zuzuschieben. Nur ließ sich auf einer Hoffnung ein so weit angelegtes Kalkül nicht aufbauen, um etwa den Krieg gegen die Kontinentalmächte herbeiführen zu wollen. Schließlich dürfte auch die Erinnerung an die November-/Dezemberkrise von 1912 nicht ganz verloren gewesen sein, als

für Ausgleichsverhandlungen in internationalen Krisen, wobei sich im großen eine weitere Lockerung des Verhältnisses zwischen England und Rußland ergeben mochte. (A. Hillgruber, Riezlers Theorie des kalkulierten Risikos ..., abgedruckt auch in: Deutsche Großmacht und Weltpolitik, S. 99/10.

13 Gerhard Ritter hat im Nachtrag zur zweiten Auflage von »Staatskunst und Kriegshandwerk«, Bd. 2 (1965), S. 388 ff., diesen Satz kritisiert, da es eine überspitzte Konstruktion zu sein scheine, daß nach meiner Ansicht England voraussichtlich in zwei oder drei Jahren ebenso gebunden sei wie Frankreich und eben dies also die von mir vertretene Perspektive einer »politischen Offensive der Julitage herausforderte«. Bethmann Hollweg selbst hat sich später, wie ich an anderer Stelle dargelegt habe, Gedanken gemacht, daß ihm offenbar »die Geduld gefehlt« habe. – Auch Wolfgang Schieder fürchtet in seiner im übrigen vielfach zustimmenden Wiedergabe meiner Auffassung (»Der Erste Weltkrieg« in: Sowjetsystem und demokratische Gesellschaft [1972], Sp. 854), daß ich »stark unter Konstruktionszwang« gerate, wenn ich die deutsche Politik in der Julikrise als eine »politische Offensive« verstehe, um in einem noch »am wenigsten ungünstigen Augenblick einer als lebensgefährlich empfundenen Entwicklung der Gesamtsituation zu begegnen, und gleichzeitig den englischen Kriegseintritt von Anfang an für möglich gehalten habe«. (Sp. 555). Doch hat es mir vollkommen ferngelegen (was bereits von Imanuel Geiss gegen mich vorgebracht worden war), damit »in starkem Maße der englischen Politik die historische Verantwortung für die Ausweitung des Krieges« zuzuschieben.

die britische Regierung unmißverständlich mitteilte, daß sie bei einem Einmarsch Österreichs in Serbien kaum »der stille Zuschauer« bleiben und mit Rücksicht auf die Erhaltung des europäischen Gleichgewichtes »unter keinen Umständen eine Niederwerfung der Franzosen dulden könne«[13a]. Und wenn schon die Verteidigungslinie des Inselstaates auf dem Kontinent auf der gegenüberliegenden Küste lag, dann gab auch der deutsche Feldzugsplan zu denken, in dem der Durchmarsch durch das neutrale Belgien vorgesehen war. Gelänge es aber nicht, den Krieg zu lokalisieren, so ließ Zimmermann am 9. Juli die Marineleitung wissen, »so müssen wir damit rechnen, daß England auf unserer Gegenseite steht«[14].

In seinem zweiten Buch hat Fritz Fischer an den Verfasser die Frage gestellt[15], warum er in seinen bisherigen Veröffentlichungen nicht erörtert habe, wie denn die Welt nach den Vorstellungen in Berlin nach dem Kriege aussehen sollte, und was sich denn Deutschland von einer solchen Politik anders erhofft habe, als die Hegemonialstellung in Europa. Doch die Reichsleitung hatte eben keine fest umrissene Vorstellung oder gar einen durchdachten Plan hierfür, weil es nur ihr Ziel war, sich von dem wachsenden Druck einer Konstellation zu befreien, in der Deutschland in jeder größeren europäischen Krise dem Übergewicht einer Koalition ausgeliefert zu werden drohte. Es galt, solange dies noch möglich zu sein schien, einer Verschiebung der Machtverhältnisse im Staatensystem zuvorzukommen, um die Stellung des Deutschen Reiches als gleichberechtigte Großmacht und seine politische Handlungs- und Bewegungsfreiheit im allgemeinen Kräftespiel zu sichern. Dafür allerdings gab es eine Konzeption, um mit Hilfe einer politischen Offensive und unter dem Druck einer Kriegsgefahr zu erreichen, ja zu erzwingen, was bisher nicht mit Hilfe der Diplomatie gelungen war. Nur bedurfte es, um eine günstigere Konstellation in der Staatenwelt zu schaffen, nicht einer mit einem Krieg zu erkämpfenden Kontinentalhegemonie.

So bedarf es auch nicht erst eines Abwägens der subjektiven Perspektiven der Deutschen von der »Einkreisung« und auf der anderen Seite der von einem Machtaufstieg Deutschlands mit Armee und Marine, wirtschaftlicher Entwicklung und Bevölkerungsvermehrung oder eben gar der Vorstellung von einer planmäßigen Vorbereitung eines Krieges zur Eroberung der Hegemonie in Europa oder zum »Griff zur Weltmacht«. Auch die Charakterisierung der deutschen Politik als einer »Selbstauskreisung«

13a Siehe oben Kap. 7, Seite 136 f.
14 Hopmann an Tirpitz, 9. Juli 1914, abgedr. VR, Berghahn/W. Deist, Kaiserliche Marine und Kriegsausbruch 1914. Neue Dokumente zur Julikrise, Mil.gesch. Mitt. 1/70, S. 48.
15 F. Fischer, »Krieg der Illusionen«, S. 677.

bewegt sich mehr oder weniger in den Bahnen der Polemik. Das Problem läßt sich vielmehr mit dem Begriff vom europäischen Gleichgewicht erfassen. Es betrifft das Kräfteverhältnis und Sicherheitsbedürfnis der Staaten und Nationen und die permanente Konfrontation der beiden großen Mächtegruppen, von denen das europäische Staatensystem getragen wurde. Das ist das beherrschende Thema der Staatengeschichte, nachdem sich auf der einen Seite unter Führung Deutschlands der Dreibund und auf der anderen Seite mit der franko-russischen Allianz der 90er Jahre und der französisch-englischen Entente von 1904 und der englisch-russischen von 1907 die Tripleentente entwickelt hat. Was immer sich in den Vorkriegsjahren und nun auch in der Julikrise an Motiven, Kalkulationen und Interessen in der Politik der Kabinette entwickelte, hatte seinen letzten Ursprung in einem Lebensbedürfnis der Völker und Staaten nach »Sicherheit und Zukunft«. Darin zeigt sich denn auch eine Kontinuität der Politik Bethmann Hollwegs, wie er sie dann auch im Kriege mit dem Schlagwort von der »Selbstbehauptung« umschrieben hat[16].

In diesem Zusammenhang ist die deutsche Außenpolitik der Julikrise denn auch nicht allein aus der akuten Gefährdung des Habsburger Reiches durch die großserbisch-südslawischen Nationalbewegung zu erklären und der Aufgabe, es in seiner Großmachtstellung aufzuwerten und das Bündnis der beiden Kaiserreiche zu sichern. Es gab vielmehr neben diesem gemeinsamen Motiv der beiden Mittelmächte das gewiß entscheidend war, zwei Interessenrichtungen, die sich hier zusammenfanden. Die der Wiener Politik war traditionell auf Südosteuropa und den Balkan konzentriert. Das Schwergewicht der Politik des Deutschen Reiches aber lag vielmehr auf einer Änderung der Gesamtkonstellation, die der Kanzler seit etwa Mai 1914 mit steigender Sorge und Bestürzung sich entwickeln sah, eben jene Bereitschaft der britischen Politik zu Marineverhandlungen mit Rußland und die Absicht der russischen und französischen Regierung, die Ententen mit Hilfe von Militärabsprachen und Verträgen in ein festgefügtes Allianzsystem zu verwandeln. Hier ergab sich geradezu ein Gleichklang mit den von der französischen Diplomatie unterstützten Bemühungen um einen neuen Balkanbund, aber auch für die auf 1916/1917 abgestellte russische Heeresvermehrung. Hat doch der serbische Gesandte in Wien vor seiner Abreise nach dem Abbruch der diplomatischen Beziehungen im Juli 1914 seinen französischen Kollegen anvertraut, daß Serbien in drei Jahren kriegsbereit sei und sich dann die südslawischen Provinzen erheben würden[16a]. Und als der Zar am 14. Juni 1914 sich in Konstanza

16 Siehe oben Kap. 7, Seite 103 ff.

16a Dumaine an Bienvenu-Martin, 28. Juli, DF 3 SER. XI Nr. 220 und ebenso nach Mitteilung Dumaines, Bunsen an Grey, 29. Juli, ybd Xi, nr. 265.

mit dem König von Rumänien traf, konnte es Sasonow nicht lassen, demonstrativ einen Ausflug über die Grenze nach Siebenbürgen zu unternehmen. Auch die deutsche Orientpolitik, die zumeist unter dem Gesichtspunkt imperialistischer Weltpolitik betrachtet wird, drohte mit einer russischen Hegemonie auf dem Balkan von der Basis abgeschnitten zu werden. »Eine absolute Stabilisierung der russischen Hegemonie im Balkan« galt auch in der Wilhelmstraße als »nicht admissible«[17]. Als Bethmann Hollweg am 6. Juli daran ging, gegenüber dem Botschafter Österreich-Ungarns die Antwort Wilhelms II. auf das Handschreiben Kaiser Franz Josephs und die Denkschrift des Wiener Außenministeriums zu »präzisieren, hat er auch die Gefahren anerkannt, die sich aus den Balkanplänen Rußlands für die »großen Interessen« Deutschlands in der Türkei ergäben und daß deshalb der Abschluß Bulgariens an den Dreibund besonders erwünscht wäre[17a].

Mit all dem bietet sich für eine Betrachtung der Julikrise von 1914 ein anderes Bild als das, das von Fritz Fischer und seinen Schülern vertreten wird. Es ist ihnen denn auch von anderer Seite in der jüngsten Diskussion vorgehalten worden, daß »man so gut wie gar nichts erfahre von jenem Sicherheitsdilemma«, unter dessen Bedingungen beispielsweise Bethmann Hollweg in den letzten Jahren vor Ausbruch des großen Krieges Außenpolitik zu treiben hatte«[18].

17 Jagow an Lichnowsky, 18. Juli 1914, DD Nr. 277.

17a Sögyény an Berchtold, 6. Juli 1914, ÖD 8, Nr. 10076.

18 Klaus Hildebrand in einer Besprechung des Buches von Imanuel Geiss, »German Foreign Policy«, 1871-1914 (London 1976), H. Z. 223 (1976), S. 476. Vgl. auch die umfangreiche und intensive Überschau von Klaus Hildebrand, »Imperialismus, Wettrüsten und Kriegsausbruch 1914«, in: Neue Pol. Lit., Jg. 1975, H. 2 u. 3. Dort auch (H. 3, S. 342 ff.) eine Analyse meiner Auffassung. So auch bei K. D. Erdmann, »Zeit der Weltkriege« (Gebhardt, 4, 1), bes. S. 41 und 56. Auch George W. F. Hallgarten, »Das Schicksal des Imperialismus im 20. Jahrhundert« (1969) schreibt, daß seine und meine Interpretation des deutschen »Hauptmotivs« sich im Unterschied von Fischer »sehr stark berühre« (S. 65). Vgl. auch Andreas Hillgruber, »Riezlers Theorie des kalkulierten Risikos und Bethmann Hollwegs politische Konzeption in der Julikrise 1914«, HZ 202 (1966), S. 333-351, jetzt auch in: »Deutsche Großmacht und Weltpolitik im 19. und 20. Jahrhundert« (1977), S. 91 ff. Wichtig auch Jacques Droz, »Les causes de la Première Guerre mondiale« (1973). Dort (S. 106-110) die Wiedergabe meiner Auffassung. Seine zusammenfassende Ansicht: »Si aujourd 'hui la responsabilité majeure des hommes d'État allemands, qui ont couru sciemment le risque d'une querre générale, ne peut être mise en doute, la volonté d'agression délibérée et préméditée, que Fischer croit discerner chez eux dans ses derniers ouvrages, posera toujours un problème, parce qu'aucun document n'en fournira jamais la preuve et que tout est ici affaire d'interprétation. L'historien objectif demeurera sceptique devant une thèse qui affirme plus qu'elle ne peut prouver et qui, si elle ne peut être réfutée, demeure malgré tout fort invraisemblable.« (S. 181). – Mehrfach berührt sich meine Auffassung mit

Allerdings ist sich Bethmann Hollweg von vornherein seiner Verantwortung bewußt gewesen, als er am 5. Juli der bereits von Wilhelm II dem österreichisch-ungarischen Botschafter versprochenen Rückendeckung für eine Aktion gegen Serbien zustimmte, die nach den Worten des Handschreibens Kaiser Franz Josephs dazu dienen sollte, daß Serbien »als politischer Machtfaktor am Balkan ausgeschaltet wird« und ankündigte, daß die Politik Österreich-Ungarns »in Hinkunft auf die Isolierung und Verkleinerung Serbiens gerichtet« sein solle. »Eine Aktion gegen Serbien kann zum Weltkrieg führen«, notierte Kurt Riezler nach dem Abendgespräch mit dem Kanzler vom 6. Juli in Hohenfinow. Die von der deutschen Regierung in Aussicht gestellte Bündnishilfe wog um so schwerer, als in Wien der ungarische Ministerpräsident, Graf Tisza, eben wegen der Gefahr eines Weltkrieges, dem Vorhaben eines militärischen Vorgehens in Serbien massiven Widerstand entgegenstellte. Sogar der führende Kopf der Kriegspartei, Conrad von Hötzendorf, machte dies von einer solchen Rückendeckung Deutschlands abhängig. Daß sie gegeben wurde, geschah offensichtlich in der Erwartung, daß sich ein Krieg mit Serbien »lokalisieren« lassen könne.

Dafür waren mehrere Überlegungen maßgebend. Bisher hatte Rußland in der serbischen Frage einem Druck der Mittelmächte soweit nachgegeben, daß der Frieden erhalten blieb. Das war so in der Adriakrise vom November/Dezember 1912 gewesen, dann in der Skutarikrise vom Frühjahr 1913, und angesichts des Oktober-Ultimatums an Serbien. Der entscheidende Punkt war freilich, daß es, eben auch infolge der russischen Zurückhaltung, gar nicht zu einem Einmarsch der Österreicher in Serbien gekommen war. Auch diesmal galt Rußland für »noch keineswegs kriegsbereit«[19]. Wenn Sasonow sich in den vergangenen Krisen der Militärs erwehren mußte, so hätten diese jetzt ein Interesse daran haben können, die Waffenentscheidung zu vermeiden oder vielmehr zu verschieben, weil

anders, jedoch im wesentlichen in Übereinstimmung mit Fischer die jetzt gesammelt vorliegenden Beiträge von I. Geiss, »Das Deutsche Reich und die Vorgeschichte des Ersten Weltkrieges« sowie »und der Erste Weltkrieg« (1978).
Fritz Fischer nennt in seinem »Krieg der Illusionen« (1969, S. 674) als »einen guten Ansatz für eine fruchtbare Auseinandersetzung« mit meinen Ergebnissen: 1. daß die deutsche Reichsleitung den lokalen Krieg zwischen Österreich-Ungarn und Serbien gewollt und den Bundesgenossen dazu gedrängt habe, 2. daß sie auf dieser Politik bestand, selbst um den Preis eines europäischen Krieges, und zwar mit der Konsequenz, Deutschlands Position bei Kriegsausbruch so zu gestalten, daß der Krieg vor der eigenen Nation als Überfall legitimiert werden konnte. Abgesehen von meiner, wie in diesem Aufsatz differenzierteren, Analyse bleibt – und verschärft sich aber – der Gegensatz zu seiner These, wonach Deutschland den Krieg planmäßig herbeigeführt habe, und zwar, um die Hegemonie in Europa zu erobern.

19 Wilhelm II zu Szögyény, 5. Juli 1914, nach dessen Tel. ÖD 8, Nr. 10058.

sie mit dem Abschluß der großen Heeresreform, etwa 1916, eine erhebliche Zunahme der Kampfkraft, und mit dem Ausbau der strategischen Eisenbahnen, einen schnelleren Aufmarsch erwarten konnten. Wilhelm II. vertraute auch auf das monarchische Solidaritätsbewußtsein des Zaren, der sich doch nicht für die »Fürstenmörder« einsetzen könne. Schließlich glaubte man im Außenwärtigen Amt, die Atmosphäre der Empörung über die Bluttat in Sarajewo auch im übrigen Europa benutzen zu können, um ein fait accompli zu schaffen und – sozusagen aufgrund dieses »Faustpfandes« – in diplomatischen Verhandlungen mit den Mächten der Tripleentente zu einer günstigeren Konstellation in der Staatenwelt zu gelangen. Hoffte doch der Kanzler sogar, daß Frankreich in Petersburg zur Mäßigung raten und auch England dies tun, und so womöglich das Ententesystem gelockert werden könnte. Wenn sich die Krise dann aber doch mit einer Konfrontation der beiden Mächtegruppen zu einer kriegerischen Auseinandersetzung entwickeln sollte, dann bot sie den Vorteil für Deutschland, daß sie von einem russisch-österreichischen Konflikt ausging und nicht von einem deutsch-französischen, in dem, wie das die beiden Marokkokrisen demonstriert hatten, die Bündnishilfe Österreich-Ungarns zweifelhaft war: »Kommt der Krieg aus dem Osten, so daß wir also für Österreich-Ungarn und nicht Österreich-Ungarn für uns zu Felde ziehen, so haben wir Aussicht ihn zu gewinnen. Kommt der Krieg nicht, will der Zar nicht, oder rät das bestürzte Frankreich zum Frieden, so haben wir doch noch Aussicht, die Entente über diese Aktion auseinanderzumanöverieren[20].«

Der fast tägliche Gesprächspartner Bethmann Hollwegs in den Julitagen hat dieses Kalkül wenige Monate nach dem Kriegsausbruch Karl Alexander von Müller geschildert. Dieser, als Historiker mit dem Umgang von Quellen vertraut, zeichnete das Gespräch noch auf der Rückkehr nach München im Schlafwagen auf[21]. Es ist geradezu eine Ergänzung zu dem, was jetzt in den Tagebuchnotizen Riezlers aus jenen Tagen überliefert worden ist. Seine Darstellung entspricht in wesentlichen Zügen dem Ergebnis unserer Untersuchung, so daß es angebracht zu sein scheint, sie hier zusammenfassend wiederzugeben:

Nachdem Serbien im Laufe von sechs Jahren das dritte Mal Europa an den Rand eines allgemeinen Krieges gebracht habe, hätte die deutsche

20 Tgb. Riezler, 8. Juli 1914, Erdmann, a.a.O., S. 184. – Die Interpretation dieser Stelle ist – in der Reihenfolge – strittig. Fischer schreibt noch in einer »Nachbemerkung 1965«, daß diese Eintragung »mit dem Krieg als erster, mit einer diplomatischen Niederlage der Entente als zweiter Möglichkeit rechnet«. (Abgedr. bei Fischer: »Der Erste Weltkrieg und das deutsche Geschichtsbild« [1977], S. 314).

21 Karl Alexander von Müller, »Mars und Venus« (1954), S. 37 ff.

Politik geglaubt, die einzigartige, vielleicht letzte Gelegenheit diplomatisch ausnützen zu müssen, um das feindliche Bündnis durch einen gemeinsamen Schritt des Zweibundes »auseinanderzutreiben«. In dieser Absicht habe sie Österreich bestärkt, es vielleicht sogar angetrieben, energisch gegen Serbien aufzutreten. Nachdem man dieses Bundesgenossen bei den früheren diplomatischen Krisen – so in der Marokkofrage – nicht sicher gewesen sei, sollte eine diplomatische Machtprobe nur dann gewagt werden können, wenn Österreich als erster beteiligt war und Deutschland hinter ihm stand. Dafür kam nur die südöstliche Frage in Betracht. Die Berechnung dabei sei gewesen, daß Österreich, wenn Serbien ein Ultimatum nicht annehmen würde, »in blitzschneller Überraschung« Belgrad und einen Teil des Staates besetzen und Deutschland dann auf dieser Grundlage Verhandlungen habe vorschlagen wollen. Und so heißt es denn in der hier übermittelten Darstellung weiter:

»Entweder nun Rußland, der große Beschützer Serbiens, steckte diese Ohrfeige ein« (denn als solche war das österreichische Vorgehen gedacht), d. h. die russische Kriegspartei, die man kannte, drang nicht von vornherein durch: Das war der erwünschteste Fall. Dann hatte der Zarenstaat eine schwere diplomatische Niederlage erlitten, seine Kriegspolitik war in Serbien gedemütigt – das würde nicht nur auf dem Balkan von stärkster Wirkung sein, sondern müßte auch sein Verhältnis zu seinen großen Ententegenossen lockern: Der oberste Zweck wäre erreicht gewesen. Oder aber, in Petersburg bekam doch die Kriegspartei das Übergewicht, dann – glaubte man annehmen zu dürfen – würde Frankreich aufs entschiedenste bremsen. Man rechnete vor allem damit, daß Frankreich in diesem Sommer in Südamerika 2 Milliarden verloren hatte, also finanziell bedrängt war. Dann hätte Frankreich durch sein Versagen das Bündnis mit Rußland geschwächt. Aber sogar, wenn auch in Frankreich die Kriegspartei schließlich obenauf käme, so würde, dachte man, England immer noch die Waage rechtzeitig für die Mittelmächte zum Stehen bringen. Der Kanzler und seine Umgebung waren überzeugt, daß England den Krieg nicht wolle, am wenigsten über eine Frage, in der das Recht offenbar bei Österreich war; man glaubte auch, es würde die eben angebahnte Verständigung mit Deutschland nicht opfern. Und dann kommt ein Satz, der zum Verständnis der deutschen Politik in der Julikrise und für das Vorhaben besonders aufschlußreich sein dürfte: »Der taktische Gedanke war also ähnlich wie drei Jahre vorher in der Marokkoangelegenheit bei Agadir: durch eine verblüffend rasch herbeigeführte kritische Lage, einem der Gegner eine diplomatische Niederlage beizubringen, um dadurch das feindliche Bündnis aufzulockern oder zu sprengen . . .« Das oberste Ziel dieser Überraschung sei natürlich gewesen, den erwünschten Erfolg rein diplomatisch, d. h. ohne Krieg zu erreichen, aber man habe den Krieg doch in Rechnung stellen müssen.

Hier bietet sich nicht nur eine zusammenhängende Darstellung dessen, was in Bruchstücken in den Tagebuchnotizen Riezlers über Vorstellungen und Absichten der deutschen Regierung in der Julikrise jetzt ans Licht gekommen ist, sondern geradezu die Kontinuität einer Methode, wie sie Holstein einmal 1909 charakterisiert hat: »Wir müßten, bevor der Ring der Großmächte uns einschnürte, mit aller Energie und einem vor dem Äußersten nicht zurückschreckenden Entschluß versuchen, diesen Ring zu sprengen[22].«

Aber es hatte sich auch die gefährliche Wirkung eines solchen Verfahrens gezeigt. Schon als Holstein und Bülow mit der Landung des Kaisers in Tanger in der ersten, und Kiderlen-Wächter mit dem »Panthersprung« von Agadir in der zweiten Marokkokrise die Entente cordiale zu sprengen suchten, hatte dies vielmehr zu ihrer Stärkung, ja zu militärischen Abkommen geführt, mit denen sich die beiden Westmächte vor einem neuen Coup der Deutschen sichern wollten. So hatte damals Lloyd George in seiner berühmten Manson-Rede vom Juli 1911 vor einem »Frieden um jeden Preis« mit einer Demütigung gewarnt, die ein großes Land nicht ertragen könne. Und wenn die Übergabe des Ultimatums in Belgrad am Spätnachmittag des 23. Juli noch um eine Stunde verzögert worden war, um in Petersburg erst nach der Abreise des französischen Staatspräsidenten bekannt zu sein, so waren dennoch bereits die Tischreden beim Abschiedsdinner auf dem Panzerkreuzer »France« um diese Zeit eine ähnliche Warnung an die Mittelmächte, wie jene von Lloyd George nach der Marokkokrise. Diesmal war es die franko-russische Allianz, die – wie es Sasonow einmal genannt hatte – vor einer »Agadirpolitik« warnte. Poincaré pries ausdrücklich ein »Friedensideal der Kraft, der Ehre und Würde« und Nikolaus II bekannte sich zur Gemeinsamkeit der beiden Länder »im Bewußtsein ihrer Stärke«. Das waren Begriffe, die als »Prestige« eines Staates in der Diplomatie eher noch ein größeres Gewicht hatten als im privaten Leben. So äußerte sich etwa der russische Botschafter in Wien im Hinblick auf das Ultimatum an Serbien: »Rußland sei in seiner Ehre als Großmacht gekränkt und genötigt, entsprechende Maßnahmen zu ergreifen.« Und nicht minder charakteristisch war der Kommentar Conrad von Hötzendorfs: »als ob sich Österreich-Ungarn nicht durch das verbrecherische Vorgehen Serbiens in seiner Ehre als Großmacht getroffen fühle«[23]. Poincarés Berufung auf die »Kraft und Stärke« der Allianz kün-

22 v. d. Lancken, »Meine dreißig Dienstjahre 1888-1918« (1931), S. 56.
23 Conrad, 29. Juli 1914, »Aus meiner Dienstzeit« (1923), (künftig zit. Conrad) S. 142.

digte an, daß man einen militärischen Einsatz nicht scheuen würde. Ebenso wie sich Deutschland für die Erhaltung der Großmachtstellung und das Prestige des Habsburger Reiches einsetzte, war auch die französische Regierung nicht bereit, eine Schwächung ihres russischen Bündnispartners hinzunehmen. Seit Jahrhunderten gehörte eine östliche Allianz, sei es mit der Türkei, sei es mit einem polnischen Staat oder auch mit Schweden, zur Tradition der französischen Europapolitik. Angesichts der Katastrophe von 1870/71 und der Gründung des deutschen Machtaufstieges und schließlich auch mit dem nie aufgegebenen Anspruch auf Elsaß-Lothringen war dann in den 90er Jahren – damals zunächst mit einer weltpolitischen Front gegen England – das Militärbündnis mit dem Zarenreich abgeschlossen worden, das zudem immer wieder mit dem Zufluß von Milliarden an Rußland für strategische Zwecke materiell intensiviert wurde. Dabei hatte man in Paris um so mehr Grund dazu, den russischen Alliierten zu unterstützen, als es ja das taktische Ziel der deutschen Politik war, dieses Bündnis mit Hilfe der hochgespielten Krise zu lockern, wie überhaupt die Mächte der Tripleentente »auseinanderzumanöverieren«.

Frankreich hatte aber auch selbst ein unmittelbares Interesse daran, Serbien und womöglich die neue Staatenwelt in Südosteuropa vor dem Zugriff der Mittelmächte zu bewahren. Bot sich doch hier ein potentielles Machtgewicht, das der französische Generalstab schon nach den Erfolgen der Serben im Ersten Balkankrieg in die strategische Konzeption einbezogen hatte, wie Poincaré mit seiner »neuen Ansicht« den Balkan in die Allianz. In den französischen Militärkreisen – und nicht nur dort – war man damals sogar enttäuscht, als Rußland notgedrungen den Ansprüchen Serbiens in Albanien und an der Adria seine Unterstützung versagte und es auf günstigere Zeiten vertröstete. Aber es war nicht nur Taktik gewesen, oder ein Ausweichen, wenn ihm Sasonow damals geraten hatte, »das neue Serbien zu organisieren, um dann später, wenn die Zeit gekommen sein wird, das österreichisch-ungarische Geschwür aufzuschneiden, welches heute noch nicht so reif ist wie das türkische«[23a]. Jetzt war es das erste, was beim Staatsbesuch Poincarés in Petersburg am 21./22. Juli noch vor dem Bekanntwerden des Ultimatums an Serbien mit dem französischen Außenminister Viviani vereinbart wurde, die »Souveränität« und »Integrität« Serbiens zu verteidigen[24].

Damit war das Kalkül der deutschen Politik vom 5./6. Juli von der Zeit überholt. Damals hatte der österreichisch-ungarische Abgesandte, Graf Hoyos, vorgeschlagen, mit einem überraschenden Angriff auf Ser-

23a Siehe oben, Kap. 8, Seite 150.
24 Sasonow an Schebekow, 22. Juli 1914, RD I, 4, Nr. 322 u. Viviani an Bienvenu-Martin, 24. Juli 1914, DF 3 Ser., XI, Nr. 1.

bien, ohne vorhergehende diplomatische Aktion, ganz Europa vor ein fait accompli zu stellen. Das hielt auch Bethmann Hollweg, »vom internationalen Standpunkt«, für »im jetzigen Augenblick günstiger als später«. Auch nach seiner Ansicht konnte nur eine sofortige Aktion gegen Serbien »Schwierigkeiten beseitigen« und durfte keine Zeit verloren werden, um Serbien und die europäischen Kabinette zu überraschen. Schon Wilhelm II hatte am Tage zuvor Szögyény in der Antwort auf das Handschreiben Kaiser Franz Josephs geraten, mit der Aktion nicht zu warten, da »Rußland bei den anderen Mächten der Tripleentente hetzen und am Balkan das Feuer schüren würde«. Noch beherrschte die Empörung über die Mordtat von Sarajewo die europäische Öffentlichkeit, und sogar Viviani hat später in der Kammer geäußert: Er würde es verstanden haben, wenn Österreich am Tage nach dem Attentat »in einem Augenblick der Erregung, ein Ultimatum, sogar ein brutales Ultimatum an Serbien gerichtet hätte«[25].

In Wien aber mußte man zunächst den Widerstand des ungarischen Ministerpräsidenten Graf Tisza überwinden und glaubte auch noch Beweise dafür beschaffen zu müssen, daß an dem Attentat von Sarajewo serbische Regierungsstellen beteiligt waren. Auch rechnete Conrad mit längeren Vorbereitungen für eine Mobilmachung und wollte auch dafür nichts wesentliches unternehmen, bevor nicht endgültig, d. h. also nach Ablehnung des vorbereiteten Ultimatums durch Serbien, sicher war, daß die Armee zum Einsatz kam. Man war denn im Auswärtigen Amt bereits am 11. Juli ungeduldig und beklagte sowohl die »Differenzen« zwischen Berchtold und Tisza und ebenso, daß Conrad von Hötzendorf noch 16 Tage brauchte, um zu mobilisieren. »Das ist sehr gefährlich. Ein schnelles fait accompli und dann freundlich gegen die Entente, dann kann der Choc ausgehalten werden«, notierte Riezler an diesem Tage nach einem Besuch in Berlin[26]. So ist es denn gekommen, daß Deutschland bereits in eine unmittelbare Konfrontation mit der franko-russischen Militärallianz geraten ist, als das Ultimatum zur Übergabe in Belgrad unterwegs war, über dessen wesentliche Punkte das Auswärtige Amt trotz gegenteiliger Beteuerungen von dem Bündnispartner informiert worden war, und das es dann auch offiziell gegenüber den Ententemächten gebilligt hat.

Schon in den früheren Krisen hatte Sasonow nichts mehr gefürchtet, als ein österreichisches Ultimatum an Serbien. Denn damit bot sich den Militärs um den Großfürsten Nikolai Nikolaijewitsch und der Agitation der

25 Nach »Journal Officiel«, Juli 1922, S. 2336, zit. im Gutachten von H. Lutz, »Die europäische Politik in der Julikrise 1914, die Vorgeschichte des Weltkrieges, Das Werk des Untersuchungsausschusses«, I.R., Bd. 11, S. 54.
26 Tgb. Riezler, 11. Juli 1914, Erdmann, S. 184.

panslawistischen Kreise Anlaß und Grund zur militärischen Unterstützung des »serbischen Brudervolkes«. Gerade Bethmann Hollweg hatte so im Februar 1913 in einem ausführlichen Brief Berchtold davor gewarnt, daß es für Rußland bei seinen traditionellen Beziehungen zu den Balkanstaaten beinahe unmöglich sei, »ohne einen ungeheuren Verlust an Prestige, einem militärischen Vorgehen Österreich-Ungarns gegen Serbien tatenlos zuzusehen«. Vertreter der friedlichen Richtung, wie Kokowzow und Sasonow, würden in einem solchen Falle von den Kräften des Panslawismus »einfach hinweggefegt« werden[27]. Inzwischen war Kokowzow gestürzt und war auch die Limankrise mit der deutschen Militärmission in Konstantinopel nicht ohne Auswirkungen in der russischen Öffentlichkeit geblieben. Das zeigte in aller Deutlichkeit die besorgte Berichterstattung deutscher Tageszeitungen in der »Pressefehde« vom März 1914[28]. Sasonow, nunmehr ohne die Hilfe Kokowszows, hatte es aber nicht nur mit der panslawistisch-kriegerischen Großfürstenpartei von Nikolai Nikolajewitsch zu tun, sondern auch mit dem liberal-national gesinnten Bürgertum, das bereits über der Zurücknahme der »Oktobergesetze« enttäuscht war und nunmehr statt durch außenpolitische Erfolge abgelenkt zu werden, die Hoffnung auf Konstantinopel und die türkischen Meerengen schwinden sah. Von einer außenpolitischen Kapitulation mit Preisgabe Serbiens waren zumindesten innenpolitische Wirren zu befürchten, noch ganz abgesehen von all dem, was sich im Untergrund der sozialistischen Arbeiterbewegung abspielte.

Nun wird Sasonow zwar, etwa von den englischen Diplomaten, immer wieder, und so auch in der Julikrise, als ein Mensch mit wechselnden oder gar widerspruchsvollen Ansichten geschildert. Aber es zeigte doch eine Konsequenz, wenn nicht gar eine Konzeption in seinen Bemühungen einerseits, wiederholt und mit Nachdruck den Mittelmächten zu verstehen zu geben, daß Rußland nicht gewillt sei, eine Niederwerfung Serbiens zuzulassen und gleichzeitig – wenn auch vergeblich – in Besprechungen mit dem österreichisch-ungarischen Botschafter die gefährlichsten Punkte des Ultimatums nachträglich zu entschärfen. Noch am 27. Juli meldete der deutsche Botschafter, daß ein Appell Bethmann Hollwegs an die altbewährten guten Beziehungen bei Sasonow »warmen Widerhall« gefunden und ihn »tief gerührt« hätten, und daß er bereit sei, in einem Gedankenaustausch zwischen den Mächten Österreich bis zur Grenze des Entgegenkommens »goldene Brücken zu bauen«[29]. Otto Hoetzsch, der Her-

27 Bethmann Hollweg an Berchtold, 10. Februar 1913, GP 34/I, Nr. 12818.
28 A. Jux, »Der Kriegsschrecken des Frühjahrs 1914 in der europäischen Presse« (1929).
29 Pourtalès an Jagow, 27. Juli 1913, DD Nr. 282 und so auch in einem am

ausgeber der deutschen Ausgabe der russischen Aktenpublikation, meint freilich, »auch und insbesondere bei Sasonow« aus den Akten und zwischen ihren Zeilen eine »erstaunliche *innerliche Kriegsbereitschaft, Kriegswilligkeit*« zu spüren, »die von Haus gar nicht Kriegswille im primitivsten Sinne des Wortes zu sein braucht, aber sich ohne Schwierigkeiten in diesen umsetzen kann«[30]. Schon die komplizierte Formulierung deutet an, wie schwierig es überhaupt ist, die Haltung der in der Julikrise maßgebenden Persönlichkeiten, mit Unterscheidung von Taktik zu analysieren. Für Rußland und den von Sasonow eingeschlagenen Kurs der Außenpolitik kam der serbisch-österreichische Konflikt und das Risiko des Weltkrieges durchaus unerwünscht. Denn die Verhandlungen mit England über Marineabkommen und Persienfrage versprachen in diesem Augenblick – es war ja am 25. Juni, wenige Tage vor Sarajewo – eine Entwicklung der Tripleentente zu einem Allianzsystem und die auf 1916/1917 abgestellte Heeresreform einen Machtanstieg und damit eine günstigere Situation für eine Auseinandersetzung mit den Mittelmächten. Eben darum spekulierte man in Berlin darauf, daß sich die russischen Militärs diesmal noch zurückhalten würden.

Dort wurde die zunächst angekündigte russische »Teilmobilmachung« von Jagow offenbar wirklich für »Bluff« gehalten. Und sie war ja auch von Sasonow primär nur als ein Pressionsmittel gedacht, um Österreich von einem Einmarsch in Serbien abzuhalten. Doch zeigt schon der vorgesehene Umfang von 1 100 000 Mann den Willen der Militärs an, den Krieg nun auch zu führen. Über dieses Ausmaß der militärischen Maßnahmen hat es nach dem Zeugnis des Zaren im Kronrat vom 25. Juli sogar eine scharfe Auseinandersetzung zwischen dem Außenminister und dem Kriegsminister Suchomlinow gegeben[31]. Mit dem schon für den folgenden Tag beschlossenen Inkrafttreten der »Kriegsvorbereitungsperiode« konnte Zweifel an dem Ernst solcher Absichten kaum noch bestehen.

In dem Gespräch Riezlers mit Alexander von Müller nach dem Ausbruch des Krieges ist davon die Rede gewesen, daß man im Juli »nur das Rezept Kiderlens ohne Kiderlen selbst« gehabt habe. Aber es fehlte nicht nur eine solche Persönlichkeit, sondern gerade dieses Rezept wurde nicht angewandt. Reichskanzler und Auswärtiges Amt sind keineswegs so verfahren, wie Kiderlen das in der Adriakrise getan hatte, als er mit

29. Juli 1914 in Berlin eingegangenen Bericht an Bethmann Hollweg, daß Sasonow sichtlich bemüht sei, »einen Ausweg zu finden«, DD Nr. 339. Dazu Bethmann Hollweg an Pourtalès, 26. Juli 1914, ebd., Nr. 198 u. 282.

30 So Otto Hoetzsch, »Aphorismen zum Sachlichen« in seinem Vorwort vom Februar 1934 zu RD I, 5, S. X.

31 Näheres hierzu in meiner oben angekündigten Darstellung.

dem »kalten Wasserstrahl« den Bündnispartner warnte, Rußland zu provozieren, die Botschafterkonferenz in London in Fluß brachte und ihr die Grundlage für eine diplomatische Lösung der Frage des Adriahafens lieferte, die das Prestige Österreich-Ungarns wahrte und wiederum der Kriegspartei in Wien den Anlaß nahm, in Serbien einzumarschieren. In der Julikrise von 1914 war sowohl die Behandlung der englischen Vermittlungsbemühungen wie schließlich das Drängen des Auswärtigen Amtes auf die Kriegserklärung an Serbien darauf abgestellt, mit der Lokalisierungsthese ein Eingreifen der Großmächte zu verhindern.

In Wien wollte man jedoch diesmal aufs Ganze gehen. Was auf die ersten Nachrichten von der Mordtat in Sarajewo nur als Straf- und Sühneaktion erwogen war, um Serbien zu »züchtigen«, war schnell zu dem seit langem beabsichtigten Entschluß geworden, mit ihm »abzurechnen« und somit die südslawische Frage mit Gewalt zu lösen. Das hatte insbesondere Conrad von Hötzendorf in seinen Denkschriften und Vorträgen dem Außenminister und dem Kaiser immer wieder dargelegt, auch seit er im Dezember 1912 das Amt des Generalstabschefs wieder übernommen hatte[32]. Inzwischen aber war er mit Franz Ferdinand, der seine Berufung damals durchgesetzt hatte, in Konflikt geraten, weil der Thronfolger – nunmehr auch formell Generalinspekteur der Armee – sich der Gefahr des Krieges mit Rußland bewußt geworden war und eher auf eine Wiederherstellung des konservativen »Dreikaiserverhältnisses« hinarbeitete. Mit der Ermordung des Erzherzogs entfiel also der entscheidende Gegenspieler des Generalstabschefs. Das wohlorganisierte Komplott von Sarajewo, dessen »Fäden nach Belgrad liefen«, war nun, wie es im Handschreiben Franz Josephs an Wilhelm II hieß, die direkte Folge der von den russischen und serbischen Panslawisten betriebenen Agitation, deren einziges Ziel die Schwächung des Dreibundes und die Zertrümmerung seines Reiches sei. Damit sei diese auf die Vereinigung aller Südslawen unter serbischer Flagge gerichtete Politik »eine dauernde Gefahr für sein Haus und seiner Länder«. Und so zog der alte Kaiser nunmehr die Konsequenz: »Das Bestreben meiner Regierung muß in Hinkunft auf die Isolierung und Verkleinerung Serbiens gerichtet sein.« Aber Hoyos, der das Handschreiben nach Berlin überbracht hatte, sprach freilich im Auswärtigen Amt schon von einer »Aufteilung« Serbiens. Das war von Berchthold zwar umgehend als »rein persönliche« Ansicht seines Kabinettchefs desavouiert worden. Als dann in Wien in einer Sitzung des gemeinsamen Ministerrates am 19. Juli die endgültige Fassung des Ultimatums angenommen wurde, ist auch für den zumeist erwarteten Fall seiner Ab-

32 Siehe oben, S. 150.

lehnung durch Serbien das Kriegsziel beschlossen worden. Es war laut Protokoll: »Die Verkleinerung Serbiens zu Gunsten anderer Staaten, so Bulgarien, Griechenland und Albanien, evtl. auch Rumänien«; dazu »evtl. notwendige vorübergehende Besetzungen serbischer Gebietsteile« bzw. »notwendige Grenzberichtigungen«[33]. Sasonow hatte schon Recht, wenn er im Entwurf für ein Handschreiben des Zaren an König Georg V als »deutlichen Zweck« des Ultimatums nannte, »Serbien vollständig zu vernichten«[34].

Mit diesem Kriegsziel wäre nicht nur das restliche Serbien in die unmittelbare Abhängigkeit des Habsburger Reiches gekommen, sondern auch der Weg gebahnt worden für die Gründung eines Balkanbundes zum Anschluß an die Mittelmächte. Rußland aber hätte nicht nur sein Prestige bei den griechisch-orthodoxen Balkanslawen eingebüßt, sondern die Aussicht auf den »neuen Balkanbund« unter seinem »Protektorat verloren und damit die Rückendeckung für die in der Sondersitzung des Ministerrates vom 21. Februar geplante »Besitzergreifung« Konstantinopels und der Meerengen. Es kam dann wieder in Gefahr, daß die Durchfahrt zum Mittelmeer in Krisenzeiten gesperrt wurde, wie das im türkisch-italienischen Tripoliskrieg die russische Wirtschaft schwer getroffen hatte, oder wie das in der Limankrise befürchtet wurde. Mit Serbien wäre auch eine militärische Bastion zerschlagen worden, die nach der strategischen Planung des französischen und des russischen Generalstabes österreichisch-ungarische Kräfte im Süden binden sollte, um den Vormarsch der russischen Armeen in Galizien zu erleichtern und damit die Operationen der Franzosen zu entlasten. Und es entfiel dann ein Ausfallstor, um die südslawischen Provinzen des Habsburger Reiches zu revolutionieren, wofür der russische Militärattaché in Belgrad bereits im Frieden finanzielle und auch organisatorische Hilfe leistete.

So wurde die Krise zu einer Kraftprobe, die kaum noch anders ausgehen konnte, als mit der Niederlage der einen oder der anderen Bündnisgruppe, wobei im Dreibund die Beteiligung Italiens unsicher war und in der Tripleentente die Haltung Englands noch nicht feststand. In dem Handschreiben an König Georg beschuldigte Sasonow Österreich-Ungarn, »das politische Gleichgewicht auf dem Balkan zu stören«. Dabei vergaß er freilich, daß dies bereits mit der russischen Balkanpolitik und Gründung eines »neuen Balkanbundes unter russischem Protektorat« geschah.

Die Frage ist, warum die deutsche Politik mit Konsequenz und Ziel-

33 Protokoll des Ministerrates für gemeinsame Angelegenheiten vom 19. Juli 1914, ÖD Nr. 10393.

34 Vortragsaufzeichnung Sasonows für Nikolai II, 25. Juli 1914, RD I, 5, Nr. 47.

strebigkeit an dem am 5./6. Juli eingeschlagenen Kurs noch festgehalten hat, als die militärischen Maßnahmen in Rußland ankündigten, daß man in Petersburg nicht bereit war, eine »Ausschaltung« Serbiens als Machtfaktor im Balkan zu dulden, und andererseits der Umfang des am 19. Juli in Wien beschlossenen Kriegszieles noch deutlicher machte, daß hier eine Aktion geplant war, die eine unmittelbare Herausforderung des Zarenreiches bedeutete. Bethmann Hollweg berief sich zwar in den Verhandlungen mit Sasonow durch den deutschen Botschafter auf die österreichisch-ungarische Zusage eines »territorialen Desinteressements«. Aber es konnte ihm nicht verborgen sein und ebenso Sasonow, daß diese Formulierung des Wiener Kabinetts ein Täuschungsmanöver war.

Es bedarf einer genaueren Darstellung, als es in dieser kurzen Betrachtung möglich ist, das deutsch-österreichische Verhältnis in den letzten Tagen vor dem Kriegsausbruch zu analysieren und zu erklären. Mit Recht ist jüngst davor gewarnt worden, es in seiner ganzen Kompliziertheit und mit den wechselnden Beziehungen der Partner zu vereinfachen. Weder seien die führenden Politiker und Militärs der Habsburger Monarchie schlechthin als Werkzeuge oder Puppen in der Hand des mächtigeren Bundesgenossen anzusehen, noch könne die Antithese gelten, wonach die abenteuerliche Politik Berchtolds den deutschen Bundesgenossen in den Abgrund geführt habe. Schließlich habe es sich ja überhaupt im Ersten Weltkrieg um einen Kampf zwischen Koalitionen miteinander verbündeter Mächte gehandelt, die wiederum in wechselseitiger Abhängigkeit und mit divergierenden Einzelinteressen genauer zu betrachten seien[35].

Als man am 11. Juli im Auswärtigen Amt festzustellen glaubte, daß es kaum möglich sei, Österreich-Ungarn »von Berlin aus die Hand zu führen«, galt das noch der Kritik an der Verzögerung des vor wenigen Tagen abgesprochenen »schnellen fait accompli«. Auch wurde es absichtlich dem Wiener Kabinett überlassen, in einer Österreich-Ungarn angehenden Angelegenheit zu handeln, um Deutschland den anderen Mächten gegenüber als unbeteiligt sich ausweisen zu können. Aber die Verantwortung Deutschlands, immerhin die führende Macht des Dreibundes, war angesichts der Zuspitzung der Situation gewachsen. Und da läßt sich denn jene Notiz Riezlers vom 11. Juli als das nüchterne Eingeständnis deuten, daß eine rationale Steuerung des Ablaufs der Krise mit einer Politik des »kalkulierten Risikos« offenbar überhaupt nicht mehr möglich war.

35 Fritz Klein, »Probleme des Bündnisses zwischen Österreich-Ungarn und Deutschland am Vorabend des Ersten Weltkrieges«, in Österreich-Ungarn in der Weltpolitik 1900-1918 [Ost-]Berlin, S. 157.
36 Bethmann Hollweg an Tschirschky, 29. Juli 1914, DD Nr. 361.
37 Bethmann Hollweg an Jagow, 29. Juli 1914, DD 340.

Gerade hatte sich Bethmann Hollweg in Petersburg auf die österreichisch-ungarische Zusage eines territorialen »Desinteressements« an Serbien berufen, als ihm das Kriegsziel des Ministerrats vom 19. Juli bekannt – oder bewußt? – wurde. Er ließ denn auch in Wien wissen, daß er »mit wachsendem Befremden« von Plänen erfahren habe, deren Geheimhaltung man vor dem deutschen Bündnispartner für angezeigt halte, die aber in Gegensatz zu den feierlichen Erklärungen Wiens in Petersburg ständen, und den Schluß zuließen, daß die Desavouierung des Grafen Hoyos für die Galerie bestimmt war«[36]. Und er entrüstete sich sogar über eine »Politik mit doppeltem Boden«, mit der er sich nicht ins Schlepptau Wiens ziehen lassen wolle«, auch nicht auf die Gefahr des Flaumachens beschuldigt zu werden[37]. Offenbar ist ihm erst jetzt klar geworden, was mit der »Blankovollmacht« vom 5./6. Juli angerichtet worden war.

Aber es kam jetzt gar nicht mehr auf den Umfang des »großen Balkanprogramms« an. Die Krise hatte einen anderen Verlauf genommen, als in Berlin erwartet wurde und neue Probleme aufgeworfen. War damals der »Schlag« gegen Serbien ausgeblieben, so veranschlagte Conrad jetzt noch vierzehn Tage bis zum Beginn der Operation. In einer für den Kaiser und den Kanzler bestimmten Aufzeichnung über die »militärpolitische« Lage vom 28. Juli legte Molkte dar[38], daß Rußland in die, wie er die Lokalisierungsthese umschrieb, »private Auseinandersetzung mit Serbien« erst eingreifen würde, wenn die Österreicher in Serbien einmarschierten. Inzwischen würde die militärische Lage für Deutschland »von Tag zu Tag ungünstiger«, weil die »Nachbarn« ihre Mobilmachung um so schneller beenden könnten. Moltke glaubte die Abfolge der Ereignisse so zu sehen, daß Österreich auch seine Rußland gegenüberstehenden Truppen mobilmachen und dies dann auch Deutschland tun müßte, um den Bundesgenossen nicht der Vernichtung durch die russische Übermacht anheimfallen zu lassen. Rußland würde sich dann die Unterstützung Frankreichs mit der Behauptung sichern, von Deutschland angegriffen zu werden und, obgleich es dieses zur Mobilmachung gezwungen habe, sagen, daß Deutschland den Krieg herbeigeführt hätte. »So werden und müssen die Dinge sich entwickeln, wenn nicht, fast möchte man sagen, ein Wunder geschieht, um noch in letzter Stunde einen Krieg zu verhindern, der die Kultur fast des gesamten Europas auf Jahrzehnte hinaus vernichten wird.« »Deutschland will diesen schrecklichen Krieg nicht herbeiführen«. Als nun am Vormittag des 29. Juli Meldungen über das Ausmaß der russischen, also auch gegen Deutschland gerichteten »Kriegsvorbereitungsperiode« eingegangen waren, gewann bei den Militärs das Präventivkriegsdenken an

38 Der Große Generalstab an den Reichskanzler, 29. Juli 1914, DD Nr. 349.

Boden. Am Abend plädierten Moltke und Falkenhayn dafür, »auch zu mobilisieren«. Das wurde vom Kanzler und Jagow abgelehnt, und auch Moltke beschränkte sich auf ein »leises, *sehr* leises Widerstreben«[39]. Um Mitternacht ging dann die Warnung Grey's ein, daß es für die britische Regierung im Falle eines deutsch-französischen Krieges nicht anginge, »lange abseits zu stehen«. Aber das Rad der Geschichte ließ sich nicht mehr zurückdrehen, als Bethmann Hollweg jetzt von Wien verlangte, die »ehrenvollen Bedingungen« der englischen Vermittlung (Faustpfand Belgrad) zu akzeptieren und es ablehnte, Deutschland »in einen Weltbrand hineinziehen zu lassen«[40]. Am Frühnachmittag des 30. Juli unterzeichnete der Zar die Order für die Gesamtmobilmachung, und Conrad ließ Moltke sagen, es stände ja nicht fest, »ob Rußland nur drohe«[41]. Für die deutsche Politik war es jedenfalls aus mit dem Kalkül, aufgrund eines fait accompli die Tripleentente »auseinanderzumanövrieren« und ein von seinen Partnern enttäuschtes Zarenreich mit einem »befriedigten« Österreich zusammenzuführen. So ließ sich eine andere Konstellation im Staatensystem nicht erzwingen.

Für die deutsche Politik möchte ich meine frühere Darstellung der Julikrise insofern deutlicher machen, bzw. differenzieren, als es sich in den letzten Tagen vor dem Kriegsausbruch um eine Art politische Doppelstrategie gehandelt hat, die sich auf beides einzustellen suchte. Das eine war die Hoffnung, daß der Zar, so wie er psychologisch eingeschätzt wurde, sich doch noch eher mit der »Aktion« gegen Serbien abfinden würde, als den Krieg mit seinen unabsehbaren politischen Konsequenzen zu riskieren. Je mehr sich aber die Lokalisierungsthese und damit die des »kalkulierten Risikos« als ein Fehlschlag erwies und die Krise doch in eine Waffenentscheidung einzumünden drohte, desto mehr zeichnet sich die Taktik ab, Rußland mit dem Odium des Angreifers zu belasten[42]. Dies war erforderlich, sowohl um die deutschen Sozialdemokraten für den Krieg zu gewinnen, wie auch um die Haltung Englands zu beeinflussen, dessen Regierung mit ihren Entschlüssen besonders von der öffentlichen Meinung abhängig war. So schrieb schon im April 1914 Tschirschky aus Wien, daß es im Falle einer Lösung der Balkanfragen mit Waffengewalt um so dringender erforderlich sei, »die Dinge so zu gestalten, daß Ruß-

39 H. v. Zwehl, Erich v. Falkenhayn (1926), S. 57.
40 Bethmann Hollweg an Tschirschky, 30. Juli 1914, 03.00 Uhr vormittags zum Haupttelegraphenamt, abgef. 04.40 Uhr vorm., auf der Botschaft in Wien angek. 10.00 Uhr vorm.
41 Conrad zu Berchtold, 30. Juli 1914, Conrad 4, S. 148 und Diktat Conrad für Moltke, 31. Juli 1914, abends, ebda., S. 156.
42 Bethmann Hollweg an Wilhelm II, 26. Juli 1914, 1 d, siehe oben S.

land sich im Unrecht befinde und entweder dieses selbst oder seine Trabanten als die Angreifer erscheinen«[43]. Mit dem Attentat von Sarajewo war Serbien der Provokateur gewesen, der Österreich-Ungarn zu einer Aktion gegen das Agitationszentrum der südslawischen Bewegung in Belgrad herausgefordert hatte. Jetzt war zwar Wien in die Position des Provozierenden geraten. Doch entfiel, was noch in der Adriakrise Franz Joseph abgehalten hatte, den Einmarsch in Serbien anzuordnen: Die »Blankovollmacht« bot eine Rückendeckung gegenüber Rußland, und auch Deutschland wehrte sich, den österreichisch-serbischen Konflikt dem »Schiedsgericht« einer Botschafterkonferenz zu unterwerfen.

Doch nicht nur war – wie Bethmann Hollweg in der Sitzung des Preußischen Staatsministeriums vom 30. Juli gestand – »die Direktion verloren und der Stein ins Rollen geraten«[44]. Wenn sich die Russen schon jetzt kriegsbereit zeigten, so war zu erwarten, daß sie es erst recht auf einen Krieg ankommen ließen zu einem Zeitpunkt, da sie ihre Heeresreform abgeschlossen und mit dem Zustandekommen des kombinierten Marine- und Persienabkommens die britische Seemacht zur Verfügung hatten. Mit anderen Worten: ließ sich der Krieg mit Serbien nicht »lokalisieren« und konnte man die Tripleentente nicht »auseinandermanövrieren«, dann war nicht nur das Konzept der deutschen Politik gescheitert, sondern war auch ein Entwicklungsprozeß in der europäischen Staatenwelt zu befürchten, den zu verhindern der Kurs vom 5./6. Juli eingeschlagen worden war. Dann konnte Serbien die in den Balkankriegen neu erworbenen Gebiete wirtschaftlich und militärisch organisiert und mit Hilfe russischer Waffenlieferungen den Aufbau seiner Armee durchgeführt haben. Dann war auch dem serbisch-rumänisch-griechischen Balkanbund unter »russischem Protektorat« womöglich noch Bulgarien angeschlossen – waren doch die russische und die französische Diplomatie darum bemüht, einen Ausgleich mit Serbien über den von den Bulgaren einbehaltenen Beuteanteil in Mazedonien zu vermitteln. Der franko-russischen Allianz und damit der Tripleentente stand dann ein Machtinstrument zur Verfügung, das sowohl im diplomatischen Kräftespiel als auch in einem Kriege mit den Mittelmächten eingesetzt werden konnte.

Ein Österreich-Ungarn aber, das im letzten Moment an einer Aktion verhindert worden wäre, die zu decken ihm Deutschland versprochen hatte, wäre kaum noch als ein zuverlässiger Bundesgenosse zu betrachten gewesen, zumindesten nicht dann, wenn es sich um Auseinandersetzungen mit den Westmächten handeln würde. Das hatte sich bereits in den

43 Tschirschky an Bethmann Hollweg, 4. April 1913, GP 34, Nr. 13088.
44 Protokoll der Sitzung des Preußischen Staatsministeriums am 30. Juli 1914, DD Nr. 456. Die Sitzung begann um 18.00 Uhr.

Marokkokrisen gezeigt. Wäre das Habsburger Reich denn dann überhaupt noch zu einem Einsatz imstande gewesen? Seit langem war in den Kreisen der europäischen Diplomatie davon die Rede, daß es nur noch durch die Autorität des greisen Kaiser Franz Joseph zusammengehalten wurde. Mit der Ermordung des Erzherzogs Ferdinand aber war nun auch die Aussicht entfallen, daß es sich, sei es nun mit einem föderativen Strukturwandel oder womöglich mit Hilfe eines starken zentralistischen Regimentes, noch konsolidieren würde. Von der, durch den Erfolg des Attentats von Sarajewo noch ermunterten südslawischen Agitation und mit von Rußland gestützten Nationalbewegungen der Tschechen und Slowaken »unterwühlt«, »zersetzt« oder gar »gesprengt«, war dieser Partner dann so oder so für das Deutsche Reich verloren, und dem panslawistischen Vordringen des Zarenreiches in Südosteuropa der Weg geöffnet.

So sah es Bethmann Hollweg auch, als er in seinen Memoiren sein Verhalten in der Julikrise zu rechtfertigen suchte: »Brach dieser Bundesgenosse zusammen oder ging er gar in das Gegenlager über, weil er sich in dem Schutze seiner Lebensinteressen von dem alten Freunde getäuscht glaubte, dann war Deutschland völlig vereinsamt (und) ließ seine Atemfreiheit von einem Ringe von Mächten abschnüren. . .[45]«

Bei einem solchen Ausgang der Krise war es erst recht vorbei mit dem klassischen Gleichgewichtssystem der europäischen Staatenwelt. In Europa und Übersee isoliert, war Deutschland in Zukunft kaum noch Machtproben und Kriegskrisen gewachsen, wie sie sich in den letzten Jahren in steigender Zuspitzung ergeben hatten. Wenn es nicht gelang, zu einer anderen Konstellation zu kommen, wie das Moltke in den Monaten vor dem Kriegsausbruch mehrfach von der politischen Leitung verlangt hatte, und nun auch der Versuch scheiterte, mit einer aktiven Politik die Tripleentente zu »sprengen«, dann bot sich die Perspektive an, den doch einmal kommenden »unvermeidlichen« Krieg jetzt zu führen.

Es ist schwierig, den Anteil bzw. das Eindringen des Präventivkrieggedankens in der deutschen Politik der Julikrise abzuschätzen, wie ja überhaupt dieser Begriff einer mehrfachen Interpretation zugänglich ist und jeweils unter den Zeitumständen zu beurteilen ist. Übereinstimmend ist das der »Präventation« zugrundeliegende defensive Motiv, noch rechtzeitig einer Gefahr zu begegnen[46], bevor es dazu zu spät sein könnte. Dies braucht keineswegs ein Krieg zu sein. Es standen genügend Macht-

45 Th. v. Bethmann Hollweg, Betrachtungen (1921), 1, S. 175. Vgl. oben S. 14.

46 Fischer formuliert jedoch in seiner Entgegnung gegenüber einer potentiellen Existenzbedrohung: Es sei »kein Präventivkrieg aus der politischen Defensive, sondern aus der politischen Dynamik eines aggressiven Selbstbewußtseins heraus«, Krieg der Illusionen, S. 678.

proben bevor, in denen der stärkere auch politisch die Gegenseite unter Druck setzen konnte. Eine solche Situation war um so mehr zu befürchten, wenn sich Deutschland jetzt dem Bündnispartner versagt hätte und sich der Machtzuwachs Rußlands mit einem »neuen Balkanbund unter seinem Protektorat« zu einer Hegemonie in Südosteuropa ausgewirkt hätte.

Man wird unterscheiden können zwischen einem Präventivkriegsdenken, das auf eine potentielle Gefahrensituation gerichtet ist und einem im engeren Sinne als Reaktion auf eine unmittelbare Bedrohung durch einen militärischen Aufmarsch. Das eine kommt in der Äußerung Bethmann Hollwegs zu dem Abgeordneten Haußmann vom Januar 1918 zum Ausdruck: »Wenn die Militärs sagen, jetzt ist es noch möglich ohne zu unterliegen, in zwei Jahren nicht mehr, und daß ein Krieg, »der über uns hing, d. h. in zwei Jahren noch viel gefährlicher und unentrinnbarer gekommen wäre[47]!« Im engeren Sinne bot sich der Präventivkrieg in der Julikrise angesichts des Aufmarsches der Russen an, wie er in der Stufenfolge einer zunächst geplanten »Teilmobilmachung« über die das ganze Reich umfassende »Kriegsvorbereitungsperiode« bis schließlich zur Generalmobilmachung führte. Wenn jetzt noch diplomatische Verhandlungen geführt worden wären, dann konnten sie von den Russen als Täuschungsmanöver benutzt werden, um die Mittelmächte von einer Mobilmachung abzuhalten, bis der Aufmarsch zum Vorstoß auf Berlin durchgeführt war und damit der deutsche Feldzugsplan für eine schnelle Durchführung des Frankreichsfeldzuges durchkreuzt werden konnte.

Für den deutschen Generalstab gab es für den allgemeinen Fall eines Präventivkrieges eine Tradition. Schon als Moltke 1859 – bereits damals Chef des preußischen Generalstabes – sich angesichts des Anspruchs Napoleons III auf die »natürlichen Grenzen« am Rhein zum Nationalkrieg gegen Frankreich bekannte, geschah dies »nicht nur zur Abwehr einer unmittelbar zwingenden Bedrohung, sondern zur Vorbeugung künftiger Gefahren«[48]. Auch in der »Krieg-in-Sicht-Krise« von 1875 sprach er sich im Hinblick auf ein Wiedererstarken Frankreichs für den Präventivkrieg aus. Ende der 80er Jahre waren es russische Rüstungen und das Zusammenspiel der panslawistischen Bewegung eines Katkow mit der revanchistischen und auf die Rückkehr Elsaß-Lothringens gerichteten Agitation eines Déroulède, die Moltke und Waldersee dazu bestimmten, sich bei Bismarck für einen Präventivkrieg einzusetzen. »Lieber heute als morgen«, war die Formel mit der der alte Moltke ihn damals Bismarck empfahl[49],

47 Aufz. Haußmann, HSTA Stuttgart, Nl. Haußmann, Nr. 114, s. o.
48 E. Zechlin, »Die Reichsgründung«, 3. Aufl. (1978), S. 50/51.
49 So Herbert Bismarck, dieser an Kuno Rantzau, 16. Dezember 1887, Staatssekretär Graf Herbert von Bismarck. Aus seiner politischen Privatkorre-

dessen Widerstand sich aber noch verschärfte, als sich auch der von Waldersee beeinflußte Prinz Wilhelm für den Präventivkrieg verwandte. »Je eher je besser«, meinte auch der jüngere Moltke im sogenannten »Kriegsrat« vom 8. Dezember 1912 als er – und auch Wilhelm II – den Krieg für »unvermeidbar« hielt, wenn die Österreicher in Serbien einrückten und daraufhin die Russen in Galizien. Und so sagte er auch zu Jagow im Mai/Juni 1914, daß nichts übrig bleibe, als einen Präventivkrieg zu führen, um den Gegner zu schlagen, solange wir den Kampf noch einigermaßen bestehen könnten. Aber sowohl der alte Moltke wie sein Neffe haben jeweils auch ihre Bedenken geäußert. Der eine machte die Einschränkung, daß er dies »vom reinen militärischen Standpunkt aus sage«, es aber für die großen politischen Entscheidungen nicht maßgebend sei[50]. Der andere zog im Dezember 1912 »nicht die Konsequenz daraus, welche wäre, Rußland oder Frankreich oder beide vor ein Ultimatum zu stellen, das den Krieg mit dem Recht auf unserer Seite entfesselte«[51]. Auch in dem Gespräch mit Jagow auf der Heimfahrt von Potsdam »insistierte« der Generalstabschef »nicht weiter auf seine Anregung« – der Gedanke eines Krieges sei ihm »an sich« nicht sympathisch, notierte der Staatssekretär dazu[52]. Nach Sarajewo konnte man dann von seinem Stellvertreter, dem jüngeren Waldersee, hören, »daß man es im Generalstab als günstig ansehe, wenn es jetzt zu einem Kriege kommen würde, besser würden die Verhältnisse und Aussichten für Deutschland nicht werden«[53].

Daß solch ein Gedankengang auch für die politische Führung nicht so ganz abwegig war, bezeugt auch die Reaktion Jagows in dem Gespräch vom Mai/Juni 1914. Zwar lehnte er es ausdrücklich ab, einen Präventivkrieg »heraufzubeschwören« und erinnerte an das Bismarck-Wort, daß man der Vorsehung nicht in die Karten sehen könne. Aber er verurteilte einen Präventivkrieg nicht »prinzipiell und à limine«. »Unter Umständen als Defensivkrieg« – so wie es Moltke ja auch angesehen habe – könne auch ein solcher, so heißt es in der – späteren – Niederschrift des Staatssekretärs, »zur unvermeidlichen Aufgabe einer vorausschauenden Politik werden, wenn ein Krieg unvermeidlich erscheine und man sich den Moment

spondenz, hrsg. eing. W. Bußmann (1964), Nr. 335, Anm. 4. Auf die »sorgenvollen Einwände« Herbert Bismarcks »sagte er nachdenklich, ›ja, es könnte leicht ein Dreißigjähriger Krieg werden‹«, vgl. Herbert Bismarck an den Vater, 29. Dezember 1887, ebd., Anm. zu Nr. 340.

50 Ebda.

51 Siehe oben S. 141.

52 Siehe oben S. 98 f.

53 Bericht des sächsischen Militärbevollmächtigten Leuckart über ein Gespräch mit Waldersee vom 3. Juli 1914, A. Bach, Deutsche Gesandtschaftsberichte zum Kriegsausbruch (1937), Nr. 3.

nicht vom Feind diktieren lasse, sondern ihn selbst bestimmen solle«. Jagow berief sich sogar auch hier auf Bismarck, dessen Kriege gegen Österreich und Frankreich im Grunde Präventivkriege gewesen seien. So heißt es – und zwar in der ersten Fassung –, Lichnowskys über ein Gespräch mit Zimmermann an dem ereignisreichen 5. Juli: »Der Herr Unterstaatssekretär schien zu meinen, daß, wenn der Krieg für uns nun doch unabwendbar sei, infolge der unfreundlichen Haltung Rußlands es vielleicht besser sei, ihn jetzt zu führen als später[54].« Noch bevor mit dem Ultimatum an Serbien sich die eigentliche Krise entwickelte, hielt Jagow den Warnungen des Botschafters, immerhin doppelsinnig, entgegen: »Wenn sich die Lokalisierung nicht erreichen lasse und Österreich von Rußland angegriffen würde, würde der casus foederis eintreten und könne Österreich nicht geopfert werden.« »Wir ständen dann in einer nicht gerade proud zu nennenden Isolation. Ich will keinen Präventivkrieg, aber wenn der Kampf sich bietet, dürfen wir nicht kneifen[55].« Und als er damals Albert Ballin nach London schickte, um »die russisch-englischen Marineverhandlungen zum Scheitern zu bringen«, gab er ihm den charakteristischen Satz mit: »Das Gefühl, daß der eiserne Ring um uns sich noch immer enger schließen sollte, könnte bei der immer drohender werdenden Erstarkung Rußlands und den immer aggressiver werdenden Tendenzen des Panslawismus schließlich doch einmal zu gefährlichen Konsequenzen führen[56].«

Ein Präventivkrieg im engeren Sinne ist in jenen Tagen sogar vom Reichskanzler selbst angesprochen worden. Es war am 23. Juli, dem Tag, an dem am Spätnachmittag, um 18.00 Uhr die Übergabe des österreichischen Ultimatums in Belgrad erwartet wurde, als Bethmann Hollweg sich wie folgt äußerte: »Wenn Krieg käme, käme er durch eine russische Mobilmachung ab irato, also vor eventuellen Verhandlungen, dann ist kaum mehr etwas zu verhandeln, weil wir dann sofort, um überhaupt noch gewinnen zu können, losschlagen müssen.« Aber die Eintragung Riezlers an diesem Tage macht auch deutlich, daß Bethmann Hollweg eher mit einem Nachgeben Rußlands rechnete: »Geht die serbische Sache gut vor-

54 Der Denkschrift Lichnowskys »England vor dem Kriege, Aufzeichnung unmittelbar nach meiner Rückkehr aus London im August 1914 geschrieben« (abgedr. auch in Lichnowsky, »Auf dem Wege zum Abgrund« [1927], Bd. 1, S. 35 ff.) war eine ursprüngliche Fassung vorhergegangen (abgedr. bei Friedr. Thimme, »Fürst Lichnowskys Memoirenwerk«, Arch. f. Pol. u. Gesch. 10 [1928], S. 39 ff.). Die oben zitierte Stelle gehört zu einer vorhergehenden Fassung, aus der Lichnowsky nach seiner späteren Aussage Stellen wie diese nicht übernommen hatte, »hauptsächlich im patriotischen Interesse, um allzu belastende Anklagen zu unterdrücken«. S. 34 (Berl. Tageblatt, vgl. auch GP 39, Anm. S. 622, 633 f. u. 640 f.).

55 Jagow an Lichnowsky, 18. Juli 1914, DD, Nr. 72.

56 Jagow an Ballin, 15. Juli 1914, DD I, Nr. 56.

über, ohne daß Rußland mobilisiert und infolgedessen ohne Krieg, so kann man sich mit einem über die Westmächte enttäuschten Rußland vielleicht ohne Gefahr über ein dann befriedigtes Österreich-Ungarn verständigen[57].«

Der Kernpunkt der deutschen Politik in der Julikrise kann kaum treffender formuliert werden als mit diesen Worten des Kanzlers, deren Zeugniswert damit bekräftigt wird, daß sie einem so vertrauten Gesprächspartner mitgeteilt und von diesem sofort notiert worden sind. Die Doppelgleisigkeit dieses Gedankenganges entspricht auch dem Ergebnis unserer Untersuchung. Bethmann Hollweg war sich zwar bewußt, daß »die Aktion gegen Serbien ... zum Weltkrieg führen kann«, spekulierte aber darauf, im Zusammenwirken mit Österreich-Ungarn und mit Einsatz des Machtgewichtes des Deutschen Reiches eine Änderung der Machtkonstellation zu erzwingen und so den gefährlichen Entwicklungsprozeß des Kräfteverhältnisses im Staatensystem aufzuhalten. Seine Äußerungen vom 23. Juli sind um so ernster zu nehmen, als diese Absicht, mit den Mitteln der Diplomatie, die Tripleentente zu sprengen, noch unmittelbar vor dem Scheitelpunkt der Krise zur Sprache gebracht wurde. Denn am folgenden und übernächsten Tage reagierte der Petersburger Ministerrat auf das Ultimatum an Serbien mit den Beschlüssen für die Teilmobilmachung von einer Million und hunderttausend Mann und der sich auf das gesamte Reichsgebiet erstreckenden »Kriegsvorbereitungsperiode«.

Im Rahmen und mit dieser Konzeption lassen sich mancherlei Widersprüche erklären. So, wenn im Auswärtigen Amt die Möglichkeit oder Wahrscheinlichkeit der Gegnerschaft Englands im Kriegsfalle in Kauf genommen wurde, aber in der Vorstellung, daß der Weltkrieg durch Lokalisierung des serbisch-österreichischen Konfliktes vermieden werden könne. Auf dieser Grundlage ist auch die Haltung der Militärs in diesen Wochen zu verstehen. Moltke hatte zwar wiederholt dafür plädiert, einen, angesichts des Machtanstiegs Rußlands und des Zusammenwirkens der Tripleentente, doch unvermeidlichen Krieg »je eher je besser« zu führen, aber auch bei der politischen Führung darauf gedrängt, für eine Änderung der Konstellation zu sorgen. Wenn es nun nach den Vorstellungen Bethmann Hollwegs gelingen würde, »ohne daß Rußland mobilisiert und infolgedessen ohne Krieg« eine Verständigung des »dann befriedigten Österreich-Ungarns mit einem über die Westmächte enttäuschten Rußland« zustande zu bringen, dann wäre wohl Moltke der erste gewesen, der seiner ganzen Natur nach froh war, dem Kriege entronnen zu sein.

So hat sich denn auch der Generalstab in diesen Wochen passiv gehalten.

57 Tgb. Riezler, 23. Juli 1914, Erdmann, S. 189 f.

Am 5. Juli war Moltke ohnehin bereits in Karlsbad zur Kur und sein Stellvertreter, der Generalquartiermeister I, Graf Waldersee, zu einer privaten Beerdigung nach Hannover gefahren. Die Offiziere, deren der Kaiser an diesem Tage in aller Eile in Potsdam habhaft wurde, sind von ihm lediglich informiert worden, daß mit einem Einrücken der Österreicher in Serbien ein Krieg mit Rußland und Frankreich »immerhin militärisch ins Auge gefaßt« werden müsse, aber »nicht wahrscheinlich« sei. Und die vom Kriegsminister, General von Falkenhayn, bejahte Frage, ob das Heer für alle Fälle bereit sei, betraf nur die alljährlich routinemäßig am 31. März abgeschlossenen Mobilmachungsarbeiten. Nichts, aber auch gar nichts deutet darauf hin, daß an diesem 5. Juli bereits die Gesamtmobilmachung beschlossen worden wäre. Nachdem mit dem Mord von Sarajewo der Schreck vor einem Weltkrieg wie eine Fontäne emporgeschossen war, verliefen die sommerlichen Ferienwochen in einer Atmosphäre der Ruhe und des Abwartens. Das spiegelt sich auch im Geschäftsgang der Abteilung III b des Generalstabes wider, die für den Geheimen Nachrichtendienst und die Spionage zuständig war. Am 16. Juli legte ihr I b (Rußland) nahe, die sich dort abspielenden Vorgänge »schärfer zu beobachten«, und am Tage der Übergabe des Ultimatums in Belgrad informierte sie Waldersee, daß die politische Lage »jedenfalls kompliziert« sei. Erst als am 25. Juli die Frist des Ultimatums ablief, wurden die Nachrichtenoffiziere bei den Generalkommandos angewiesen, »Spannungsreisende« und »reisende Agenten« ohne Überstürzung zu entsenden, um festzustellen, ob Kriegsvorbereitungen in Rußland und Frankreich stattfänden. »Die gegenwärtige plötzlich eingetretene Spannung rückt die Möglichkeit eines Kriegsausbruchs in unmittelbare Nähe«, hieß es in dem schriftlichen Befehl. Am folgenden Tage schickte III b auch eigene »Spannungsagenten«, gab Deckadressen im neutralen Ausland aus, überwies den Nachrichtenstellen je 5000 Mark »Spannungsgelder« und erinnerte daran, daß dort rote Schecks bereitlägen, um im Mobilmachungsfall bei den ört-

58 Zum Folgenden die umfangreiche Zusammenstellung, die unter dem Titel »Geheimer Nachrichtendienst und Spionageabwehr« nach dem Kriege im Auftrage der Abwehrabteilung des Reichskriegsministeriums von Generalmajor Gempp angefertigt wurde, der selbst beim Kriegsausbruch als Hauptmann die Nachrichtenstelle Königsberg geleitet hatte. Unsere Darstellung stützt sich auf die dort mitgeteilten Quellen im II. Teil, Geheimer Nachrichtendienst und Spionageabwehr des Heeres im Weltkrieg 1914-1918, 1. Abschnitt, Kriegsspannung 25. 7.-1. 8. 1914 mit Anlagen I-VI. Dazu Sonderabschnitt Ostpreußen mit Anlagen a-e. – Filme jetzt im Bundesarchiv/Militärarchiv Freiburg, Rolle FB 2143 und 2144 P. Das Material wurde bereits nach den Filmen im Nationalarchiv Washington D. C. vorzüglich ausgewertet von Ulrich Trumpener, War Premeditated? German Intelligence Operations in July 1914, Central European History, IX (1976), S. 58 bis 85.

lichen Reichsbankhauptstellen je 10 000 Mark in Gold zu empfangen. Mit dem Bekanntwerden der »Kriegsvorbereitungsperiode« in Rußland am Abend des 26. Juli lösten dann in den Morgenstunden des 27. Juli um 1.30 Uhr von Königsberg abgesandte Telegramme an der ganzen Ostfront den »Spannungsmeldedienst« aus. Doch auch jetzt hieß es im Befehl Nr. 4449: »Die Spannung wird unsere Kräfte voraussichtlich wochenlang in Anspruch nehmen.« Es gibt eine Reihe von Indizien dafür, daß auch in den Tagen, da schon »Vorbereitungen für alle Eventualitäten getroffen wurden, noch daran gedacht wurde, die erforderliche Änderung der Konstellation im Staatensystem ohne Krieg durchzusetzen. Am Spätnachmittag des 25. Juli wurden dem Kanzler auf der Fahrt von Hohenfinow die neuesten Telegramme über die Aufnahme des Ultimatums bei den Mächten in den Zug gereicht – es war, als in Belgrad auf die serbische Antwort mit dem Abbruch der Beziehungen reagiert wurde. Bethmann Hollweg fand die Wirkung der Aktion »nicht ungünstig« und stellte fest, daß man sich »offenbar noch nicht verständigt« habe: »Alles kommt darauf an, ob Petersburg sofort mobilisiert und vom Westen aufgemuntert oder zurückgehalten wird[59].« Und als am Morgen des 26. Juli Moltke wieder im Generalstab erschien und von Waldersee über die Lage informiert war, teilte er seiner Frau mit, der Krieg werde »lokalisiert bleiben«, wenn Rußland keinen feindlichen Akt gegen Österreich unternähme[60]. Noch in einem Gedankenaustausch mit dem Kanzler am Morgen des 27. Juli waren beide der Ansicht, daß sich die Lage »so schnell nicht ändern« würde.[61]

Aber die politische Offensive war bereits zum Bumerang geworden. In Petersburg war man – schon aus innenpolitischen Gründen – entschlossen, sich nicht einer Wiederholung der diplomatischen Niederlage von 1909 auszusetzen, und die Kriegspartei ergriff die Gelegenheit, um nun mit Österreich »abzurechnen«. In Paris wollte man – ebensowenig wie in Berlin – einen Bündnispartner verlieren. Und auch das Foreign Office war eher bereit, das Kriegsrisiko einzugehen als die Tripleentente aufs Spiel zu setzen. Die Aktion der Mittelmächte führte zu einem Solidaritätseffekt, mit der Sorge vor einem Anwachsen der Machtstellung des Deutschen Reiches und womöglich einer Hegemonialpolitik, wie sie im Schriftwechsel der Ententemächte in den letzten Monaten zweckbewußt erörtert worden war. Entscheidend war, daß eine regionale Konfliktsituation, die mit Lebensfragen und Sicherheits- und damit Machtinteressen der Großmächte verknüpft war, zum Objekt einer Machtprobe und schließlich eines Machtkampfes von zwei sich polarisierenden Bündnisgruppen wurde, die für

59 Tgb. Riezler, 27. Juli, a.a.O., S. 191.
60 Moltke an seine Frau, 26. Juli, a.a.O., S. 381.
61 Moltke an seine Frau, 27. Juli, ebda.

eine Kettenreaktion geradezu vorprogrammiert waren. Sich diesem Teufelskreis zu entziehen, ist den Verantwortlichen nicht gelungen. Für den deutschen Kanzler war es ein über Europa und dem deutschen Volk liegendes »Fatum größer als Menschenkraft«[62].

Alles in allem bietet sich zur Charakterisierung der deutschen Politik in der Julikrise ein Gespräch an, das unmittelbar nach dem Zusammenbruch der Historiker Fritz Kern, im Januar 1919 mit Tirpitz geführt und in Stichworten auf einem Notizzettel wiedergegeben hat, der neuerdings aufgefunden wurde: »Ich (Tirpitz stimmt zu): Eventualpräventivkrieg. Wir sagen am 5. Juli: Wir müssen was tun, sonst ist Österreich in ein paar Jahren nicht mehr bündnisfähig. Indem wir was tun, stechen wir zugleich in die Entente hinein. Eine Blutprobe, sehen, wie sie eigentlich denkt. Macht sie Krieg, dann wollte sie ihn, und dann kommt er besser 1914 als 1916. Oder sie weicht zurück, und dann kolossaler Erfolg. Dies ist die Fehlspekulation[63].«

Daß die Entscheidung auch Moltke schwergefallen ist, läßt eine Schilderung erkennen, die von dem Offizier überliefert worden ist, der ihm am Morgen des 31. Juli die Meldungen überbrachte, daß in den russischen Grenzorten die roten Zettel über die Gesamtmobilmachung angeschlagen seien: »Generaloberst von Moltke befahl mir, in sein Arbeitszimmer zu folgen. Hier las ich ihm den Inhalt des Telegramms aus Allenstein vor. Generaloberst von Moltke fragte, ob hier nicht ein Irrtum vorliegen könne, ob nicht vielleicht nur eine Einberufung von Reservisten zu Übungen oder eine Probemobilmachung gemeint sein könne. Ich verneinte diese Frage sofort aufgrund der bestimmten Angaben des Telegramms und meldete, daß in zwei anderen Telegrammen eine Bestätigung von der westpreußischen und schlesischen Grenze vorliegen. Gen.Oberst von Moltke drehte sich darauf zu dem offenstehenden Fenster, sah einige Sekunden, die mir wie Minuten erschienen, heraus, schöpfte dann tief Atem und sagte: ›Dann hilft es nichts, dann müssen wir auch mobilmachen‹, und entließ mich[64].«

62 Tgb. Riezler, 27. Juli, a.a.O.
63 Publ. von Hans Hallmann in seiner Einl. zu Fritz Kern, »Skizzen zum Kriegsausbruch von 1914 (1968).
64 So der an diesem Tage diensthabende – spätere Generaloberst – Hoth an Generalmajor Gempp, 25. September 1929. Eine Abschrift dieses Briefes, der auch in der Darstellung von Gempp verwendet worden ist, liegt mir vor.

10.
Ludendorff im Jahre 1915
Unveröffentlichte Briefe

Als am 27. Januar 1913 der damals 48jährige Oberst Ludendorff als Kommandeur eines Linienregiments nach Düsseldorf versetzt wurde, schien sich das Ende einer glänzenden Generalstabskarriere abzuzeichnen[1]. Als Chef der Aufmarschabteilung des Großen Generalstabes seit 1908 und damit als designierter Chef der Operationsabteilung der Obersten Heeresleitung, war ihm im Falle eines Krieges ein entscheidender Einfluß auf den Gang der Operationen sicher gewesen. Bei seinem Ausscheiden aus dem Generalstab hinterließ er wenig Freunde[2]. Dem Generalstabschef war er zwar während der fünf Jahre ein »ganz besonders zuverlässiger, nie versagender Gehilfe« gewesen[3], doch unternahm der jüngere Moltke keine Anstalten, den unbequemen Untergebenen zu halten. Mit dem Kriegsministerium hatte sich Ludendorff während der Auseinandersetzungen über den Umfang der Heeresverstärkungen völlig überworfen, und der Chef des Militärkabinetts hielt es für notwendig, den Kommandierenden General des VII. Armeekorps darauf hinzuweisen, daß er Ludendorff »Disziplin beibringen« müsse[4]. Im April 1914 zum Generalmajor und Kommandeur einer Infanteriebrigade in Straßburg ernannt, rückte Ludendorff bei Kriegsausbruch in der wenig einflußreichen Stellung eines Oberquartiermeisters der Zweiten Armee ins Feld – voll

Aus: Historische Zeitschrift 211 (1970), S. 316-353.

1 Vgl. Erich Ludendorff, »Mein militärischer Werdegang«, München 1933, S. 109 ff.; für die Enttäuschung über das Düsseldorfer Frontkommando auch Margarethe Ludendorff, »Als ich Ludendorffs Frau war«, München 1929, S. 37. – In Düsseldorf stürzte sich Ludendorff sogleich, wohl um das Gefühl des Ausgeschaltetseins zu kompensieren, »mit wahrer Wut« in die täglichen Dienstgeschäfte eines Regimentskommandeurs und verfaßte – wie sein damaliger Adjutant berichtet – in so rascher Folge Nachträge zu der Kasernendienstvorschrift, daß diese schon bald den Umfang des Bürgerlichen Gesetzbuches annahm. Vgl. Wilhelm Breucker, »Die Tragik Ludendorffs«, Stollhamm i. O. 1953, S. 29 f.

Für Mitarbeit danke ich meinem Assistenten Klaus Saul.

2 Vgl. Die Aufzeichnungen des Generalmajors Max Hoffmann, hrsg. von K. F. Nowak, Bd. 1, Berlin 1930, S. 103.

3 Brief Moltkes an den Chef des Militärkabinetts, Juni 1913, in dem er Ludendorff zur Ernennung als Direktor des Allgemeinen Kriegsdepartements im Kriegsministerium vorschlug; zit. Ludendorff, »Werdegang«, S. 156, Anm. 2.

4 Nach einer späteren Mitteilung des Generals v. Einem, ebd., S. 157.

Sehnsucht nach »Mannesarbeit« und in dem Bewußtsein, »für die größte Sache, die es gibt, für unser Vaterland mit unserm Blut« einzutreten[5].

Man weiß, wie der Krieg den hochqualifizierten, in der Öffentlichkeit unbekannten Generalstabsoffizier zum bejubelten Kriegshelden mit fast diktatorischer Machtfülle geführt hat. Bereits am 7. August 1914 gelang es ihm, im Handstreich die Zitadelle von Lüttich in deutschen Besitz zu bringen – er erhielt dafür als einer der ersten deutschen Offiziere den »Pour le mérite«[6]. Am 22. August erreichte ihn die Nachricht, daß er zum Generalstabschef der 8. Armee in Ostpreußen ernannt worden war. Nur er könne mit seiner »Energie noch das Schlimmste abwenden«[7], beschwor ihn der durch die Meldungen über ein geplantes Zurückweichen der Ostarmee tief beunruhigte Moltke. Die Grundlage seines Ruhms bildeten die Schlacht von Tannenberg und der Herbstfeldzug 1914 in Polen – Siege, die nach dem Erstarren der Fronten im Westen und bei der weitverbreiteten Furcht vor der »russischen Dampfwalze« und den »Kosakenhorden« starken Widerhall fanden. Das Jahr 1915 wurde dagegen für Ludendorff ein Jahr äußerer Ehrungen und innerer Enttäuschungen.

Die Ordensverleihungen und Beförderungen, Ehrendoktorhüte und Ehrenbürgerschaften, Danktelegramme der Schwerindustrie, patriotische Gedichte, Straßenovationen und die nationalen Wallfahrten bedeutender Parteiführer, Industrieller und Schriftsteller konnten ebensowenig wie die Besuche des Reichskanzlers, der Staatssekretäre und preußischen Minister darüber hinwegtäuschen, daß Ludendorff wie 1913 – wenn auch auf einer höheren Ebene – von den zentralen Entscheidungen ausgeschaltet und auf einen Frontabschnitt beschränkt war, der zunehmend an Bedeutung für die Gesamtkriegführung verlor[8]. Vor dem Hintergrund dieses Machtverfalls, der für diesen ehrgeizigen und seiner Fähigkeiten bewußten Mann schwer zu ertragen war, sind seine Briefe aus dem Jahre 1915 zu sehen.

5 Brief an seine Frau, 31. Juli 1914; abgedr. Margarethe Ludendorff, S. 76 f.
6 Vgl. Erich Ludendorff, »Meine Kriegserinnerungen 1914-1918«, Berlin 1919, S. 18 ff.
7 Zit. bei Ludendorff, »Kriegserinnerungen«, S. 32.
8 Vgl. für die Ehrungen Otto Krack, »General Ludendorff, der Generalstabschef Hindenburgs«, Berlin 1915, S. 84 ff.; für die Besuche: Ludendorff, »Kriegserinnerungen«, S. 14 f.; Hoffmann, Bd. 1, S. 63 ff.; Hans-Joachim von Brockhusen-Justin, »Der Weltkrieg und ein schlichtes Menschenleben«, Greifswald 1928, S. 43 ff., 59 ff.; Ernst von Eisenhart Rothe, »Im Banne der Persönlichkeit«, Berlin 1931, S. 97, 140 f.; Alfred von Tirpitz, »Erinnerungen«, 5. Aufl. Berlin 1927, S. 493 ff.; Walther Rathenau, »Tagebuch 1907-1922«, hrsg. von Hartmut Pogge-von Strandmann, Düsseldorf 1967, S. 192 ff.; Margarethe Ludendorff, S. 21. Während seiner Zeit als Regimentskommandeur in Düsseldorf hatte Ludendorff Verbindungen zu führenden rheinischen Industriellen angeknüpft (vgl. Margarethe Ludendorff, S. 48 f.).

In ihnen spiegeln sich nicht nur die Schwierigkeiten der Kriegführung an der Ostfront und die damals umstrittenen Fragen der Politik und Strategie. Mit ihren Haßausbrüchen gegen den Generalstabschef Falkenhayn und den österreichischen Bundesgenossen werfen sie zugleich Schlaglichter auf Ludendorffs Charakter und beleuchten in den Überlegungen zu der künftigen Machtstellung Deutschlands die Radikalität seines völkischen und militärischen Denkens. Damit bilden sie einen Beitrag zu der noch immer fehlenden Biographie Ludendorffs.

Da Ludendorffs Nachlaß für die Jahre des Ersten Weltkrieges kein relevantes Material mehr enthält[9] und die staatlichen Akten vor seiner Ernennung zum Ersten Generalquartiermeister im August 1916 weitgehend unergiebig sind, ist der Historiker fast ausschließlich auf den Briefwechsel in fremden Nachlässen angewiesen. Den Schwerpunkt der Edition bilden zwölf handschriftliche Briefe Ludendorffs an den Generalobersten Helmuth von Moltke aus den Monaten Januar bis Oktober 1915[10]. Sie werden ergänzt durch bisher ebenfalls ungedruckte handschriftliche Briefe an den Unterstaatssekretär im Auswärtigen Amt, Arthur Zimmermann, den Industriellen Walther Rathenau und den Historiker Hans Delbrück.

Die respektvollen Briefe an den früheren Generalstabschef, den Ludendorff nicht nur damals »persönlich verehrt«[11], sondern von dem er auch in den folgenden Jahren »mit hoher Dankbarkeit und Verehrung« gesprochen hat[12], erreichten einen Mann, der in seiner plötzlichen Ablösung nach der Niederlage an der Marne nur das Ergebnis einer Intrige seiner Feinde, des Chefs des Militärkabinetts Lyncker und des Kriegministers Falkenhayn sah. Hierin fand sich Moltke bestärkt, als der Kaiser – wohl

9 Nach einer Mitteilung seines Schwiegersohnes Franz Frhr. Karg von Bebenburg an den Vf., 1. Juli 1969.

10 Der Hauptnachlaß Moltkes wurde 1945 bei der Eroberung Berlins durch die russische Armee von dem ältesten Sohn Wilhelm v. Moltke vernichtet. Splitter erhielten sich im Besitz des jüngeren Sohnes Adam v. Moltke. Dazu waren für eine von Jürgen von Grone geplante Neuausgabe der Moltke-Memoiren 1933 Abschriften einzelner Dokumente angefertigt worden. Die Ludendorff-Briefe wurden anscheinend noch vor 1945 faksimiliert und befanden sich in mehreren Exemplaren in Familienbesitz. Fotokopien der Originale überließ Herr von Grone treuhänderisch dem Bundesarchiv-Militärarchiv Freiburg i. Br., das beide Nachlaßteile verwahrt. Vgl. die Briefe Adam v. Moltkes an August Lindner/Büsum, 7. und 24. März 1960, Privatbesitz und die Mitteilung von Grones an den Vf., 30. Juni 1969.

11 So Ludendorff, »Das Marne-Drama. Der Fall Moltke-Hentsch«, München 1936, S. 1; vgl. auch die Sammlung von Kondolenzbriefen vom Juni/Juli 1916 in BA-MA Freiburg N 78/8. »Seine menschlichen Seiten machten ihn für alle liebenswert. Seine ruhige und kluge Überlegung kannten seine Mitarbeiter.« (Kriegsminister v. Stein an Eliza v. Moltke, 22. Mai 1917; ebd.).

12 Nach dem Zeugnis Adam v. Moltkes in seinem Brief an August Lindner, 24. Februar 1960; Privatbesitz.

um Auseinandersetzungen mit seinem langjährigen Freunde aus dem Wege zu gehen – in einer Unterredung am 18. Oktober 1914 auf Moltkes Klage, »sein Einfluß sei ja durch die Neuordnung der Dinge ganz ausgeschaltet«, »sehr erstaunt« reagierte: Er habe geglaubt, Falkenhayn leite die Operationen nur im Sinne des Generalquartiermeisters wie früher der General von Stein[13]. Diese Illusion zerstob spätestens im November 1914 mit der Ernennung Falkenhayns zum Generalstabschef und machte einer tiefen Resignation Platz. Im Januar 1915 fühlte sich Moltke »ausgeschaltet, mit Füßen getreten, verleumdet«[14], »wie ein verbrauchter Regenschirm in die Ecke gestellt«[15], denn die Funktion eines Chefs des Stellvertretenden Generalstabs der Armee, die ihm am 30. Dezember 1914 übertragen worden war, konnte – wie er sich eingestand – »auch ein höherer Registrator« versehen[16]. So waren die Briefe seines früheren Untergebenen, der erst später unter dem Einfluß seiner zweiten Frau die angeblich okkulten Verstrickungen des Generalstabschefs entdeckte und anprangerte[17], für Moltke 1915 eine der wenigen ihm verbliebenen Verbindungsstränge zu der Welt der militärischen Entscheidungen. Mit Ludendorff teilte er den Haß gegen Falkenhayn und die Sorge um den Ausgang des Krieges, falls die militärische Entscheidung nicht im Osten gesucht wurde, wo sich allein noch die Möglichkeit zu »Vernichtungsschlachten« zu bieten schien.

So begann der Briefwechsel im Januar 1915 während der Versuche, Falkenhayn zu stürzen und damit die Bahn freizumachen für die Verwendung der neugeschaffenen Heeresreserven an der Ostfront[18]. An diesem konzentrischen Vorgehen von Oberost und Reichskanzler beteiligten sich auch Moltke, der Generaladjutant des Kaisers, von Plessen, der Kronprinz, Tirpitz und die Kaiserin. Zum ersten Male setzte hierbei Hindenburg seine Popularität als nationaler Heros ein, um beim Kaiser mit einer Abschiedsdrohung seine Forderungen durchzusetzen. Dieser Vorstoß zer-

13 Nach Dommes' Bericht an Eliza v. Moltke, 19. Oktober 1914; BA-MA Freiburg N 78/9. Vgl. auch Rathenaus Aufz. über ein Gespräch mit Eliza v. Moltke, 2. November 1914; Rathenau, »Tagebuch«, S. 189 f.

14 Moltke an Ludendorff, 29. Januar 1915; abgedr. Generaloberst Helmuth von Moltke, »Erinnerungen – Briefe – Dokumente«, hrsg. von Eliza von Moltke, Stuttgart 1922, S. 420.

15 Zu Ernst Jäckh nach dessen Brief an Generalfeldmarschall Frhr. v. d. Goltz, 2. Februar 1915; abgedr. E. Jäckh, »Der Goldene Pflug«, Stuttgart 1954, S. 222.

16 Moltke an Plessen, 21. April 1915; BA-MA Freiburg N 78/6.

17 Vgl. das in Anm. 11 zit. Pamphlet über die Marneschlacht.

18 Vgl. E. Zechlin, »Friedensbestrebungen und Revolutionierungsversuche im Ersten Weltkrieg«, Aus Politik und Zeitgeschichte B 20/1963, S. 26 ff.; Gerhard Ritter, »Staatskunst und Kriegshandwerk«, Bd. 3, München 1964, S. 63 ff.; Karl-Heinz Janßen, »Der Kanzler und der General«, Göttingen 1967, S. 56 ff.

rüttete das bereits vorher von Mißtrauen und Spannungen beherrschte Verhältnis zum Kaiser und zur Obersten Heeresleitung endgültig und führte zu einer Isolierung Hindenburgs und Ludendorffs, aus der sie sich erst im August 1916 wieder befreien konnten.

In den Augen Wilhelms II. war Ludendorff »ein zweifelhafter, von persönlichem Ehrgeiz zerfressener Charakter«[19]. Und in dem Abschiedsgesuch des Feldmarschalls erblickte er die »Allüren eines Wallensteins«[20] und spielte voll ohnmächtigen Zorns mit dem Gedanken, ihn vor ein Kriegsgericht zu stellen. Zudem hatte Hindenburg auf den kaiserlichen Abgesandten den »Eindruck eines ganz verbrauchten, hinfälligen, alten Mannes« gemacht[21]. Allerdings war Hindenburg schon Anfang 1915 unangreifbar und wuchs, getragen von der Volksgunst, immer mehr in die Stellung eines Ersatzkaisers hinein. Doch diese Popularität war nicht in Macht umzusetzen. Denn so sehr Hindenburg in den strategischen Planungen von Ludendorff abhängig war[22], auf dem Wege der »nationalen Opposition« gegen den Monarchen folgte er ihm 1915 nicht. Sein Abschiedsgesuch vom Januar 1915 blieb eine Ausnahme, offenbar entsprungen aus der Verzweiflung über die Abkommandierung Ludendorffs, seines unentbehrlichen »Gehilfen«[23]. Zum lebhaften Ärger Ludendorffs gelang es nicht, ihn im Juli/August 1915 zu einer Wiederholung dieser Pression zu bewegen, um die strategische Konzeption Oberosts für die Fortführung der Ostoffensive durchzusetzen und die Aushöhlung der eigenen Machtstellung zu stoppen[24]. Nachdem Hindenburgs Befehlsbereich durch die

19 So zu Bethmann Hollweg am 3. Januar 1915 nach dessen Aufz. vom 7. Januar 1915, abgedr. E. Zechlin, S. 49. Bereits am 22. September 1914 hatte Wilhelm II entschieden, daß in einer Liste der Heerführer, deren Porträts veröffentlicht werden sollten, Ludendorff gestrichen und durch Falkenhayn ersetzt werden sollte. DZA Merseburg, Rep. 89 H XXVI Militaria 11, Bd. 2.

20 Nach der Darstellung des Hofmarschalls Frhr. von Reischach gegenüber dem württ. Gesandten in Berlin vom Mai 1916; Janßen, S. 292.

21 Nach der Aufz. Haeftens vom 22. Januar 1915 über seine Audienz am 20. Januar; abgedr. E. Zechlin, S. 52 f.

22 Vgl. vor allem die scharfe Kritik Hoffmanns an Hindenburgs strategischen Fähigkeiten in den Briefen an seine Frau, die in der Edition der Hoffmann-Aufzeichnungen 1930 fortgelassen wurde; BA-MA Freiburg HO 8-37/1; ähnlich Ludendorff, »›Dirne Kriegsgeschichte‹ vor dem Gericht des Weltkrieges«, München 1934, S. 10; ders., »Ein Trauerspiel in 3 Aufzügen und einem Zwischenspiel. Persönlich«, Tutzing, im Januar 1938. Als Manuskript gedruckt, S. 8; nicht immer überzeugende Verteidigung des Hindenburgschen Anteils an den Operationen bei Walther Hubatsch, »Hindenburg und der Staat«, Göttingen 1966, S. 14.

23 Für sein Verhältnis zu Ludendorff vgl. seine Briefe bei Hubatsch, S. 52, Anm. 12.

24 Vgl. hierfür die Briefe seines Schwiegersohns Brockhusen-Justin, S. 62 ff., der bereits am 4. Mai 1915 den Eindruck gewann, »als ob Ludendorff und

Bildung der Heeresgruppe Prinz Leopold von Bayern, die Errichtung des Generalgouvernements Warschau und das Ausscheiden der östlichen stellvertretenden Generalkommandos auf den Nordabschnitt der Ostfront beschränkt worden war, raffte sich der Feldmarschall zwar zu einem Protest auf, die Bezeichnung Oberbefehlshaber Ost sei zur »schneidenden Ironie« geworden[25]. Gleichzeitig aber vertraute er Tirpitz an, er würde gern auf die ihm überall entgegengebrachte Verehrung verzichten, wenn sein »kaiserlicher Herr« ihn »weniger distanzierte«[26]. Da es ihm nicht gelang, »den Ring zu durchbrechen, der um die Allerhöchste Person von lauter Mittelmäßigkeit geschlossen« sei, hieß es für ihn »nur noch als preußischer Offizier und Edelmann aushalten, gehorchen, dulden«[27]. Dieses altpreußische persönliche Treueverhältnis zum Monarchen konnte auch Ludendorff nicht erschüttern, und damit war er zunächst zur Ohnmacht verdammt.

Nach dem strategischen Mißerfolg der Winterschlacht in Masuren sank der Nordabschnitt der Ostfront zu einem Nebenkriegsschauplatz herab, auf dem bei dem chronischen Kräftemangel kein kriegerischer Ruhm mehr winkte. Unfähig, die Schwierigkeiten des Mehrfrontenkrieges und den eng begrenzten Handlungsspielraum der OHL einzusehen und nicht bereit, seinen Gegnern sachliche Motive für ihre Entscheidungen zuzubilligen, bildeten in dieser Lage Ludendorffs Briefe aus dem Jahre 1915 »nichts als eine einzige große Anklage gegen Falkenhayn«[28]. In zunehmend gereizteren Telegrammwechseln suchten Oberost und OHL die Berechtigkeit ihres jeweiligen Standpunkts »für die geschichtlichen Akten« zu dokumentieren[29]. Während in Oberost Falkenhayn als der »böse Engel unseres Vaterlandes« galt[30], erschien Ludendorff selbst früheren Anhängern in der OHL im Laufe des Jahres 1915 nur noch als lästiger und krankhafter

Hoffmann, beides großzügige, leidenschaftliche, rücksichtslose Naturen, in dieser Hinsicht den lieben alten Herrn nicht ganz richtig beraten« und der sich im August dem Drängen der »Heißsporne« verschloß, auf Hindenburg einzuwirken. Nach der amtlichen Darstellung des Reichsarchivs ist dann auch kein Abschiedsgesuch erfolgt. Anders Hoffmann, Bd. 1, S. 79.

25 Schreiben an die OHL mit Abschrift an das Militärkabinett, 25. August 1915; zit. »Der Weltkrieg 1914 bis 1918«. Bearbeitet im Reichsarchiv (im folg.: RA), Bd. 8, Berlin 1932, S. 351.

26 Brief Tirpitz', 13. August 1915; »Erinnerungen«, S. 494.

27 Brief Hindenburgs an seine Frau, 27. November 1915; zit. bei Hubatsch, S. 15.

28 So Margarethe Ludendorff, S. 164.

29 Hoffmann, Bd. 1, S. 81. 1915 wurden im Stabe Oberost im Auftrage Hindenburgs für eine spätere Darstellung des Historikers Otto Hoetzsch systematisch Akten gesammelt, »schon um mich späteren Geschlechtern gegenüber angesichts der bekannten Anfeindungen zu rechtfertigen«, wie Hindenburg am 18. Oktober 1915 seiner Frau mitteilte, zit. bei Hubatsch, S. 53.

30 Brief Hoffmanns, 1. Dezember 1914; Aufzeichnungen, Bd. 1, S. 62.

Querulant – »ein zwar kluger, energischer, aber derart rabiater nur sein eigenes Ich voranstellender Kerl, daß man ihn nächstdem für's Narrenhaus reif halten möchte«, wie der Feldeisenbahnchef Groener, der noch am 26. Februar die »Firma Hindenburg-Ludendorff« für das »einzige große Komitee« in diesem Krieg gehalten hatte, am 26. Oktober 1915 in seinem Tagebuch notierte[31]. Angesichts dieser verhärteten Fronten schien an der Jahreswende 1915/16 ein Machtwechsel ausgeschlossen, denn – wie Oberst Hoffmann damals resigniert feststellte – »die Zeiten, wo Hindenburg etwas gegen Falkenhayn machen konnte, sind längst vorbei. Die Zeit hat ihm die Trümpfe aus der Hand genommen«[32]. Tannenberg lag weit zurück, Ypern verblaßte und Verdun war noch nicht abzusehen.

Doch diese Lagebeurteilung galt nur für den engeren Führungskreis. In der Öffentlichkeit waren die Auseinandersetzungen zwischen Hindenburg und Falkenhayn mit gespannter Aufmerksamkeit verfolgt worden[33]. Im August 1915 stellte der Kanzler »erschreckt« fest, »wie tief sich im ganzen Volke die Vorstellung eingefressen hat, daß Hindenburg sich propter invidiam in Ungnade befindet und mehr und mehr depossediert werden soll«. Auch in Süddeutschland sei man darüber »sehr erregt«, und in den Wandelgängen des Reichstages sei »diese leidige Sache Hauptgesprächsstoff«. Schon kursiere das Wort: »Dem jungen Kaiser hat man schließlich die Entlassung Bismarcks verziehen, der gereiftere würde Hindenburgs Entlassung nicht aushalten«[34].

Bethmann Hollweg hatte am 6. Dezember 1914 bei seinem Besuch im Hauptquartier Oberost Kontakte zu Hindenburg und Ludendorff angeknüpft[35] und am 12. Dezember gegenüber dem Chef des Militärkabinetts für die Ersetzung Falkenhayns durch Ludendorff als Generalstabs-

31 Wilhelm Groener, »Lebenserinnerungen«, Göttingen 1957, S. 532 und 544. Vgl. auch für die Reaktion Falkenhayns und des Generalquartiermeisters Frhr. von Freytag-Loringhoven Eisenhart Rothe, S. 105 f. Abgewogene Darstellung der Auseinandersetzungen jetzt bei Janßen, S. 85 ff., 134 ff.

32 Brief Hoffmanns, 7. Januar 1916; Aufzeichnungen, Bd. 1, S. 103.

33 Vgl. Brockhusen-Justin, S. 68 f.; Ludolf Gottschalk von dem Knesebeck, »Die Wahrheit über den Propagandafeldzug und Deutschlands Zusammenbruch«, München 1927, S. 63 ff.

34 Bethmann Hollweg an Valentini, 22. August 1915; abgedr. bei Bernhard Schwertfeger, »Kaiser und Kabinettschef«, Oldenburg 1931, S. 228 f.

35 Vgl. RA VI, S. 415, und den eigenhändigen Bericht Bethmann Hollwegs an den Kaiser vom 11. Dezember 1914: »Große Eindrücke habe ich vorigen Sonntag bei meinem Zusammensein mit dem Generalfeldmarschall von Hindenburg empfangen. Diese absolute ruhige und ernste Sicherheit hat etwas erhebendes. ›Lieb Vaterland magst ruhig sein‹, das war das Gefühl, mit dem ich zurückgekehrt bin. Und dieses Gefühl der Zuversicht ist es, das die weiten Kreise erfüllt, mit denen ich hier in Berlin in Verbindung getreten bin.« DZA Merseburg, Rep. 89 H II Deutsches Reich 1 Mappe 2. Diese Kontakte wurden auf der Rechten mit Mißtrauen beobachtet. Als der Vorsitzende des Bundes der Landwirte, Frhr. von Wangenheim, im März 1915 von Kapp

chef plädiert[36]. Zwar machte Ludendorff auf ihn schon damals »keinen ganz pupillarischen Eindruck«[37], und er vermißte an ihm auch später »mehrfach das Schwergewicht der inneren Ruhe und Sicherheit«[38]. Dennoch hielt der Kanzler seit dem Frühjahr 1915 die Übernahme der Obersten Heeresleitung durch Hindenburg und Ludendorff für die einzige Möglichkeit, um einen »mageren Frieden« innenpolitisch abzusichern – eine Hoffnung, die 1915/16 selbst von so klugen Beobachtern der innenpolitischen Entwicklung wie dem bayerischen Gesandten in Berlin, Graf Lerchenfeld, und dem Hamburger Großreeder, Albert Ballin, geteilt wurde[39].

Die Kriegszielüberlegungen, die Ludendorff 1915 in seinen Briefen an Moltke, Zimmermann, Rathenau und Delbrück vortrug, lassen es freilich höchst fraglich erscheinen, ob er je für einen Frieden der Verständigung hätte gewonnen werden können. Zwar waren Ludendorffs konkrete Ziele verglichen mit der damals zirkulierenden Denkschriftenflut relativ begrenzt. Dennoch erwies sich die Kombination von völkischem und militärischem Machtdenken als eine brisante Mischung, die zu unkontrollierbaren Ausdehnungen führen konnte. Für eine am Konferenztisch ausgehandelte Friedensordnung war in diesen Vorstellungen kein Platz. Friedensschlüsse hatten nur die Funktion, günstige Ausgangslagen für den nächsten Krieg in West und Ost zu schaffen, und die Forderung nach »Zuchtstätten für Menschen« im Osten nahm fatal die Entwicklungen einer späteren Zeit voraus.

1. Ludendorff an Moltke, Posen Schloß, 2. Januar 1915.

Hochzugebietender Herr Generaloberst!

Euer Exzellenz haben mir einen sehr gnädigen Brief geschrieben. Ich bedanke mich von ganzem Herzen.

Ich habe zu meinem großen Schmerz gestern zu Euer Exzellenz nicht kommen können. Ich war bis 3 Uhr festgehalten und mußte dann zu

erfuhr, daß Bethmann Hollweg bei einem Besuch in Lötzen »auch bei Hindenburg und dessen Umgebung seine Flaumacherei fortgesetzt« hatte, bat er Oldenburg-Januschau dringend, »nochmals zu Hindenburg zu fahren, um zu verhindern, daß sich bei dem irgendwie der falsche Glaube festsetzt, daß das deutsche Volk hinter Bethmann Hollweg und seinen Anschauungen stehe«. Wangenheim an Roesicke, 20. März 1915; DZA Potsdam, NL Wangenheim 10.

36 Nach Tgb. Plessens in RA VI, S. 415.

37 S. Anm. 19.

38 In einem Gespräch mit Karl Helfferich Mitte 1916; K. H., »Der Weltkrieg«, Bd. 2, Berlin 1919, S. 103.

39 Vgl. Janßen, S. 93 f., 263 f.; Bernhard Huldermann, »Albert Ballin«, 2. Aufl. Berlin 1922, S. 350.

meiner schwer leidenden Frau[40] nach Schlachtensee hinaus, um endlich auch mit dem Arzt sprechen zu können. Um 7 Uhr Ab[en]d verließ ich Berlin, um noch rechtzeitig hier zu sein. Ich darf Euer Exzellenz von Herzen wünschen, daß Euer Exzellenz sich wieder zur vollen Geltendmachung durchringen[41]. Der Herr v. Falkenhayn[42] ist ein Unglück für uns, er ist ein Spieler sein lebenlang gewesen und kennt nur seinen Ehrgeiz, nicht das Vaterland. Ich kann Euer Exzellenz versichern, daß ich und mit mir viele Andere mit Euer Exzellenz mitfühlen aus vollem dankbarn Herzen. Ich verstehe den Gen. v. Lyncker[43] nicht, daß er den Herrn v. F[alkenhayn] so stützt, sieht er denn nicht die Gefahr, die dadurch entsteht, sieht er denn nicht, wie sehr er dem Kaiser schadet. Der Reichskanzler weiß das alles und er tut nichts[44]. Wer soll denn handeln, wenn es nicht der verantwortliche Mann macht. Ich höre so viele Stimmen aus der Armee, keiner hat Vertrauen zu diesem Mann, der uns nach Ypern geführt hat[45]. Exzellenz kennen mein Empfinden, ich kann hassen und diesen Mann hasse ich.

Die Besprechung gestern in B[erlin] sollte eine Vereinbarung unserer nächsten Operationen darstellen[46]. Viel ist dabei nicht herausgekommen,

40 Seine erste Frau Margarethe, die er am 14. August 1909 geheiratet hatte. Vgl. ihre Memoiren »Als ich Ludendorffs Frau war«, München 1929. – Da Ludendorffs Briefe an Moltke in einer z. T. fast unleserlichen Handschrift flüchtig niedergeschrieben sind, waren einige Eigennamen nicht zu entziffern. Vgl. auch als Ergänzung die bereits veröffentlichten Briefe an den Chefredakteur der Königsberger Allg. Ztg. vom 20. September und 21. Dezember 1915 (Knesebeck, S. 150 ff.), den bayr. General Ritter von Wenninger vom 16. Dezember 1915 (Wenninger, »Die Schlacht bei Tannenberg«, München 1935, S. 43 ff.) und an Arthur Zimmermann vom 27. August und 20. Oktober 1915 (in Auszügen bei Hans Delbrück, »Ludendorffs Selbstporträt«, Berlin 1922, S. 65 f.).

41 Hindenburg und Ludendorff favorisierten im Januar 1915 den Plan, Falkenhayn durch Moltke als Generalstabschef zu ersetzen, wobei Moltke nur die Rolle eines Platzhalters für Ludendorff zugedacht war. Dies scheiterte an der schroffen Ablehnung Wilhelms II. Vgl. E. Zechlin, »Friedensbestrebungen«, B 20/63, S. 31 ff.

42 Erich v. Falkenhayn (1861-1922), preuß. Kriegsminister 7. Juli 1913 bis 20. Januar 1915, Chef des Generalstabes des Feldheeres 14. September 1914 bis 28. August 1916.

43 Moritz Frhr. v. Lyncker (1853-1922), Gen. d. Inf., Chef des Militärkabinetts 1908-1918. Lyncker hatte Falkenhayn bereits am 10. August 1914 gebeten, sich als Nachfolger Moltkes bereit zu halten, und am 14. September seine Beauftragung mit der Führung der Geschäfte des Generalstabschefs beim Kaiser durchgesetzt.

44 Dies traf nicht zu. Am 3. Januar empfahl Bethmann Hollweg Wilhelm II in einem Immediatsvortrag erfolglos die Abberufung Falkenhayns.

45 Vgl. für die Opposition gegen Falkenhayn Zechlin, S. 28 ff.

46 Auf der Berliner Konferenz, an der Falkenhayn, Ludendorff und der österreichische Generalstabschef Conrad von Hötzendorf teilnahmen, lehnte Falkenhayn jede weitere Schwächung der Westfront zugunsten der Ostfront

immerhin das eine, daß eine Operation in Ostpreußen, wo ein schneller Erfolg sein könnte, nicht sein soll, daß die Österreicher ihre jetzige Stellung aber halten wollen (?) und daß weitere Verstärkungen Ende Januar hier eingesetzt werden. Dies ist noch das Beste von allem. Leider habe ich bei dieser Gelegenheit bei Exz. Konrad eigenartige Anschauungen kennen gelernt. Er ist ein gelehrter Offizier, kein großer Mann.

Eben rufen mich Euer Exzellenz an. Ich bin tief ergriffen und fühlte mit Euer Exzellenz. Ich habe mit Euer Exzellenz zusammenarbeiten und wirken dürfen. Seien Euer Exzellenz versichert, daß Sie immer Ihren treuesten Diener in mir haben werden, dessen Herz warm schlägt für seinen alten Chef. Euer Exzellenz bringen ein schweres Opfer und alle die es kennen, danken Euer Exzellenz für diesen höchsten Patriotismus und für diese unerschütterliche Ruhe.

Ich sprach gestern mit Herrn v. F[alkenhayn] über neutrale Staaten und fand bei ihm ein ganz anderes Urteil wie heute beim Unterstaatssekretär Zimmermann[47]. Fehlt denn auch dort die Einheit der Handlung und Anschauung. Will denn der Herr v. F[alkenhayn] zugleich auch Reichskanzler spielen. Ein wahnsinniger Mann!

Alles wäre ja gleich, wenn Kaiser und Vaterland nicht auf dem Spiele stünden.

Ich muß schließen Euer Exzellenz. Es ist mir immer eine Freude, wenn ich mit Euer Exzellenz sprechen kann.

Wie stets bin ich auch jetzt

Euer Exzellenz
dankbar gehorsamer
Ludendorff.

2. Ludendorff an Moltke, Posen Schloß, 9. Januar 1915[48].

Hochzugebietender Herr Generaloberst!

Euer Exzellenz melde ich, daß ich meiner Stellung enthoben und zum

entschieden ab. Über die Verwendung der neuen Heeresreserve wollte er erst in drei Wochen entscheiden, wenn sie einsatzbereit war. Bis dahin sollte die 9. Armee in Polen ihre Offensive fortsetzen und die Österreicher ihre Stellung in den Karpathen behaupten. Vgl. RA VII, S. 6 f., 76 f.

47 Arthur Zimmermann (1864-1940), Unterstaatssekretär im AA 1911-1916, Staatssekretär des AA 1916/17. – Wegen der Rückwirkungen auf Italien und Rumänien forderten Conrad und der österreichisch-ungarische Außenminister Graf Berchtold eine Offensive im Osten und fanden hierbei die Unterstützung des AA, während Falkenhayn der Diplomatie die Aufgabe übertrug, die Neutralität Italiens durch »schleunigste weitgehende Befriedigung seiner Wünsche« zu erhalten, und die Stellung der Balkanstaaten allein von der Lage in Serbien abhängig sah, wie er am 6. Januar Conrad mitteilen ließ. KA Wien, AOK Op. Abt. 512 Op. Nr. 6005.

48 Datum von fremder Hand, Eingangsvermerk?

Chef der Südarmee ernannt bin[49]. Die Operationen an Bzura und Raw[k]a kommen doch wohl mehr oder weniger zum Stillstand, das Vorrücken ist nur ein ganz langsames. Schon lange war es mein Gedanke, alle entbehrlichen Kräfte 3 I[nfanterie] und 1 R[eserve] I[nfanterie] D[ivision] herauszuziehen und sie wo anders anzusetzen. Mein Wunsch Ostpreußen konnte wegen Österreich nicht erfüllt werden. So wandern die Truppen nach den Karpathen, auch Österreich nimmt dorthin Divisionen von der serbischen Grenze und der [unleserlich] 7-8 I[nfanterie] D[ivisionen] können nun dort in Tätigkeit treten. Es wird lange Arbeit, die durchschlagenden Erfolg nur dann haben kann, wenn die Neuformationen in Ostpreußen eingesetzt werden. Kommt es so, dann kann sich noch vieles wenden. Aber bis jetzt sollen die Neuformationen nach dem Westen und ein 2. Ypern erleben[50].

Ich muß nun in meiner Beseitigung aus Posen einen Streich des Herrn v. F[alkenhayn] gegen mich erblicken und habe bereits das M[ilitär] C[abinett] um Enthebung von meiner Stellung und um eine Division gebeten. Auf Bitte des Feldmarschalls habe ich dann den Antrag auf einige Tage zurückgenommen. Er will an unseren so übel beratenen Kaiserlichen Herrn schreiben und auch dem General v. Plessen[51] mitteilen, wie sehr der Herr v. F[alkenhayn] dem Kaiser schadet. Ich weiß nicht, was daraus wird. Ich fahre mit General v. Linsingen[52] am Montag Abend nach Te-

49 Am 8. Januar. Am folgenden Tag protestierte Hindenburg in einem Brief an den Kaiser gegen diese Versetzung und erhob die »ehrfurchtvollste Bitte«, ihm seinen »Kriegsgefährten allergnädigst wiederzugeben« (RA VII, S. 10 ff.). Am 11. Januar unterrichtete Hindenburg Moltke von seinem Vorgehen: »Siegt die Intrige, indem jemand an seine Stelle tritt, mit dem ich unmöglich zusammenarbeiten kann, dann bin ich fest entschlossen, S. M. um meine Entlassung zu bitten.« Hindenburg schloß seine Mitteilungen mit den trotzigen Worten: »So! Hier stehe ich, ich kann nicht anders, Gott helfe mir. Amen!« (BA-MA Freiburg N 78/4). Am 12. Januar drohte Hindenburg dann unverhüllt in einem zweiten, von Ludendorff überarbeiteten Schreiben mit seinem Abschied (Zechlin, S. 31 f.).

50 Am 17. Januar fiel die Entscheidung über die Verwendung der Heeresoffensive zugunsten der Ostfront. Die »Winterschlacht in Masuren« im Februar/März 1915 blieb strategisch erfolglos. Die Karpathenoffensive der neugebildeten »Südarmee«, die am 23. Januar begann, brachte ebenfalls nur taktische Gewinne. Vgl. Janßen, S. 85 ff.

51 Hans v. Plessen (1841-1929), Generaloberst, Generaladjutant des Kaisers, Kommandant des Kaiserlichen Hauptquartiers. Er beteiligte sich im Dezember 1914 und Januar 1915 aktiv an den Versuchen, Falkenhayn zu stürzen. Vgl. seine Briefe an Moltke vom 31. Dezember 1914, 3. und 18. Januar 1915; BA-MA Freiburg N 78/6. Ende Dezember hatte er es gegenüber Lyncker für seine Pflicht erklärt, die Bedenken gegen Falkenhayns Ämterkumulation beim Kaiser zur Sprache zu bringen »mit dem positiven Vorschlag, daß Falkenhayn auf den Kriegsminister wieder beschränkt bleibe und Ludendorff zum Chef des Generalstabes zu machen sei«.

52 Alexander v. Linsingen, Gen. d. Inf., Oberbefehlshaber der am 8. Januar neugebildeten Südarmee.

schen[53] und dann voraussichtlich nach Munkacs[54]. Dort werde ich meine Pflicht tun und dann verschwinden. Ich halte ein Zusammenarbeiten mit Gen. v. Conrad und mir für undenkbar. Ich habe ihm zu oft schon gegenübergestanden und zwar als gleichgestellter und nicht als Untergebener. Und schließlich sind meine Nerven nun auch eher schlechter geworden und mein Temperament reißt mich zu schnell hin. Zudem verachte ich unsere Bundesgenossen vom Grund meiner Seele aus. Was soll dabei herauskommen diesen kindlichen militärischen Phantasten gegenüber!

Meine Stellung hier wird nicht besetzt. Hält man sie denn für so minderwertig, daß dies möglich ist?

Ich habe mit dem Herrn v. F[alkenhayn] noch nicht gesprochen, er ist aus dem Gr. H.Q. abwesend. Er wird noch von mir zu hören bekommen. Ich will biegen oder brechen.

Für die Zusendungen seitens Euer Exzellenz sage ich meinen verbindlichsten Dank. Ich habe mir Luftschiffe geben lassen und will Warschau und Nowo Georgiewsk sobald wie möglich bombardieren.

In Ostpreußen ist alles in Ordnung, ebenso bei Mlawa. An der Bzura und Rawka kämpfen wir ganz brav[55]. Wir sind aber in der taktischen Kleinarbeit und in Nachtgefechten gerade keine Meister.

Es ist eine Freude für mich, mit meinem alten verehrten Chef sprechen zu dürfen. Ich werde es auch von den Karpathen aus tun.

Mit den ehrerbietigsten Empfehlungen bin ich

Euer Exzellenz
ganz gehorsamer
Ludendorff.

3. Ludendorff an Moltke, 27. Januar 1915.

Hochzugebietender Herr General!

Euer Exzellenz haben heute einen Herrn hier, der Karten zeichnet. Ich will ihm die von Euer Exzellenz gewünschte Auskunft über die Kriegslage mitgeben[56].

In der Zeit vom 3.-8. 2. marschieren 3 ½ Div[isionen] zwischen Insterburg und Tilsit auf, gleichzeitig ein neues A[rmme] K[orps] westlich Rudzanny. Die 8. Armee zieht ihre guten Truppen auf ihren rechten Flügel.

Am 9. wollen wir den neuen Feldzug beginnen; scharfe Umfassung

53 Sitz des Hauptquartiers des österreichisch-ungarischen Armeeoberkommandos.
54 Sitz des Stabes der Südarmee.
55 Frontabschnitt der 9. Armee in Westpolen. Vgl. RA VII, S. 161 ff.
56 Vgl. für die Planungen zur Winterschlacht in Masuren RA VII, S. 160, 172 f.

von oben, Druck in der Front und namentlich auf dem rechten Flügel südlich der Seen. Gelingt die Operation, so werden wir uns unter starker Deckung gegen Kowno-Augustow nach Süden wenden und Lomza und Ossowiec angreifen.

Bei Mlawa wird außer Korps Zastrow noch XX. versammelt. Eine russische Offensive von dort oder besser Warschau ist dann nicht mehr zu fürchten. Wir haben überall starke Grenzstellungen, die der jetzige Russe kaum angreifen kann.

In der Front in Polen bleibt so wenig wie möglich. Außer XX. hoffe ich noch 3/4 G[arde] R[eservedivision] herauszuziehen. Das vorstehend genannte ½ A[rmee] K[orps] ist bereits die 1. G[arde] R[erserve]d[ivision]. Vorläufig haben wir noch eine gewisse Krise zu befürchten, falls die Weichsel zufriert. Der linke Flügel der 9. Armee ist dann gefährdet. Ich denke aber dieser Gefahr zu begegnen.

Auf der ganzen Front bis an die Karpathen stehen sich die Kräfte untätig gegenüber. In den Karpathen hat am 23. die Offensive begonnen und die Fortschritte gemacht, die in dem schwierigen Gelände zu erwarten waren[57]. Gestern sind nur von Abteilungen 2. Linie unverständliche Bewegungen gemeldet, die den Erfolg verzögern können. Ich hatte so einfach alles festgelegt und alles so klar gesagt, aber die Menschen haben keine Stetigkeit. Ich hoffe aber dort noch das beste.

Die öster[reichische] Truppe ist schlecht. Sie hat so viel von »übermächtiger« Feind gehört, daß sie ein Recht zum Weggehen zu haben glaubt, wenn ein stärkerer Feind ankommt. Ich hatte dort unten Gelegenheit, scharf durchzugreifen. Es war gut, daß ich da war und vielleicht besser, wenn ich noch einige Tage länger geblieben wäre, aber auch hier bin ich doch nötig, um bei der 9. Armee das Leben zu erhalten[58].

Sie wird nun endlich am 31. einen großen Angriff östlich Bolimow machen, damit der Russe festgehalten wird. Er zieht viel Kräfte aus der Linie und bildet eine neue Armee anscheinend bei Warschau (G. XIX. II. Kav. XXII.)[59].

Wie nun die Gesamtoperation ausfallen wird, ist schwer zu sagen. Ich rechne auf einen vollen Erfolg in Ostpreußen und auf ein langsames Vordrücken durch die Karpathen. Ob Rußland unter diesem Druck sich östlich der Weichsel halten wird, ist fraglich, aber wohl möglich. Erst ein scharfes Anfassen in Richtung Osowiec-Lomza kann mehr erreichen. Przemysl

57 Vgl. RA VII, S. 89 ff. Die Operationen waren erfolglos.
58 Ludendorff wurde vor Beginn der Karpathenoffensive am 22. Januar als Chef der Südarmee abgelöst und kehrte nach Oberost zurück.
59 Vgl. RA VII, S. 164 ff.

kann sich bis Ende Februar halten. Und eher werden die Österreicher auch dort nicht eintreffen[60].

So ist das Bild im Großen, das ich Euer Exzellenz geben kann. An ein vollständiges taktisches Niederwerfen Rußlands glaube ich nicht. Dazu sind die Entfernungen und die Masse zu groß. Anderseits hoffe ich aber, daß wir das erreichen, was zu erreichen ist, und daß die russische Armee ins Wanken gebracht wird.

Der Herr v. F[alkenhayn] ist die Treppe hinauf gefallen[61]. Aber ich denke doch, daß das Vertrauen des Kaisers erschüttert ist und daß F[alkenhayn] beim nächsten Ansturm fallen wird.

Der Feldmarschall hat mir die Briefe Euer Exzellenz zu lesen gegeben[62]. Ich danke Euer Exzellenz, daß Sie sich zum Bleiben entschlossen haben. Die innere Not des Landes braucht Ihrer und Euer Exzellenz können da dem Vaterlande ebenso dienen, wie an der festgefahrenen Lage im Westen. Hier im Osten wird in dem Sinne gewirkt, wie Euer Exzellenz ihn dem Generalstab erhalten haben. Wenn Euer Exzellenz Anregungen geben wollen, so werde ich stets dankbar dafür sein.

Behüte Sie Gott, Euer Exzellenz. In tiefer Verehrung

Ihr treu gehorsamer
Ludendorff.

4. Ludendorff an Moltke, 2. Februar 1915.

Hochzugebietender Herr General!

Euer Exzellenz danke ich für den ausführlichen Brief, der mir leider über unsere Verpflegungslage ein sehr trübes Bild gab[63]. Ich hoffe, daß in

60 Nach Meldungen des Festungskommandanten reichten die Vorräte im äußersten Fall bis zum 7. März (RA VII, S. 86). Der Entlastungsangriff scheiterte; die Festung kapitulierte am 22. März nach fünfmonatiger Belagerung (ebd., S. 120 ff.).

61 Falkenhayn war am 20. Januar zum General der Infanterie ernannt worden.

62 Am 14. Januar beantwortete Moltke Hindenburgs Brief vom 11. Januar (s. Anm. 10) und begrüßte dessen Vorstoß gegen Falkenhayn. »Dieser Mann stürzt uns alle, Thron und Vaterland ins Verderben.« Am 23. Januar teilte Moltke Hindenburg streng vertraulich das Scheitern der Versuche mit, die Hindenburg und die Kaiserin unternommen hatten, um Falkenhayn zu stürzen. Allerdings erhalte Oberost die Heeresreserve, Ludendorff werde zurückkehren und Falkenhayn das Kriegsministerium abgeben. (Beide Briefe abgedruckt bei Moltke, S. 409 ff., 174 ff.) Am 24. Januar stimmte Hindenburg Moltke zu, »daß weitere Schritte jetzt zu unterlassen sind, sie würden nur die Lage verschlimmern«. Sachlich sei genug erreicht worden. »Der Versuch, Ludendorff zu beseitigen, ist mißglückt.« BA-MA Freiburg N 78/4.

63 Brief vom 29. Januar, als einziger Antwortsbrief Moltkes abgedr. bei Moltke, S. 420 ff.; vgl. auch ebd., S. 399 ff. seine Eingaben an den Reichskanzler und den Kaiser vom 10. Januar. Moltke glaubte, daß Deutschland wirtschaftlich nur noch zwei Monate würde durchhalten können. Deshalb erschienen ihm

Russisch-Polen noch etwas zu finden sein wird. Nun las ich auch in der Zeitung, daß Rumänien die Ausfuhr von Getreide nach Deutschland gestatten will, freilich haben wir nur die Eisenbahn, aber es wird doch immer eine Hülfe sein[64].

Neulich waren die Militär-Attachés hier. Der Rumäne ist ein begeisterter Anhänger für den Krieg gegen Rußland. Er wird heute in Bukarest sein, um seinen ganzen Einfluß dafür aufzubieten. Wenn es ihm doch gelänge.

Der Italiener war reserviert, ich glaube aber doch, im Innern uns zugetan[65].

Der Angriff in den Karpathen geht nur sehr langsam vorwärts, so wie ich immer nur glaubte. Bei den Österreichern sind an einigen Stellen leider schon Rückschläge eingetreten, die aber bisher ohne Bedeutung sind. Es soll eine grimmige Kälte da oben herrschen, die die Kraft der Truppen lehmt [!]. Wenn die Österreicher nicht zurückgehen, dann kann noch was werden. Gut, daß wir da sind und einen gewissen Halt geben[66].

Bei Woyrsch und der 9. Armee Ruhe. Unser Angriff nordöst[lich] Skiernewice schreitet immer nur schrittweise fort. Ein Geländegewinn ist es kaum, wir halten aber die Russen fest. Eine gewisse Besorgnis hatte ich für die Weichsel Linie Warschau-Thorn. Ein russischer Raid wäre möglich gewesen, wenn die Weichsel zufriert. Das milde Wetter ist uns günstig. Dagegen wenden nun die Russen ihre Tätigkeit ganz in Richtung Lipno-Wloclawek. Auch nicht angenehm wegen der Bahn bei Wloclawek. Ich hoffe aber, daß nichts passieren wird[67].

Die Eisenbahntransporte sind nun im Rollen. Von der 9. [Armee] kommt XX. [Armeekorps], dann G[arde] R[eserve-] und 4. K[avallerie]-d[ivision] herauf. Mehr werden wir nicht schaffen können.

Nun Gebe Gott seinen Segen!

In teuer Ergebenheit
Ludendorff.

militärische Erfolge im Osten als unbedingte Notwendigkeit, um mit Rußland zu einer Separatverständigung zu kommen oder wenigstens Rumänien dahin zu bringen, daß es Deutschland die Einfuhr von Brotgetreide gestattete.

64 Für die rumänischen Getreidelieferungen vgl. Karl Helfferich, »Der Weltkrieg«, Einbändige Ausgabe, Berlin 1920, S. 252 ff.

65 Vgl. für Italien die Beiträge von Leo Valiani, Egmont Zechlin und Brunello Vigezzi in: »Erster Weltkrieg, Ursachen, Entstehung und Kriegsziele«, hrsg. von Wolfgang Schieder, Köln-Berlin 1969, S. 317 ff.

66 Vgl. RA VII, S. 91, 99 ff.

67 Vgl. ebd., S. 167 ff.

5. Ludendorff an Moltke, 12. März 1915.

Hochzugebietender Herr General!

Euer Exzellenz habe ich lange nichts gemeldet.

Die Winterschlacht in Masuren hat einen vollen taktischen Erfolg gehabt. Strategisch war er nicht so bedeutend, da wir westlich Grodno südlich des Bobr auf eine starke Stellung stießen, die im Frieden oder wenigstens frühzeitig ausgebaut nicht zu überwinden war.

Außerdem führte der Gegner starke Kräfte in Richtung Przasnysz und Lomska vor. Schon während der Winterschlacht hieß es Maßnahmen dagegen treffen. Sie sind getroffen und der Stoß des Feindes ist wohl als gescheitert anzusehen. Der vorübergehende russische Erfolg bei Przasnysz ist nicht auf Stärkegruppierung, sondern darauf zurückzuführen, daß eine Landw[ehr]-Brig[ade] einen unsachgemäßen Auftrag erhielt und vollständig versagte, dadurch auch die 31. R[eserve]d[ivision] in Mitleidenschaft zog[68]. Die Russen haben diesen Erfolg gewaltig aufgebauscht und der Deutsche in seinem Kleinmut fiel drauf rein. Inzwischen haben wir dort wieder eine Offensive ergriffen, zahlreiche Gefangene gemacht, die Offensive aber wieder eingestellt, da neue russ. Kräfte im Anmarsch sind. Vor Lomska steht der Kampf. Alle russischen Angriffe sind blutig zurückgewiesen. Vor Grodno sind wir zurückgegangen. Das Liegen in dem Augustower Walde war zur Unmöglichkeit geworden. Wir gingen zurück, – in der Erwartung, daß der Russe folgen würde. Er tat es auch und gestern haben wir angegriffen und ihn zurückgeworfen. Leider waren die letzten Tage so kalt, daß unsere Truppen sehr mitgenommen sind. Viele Frostschäden, sehr viel Durchfall. Die Armeen müssen die nächsten Tage ruhen[69].

Die 9. Armee hat an der Pilica angegriffen, aber auch dort ist Ruhe nötig[70].

Für Anfang März hatten uns die Russen ihren gigantischen Plan zugedacht. Starke Kräfte sollten von Ostpreußen und aus Polen in unser Gebiet östlich der Weichsel einrücken. Dieser Plan ist, so Gott will, durch unsere Offensive gescheitert. Wir haben den Russen in den letzten 4 Wochen etwa 130 000 Mann an Gefangenen genommen. Ihre Verluste sind an Todten ungeheuerlich. Wir haben also einen nach jeder Richtung hin erfolgreichen Krieg geführt. Daß die große Entscheidung ausbleibt, liegt in den Massenheeren, da müssen an mehr Stellen solche Schläge fallen.

68 Vgl. Tgb. Hoffmann, 1. März 1915; Hoffmann, Bd. 1, S. 63.

69 Vgl. für den Verlauf der Winterschlacht und die russischen Gegenmaßnahmen RA VII, S. 172 ff.

70 Vgl. RA VII, S. 292 ff. Am 5. März hatte die 9. Armee nördlich der Pilica angegriffen. Der Angriff wurde am 16. März eingestellt.

Sobald die Armeen wieder bei Kraft sind, d. h. in 5-6 Tagen greifen wir weiter an. Der Russe kann nicht umfaßt, er muß buchstäblich in den Rücken gestoßen werden.

Sehr gespannt bin ich auf den Ausgang der Unterhandlungen mit Italien. Ich hoffe, daß dadurch auch die Dardanellen entlastet werden. Auch wird vielleicht Rumänien in der Getreidefrage nachgiebiger werden[71]. Ich bin nur schlecht über alles das unterrichtet.

Sei nun alles wie [es] sei, ich denke von Pessimismus braucht noch keine Rede zu sein[72]. Es gingen schon so wirre Gerüchte über Ostpreußen in Berlin herum. Ich bin traurig darüber.

Darf ich mich nun von Euer Exzellenz verabschieden, mit der Versicherung, daß wir unverzagt auf dem Posten stehen.

In tiefster Ergebenheit bin ich

Euer Exzellenz
dankbar gehorsamer
Ludendorff.

6. Ludendorff an Moltke, 1. April 1915.

Hochzugebietender Herr General!

Euer Exzellenz darf ich zu Ostern den versprochenen Brief senden. Ich habe dies Fest gewählt, weil ich Euer Exzellenz so von ganzem Herzen wünsche, daß die schweren Kränkungen der letzten Monde Euer Exzellenz weniger bedrücken, daß die schweren patriotischen Sorgen leichteren Anschauungen weichen mögen wie das Osterfest für uns Christen doch ein Fest seelischer Erhebung ist.

Die kriegerischen Sorgen sind ja allerdings keineswegs gehoben, da Österreich immer mehr versagt und die österr. Generale Menschen sind, von deren Mehrzahl nur mit Verachtung gesprochen werden kann. Nicht gegen eine Überlegenheit kämpfen sie, sondern gegen eine Unterlegenheit und von dieser lassen sie sich angreifen und schlagen. Wir haben nun wieder Truppen dorthin gegeben. Wir sind wieder schwächer hier oben geworden. Von einer Offensive kann ich Euer Exzellenz nichts melden. Wir müssen vorläufig in der Verteidigung halten. Das gebietet auch der Kriegsschauplatz[73].

71 Am 19. Februar hatte der Angriff der englisch-französischen Flotte auf die Dardanellen begonnen. Der Munitionsmangel der Türken ließ einen längeren Widerstand als fraglich erscheinen. – Die italienische Regierung verhandelte bereits seit dem 3. März mit der Entente über den italienischen Kriegseintritt.

72 Vgl. für die gedrückte Stimmung in den Berliner Führungskreisen Janßen, S. 88 ff.

73 Vgl. für die Lagebeurteilung Anfang April 1915 RA VII, S. 295 f. Am 27. März war die Abgabe des Generalkommandos des XXXVIII. Reserve-

4 A[rmee]K[korps] bekamen wir für die Winterschlacht. Leider 1 ist nach den Karpathen nun gegangen, bleiben 3 übrig, dafür hat der Russe 2 A[rmee]K[orps] von der österr. Front hier oben rauf gezogen und ferner 4 Divis[ionen] aus Neuformationen uns entgegengestellt, so daß wir nach wie vor gegen eine Überlegenheit stehen.

Unsere Truppen sind brav aber jung, ein Angriff mit ihnen ist nicht so wie mit alten Truppen. In der Verteidigung sind sie durchaus zuverlässig.

Ich habe keine Sorge, daß uns was geschieht, aber wir tun dem Russen auch nichts. Öster. Ungarn, denke ich, wird sich halten, wenn auch die Lage bei Czernowitz noch nicht ordentlich ist[74].

Von der hohen Politik höre ich leider gar nichts mehr. Soweit ich gestern orientiert wurde, sollen die Verhandlungen zwischen Italien-Österreich besser gehen. Der Schreiber des Briefes, der Gen. v. Conrad zum Einlenken bewogen haben soll, war ich[75]. Ich habe klar und deutlich gesprochen. Ich habe überhaupt die Empfindung, daß alle unsere Stellen, auch die Diplomatie viel kräftiger mit diesem Jammervolk reden muß. Sie sind ja von uns viel mehr abhängig, wie wir von ihnen. Weshalb sollen wir unser Schicksal mit diesem sterbenden Mann vereinigen. Von dem Hochmut und der Unfähigkeit macht man sich keinen Begriff und ich glaube nicht, daß Öster. Ungarn je wieder ein Machtfaktor wird. Das muß erkannt werden, um uns richtig zu orientieren. Wir müssen wissen, was wir von Österreich beanspruchen. Hier ist noch Deutschtum, was wir in uns aufnehmen können.

Die Dardanellenfrage scheint ja für's erste gebannt zu sein[76]. Wenn wir nur mit Rumänien ins Klare kämen. Hier liegt politisch und militärisch das Schwergewicht.

In der Ernährungsfrage, in der man nun dank Euer Exzellenz Eingreifen energisch gehandelt hat[77], sind wir hier ganz Euer Exzellenz Wünschen nachgekommen. Ganz Ostpreußen wird bestellt und ein großes Stück Polens. Ich vertraue, wir kommen über den Berg.

korps und der Masse der 25. Reservedivision zur Karpathenfront befohlen worden.

74 Mitte März war ein russischer Angriff auf die Bukowina erfolgt.

76 Vgl. Bethmann Hollweg an Valentini, 12. März 1915; abgedr. Bernhard Schwertfeger, »Kaiser und Kabinettschef«, Oldenburg 1931, S. 227: »Den besten Ausschlag in Wien soll die Schilderung der militärischen Lage gegeben haben, die Hindenburg durch Ludendorff an Conrad gehen ließ.«

76 Nach dem gescheiterten englisch-französischen Flottenangriff vom 18. März war an den Dardanellen zunächst eine Kampfpause eingetreten.

77 Am 25. Januar hatte der Bundesrat Verordnungen über die Regelung des Verkehrs mit Brotgetreide und Mehl und die Sicherstellung von Fleischvorräten beschlossen. Am 8. Februar wurde eine Tagesration von 225 Gramm Mehl festgesetzt.

Im Westen bilden sie sich eine starke Reserve Armee, nach Freitag[78] die berühmte 3 Teilung[79]. Mit Neid sehe ich doch hin und denke an mein Aus der Hand in den Mund leben.

Im Inlande soll man viel übertriebene Forderungen an einen evtl. Frieden stellen[80], sie beachten Österreich nicht! Ich erhoffe für uns Lüttich nebst Grenzstreifen und den Congostaat, Geldentschädigung, das Kohlenbecken von Briey, hier im Osten nur geringe Grenzberichtigungen[81].

Österreich wird Lemberg geben müssen. Es tut dies auch ohne Skrupel, Entschädigung dafür in Polen, hoffentlich erfüllen sich diese Hoffnungen.

Euer Exzellenz darf ich zum Schluß ein harmonisches Fest wünschen.

In tiefer Verehrung und alter Dankbarkeit

Ludendorff.

7. Ludendorff an Arthur Zimmermann, 1. April 1915.
AA, Wk. geh., Ausfertigung.

Sehr verehrte Exzellenz!

Wenn ich auch nicht berufen bin, in die hohe Politik einzugreifen, so will ich doch folgendes Euer Exzellenz mitteilen, damit Sie ersehen, wie weit Österreich schonend zu behandeln ist. Die Nachrichten aus den Karpathen von Angriffen russischer Übermacht sind einfach erlogen. Tatsächlich hat Österreich auf gleichem Raum mehr Divisionen wie der angreifende Russe, dessen Etatsstärken durch dauernde Angriffe auch nicht voll sein werden.

Die österr[eichische] Truppe leistet keinen Widerstand oder richtiger

78 Hugo Frhr. von Freytag-Loringhoven (1855-1924), Generalleutnant, Generalquartiermeister des Feldheeres 27. Januar 1915 bis 12. September 1916.

79 Durch Abgabe der 4. Infanterieregimenter aus bestehenden Divisionen der Westfront wurden seit Februar 1915 neue Divisionsverbände zu je drei Infanterieregimentern gebildet und dadurch eine neue Heeresreserve geschaffen. Vgl. RA VII, S. 303 ff.

80 Am 10. März hatten die sechs großen Wirtschaftsverbände ihre bekannte Kriegszieldenkschrift versandt. Anfang März zirkulierte im Stabe von Oberost eine Schrift des ostpreußischen Generallandschaftsdirektors Kapp, deren Forderungen von Oberstleutnant Hoffmann herb kritisiert wurden. Vgl. seinen Brief vom 6. März 1915; Hoffmann, Bd. 1, S. 64 f.

81 Über den Umfang dieses »Grenzstreifens« hatte Hindenburg bereits im Dezember 1914 auf Wunsch des Reichskanzlers ein Gutachten abgegeben. Am 27. Dezember 1914 hatte der Unterstaatssekretär in der Reichskanzlei Wahnschaffe den Posener Oberpräsidenten empfohlen, sich für seine Denkschrift das, »was das östliche Hauptquartier aus militärischen Gründen für nötig hält«, am besten von Ludendorff auf der Karte zeigen zu lassen. Der genaue Verlauf dieses geplanten »Grenzstreifens« ist unbekannt, da Hindenburgs Karte verschollen ist. Vgl. Immanuel Geiss, »Der polnische Grenzstreifen«, Hamburg-Lübeck 1960, S. 73, 77, und Zechlin, »Friedensbestrebungen«, B 22/63, S. 16 ff. – Wie wenig vertraut Ludendorff mit den westlichen Kriegszielen war, zeigt die Verwechslung des Erzbeckens von Briey-Longwy.

der österr[eichische] Reserveoffizier und das sind 60 bis 70 % schlägt sich nicht und läßt die Truppe im Stich.

So leistet das öster[reichisch] ungarische Militär absolut nichts. Eine tiefe Erbitterung ist im Ostheer gegen die Österreicher und kann eine rücksichtsvolle Behandlung dieses Jammervolkes – verzeihen Sie den Ausdruck – nicht verstehen. Die in den Karpathen kämpfenden Truppen sorgen glaube ich für Aufklärung im Volk im gleichen Sinne.

Ich habe die Erfahrung gemacht, daß der feste rücksichtslose Wille dem österr[eichischen] Hochmut gegenüber am ehesten zum Ziel führt. Ich glaube nicht an einen Separatfrieden Österreichs, er würde zu teuer werden. Wohl aber glaube ich, daß neben der Türkei Österreich der kranke Mann ist, an dessen Heilung ich nicht glaube. Ich habe da einen zu tiefen Blick in die österr[eichisch] ungarische vaterlandslose Verkommenheit getan. Ein Volk, das keinen Staatsgedanken hat, das den Begriff Vaterland nicht kennt, das richtet sich nicht auf, das ist verloren.

Wir müssen über diesen Staat mit möglichst großem Gewinn für uns zur Tagesordnung übergehen. Ein [unleserlich] auf Kosten des Bundesgenossen ist nicht schön, aber besser wie ein beiderseitiges Siechtum. Wir sind die stärkeren, wir haben uns das Leben verdient und wollen leben.

Ich habe mehr geschrieben, als ich wollte, Exzellenz. Den unberufenen Ratgeber spiele ich ungern, aber der tiefe leidenschaftliche Haß gegen dieses Jammervolk, die Liebe zum eigenen Lande läßt schließlich doch alle Bedenken zurücktreten. Hier ist alles in Ordnung, aber nachdem wir uns dauernd auf Kosten unserer Offensive zu Gunsten Österreichs geschwächt haben, sind wir auch nicht mehr in der Lage, positives zu erreichen.

Das ist ein schlechter Ostergruß vom Kriegsschauplatz.

Ihr
sehr ergebener
Ludendorff.

8. Ludendorff an Moltke, 5. April 1915.

Hochzugebietender Herr General!

Euer Exzellenz danke ich für die Zusendung des Artikels. Ich hatte ihn noch nicht gelesen, denn ich lese die Lügenberichte des österr. Generalstabes und der dortigen Berichterstatter überhaupt nicht mehr. Auch Morath [!] im Berl. Tageblatt soll neulich einen Aufsatz gebracht haben, der von heldenhaftem österr. Widerstand und russischer Übermacht sprach[82]. Das ist alles gelogen und es wäre gut, wenn die Presse-Abteilung in Berlin die Telegramme der Pressevertreter aus dem österr. Hauptquartier nicht

82 Vgl. Berliner Tageblatt Nr. 164/30. März 1915: E. Moraht, »Bei Erzherzog Friedrich«.

durchläßt. Es ist System in diesen Veröffentlichungen. Tatsächlich kämpft Österreich gegen keine Überlegenheit, sondern gegen eine Unterlegenheit und wir haben seit Mitte Oktober eine starke Überlegenheit gegen uns. z. Z. 1050 Bataillone gegen 521.

Österreich will mit solchen Artikeln seine ganze Jämmerlichkeit und die Tatsache verbergen, daß es sich im frontalen Angriff einer nicht mehr wie gleichstarken Macht einfach schlagen läßt. Die Truppen, d. h. das Offizierskorps haben keine Widerstandsfähigkeit. Wenn zufällig an einer Stelle auf 1 Bataillon Öster[reicher] 2 Bataillone Russen kommen, dann ist die »Übermacht« da und die Öster[reicher] gehen zurück ohne Kampf. Das sind unsere Bundesgenossen und es trifft unsere militärischen Vertreter in Wien ein schwerer Vorwurf, daß sie uns vor dem Kriege keinen reinen Wein eingeschenkt haben. Als ich den Herrn v. Unger[83] bat, mal zu den Manövern kommandiert zu werden, hatte ich wenig Glück, da Österreich nicht mein Ressort sei. So war es!

Aber Euer Exzellenz aus dieser Jämmerlichkeit Österreichs müssen wir die Folgen ziehen, wir müssen sie stützen, denn sonst werden sie geschlagen und das darf wegen des Balkans nicht sein.

Ich denke der General v. d. Marwitz wird nun halten und das Zurückfluten zum Stehen bringen[84].

Ich habe vorher die Bataillonszahlen genannt. Noch schreckt die Übermacht nicht, aber man kann doch so leicht nicht mit ihr fertig werden. Unser junger Ersatz, unsere jungen Offiziere müssen sich erst einleben.

Seien Euer Exzellenz versichert, daß ich den Wert der Offensive so einschätze, wie es sich gebührt, als einzig wahres Kriegsmittel, aber ich habe mich oft schon in diesem Kriege bescheiden müssen, ohne aber das Ziel aus dem Auge zu verlieren, so auch dies mal. Entziehen mir Euer Exzellenz darum ihr Vertrauen nicht, ebenso wie auf der anderen Seite ich Euer Exzellenz aufrichtig danke, wenn Sie mir Bedenken gegen die hier vorliegenden Absichten äußern.

Wenn ich Euer Exzellenz noch melden darf, daß wir fleißig an der Arbeit sind, Lebensmittel aus Polen zurückzuschaffen. Es handelt sich jetzt noch hauptsächlich um Rüben und Kartoffeln. Beides ist noch in großer Menge vorhanden[85].

83 Generalmajor v. Unger, Chef der Zentralabt. des Großen Generalstabs. Die Episode spielte kurz nach der Annexion Bosniens und der Herzegowina durch Österreich-Ungarn im Oktober 1908. Ludendorff besuchte später zweimal Österreich-Ungarn und hatte dabei auch eine Unterredung mit Conrad. Vgl. Ludendorff, »Werdegang«, S. 114 f.

84 Vgl. RA VII, S. 346 ff. Das »Deutsche Beskidenkorps« unter General v. d. Marwitz war am 27. März neu gebildet worden.

85 Für die wirtschaftliche Ausnutzung Polens vgl. Werner Basler, »Deutsch-

Ich glaube immer noch, wir werden reichen und unser Volk ist doch prachtvoll, Exzellenz, es hält aus.

Nun muß ich schließen. Ich schrieb in großer Eile und bitte dies zu entschuldigen.

Euer Exzellenz
treu gehorsamer
Ludendorff.

9. Ludendorff an Moltke, 27. April 1915.

Hochzugebietender Herr General!

Major v. Bockelberg[86] wird Euer Exzellenz über Lage und Auffassung aufgeklärt haben. Inzwischen hat die Unternehmung Lauenstein begonnen[87]. Der Überbringer dieser Zeilen wird Näheres melden. Was die Gesamtlage betrifft, so sehe ich sie als günstig an. Auch wenn ich mit unseren militärischen Maßnahmen nicht einverstanden bin. Wollte man bei Ypern angreifen, so mußte dort die Masse vereinigt und wo anders hin nur so viel abgegeben werden, wie es der Zwang erfordert. Ich schätzte dies auf 2 Divisionen. Immerhin hat die Unternehmung Mackensen doch Aussicht auf Erfolg[88]. Der Russe hat doch sehr gelitten. Seine Kräfte werden auch durch die Südarmee gefesselt. Immerhin fährt er noch mehr dahin, es kommt aber nicht rechtzeitig. Wir beginnen heute eine große Demonstration, die in Verbindung mit Lauenstein doch fesselnd wirken wird[89]. Wir

lands Annexionspolitik in Polen und im Baltikum 1914-1918«, Berlin 1962, S. 108 ff.

86 Alfred v. Bockelberg, I b im Stabe von Oberost. Bockelberg genoß durch seine langjährige Zusammenarbeit mit Ludendorff in der Aufmarschabt. des Großen Generalstabes dessen besonderes Vertrauen und folgte ihm 1916 ins Große Hauptquartier. Vgl. Hoffmann, Bd. 1, S. 70; Brockhusen-Justin, S. 33 f.

87 Am 26. April hatte unter Generalleutnant von Lauenstein auf einer 160 km breiten Front zwischen Jurborg am Njemen bis nördlich Memel starke Heereskavallerie, der nur drei Infanteriedivisionen folgten, den Vormarsch nach Litauen und Kurland angetreten, um von dem geplanten Durchbruch von Gorlice in Westgalizien abzulenken bzw. die russischen Reserven zu fesseln. Vgl. M. von Poseck, »Die deutsche Kavallerie 1915 in Litauen und Kurland«, Berlin 1924.

88 Oberost war am 16. April von dem Plan des Durchbruchs von Gorlice unterrichtet worden, der am 2. Mai erfolgte. Der neu aufgestellten 11. Armee unter Generaloberst von Mackensen mit Seekt als Generalstabschef, der auch die österreichisch-ungarische 4. Armee unterstellt wurde, hatte Falkenhayn vier Armeekorps aus dem Westen zugeführt. Die Operation war als ein räumlich und zeitlich begrenzter kraftvoller Offensivstoß gedacht, um den Bundesgenossen von dem russischen Druck auf die Karpathenfront zu entlasten und die Offensivkraft des Gegners zu erschüttern.

89 Vgl. die Befehle an die 8., 9. und 10. Armee und die Armeegruppe Gallwitz in RA VIII, S. 106.

tun das, was wir eben tun können. Vielleicht findet sich noch mehr. Wenn wir nur schnelleren Ersatz bekämen, um umfassender ablösen zu können. So ganz ohne Reserven zu wirtschaften ist nicht angenehm. Wir haben auch noch einige, sie reichen aber zu einem großen Schlage nicht aus. Diesen schnell zu erreichen, ging tatsächlich nur in den Karpathen. Leider leidet er unter dem Eisenbahnnetz der »Schulter an Schulter«-Leuten.

Ich hoffe, daß wir in 8 Tagen einen erheblichen Schritt weiter sein werden.

Italien ist immer noch schwierig[90]. Wir spinnen hier eine kleine Intrigue. Der Feldmarschall ist mit der Fürstin Münster[91] verwandt und diese hat sehr enge Beziehungen zum ital. Botschafter. Sie lag dem Feldmarschall immer in den Ohren ganz im italienischen Sinne. Da riß mir endlich die Geduld – ich bat den Feldmarschall, er möchte ihr schreiben, er mächte gegen die Italiener kämpfen. Das ist dann auch prompt dem ital. Botschafter mitgeteilt. Hoffentlich wirkt es abkühlend. Italiens Forderungen waren zu weitgehend und berührten auch unsre Interessen. Dies um so mehr, als wir in jenen Gebieten die Erben Österreichs sein werden. Nicht auf heute und morgen, sondern in späterer Zeit. Denn das muß unser Ziel sein und unser nächstes, daß wir ein sicheres Übergewicht in Österr. bekommen. Aus eigener Kraft kommt dieser Staat nicht hoch. Die Bedeutung seiner Länder als Bollwerk gegen das Slawentum aber bleibt.

Mit der Landbestellung fahren wir in engster Verbindung mit den Behörden fort. Ob es ganz gelingen wird, alles zu bestellen, bleibt mir allerdings zweifelhaft. Wir tun aber unsere Pflicht und Schuldigkeit so gut wir können. Über unsere Landvorräte habe ich lange nichts gehört. Die Zeitungen schreiben Gott sei Dank weniger darüber. Ich denke, wir reichen.

Zu meiner großen Genugtuung läßt die Stimmung in Rußland doch wieder nach. Sie war durch Przemysl wieder in die Höhe gegangen. Nicol[ai] N[icolajewitsch][92] ist zweifellos krank, daß er in Lemberg war, glaube ich nicht. England ist nicht müde. Macht Italien keinen Strich durch die Rechnung, so müssen wir wohl zufrieden sein[93]. An den Friedenspreis zu denken ist wohl noch zu früh. Meine Träume versteigen sich auf Lüt-

90 Siehe Anm. 26 und 32.

91 Gräfin Sophie zu Münster, deren Vater Georg zu Münster (Botschafter in Paris) 1899 in den preußischen Fürstenstand erhoben wurde, heiratete 1871 den späteren Generalmajor Konrad v. Beneckendorff und v. Hindenburg (1839-1913). Dieser war ein Vetter des Feldmarschalls (Sohn des ältesten Bruders seines Vaters). Vgl. H. v. Nostitz, »Bismarcks unbotmäßiger Botschafter. Fürst Münster von Derneburg«, Göttingen 1968, S. 29 u. ö.

92 Oberster Befehlshaber aller russischen Land- und Seestreitkräfte, am 5. September 1915 durch den Zaren abgelöst, der persönlich den Oberbefehl übernahm, und zum Oberbefehlshaber der Kaukasus-Armee ernannt.

93 Am 23. Mai erklärte Italien Österreich-Ungarn den Krieg.

tich, franz. Kohlenbecken, Belfort, und polit. Abhängigkeit Belgiens. Im Osten müssen wir etwas Ackerbauland erwerben, nicht zu viel, aber das Ostheer muß befriedigt werden.

Ich habe wieder sehr viel zusammengeschrieben und bin nun in treuer Ergebenheit

Euer Exzellenz
gehorsamer
Ludendorff.

10. Ludendorff an Moltke, Lötzen, 17. Mai 1915.

Hochzugebietender Herr General!

Euer Exzellenz danke ich herzlich für die gütigen Zeilen vom 14. 5.

Die polnische Legionsbewegung haben wir bei unserem ersten Einmarsch in Polen unterstützt. Wir haben aber mit der polnischen Legion militärisch und politisch nur schlechte Erfahrungen gemacht. Wo nur ein Russe kam, folgte sie dem österr. Beispiel auszureißen nur zu schnell. Selbst den Österreichern wurde dies zu viel und sie schoben die Legion von einem Kriegsschauplatz auf den andern. In Czenstochau [?] trieben sich die tapferen Legionäre mit Frauenzimmern herum und versperrten die Straßen. Mit Hilfe der Legion hofften wir, die Bahnen östl. der Weichsel zu stören, auch hier versagte die Legion und tat nichts. Politisch ist die Legion ein Schoßkind Österreichs[94].

Dieses träumt von einem Königreich Warschau unter einem österr. Erzherzog, das wir natürlich für Österreich erobern sollen[95]. Österreich hat sich schon im Oktober den Kopf zerbrochen, wie die Verwaltung Warschau's sein soll. Wir sind natürlich auf diesen Unsinn nicht eingegangen. Der vielen Worte kurzer Sinn ist, daß wir der öster. polnischen Legion nicht wohlwollend gegenüberstehen können, zumal auch der Reichskanzler hier in gleichem Sinne wirkte, indem er ausführte, die polnische Legion rekrutiere sich aus den Elementen, die uns in Preußen durchaus feindlich gegenüberstehen. Damit war uns auch der politische Rückhalt für unsere Stellung gegeben[96]. Ich glaube nicht, daß wir in der Lage sind, unsere

94 Vgl. Werner Conze, »Polnische Nation und deutsche Politik im ersten Weltkrieg«, Köln-Graz 1958, S. 54 ff.; Heinz Lemke, »Deutschland und die polnischen Legionen im Herbst 1914«, in: Jahrbuch für Geschichte der UdSSR und der volksdemokratischen Länder Europas 3/1959, S. 223 ff.; Basler, S. 101 ff. Das Abkommen des Oberkommandos 9 mit den polnischen Legionären wurde bereits Anfang November 1914 von deutscher Seite wieder gekündigt.

95 Für diese austropolnische Lösung und die Stellung der Reichsleitung vgl. Conze, S. 64 ff., 80 ff.

96 Nähere Mitteilungen über die Besprechung fehlen in den Akten.

Stellung zu ändern. Eine Anfrage des Dr. Rosner werden wir natürlich sehr liebenswürdig beantworten.

In den Karpathen geht es gut. Meiner Ansicht nach wäre ein stärkeres Rechtsschieben besser gewesen. Österreich wollte wohl Przemysl befreien. So wurde Mackensen in die Gegend nördlich Pr[zemysl] geschoben, statt auf Przemysl selbst. Der Druck rechts mußte stärker sein. Bisher hat aber die Operation, die durch die vorhandenen Eisenbahnen bestimmt war, einen Erfolg gehabt, wie er schöner kaum genannt werden kann, wenn die Leistungen unserer jammervollen Verbündeten richtig eingeschätzt werden[97].

Unsere Operation in Richtung Mitau war nur eine Demonstration, wir haben erreicht, was wir nur erreichen konnten. Wie lange wir die Gegend dort oben halten können, weiß ich nicht. Ich denke über den kritischen 20. 5. hinaus[98].

Unsere Beziehungen zu Italien haben sich ja leider wieder verschlechtert[99]. Der König wird zum Mitschuldigen aus Angst um seinen Thron. Wenn Rumänien sich hält, haben wir Italien nicht zu fürchten. Natürlich wäre seine Feindschaft mehr wie unbequem. Bei der Stimmung im Lande würde Italien aber eine Niederlage wohl kaum aushalten können.

Sehr erfreut hat mich die Nachricht über unsere Vorräthe im Lande und über das Aushalten. Hoffentlich hat der Regen der letzten Tage die Saaten gebessert, so daß diese Sorgen dank des Eingreifens Euer Exzellenz endgültig behoben sind.

Im Westen kriselt es noch immer bei der 6. Armee. Die franz.-engl. Angriffe sind dort sehr stark. Ich denke aber, es wird alles dort gehalten[100].

Der Feldmarschall erwidert Euer Exzellenz Grüße sehr herzlich, er ist gesund und frisch. Die Ehe zwischen uns ist nach wie vor eine sehr gute.

Darf ich mich nun von Euer Exzellenz verabschieden,

stets als
Euer Exzellenz
treu gehorsamer
Ludendorff.

97 Przemysl wurde am 3. Juni zurückerobert. Für die Entwicklung der Sommeroffensive in Galizien vgl. RA VIII, S. 367 ff. und VIII, S. 139 ff.

98 Am 20. Mai wurde der Kriegseintritt Italiens erwartet. Vgl. RA VIII, S. 8.

99 Am 25. Mai brach Deutschland die diplomatischen Beziehungen zu Italien ab. Die befürchtete italienische Offensive nach der Kriegserklärung an Österreich-Ungarn blieb zunächst aus.

100 Vgl. RA VIII, S. 57 ff. Am 9. Mai hatte die Frühjahrsschlacht im Artois begonnen.

11. Ludendorff an Unterstaatssekretär Arthur Zimmermann, 7. Juni 1915. AA Wk. 15. Ausfertigung.

Sehr verehrte Exzellenz!

Haben Sie vielen Dank für Ihre gütigen Zeilen und die Ausführungen, die Sie mir durch Herrn Cleinow[101] zugehen ließen. Die militärische Lage im Osten ist wohl ausgezeichnet zu nennen. In Galizien steht die Sache sehr gut und wir sind in der Lage, an der Dubissa Schlachten zu schlagen und Libau zu halten[102].

Rumänien brauchte nur zu marschieren, um sich Herr Bessarabiens zu machen. Es riskiert dabei nichts und würde doch unsere Lage damit erheblich verbessern.

Unsere Lage ist jedenfalls so, daß wir hoffen können, Rußland in einem Frieden empfindlich zu schwächen. Ich glaube, daß die Lage gestattet, auch die Anforderungen an Rußland zu stellen, die der Feldmarschall für erwünscht ansieht und die ich Ihnen mitteilte[103]. Ich persönlich lege einen großen Wert auf ein großes Stück nördlich des Njemen, da liegt der Weg nach Petersburg und das brauchen wir für einen nächsten Krieg. Können wir Libau behalten, so ist es von größter Bedeutung in militärischer Beziehung, nicht auch in politischer. Wenn die Kriegslage sich so entwickelt, wie ich hoffe, dann wäre es ein Fehler, wenn Österreich-Ungarn Ost-Galizien mit Lemberg abtreten wird. Bei verständiger Ruthenen-Politik könnten wir eine schöne Ukraine-Politik in der Zukunft treiben[104].

Wenn ich etwas stärker wäre, dann würden wir auf Riga vordringen. So müssen wir uns mit dem Behaupten des Gewonnenen begnügen und nur darnach trachten, den Russen nicht zur Ruhe kommen zu lassen.

Mit bestem Gruß und alles Gute in bezug auf Rumänien

Ihr
treu ergebener
Ludendorff.

101 Georg Cleinow, Hrsg. der »Grenzboten«, Ende Dezember 1914 Leiter der Presseabt. bei Oberost, Ende September 1915 bis Sommer 1916 Leiter der deutschen Presseverwaltung im Generalgouvernement Polen. Vgl. E. Zechlin, »Die deutsche Politik und die Juden im Ersten Weltkrieg«, Göttingen 1969, S. 124, 175, 434.

102 Nachdem am 7. Mai die Hafenstadt Libau genommen und wenige Tage später die Kavallerie bis 10 km vor Mitau vorgestoßen war, kam es an der Dubissa und Windau zu einem Stellungskrieg mit gleichzeitigen Kavallerieoperationen im Rücken des Gegners.

103 In den Akten des AA bisher nicht feststellbar.

104 Ende November/Anfang Dezember 1915 plädierte Ludendorff für eine Offensive der in Serbien freiwerdenden Divisionen gegen Kiew »mit der Moti-

12. Ludendorff an Moltke, Lötzen, 18. Juni 1915.

Hochzuverehrender Herr Generaloberst.

Euer Exzellenz sage ich für die gütigen Grüße und Zeilen meinen gehorsamsten Dank.

Auf dem östlichen Kriegsschauplatz sieht es gut aus. Ob wir heute schon nach Lemberg kommen werden, ist wohl noch fraglich. Ich rechne erst damit in einigen Tagen, es sei denn, daß der Russe ganz fertig ist. Leider hat Gen. v. Linsingen nicht rechtzeitig Verstärkung erhalten, ob dies möglich war, weiß ich nicht. Die Tatsache bedaure ich, es wäre sonst wohl noch mehr zu machen gewesen[105].

Es ist ja nicht leicht für uns, nachdem wir den Russen mürbe gemacht haben, die Ernte und den Ruhm anderen zu überlassen.

Wir kämpfen aber jedes Gefühl in uns nieder und dienen dem Vaterland, das uns auch weiter danken wird.

11 Divisionen von uns kämpfen jetzt südlich der oberen Weichsel! Was wir noch oben haben ist wenig und stark verwässert. Wir greifen aber doch immer wieder an, nicht sinnlos sondern planvoll und haben so nur wenige Verluste. Bei der 9. Armee, bei Bolinow, machen wir Gasangriffe. Aber das neue Mittel muß erst erlernt werden. 2 Mal ist es nicht ganz gelungen, d. h. es fehlte der Erfolg, der wohl hätte da sein müssen, wenn das Mittel bekannter gewesen wäre. Wenn der Wind gut ist, wird am 20. angegriffen. Auch nördlich Przasmysz sind wir tätig und endlich bei Kalwarja[106].

Nördlich des Njemen ist augenblicklich Ruhe. Durch Hitze und Kämpfe hatte dort die Njemen Armee gelitten und bedurfte der Ruhe. Libau ist stark befestigt und fest in unserer Hand. Wir lösen jetzt 2 Divisionen an unserer Narew Front durch Landsturm ab, um sie nördlich des Njemen anzusetzen und dann wieder offensiv zu werden. Allerdings weiß ich noch nicht, ob die O[berste] H[eeresleitung] in ihrer unendlichen Gnade gegen uns, uns die beiden Divisionen belassen wird. Ich würde das Gegenteil

vierung, daß man im Osten strategisch noch etwas erreichen könne«. Die von ihm vorausgesetzte Teilnahme Rumäniens galt als unerreichbar. Vgl. die Berichte Holtzendorffs an Ballin, 26. November und 9. Dezember 1915; GStA Berlin-Dahlem, Rep. 300 Nr. 6.

105 Lemberg fiel am 22. Juni. Am 26. Mai hatte die Südarmee einen erfolgreichen Angriff gegen den oberen Dnjestr unternommen, wobei allerdings die Einkesselung größerer russischer Truppenteile mißlang. Am 14. Juni drängten russische Gegenangriffe ihren linken Flügel zurück. Vgl RA VIII, S. 192 ff., 204 ff., 237 ff.

106 Für die wenig erfolgreichen Gasangriffe bei der 9. Armee am 31. Mai und 12. Juni vgl. RA VIII, S. 133 ff.; Ludendorff, »Meine Kriegserinnerungen«, Berlin 1919, S. 109 f. Ein weiterer Angriff fand wegen des ungünstigen Windes nicht statt.

sehr bedauern und es auch nicht für richtig halten. Wir sind in Galizien jetzt stark genug. Ein Druck hier oben kann sehr wirkungsvoll werden. Eine Entscheidung darüber kann aber erst in einigen Tagen erfolgen[107].

Auch ich hoffe, daß der Sieg in Galizien auf die Rumänen beruhigend wirken wird. Dieserhalb und in Rücksicht auf das zusammenbrechende Österreich bin ich stets für eine große Operation in Galizien eingetreten. Immer haben wir Österreich gestützt und es so nun endlich vorwärtsgetragen. In den letzten Tagen hörte ich besseres von der österr. Armee, der Geist dort soll sich beleben.

Ganz wunderbar ist Italien, dessen Aufmarsch tatsächlich seit 10 Tagen beendet sein soll. Uns kann es recht sein.

Im Westen waren die Tage leicht kritisch. Auch dorthin geben wir Artillerie und Armierungsbataillone ab. Hier haben wir für Stellungen vorgesorgt, im Westen ist weniger geschaffen. Wir stehen wohl jetzt in der Krise des Krieges, schlagen wir die Russen noch gründlicher – halten wir im Westen stand, dann sind wir die Herrn.

Darf ich mich nun verabschieden. Mit gehorsamsten Empfehlungen bin ich

Euer Exzellenz
treu dankbarer
Ludendorff.

13. Ludendorff an Moltke, 15. Aug. 1915.

Hochzugebietender Herr General!

In der Zeitung lese ich so eben die Verleihung des Ordens Pour le mérite an Euer Exzellenz und da will ich unter den Glückwünschenden nicht fehlen[108]. Ich weiß was das Vaterland Euer Exzellenz zu danken hat und freue mich deshalb, daß Euer Exzellenz diese Auszeichnung erhalten haben. Vielleicht soll sie zudem die Sühne für schweres Unrecht sein. Ich habe Euer Exzellenz noch einen Brief zu danken. Den zweiten habe ich gleich erledigt. Ich schrieb nicht, weil zu viel Bitterkeit, zu viel Gift in mir aufgespeichert waren, allerdings auch noch sind.

Wir wollten hier eine große Operation von Kowno herunter, um Russen tödlich zu treffen. Alles war eingeleitet, ein Teil der Truppen schon an

107 Die Armeegruppe Lauenstein war am 25. Mai zur Njemen-Armee erweitert worden. – Die beiden Divisionen wurden auf eine Anfrage von Oberost vom 20. Juni von Falkenhayn für den Angriff der Njemen-Armee freigegeben. Vgl. RA VIII, S. 126 ff.

108 Der Kaiser verlieh Moltke den Orden zum Jahrestag der Eroberung Lüttichs für seine Verdienste um die Friedensausbildung des Heeres und die Organisation der Mobilmachung und des Aufmarsches. Vgl. das Telegramm Wilhelms II. an Moltke, 7. August 1915; abgedr. bei Moltke, S. 427.

Ort und Stelle, da kam der Befehl zur Bildung einer neuen Narewstoßgruppe und eine Zusammenkunft in Posen[109]. Vor der Welt wurde dort Versöhnung gefeiert, aber wo soll da Versöhnung sein, wo es klar auf der Hand liegt, daß jede erdenkliche Gelegenheit zur Kränkung ausgenutzt wird. Aber das wäre gleich, wenn das Vaterland nicht leidet. Ich sage gleich Euer Exzellenz Vaterland, der Feldmarschall sagt noch Kaiser. Die strategischen Grundsätze, nach denen wir hier Krieg führen, sind in höchstem Maße unbefriedigend. Ich habe immer wieder betont, die Operation in Polen endet mit einem frontalen Zurückdrängen der Russen. So ist es gekommen, vielleicht fangen wir heute noch einige 1000 Mann. Aber der Russe hat seine Bahnen im Rücken und kann machen was er will. Große Freude über dies Ergebnis in Pleß. Ich stehe blutenden Herzens dabei. 8 Divisionen wollte ich haben, einige von der 9. Armee als Warschau gefallen war, einige von Mackensen, der so eng steht, daß er seine Kraft nicht verwerten kann, alles jedes wurde wiederum abgeschlagen. Wir sollen nur keinen Erfolg haben, mag sonst alles in die Brüche gehen. Mit schwachen Kräften griffen wir trotzdem Kowno an und operierten gewagt in Kurland[110]. Sind aber zu schwach gelassen, um wirklich etwas zu machen. Nur andeuten können wir Sehenden, was zu erreichen gewesen wäre, wenn wir so handeln dürften, wie wir gewollt hätten.

Euer Exzellenz werden eine solche Operation von mir erwartet haben, vielleicht auch die Welt. Daß wegen Schuld anderer mein Ruf leiden muß, ist schwer für mich. Denn mein guter Name, das ist das einzige, das ich mit mir nehmen will, wenn Friede ist. Immer denke ich, immer hoffe ich, die Stunde der Rache kommt für diese Sünden am Vaterland.

Vorläufig bin ich machtlos. Die Kamarilla herrscht nach wie vor und hält Jeden fern. Verlassen sich Euer Exzellenz nicht zu sehr auf den Herrn Kommandanten des Hauptquartiers. Er ist nicht unser Mann[111].

109 Am 5. August, dem Tag der Einnahme Warschaus, erging der Befehl, die 9. Armee und die Armee-Abt. Woyrsch zur Heeresgruppe Prinz Leopold zu vereinigen. Sie wurde der OHL direkt unterstellt (RA VIII, S. 245 f.). Die Besprechung in Posen fand bereits am 2. Juli statt. Auf ihr wurde der von Ludendorff vorgeschlagene Angriff nördlich des Njemen und gegen Kowno verworfen (RA VIII, S. 271 ff.). Für den mißlungenen Versuch einer Aussöhnung am 2. Juli vgl. Janßen, S. 137. Eine vom Auswärtigen Amt gewünschte »möglichst zweckmäßige Darstellung der Begegnung in der Presse« wurde zunächst von der OHL – angeblich aus »wichtigen strategischen Motiven« – verhindert. Vgl. den Telegrammwechsel Treutler-AA, 30. Juni bis 8. Juli 1915, PA Bonn, Preußen 1 Nr. 1 d Bd. 26.

110 Am 18. August fiel Kowno. Vgl. für die Kämpfe in Litauen und Kurland RA VIII, S. 456 ff.

111 Der mit Moltke befreundete Generaloberst von Plessen hatte im Dezember 1914/Januar 1915 den Vorstoß gegen Falkenhayn aktiv unterstützt.

Ich bekam heute von Dommes[112] einen Brief. Die gleichen Klagen, nichts Großes, überall Torheit und Engherzigkeit.

Ich könnte eine Klageschrift schreiben, aber jetzt hört sie niemand, das kommt später.

Verzeihen, Euer Exzellenz, diesen Haß. Aber wo ein voller Sieg zu erreichen war, das Wort zu hören, »das Erreichte genügt für die Zwecke der Obersten Heeresleitung« das geht über das Menschenmögliche hinaus[113]. Ich liebe mein Vaterland glühend und streite mannhaft, das wissen Eure Exzellenz, aber nun zusehen zu müssen, wie gewurstelt wird mit des Volkes Kraft, das ist unendlich schwer.

Nun leben Sie wohl, Hochverehrte Exzellenz, Sie sind einen Dornenweg gegangen. Gott erhalte Sie uns weiter.

In tiefer Verehrung
Euer Exzellenz
dankbar gehorsamer
Ludendorff.

14. Ludendorff an Walther Rathenau, Hauptquartier Ost, 6. September 1915.
BA Koblenz, NL Rathenau 2. Ausfertigung.

Sehr verehrter Herr Rathenau!

Ich bedanke mich bestens für Ihre gütige Zuschrift und die Eingabe an den Reichskanzler[114]. Ich habe sie dem Feldmarschall zu lesen gegeben.

112 Georg Ernst v. Dommes, Oberst im Generalstab, 1906-1910 Adjutant Moltkes. 1914/15 Chef der Politischen Abt. der OHL.

113 Vgl. für Falkenhayns Konzeption RA VIII, S. 237 f., 348 f.

114 Rathenau an Bethmann Hollweg, 30. August 1915; DZA Potsdam, RK 2444; ohne Angabe des Empfängers abgedr. bei Walter Rathenau, »Politische Briefe«, Dresden 1929, S. 45 ff. In diesen Überlegungen über die »grundsätzliche Neueinrichtung der deutschen Politik« hatte Rathenau gegen ein Zusammengehen mit England und für einen künftigen langfristigen Ausgleich mit Rußland plädiert. Den leidenschaftlichen Deutschenhaß des russischen Volkes hoffte er zu überwinden, »wenn wir nach Petersburg und wenn irgend möglich nach Moskau gehen und einen größeren Teil des wirklichen Rußland längere Zeit besetzt halten. Die Disziplin und Enthaltsamkeit der deutschen Soldaten, die Gerechtigkeit und Unbestechlichkeit der deutschen Verwaltung wird in kurzer Zeit legendär werden; Rußland wird vorbereitet«. Nach »Erledigung Frankreichs« sollte dann ein »erträglicher Frieden« mit Rußland geschlossen werden. Der »Schlüssel der gesamten Situation« war deshalb für Rathenau der entscheidende Durchbruch im Westen, der einen – von England geduldeten – Separatfrieden oder Waffenstillstand mit Frankreich erzwingen sollte. Nach dem Sieg über Frankreich erwartete Rathenau einen Seekrieg mit England, der kaum länger als ein Jahr dauern würde und Deutschland Zeit gebe, »das Verhältnis zu Rußland zu ordnen«. Daher sprach er sich gegen eine »Operation Serbien-Dardanellen – mit dem

Sie fragen, sollen wir mit England oder mit Rußland gehen. Ich sage, wir werden *zunächst* mit keinem von beiden gehen, wir müssen beide rücksichtslos schwächen, erst *dann* wird uns vielleicht der Weg zu Rußland führen. Eine Nachgiebigkeit gegen Rußland, um es zu gewinnen, würde ich für einen Fehler halten, es würde nur als Schwäche gedeutet werden.

Ich schätze Österreich nicht. Die Erscheinungen dieses Krieges waren zu bitter. Wir werden es aber weiter gebrauchen müssen, allerdings wird dies nur dann Zweck haben, wenn wir starken Einfluß gewinnen, einen Einfluß, den wir vor dem Kriege leider nicht gesucht haben und daher auch nicht hatten. In dem Balkan treffen wir England, das niedergerungen werden muß, wenn es auch lange dauert. Die Nachgiebigkeit gegen Amerika[115] wird hier mit sehr gemischten Gefühlen angesehen, da nur England Vorteil hat und wir Schwäche zeigten.

Wir sind augenblicklich stark genug, im Balkan zu wirken und gegen Westen zu handeln. Was die Oberste Heeresleitung will, weiß ich nicht. Ich kann daher meine Ansicht unumwunden aussprechen. Jedenfalls hoffe ich auf einen Schlag im Westen.

Ich hoffe, daß nun dort etwas entscheidendes geschieht, nachdem die Operationen hier den bekannten Gang genommen haben.

sehr entfernten Ziel Kairo« aus. Der Reichskanzler vermerkte zu der Eingabe: »Danken. Auf die ganz verschwommenen Vorstellungen selbst kann ich nicht eingehen.« Vgl. E. Zechlin, »Deutschland zwischen Kabinettskrieg und Wirtschaftskrieg«, HZ 199/1964, S. 419. Rathenau beantwortete Ludendorffs Brief erst am 6. November 1915 und begrüßte »mit hoher Freude, daß Ew. Exzellenz dem Gedanken des Westangriffs geneigt sind. Der Friede mit Frankreich ist (nach einem siegreichen Durchbruch) der greifbarste und zieht den Frieden mit Rußland nach sich«. Mit Ludendorff teilte Rathenau auch das Mißtrauen gegen Österreich, daß, falls Deutschland nicht Rußland an sich binde, die erste Gelegenheit wahrnehmen werde, »um sich mit Frankreich und Rußland gegen uns zu verständigen«. Abgedr. bei W. R., »Politische Briefe«, S. 50 f.

115 Die Versenkung des englischen Passagierdampfers »Lusitania« durch ein deutsches U-Boot am 7. Mai hatte zu einem scharfen Notenwechsel zwischen den Vereinigten Staaten und Deutschland geführt, der Anfang September noch nicht abgeschlossen war. Am 11. August wurde der englische Fracht- und Passagierdampfer Arabic torpediert, wobei erneut amerikanische Staatsangehörige ums Leben kamen. Am 30. August ordnete Wilhelm II. in einer außerordentlichen Kabinettsorder an die Flotte an, »daß bis auf weiteres *sämtliche* Passagierdampfer, nicht nur die großen, nur nach Warnung und Rettung von Passagieren und Mannschaften versenkt werden dürfen«, und stellte es am 31. August zur »Erwägung« der Flottenleitung, bis auf weiteres keine U-Boote mehr an Englands Westküste zu stationieren. Vgl. Gerhard Ritter, »Staatskunst und Kriegshandwerk«, Bd. 3, München 1964, S. 159 ff. Am 13./14. August hatte Tirpitz bei seiner Anwesenheit im Hauptquartier von Oberost Hindenburg und Ludendorff über die Gesamtlage und über seinen schweren Konflikt mit Falkenhayn und der Reichsleitung in der U-Boot-Frage unterrichtet und deren Unterstützung gewonnen. Vgl. Alfred von Tirpitz, »Erinnerungen«, Berlin-Leipzig 1927, S. 493 ff.

Sie haben mir Ihre Ansichten mitgeteilt. Ich glaubte deshalb mit den meinigen nicht zurückhalten zu sollen.

Mit vorzüglicher Hochachtung bin ich

Euer Hochwohlgeboren
sehr ergebener
Ludendorff.

15. Ludendorff an Moltke, 10. Oktober 1915.

Hochzugebietender Herr Generaloberst.

Euerer Exzellenz Schreiben erhielt ich so eben.

Der Herr v. Reipenhausen[116] liegt leider dem Feldmarschall so wenig, daß ich ihm mit diesem Besuch nicht wieder kommen möchte. Herr v. R. hatte vor einigen Wochen an mich geschrieben, der Feldmarschall wollte ihn aber nicht sehen. Ich habe dies Herrn v. R. s. Z. mitteilen lassen. Ich bitte Euer Exzellenz daher entschuldigen zu wollen, wenn ich weiter nichts unternehme. Ich glaube überdies, daß bei allen Stellen des Reiches der Wunsch besteht, Kurland und Litthauen zu behalten und namentlich für Ansiedlungszwecke[117].

Ich glaube, Herr v. R. kommt auf den richtigen Weg, wenn er sich in diesen Fragen an die Reichsbehörden wendet.

Die Offensive im Osten hat genau so geendet, wie ich geglaubt habe. Unsere Offensive über Grodno stellte den letzten Versuch da, ein größeres Ziel zu erreichen[118]. Dank der Ob[ersten] Heeresleitung erfolgte sie aber erst so spät, daß der Russe seine Kräfte in Gegend Wilna mit Fußmarsch aus seiner Mitte verstärken konnte. Nach der O. H. war ja allerdings in der Theorie diese Mitte vollständig geschlagen, in der Praxis lebt sie aber recht sehr. »Der davongetragene Erfolg genügt den Zwecken der O. H.«. Dieses stolze Wort hat Herr v. F. mir nicht einmal, sondern zweimal zugerufen, schade nur, daß der Erfolg dadurch nicht größer wird.

Im Westen war ihm von der 3. Armee gesagt worden, daß wenn ein Befehl der O. H., eine Brigade beim VIII. K. wegzuziehen befolgt würde,

116 Nicht feststellbar.

117 Bereits Ende August hatte Ludendorff Zimmermann schriftlich um »politische Direktiven« gebeten. »Lithauen wartet auf ein Schlagwort.« (Undat. Brief, pr. 27. August, AA, Wk 20 c geh.). Die Antwort Zimmermanns ist nicht erhalten. Annexionsüberlegungen der deutschen Reichsleitung lassen sich für Litauen 1915 nicht nachweisen. Erste noch vage Pläne für Kurland finden sich Ende November 1915 bei Zimmermann und Bethmann Hollweg. Vgl. den Bericht Holtzendorffs an Ballin, 29. November 1915; GStA Berlin-Dahlem, Rep. 300 Nr. 6 und Bethmann Hollwegs Ausführungen im außenpolitischen Ausschuß des Bundesrates am 30. November bei Geiss, S. 99 f. Für die späteren Ansiedlungspläne vgl. Basler, S. 244 ff.

118 Vgl. RA VIII, S. 494 ff.

eine Katastrophe eintreten würde. General v. Höhn[119] bekam darauf zu hören, er möchte die Zirkel des Herrn v. F. nicht stören und wurde abgelöst. Die Brigade kam fort, das Unglück war da. Die O[berste] H[eeresleitung] hat an einen Angriff nicht geglaubt und sich vollständig täuschen lassen[120]. Jetzt rollen Divisionen über Divisionen nach dem Westen und bald werden wir so schwach sein, daß wir kaum werden leben können, aber der Russe ist todt und die O. H. ist mit ihren Leistungen zufrieden, da muß das liebe Deutschland erleichtert aufathmen und staunend das von Herrn Moraht[121] entdeckte Genie des Herrn v. F[alkenhayn] bewundern.

Der Feldmarschall ist leider zu loyal sich zu irgend etwas aufzuraffen, immer nur »mein König«, damit dient man dem Vaterland in dieser schweren Zeit allein nicht mehr.

Wenn ich irgend kann, komme ich in der nächsten Zeit nach Berlin, um auch nach meiner Familie einzusehen. Ich werde dann selbstverständlich Euer Exzellenz aufsuchen.

Für heute darf ich mich verabschieden. Die Ostarmee steigt in den Winterschlaf, leider ist dazu der Drahtzaun noch nicht fertig, aber im Bau. Alles freut sich auf die Ruhe, die Truppe ist enttäuscht, daß dies das Ergebnis der Anstrengungen ist.

In dankbarer Verehrung

Euer Exzellenz
treu gehorsamer
Ludendorff.

16. Ludendorff an Hans Delbrück, Hauptquartier Ost, 29. Dezember 1915.
Deutsche Staatsbibliothek Berlin, NL Hans Delbrück. Ausfertigung.

Hochverehrter Herr Professor!

Haben Sie Dank für Ihr Schreiben[122]. Ich bin auch gern zur Auskunft

119 Ritter von Hoehn, Generalleutnant, bis Ende September Chef des Stabes der 3. Armee, dann Kommandeur der 2. Garde-Inf.-Division.

120 Dies beruhte auf Mitteilungen eines nach Osten versetzten Brigadekommandeurs. Vgl. Hoffmann, Bd. 1, S. 92. Die 85. Reserve-Infanterie-Brigade war gegen den Einspruch des Armeeoberkommandos am 20./21. September aus der Front gezogen und zur Heeresgruppe Mackensen abtransportiert worden – offensichtlich ein taktischer Fehler. Doch scheint die Ablösung Hoehns durch den Abwehrspezialisten Oberst v. Loßberg hiermit nicht im Zusammenhang gestanden zu haben. Vgl. für die Champagneschlacht RA IX, S. 30 ff., 70 ff.

121 Vgl. Major a. D. E. Moraht, »Kaiserliche Anerkennung«, in: Berliner Tageblatt Nr. 466/12. September 1915.

122 Delbrück hatte Ludendorff am 24. Dezember um Auskunft über seine Kriegs-

bereit, fürchte indess, daß unsere Anschauungen verschiedene sind. Ich gehe von der Ansicht aus, daß unser größter Fehler vor dem Kriege war, uns entweder auf England *oder* Rußland stützen zu wollen. Wir rutschten so allmählich zwischen zwei Stühle und vergaßen dabei, uns hinreichend um Österreich-Ungarn zu bekümmern. Vergaßen auch, unsere Macht so auszubilden, wie wir konnten. Wir haben schwere Unterlassungssünden auf dem Kerbholz.

Ich glaube nun, wir müssen so stark sein resp. werden, daß wir und unsere Bundesgenossen den Feinden rechts und links widerstehen können. Ich bin fest überzeugt, Rußland und England werden unsere Feinde bleiben, sie müssen es, ob wir sie schonen oder nicht, ist ganz gleich. Liebeswerben führt nicht zum Ziel, nur der Starke ist mächtig und wird umworben.

Ich werde oft unterbrochen und muß um Verzeihung bitten, wenn der Aufbau nicht streng logisch ist. Die Feindschaft beider Staaten behält die gleichen Gründe wie vor dem Kriege, nichts wird sich darin verschieben. Der Drang der Russen nach dem Westen wird ebenso bleiben, wie sein nicht unberechtigter Haß gegen das Deutschtum. Englands Furcht vor unserer Rivalität wird noch steigen, es ist noch nicht überwunden und wird gegen uns stehen, als die stärkste Macht des Festlandes. Das ist seine alte Tradition. Von Frankreich spreche ich nicht, es wird sterben wie Spanien.

Es bleibt die eigene Macht. Hinzu gehört das Bündnis mit der Türkei, Bulgarien, Griechenland, Österreich-Ungarn. Wir müssen ein starkes Mittel-Europa sein. Je mehr wir werbend wirken, umso besser, so auf Holland, Schweden, vielleicht Rumänien.

Die größte Schwierigkeit liegt in Österreich. Meine Ansicht über dieses Land kennen Sie. Es gehört eine weiche aber eiserne Hand dazu, dies Land militaristisch, wirtschaftlich hochzubringen. Es wird eine unendliche Arbeit, vor der Deutschland nicht zurückschrecken darf. Jeder Kraftzuwachs in Polen schwächt Österreich und deshalb ist er zu verwerfen, so komme ich auf meine Lösung der Polen- und Ostfrage überhaupt.

Ein Teilen und Herrschen ist auch hier nötig, daher Zartum Polen ohne Suwalki ein autonomer Staat, die anderen Teile, und zwar möglichst viel, an Preußen. Hier gewinnen wir Zuchtstätten für Menschen, die für weitere Kämpfe nach Osten nötig sind. Diese werden kommen, unausbleiblich.

zielvorstellungen gebeten. Er war der Hauptvertreter des schwachen Flügels der »Gemäßigten« in der Kriegszieldiskussion. Vgl. Klaus Schwabe, »Wissenschaft und Kriegsmoral. Die deutschen Hochschullehrer und die politischen Grundlagen des Ersten Weltkrieges«, Göttingen 1969, S. 59 ff.

Nach Westen bin ich unbedingt für die Besitznahme des Kohlenbeckens von Briey und wenn es irgend geht für den Gewinn von Belfort, Frankreich muß das Gefühl erhalten, daß es besiegt ist. Belgien muß eng an uns angegliedert werden, ohne in den Reichsverband zu treten. Wir müssen militärisch verlangen, daß England und Frankreich Belgien nicht noch einmal gegen uns ausnutzen und daß wir den Feldzug später einmal da beginnen, wo wir ihn jetzt beendet haben. Ein Anschluß von Belgien führt uns Holland zu und darin sehe ich eine weitere Notwendigkeit der Angliederung Belgiens. Mit Holland gemeinsam und dessen Häfen zur Basis des Seekrieges gegen England.

So an Kraft vermehrt und auf die stark gemachten Verbündeten gestützt, können wir zusehen, ob nicht England oder Rußland uns sucht. Gelingt es uns noch Japan zu gewinnen, dann haben wir die Stellung, die wir bedürfen. Wie werden Sie sagen, nun dies erreichen. So kommt kein Friede. Geben wir alles auf, so hätten wir natürlich sofort Friede, wollen wir aber nur etwas, so wird es uns nicht zugestanden. Separatfrieden will ja auch Niemand ernstlich. Ich meine, da sollte Deutschland ruhig das erstreben, was es bedarf zum Leben – erreichen wir das nicht, dann sind wir die Unterliegenden. Ich denke, das kann keiner wollen. Von papierenen Verträgen, wie kein Heer halten, keine Festungen bauen, halte ich nichts. Festungen entstehen, wenn vorbereitet, in kürzester Zeit, das lehrt der Schützengrabenkrieg zur Genüge. Kein Heer: sollen wir Krieg anfangen, wenn Belgien dies zu umgehen sucht. Was Verträge da sind, haben wir nach 1807 gesehen und was Verträge jetzt bedeuten, das wissen wir. Auch hier nur reale Macht! Diese müssen wir haben. Alles andere ist Blendwerk.

Mit vorstehendem haben Sie meine Kriegsziele, für diese trete ich mit Wärme ein. Sie denken anders, aber unterschätzen Sie nicht die Tatsache, daß wir nur auf uns angewiesen sein werden und auf unsere Macht. Alles andere gilt nichts!

Nun leben Sie wohl und mit verbindlichem Gruß

Ludendorff.

* Für die Genehmigung zur Veröffentlichung dieses Briefes danke ich der Tochter Hans Delbrücks, Frau Hobe.

11.
Das Bismarck-Bild 1915
Eine Mischung von Sage und Mythos

Durchblättert man heute die Gedenkartikel und Festreden zur Feier des 100. Geburtstages Bismarcks am 1. April 1915, so zeigt sich erneut, wie wenig das Bild einer geschichtlichen Persönlichkeit bestimmt wird vom Stand des faktischen Wissens, und wie stark es abhängt von dem politischen und geistigen Erlebnishintergrund der jeweiligen Generation. Grundtenor aller Äußerungen über den Reichsgründer in jenem ersten Jahr des Ersten Weltkrieges war seine Bedeutung für die damalige Lage. In weiten Teilen des Volkes wurde der Weltkrieg empfunden als, wie es hieß, die »Erfüllung einer unausweichlichen logischen Notwendigkeit, die zwingende Folge aus den Taten und Siegen der Vergangenheit. Nach 1870/71 mußte 1914/15 kommen.« Im Bewußtsein dieser angeblichen Kontinuität schrieb Thomas Mann im November 1914, daß ein deutscher Sieg »ja in der Konsequenz der Geschichte« läge.

Mit der wachsenden Verherrlichung des Nationalstaates wurde dieser »schicksalhafte« Prozeß geradezu als säkularisierte Heilsgeschichte aufgefaßt und Bismarck damit gleichsam in religiöse Sphären entrückt. (Selbst so angesehenen Historikern wie Hermann Oncken und Erich Marcks erschien er als der Mann, der sein Volk aus der Wüste führte und für die Deutschen das Gelobte Land erstritt, als »Erfüller« und »Erretter«, als »Inbegriff des Lebendigen«. Zugleich verflüchtigte sich das Bild des historischen Bismarck immer mehr.

Er, der »Riese«, der »Gewaltige«, der »Übermensch«, wie die gängigen Formulierungen lauteten, wurde erhoben in die mythische Welt des Titanen. So konnte Gustav Stresemann emphatisch ausrufen: »Seine Gestalt wächst ins Grenzenlose. Wir sehen ihn vor unseren Augen übermenschlich groß, als Roland und Siegfried zugleich.« Dieses beliebte Bild des »steinernen Roland« zeigt deutlich den beherrschenden Einfluß der bildenden Kunst, jener Bismarckdenkmäler, die nach der Jahrhundertwende überall entstanden und uns Heutigen – so hat es der Kunsthistoriker Sedlmayer formuliert – anmuten wie »eine ins Massive und Dreidimensionale übertragene Dekoration zu einer unbekannten Wagner-Oper«.

Im Kaiserreich aber war der Versuch, mit diesen Standbildern ein Reichssymbol zu schaffen, durchaus gelungen! Bismarck trug damals, wie Theodor Heuss 1915 feststellte, im Bewußtsein der Deutschen als Volksheld völlig die Züge des monumentalen Hamburger Bismarckdenkmals von Hugo Lederer. Und dieser Suggestion konnten und wollten sich auch die Historiker nicht entziehen. »Erzgepanzert, den blinkenden Stahlhelm über dem dräuenden Haupt und den scharfen Pallasch in der Faust, allen Deutschen ein froher Trost und den Feinden ein Schrecken«, so beschrieb etwa Karl Alexander von Müller damals Bismarck.

Dabei ging es schließlich nicht mehr um Bismarck, sondern, wie es der berühmte Altphilologe v. Wilamowitz-Moellendorff beim Festakt am 1. April 1915 in der Berliner Universität nannte, um den »Bismarck in uns, das Deutschtum«. In einer Art mythischen Vereinigung verschmolzen Bismarck und Deutschland zu einer untrennbaren Einheit. So erschien Wilamowitz sogar der Donner der Kanonen an den Fronten als »Festgeläute für den Tag, an dem vor hundert Jahren unser Otto von Bismarck geboren ward«, und der Sprecher der am Grabe Bismarcks versammelten Rektoren aller deutschen Universitäten pries den Weltkrieg als »eine einzige große Huldigung für Bismarck, nicht mit Worten, sondern mit sieghaften Taten«.

In der Gleichsetzung Bismarcks mit Deutschland lag ein starkes Moment der Siegeshoffnung und Siegesgewißheit, wenn etwa Erich Marcks »die Unsterblichkeit Bismarcks« beschwor, »den Namen, der Deutschland bedeutet«, und Max Lenz ausrief: »In Wahrheit, Bismarcks gewaltiger Schatten zieht mit in unseren Heeren. Sein Schwert ist es, dessen Schläge draußen so furchtbar widerhallen; und wohin seine Flammenblitze fahren, dringt Verderben unter die Feinde des deutschen Namens: als kämpfe St. Michael selbst in unseren Reihen.«

Die Stilisierung Bismarcks zu einer »Verkörperung deutschen Wesens«, zu einem »Urbild und Vorbild deutscher Mannestugend«, zu einem »Inbegriff des germanischen Menschen« oder wie immer die überall auftauchenden Formulierungen lauteten, erlaubt nun dem Historiker, umgekehrt Rückschlüsse auf das Selbstverständnis der Deutschen in diesem ersten totalen Krieg der Weltgeschichte zu ziehen. Und hier ist es auffallend und bestürzend, welch einseitig kämpferische Züge bis hin zur Verherrlichung der nackten Gewalt, des *furor teutonicus,* jetzt als charakteristisch für den Deutschen erschienen und wie immer mehr das Christliche als bloßer Firnis abblätterte und zurückgegriffen wurde auf den »Urgrund« des Germanischen.

Nirgends wird das Verschwommene, Unzeitgemäße und allzu gewollt Heroische wohl deutlicher als in Max Lenz' Lobpreisung des »Nibelungenhaften seiner – Bismarcks – Natur, das ihn, der im Glanz der Morgensonne seines Lebens wie Jung Siegfried ausgezogen war, gegen das Ende seiner Tage den altgewordenen Helden unserer Sage gleichen ließ; an den grimmen Hildebrand, an Hagens Zornmut und den Feueratem des starken und getreuen Dietrich von Bern uns erinnern könnte«. Doch es gab auch andere Stimmen, und Friedrich Meinecke etwa vergaß auch damals nicht, neben allem »Heldisch-Trotzigen im deutschen Wesen« hinzuweisen auf »alle unsere tiefe und oft weiche Liebe für Haus und Heimat und angestammtes Fürstenhaus, und schließlich alle deutsche Frömmigkeit gegen den Gott der Väter«, die von Bismarck vereinigt worden seien »zu einer neuen deutschen Lebensform«.

Der vorherzusehenden Predigt der Macht und der Verklärung des »großen Menschen« aber sah die Reichsleitung im März 1915 mit Sorge entgegen. Denn die Verherrlichung der Macht konnte leicht umschlagen in den Schrei nach Annexionen, und die Sehnsucht nach dem Übermenschen konnte sich leicht verbinden mit der Forderung nach Beseitigung des amtierenden Kanzlers, der so offensichtlich nicht dem Bismarck-Mythos entsprach. Beide Befürchtungen waren tief verwurzelt in der innenpolitischen Situation des Frühjahrs 1915. Seit den ersten Kriegsmonaten hatten der Kanzler (Bethmann Hollweg 1909-1917) und seine Umgebung besorgt die anschwellende Flut der Annexionsforderungen betrachtet als »Ausfluß einer bedenklichen politischen Geistesrichtung, die, wenn sie sich auswüchse, für den Friedensschluß die allergrößten Schwierigkeiten bereiten würde«.

Während aber in der Öffentlichkeit Hybris und maßlose Siegeszuversicht ununterbrochen wuchsen, drohte der Krieg in den Augen der höchsten politischen und militärischen Führung im März 1915 einer Katastrophe zuzutreiben. Alle militärischen Aktionen im Westen und Osten waren fehlgeschlagen, selbst Hindenburg hielt nur noch einen »Grenzschutz« für möglich, und nach Falkenhayns Lagebeurteilung mußte der zu erwartende Kriegseintritt Italiens den Zusammenbruch Österreich-Ungarns und damit den Verlust des Krieges bringen.

So hatte das Preußische Staatsministerium sich zu einem letzten und äußersten Mittel entschlossen, nämlich der Donaumonarchie Teile Schlesiens anzubieten, um ihr die Abtretung des Trentino an Italien als Lohn für dessen Neutralität zu erleichtern. Diplomatisch bot sich damals kein anderer Ausweg. In Frankreich war nach Meinung des Kanzlers »die absolute Siegeszuversicht in beständigem Wachsen«, und in Rußland zeigte sich »von Kriegsmüdigkeit keine Spur«. Alle Sonderfriedensversuche waren hier gescheitert.

In dieser Lage spitzte sich der Kampf mit den Annexionisten krisenhaft zu. Bei der Wiedereröffnung des Reichstages am 10. März 1915 war es dem Kanzler noch einmal unter Einsatz aller taktischen Mittel gelungen, eine Friedenskundgebung der SPD und eine annexionistische Erklärung der bürgerlichen Parteien zu verhindern. Doch auf die Kunde, daß Bethmann Hollweg an die Herausgabe Belgiens dächte, vereinigten sich nun die großen Interessenverbände der Wirtschaft zu einer Einheitsfront gegen den Kanzler und übergaben am 10. März ihre bekannte Annexionsdenkschrift, die von ihnen gedacht war als »das größte Mißtrauensvotum, welches einer Regierung je erteilt ist«. Parallel hierzu liefen Versuche, durch eine Intervention der Bundesfürsten beim Kaiser den Sturz des Kanzlers zu erreichen, und Tirpitz plante damals einen förmlichen Staatsstreich, der Hindenburg unter Ausschaltung Wilhelms II. mit diktatorischen Vollmachten an die Macht bringen sollte. Daneben zirkulierten Gerüchte über eine Kanzlerschaft Falkenhayns, und der Bruder Wilhelms II, Prinz Heinrich, wurde bestürmt, den Kaiser mit der Drohung einer Revolution dazu zu veranlassen, den Kanzler zu entlassen.

Dieser Intrigen war sich Bethmann Hollweg bei der Vorbereitung der offiziellen Bismarck-Feier bewußt. Dennoch war er nicht bereit, zu resignieren und Männern wie Tirpitz und Falkenhayn freiwillig seinen Platz zu räumen. Dies erklärte er offen am 1. April 1915, und am Vortage hielt er dem Organisator der Denkschrift der Wirtschaftsverbände, Hirsch, entgegen, die Annexionspropaganda sei Mache kleiner Kreise, die ihn beseitigen wollten, und nicht Stimmung des Volkes. Er, der Kanzler, werde »auch im Falle einer gänzlichen Niederwerfung aller unserer Feinde« gegen die Anhänger solcher Ideen »im Geiste Bismarcks eine Politik relativer Mäßigung« durchkämpfen und sich in einer derartigen Lage »auf diesen Kampf herzlich freuen«.

Und diesen Kampf nahm er nun bereits bei den Bismarck-Feiern auf, indem er alles daransetzte zu verhindern, daß am 1. April unter Berufung auf Bismarck Annexionen gefordert würden. Auf das wirksamste Mittel, die schonungslose Aufklärung des Volkes über den Ernst der militärischen Lage, mußte der Kanzler dabei allerdings von vornherein verzichten; denn – wie er am 12. März 1915 bitter feststellte – »die Psyche unseres Volkes ist während der letzten 25 Jahre so durch Renommisterei vergiftet, daß sie wahrscheinlich zaghaft würde, wenn man ihr die Großsprecherei verböte«.

»Entweder sie bezichtigen mich des Flaumachens, oder sie werden selbst ängstlich. Beides können wir nicht brauchen«, schrieb er am selben Tag an den Rand der Denkschrift der Wirtschaftsverbände. So blieb als Ausweg nur der Versuch, wenigstens die gröbsten Auswüchse, die sich bereits abzeichneten, zu bekämpfen. Seit dem 22. März lag nämlich dem Auswärtigen Amt ein Artikel des bekannten Industriellen Kirdorf vor, der unter Berufung auf den »Bismarckschen Geist, der, wie die heutige Kriegszeit gelehrt hat, im deutschen Volk lebt«, die »Beherrschung der Nordküste Belgiens und Frankreichs« und »weitmöglichsten Landerwerb« im Osten forderte. Solchen Exzessen schob nun die Reichsleitung einen Riegel vor, indem sie »im Interesse der Landesverteidigung« die militärische Zensur aktivierte.

Am 29. März 1915 ließ der Chef des Generalstabes in der Pressekonferenz ausdrücklich verkünden, daß »insbesondere die Bismarck-Feier nicht zum Ausgangspunkt werden dürfe für Streitereien und für die Störung des Burgfriedens«.

Gleichzeitig suchte Unterstaatssekretär Zimmermann auf inoffiziellem Wege solche Kriegszielerörterungen zu vereiteln und intervenierte hierzu am 28. März 1915 vertraulich bei dem Vorsitzenden des Vereins Deutscher Zeitungsverleger, Faber: »Im Sinne des Schöpfers der deutschen Einheit wird es liegen, wenn die Presse in ihren Festartikeln sorgfältig darauf Bedacht nimmt, auch an diesen Tagen Erörterungen über die künftigen Friedensbedingungen zu vermeiden, weil sonst leicht der Eindruck der Uneinigkeit unseres Volkes entstehen und damit die Geschlossenheit der Aktion nach außen beeinträchtigt wird.« Faber sagte die Einwirkung zu und antwortete am 30. März, er habe »sofort noch heute an sämtliche mir erreichbaren Zeitungen in Euer Exzellenz Sinne geschrieben«. Diese beiden Aktionen waren erfolgreich. Wie ein Blick in die Zeitungen zeigt, unterblieben tatsächlich detaillierte Kriegszielerörterungen.

Wie aber sollte sich die Regierung am 1. April 1915 verhalten? Wie insbesondere vor der Öffentlichkeit einen Ausgleich finden zwischen dem von rechts erhobenen Vorwurfe der Flaumacherei und dem des Chauvinismus, der von links zu erwarten war. Die innerste Überzeugung des Kanzlers offenbart wohl seine Antwort vom 10. März auf eine Zeitungsumfrage, daß nach seiner Ansicht »Fürst Bismarck im gegenwärtigen Momente, auf die Einsicht des deutschen Volkes vertrauend, geschwiegen hätte«. Doch dieser Weg war nicht gangbar. So ließ Bethmann Hollweg im Gedenkartikel der »Norddeutschen Allgemeinen Zeitung« vor allem jenen Pol der »höchsten Weisheit und Mäßigung« stark herausstellen, der Bismarcks »unerschöpflicher Natur« nicht minder gegeben sei als »Kraft und unbändiges Wollen«. Das bedeutete eine scharfe Ablehnung der vorherrschenden Lobpreisung des reinen Machtpolitikers.

Und als sich am 1. April am Bismarckdenkmal vor dem Reichstagsgebäude Regierung und Reichstagsabgeordnete versammelten, dazu als Vertreter des Kaisers der älteste Sohn des Kronprinzen und der – heute in Friedrichsruh lebende – Enkel Bismarcks, da gebrauchte der Kanzler wohl markige Worte, aber er ging inhaltlich nicht über das Bekenntnis zur Vaterlandsverteidigung hinaus. Dafür nutzte er um so mehr die günstige Gelegenheit, durch Betonung der vom Kaiser verbreiteten dynastischen Legende seine Stellung bei Wilhelm II. zu festigen.

Hatte der Kaiser in seinem Erlaß an Heer und Marine vom »Lebenswerk des großen Kaisers und seines Getreuen« gesprochen, so bekundete der Kanzler in seinem telegraphischen Bericht über die Feier die Entschlossenheit des deutschen Volkes, »das Erbe seines alten Heldenkaisers und seines Eisernen Kanzlers« zu wahren. Und der gemeinsame Gesang der Teilnehmer nach den Kranzniederlegungen endete mit den – uns heute belustigenden Versen:

»Und Gott verläßt uns nimmermehr, er hilft dem deutschen Mann,
Und sicher führt das deutsche Heer der Kaiser Wilhelm an!
Empöret auch die ganze Welt sich wider uns im Krieg:
Der Kaiser Wilhelm ist ein Held und führet uns zum Sieg!«

Übrigens blieben die taktischen Absichten der Reichsleitung der Öffentlichkeit nicht verborgen. Das zeigen die anonymen »Gedanken eines alten Kaufmanns zu Bismarcks Geburtstag«, die unter dem Datum des 1. April 1915 von Hamburg aus hektographiert versandt wurden: »Jetzt fangen wir an, in Bismarck-Erinnerungen zu wühlen, und suchen mit Vorliebe alles das heraus, wo Bismarck sich gemäßigt gezeigt hat: Zum Beispiel die Hergabe Belforts wird benutzt, um zu beweisen, daß wir auch jetzt Belgien und die eroberten Teile Frankreichs wieder herausgeben müßten. Bismarck würde das auch getan haben, sagt man ›oben‹, und alle Beamten sind damit auf diesen Ton der Schwachheit eingeschworen.«

Doch die öffentliche Meinung war nicht die Stimme des Volkes. Die SPD, die 1912 ein Drittel aller Wählerstimmen auf sich vereinigen konnte, wandte sich in dem Gedenkartikel des »Vorwärts« betont gegen das gängige imperialistische Bismarck-Bild, denn Bismarck selbst habe »für die sogenannten Notwendigkeiten eines ausschweifenden Imperialismus« kein Verständnis gehabt.

Hierin begegnete sich die Sozialdemokratie mit der kleinen Gruppe der Gemäßigten im liberalen Bürgertum, jenen von dem Kronprinzen als »Flaumacher und weltfremde Idioten« bezeichneten Kreis um den Berliner Historiker Hans Delbrück. Sie suchten gegen den Strom ihrer bürgerlichen Umwelt in Bismarck vor allem den »Revolutionär des Tatsachensinns« herauszuarbeiten und die historische Gestalt gegenüber dem Mythos wiederzugewinnen. Mögen uns auch ihre eigenen Konzeptionen irreal und phantastisch erscheinen, für die Reichsleitung waren sie eine willkommene Hilfe im Kampf gegen den Annexionismus, und der Chef des Zivilkabinetts, Valentini, hielt es deshalb in einem Brief an Hans Delbrück »namentlich für ein Verdienst, daß Sie den Verfechtern der Eroberungspolitik die Berufung auf Bismarck so deutlich verlegt haben«.

Doch dies alles blieben unwirksame Aushilfen. Sie scheiterten letztlich an dem bereits festverwurzelten Bismarck-Bild der öffentlichen Meinung, das sich weitgehend von der historischen Realität Bismarcks gelöst hatte. Dem Historiker zeigt sich an diesem Beispiel eindringlich die Aufgabe, die Entstehung politischer Mythen zu verhindern. Ihm bleibt die Pflicht, auch in der öffentlichen Meinung eine vertiefte und differenzierte Erkenntnis von Bismarcks Wesen und Wirken durchzusetzen, nicht mit dem Anspruch auf Glorifizierung, sondern auf Gerechtigkeit für eine der führenden Gestalten unserer Geschichte.

12.
Das »schlesische Angebot« und die italienische Kriegsgefahr 1915

Als die österreichisch-ungarische Regierung im Juli 1914 den Krieg gegen Serbien erzwang, verfolgte sie damit das Ziel, das Zentrum der großserbisch-südslawischen Bewegung zu zerschlagen. Diese militärische Aktion galt der Abwendung einer Gefahr, die dem Fortbestand des habsburgischen Vielvölkerstaates drohte. Sie traf damit aber gleichzeitig Interessen der russischen Balkanpolitik und darüber hinaus auch Ambitionen der Italiener, die am Ostufer des Adriatischen Meerbusens eine Machtposition erstrebten. Italien wurde um so eher auf den Plan gerufen, wenn die Veränderung der politischen Verhältnisse auf dem Balkan einer Stärkung der Donaumonarchie diente. Deshalb garantierte bereits seit 1887 der spätere Artikel VII des Dreibundvertrages[1] beiden Mächten den Anspruch, vom Partner konsuliert zu werden, wenn dieser sich in die Notwendigkeit versetzt sähe, »den *status quo* in den Gegenden des Balkan oder der ottomanischen Küsten und Inseln im Adriatischen und Ägäischen Meer« »durch eine zeitweilige oder dauernde Besitznahme« zu ändern. Für diesen Fall war ein Übereinkommen zwischen ihnen vorgesehen, das nach »dem Grundsatz einer gegenseitigen Kompensation für jeden territorialen oder sonstigen Vorteil« »den Interessen und wohlbegründeten Ansprüchen beider Partner Genüge leisten« sollte.

Dennoch hielt die Wiener Regierung im Juli 1914 ihre Absichten vor dem italienischen Dreibundpartner geheim. Graf Berchtold, der Außenminister, mag hier von der Sorge bestimmt gewesen sein, daß die Pläne der Donaumonarchie von den Italienern den Russen verraten würden[2]. Einen weiteren und vielleicht entscheidenderen Grund hat sein nächster Mitarbeiter im Außenministerium, Graf Hoyos, einem befreundeten deutschen Diplomaten mitgeteilt: »Hätten wir Italien vor unserer Aktion gegen Serbien gefragt, so hätten wir genau denselben Refus bekommen wie

Aus: Geschichte in Wissenschaft und Unterricht, Jg. 14 (1963), S. 533-556.

1 Art. I des Separatvertrages zwischen Österreich-Ungarn und Italien vom 20. Februar 1887 wurde Art. VII im dritten Dreibundvertrag vom 6. Mai 1891.

2 Berchthold an den österreichisch-ungarischen Botschafter in Rom, Mérey, Tel.-Nr. 842, 20. Juli 1914, und Berchtold an Mérey, Tel.-Nr. 843, 20. Juli 1914, in: »Österreich-Ungarns Außenpolitik von der bosnischen Krise bis zum Kriegsausbruch 1914«, Bd. VIII (1930), S. 538 f.

im Jahre 1913, oder Italien hätte a priori für seine Neutralität unannehmbare Forderungen gestellt[3].«

Mit dieser Politik der Geheimhaltung und des kriegerischen Vorgehens gegen Serbien lieferte Österreich-Ungarn aber den Italienern die Möglichkeit, sich mit Berufung auf den Defensivcharakter des Dreibundes der Bündnispflicht zu entziehen und dennoch eine diplomatische Ausgangsposition für eine Expansionspolitik zu gewinnen. Die italienische Neutralitätserklärung vom 3. August berief sich auf Art. III des Dreibundvertrages, der zur Bündnishilfe nur bei einem unprovozierten Angriff verpflichtete[4]. Die russische Intervention galt als Antwort auf die Kriegserklärung an Serbien, zugleich nahm Italien aber mit Art. VII das Recht auf eine Kompensation für eine Machterweiterung der Donaumonarchie auf dem Balkan in Anspruch. Erst am 23. August 1914 gestand Wien zu, daß der Kompensationsanspruch für eine territoriale Veränderung »in den Gegenden des Balkan« nicht nur für den Fall der Besetzung türkischen Gebietes gelten sollte[5].

I

Freilich gingen die Forderungen Italiens von Anfang an weit über das hinaus, was etwa als Ausgleich für eine Machtausdehnung der Donaumonarchie auf dem Balkan gelten konnte. Bereits in unmittelbarem Zu-

3 Hoyos an Berchem (Privatschreiben), 4. Januar 1915, HHStA, Wien, PA I/507.

4 Schon zehn Tage zuvor, kurz nach dem Bekanntwerden des österreichischen Ultimatums an Serbien, hatten Salandra und San Giuliano im Gespräch mit dem deutschen Botschafter Flotow geäußert, daß das österreichische Vorgehen bei dem defensiven Charakter der Tripleallianz nicht verpflichtet, Österreich in einem möglichen Kriege zu Hilfe zu kommen (A. Salandra, »La Neutralità italiana«, 1928, S. 76). Die tieferen Gründe für die italienische Neutralität hat San Giuliano allerdings schon damals in Erlassen an die Botschafter in Berlin und Wien angegeben: die Gefährdung des staatlichen und wirtschaftlichen Gleichgewichts; die Gefahr, nach der Zerstörung der eigenen maritimen Streitmacht der britisch-französischen Flotte preisgegeben zu sein, mit der Folge einer dauerhaften Schädigung der politischen und wirtschaftlichen Interessen und der Stellung Italiens im Mittelmeer und in der Welt überhaupt; die Perspektive, daß Deutschland und Österreich-Ungarn, selbst bei einem vollkommenen Siege, keine den Opfern Italiens entsprechende Entschädigungen gewähren würden, zumal ja auch davon von vornherein die Abtretung der italienischen Gebiete der Donaumonarchie sicherlich ausgeschlossen wäre. (San Giuliano an Avarna und Bollati, 3. August 1914, in: Salandra, »Neutralità«, S. 144 ff.) Als weiteren Grund nannte der Außenminister in anderem Zusammenhang die antiösterreichische Stimmung, die die italienische öffentliche Meinung allein beherrschende Strömung (ebenda, S. 112).

5 Hierzu A. F. Pribram, »Die politischen Geheimverträge Österreich-Ungarns 1879-1914«, 1920, S. 186 f.

sammenhang mit der Neutralitätserklärung betonte der italienische Außenminister San Giuliano die durch den Kriegsausbruch gebotene Chance: »Italien wird nie wieder eine so günstige Gelegenheit finden, endgültig seine Rechnung mit Österreich zu begleichen[6].« Der habsburgische Staat war der historische Gegner der Italiener. Drei Kriege (1848, 1859 und 1866) hatten sie gegen ihn geführt und ihm die Lombardei und Venetien entrissen. Aber das Trentino war bei Österreich verblieben, obgleich jener auch Welschtirol genannte Teil Südtirols um die alte Bischofsstadt Trient ebenfalls italienisches Siedlungsgebiet war. Seine strategische Bedeutung für die Donaumonarchie hat der Generalstabschef Conrad von Hötzendorf mit dem Urteil charakterisiert, Österreich verlöre mit dem Trentino »einen Keil, der nach Italien hineinragt und der ein Dorn im Fleische Italiens ist«[7]. Auch in Friaul (Görz und Gradisca), in der Hafenstadt Triest und an der Küste der Halbinsel Istrien lebten zahlreiche »unerlöste« Italiener.

War es das ausgesprochene Ziel der Nation, mit dem Gewinn dieser Gebiete das Risorgimento zu vollenden, so richteten sich die Blicke und Forderungen aber auch über das italienische Sprach- und Kulturgebiet hinaus auf die »natürlichen Grenzen« der Alpen am Brenner und der Wasserscheide der Ostalpen. Und aus dem Ringen um die hegemoniale Machtposition am Adriatischen Meer ergaben sich konkrete Ansprüche auf slawisch besiedelte Teile der Donaumonarchie, Istrien und Dalmatien, und auf Albanien. Die Motive einer solchen Expansionspolitik und die Absicht, dafür den Ausbruch des Weltkrieges zu benutzen, hat Ministerpräsident Salandra im Rückblick treffend mit den Worten umrissen, »daß wir eine sich vielleicht in Jahrhunderten nicht mehr bietende Gelegenheit nicht vorübergehen lassen durften, das ganze Gebiet unserer Nation zurückzuerhalten, uns Land- und Meeresgrenzen zu verschaffen, die den gewohnheitsmäßigen Einbrechern nicht mehr offenstanden, Italien zu einer wirklichen Großmacht zu erheben: was gewiß etwas anderes bedeutete als die Erwerbung eines bescheidenen Stückchen Landes mit räumlich und sprachlich schlecht bestimmten Grenzen«[8].

6 San Giuliano an den italienischen Botschafter in London, Imperiali, 11. August 1914, nach: A. Salandra, »L'Intervento«, 1930, S. 152.

7 Protokoll der Sitzung des Ministerrates für gemeinsame Angelegenheiten unter Vorsitz des Kaisers Franz Joseph am 8. März 1915, HHStA Wien. – Mussolini hat später einmal (in einer Kammerrede 1926) in Abwehr deutscher und österreichischer Vorwürfe diesen strategischen Aspekt ähnlich gekennzeichnet: »Italien hat unter den alten Grenzen des Trentino gelitten wie unter einem feindlichen Messer, das seine Klinge von den Alpen bis zu den Ufern des Po hineinstieß.« (»Opera Omnia di Benito Mussolini«, Bd. XXII, 1957, S. 78.)

8 Salandra, »Intervento«, S. 85; s. auch Carl Mühling, »Italiens Eintritt in den Krieg«, in: Berliner Monatsheßen (1935), S. 411 mit Anm. 1.

Wenn Salandra diese Politik als die des »sacro egoismo« charakterisierte, als die »einer unbegrenzten Hingabe an unser Vaterland«[9], so gab er mit dem als legitim empfundenen Lebensinteresse der Nation jedem machtpolitischen Anspruch seine Rechtfertigung. Die Frage für die Italiener war einmal die, ob sie ihre Großmachtspolitik auf Nordafrika und das westliche Mittelmeer richten sollten, auf ursprünglich italienische Gebiete wie Korsika und Nizza und das italienisch besiedelte Tunis. Das hätte die Auseinandersetzung mit der Mittelmeerstellung Frankreichs bedeutet. Und in diese Richtung bemühte sich auch die deutsche Politik jetzt die Italiener zu lenken[10]. Wenn sich aber, wie es geschah, die italienische Expansionspolitik auf die Alpen, die Adria und den Balkan richtete, so boten sich ihr für die Verwirklichung ihrer Ziele zwei Wege. Der eine war, sich der Entente anzuschließen und als Preis für den Einsatz des italienischen Kräftepotentials an der Siegesbeute beteiligt zu werden – in dieser Richtung hatte schon in den ersten Kriegstagen der italienische Außenminister die Beziehungen nach Petersburg benutzt, um einen »Meinungsaustausch« mit den Ententemächten einzuleiten[11]. Der andere Weg war, über eine Ausweitung der Interpretation des Artikels VII des Dreibundvertrages sich von Österreich-Ungarn die Neutralität so hoch wie möglich bezahlen zu lassen.

Mit dem Rückzug der Deutschen in Frankreich und der Österreicher aus Galizien und schließlich dem Scheitern des Ypern-Unternehmens im November 1914 schien sich eine Art Gleichgewicht der Machtgruppen abzuzeichnen. Damit bot sich für Italien und Rumänien die Chance, mit dem Einsatz ihrer frischen Armeen den Ausgang des Weltkrieges entscheidend zu beeinflussen, zumal sich Rom und Bukarest über ein solidarisches Vorgehen verständigt hatten. So nahm denn am 9. Dezember die italienische Regierung den Vorstoß der österreichisch-ungarischen Armeen bis Belgrad zum Anlaß, diese auf die Kompensationspflicht gemäß Artikel VII des Dreibundvertrages hinzuweisen, und am 11. Januar 1915 stellte sie »zum erstenmal in positiver Weise das Postulat« auf, daß ihr für das Verbleiben in der Neutralität eine Gebietsabtretung in Aussicht gestellt werden müsse, und zwar von Territorien, welche zur Monarchie gehörten[12]. Diese Forderungen erhielten einen drohenden Akzent durch Meldungen der Militär-

9 Salandra verwendet das Wort vom »sacro egoismo« zum erstenmal am 18. Oktober 1914 im internen Bereich und verkündete es öffentlich in seiner Rede vor der italienischen Kammer am 3. Dezember.

10 S. hierzu E. Zechlin, »Friedensbestrebungen und Revolutionierungsversuche im Ersten Weltkrieg«, in: Aus Politik und Zeitgeschichte, B 20/63 (15. Mai 1963), S. 24 f. und Anl. Nr. 25.

11 Siehe hierzu die Darstellung in der Schlußbetrachtung.

12 Protokoll der Ministerratssitzung vom 8. März 1915, s. o. Anm. 7.

attachés über italienische Rüstungen, die die unzweifelhafte Absicht einer aktiven Teilnahme am Kriege erkennen ließen[13].

II

Zeichnet sich hier die Perspektive einer militärischen Intervention mit aller Deutlichkeit ab, so wurde es nun zum vornehmlichen Ziel der deutschen Politik, den österreichisch-ungarischen Bundesgenossen zu territorialen Konzessionen an Italien zu veranlassen, um dieses dadurch davon abzuhalten, die Verwirklichung seiner Ansprüche auf dem Wege über ein Kriegsbündnis mit den Alliierten zu suchen. Während in Rom der frühere Reichskanzler Fürst Bülow die italienisch-österreichischen Verhandlungen darüber in Fluß zu bringen suchte, drängte gleichzeitig die deutsche Regierung in Wien, den Italienern das Trentino zu überlassen.

In Wien weigerte man sich jedoch, auf solche Vorschläge einzugehen. Der ungarische Ministerpräsident, Graf Tisza, und der Generalstabschef, Conrad von Hötzendorf, vertraten mit Kaiser Franz Joseph den Standpunkt, daß die Monarchie nicht, ohne den Krieg verloren zu haben, Gebietsteile aufgeben dürfe. Berchtold, der unter dem Eindruck des Fiaskos des Serbien-Feldzuges zur Nachgiebigkeit gegenüber Italien geneigt hatte, war – am 10. Januar – von Tisza deswegen gestürzt und durch dessen Vertrauensmann, Graf Burián, ersetzt worden. Die grundsätzlichen Erwägungen, die hinter Tiszas Haltung standen und die von den meisten Wiener Politikern geteilt wurden, sind in geradezu klassischer Form in einer im Dezember 1914 im Außenministerium angefertigten Denkschrift zum Ausdruck gebracht worden[14]. Hier wird darauf hingewiesen, daß durch eine Abtretung des Trentino an Italien das »Grundprinzip, auf dem die Existenz Österreich-Ungarns beruht«, selbst in Frage gestellt würde. Die »innere Daseinsberechtigung der Monarchie« läge in der Tatsache, daß der Friede Europas »unausgesetzt Erschütterungen unterworfen wäre, wenn in jenem Gebiete, wo die großen europäischen Rassen, Germanen,

13 Aus den Berichten des deutschen Militärattachés in Rom, Schweinitz, in: W. Spickernagel, »Fürst Bülow«, 1921, S. 215 und Immediatbericht Conrads für Kaiser Franz Joseph, 5. Januar 1915, KA Wien, AOK Op. 560.

14 Aufz. Matscheckos, Dezember 1914, HHStA Wien, PA I/506. Matschecko war Sektionsrat im österreichisch-ungarischen Außenministerium. Er soll auch das Manifest »An meine Völker« vom 23. Mai 1915, mit welchem Kaiser Franz Joseph die italienische Kriegserklärung der Öffentlichkeit bekanntgab, verfaßt haben; s. Josef Redlich, »Schicksalsjahre Österreichs 1908 bis 1919. Das politische Tagebuch Josef Redlichs«, hrsg. v. F. Fellner, Bd. II, 1954, S. 39. Vgl. dazu Graf Stephan Tisza, »Briefe 1914 bis 1918«, Bd. I, 1928, S. 141 ff., S. 154 ff.

Romanen, Nord- und Südslawen, in wechselseitiger Durchdringung aneinander grenzen, nicht eine starke Großmacht bestünde, die, im Laufe der Jahrhunderte entstanden und fest gefügt, Teile aller angrenzenden Völker und mit ihnen den isolierten Block des Ungarntums umfaßt«. »Zugunsten dieser europäischen Notwendigkeit« – so forderte die Denkschrift – »müssen alle benachbarten Staaten auf die völlige Realisierung ihrer nationalen Ideale verzichten sowie auch die einzelnen Volksstämme in der Monarchie in nationaler Hinsicht Beschränkungen notwendigerweise unterliegen.«

Sowohl für Conrad wie für Tisza und Burián waren aber auch taktische Überlegungen maßgebend, sich gegen das deutsche Drängen auf Abtretung des Trentino an Italien zu sperren. Einmal schien es ihnen zwecklos zu sein, den Italienern jetzt Konzessionen zu machen, weil diese ohnehin nicht vor Beendigung ihrer Rüstungen losschlagen würden. Man gebe doch nicht gleich die Brieftasche, sagte Burián, wenn einem eine ungeladene Pistole auf die Brust gesetzt würde, sondern warte mit dem Entschluß, bis sie geladen sei[15]. Zum andern – und das machten die Wiener Politiker und Militärs auch gegenüber dem deutschen Druck geltend – würden sich die Italiener nicht mit dem Trentino abfinden. Vielmehr würde mit diesem Zugeständnis nur eine »Schraube ohne Ende«[16] in Bewegung gesetzt, mit weiteren Forderungen auf die Brennergrenzen, auf Triest und auf Istrien und Dalmatien. Tisza, der jetzt faktisch die Kontrolle über die auswärtige Politik in Wien ausübte, hat diese Überlegungen in einer Anweisung an Burián einmal so formuliert[17]: »Da wir aber bis zum 1. März sicher sind, so dürfen wir von dieser wertvollen Zwischenzeit nicht einen Tag durch die beschleunigte Hergabe solcher Dinge vergeuden, deren Gewicht und Wert sich mit der späteren Gewährung erhöht. Hier gilt nicht das Wort: Periculum in mora, sondern das Gegenteil. Werfen wir heute Italien, wie von Panik ergriffen, was immer hin, so können wir es als sicher annehmen, daß unser guter Freund es bis zum 1. März verdaut, zu wenig findet und an der Spitze seiner Armee neue Opfer fordern wird.« Schließlich befürchtete man in Wien, daß die Italiener die Verbesserung ihrer strategischen Situation durch den Erwerb des Trentino benutzen würden, um Österreich-Ungarn dann doch noch in den Rücken zu fallen, zumal sie diesem zutrauten, sich die abgepreßten Gebiete später wiederholen zu wollen[18].

15 J. Stürgkh, »Im deutschen Großen Hauptquartier«, 1921, S. 119 ff.
16 So etwa Macchio, »Wahrheit, Fürst Bülow und ich in Rom 1914/15«, 1931, S. 38.
17 Tisza, a.a.O., S. 143.
18 Feldmarschall Conrad, »Aus meiner Dienstzeit 1906-1918«, Bd. IV, 1924, S. 85, 183, 377.

Vor allem aber erschien es im Hinblick auf die militärische Entwicklung töricht und übereilt oder überflüssig zu sein, bereits jetzt nachzugeben. Nach Conrads Auffassung waren überhaupt nur militärische Erfolge geeignet, die Haltung der Neutralen zu beeinflussen[19]. Und nachdem die Deutschen sich Anfang Januar 1915 zur Unterstützung der Karpatenoffensive und am 17. Januar auch zur Ostpreußenoffensive entschlossen hatten, setzte man in Wien auf den großen strategischen Sieg in Rußland[20]. So handelte es sich für Burián in den Verhandlungen mit Italien nach seinen Worten »vor allem darum, Zeit zu gewinnen und ohne schroff abzulehnen, jede bindende Zusage zu vermeiden«[21] – einer Verschleppungstaktik, die er ebenso auch gegenüber den deutschen Bundesgenossen anwandte.

Mitte Februar zeigte sich die italienische Regierung jedoch nicht länger gewillt, sich hinhalten zu lassen. Ihre diplomatischen Noten und Vorstellungen in Wien steigerten sich am Ende des Monats zu den durch ihren Botschafter überbrachten Erklärungen des Außenministers, daß jede weitere Diskussion ergebnislos sei, wenn die k. u. k. Monarchie nicht als Verhandlungsbasis anerkennen würde, daß als Kompensation auch Gebiete der Monarchie in Frage kämen[22]. Diese »question préalable« wurde nun der Hauptgegenstand der Auseinandersetzung. Gleichzeitig legte Italien ein Veto gegen alle österreichischen Unternehmungen auf dem Balkan ein und behielt sich jegliche Handlungsfreiheit vor. Dennoch glaubte Burián sich gegenüber den italienischen Drohungen einer festen Sprache bedienen zu können und lehnte die italienische Interpretation des Dreibundartikels entschieden ab. Der k. u. k. Außenminister meinte, den Zeitpunkt der

19 Siehe »Reichsarchiv«, Bd. VII, 1931, S. 324.
20 Hierzu E. Zechlin, a.a.O., B 20/63, S. 33.
21 Protokoll der Ministerratssitzung vom 8. März 1915, s. o. Burián hat diese Taktik auch später in einer Auseinandersetzung mit den Argumenten einer Denkschrift von Erzberger in einer Note vom 29. Juni 1915 an das Deutsche Auswärtige Amt zusammenfassend beschrieben. Durch die ungeklärte militärische Situation jener Monate, die »Notwendigkeit« für die österreichisch-ungarische Politik, »die Verhandlungen mit Italien möglichst hinhaltend zu führen, keine vielleicht verfrühten Opfer zuzugestehen, zu diesem Zwecke auf die Methode der Italiener einzugehen, die Hartnäckigkeit Sonninos mit Geduld und freundlicher Gelassenheit hinzunehmen, sorgsam zu vermeiden, daß der Faden der Konversation abreiße und dabei stets ein scharfes Augenmerk auf die Situation in Italien und speziell auf dessen militärische Vorbereitungen zu richten, um den Moment wahrzunehmen, wo die Gefahr eines italienischen Angriffs näherzurücken begänne«. Das Schriftstück wurde bereits, ebenso wie die Denkschrift von Erzberger, nach den Wiener Akten abgedruckt bei Dionys Jánossy, »Erzbergers Denkschrift« über den Eintritt S. 54 ff., bes. S. 70.
22 Protokoll der Sitzung des Ministerrats vom 8. März 1915, s. o. Anm. 7; s. auch zum folgenden.

Wiederaufnahme der Verhandlungen bestimmen zu können, da es ja immer noch formal um die Auslegung des Artikel VII des Dreibundvertrages für den italienischen Kompensationsanspruch ging und ein neuer Feldzug in Serbien nach den Mißerfolgen im Dezember nicht unmittelbar bevorstand; auch wußte man in Wien, daß sich die Einsatzbereitschaft der italienischen Armee bis Ende Mai verzögerte. Freilich hatte die »Mobilmachung der Geister« in der italienischen Öffentlichkeit einen solchen Umfang erreicht, daß die Neutralisten unter Giolitti, die im Parlament die Mehrheit hatten, der auch von ihnen vertretenen Befriedigung der nationalen Ansprüche, zumindesten des Trentino, bedurften, um sich gegenüber der Front der Interventionisten zu behaupten, unter denen die Sozialisten unter Mussolini bereits mit der Revolution drohten.

In Berlin wiederum sah man kaum noch eine Möglichkeit, den österreichisch-ungarischen Bundesgenossen zur Abtretung des Trentino zu bewegen. In einem Briefe an Bülow vom 20. Februar erklärte Jagow, kein Druckmittel dafür zur Verfügung zu haben. Es schien sogar gefährlich, den Bogen zu überspannen, da »ein österreichisch-russisches Sonderabkommen keineswegs zu den Unmöglichkeiten gehört«[23]. Denn angesichts des Scheiterns der Karpatenoffensive und des Versuches, das belagerte Przemysl zu entsetzen, und angesichts der bedrohlichen Haltung der Italiener und des deutschen Druckes verbreitete sich in Adels- und Militärkreisen schon der Gedanke, lieber mit Preisgabe des im Waffengang verlorenen Galizien mit Rußland Frieden zu schließen, um dann gegen die verhaßten Italiener zu kämpfen[24]. Jagow sah sich bereits zu einer Berechnung veranlaßt, was ein österreichisch-russischer Frieden für Deutschland bedeute, nämlich daß Rußland dann freie Hand haben würde, »uns Halali zu machen«. »Wir sind uns der Gefahren der Wiener Politik völlig bewußt, aber eine Preisgabe Österreich-Ungarns – und dies wäre das einzige Zwangsmittel – würde für uns selbst verhängnisvoll[25].«

Bethmann Hollweg wollte deshalb mit dem Vorschlag einer Dreierkonferenz in Berlin »jetzt stockende Verhandlungen auf ein höheres Niveau stellen und alte Bündnisbeziehungen neu beleben«[26]. Aber als er darüber mit Burián verhandelte, erklärte sich dieser zwar mit der breiteren Gesprächsbasis gern einverstanden, wies aber im gleichen Atemzug darauf

23 Jagow an Bülow, Tel.-Nr. 268, 20. Februar 1915, AA, WK 2, geh.
24 Redlich, a.a.O., Bd. II, 1954, S. 12, 22; Jagow an Bülow, 20. Februar 1915, s. o. Anm. 23; Conrad, a.a.O., Bd. V, 1925, S. 910 ff.
25 Siehe oben Anm. 23.
26 Bethmann Hollweg an Bülow, Tel.-Nr. 235, 15. Februar 1915, AA, Deutschland 128, Nr. 1, geh., auch zum folgenden.

hin, daß diese Conversation à trois nicht mit einer prinzipiellen Zustimmung zu österreichischen Gebietsabtretungen verbunden sein dürfe. Der Kanzler übersah deshalb nicht, daß die Besprechungen unter Umständen »an den unvereinbaren Gegensätzen scheitern könnten und dies den Riß zwischen Rom und Wien noch tiefer und offener machen würde«.

III

In dieser ausweglosen Situation entwickelte die deutsche Regierung einen Lösungsvorschlag, der – der Vergessenheit der Akten entrissen – überraschend deutlich kennzeichnet, wie schwarz sich angesichts der bedrohlichen Haltung Italiens und der Unnachgiebigkeit des österreich-ungarischen Bundesgenossen den deutschen Politikern und Militärs die Gesamtlage des Krieges darstellte: Man erwog, die widerspenstige Haltung des Bündnispartners durch eine Beteiligung Deutschlands an den territorialen Opfern zu erweichen.

Die Idee findet sich zuerst in einem Briefe, den der schlesische Magnat Fürst Hatzfeld-Trachenberg am 7. Februar 1915 an den Unterstaatssekretär Zimmermann richtete[27]. Als früherer Oberpräsident von Schlesien, jetzt Reichstagsabgeordneter und Mitglied des preußischen Herrenhauses, mußte seine Stimme ins Gewicht fallen. Sein Schreiben ging davon aus, daß die italienische Regierung vor der Alternative Krieg oder Revolution stände und daß eine italienische Kriegserklärung eine rumänische nach sich zöge. Es erschien Hatzfeld zweifelhaft, ob Deutschland in der Lage sein würde, mit seinem Verbündeten »den Krieg mit sicherer Aussicht auf Erfolg auch dann noch zu Ende zu führen, wenn Italien und Rumänien aktiv zugreifen«. Da Österreich-Ungarn dann den größten Teil seiner Truppen nach Süden schicken würde, werde Deutschland allein gegen Rußland stehen und kaum noch eine Chance besitzen, die russische Armee entscheidend zu schlagen. »Es geht ›um die Wurst‹. Daher können auch wir, wenn es sein muß, unserem Verbündeten entgegenkommen, indem wir ihm ein kleines Gebiet abtreten, um die sogenannte öffentliche Meinung, vor welcher sich jede schwache Regierung fürchtet, in Österreich zu beruhigen.« Fürst Hatzfeld dachte dabei in erster Linie an den nach Österreich hineinspringenden Kreis Habelschwerdt in Schlesien, wo auch ein Teil des Grundbesitzes bereits in österreichischen Händen sei, und nannte ferner Konzessionen im Dombrowaer Revier von Russisch-Polen; auch Bayern

27 Hatzfeld an Zimmermann, 7. Februar 1915, ebenda. Im übrigen trat H. dafür ein, »vielleicht abgesehen von einzelnen strategischen Abrundungen Polen bei Rußland zu belassen«. Denkschrift v. 22. Oktober 1914, BA Koblenz.

könne sich zu einer kleinen Gebietsabtretung verstehen, »zumal wenn dieses durch Elsaß einen bedeutenden Landzuwachs erhält«.

Am 17. Februar trat das Preußische Staatsministerium zu einer Sitzung zusammen. Ein glücklicher Umstand hat die Notizen erhalten, mit denen sich der protokollführende Unterstaatssekretär eine Gedächtnisstütze anfertigte[28]. Sie bieten in ihrer flüchtigen Form, jeweils nach Verarbeitung ausgestrichen, einen seltenen Einblick in das Hin und Her der Reaktionen und Argumente einer denkwürdigen Diskussion. Der Reichskanzler berichtete eingangs von dem »nutzlosen Verhandeln zwischen Wien und Rom« und daß die Österreicher bei der Argumentation beharrten, daß die italienischen Ansprüche auf das Trentino als eine »schamlose Erpressung« zurückzuweisen seien, die nur weitere Forderungen auf Triest und Dalmatien nach sich ziehen würde. Und er setzte auseinander, welche Gefahr der Kriegseintritt Italiens und Rumäniens auch für Deutschland bedeute und daß der Chef des Generalstabes diese Situation für »unerträglich« halte, zumal Österreich nicht militärisch von Deutschland unterstützt werden könne. Österreich – so nahm er eine Wendung des Hatzfeldschen Briefes auf – habe Ost-Galizien innerlich schon aufgegeben und würde »sofort mit Rußland Frieden schließen«. Ob Deutschland allein gegen Rußland kämpfen könne, sei zweifelhaft. Darum kündigte Bethmann Hollweg an, am folgenden Tage mit dem Chef des Generalstabes darüber zu sprechen, daß Österreich-Ungarn ein Stück von Schlesien angeboten würde. Und zwar dachte der Kanzler hierbei nicht an den von Hatzfeld vorgeschlagenen Habelschwerdter Kreis, sondern an Grenzberichtigungen in den oberschlesischen Kreisen Leobschütz oder Pless.

Damit stellte Bethmann Hollweg die Minister vor eine Frage, die sie als ein ungeheures Ansinnen von historischem Gewicht empfanden. (Würde) »Friedrich der Große jetzt die Abtretung eines Teiles Schlesiens vorschlagen?« Dieser Satz, den gleich zu Beginn der Kriegsminister in die Debatte warf, ist charakteristisch für die Einstellung der am 17. Februar 1915 versammelten Persönlichkeiten der preußisch-deutschen Staatsführung. Es erschien dem Staatsministerium als eine Zumutung, den König von Preußen zur Preisgabe preußischen Landes zu veranlassen. Dies sei, sagte der Staatssekretär Delbrück, »gegen preußisches Gefühl«.

Waren die Minister in ihrem preußischen Wert- und Selbstbewußtsein getroffen, so brachten sie, abgesehen von ihrer generellen Reserve, auch sachliche Einwände gegen eine Gebietsabtretung vor. So machte der Kriegsminister geltend, daß sehr bald 50 000 Mann zusätzlich zur Ver-

28 Notizen des Unterstaatssekretärs Heinrichs für das Protokoll des Preußischen Staatsministeriums am 17. Februar 1915, Bundesarchiv Koblenz, Nachlaß Heinrichs Nr. 7.

fügung stehen würden[29] und die große militärische Entscheidung noch ausstände. Damit würde dann möglicherweise das Problem eines Kriegseintritts Italien hinfällig werden. Schwierig schien es auch, den Plan einer solchen Konzession geheim zu halten. Auch würde »die moralische Wirkung« (dieses Entschlusses) »ungeheuer« sein, gab Delbrück zu bedenken. Eine »allgemeine Entmutigung« wurde befürchtet und daß der Wille zum Durchhalten nicht mehr weiter aufgebracht werden könnte. Diese Gefahr schätzte der Kriegsminister so hoch ein, daß er demgegenüber in dem Eingreifen Italiens sogar das geringere Übel zu sehen meinte. »Dann lieber Italien noch auf den Hals.« Delbrück machte auch geltend, daß das Trentino nicht mit Schlesien zu vergleichen sei; Schlesien sei deutsch und wolle nicht an Österreich angegliedert werden. Auch erhob er staatsrechtliche Bedenken und ließ erkennen, daß eigentlich doch die Zustimmung der Volksvertretung erforderlich sei, und es werde schwer sein, die zu erhalten.

Bethmann Hollweg aber verfolgte, anscheinend ohne sich beirren zu lassen, konsequent sein Ziel. Auf die wiederholte Frage, ob es denn kein anderes Mittel gebe, antwortete er mit schockierender Kürze: »Weiß kein anderes Mittel.« Wie die Stellungnahmen der preußischen Staatsminister zeigen, hat in dieser Antwort wohl die größte Überzeugungskraft gelegen: »Ist die Gefahr wirklich so groß, dann müssen wir ja sagen« (Kultusminister v. Trott zu Solz). »Wenn es nur durch den Vorschlag zu verhindern ist, daß Italien und Rumänien (in den Krieg) eintreten, so muß es geschehen« (Innenminister v. Loebell). »Parlamente werden die Sache nie verstehen. Muß das Opfer gebracht werden, dann sofort öffentlich« (Finanzminister v. Lentze). »Gibt es nur den vorgeschlagenen Weg, dann muß man ihn gehen« (Landwirtschaftsminister v. Schorlemer). Dabei hoffte Schorlemer, daß der jetzt so bedenklich wirkende Schritt in den »mancherlei Überraschungen und Enttäuschungen« des endgültigen Friedensschlusses – und erst dann sollte die Gebietsabtretung vollzogen werden – unterginge. Auch könnten sich »im Frieden« durchaus noch andere Möglichkeiten bieten, mit Österreich zu einer Einigung zu kommen. Somit war er »unter dieser Drohung bereit zuzugestehen« und sich dem Vorschlag des Kanzlers anzuschließen. Auf der anderen Seite machte Tirpitz geltend, daß es sich weniger um eine »reale Frage« als vielmehr um einen

29 Es handelt sich hier wohl bereits um den Plan, durch Umgliederung der bisherigen Divisonsverbände, denen jeweils das vierte Infanterieregiment genommen werden sollte neue Formationen zu schaffen. Allerdings wurde dieser Vorschlag Falkenhayn erst am 22. Februar 1915 vom Kriegsministerium unterbreitet. Am 25. Februar befahl dann der Chef des Generalstabes die Bildung von sechs neuen Infanteriedivisionen hinter der Westfront, die bis zur zweiten Hälfte März verwendungsbereit sein sollten. Für die Einzelheiten vgl RA VII, S. 303 f.

»diplomatischen Schachzug« handele, wie auch Jagow ähnlich in dem in Aussicht genommenen Angebot »nicht Versprechungen an Land, sondern Basis zur Verhandlung« sehen wollte, »alles nur eventualiter«. Tirpitz dachte, einem Gedanken des Kriegsministers entsprechend, zunächst daran, den endgültigen Entschluß hinauszuschieben, bis die noch ausstehende große militärische Entscheidung gefallen sei. Dann aber, an die entscheidende Frage des Kriegsausganges erinnernd, gab Tirpitz zu bedenken, »daß, wenn Österreich nicht mit uns geht, wir Rußland nicht mehr schlagen können, und das ist doch der Weg zum Frieden, den wir vielleicht jetzt erzwingen können ... Deshalb in großer Stunde auch große Entschlüsse. (Wir) müssen zugestehen, um das Gesicht zu wahren.«

Ein Beschluß wurde in dieser Sitzung nicht gefaßt. Auch ging es Bethmann Hollweg zunächst erst einmal darum, daß sich das Staatsministerium »schon heute« mit der Angelegenheit beschäftigte, »weil Zeitversäumnis schwer ertragbar« sei. Und vor einer erneuten Zusammenkunft der Staatsminister in dieser Sache wollte der Reichskanzler nochmals persönlich mit dem Chef des Generalstabes über diese Frage verhandeln. »Wenn Italien eingreift«, wiederholte Bethmann Hollweg am Ende seiner Darlegungen mit eindeutiger Schärfe, »so ist der Krieg für Deutschland verloren.« Würde nicht alles versucht, diese »Todesgefahr« abzuwenden, »so haben wir unsere Pflicht nicht erfüllt«. »Ich weiß die ganze Verantwortung, die in einem solchen Vorschlag liegt, aber auch die, wenn ich mich bei Österreichs Ablehnung begnüge und Blitzstrahl hervorrufe.«

Sei es nun, daß die Bedenken der Minister Eindruck auf den Kanzler gemacht hatten und er die Schwierigkeiten wachsen sah, Wilhelm II. von der Notwendigkeit des Angebots zu überzeugen, oder sei es, daß die Unterredung mit Falkenhayn ergebnislos verlief: ein bereits vorbereitetes Handschreiben Wilhelms II an Kaiser Franz Joseph mit dem Angebot einer deutsch-österreichischen »Grenzberichtigung« wurde am 20. Februar »vorläufig z(u) d(en) A(kten)« gelegt[30]. An diesem Tage fuhren Bethmann Hollweg und Falkenhayn nach Teschen, ohne eine deutsche Beteiligung an den Kosten der italienischen Neutralität ankündigen zu können. Die Verhandlungen mit Burián und Conrad verliefen wieder ergebnislos. Burián hielt – »vornehm und ablehnend« – an seiner Ansicht fest, »daß eine Abtretung des Trentino für Österreich-Ungarn unmöglich sei und daß er es vorziehen würde, es sich durch Waffengewalt entreißen zu lassen«. Erst wenn mit einer militärischen Aktion gegen Serbien und Montenegro die Trentinofrage wieder akut werden sollte, stellte er in Aussicht,

30 Kaiser Wilhelm an Kaiser Franz Joseph (Entwurf) (zu AS 524) (o. T.), Februar 1915, AA, Deutschland 128, Nr. 1, geh.

»neuerdings die Meinung aller zuständigen Faktoren« einzuholen. Als entscheidendes Motiv für diese Haltung gab er jene Prinzipien an, die als die Grundlage der k. u. k. Monarchie angesehen wurden: »Das nationale Gefühl der österreichisch-ungarischen Monarchie verbiete Abtretungen auf Grund des Nationalitätenprinzips, da es einen ersten Schritt zu der Auflösung des Reiches bedeuten und die verhängnisvollste Beunruhigung in die Reihen der im Kampfe stehenden österreich-ungarischen Armee tragen würde[31].«

Die deutschen Verbündeten mußten mit ihrem Drängen und Fordern den Österreichern aufs neue als verständnislos und rücksichtslos erscheinen. In Teschen war der Kanzler auch darauf angesprochen worden, warum denn Österreich-Ungarn allein die Opfer bringen solle. Die Sache würde wahrscheinlich leichter sein, wurde ihm gesagt, wenn Deutschland sich zu einer »grenzregulierung« Österreich-Ungarn gegenüber bereit erklären würde, etwa im Umfange des halben an Italien abzutretenden Gebietes. Wenn der Kanzler diesen Einwand auch, nach seinen Darlegungen vor den preußischen Ministern, innerlich gelten lassen mochte, so war er doch an diesem 20. Februar in Teschen noch gezwungen, ihm auszuweichen.

In den folgenden Tagen kam ein neuer Vorschlag von dem Abgeordneten Erzberger, der seit Anfang Februar in Rom war, um katholische Würdenträger dafür zu gewinnen, in Wien zur Nachgiebigkeit gegenüber den italienischen Wünschen zu raten. Am 23. Februar hatte Erzberger eine Audienz beim Papst und berichtete jetzt, daß sich Benedikt XV bereit erklärt habe, durch Entsendung von Persönlichkeiten, die in Wien Einfluß hätten, für die Aufrechterhaltung des Friedens zwischen Italien und Österreich zu wirken, und zwar »aus allgemein katholischem Interesse heraus, um die ungehinderte Verwaltung der Kirche weiterführen zu können, und aus Interesse für Österreich, das er als katholische Großmacht erhalten sehen will«[32]. In diesem Zusammenhang schlug Erzberger dem Reichs-

31 Aufz. Bethmann Hollwegs über Unterredung in Tschen, 21. Februar 1915, ebenda. Sechs Tage nach dem Treffen in Teschen hob General Conrad in einem Brief an Burián hervor, wie unmittelbar interessiert Deutschland sich daran zeige, die Österreicher zu Gebietsabtrennungen an Italien zu bewegen. Er schloß aus der »unermüdlichen Insistenz«, mit der von Berlin aus in Wien Druck ausgeübt würde, daß sich auch der Bundesgenosse angesichts der bedrohlichen Haltung Italiens in einer Zwangslage befinden müsse. »Wenn aber Deutschland tatsächlich so in der Klemme ist – dann hätte es auch eintretendenfalls an den Kosten mitzutragen, nicht aber lediglich zu unserem Schaden seine Situation retten zu wollen. Sollte also die Abtretungsfrage akut werden, so hätte Deutschland auszusprechen, in welcher Weise es seinen Teil an dem Opfer mitträgt.« (Conrad an Burián, 9. März 1915, Kriegsarchiv Wien.)

32 Bericht Erzbergers an Bethmann Hollweg über die Unterhaltung mit dem Papst, o. D., Erzbergers Dokumente, Akte 34, nach: Klaus Epstein, »Mat-

kanzler vor, Österreich als Gegengabe für die an Italien zu gewährenden Konzessionen das polnische Kohlengebiet von Sosnovice zu überlassen[33].

Am 27. Februar berichtete Bethmann Hollweg den zu einer neuen Sitzung zusammengekommenen preußischen Ministern[34] über die schwierige und fruchtlose Auseinandersetzung mit Burián in Teschen: Er habe ihm dargelegt, daß, nach übereinstimmenden Nachrichten, ohne Abtretung des Trentino in Italien die Gefahr einer Revolution vergrößert würde und daß eine Verzögerung der Entscheidung die Sache nur noch teurer machen würde. Obgleich auch Falkenhayn dem österreichisch-ungarischen Minister die unhaltbare Stellung dargelegt habe, die das Eingreifen Italiens bringen würde, wolle Burián sich schließlich alles nehmen lassen und das Unheil ertragen. »Mir unverständlich«, sagte der Kanzler, »deshalb will ich dies lieber verhüten.« So kam er dann auf seinen Vorschlag zurück, den österreichisch-ungarischen Bundesgenossen »durch Anerbieten einer Grenzberichtigung gefügig (zu) machen, ... weil die Gefahr zu kolossal«. Der Kriegsminister assistierte ihm jetzt und teilte als Standpunkt des Chefs des Generalstabes mit, daß die Mittelmächte »weitere militärische Rückschläge nach gegenwärtiger Situation nicht ertragen können«. Daraufhin rang sich das Staatsministerium dazu durch, dem Reichskanzler in der schlesischen Angelegenheit freie Entscheidung einzuräumen, wenn die Not dies erfordere. Aber man kam auch überein, daß den Österreichern zunächst nur eine Kompensation auf russisch-polnischem Gebiet angeboten werden sollte. Damit erklärte sich Bethmann Hollweg einverstanden, wiewohl er noch zehn Tage zuvor, vor allem mit Rücksicht auf einen eventuellen Separatfrieden mit Rußland, davon abgeraten hatte, »Österreich auf Polen zu verweisen«. Er verstand sich jetzt dazu, daß Kompensationen auch auf russisch-polnischem Gebiet gesucht werden könnten. Hierfür nahm man das Kohlengebiet von Sosnovice (östlich der oberschlesischen Grenze) in Aussicht. »Vielleicht werde ich zunächst nur mit Sosnovice operieren«, erklärte der Reichskanzler den Ministern. »Den letzten Schritt werde ich nur tun, wenn ich den bündigen Beweis habe, daß es ohnedem nicht geht. Diese Stufenleiter werde ich beschreiten!«

Dementsprechend wurde nun beschlossen. Die Formel, auf die sich das

thias Erzberger und das Dilemma der deutschen Demokratie« (dt. Ausg. 1962), S. 142 f.; s. auch M. Erzberger, »Erlebnisse im Weltkriege«, 1920, S. 41 ff.

33 Epstein, a.a.O., S. 144, Zusammenfassung bei Erzberger, a.a.O., S. 26 f.; auch W. W. Gottlieb, »Studies in Secret Diplomacy during the First World War«, 1957, S. 311.

34 Notizen des Unterstaatssekretärs Heinrichs für das Protokoll der Sitzung des Preußischen Staatsministeriums am 27. Februar 1915. Bundesarchiv Koblenz, Nachlaß Heinrichs Nr. 8. Einigungsformel und Beschlußfassung v. d. H. Heinrichs anliegend vollständig.

Staatsministerium einigte, lautete: »Der Herr Reichskanzler faßte seinen Vorschlag dahin zusammen: das Staatsministerium möge sich für den Fall, daß von Österreich-Ungarn die Abtretung des Trentino an Italien auf anderem Wege nicht erreichbar sei, insbesondere auch nicht durch eine etwaige Kompensation in Russisch-Polen, damit einverstanden erklären, daß er bei Seiner Majestät dem Kaiser und König eine Beteiligung Preußens an dem Opfer Österreichs durch eine Gebietsabtretung in Schlesien in Vorschlag bringe.«

In dieser Staatsministerialsitzung vom 27. Februar 1915 gab es auch eine höchst instruktive Auseinandersetzung zur Frage der Verantwortung. Tirpitz stellte im Hinblick auf die »sehr große« historische Verantwortlichkeit die Frage, ob denn die Heeresleitung auch die Mitverantwortung für dieses Opfer trage. Dazu, sagte Bethmann Hollweg, sei Falkenhayn durchaus bereit, und er habe sogar gesagt, die »Abgabe (wohl der Erklärung gegenüber Österreich?) müsse in zwölf Stunden geschehen«. Der Kanzler stellte auch fest, daß, wenn er bei Seiner Majestät Vortrag halte, Falkenhayn hinzugezogen werden müsse. Delbrück wiederum wies darauf hin, daß ja eine bündige Erklärung durch den Mund des Kriegsministers abgegeben worden sei. Offensichtlich wollte er die militärische Leitung darauf festlegen, daß sie den Vorschlag gemacht und das Staatsministerium nur um die Zustimmung dazu angegangen habe, das heißt, daß es lediglich gefragt würde, ob es Widerspruch gegen einen Vorschlag erhebe, den der Reichskanzler in Übereinstimmung mit der OHL dem Kaiser mache. Worauf Wild von Hohenborn seine Mitteilung dahingehend einschränkte, daß Falkenhayn das ihm zwar persönlich so gesagt habe, aber ihm nicht den Auftrag gegeben habe, dies dem Staatsministerium gegenüber zu äußern. Bethmann Hollweg wollte das damit erklären, daß Falkenhayn große Bedenken habe, vor dem Vortrag bei Seiner Majestät Erklärungen abzugeben, sagte aber zu, von Falkenhayn zu verlangen, daß dieser Seiner Majestät gegenüber seine Ansicht über die militärische Lage erkläre. In diesem Falle, so schloß nun der Kriegsminister den Ring, würde das Staatsministerium nicht anders als zustimmen können.

Doch die Minister scheuten sich offenbar, sei es vor dem Kaiser, sei es vor dem Volke, die Verantwortung für eine Entscheidung zu tragen, die so gar nicht der Siegeszuversicht und den Vorstellungen von einem »größeren und stärkeren Deutschland« paßte, welche Formel Bethmann Hollweg eben in diesen Tagen glaubte den Führern der Reichstagsfraktionen in der innenpolitischen Auseinandersetzung über die Kriegsziele anbieten zu können[35]. Die Staatsminister vereinten sich zu einem Beschluß, der

35 Ph. Scheidemann, »Der Zusammenbruch«, 1921, S. 23 ff.; s. Zechlin, a.a.O., AA, Deutschland 128, Nr. 1, geh.

darauf hinauslief, mit der Verantwortung für diese politische Entscheidung die militärische Führung zu belasten. »Das Staatsministerium stimmte einer solchen eventuellen Gebietsabtretung an Österreich unter der Voraussetzung einstimmig zu, daß die Oberste Heeresleitung den Eintritt Italiens in die Reihe unserer Feinde für unerträglich erklären und, falls dieser Eintritt durch kein anderes Mittel abgewandt werden könne, diese Gebietsabtretung auch ihrerseits empfehle.«

IV

Am Tage nach der Staatsministerialsitzung, am 28. Februar, ließ der Reichskanzler Burián mitteilen[36], daß Deutschland, um seinem Bundesgenossen »das unleugbar schwere und schmerzliche Opfer« zu erleichtern, bereit sei, sich bei günstigem Kriegsausgang für den Erwerb des gesamten Kohlengebietes von Sosnovice seitens der Donaumonarchie einzusetzen. Als Gegenleistung für die Abtretung des Trentino »und einer kleinen Grenzberichtigung am Isonzo« sollte sich dann Italien verpflichten: zur »Wahrung wohlwollender Neutralität, Gewährung der freien Hand für Österreich-Ungarn im Balkan« und zum »Eintreten für etwaige österreichische Wünsche auf Erwerbung russischen Gebiets« beim Friedensschluß. Das galt dann nicht nur der politischen Absicherung eines Serbienfeldzuges, sondern auch der Machtposition der Monarchie auf dem Balkan, und bot dem Wiener Kabinett auch ein Entgegenkommen Deutschlands für den Fall an, daß die polnische Frage noch einmal akut werden sollte. Gleichzeitig versuchte Bethmann Hollweg, die italienische Regierung vor voreiligen Entschlüssen zurückzuhalten, und legte ihr nahe, daß sie »auch auf öffentliche Meinung wirkt, um weitere Erregung zu verhindern«. »Wir glauben annehmen zu dürfen«, ließ der Kanzler durch Bülow versichern, »daß es uns doch noch gelingen wird, Wien zu einer Verständigung mit Italien zu bewegen[37].« Wie Bethmann Hollweg am 2. März nach Wien ergänzend mitteilen ließ, sollte die Verständigung mit Italien durch einen »erst beim Friedensschluß zu veröffentlichenden Geheimvertrag« erfolgen[37a].

Die Telegramme nach Wien und nach Rom kreuzten sich mit einem persönlichen Brief Tschirschkys an Jagow[38]. Hierin kam der Botschafter seinerseits auf das »schlesische Angebot« zu sprechen. Es würde ein »coup

37 Bethmann Hollweg an Bülow, Tel.-Nr. 299, 28. Februar 1915, ebenda.
37a Bethmann Hollweg an Tschirschky, Tel.-Nr. 721, 2. März 1915, ebenda.
38 Tschirschky an Jagow, 28. Februar (pr. 2. März) 1915, ebenda.

d'épaule« sein, mit dem man der österreichischen Regierung den Entschluß erleichtern könne, auf die »question préalable« einzugehen. Tschirschky betrachtete das schlesische Angebot nicht nur aus der Perspektive der gegenwärtigen Kriegslage. Mit diesem Entgegenkommen, so schrieb er, würde Deutschlands Stellung in Wien für die Zeit nach dem Kriege wesentlich verbessert. Denn es würde Deutschland damit das Odium genommen, als ob es für eine doch auch gegen Deutschland gerichtete »Felonie« der Italiener Österreich allein zahlen lassen wolle. Auch entfalle ja dann das Argument, daß die Hergabe des Trentino »den Anfang des Démembrement der Monarchie« bedeute.

Diesen Gedanken Tschirschkys entsprechend war die Reaktion Buriáns auf das Angebot der Überlassung von Sosnovice. Wenn Deutschland sich an der Rechnung für die italienische Neutralität beteiligen wolle, würde nicht nur das Opfer für die Donaumonarchie leichter zu tragen sein, sondern auch den »anderenfalls sicher zu erwartenden übelwollenden Kommentaren vorgebeugt und das Verhältnis zu Deutschland intakt herüber gerettet« werden[39]. Der k. u. k. Außenminister versprach dem deutschen Botschafter, das deutsche Anerbieten Kaiser Franz Joseph und den anderen maßgebenden Stellen vorzulegen und »dann sofort« Antwort zu geben.

Doch die in Berlin und nicht minder in Charleville ungeduldig erwartete Antwort aus Wien blieb zunächst aus. Um so mehr waren die deutschen Stellen am Werke und hat die deutsche Regierung nach Buriáns Urteil in diesen Tagen »in recht unangenehmer Weise alle nur erdenklichen Kanäle benützt, um eine Pression auf die Entschlüsse der maßgebenden Faktoren in Österreich-Ungarn auszuüben«[40]. Insbesondere wirkten sich die Beziehungen aus, die Erzberger beim Vatikan aktiviert hatte. Der Unterstaatssekretär im Vatikan, Pacelli (der spätere Papst Pius XII), der Jesuitengeneral Ledochowski und der Erzbischof von Wien, Kardinal Piffl, waren auf Weisung des Papstes tätig, auf Kaiser Franz Joseph einzuwirken[41]. Über die Erzherzogin Zita wurde der Thronfolger infor-

39 Tschirschky an Ausw. Amt, Tel.-Nr. 540, 1. März 1915, ebenda; auch zum folgenden.

40 Protokoll der Ministerratssitzung vom 8. März 1915, so. o. Anm. 7.

41 Hierzu Memorandum Stockhammerns, o. D., in: »Wilhelm Patin, »Beiträge zur Geschichte der Deutsch-Vatikanischen Beziehungen in den letzten Jahrzehnten«, 1942, S. 17 (Legationsrat Stockhammern war vom September 1914 bis Mai 1915 im Benehmen mit der Reichsregierung der bayerischen Gesandtschaft am Quirinal in Rom zugeteilt, stand aber de facto der deutschen Botschaft vor allem für Fühlungnahme mit der Presse und Pflege der inoffiziellen Beziehungen zum Vatikan zur Verfügung. In dieser Tätigkeit lernte er Erzberger kennen, mit dem er wiederholt zusammenarbeitete); vgl. auch Epstein, a.a.O., S. 145.

miert, Piffl schrieb auch an den Karinalprimus von Ungarn, Csernoch, und der Führer der Christlich-Sozialen Partei, Prinz Aloys Liechtenstein, begab sich zu Burián, um ihn umzustimmen[41a]. Auch die Hofschauspielerin Katharina Schratt, Freundin des alten Monarchen, soll eingeschaltet worden sein, um den Widerstand Franz Josephs zu brechen[42]. Die Zusammenarbeit der deutschen Regierung mit dem Papst findet ihren deutlichsten Ausdruck in einem Telegramm Bethmann Hollwegs[42a], unmittelbar nachdem Erzberger Wilhelm II am 1. März über seine Audienz beim Papst berichtet hatte: Seine Majestät wisse die »Aktion des Heiligen Stuhles in ihrem vollen Wert zu schätzen ..., mit dessen dankeswerter Unterstützung es gelingen wird, das angestrebte Ziel zu erreichen, von dem Seine Majestät gewiß sind, daß es nicht nur den wohlverstandenen Interessen der im Dreibund vereinigten Reiche dienen, sondern auch zur Förderung der der Pflege des Heiligen Stuhles anvertrauten Güter gereichen wird«. Dementsprechend unterrichtete das Auswärtige Amt am 6. März den Vatikan offiziell davon, daß Österreich »als Entschädigung für das Trentino den ganzen Kohlenbezirk von Sosnovice erhält«[43]. Schon einen Tag zuvor war auf Erzbergers Betreiben auch unmittelbar der Sekretär des Papstes, Kammerherr Monsignore Gerlach, mit dem Erzberger besonders vertraut war, von der »deutschen Gegenleistung des Kohlenbeckens Sosnovice enteignet und frei« in Kenntnis gesetzt worden. Gleichzeitig wurde Gerlach empfohlen, den Kardinalprimas Csernoch in Budapest zu beauftragen, den Grafen Khuen-Hédervåry, den ehemaligen ungarischen Mi-

41a S. Tschirschky an Ausw. Amt, Tel.-Nr. 86, 6. März 1915, AA, Deutschland 128, Nr. 1, geh.

42 Welche Rolle Katharina Schratt in diesem Zusammenhang spielte und auf wessen Veranlassung sie handelte, bleibt ungewiß. Während der italienische Ministerpräsident Salandra die Auftraggeber auf deutscher Seite vermutet (Salandra, »Intervento«, S. 108), soll auch der italienische Außenminister Sonnino telegraphisch bei seinem Gesandten in Wien, Avarna, angefragt haben, ob es nicht möglich sei, daß Katharina Schratt auf Kaiser Franz Joseph in dem Sinne einwirken könne, daß er Italiens Vorschläge annähme (s. Mario Toscano, »Il Patto di Londra«, 1934, S. 77). Zur Auseinandersetzung über die Frage, ob in diesem Telegramm eine echte Verständigungsbereitschaft Italiens zu sehen ist, vgl. Carl Mühling: »Besprechung v. Mario Toscano, ›Il Patto di Londra‹«, 1934, in: Berliner Monatshefte, Jg. XIII, 1935, S. 266, und die Entgegnung Toscanos, ebenda, S. 740.

42a Bethmann Hollweg an den preußischen Gesandten am Vatikan, Mühlberg, Tel.-Nr. 35, 1. März 1915, AA, Deutschland 128, Nr. 1, geh.

43 Jagow an Gesandter Vatikan, Tel.-Nr. 38, 6. März 1915, AA, Deutschland 128, Nr. 1, geh. Die polnischen Grubenbesitzer sollten für die Enteignung entschädigt werden. Hierüber sprach der in Wien anwesende Direktor der Deutschen Bank, Mankiewitz, bereits mit dortigen Finanzleuten, und er schlug vor, diese Entschädigungen aus der russischen Kriegsentschädigung zu nehmen (Tschirschky an Ausw. Amt, Tel.-Nr. 80, 9. März 1915, ebenda).

nisterpräsidenten, auf den »Ernst der Situation und (die) Notwendigkeit schleuniger Abtretung des Trentino« hinzuweisen[44].

Noch während so die deutsche Regierung und der Vatikan sich gemeinsam bemühten, in Wien zur Nachgiebigkeit zu bewegen und Italien wieder an den Dreibund heranzuführen, drängte der Chef des Generalstabes zur Eile. Falkenhayn ließ am 5. März das Auswärtige Amt mahnen, »weiterhin dringend auf Wien zu drücken«. Nach seiner Ansicht müßte jeder Augenblick genutzt werden, »wenn wir nicht vor einem ›zu spät‹ stehen wollen«, da die Gesamtsituation und die schwierige Lage in der Bukowina eine schnelle Entscheidung »absolut erforderten«[45]. Entsprechend dem Votum der Sitzung des Preußischen Staatsministeriums vom 27. Februar hatte Falkenhayn in seinem Gutachten für die Reichsleitung bereits am 1. März erklärt[46]: Nachdem sowohl bei dem österreichisch-ungarischen Vorstoß über die Karpaten und in die Bukowina als auch aus dem deutschen Ostpreußen die erhofften strategischen Ergebnisse ausgeblieben wären, sei zu befürchten, daß Deutschland, da es dann nicht in der Lage sei, Truppen von Ost nach West zu verschieben, »in ernste Schwierigkeiten an der Westfront kommt«. Falkenhayn befürchtete eine »Katastrophe«, wenn nicht alles getan würde, »um neue Feinde am Eintritt in den Kampf gegen uns zu hindern«. Am 4. März wurde der Kanzler bei einem Besuch bei Oberost in Lötzen auch von Hindenburg darüber unterrichtet, daß an eine Offensive im Osten vorderhand nicht zu denken sei und man »im besten Falle« hoffe, »das weitere Vordringen der Russen in den jetzigen Positionen aufzuhalten«. Und daß es daher, da er auch nicht einen einzigen Mann nach Westen abgeben könne, auch dort »ganz ausgeschlossen« sei, »an irgendeinen Fortschritt« zu glauben[47]. Bethmann Hollweg benutzte nun diese Eröffnungen der Heerführer, um noch am Morgen des 5. März in Berlin dem k. u. k. Botschafter den Ernst der Lage vor Augen zu führen. Offenbar sei man sich in Wien immer noch nicht der Dringlichkeit der Gefahren bewußt, sagte der Kanzler dem Prinzen Hohenlohe[48], da er »zu seinem schmerzlichen Bedauern« auf seinen Vorschlag über ein Übereinkommen mit Italien noch keine Antwort erhalten habe. »Der Kanzler

44 Zimmermann an Bülow (für Monsignore Gerlach), Tel.-Nr. 37, 5. März 1915, ebenda. Am 7. März meldete Mühlberg, daß der Papst nach Vortrag Gerlachs sich die Sache noch genauer überlegen wolle, um dann den Schritt in Budapest unternehmen zu lassen (Mühlberg an Ausw. Amt, Tel.-Nr. 56, 7. März 1915, ebenda).

45 Treutler an Ausw. Amt, Tel.-Nr. 119, 5. März 1915, AA, Deutschland 128, Nr. 1, geh.

46 Aufz. Falkenhayns, 1. März 1915, AA, Deutschland 128, Nr. 1, geh. Abgedr. als Anl. Nr. 41 a in: Zechlin, a.a.O., B 22/63, S. 45.

47 Hohenlohe an Burián, Tel.-Nr. 103, 5. März 1915, HHStA Wien.

48 Ebenda; auch zum folgenden.

war in ungeheurer Aufregung«, berichtete Hohenlohe, und auch der Unterstaatssekretär Zimmermann, den er doch seit Monaten in verschiedenen Krisen als einen ruhigen Menschen kennengelernt habe, sei aufs äußerste beunruhigt und halte die Lage für äußerst kritisch und das Hereinbrechen einer Katastrophe nicht für ausgeschlossen.

Angesichts des Schweigens in Wien wurde für den deutschen Reichskanzler nunmehr akut, was in der Staatsministerialsitzung vom 27. Februar hinsichtlich des schlesischen Angebotes beschlossen worden war. Bethmann Hollweg schickte sich an, auf der »Stufenleiter« weiterzugehen. Der am 20. Februar vorläufig zu den Akten gelegte Entwurf des kaiserlichen Handschreibens an Franz Joseph wurde wieder vorgelegt und von Bethmann Hollweg und Jagow stilistisch verbessert, ergänzt und auch in einzelnen Wendungen verstärkt[49]. Der entscheidende Satz über die »Gebietsabtretung in Form einer Grenzberichtigung« blieb, wie er schon früher aufgesetzt war. Aber statt des »Ernstes der Lage und der eminenten Gefahr« hieß es nach einer Korrektur des Kanzlers nunmehr, daß der Kaiser »angesichts des großen Ernstes der Lage und der Katastrophe«, die drohe, wenn Italien in den Krieg eintrete, im Sinne seiner innigen Freundschaft zu Kaiser Franz Joseph, »die Gutes und Böses mit Dir zu teilen entschlossen ist«, darum bitte, »zu den Opfern, die Dir von Italien angesonnen werden, gegebenenfalls auch meinerseits beitragen zu dürfen, indem ich mich hiermit bereit erkläre, im Fall tatsächlicher Gebietsabtretungen an Italien Dir eine Gebietsabtretung in Form einer Grenzberichtigung an den Grenzen meines Königreiches Preußen anzubieten«.

Am 6. März um 3 Uhr 25 nachmittags übermittelte der Reichskanzler telegraphisch den Entwurf des kaiserlichen Handschreibens in das Große Hauptquartier nach Charleville, mit der Weisung, dort nach Zustimmung Seiner Majestät die Ausfertigung vorzunehmen und sie so abzusenden, daß er sie am Abend des folgenden Tages zur Verfügung habe. Denn wenn bis dahin keine befriedigende Antwort in der Trentinofrage aus Wien gekommen sei, wolle er sich noch an diesem Abend des 7. März nach Wien begeben, um persönlich auf Franz Joseph einzuwirken[50]. Gleichzeitig beauftragte der Reichskanzler den Botschafter in Wien, um eine Audienz bei Kaiser Franz Joseph für ihn nachzusuchen. »Die Gefahr sei zu imminent, die Verantwortung zu groß.« Es handle sich, schrieb er an Tschirschky[51], nicht um deutschen Druck, sondern um den »bitteren Zwang einer Notlage«, und nicht nur um Österreich-Ungarn, sondern um

49 Kaiser Wilhelm an Kaiser Franz Joseph (Entwurf) (zu AS 905) (o. T.), Febr. 1915, AA, Deutschland 128, Nr. 1, geh.
50 Bethmann Hollweg an Treutler, Tel.-Nr. 53, 6. März 1915, ebenda.
51 Bethmann Hollweg an Tschirschky, Tel.-Nr. 794, 6. März 1915, ebenda.

den Ausgang des ganzen Feldzuges und die Zukunft Deutschlands. Das gesamte deutsche Volk stünde unter dem Druck der österreichisch-italienischen Spannung und begriffe, daß es unrettbar einer Katastrophe entgegen gehe, »wenn Wien sich nicht ungesäumt zu Verständigung entschließt«. Täglich werde er »von allen Seiten vom Generalstab, Feldmarschall Hindenburg, Männern aller Parteien, Vertretern von Handel und Finanz etc. bedrängt«. Wenn die Frage jetzt aus der »Verschwiegenheit der Kabinette« herausgetreten und zu einer »allgemeinen Volksbeklemmung« geworden sei, so sei dies »das Reultat der allgemeinen Erkenntnis, daß die Krisis ihren äußersten Höhepunkt erreicht habe«.

Die italienische Frage stand auch in engem Zusammenhang mit einem anderen wichtigen Problem der deutschen Politik. Anfang März erreichten die Bemühungen um einen Separatfrieden im Osten einen ersten Höhepunkt. Am 6. März ließ Bethmann Hollweg über Kopenhagen dem Zaren die deutschen Friedensbedingungen übermitteln, die von dem Wunsch bestimmt waren, »in dauerndem Frieden mit Rußland zu leben«[52]. Sollten aber die Fühler nach Rußland ein Ergebnis haben, so mußte schnell eine Klärung des italienisch-österreichischen Verhältnisses erzielt werden und den Russen die Hoffnung genommen werden, daß durch einen Kriegseintritt Italiens auf seiten der Entente die Ostfront möglicherweise für die Dauer des ganzen Krieges entscheidend entlastet würde. Solange Italien sich nicht entschieden und Österreich den italienischen Forderungen nicht nachgegeben hatte, bestand kaum die Aussicht, die Petersburger Regierung zu einem Sonderabkommen mit den Mittelmächten zu bewegen. Auf diesen Zusammenhang wies Bethmann Hollweg das Preußische Staatsministerium in der Sitzung am 17. Februar hin[53].

Wenige Stunden nachdem dem Reichskanzler am Abend des 6. März aus dem Großen Hauptquartier mitgeteilt worden war, daß Wilhelm II das Handschreiben an Kaiser Franz Joseph unterzeichnet hätte[54], traf kurz nach Mitternacht endlich in Berlin das von der deutschen Regierung so ersehnte Telegramm aus Wien ein[55]: »Österreich-Ungarn wird die Que-

52 Bethmann Hollweg an Brockdorff-Rantzau, Tel.-Nr. 167, 6. März 1915, AA, WK 2, geh.; s. Zechlin, a.a.O., B 22/63, S. 15 u. Anl. Nr. 39.

53 Siehe oben Anm. Nr. 28.

54 Treutler an Ausw. Amt, Tel.-Nr. 128, 6. März 1915, Abg. 9 Uhr 20 p. m., Ank. 10 Uhr 30 p. m., AA, Deutschland 128, Nr. 1, geh. Teilt mit, daß »Handschreiben soeben unterzeichnet« und daß es »zur Sicherheit« von einem Chiffreur überbracht würde, »der morgen Nachmittag 3.48 in Berlin ankommt«. Das versiegelte und am Rande aufgeschnittene Original des Handschreibens mit Schlußformel und Unterschrift von der Hand Wilhelms II. befindet sich unter dem gleichen Aktenzeichen. Der Umschlag trägt die Adresse des Kaisers Franz Joseph.

55 Tschirschky an Ausw. Amt, Tel.-Nr. 556, 6. März 1915, ebenda.

stion préalable (das heißt die Abtretung des Trentino an Italien) akzeptieren angesichts der von Deutschland selbst vorgebrachten Idee einer Partizipation an dem zu leistenden Opfer.« Deutschland solle in Rom erklären, daß sich die Donaumonarchie nunmehr bereit finde, »die Diskussion auf der von Herr Sonnino vorgeschlagenen Basis zu führen«. Damit wurde das schlesische Angebot im gleichen Augenblick hinfällig, da Wilhelm II es, wie aus dem Hauptquartier gemeldet wurde, »in sehr gedrückter Stimmung« unterzeichnete[55a].

Am 8. März trat im Schloß zu Schönbrunn der Ministerrat zu einer entscheidenden Aussprache unter dem Vorsitz Kaiser Franz Josephs zusammen, um den Entschluß zur Abtretung des Trentino ausführlich zu erörtern und zu bestätigen. Das darüber angefertigte Protokoll[56] läßt die Gründe und Gegengründe für das Verhalten des österreichischen Kabinetts besonders anschaulich erkennen.

Die im Ministerrat Versammelten hatten seit Beginn des Krieges mit Entschiedenheit gegen die Abtretung österreichisch-ungarischen Gebietes gestimmt. Vor allem Tisza und Burián galten als die exponierten Gegner jeder Nachgiebigkeit Italien und Rumänien gegenüber. In ihren Darlegungen vor dem Kaiser begannen sie deshalb mit einer großen Rechtfertigung ihrer bisherigen Politik, einer Politik, deren Prämissen – wie sie jetzt selbst erkannten und zugeben mußten – durch den Gang der Ereignisse mittlerweile hinfällig geworden waren.

Sowohl Tisza als auch Burián hatten ihre politische Rechnung auf zwei wichtigen Hypothesen aufgebaut. Einmal hatten sie angenommen, daß noch entscheidende militärische Erfolge die politische Lage zugunsten der Donaumonarchie beeinflussen und auf Italiens Haltung wirken würden. Die militärische Lage aber hatte sich nicht nur nicht verbessert, sondern sogar gefährlich verschlechtert – der Fall der Festung Przemysl stand bevor, und es drohte der Angriff der anglo-französischen Flotte auf die Dardanellen und wahrscheinlich sogar die Eroberung Konstantinopels durch die Alliierten.

Der zweite Grund für die ablehnende Haltung gegenüber den Ansprüchen Italiens lag – wie Tisza hervorhob – in »der berechtigten Hoffnung, daß die Einsicht der permanenten Interessen Italiens die italienischen Staatsmänner vor einer Abenteurerpolitik zurückhalten werde«. Italiens Mittelmeerinteressen könnten nach Tiszas Überzeugung »nur in Anlehnung an die Zentralmächte befriedigt werden«. »Leider habe man sich

55a Treutler an Ausw. Amt, Tel.-Nr. 131, 7. März 1915, AA, Deutschland 128, Nr. 1, geh.

56 Hierzu und zum folgenden Protokoll der Ministerratssitzung vom 8. März 1915, so. o. Anm. 7.

auch hierin getäuscht«, gestand der ungarische Ministerpräsident ein. Aus dem Bericht Buriáns ging hervor, daß selbst die »Stimmung der früher sehr zahlreichen Neutralitätsfreunde« umgeschlagen sei. Auch die Gegner einer Intervention wollten nur noch unter der Bedingung, daß die nationalen Ansprüche Italiens befriedigt würden, den Frieden mit der Donaumonarchie wahren. Angesichts dieser Fehlkalkulation der bisherigen Politik kam der Außenminister zu dem Schluß, daß es nicht gerechtfertigt wäre, weiter zu zögern. Italien, so sagte er, könne infolge dieser unentschiedenen Situation seine Interventionspolitik mit Entschiedenheit fortsetzen und tatsächlich in die Lage kommen, die von vielen Italienern angestrebte Rolle eines Schiedsrichters in dem großen Weltkrieg zu spielen. Es stünde ziemlich fest, betonte Burián, »daß die vereinten Armeen Italiens und Rumäniens in diesem Kriege der einen oder anderen Seite zum entscheidenden Siege verhelfen könnten«. Er wies auf die »vehemente Tätigkeit« der Triple-Entente hin, die den Neutralen verlockende Angebote mache und drang auf »sofortige Entschlüsse, wie der italienischen Gefahr zu begegnen sei«.

Die anwesenden Minister und Ministerpräsidenten zogen aus dieser bedenklichen Situation die Konsequenzen. Sie alle traten, »wenn auch schweren Herzens«, dafür ein, daß die Verhandlungen mit Italien auf Grundlage einer Gebietsabtretung eingeleitet wurden. Dabei wurde allgemein an das Trentino gedacht, und von vornherein war man sich darüber im klaren, daß Italien sich hier niemals mit einer »bescheidenen Grenzberichtigung« zufriedengeben könne. Es würde auch nicht im österreichischen Interesse liegen, betonte der Außenminister, »einen größeren Teil der italienischen Bevölkerung Südtirols bei uns zu behalten und so die Trentinofrage nicht definitiv zu bereinigen«. So wurde denn, nachdem man einmal in Verhandlungen mit Italien eingewilligt hatte, gleich eine großzügige und endgültige Lösung der Trentinofrage ins Auge gefaßt. Allerdings bestand Sorge, daß sich die italienischen Forderungen wahrscheinlich über das Trentino hinaus auch auf das Isonzogebiet erstrecken würden. Gegen Konzessionen in diesem Gebiet wurden jedoch ganz entscheidende Stimmen laut. Hier an Abtretungen zu denken und die italienische Grenze näher an Triest heranzurücken, so sagte der österreichische Ministerpräsident Graf Stürgkh, sei »für die Zukunft des ganzen Küstenlandes verhängnisvoll«. Ähnliches unterstrich der Kriegsminister Krobatin. Man hielt sich schließlich daran, daß Burián versicherte, bevor über das Isonzogebiet eine Entscheidung falle, würde erneut der Ministerrat zusammengerufen[57].

57 Immerhin begann schon in den nächsten Tagen eine hierfür eingesetzte Kommission, sich mit den sprachlich-völkischen und den strategischen Bedingungen im Isonzogebiet zu beschäftigen.

Obwohl vor allem aus Tiszas Munde manches bittere Wort über die deutsche Pressionspolitik und die Tätigkeit des Fürsten Bülow, in Rom fiel, wurde in der Aussprache der österreichisch-ungarischen Politiker mit Genugtuung herausgestellt, daß der deutsche Bundesgenosse sich bereit erklärt hatte, an dem Opfer teilzunehmen, das im Interesse der gemeinsamen Sache von der Donaumonarchie gebracht würde. Ohne Zögern wurde Deutschland für die Verhandlungen als Vermittler und Garant der italienischen Versprechungen anerkannt, und wie in Berlin, erwartete man nun auch in Wien von dem deutsch-österreichisch-italienischen Gespräch eine grundlegende Erneuerung des Dreibundes. Der »ganze Komplex der Dreibundfragen« sollte durchgesprochen und der Versuch gemacht werden, »den Wert des Bundesverhältnisses für alle Verbündeten zu erhöhen«, wie Burián es formulierte. Es ist beachtenswert, mit welchem Nachdruck er und Tisza, beide Vertreter der bisherigen abweisenden Politik Italien gegenüber, nun in der erkannten Notlage dafür eintraten, noch das Beste aus den Beziehungen zu Italien zu machen. Eben weil das territoriale Opfer, das die Donaumonarchie Italien brächte, ein so schmerzliches sei, führte Burián aus, »müßten alle maßgebenden Faktoren trachten, gute Mine zum bösen Spiel zu machen und so dazu beizutragen, daß in Italien der Wunsch nach Erhaltung des Bündnisses mit uns gekräftigt werde«. In Italien dürfe kein Mißtrauen gegen Österreich-Ungarn und Deutschland entstehen, man dürfe dort nicht das Gefühl bekommen, die abgetretenen Gebiete würden »bei der ersten Gelegenheit« wieder zurückerobert. Bei aller »sittlichen Entrüstung über das Vorgehen Italiens«, erklärte Tisza, werde die Monarchie doch »kaum jemals in der Lage sein, sich den Luxus eines Vergeltungskrieges zu erlauben«. Burián wie Tisza hielten also noch am 8. März eine Neubelebung des Dreibundes für eine durchaus realisierbare Möglichkeit, weil sie weiterhin von der natürlichen Interessengemeinschaft der österreichischen und italienischen Mittelmeerpolitik ausgingen. Diese Darlegungen richteten sich in der Hauptsache gegen den Generalstabschef Conrad. Obwohl dieser angesichts der Katastrophe, die ein Kriegseintritt Italiens bedeutete, gegen die Abtretung österreichischen Gebietes nichts einzuwenden vermochte, kam in seinen Ausführungen der Haß gegenüber Italien unverhohlen zum Ausdruck. Er sprach von der Schlange, der nicht rechtzeitig von der Donaumonarchie der Kopf zertreten sei. Der Gedanke, Italien würde seine Interventionspolitik fortsetzen, riß ihn zu dem Verzweiflungsschluß hin, dann »lieber zugrunde gehen und Deutschland mitreißen, als solchen weiteren Erpressungen nachzugeben«[58].

58 Conrad soll später im Gespräch mit den deutschen Militärs die »bestimmte Erwartung« vorgebracht haben, daß Deutschland mithelfen müßte, die Zu-

V

Dem Historiker drängt sich ein Vergleich auf zwischen der Sitzung des österreichisch-ungarischen Ministerrates vom 8. März mit den Sitzungen des Preußischen Staatsministeriums vom 17. und 27. Februar 1915: hier wie dort wurde angesichts der gefährlichen Lage von einem hohen politischen Kollegium die Abtretung von Land diskutiert, um größtes Unheil abzuwenden. Die Diskrepanzen, die dabei im einzelnen bestanden, erklären nicht den beachtlichen Unterschied an politischem Format und Stil, vor allem aber an persönlicher Verantwortungsbereitschaft, wie in Wien und Berlin über die gleiche Frage beraten und beschlossen wurde. Während die preußischen Minister oft emotional argumentierten, sich in eine Diskussion über Zuständigkeitsfragen zu flüchten suchten und schließlich die letzte Entscheidung dem Urteile des Reichskanzlers und des Generalstabschefs überließen, stellte sich im österreichisch-ungarischen Ministerrat jeder der Anwesenden persönlich der Verantwortung. Bis auf die Äußerungen des verbitterten Generalstabschefs Conrad wurden hier in einer nüchternen Weise die Möglichkeiten und Folgen erörtert. Es ist bezeichnend für das Niveau dieser Sitzung, was der ungarische Ministerpräsident vorbrachte: »Im privaten Leben stehe jedem das Recht zu, seine persönliche Sicherheit, sein Leben aus ideellen Gründen aufs Spiel zu setzen, im öffentlichen Leben müsse aber ein verantwortlicher Staatsmann sich vor der schweren Notwendigkeit beugen, wenn die Existenz des Staates bedroht erscheint.« So hartnäckig und überzeugt die österreichisch-ungarische Regierung bis zum März 1915 ein Nachgeben gegenüber Italien abgelehnt hatte, so bewußt und konsequent vollzog sie eine Wende in ihrer Politik, als sich die bisherige als irrig und gefährlich herausstellte.

Der deutsche Reichskanzler erweist sich bei diesen Vorgängen als eine Persönlichkeit, die mit festem Willen und klarer Zielsetzung nicht nur das seines Erachtens Notwendige zu tun, sondern auch seine Umgebung zur Gefolgschaft zu bringen weiß. Die Entscheidung wird im Gremium der Regierung getroffen gemäß der Staatsräson, wie in den Jahrhunderten der Kabinettspolitik, wobei offenbar eine Befragung der Bevölkerung nicht einmal in Erwägung gezogen wurde. Die Kenntnis seiner Haltung in den Sitzungen des Preußischen Staatsministeriums fügt sich in ein Forschungsergebnis ein, das wir gewonnen zu haben meinen[59]: Daß Bethmann Holl-

geständnisse an Italien bei sich bietender Gelegenheit als erpreßt zurückzunehmen (A. von Cramon, Paul Fleck, »Deutschlands Schicksalsbund mit Österreich-Ungarn«, 1932, S. 94 f.).

59 Siehe E. Zechlin, »Friedensbestrebungen und Revolutionierungsversuche im Ersten Weltkrieg«. Aus Politik und Zeitgeschichte, Beilage zum »Parlament«

weg weder mit dem konventionellen Urteil gerecht getan wird, wonach er nicht die Willenskraft gehabt habe, um die gewonnenen Einsichten in die Tat umzusetzen, noch den Vorwurf verdient, auf Eroberungen ausgegangen zu sein oder gar den »Griff nach der Weltmacht« getan zu haben. Auch die Taktik einer »Stufenleiter«, auf der das »schlesische Angebot« zwar vorbereitet wurde, aber nur, um als Ultima ratio durchgeführt zu werden, mag in diesem Zusammenhang als symptomatisch für ein Verfahren erscheinen, das zu den Methoden einer Realpolitik gehört, die weniger zu bieten beziehungsweise mehr zu fordern beginnt, um es den Gang der Verhandlungen und den Möglichkeiten der Situation zu überlassen, wie weit man sich durchsetzen kann oder nachgeben muß.

Ohne daß die deutsche Regierung von dem »schlesischen Angebot« hatte Gebrauch machen müssen, hatte der österreichisch-ungarische Bundesgenosse eine Wende in seiner Italienpolitik vollzogen. Die militärische Krise und der von allen Seiten ausgeübte Druck auf Wien mochten dazu beigetragen haben, daß sich Burián ohne weiteres mit Konzessionen im polnischen Kohlengebiet und einer Goldanleihe als deutscher Beteiligung an den Zugeständnissen Italien gegenüber zufrieden gab. Kaiser Wilhelm sprach dem Reichskanzler »aufrichtige herzliche Glückwünsche« aus, daß das »schwerste Opfer« nicht gebracht zu werden brauchte[60]. Wie ungeheuerlich bereits der *Vorschlag* der Abtretung schlesischen Gebiets damals wirkte – und daß es sich hierbei tatsächlich um einen Akt politischer Verzweiflung handelte, der voraussichtlich, wenn er an die Öffentlichkeit gedrungen wäre, Bethmann Hollwegs Stellung in Deutschland zerrüttet hätte –, offenbarte nachträglich ein Brief von General Ludendorff, der inzwischen von dem geplanten Schritt gehört hatte. »Gegen die auch nur etwaige Überlassung preußischen Gebiets an Österreich-Ungarn«, schrieb er am 12. März an Zimmermann[61], würde Hindenburg wie auch er selbst sich »mit aller Schärfe« ausgesprochen haben. Der Generalfeldmarschall hoffe daher, und dem schließe er sich an, »daß das Ganze ein müßiges Gerede ist, das allein nur politische Nervosität und geringes Zutrauen verrät«[62].

B 20/61 vom 17. Mai 1961, B 24/61 vom 14. Juni 1961, B 25/61 vom 21. Juni 1961, B 20/63 vom 15. Mai 1963 und B 22/63 vom 29. Mai 1963.

60 Siehe oben Anm. 55 a.

61 Ludendorff an Zimmermann, 12. März 1915, AA, Deutschland 128, Nr. 2, geh.

62 Die Erörterungen über das »schlesische Angebot« fanden ihr Ende in der Sitzung des Preußischen Ministerrats vom 10. April 1915. Hier faßte Bethmann Hollweg abschließend zusammen: Es sei geglückt, Österreich zu bewegen, das Trentino an Italien abzutreten, auch ohne daß »das eventuell in Aussicht genommene Anerbieten Deutschlands« – nämlich das der »Abtretung eines Teils vom preußischen Schlesien« – gemacht sei, »mit dem sich

VI

Als man sich am 6. und 8. März in Wien entschloß, die Verhandlungen mit Italien über territoriale Kompensationen nunmehr auf der Basis der Abtretung österreichischen Staatsgebietes wieder aufzunehmen, befand man sich in dem Glauben, daß damit die Italiener vom Kriegseintritt auf seiten der Entente abgehalten und das Bündnisverhältnis der Dreibundpartner erneuert und ausgestaltet werden würde. Eine Mächtegruppierung, die Bismarck geschaffen hatte, schien sich nicht nur zu bestätigen, sondern verhieß Auswirkungen auf die Gestaltung der politischen Verhältnisse im Mittelmeer und auch in Mitteleuropa. Hatte bereits Bismarck damit gerechnet, daß Italien durch den Dreibundvertrag lediglich dazu angehalten sein würde, im Kriegsfall neutral zu bleiben, so wäre es für die Kriegswirtschaft der von drei Seiten eingeschlossenen Mittelmächte schon von besonderem Nutzen gewesen, einen Ausgang im Süden zur Verfügung zu haben.

Die italienische Regierung hatte schon in unmittelbarem Zusammenhang mit ihrer Neutralitätserklärung einen »Meinungsaustausch« in Petersburg darüber begonnen, welche Gebiete ihr die Entente als Preis für den Eintritt in den Krieg gegen die Mittelmächte garantieren würde. Wenige Tage, nachdem der italienische Botschafter am 4. August sich im Auftrage seines Außenministers darüber mit Sasonow besprochen hatte[63], konnte ihm dieser aufgrund kurzer Verhandlungen mit Paris und London mitteilen, »daß Rußland, Frankreich und England geneigt sind, Italien

übrigens auch der Kaiser ihm gegenüber einverstanden erklärt hätte«. (Notizen des Unterstaatssekretärs Heinrichs für das Protokoll der Sitzung des Preußischen Staatsministeriums vom 10. April 1915, Bundesarchiv Koblenz, Nachlaß Heinrichs Nr. 9.)
Mitte Mai 1915 tauchte der Gedanke, daß Deutschland dem österreichischen Bundesgenossen als Kompensation für seine Gebietsabtretungen an Italien einen Teil Schlesiens überlassen solle, noch einmal kurz auf – und zwar dieses Mal aufgeworfen von dem k. u. k. Generalstabschef Conrad. Er hatte dabei »sowohl die Grafschaft Glatz wie auch den an Österreich-Schlesien anschließenden Südteil Preußisch-Schlesien im Auge«, wie er am 15. Mai 1915 Burián darlegte. Zu diesem Zeitpunkt ergab sich nämlich durch das neutralistische Zwischenspiel Giolittis für Österreich-Ungarn noch einmal kurz die Aussicht, »daß Rom in letzter Stunde doch auf das Eingreifen in den Krieg gegen die Zentralmächte verzichtet und ein friedliches Abkommen mit der Monarchie dem Kriege vorzieht«. (Conrad an Burián, 15. Mai 1915, Kriegsarchiv Wien.)

63 Sasonow an den russischen Botschafter in Paris, Iswolski, Tel.-Nr. 1672, 4. August 1914, in: »Die Internationalen Beziehungen im Zeitalter des Imperialismus, Dokumente aus den Archiven der Zarischen und der Provisorischen Regierung«; deutsche Ausgabe von H. Hoetzsch, I. Reihe, Bd. 5, 1934, S. 312 (zit.: Russ. Dok.).

den Erwerb des Trentino, Triests und Valonas nebst einer Vormachtstellung im Adriatischen Meere einzuräumen ... unter der Bedingung, daß Italien seinerseits unverzüglich unter einem beliebigen Vorwande Österreich den Krieg erkläre«[64]. Bereits diese Zugeständnisse gingen über das Maß hinaus, was die Mittelmächte selbst bei äußerstem Entgegenkommen zu bieten vermochten. Aber einmal war Italien ja gar nicht kriegsbereit und zum andern wollte es mehr. Als nun die »italienischen Ansprüche schnell nach allen Richtungen sich steigerten«[65] und zum Zwecke der Sicherung einer »Grenze, die der Wasserscheide der Alpen bis zum Quarnero folgen wird«, der Einmarsch in Dalmatien erwogen wurde[66], wich das Interesse der Entente an der italienischen Unterstützung dem an der Aufrechterhaltung ihres Allianzsystems[67]. Drohte sie doch in den Volkstumskampf zwischen Italienern und Slawen hineingezogen zu werden, der schon in Triest und Istrien die Atmosphäre bestimmte, und in den Gegensatz zwischen der russischen und italienischen Balkanpolitik, von denen die eine Serbien den Zugang zum Adriatischen Meere zu verschaffen suchte und die andere das Ostufer des Adriatischen Meeres in Besitz nehmen wollte. Schon drohte der serbische Ministerpräsident Paschitsch einen italienischen Einmarsch in das (österreichische) Dalmatien mit den Waffen zu verhindern[68]. So war denn der »Meinungsaustausch« mit der Entente im Oktober ohne greifbares Ergebnis ausgelaufen.

Immerhin boten diese Verhandlungen einen Hintergrund, um in einem Augenblick wieder aufgenommen zu werden, da die italienischen Rüstungen fortgeschritten waren und Italien, zumal durch die Zusammenarbeit mit Rumänien, ein begehrenswerter Machtfaktor geworden war. Im gleichen Augenblick, da, wie wir sahen, die italienische Politik auf Wien zu drücken begann, wurden dem italienischen Botschafter in London die konkreten Bedingungen übermittelt, unter denen Italien bereit sei, das Kriegs-

64 Sasonow an den russischen Botschafter in Rom, Krupenski, Tel.-Nr. 1731, 7. August 1914, in: »Das Zaristische Rußland im Weltkrieg. Neue Dokumente aus den russischen Staatsarchiven über den Eintritt der Türkei, Bulgariens, Rumäniens und Italiens in den Weltkrieg«. Hrsg. v. der Zentralstelle für Erforschung der Kriegsursachen, 1927, S. 265 f.

65 Sasonow zu Buchanan nach Unterredung mit Carlotti, s. Buchanan an Grey, Tel.-Nr. 494, 7. Oktober 1914, in: Russ. Dok., II. Reihe, Bd. 6, I, S. 290 f.

66 Siehe San Giuliano an Carlotti, Tel.-Nr. 1066, 25. September 1914, ebenda, S. 239 f.

67 Für das mangelnde russische Interesse an einem Kriegseintritt Italiens vgl. etwa Brief des Direktors der Kanzlei des russischen Außenministeriums, Schilling, an den Großfürsten Nikolai Michailowitsch, 8. November 1914, ebenda, Bd. 6, II, S. 420 f.

68 Siehe etwa Aide-mémoire der serbischen Gesandtschaft in Petrograd an Sasonow, 3. Oktober 1914, ebenda, S. 275.

bündnis mit den Ententemächten zu schließen[69]. Offenbar, um erst die Reaktion auf die gleichzeitigen Schritte in Wien abzuwarten, wurde der Botschafter aber angewiesen, noch keinen Gebrauch davon zu machen. Erst als am 3. März noch kein Entgegenkommen der Wiener Regierung zu verzeichnen war, überbrachte Botschafter Imperiali dem Außenminister Grey das italienische Angebot.

Das war also drei Tage, nachdem Berlin in jener denkwürdigen Staatsministerialsitzung beschlossen hatte, sich mit preußischem Staatsgebiet an den Opfern zu beteiligen, die den Anschluß Italiens an die Entente verhindern sollten. Und es war zu einem Zeitpunkt, da dieser Beschluß bereits nach Wien mitgeteilt und auch die italienische Regierung von der deutschen informiert worden war, daß Aussicht auf Nachgiebigkeit in Wien bestände. Und es war drei Tage vor dem Beschluß im Wiener Außenministerium, das Trentino abzutreten. Die italienischen Verhandlungen mit der Entente waren also schon im Gange, als man sich am 8. März in Schönbrunn zu dem Kurs der Dreibundpolitik entschloß. Da Italien niemals von den Mittelmächten erreichen konnte, was es jetzt von der Entente verlangte und auch im Hinblick auf die allgemeine militärische und politische Situation die italienischen Interessen einen solchen Schritt zu verlangen schienen, war man in Rom offenbar entschlossen, das Ziel des Abschlusses mit der Entente zu erreichen. Solange aber von dieser keine festen Zusagen vorlagen, insbesondere nicht sichtbar war, ob sich die Westmächte mit den Russen einigen würden, sollte auch gegenüber den Mittelmächten der Eindruck der Verhandlungsbereitschaft erweckt werden. Und in der Tat hat Ministerpräsident Salandra die Direktive ausgegeben, weiter mit Wien zu verhandeln und so zu tun, als ob man in Rom eine zufriedenstellende Lösung für möglich halte[70]. Der Lauf der Ereignisse sollte verlangsamt werden, bis Vertrauensbeweise seitens der Tripleentente vorlägen und – was sich auf Ende Mai verschob – bis das italienische Heer einsatzbereit war. Es gelte, so schrieb Salandre am 16. März seinem Außenminister Sonnino[71], in Wien »glauben zu lassen, daß wir eine freundschaftliche Lösung für möglich halten. Dies um so mehr, je weniger wir daran glauben. Diese Haltung, wieviel Verstellungskraft sie Dich auch kosten mag, scheint mir gegenwärtig im Interesse des Landes unentbehr-

69 Hierzu und für die Vorgeschichte A. Monticone, »Salandra e Sonnino verso la decisione dell'intervento«, in: Rivista di studi politici internazionali, Jg. 24, H. 1, 1957, S. 66 f.

70 Salandra an Sonnino, 16. März 1915, 8 Uhr a. m., in: Monticone, a.a.O., S. 69; auch zum folgenden.

71 Salandra an Sonnino, 16. März 1915, 3 Uhr p. m., nach: Monticone, a.a.O., S. 71 f., Anm. 15.

lich zu sein.« Dementsprechend hatte der Ministerpräsident bereits reagiert, als ihm am 9. März die Meldungen darüber vorlagen, daß Österreich-Ungarn bereit sei, auf der von den Italienern vorgeschlagenen Basis zu verhandeln. An diesem Tage suchte Salandra »nach durchwachter Nacht« seinen Gegenspieler und Führer der neutralistischen Parlamentsmehrheit, Giolitti, auf[72], um bei ihm durch Mitteilung von den neuen Verhandlungen in Wien die Überzeugung zu erwecken, daß das Kabinett keine Kriegsabsichten habe. Eine zunehmend kühnere Sprache und die umfangreichen Rüstungen, versicherte er, sollten lediglich dazu dienen, dem diplomatischen Druck auf Österreich stärkeres Gewicht zu verleihen. In Wirklichkeit hatte, was immer über die Festigung und Ausweitung des Dreibundes und Abtretung österreichischen Gebietes verhandelt wurde, nur noch den taktischen Zweck, bei den Alliierten ausgespielt zu werden. Hier allerdings stießen die italienischen Forderungen zunächst noch auf Widerstände, wie den Rußlands, das sich dagegen sträubte, Italien den Besitz der dalmatischen Küste zu garantieren. Es bleibt nicht ohne eine gewisse Ironie, daß nun Grey, der englische Außenminister, um diesen russsischen Widerstand zu überwinden, sich gleichsam der deutschen Politik bediente, indem er den russischen Botschafter in London, Benckendorff, mit Nachdruck darauf hinwies[73], daß Italien auch mit Deutschland verhandle. Nach Greys Informationen – die von einer erstaunlich genauen Kenntnis dieser doch höchst geheimen Angelegenheit zeugen – »sind deutsche Angebote so ernst, daß von einer Entschädigung für Österreich auf Kosten Bayerns und sogar auf Kosten eines Teiles von Preußisch-Schlesien die Rede sei«. Wenn aber Deutschland hierzu schon »für Wahrung einfacher Neutralität« bereit wäre, wieviel weitgehender mußten dann die eigenen Angebote sein; denn »wir wünschen von Italien den Krieg«.

Zu diesem Kriegseintritt verpflichtete sich Italien für die Garantie seiner Territorialforderungen und einer Erweiterung seines Kolonialbesitzes im Geheimvertrag von London am 26. April 1915. Der Entschluß der Donaumonarchie, auf der Basis der Abtretung österreichisch-ungarischen Staatsgebiets mit Italien zu verhandeln, sowie die deutschen Bemühungen, die diese Entscheidung herbeizuführen halfen, waren vergeblich. Am 23. Mai erfolgte die Kriegserklärung an Österreich-Ungarn.

72 Giovanni Giolitti, »Memorie della vita mia«, [3]1945, S. 533; Edgar R. Rosen, »Italiens Kriegseintritt im Jahre 1915 als innerpolitisches Problem der Giolitti-Ära«, HZ, Bd. 187, 1959, S. 339.

73 Benckendorff an Sasonow, Tel.-Nr. 221, 30. März 1915, in: Russ. Dok., II. Reihe, 7, II, S. 459.

13.
Graf Witte, Rasputin und der Großfürst Nikolai Nikolajewitsch

In den Tagen der Julikrise von 1914 war der frühere russische Ministerpräsident Witte zur Kur in Bad Salzschlirf. Hier und wenn er in Bad Nauheim seine Frau besuchte, führte er auf der Brunnenpromenade politische Gespräche mit der Absicht, daß Aufzeichnungen darüber dem Reichskanzler und dem Auswärtigen Amt zugeleitet würden.

Politische Promenadengespräche

Graf Witte war schon vor dem Kriege ein grundsätzlicher Gegner jener von Sasonow und Iswolski vertretenen Außenpolitik gewesen, die mit der Einfügung in das Ententesystem die Aktionsfreiheit der russischen Politik beeinträchtige und die Spannungen mit Deutschland verschärfe. Auch mit seiner Pressekampagne vom März 1914 propagierte er eine Neugruppierung der Mächte auf der Grundlage einer Annäherung zwischen Rußland, Deutschland und Frankreich[1]. Nur dies garantiere einen Dauerfrieden. Und bevor er für die Juliwochen zu einer Kur nach Deutschland fuhr, warnte er[2] den Zaren vor einem Kriege, für den, wie er deutschen Bekannten erzählte, Rußland finanziell nicht gerüstet sei und der die Gefahr der sozialistischen Revolution und der »Loslösung verschiedener Fremd-

Unveröffentlichtes Manuskript

1 Pourtalès an Bethmann Hollweg, 31. März 1914, s. unten Anm. 38. Vgl. auch George Buchanan, a.a.O., I, S. 183; dt. (1926) S. 99. – Zum Kreise der ententefreundlichen Politiker gehörte auch der russische Botschafter in London, Graf Alexander Benckendorff. Seit 1903 Botschafter in London, hatte er dort Gelegenheit, für seine Politik zu wirken, die in einem russisch-englischen Bündnis eine Stabilisierung der Monarchie durch eventuelle Annäherung an das konstitutionelle System sah. Daher mußte er, der zu dem engeren Freundeskreis um Eduard VII. gehörte und nicht nur englisches Wesen, sondern auch englische Mentalität angenommen hatte, die Linie der englischen Außenpolitik übernehmen, wenn der Krieg einmal ausgebrochen war. In seinen Augen konnte nur ein Zusammengehen mit den Westmächten die Rettung des bedrängten Rußland bedeuten. (Über Benckendorff: Wladimir von Korostovetz, »Graf Alexander Benckendorff«, Berl. Mtsh. 14 (1936), S. 887 ff.).

2 Carl Graf Moy, »Was mir Minister Witte erzählte«, in: Berl. Monatsh. (1930), S. 829.

stämme« bedeute[3]. Bereits damals beschwerte sich der englische Botschafter in Petersburg, Buchanan, über ihn, und auch Poincaré sprach bei seinem Besuch in Petersburg im Juli 1914 sein Befremden über Wittes Machenschaften aus und monierte, daß er immer noch offizielle Positionen innehätte[4].

In diesen Julitagen, als der Krieg unmittelbar bevorstand, weilte Witte als Kurgast in Bad Salzschlirf. Hier führte er auf der Brunnenpromenade und in seinen Hotelräumen, gelegentlich auch in Bad Nauheim, wo seine Frau war, Gespräche über die politische Lage, deren Aufzeichnungen Bethmann Hollweg zugeleitet wurden[5]. Teils in scharfsichtiger Erkenntnis der russischen und der europäischen Verhältnisse, teils aus grollender Opposition gegen seine Regierung, prophezeite er, wenn es zum Kriege kommen sollte, für Rußland das Schlimmste. Um den Krieg zu verhindern, den er allerdings im Hinblick auf die Unfertigkeit der russischen Rüstungen erst in zwei Jahren befürchtete, empfahl er eine Zusammenkunft des Kaisers mit dem Zaren und ließ wiederholt wissen, daß dieser Wilhelm II besonders schätze. Die Gelegenheit dazu sah Witte, wenn sich Nikolaus in einigen Wochen anläßlich der russischen Manöver in den finnischen Schären aufhalten würde. Damit könne der Besuch Poincarés in Petersburg kompensiert werden: »die Hetzer sowohl in Rußland wie in Frankreich würden die Nase hängen lassen, während das öffentliche Bewußtsein eine tiefgehende Beruhigung erfahren könne«. Auch in Verhandlungen über

3 Moy, a.a.O., S. 828.

4 Ernst Seraphim, »Der Zar und Graf Witte, Eine historisch-psychologische Studie«, in: HZ 161 (1940), S. 304. Vgl. – bereits mit Benutzung der russischen – aber nicht der deutschen – Akten zu folgendem: Rudolf Stadelmann, »Friedensversuche im ersten Jahr des Weltkrieges«, HZ 156 (1937). Zur Außenpolitik Wittes, ferner die Dissertation von Alfred Klein, »Der Einfluß des Grafen Witte auf die deutsch-russischen Beziehungen«, Diss. Münster (1931).

5 Drei Aufzeichnungen von drei Gesprächspartnern sind erhalten, die ihrem unterschiedlichen Interesse gemäß die verschiedensten Fragen an den Russen richteten. Namhaft läßt sich von ihnen nur der bayerische Diplomat Graf Moy machen. Moy, a.a.O., S. 824 ff. Bei den anderen läßt sich nur erkennen, daß es sich um einen Freund von Albert Ballin handelt, der die Unterhaltungen mit Witte vom 4., 5., 6. und sodann vom 24. Juli 1914 aufzeichnete und mit ihm vorher und inzwischen auch in Schriftwechsel stand. Die erste der beiden Aufzeichnungen sandte Ballin am 11. Juli 1914 an Unterstaatssekretär Wahnschaffe. »Gespräche mit Graf S. J. Witte in Bad Salzschlirf am 4., 5., 6. Juli 1914.« Abschrift einer Aufz. als Anlage zu einem Brief Ballins an Unterstaatssekretär Wahnschaffe vom 11. Juli 1914 (AA, Wk 2 geh.). Ein den deutsch-russischen Handelsvertrag betr. Abschnitt ist abgedr. in Gr. Politik, Bd. 39, S. 580. Die andere Aufz. ist abgedr. bei Bernhard Huldermann, »Albert Ballin« (1922), S. 303 ff. Auch von diesem Bericht schreibt Huldermann, Ballins Vertreter bei der Hapag, daß »er uns damals zuging und von uns nach Berlin weitergegeben wurde«.

die Erneuerung des deutsch-russischen Handelsvertrages sah Witte eine Chance für eine deutsch-russische Annäherung und wohl auch einen Weg, dabei selbst wieder zu politischer Macht zu kommen.

Daß der Gedanke eines Treffens der beiden Monarchen gar nicht so abwegig war, bezeugt eine – auch von seiner Mutter bestätigte – Erinnerung des Zaren vom Juli 1915, die er Kaiser Wilhelm II zukommen ließ. Angesichts des Kriegsausbruchs, so erzählte er »mit Tränen in den Augen«, habe er seine Mutter aus England mit seiner Jacht kommen lassen wollen, um sie in einem deutschen Ostseehafen in Empfang zu nehmen. Wilhelm II sollte dann gefragt werden, ob es ihm nicht passen würde, sich mit ihm dort zu einer mündlichen Erörterung der Gefahr drohenden politischen Komplikation zu treffen[5a].

Witte war insbesondere aus wirtschaftlichen Gründen grundsätzlich gegen einen Krieg und besonders gegen einen deutsch-russischen. Das von ihm begründete System von Handelsverträgen und Anleihen ließ sich nur in ruhigen Zeiten erfüllen, und die Industrialisierung Rußlands wie auch die hohen Steuerbelastungen waren nach seiner Ansicht nur durchzuführen, wenn alle produktiven Kräfte auf den wirtschaftlichen Fortschritt konzentriert würden. Man hat das eine »Politik des Finanzpazifismus« genannt[6]. Es ging Witte damit um seine politische Konzeption, des Kontinentalbundes zwischen Rußland, Deutschland und Frankreich. Diese Idee hatte er schon in der Zeit seiner Ministerpräsidentschaft konsequent verfolgt. Da ihrer Verwirklichung vor allem der deutsch-französische Gegensatz im Wege stand, wollte er sogar einmal russischer Botschafter in Paris werden. »Das von mir geplante Bündnissystem«, so erklärte er auch jetzt in Salzschlirf, »hätte sozusagen ein europäisches Reich geschaffen, das unüberwindbar geworden wäre. Alle kleineren Staaten in Europa würden sich ihm angeschlossen haben«. Nach seiner Vorstellung liefen die wirklichen Fronten im Staatensystem nicht zwischen den Mittelmächten und Rußland, sondern zwischen den Mächten des europäischen und asiatischen Kontinentes und denen jenseits der Meere, dem britischen Imperium, Japan und Amerika.

War der Krieg, den zu verhindern Witte die dynastischen Beziehungen einzusetzen suchte, aber nicht zu vermeiden, so entstand damit für den kaltgestellten Staatsmann eine neue Aufgabe. Graf Moy, einer seiner Gesprächspartner von Salzschlirf, schildert, wie Wittes Lebensgeister auf-

5a Andersen über seine Audienz beim Zaren am 25. Juli 1915 zu dem ihm befreundeten Albert Ballin, so in einer Aufz. vom 9. August 1915, AA, Wk 2 geh.

6 Dieser Begriff stammt von Hallgarten II., S. 250, Anm. 4, auf den auch für eine ausführlichere Behandlung dieser Probleme hingewiesen wird.

flammten: »Der Krieg, den er nicht gewünscht hatte, erfüllte ihn mit neuer Hoffnung auf eine Tätigkeit von weltgeschichtlicher Bedeutung[7].« Witte war überzeugt, daß sich die Staatengruppierung, die er bekämpfte und die sich im Ententesystem so verfestigte, im Kriege lockern würde und damit die Gelegenheit zu einer Neugestaltung gekommen wäre. Auch in den Augen dieses Staatsmannes bot der Krieg die Chance zu erreichen, was im Frieden mit den Mitteln der Diplomatie nicht gelungen war.

Graf Wittes Friedenskampagne

Als Witte Ende August über Frankreich nach Petrograd zurückkehrte, entfaltete er jene Aktivität, die, wie wir sahen, der deutschen Regierung zu Ohren gekommen war und Bethmann Hollweg und Jagow veranlaßt hatten, die Verbindung mit ihm zu suchen. Mit einer angesichts der nationalen Erregung und des Kriegszustandes bemerkenswerten Offenheit sagte er jedem, der es hören oder – wie Paléologue – auch nicht hören wollte, daß dieser Krieg ein »Wahnsinn« sei und dem Zaren »durch ebenso ungeschickte als kurzsichtige Staatsmänner aufgezwungen« wurde. »Beeilen wir uns, dieses sinnlose Abenteuer abzuschließen[8].«

Offensichtlich war es eine politische Aktion, daß er am 10. September traf, den die Entente anstrebte, so bedeute das »die Ausrufung der Republik in ganz Mitteleuropa« und dies wiederum »mit ein und demselben Schlage das Ende des Zarismus«.

Was Witte wollte und wie er sich den Verständigungsfrieden mit Deutschland dachte, das kam zum Ausdruck, als er auf den Vorwurf des Botschafters antwortete, ein Gegner der Politik der Tripleentente zu sein. Mit Recht konnte er sich rühmen, immer ein Anhänger des russisch-französischen Bündnisses gewesen zu sein – aber, so gab er dem Franzosen gegenüber zu, unter der Bedingung, daß es durch ein Bündnis mit Deutschland vervollständigt würde. Offensichtlich wollte der kaltgestellte Minister mit diesem Hinweis auf seine politische Konzeption die französische Haltung sondieren und sich für eine Friedensvermittlung empfehlen. Das war zu diesem Zeitpunkt gar nicht so abwegig, als die französische Regierung nach Bordeaux übersiedeln mußte und ein amerikanisches Vermittlungsangebot von der Voraussetzung ausging, daß Paris von den Deut-

7 Moy, a.a.O., S. 826.

8 Und zu folgenden Tgb. Paléologue vom 12. September 1914 über Gespräche mit Witte am 10. September. Maurice Paléologue: »La Russie des Tsars pendent la guere«, Paris 1921, Bd. I, S. 119 f. und S. 188. Dt. 1925, Bd. I, S. 112 und S. 177 und Paléologue, a.a.O., I, S. 119 ff., dt. I, S. 112 ff.

schen erobert würde[9]. Aber Witte wurde enttäuscht. Der Botschafter beden französischen Botschafter aufsuchte, und zwar in einem Augenblick, da fast alle Welt den Einzug der Deutschen in Paris erwartete – erst am folgenden Tage kam die Meldung des deutschen Rückzugs an der Marne nach Petrograd. Als völlig illusionär charakterisierte Witte in dieser Unterredung die Kriegsziele seiner Regierung. Die slawische Herrschaft auf dem Balkan und die geschichtliche Mission Rußlands im Orient nannte er »ein romantisches, altmodisches Wahngebilde«. »Niemand hier, kein ernst Denkender, interessiert sich noch für diese unruhigen Balkanvölker, die gar nichts slawisches an sich haben, die nichts anderes sind als schlecht getaufte Türken.« Genauso abfällig kritisierte er die russischen Wünsche auf territorialen Zuwachs. Sie seien angesichts der ungeheuren unbewirtschafteten Gebiete im Reich absurd. Mit den Landeroberungen, die in Frage kamen, wie Ostpreußen und Galizien, würde sich der Zar nur noch mehr fremdstämmige Bevölkerung aufladen, abgesehen davon, daß Rußland Polen ganz einbüße, wenn dessen territoriale Einheit wiederhergestellt würde. Was den »Zusammenbruch der germanischen Vorherrschaft« beantwortete die Vorwürfe und Sondierungen nur mit patriotischen und fatalistischen Argumenten, daß der augenblickliche »Riesenkampf« ein »Ringen auf Leben und Tod« bedeute und daß »ein Verständigungsfrieden der Triumph Deutschlands« wäre. In seinem feinen Sinn für Personen und Ereignisse witterte der Franzose aber auch, daß diese »rätselhafte, beunruhigende Persönlichkeit, von überlegener Klugheit, herrisch, ein Menschenverächter, seiner brachliegenden Kraft bewußt, von Ehrgeiz, Rachsucht, Hochmut verzehrt, ... sich mit Gewalt durchsetzen wird, wenn der Krieg eine ungünstige Wendung nimmt«[9a].

Zunächst freilich hatte Witte kaum Aussicht, mit Ideen solcher Art in Rußland durchzudringen. Obgleich man dort stark unter dem Eindruck der Katastrophe von Tannenberg stand, fand die Kriegszielpolitik der Regierung gerade in jenen liberalen Kreisen Beifall, die innenpolitisch in Opposition zur Regierung standen, aber vom Bündnis mit den westlichen Demokratien und dem Einsatz des russischen Volkes im Kriege innere Reformen erwarteten. Diese gleichlaufende Politik des Außenministeriums, der Opposition und im Hintergrunde Englands ist mit Recht schon von der bisherigen Forschung als eine der schwerwiegendsten Tatsachen der russischen Kriegspolitik und als ein Hemmnis jeder Sonderfriedenspolitik bezeichnet worden[10]. Aber es wurde auch aufgezeigt[11], daß es

9 Siehe oben B 20/61, S. 272.
9a Paléologue, a.a.O., I, 121 ff., dt. I, S. 114 ff.
10 Erwin Hölzle, »Der Osten im Ersten Weltkrieg« (1944), S. 25.
11 Rudolf Stadelmann (a.a.O., S. 539) stellte hier die These oder besser Hypo-

damals Kreise gab, die wie Witte den Krieg ablehnten, deren Stimme aber eigentlich mehr ins Gewicht fallen mußten, da es sich vorwiegend um Personen von autokratischer Gesinnung handelte, die nur nicht wagten oder keine Gelegenheit hatten, ihre Ansichten kundzutun, zarentreue Beamte, frühere Diplomaten, geistliche Würdenträger, selbstbewußte und fortschrittliche Bürokraten, von denen zwar keiner an das Format eines Witte heranreichte, weder an seinen Mut noch an seinen Zynismus, die aber nicht wie die Liberalen an den »Triumph des Rechtes über die Macht« glaubten und nicht an den Sinn dieses Krieges für ihr Vaterland, und die wie Witte den Gegner in England und die Zukunft Rußlands nicht in Konstantinopel, sondern in Ostasien sahen. Doch betrachtete man in diesen Kreisen nicht nur jene außenpolitischen Probleme und Konsequenzen des Krieges mit Sorge, man war sich auch einer innenpolitischen Gefahr bewußt. Noch allzu frisch war die Erinnerung daran, daß die militärischen Niederlagen im Kriege gegen Japan 1905 die Revolution gebracht hatten. Seitdem war die sozialistische Bewegung angewachsen und mit ihrer Organisation zu einer Macht geworden, und erst im Juli 1914 hatten Massenstreiks in Petersburg die Kraft der Arbeiterbewegung demonstriert. Eben jetzt liefen im Auswärtigen Amt über Erzberger Berichte eines Agenten ein, wonach es auf dem rechten Flügel des Reichsrates eine starke Strömung für den Separatfrieden mit Deutschland gäbe, die in einer »Sapiska« den Zaren beschworen habe, die Monarchie durch einen Frieden mit dem monarchistischen Deutschland zu retten[12]. Sollte ein Staatsmann vom Range Wittes, gestützt auf ein deutsches Entgegenkommen, nicht auch zum Sprecher dieser Kreise werden und auf diese Weise in letzter Stunde die Dynastie vor dem drohenden Sturm der Revolution retten, nachdem der andere Weg, dies im Zuge eines siegreichen Krieges mit dem Gewinn historischer Ziele zu erreichen, zu scheitern drohte oder gescheitert war?

Von den Regierungen in London und Paris wurde die »Friedenskam-

these auf, daß diese Männer in ihrem Glauben an die große Zukunft der Autokratie und an die Methoden der Diktatur, »ohne es zu wissen, dem innersten politischen Wollen der russischen Jugend vielleicht entsprochen« hätten, und zwar eines jungen adligen Rußlands, das in »Abscheu gegen den konstitutionellen Schwindel, gegen den liberalen Sozialismus« zum Geist Peters des Großen zurückfinden und dann ins Lager Lenins übergehen werde. Unter dem Eindruck dieser prophetischen Worte, die der spätere Marschall Tuchatschewski, Generalquartiermeister der Roten Armee, 1915 einem französischen Mitgefangenen im deutschen Gefangenenlager gesagt habe, stellt St. die Perspektive, daß sich Witte mit diesen Kräften verbündet hätte, die als »leidenschaftliche Englandhasser« und »atheistische zarentreue Imperialisten« nichts brennender gewünscht hätten, als »die Verträge zu zerreißen, die Rußland an die britische Galeere schmieden«.

12 Leo Winz an Erzberger, 12. Februar 1915, »Die letzten 60 Jahre«, Autographen-Kat. Nr. 115, S. 2, Autographenhandlung H. Meyer & Ernst.

pagne« des früheren Ministerpräsidenten sehr ernst genommen. Wiederholt beschwerten sie sich beim russischen Außenministerium durch ihre Botschafter in Petrograd oder über die bei ihnen akkreditierten russischen Botschafter[13]. Poincaré selbst erneuerte seinen Protest vom Juli gegen die Umtriebe Wittes und dagegen, daß er noch an der Spitze des Finanzkomitees stände[14] – entrüstet zählt Paléologue auch die übrigen Staatsämter auf: Staatssekretär Seiner Majestät, Mitglied des Staatsrates, Vorsitzender des Obersten Finanzrates. Die Engländer sahen in Wittes Tätigkeit und der Schonung seiner Person geradezu eine Gefährdung der Entente von 1907. Solange diese Agitation nicht »klar und ohne Zurückhaltung« erstickt würde, ließen sie durch Benckendorff sagen, müsse dies »als Wiederausbruch des Mißtrauens gegen England und Vorbereitung eines vollkommenen Frontwechsels« erscheinen[15].

Nun gab zwar Sasonow die Erklärung ab, daß Witte lediglich seine persönliche Meinung vertrete und daß er keinen Einfluß auf die Entschlüsse der Regierung habe; dies verbürge der »unbeugsame Wille Seiner Majestät« und die von der Regierung übernommenen Verpflichtungen[16]. Aber es wurde auch nichts gegen den Frondeur unternommen.

So taucht denn die Frage auf – und sie wurde auch in Paris und London erörtert –, ob es sich bei der Duldung dieser Friedenspropaganda um einen Schachzug der russischen Politik handelte, um in Verhandlungen mit den Ententepartnern ein Druckmittel zur Verfügung zu haben. Ein solcher Versuch wurde auch unternommen[17], als in den Bemühungen um eine französische Finanzhilfe Sasonow die Anweisung gab, »ganz energische Schritte zu tun«. Damals drohten Petrograder Bankdirektoren in Telegrammen nach Paris offen mit einem deutschen Sonderfrieden – worauf sie allerdings von den Franzosen daran erinnert wurden, daß der Krieg wegen des Balkans ausgebrochen war und daß es Leute in Frankreich gäbe, die bereit sein könnten, nach der Vertreibung der Deutschen, mit diesen Frieden zu schließen. Wir werden noch hören, daß der russische Außenminister das Druckmittel des deutsch-russischen Separatfriedens bei

13 Paléologue, a.a.O., 10. November 1914 über Gespräch mit Sasonow, I, 189; dt. I, 178. Benckendorff an Sasonow, 27. November 1914, russ. Dok. II, 6, II, S. 482.
14 Iswolski an Sasonow, Tel.-Nr. 30, 2. Februar 1915, Adamow, a.a.O., Bd. IV, S. 26.
15 Benckendorff an Sasonow, 27. November 1914, s. o. Anm. 13.
16 Sasonow an Iswolski und Benckendorff, 10. Dezember 1914, russ. Dok. II, 6, II, S. 541 f.
17 Zum folgenden Iswolski an Sasonow, 4. Januar 1915, russ. Dok. II, 6, II, S. 620 und Sasonow an Iswolski, 10. Dezember 1914, sowie Iswolski an Sasonow, 19. Dezember 1914, ebenda, S. 619 f., Anm. 2.

den Verhandlungen mit den Alliierten um Konstantinopel und die Meerengen auszuspielen wußte.

Wie aber ist die passive Haltung der russischen Regierung gegenüber Witte zu erklären? Was verbarg sich dahinter, daß Sasonow in einer entschuldigenden Erklärung in London bemerkte, daß eine endgültige Entfernung Wittes aus seinen Ämtern »mit Unannehmlichkeiten verbunden wäre«[18] und daß er im Gespräch mit Paléologue darüber plötzlich die Sprache verlor[19]. Gewiß handelte es sich zunächst um ein psychologisches Phänomen. Offensichtlich scheute sich der Zar, so sehr er Witte mißtraute und ihn gar haßte, gegen ihn einzuschreiten. »Er fürchtet«, so die Gräfin Kleinmichel, »seine Klugheit, seinen hochmütigen Geist, seine scharfe schneidende Sprache, seine Epigramme, seine Intrigen[20].«

Doch so erhebt sich auch die Frage, ob der Zar nicht unentschlossen die Dinge in der Schwebe ließ. »Um die Person des Zaren zu definieren«, so hatte Witte in Salzschlirf gesagt, »muß man damit beginnen, daß sie undefinierbar ist[21].« Unter vielfachem Druck stehend und ungewiß der weiteren Entwicklung, befand sich Nikolaus inmitten von Mächten und Kräften, deren Treiben ihn nur veranlassen konnte, vorerst einmal nichts zu tun.

Nikolai Nikolajewitsch, Witte und Rasputin

Hier aber greift das Problem Wittes und seiner Friedenskampagne in ein anderes ein. Es ist das des Machtkampfes von zwei Persönlichkeiten, die, ein jeder auf andere Weise, im damaligen Rußland einen dominierenden Einfluß ausübten. In Berichten, die über neutrale Länder nach Berlin kamen, tauchte als »Kriegstreiber« immer wieder der Name des Großfürsten Nikolai Nikolajewitsch auf, der den Zaren daran hindere, seine Friedensbereitschaft zu dokumentieren. So mag auch als ein Grund dafür, daß im Dezember der dänische König sich scheute, den Brief an den Zaren zu schreiben, die während eines Tischgesprächs geäußerte Ansicht gelten, daß

18 Sasonow an Benckendorff und Iswolski, 10. Dezember 1914, s. o. Anm. 16.
19 Paléologue, a.a.O., 10. November 1914, I, 189; dt. I, 178.
20 Paléologue, 30. November 1914, a.a.O., I, 210 f.; dt. I, 198. Vgl. Gräfin Maria Kleinmichel, »Bilder aus einer versunkenen Welt«, (1922). Aufgrund wiederholter Teilnahme an Gesprächen mit Witte charakterisiert sie ihn wie folgt: »Aber barsch in seinen Formen, fast brutal in seiner Sprache, weswegen man ihn für energisch hielt, war er im Grunde eher weich und schwankend, und seine in der Gesellschaft sehr schwierige Stellung nötigte ihn, Freund und Feind zu schonen.« A.a.O., S. 137.
21 Aufz. eines Freundes Billins über seine Gespräche mit Witte am 4., 5., 6. Juli 1914, s. o. Anm. 5.

er in dem Großfürsten und seiner Machtposition ein Hindernis für den Frieden sehe[22]. Ähnlich lauteten Meldungen im Nachrichtendienst des deutschen Generalstabes[23]. Der »Höchstkommandierende«, dem der Zar beim Kriegsausbruch diese Stellung abgetreten hatte, verkörperte nicht nur die militärische Gewalt im Staate, sondern repräsentierte als rangältester Großfürst auch eine soziale Gruppe und Machtsphäre sui generis: die einer – im übrigen in sich gespaltenen – kaiserlichen Verwandtschaft. Als Stratege anzuerkennen, wegen seines hochmütigen Selbstbewußtseins ziemlich unbeliebt, persönlich Frankreich zugeneigt, vertrat er den ententefreundlichen Kurs[24], wie er in den liberalen Kreisen der Duma herrschte; nach der ersten Revolution hatte er sogar neben Witte für die Berufung der Duma plädiert.

Der Antipode des Großfürsten, sein persönlichster Feind und ebenfalls eine politische Macht, war der Wundertäter und Günstling der Zarin, Rasputin. In dem intimen Briefwechsel des Herrscherpaares läßt sich verfolgen, wie der »Freund« seit dem September 1914 Schritt für Schritt mit Hilfe der Zarin gegen den Großfürsten gearbeitet hat[25], bis dieser

22 Brockdorff-Rantzau an Ausw. Amt, Tel.-Nr. 855, 18. Dezember 1914, AA, Wk 2 geh.

23 Aufz. der Nachrichtenabteilung im Gr. Hptqu.; Februar 1914, AA, Wk 2 geh.

24 Vgl. Jurij Danilov, »Großfürst Nicolai Nocolajewitsch« (dt. 1930) u. a. S. 225, 318.

25 W. P. Semennikow (Die Romanows und die deutschen Einflüsse 1914-1917, Leningrad 1929, russisch) sieht in dem Kampf Rasputins und der Zarin gegen den Großfürsten einen Ausdruck ihrer Bemühungen um einen Separatfrieden; in der Kampagne gegen Nikolaj Nikolajewitsch hätten Rasputin und Alexandra Fedorowna die gleichen Ziele erstrebt wie die Deutschen (a.a.O., S. 38; vgl. auch S. 32 und S. 130). Gegen diese Interpretation wendet sich S. P. Melgunow (Die Legende vom Separatfriegen, Paris 1957, russisch), der jede Sympathie der Zarin für einen Separatfrieden bestreitet und die Ursachen ihrer Feindschaft gegenüber Nikolaj Nikolajewitsch in den dynastischen Sorgen um die Stellung des Zaren sieht, die sie durch jenen »zweiten Zaren« bedroht glaubte (a.a.O., S. 44 ff.).
Für die Beurteilung der Rolle Rasputins und die Einschätzung seines Einflusses am Zarenhof ist der Schriftwechsel des Herrscherpaares äußerst aufschlußreich und unentbehrlich. Sein Quellenwert liegt im besonderen darin, daß die Äußerungen und Mitteilungen nur jeweils für den Zaren bzw. die Zarin bestimmt sind und Rücksichtnahme auf dritte Personen die vorbehaltlose Ehrlichkeit mit ihrem großen Aussagewert nicht beeinträchtigt hat. Eine vollständige Veröffentlichung des Briefwechsels (einschließlich aller Telegramme) ist durch die Übertragung der englischen Originaltexte ins Russische 1923 ff. von M. N. Pokrovskij in einer vierbändigen Ausgabe besorgt worden. Der Band III, der 1923 als erster erschien, umfaßt die zwischen dem 28. April 1914 und dem 31. Dezember 1915 zwischen Zar und Zarin gewechselten Briefe und Telegramme: Perepiska Nikolajai Aleksandry Romanovych 1914-1915 g.g. Tom III. Moskva, Petrograd 1923 (zitiert: russ. III, ...). 1932 veröffentlichte A. Maslow in deutscher Übertragung eine

schließlich ein Jahr später als Generalissimus abgesetzt wurde. Man kann den Einfluß, genauer die hypnotische Kraft des »Gottesmannes« in dem mystischen Kreis um die Zarin kaum hoch genug einschätzen[25a]. War auch der Zar selbst noch anderen Ratgebern zugänglich, so pflegte er doch zumindest nicht ins Hauptquartier zu fahren, ohne Rasputin gesehen und sich seinen Segen geholt[26] zu haben, und noch auf Zwischenstationen der Eisenbahn erreichten ihn dessen Telegramme[27] und jeweils von diesem inspirierte Ratschläge der Zarin. Kein Wunder, daß diese Hofgesellschaft voll war von persönlichen, angeblich sogar handgreiflichen Auseinandersetzungen des Höchstkommandierenden mit dem Staretz, dem schließlich Nikolai Nikolajewitsch das Betreten des Hauptquartiers verboten haben soll[28].

Grigorij Rasputin war ein ausgesprochener Gegner des Kriegseintrittes, noch dazu als Teilnahme an einem Kampf zwischen Monarchien[29]. Es

zweibändige Auswahl des Schriftwechsels. Seine Übersetzung folgt ebenfalls dem englischen Originaltext: Zarin Alexandra von Rußland, Als deutsche Zarin im Weltenbrand, Intime Aufzeichnungen aus der Zeit Rasputins, Dresden 1932. Die bereits 1922 in einer in Berlin erschienenen zweibändigen Veröffentlichung abgedruckten Briefe der Zarin an den Zaren im englischen Text und in russischer Übertragung sind als historische Quelle unzuverlässig, da der Ausgabe nur die aus dem Staatsarchiv gestohlenen Kopien der englischen Originale zugrunde gelegen haben und in der Folge Entstellungen und Auslassungen sich häufen (s. a. M. N. Pokrovskij, a.a.O., S. XXXIII): Pis'ma Imperatricy Aleksandry Fedorovny k Imperatoru Nikolaju II, Berlin 1922. Auf die Fahnenabzüge dieser Ausgabe stützt sich eine ebenfalls 1922 erschienene Auswahl der Briefe in deutscher Übersetzung, der der Herausgeber, Joachim Kühn, das Tagebuch der gefangenen Zarin beifügte: Die letzte Zarin. Ihre Briefe an Nikolaus II. und ihre Tagebuchblätter von 1914 bis 1915. Im folgenden sind die Nachweise für die russische Übersetzung Pokrovskijs und die deutsche Übersetzung Maslows geführt worden. Die sich entsprechenden Textstellen in den beiden Ausgaben sind jeweils bezüglich ihrer inhaltlichen Übereinstimmung miteinander verglichen worden. Die in den Nachweisen angegebenen Daten beziehen sich auf den gregorianischen Kalender.

Alexandra an Nikolaus, 3. Oktober 1914, 4. Februar 1915, 17. April, 29. Juni usw., russ. III, 8, 94, 143, 218; dt. I, 42 f., 84, 86, 145.

25a Vgl. hierzu auch die Verhörprotokolle der Außerordentlichen Untersuchungskommission der Provisorischen Regierung 1917, veröffentlicht als »Der Sturz der zaristischen Regierung«, Leningrad-Moskau 1925 ff.; so die Aussagen von Andronnikow (Band 1, S. 397), Naumow (Band 1, S. 334), Wojeikow (Band 3, S. 63) und Protopopow (Band 4, S. 6.).

26 Z. B. Alexandra an Nikolaus, 12. März 1915: ». . . und der Segen und die Gebete unseres Freundes werden Hilfe bringen. Es ist für mich solch ein Trost, daß Du an jenem Abend ihn gesehen und Seinen Segen erhalten hast!. . .«. Russ. III, 115; dt. I, 86 f.

27 Nikolaus an Alexandra, 8. Dezember 1914, russ. III, 68; dt. I, 82.

28 Darüber vielfache Gerüchte, z. B. Bericht des österreichischen Gesandten in Stockholm, Hadik, an Burian, 26. Februar 1915, HHStA. Wien, PA I/3/829.

29 Schon zur Zeit der Balkankriege wirkte Rasputin gegen einen Kriegseintritt

gehört zu den verhängnisvollen Zufällen der Weltgeschichte, daß er in den entscheidenden Tagen des Kriegsausbruches – durch ein Attentat einer Anhängerin seines Rivalen, des Mönches Iliodor, verwundet – in seinem sibirischen Heimatdorf war. Man darf die von den Bolschewisten veröffentlichten Telegramme und Briefe als echt betrachten, in denen er dem Zaren prophezeite, daß Rußland auch bei einem Siege im Blut ertrinken würde und daß sein Untergang vollständig sein würde[30]. Nach dem Zeugnis von Gilliard[31], dem Schweizer Hauslehrer, gehen die Telegramme auf Anfragen der Zarin zurück, die, wie auch die Hofdame Anja Wyrubowa bezeugt, aufs Tiefste erschüttert war, daß Nikolaus ohne ihre Kenntnis den Befehl zur Generalmobilmachung unterschrieben hatte und die ihm deswegen eine Szene machte[32]. Man mag sich ausmalen, wie der Wundertäter mit seinem hypnotischen Einfluß gewirkt hätte, wenn er, der jederzeit Zugang zu den Gemächern des Zaren hatte, sich damals in Petersburg befunden hätte. Galten doch seine Worte als die Stimme des Volkes und damit als Offenbarungen Gottes, der diesen Heiligen geschickt habe, um dem Zaren bei der Regierung seines Reiches beizustehen[33].

Rußlands und lehnte, wie Graf Witte, die panslawistische Ideologie von der Befreiung der Balkanslawen ab (s. Semennikow, a.a.O., S. 28, nach: A. P. Iswolskij, »Erinnerungen« [1924], S. 95 [russisch] und A. Wyrobowa, Seiten aus meinem Leben, S. 90 [russisch]; sowie das Interview Rasputins mit der »Petersburgskaja Gaseta« vom 13. Oktober 1913 und ein von Rasputin unterzeichneter Aufsatz in der Zeitschrift »Dym Otetschestwa« vom 24. Januar 1913, beide zitiert bei Semennikow, a.a.O., S. 29 f.).

30 Vgl. dazu auch Aron Simanowitsch (Erinnerungen), dt. A.: »Der Zar, der Zauberer und die Juden«, hrsg. v. W. Gruehn (1943), S. 204 f.

31 Pierre Gilliard, »Le tragique destin de Nicolas II. et de sa famille« (1921), S. 83.

32 Anna Wyrubowa, »Glanz und Untergang der Romanows«, dt. Ausg. (o. J.): »Ich konnte von meinem Platz aus hören, wie sie sich eine halbe Stunde lang mit erhobener Stimme unterhielten; als die Kaiserin zurückkehrte, standen in ihren Augen Tränen. Verzweifelt warf sie sich auf das Sofa und rief aus: ›Alles ist zu Ende, wir haben Krieg, und ich habe nichts davon gewußt.‹« (S. 84) – Auch die Wyrubowa bezeugt den Eingang der Depesche Rasputins, in der dieser den Kaiser beschworen habe, es nicht zum Kriege kommen zu lassen, da er das Ende Rußlands und den Untergang seiner Bevölkerung bedeuten würde. Doch sei der Kaiser sehr aufgebracht gewesen und habe die Depesche zerrissen und ihr keine Bedeutung beigelegt (S. 83 und 161).

33 Darüber zahlreiche Zeugnisse im Briefwechsel des Zarenpaares und immer wieder Mahnungen der Zarin, wie: »Gott hat ihn uns nicht umsonst geschickt, wir müssen nur Seinen Worten mehr Aufmerksamkeit schenken – sie werden nicht in den Wind gesprochen. Wie wichtig ist es für uns, nicht nur Seine Gebete, sondern auch Seine Ratschläge zu besitzen!« (Alexandra an Nikolaus, 24. Juni 1915, in der russ. A. ist der Brief auf den 23. Juni datiert. Russ. III, 200; dt. I, 119. »... aber mich verfolgt der Wunsch unseres Freundes, und ich weiß, daß seine Nichterfüllung für uns und das ganze Land verhängnisvoll werden kann ... Er war sehr gegen den Krieg, ...« (Alexandra an Nikolaus, 24. Juni 1915, russ. III, 201, dt. I, 121.) ...

Auch Rasputin erschien Anfang September wieder in Petrograd, durch seine Heilung erneut göttlichen Schutzes ausgewiesen. Wenn er auch schlau genug war, sich nicht zu sehr zu exponieren, »konnte man doch aus seinen verschleierten, zweideutigen apokalyptischen Worten« über den Krieg schließen, daß er ihn verurteile und großes Unheil voraussehe, auch »Dieser Krieg beleidigt Gott«, war der Tenor seiner Predigten. Rußland sei gegen den Willen Gottes in ihn eingetreten. »Wehe denen, die sich heute noch weigern, es zu verstehen.« Aber das Blut werde nicht über diese kommen, sondern auf den Zaren zurückspritzen. »Ich sage Euch: die Rache Gottes wird furchtbar sein[34].« Auch diese Reden beunruhigten die Botschafter der Entente. Denn es waren die gleichen Prophezeiungen, mit denen Witte gegen die Kriegspolitik der Regierung opponierte und für den Frieden mit Deutschland agierte.

Schon die Bestürzung, mit der Witte in Salzschlirf die Nachricht von dem Attentat aufnahm, läßt erkennen, welche positive Bedeutung er dem Einfluß des Staretz am Petersburger Hofe zumaß. Es könne gewaltige Folgen für Rußland haben, wenn Rasputin nicht wieder genese. Dieser

»wenn er [der Großfürst] ein Feind des Mannes Gottes ist, können seine Handlungen nicht erfolgreich und seine Absichten nicht richtig sein. ... Die Feinde unseres Freundes sind unsere Feinde. ... Wenn Er [Rasputin] rät, etwas nicht zu tun, und wenn man auf Ihn nicht hört, überzeugt man sich später immer davon, daß man unrecht getan hat.« (Alexandra an Nikolaus, 29. Juni 1915, russ. III, 218 f., dt. I, 145 f. Es ist erstaunlich, wie die Wyrubowa in ihren – im übrigen wegen ihrer intimen Position am Hofe wichtigen – Memoiren (a.a.O.) den Einfluß Rasputins, dem sie nicht weniger verfallen war als die Zarin, auf politische Entscheidungen leugnet (z. B. S. 92 und 102/3), obgleich zur Zeit der Niederschrift der Briefwechsel des Zarenpaares veröffentlicht war und von ihr auch erwähnt wird. Daraus geht sogar hervor, daß Rasputin später dem Zaren durch die Wyrubowa sogar Ratschläge über militärische Operationen übermittelte (wobei diese mitunter manches nicht behielt [darüber später noch in anderem Zusammenhang]). Ohne es zu wollen, bezeugt die Wyrubowa den Einfluß Rasputins insofern, als sie sich auf die »Macht seines Gebetes« konzentriert, z. B.: »Bis zum letzten Augenblick habe Ihre Majestät an die Macht seines Gebetes geglaubt... Es gab nichts, was das Vertrauen des Kaiserpaares zu Rasputin erschüttern konnte.« (S. 149) Auch General Komaroff-Kurloff, Chef der Geheimpolizei, berichtet, daß ihm Rasputin bei einer Begegnung im Sommer 1915 kategorisch erklärt habe, daß er den Krieg mit Deutschland als ein unermeßlich großes Unglück für Rußland ansehe, polemisiert aber ebenfalls gegen die »Legende von einem grenzenlosen Einfluß Rasputins auf Angelegenheiten der Staatsregierung«. (Das Ende des russischen Zarenreiches [1920], S. 248/9.) Richtiger sieht General Spiridowitsch, Chef der Geheimen Sicherheitspolizei am Hofe des Zaren von 1906-1916 Rasputin (1939). Doch leidet der Quellenwert seines Buches dadurch, daß es sich um eine Darstellung handelt, die Literatur über Rasputin berichtet.

34 Paléologue, a.a.O., 12. September 1914, 26. Mai 1915; I, 117 u. 362; dt. I, 109 u. 338 f.

Mann »kennt Rußland besser als sonst jemand, seinen Geist, die Stimmung und historischen Bestrebungen. Er weiß alles gewissermaßen instinktiv«. Und er sei der Einzige, der die verwickelte politische Lage zu entwirren vermöge. »Aber leider ist er jetzt entfernt[35].« Mit diesem »Freund« des Zarenpaares stand Witte in Verbindung. Schon seinen Vorgänger als Wundertäter am Hofe, Monsieur Philipp, hatte er sich verpflichtet, indem er ihm das erstrebte medizinische Doktordiplom auf dem Wege der Ernennung zum Militärarzt der Reserve verschaffte, obendrein mit der Erlaubnis, die Uniform eines Zivilgenerals zu tragen[36]. Und schon vor dem Kriege rühmte sich Rasputin in der Trunkenheit seiner Freundschaft mit »Vitia«, dem er wieder zur Macht verhelfen würde[37].

Als Witte im März 1914 mit seinen »Preßtreibereien« zum Ausdruck brachte, daß er wieder zur Macht kommen wollte, wurde der deutschen Regierung von ihrem Petersburger Botschafter berichtet, daß er in Ermangelung der Kaiserlichen Gnade »neuerdings enge Beziehungen mit Persönlichkeiten angeknüpft habe, der großer Einfluß auf den Zaren bekannt« sei. »Man spricht sogar von geheimen Zusammenkünften, die der Graf in finnländischen Dörfern mit dem bekannten, bei Hof hochangesehenen religiösen Eiferer Rasputin, mit dem das Ehepaar Witte schon seit einiger Zeit Verkehr pflegt, haben soll«.[38]

So trägt die Schilderung die Zeichen der Glaubwürdigkeit, die Rasputins Privatsekretär, Aron Simanowitsch, von geheimen Treffen gibt, die er im Frühjahr 1915 in einer eigens hierfür im Hause des Staretz gemieteten Wohnung arrangierte[38]. Hier entwickelte Witte seine politischen Ansichten, denen Rasputin zustimmte: »Laß Dich küssen.« »Ich will auch keinen Krieg. Darin bin ich mit dir vollkommen einig«, um aber dann in seiner

35 Tgb. des Großfürsten Andrej Wladimirowitsch, hrsg. v. W. P. Semennikow (1926), dt. Ausg. in: Gunther Frantz, »Rußland auf dem Wege zur Katastrophe« (1926), S. 135-227, f. Nachweis s. S. 207. Rasputin nannte diese Äußerung Wittes im Mai 1914 »sehr vernünftig«, wie ja auch Witte selbst vernünftig sei (Peterburgskaja Gaseta, Nr. 144 [1914], zitiert bei Semennikow, »Die Romanows und die deutschen Einflüsse«, S. 31). In diesem Sinne interpretiert auch Graf Moy Äußerungen Wittes, a.a.O., S. 825.

36 Paléologue, a.a.O., 30. November 1914, I, 211; dt. I 199. Siehe auch dort seine ausführliche Analyse der Rolle des M. Philipp am Zarenhof.

37 Dazu Kokovtsov, a.a.O., S. 292.

38 Pourtalès an Bethmann Hollweg, 31. März 1914, AA, Deutschland 131 secr. Das wird bestätigt durch die Aussagen von S. P. Beletzkij am 19. Mai 1917 vor der Untersuchungskommission: Rasputin habe schon früh der Familie Wittes nahegestanden, er habe von der Rückkehr Wittes zur Macht geträumt und seiner immer mit besonderer Wärme gedacht (Bd. 3 der erw. Untersuchungsprotokolle, S. 388).

39 Simanowitsch, a.a.O., S. 128 ff.; vgl. auch Ernst Seraphim, »Russische Porträts« (1943), Bd. 1, S. 228 f.

drastisch-simplen Art hinzuzufügen: »Papa ist gegen Dich, er hat Angst vor Dir«, und er versprach, sich bei der nächsten Gelegenheit für Witte zu verwenden und dem Zaren den Rat zu geben, ihn »mit der Beendigung des Krieges zu beauftragen«. Diese Pläne Rasputins fanden freilich nicht die Zustimmung des Zaren.

Wollte sich Witte mit diesen Beziehungen gegenüber der nationalen Erregung und den Protesten der Ententebotschafter abschirmen, so blieben sie doch nicht verborgen. Das mußte Rasputin erfahren, als ihn bei einem zufälligen Zusammentreffen am 24. Februar Paléologue scharf zur Rede stellte[40]: »Ich kenne mehrere hochgestellte Persönlichkeiten, die auf dich rechnen, um den Kaiser dazu zu bringen, den Krieg nicht mehr fortzusetzen.« Dem Staretz, der sich aus hochpolitischen Streitfragen gern heraushielt, war dieses Thema offenbar nicht angenehm, und er zog sich mit der Bemerkung »Dummköpfe gibt es überall« und einem Lippenbekenntnis zum Siegfrieden aus der Affäre.

Zum Kreise derer, die über Rasputin mit Witte zusammenarbeiteten, gehörte auch die jüdische Finanzwelt in Petrograd. Prominente Mitglieder, wie die Ginsburgs, Manus, der Rabbiner Maso, Rechtsanwalt Sliosberg und Dimitrij Rubinstein hatten schon vor dem Krieg den Weg zu Rasputin gefunden, um über ihn den Zaren zur Aufhebung der Ausnahmegesetze gegen die Juden zu bewegen[41]. Als nach Kriegsausbruch die Judenverfolgung dieses Anliegen noch dringlicher machte, ergab sich eine gemeinsame Front dieser jüdischen Finanziers, Rasputins und Wittes gegenüber dem Großfürsten Nikolai Nikolajewitsch, der als »Höchstkommandierender« besonders hart gegen die Juden vorging und gleichzeitig als Exponent russischen Kriegswillens galt.

Die Judenfrage in Rußland war auch ein außenpolitisches Problem. Wie es Paléologue Sasonow vortrug[42], sei die Entente doch daran interessiert, das Wohlwollen der Amerikaner zu wahren. Dort aber seien die jüdischen Glaubensgenossen aufs tiefste über die Maßnahmen der russischen Regierung empört, und Deutschland baute diesen Groll in geschickter Weise aus. Tatsächlich stand der deutsche Botschafter in den Vereinigten Staaten in besonderer Verbindung mit der jüdischen Hochfinanz in New York[43]. So bot sich hier für Witte eine internationale Unterstützung seiner Friedenskampagne an. Auf diesen Zusammenhang wies auch Benckendorff hin, wenn er Sasonow von gleichartigen Tendenzen in Amerika und Ruß-

40 Paléologue, a.a.O., 24. Februar 1915, I, 309; dt. I, 290.
41 Simanowitsch, a.a.O., S. 132.
42 Paléologue, a.a.O., 28. Oktober 1914, I, 180; dt. I, 170.
43 Siehe oben E. Zechlin, »Die Allianz mit dem Judentum«, Friedensbestrebungen, a.a.O. B 25/61, S. 345.

land berichtete: »An ihrer Spitze sollen einflußreiche Männer stehen, jedenfalls ein außerordentlich bekannter Staatsmann[44].«

Es war also der Anstrengung der deutschen Regierung wert, mit diesem bedeutenden Vertreter der Friedensidee in Rußland in Verbindung zu kommen, der bereits als Opposition gegen die Sasonow-Iswolskische Ententepolitik, mehr aber noch als ein potentieller Unterhändler für Verhandlungen als ein Machtfaktor betrachtet werden konnte[45].

44 Benckendorff an Sasonow, 27. November 1914, russ. Dok. II, 6, II, S. 482.

45 Über die Fühlungnahme des Auswärt. Amtes mit Witte über den Bankier Robert Mendelssohn und Albert Ballin siehe E. Zechlin, »Friedensbestrebungen und Revolutionierungsversuche«, a.a.O., Beilage zum »Parlament« vom 29. Mai 1963, S. 8 ff. u. das dokumentarische Material dazu, Anhang Nr. 31-35. – Witte starb jedoch am 13. März 1915 (vgl. dazu Zechlin, a.a.O., S. 22).

14.
Der Großherzog von Hessen und die Bemühungen um den russischen Sonderfrieden

Am 29. November 1914 erhielt das Auswärtige Amt in Berlin ein Telegramm des deutschen Gesandten in Kopenhagen, das von einem in Petersburg umlaufenden Gerücht berichtete: Vor Wochen habe unter dem Vorsitz des Zaren ein »Kaiserlicher Familienrat« stattgefunden, »an dem auch Großherzog von Hessen und Großfürstin Serge teilgenommen haben. Ergebnis unbekannt«. Danach wäre also ein regierender deutscher Bundesfürst während des Krieges in die Hauptstadt des Russischen Reiches gereist, um seine Verwandten aufzusuchen: seine Schwestern, die Zarin Alexandra und Elisabeth, die verwitwete Großfürstin Sergius, Äbtissin der »Schwesternschaft von der Heiligen Maria und Martha« in Moskau, und seinen Schwager Nikolaus II.

Damit beginnt die Geschichte eines Gerüchts, das sich bis in unsere Zeit gehalten hat. Schon im Weltkriege tauchte es in verschiedenen Versionen auf. So berichtete am 12. Januar 1915 der k. u. k. Gesandte in Dresden dem Außenminister in Wien »unter aller Reserve«, daß gleichzeitig mit dem Großherzog von Hessen in Petersburg der Großfürst von Kyrill in Berlin eingetroffen sei, beide um eventuelle Friedensmöglichkeiten zu sondieren. Die Lebenskraft eines solchen Gerüchtes zeigt sich darin, daß es mit den gleichen Worten im Juni 1915 in einem Brief wiederkehrt, den die Großherzogin von Hessen von ihrer in Leipzig verheirateten Schwester erhielt. Auch jener Großfürst hatte verwandtschaftliche Beziehungen in Deutschland, und es war ebensowenig von ungefähr, daß die Nachricht von seiner Reise gerade in Sachsen verbreitet war, wie daß sich die Schwestern des hessischen Großherzogs dafür interessierten. Kyrill war mit der geschiedenen Frau des Großherzogs Ernst Ludwig verheiratet, der Prinzessin Melitta von Sachsen-Coburg. Und es mag als weiterer Hinweis auf das verwirrende Geflecht dynastischer Verwandtschaftsbeziehungen hier angeführt werden, daß auf der ersten Hochzeit der Prinzessin Melitta – also mit dem hessischen Großherzog Ernst Ludwig – in Coburg 1894 auch die Verlobung von dessen Schwester Alice mit dem russischen Thronfolger Nikolaus zustande kam – unmittelbar arrangiert von der Queen Victoria von England und Wilhelm II.

Aus: Frankfurter Allgemeine Zeitung, Nr. 54, 4. März 1964.

Stimmungsmache gegen die Zarin

Auch in Rußland gewann das Gerücht von der Reise des hessischen Großherzogs im Weltkriege schon damals an Gestalt. In Petersburger Gesellschaftskreisen flüsterte man sich zu, daß die Zarin ihren Bruder im Keller des Schlosses Zarskoje Selo versteckt halte – so erzählt es noch in ihren Erinnerungen die Hofdame Buxthoeven. Und in Moskau zogen im Juni 1915 Volkshaufen vor das Kloster, in dem sich die großfürstliche Äbtissin mit beispiellosem sozialen Einsatz den Aufgaben christlicher Barmherzigkeit und Nächstenliebe widmete; sie forderten unter wüsten Beschimpfungen des Herrscherpaares die Auslieferung des deutschen Fürsten. »Denn das Volk«, so notierte der französische Botschafter Paléologue in seinem Tagebuch, »ist schon lange überzeugt, daß sie eine Spionin sei, ja sogar, daß sie ihren Bruder, den Großherzog von Hessen, in ihrem Kloster beherberge.«

Man wird die Ursache solcher Gerüchte zu einem Teil in einer Stimmungsmache gegen eine Zarin zu suchen haben, die niemals die Zuneigung des Volkes oder der russischen Gesellschaft gewonnen hatte. Schon in den neunziger Jahren ging das böse Wort von der »Hessenfliege« um, der russischen Bezeichnung für einen Getreideschädling, der sich auf das russische Korn gesetzt habe. Und was über das Leben der Zarin in Zarskoje Selo bekannt wurde, insbesondere über ihren Umgang mit Rasputin, war nicht geeignet, sie beliebt zu machen. So machte der mit dem Kriegsausbruch sich verbreitende Deutschenhaß auch vor der »deutschen Zarin« nicht halt. Dabei war die hessische Prinzessin im patriotischen Sinne niemals eine Deutsche, eher sogar eine Preußenfeindin gewesen. Tochter einer englischen Mutter und seit ihrem sechsten Lebensjahr bei ihrer Großmutter, der Queen Victoria, erzogen, korrespondierte sie mit dem Zaren und zumeist auch mit ihren deutschen Geschwistern auf englisch. Aber ihrer hessischen Heimat war sie immer zugetan, und mit fast abgöttischer Liebe hing sie an ihrem Bruder. Noch am Tage der russischen Mobilmachung, am 31. Juli 1914, schickte sie ihm ein sehr herzlich gehaltenes Telegramm nach Wolfsgarten.

Nun wurde sie der Konspiration mit den deutschen Fürsten beschuldigt. Und da sie – und zwar auf Betreiben Rasputins – seit Oktober 1914 gegen die Machtstellung des »Höchstkommandierenden«, Großfürst Nikolai Nikolajewitsch, ankämpfte und da dieser als unversöhnlicher Gegner Deutschlands und energischer Vertreter einer auf die Vernichtung des westlichen Nachbarn abzielenden Kriegsführung galt, geriet sie um so mehr in Verdacht, es im Grunde mit den Deutschen zu halten. In Berichten, die über die Auseinandersetzungen mit dem Großfürsten, als dem eigentlichen Diktator, nach Berlin und Wien gelangten, hieß es dann, daß hinter der Zarin als treibende Kraft der Einfluß des Großherzogs von Hessen stehe. So erhielt das k. u. k. Außenministerium eine Meldung vom 31. Dezember 1914 aus Stockholm, daß Nikolaus II auf Bitte seiner Frau und ihres Bruders beim Großfürsten Nikolai Nikolajewitsch vorstellig geworden sei, dem Blutvergießen ein Ende zu machen, worüber dieser in Raserei geraten sei.

Zweckmeldungen der Diplomatie

Doch die Nachrichten über den angeblichen Aufenthalt des Großherzogs in Rußland waren auch Zweckmeldungen der Ententediplomatie, um die deutschen Bemühungen um einen russischen Sonderfrieden zu durchkreuzen. Das gilt insbesondere für Mitteilungen, die das »Journal de Genève« im Juli 1915 brachte, in dem Augenblick also, als die Friedenssondierungen der deutschen Regierung beim Zaren einen Höhepunkt erreichten. Am 6. Juli veröffentlichte das Schweizer Blatt eine Meldung aus Basel (»Un ami nous télégraphie«), der Großherzog von Hessen sei in geheimer Mission nach Petersburg entsandt worden, und gleichzeitig – hier taucht also die vorhin erwähnte Kombination auf – seien zwei Großfürsten im »österreichisch-deutschen Hauptquartier in ›Pröschen‹ eingetroffen« (offensichtlich eine Wortbildung aus Teschen, Sitz des k. u. k. Oberkommandos, und Pleß, Sitz der deutschen Obersten Heeresleitung). Am folgenden Tage berichtete die Zeitung zwar aus Bern, daß diese Nachricht doch in diplomatischen Kreisen für wenig wahrscheinlich und sogar unbegründet gehalten werde; aber am 11. Juli veröffentlichte sie eine Meldung vom 9. Juli aus Paris, in der ausdrücklich bestätigt wurde, daß »der Großherzog von Hessen, Bruder der Kaiserin von Rußland, in Petersburg angekommen« sei, ohne daß man natürlich versichern könne, daß es sich bei seiner Mission um den Plan eines Separatfriedens handele.

Dazu läßt sich feststellen, daß diese Meldung von dem Pariser Korrespondenten der Zeitung stammte und daß dies der spätere Züricher Geschichtsprofessor M. William Martin war, der in besonders guten Beziehungen zu dem französischen Minister Delcassé stand; dieser wiederum hatte Kontakt mit dem russischen Botschafter Iswolski, der sich denn auch beeilte, die Notiz des »Journal de Genève« seinem Außenminister in Petersburg weiterzuleiten. Auch die Zarin erfuhr von diesem Gerücht. In einem Briefe an Nikolaus II vom 12. September 1915 beklagte sich sich darüber, daß die Leute behaupteten, der Fürst Orloff lebe in Zarskoje Selo, um dann fortzufahren: »Genau wie sie früher behauptet haben, Ernie (d. i. der Großherzog von Hessen) sei hier.«

In dem Prozeß um die angebliche Zarentochter wurde immer wieder – und wird auch jetzt – die Behauptung der Frau Anderson vorgebracht, daß sie ihren Onkel, den Großherzog von Hessen, während des Krieges in Zarskoje Selo gesehen habe. Es würde für die Glaubwürdigkeit ihrer Angaben und so auch für die Personengleichheit mit der Zarentochter sprechen, wenn diese Reise wirklich stattgefunden hätte. Im Laufe des Prozesses und in der öffentlichen Diskussion wurden denn auch die angeblichen Beweise dafür vorgebracht. Dabei handelte es sich aber um spätere Aussagen nicht beteiligter Personen, die einer wissenschaftlichen Analyse nicht standhalten. Sie betreffen entweder Dinge, die nicht bewiesen zu werden brauchen, etwa daß die Zarin während des Krieges mit ihrem Bruder in Verbindung stand und daß es Gerüchte wie die oben angeführten gab, oder es handelte sich darum, daß irgend jemand in Rußland irgend jemanden gesehen hatte, von dem er nun, als die Auseinandersetzungen um die angebliche Anastasia schon im Gange waren, erklärte, daß er dem Großherzog von Hessen ähnlich gewesen sei.

Wo der Großherzog war

Unabhängig davon, wem in einem Gerichtsverfahren die Beweislast zufällt, wird der Historiker festzustellen versuchen, wo sich denn der Großherzog tatsächlich befunden hat, und zwar einmal zu der Zeit, auf die sich die oben angeführten Gerüchte beziehen, und zum anderen für zwei Zeitspannen, die im Laufe des Anastasia-Prozesses von den Verteidigern der Frau Anderson geltend gemacht wurden, weil dafür genauere Eintragungen in dem Tagebuch des großherzoglichen Flügeladjutanten von Massenbach fehlen.

Da ist einmal die Zeit vom 7. bis 21. Oktober 1916. Abgesehen davon, daß sich im Massenbachschen Tagebuch hier der Vermerk »Wolfsgarten« finden läßt, konnte ich insbesondere aufgrund täglicher handschriftlicher Eintragungen eines Bediensteten dieses Schlosses den lückenlosen Beweis erbringen, daß der Großherzog damals keine weitere Reise unternommen haben kann. Um so mehr konzentriert sich das Interesse heute wieder auf die Zeitspanne vom 7. Februar bis zum 9. April 1916. Für diese Wochen vermerkt das Massenbachsche Privattagebuch lediglich: »Im Felde bei Verdun.« Doch konnte ich auch hierfür Beweise erbringen, daß sich der Großherzog zu keinem Zeitpunkt aus seinen Quartieren so lange entfernt haben kann, wie zu einer Reise nach Rußland nötig gewesen wäre. Er befand sich vielmehr beim Stabe des XVIII. Armeekorps oder der 25. Infanteriedivision, beschäftigt mit Besichtigungen, Ordensverleihungen und so weiter. Das bezeugen übereinstimmend ein von ihm handschriftlich geführtes Tagebuch mit täglichen Eintragungen und ein ebenfalls handschriftlicher Schriftwechsel mit seiner Frau, beides mit Aufenthaltsangaben wie St-Laurent, Marles, Charency, Senue und so weiter. Die Briefe, Postkarten und Telegramme tragen Datumsstempel und weisen vielfach handschriftliche Eingangsvermerke der Großherzogin auf, auch nehmen die Briefe vielfach postwendend aufeinander Bezug. Der Gedanke, daß solche Schriftstücke, wie entgegengehalten wird, »zur Tarnung angefertigt« seien, ist geradezu absurd. Werden doch sowohl Ereignisse berührt, die sich wahrhaftig nicht voraussehen lassen – etwa die Einnahme des Fort Doauaumont –, wie auch höchst private familiäre Dinge, die niemals für die Augen eines Dritten bestimmt waren.

Sicherheitshalber aber sei angegeben, daß sich auch für die übrige Zeit in Briefen und Tagebuchaufzeichnungen Ernst Ludwigs, in Eintragungen von Flügeladjutanten, Hofdamen und Bediensteten, dazu durch sein vielfaches Erscheinen bei Theater- und Opernaufführungen, Besichtigungen und Einweihungen so viel Material ergibt, daß es den eindeutigen Schluß zuläßt, daß der Großherzog von Hessen während des Weltkrieges nicht in Rußland gewesen sein kann. Und da immer wieder darauf hingewiesen wurde, daß aus seinem eigenem Munde eine solche Erklärung nicht vorliege, sei auch noch angeführt, daß er seiner ältesten Schwester Victoria, Witwe des englischen Großadmirals Prinz Ludwig von Battenberg, am 2. Februar 1927 schrieb: »Auch konnte ich verschiedene Aussagen widerlegen wie diese, daß ich während des Krieges in Rußland gewesen sei.«

Wörtlich übernommene Berichte

Wie aber ist die Frau, die nach dem Ersten Weltkriege in Berlin auftauchte und 1924 behauptete, die Zarentochter zu sein, zu ihren Angaben von den Vorgängen und Gebräuchen am Zarenhofe gekommen? Man braucht nur den Briefwechsel des Zarenpaares zu studieren, der 1922 veröffentlicht wurde, um sich darüber, insbesondere auch über die Lebensweise der Kinder und etwa über ihre Kosenamen, Kenntnisse zu verschaffen. Wie so etwas gemacht werden kann, ist aus einer Schilderung zu ersehen, die die angebliche Anastasia über die Zeit ihrer Gefangenschaft in Jekaterinburg gegeben haben soll. Diese Darstellung ist fast wörtlich aus dem Bericht der »Untersuchungskommission über die Ermordung der Zarenfamilie« übernommen, der 1924/25 in Berlin in deutscher Übersetzung erschienen ist. Es wurde in die Ichform übertragen und so als eigene Erinnerung dargestellt. So ist es denn auch angesichts der weiten Streuung, die, wie oben gezeigt, die Gerüchte über den angeblichen Besuch des hessischen Großherzogs in Rußland gefunden haben, durchaus wahrscheinlich, daß sie auch zu der unglücklichen Unbekannten gedrungen sind, die laut Polizeibericht am 26. Juni 1920 »in selbstmörderischer Absicht in den Landwehrkanal sprang und nach der Rettung durch einen Polizeiwachtmeister jegliche Auskunft über ihre Person und die Motive der Tat verweigerte«. Ist doch diese Frau wohl während ihres Aufenthaltes in der Anstalt von Dalldorf, jedenfalls aber bevor sie 1924 ihre Aussagen über den angeblichen Besuch ihres »Onkels« machte, mit russischen Emigranten in Berührung gekommen, die sie ja zunächst als Zarentochter akzeptierten.

Im Dienste der Politik

Schon dem Reichskanzler Bülow hatte Graf Witte, damals noch russischer Ministerpräsident, den Rat gegeben, den Großherzog von Hessen so freundlich wie möglich zu behandeln – der werde den besten Einfluß auf die Zarin und den Zaren ausüben. Und noch in der Julikrise 1914 ließ Witte von seinem Kuraufenthalt in Bad Salzschlirf aus dem Reichskanzler Bethmann Hollweg über den Hamburger Reeder Albert Ballin den Rat übermitteln, mit Hilfe des Großherzogs von Hessen durch die Zarin bei Nikolaus II. eine Zusammenkunft mit Wilhelm II. anzuregen, um den bedrohten Frieden zu retten.

Als man dann im Frühjahr 1915 im Auswärtigen Amt bemüht war, Rußland von der Entente »abzusprengen«, wurden auch die verwandtschaftlichen Beziehungen des Hessenhauses in den Dienst dieser Politik gestellt. Am 17. April 1915 war Großherzog Ernst Ludwig in Berlin beim Staatssekretär des Äußeren, von Jagow, um einen von diesem entworfenen Brief an seine Schwester zu schreiben. Die Genehmigung dazu hatte Jagow von Kaiser Wilhelm II. erbeten, da er es nicht für gangbar erachtete, »daß ein deutscher Bundesfürst in der jetzigen Lage ohne Wissen Seiner Majestät an den Zaren schreibe«. Der – wie Jagow dem Reichskanzler ins Hauptquartier berichtete – »sehr geschickte« Brief des Großherzogs, Kranzbühler, an, der, nach Besprechungen mit dem Großherzog besondere die Bedrohung Rußlands von Osten vor Augen. »Willy hat doch recht gehabt, als er Europa vor den Asiaten warnte.« Der Brief gipfelte in dem Vorschlag, daß der Zar einen Vertrauensmann nach Stockholm schicke, und kündigte an, daß ein deutscher bereits dorthin entsandt würde.

»Erni wird enttäuscht sein«

Das Auswärtige Amt forderte denn auch noch am gleichen Tage den bei der Verwaltung in Belgien tätigen früheren Kabinettsekretär des Großherzogs, Kranzbühler, an, der, nach Besprechungen mit dem Großerhzog in Darmstadt, auch in die schwedische Hauptstadt reiste. Dort wartete er freilich noch vergebens. Ernst Ludwig erhielt von seiner Schwester eine Absage, und zwar noch bevor sie dem Zaren, diesem die Entscheidung abnehmend, den Brief ins Hauptquartier nachsandte. »Ach es ist leider nichts zu machen und von dieser Seite kann man nichts machen«, heißt es in ihrer Antwort. Und sie sucht ihm begreiflich zu machen – wenn auch mit sehr herzlichen und zärtlichen Worten –, daß er von falschen Voraussetzungen ausgegangen sei und Rußland vielmehr Siegeszuversicht erfülle. »Alle Seiten sind des Erfolges sicher – alle Seiten denken dasselbe – einige haben zuerst Glück, die anderen am Ende.« »Ernie wird enttäuscht sein«, schrieb sie an den Zaren.

Dennoch gab man in Berlin die Hoffnung nicht auf, Nikolaus II. für den Sonderfrieden zu gewinnen. Ende Juni 1915 glaubte man im Auswärtigen Amt Nachrichten, daß der Zar zwischen Friedensneigungen und Kriegsfortsetzung hin und her schwanke. Was ihn aber davon abhalte, die deutschen Friedensfühler aufzunehmen, sei der erschreckende Gedanke, bei einem Bruch mit den Alliierten vor der Welt als »Verräter« dazustehen. Durch Briefe »gekrönter Häupter, wie Mitglieder fürstlicher Familien«, sollte er nun von der Besorgnis befreit werden, »die Achtung seiner fürstlichen Standesgenossen zu verlieren, wenn er einen Schritt des Entgegenkommens unternahm«.

Brief gekrönter Häupter

Diesmal hatte man sich ein besonderes Verfahren ausgedacht. Die Großherzogin Luise von Baden, eine Tochter Kaiser Wilhelms I., wurde von Staatssekretär Jagow gebeten, sich in einem Brief an den Großherzog von Hessen über »gemeinsame Empfindungen« auszusprechen, den dieser »scheinbar von sich aus« als Einlage seiner Schwester nach Petersburg schicken wollte. Dafür wurde wieder die Genehmigung Kaiser Wilhems II. eingeholt. Dieser lieferte sogar den Gedankengang dafür. Die Hohenzollernprinzessin sollte der traditionellen Beziehungen zur Zarenfamilie gedenken, die sie in ihrem Elternhause erfahren hatte. Und damit es für Nikolaus II. leichter sei, ein Wort des Friedens zu sprechen, möge sie schreiben, die Gesinnung ihres Neffen Wilhelm biete die sichere Bürgschaft dafür, »daß das Wort Menschlichkeit und christliche Nächstenliebe bei ihm entsprechenden Widerfall finden würde«.

»Ob es hilft?« meinte Ernst Ludwig skeptisch zu seiner Frau, als er am 9. Juli vom Stabsquartier Moyencourt den Brief der badischen Großherzogin nach Petersburg weitersandte. »Nicky soll schwankend sein und wird von der Kriegspartei immer wieder vorgetrieben. Deshalb soll von verschiedenen Seiten ein Druck ausgeübt werden. Wieviel es nützen wird, ist schwer zu sagen ...« Gleichzeitig schrieb Luise von Baden auch an ihre Tochter Viktoria, die Königin von Schweden. Auch in diesem, ebenfalls zur Weiterleitung an den Zaren bestimmten Brief wurde dieser als »erhabener Träger des Friedensgedankens und Schöpfer der Haager Friedensarbeit« gepriesen, der dazu berufen sei, ein baldiges Ende des Krieges anzubahnen.

Noch eine dritte fürstliche Briefaktion wurde vom Auswärtigen Amt veranlaßt, um durch »Repräsentanten des monarchistischen Gedankens« auf den Zaren einzuwirken. Aufgrund von Notizen Jagows schrieb die Herzogin von Sachsen-Corburg-Gotha, eine russische Großfürstin, an die ihr befreundete Mutter des Zaren, Maria Feodorowa.

Einem Gespräch mit dieser, so machte sie geltend, werde Nikolaus II. eher zugänglich sein als Privatbriefen politischen Inhalts. In ihrem Briefe vertrat die Herzogin den Standpunkt der russischen Patriotin, die in diesem Kriege ein Unglück für Rußland sah und im Hinblick auf die Erfahrungen nach dem russisch-japanischen Kriege »und anderen Kriegen« vor den inneren Krisen warnte, die er zur Folge haben würde, je länger er sich hinziehe. Diesen Brief nahm ihr Schwiegersohn, Fürst Hohenlohe-Langenburg, auf einer diplomatischen Mission mit, in der er sich nach Bukarest und Sofia begab.

In jedem dieser drei Briefe wurde Nikolaus II. vor Augen geführt, daß an einer längeren Dauer des Krieges nur England Interesse habe, das »wie immer in der Geschichte« die eigene Weltherrschaft dadurch zu stärken suche, daß es nach altbewährtem Rezept die Mächte des Kontinents in kriegerische Verwicklungen hetze, um sie dadurch zu schwächen; und zwar seine Verbündeten im Hinblick auf die künftige Gefährlichkeit ebenso wie seine Feinde. Aber für jeden dieser Briefe gilt auch, was am 12. August 1915 aus Schweden nach Karlsruhe gemeldet wurde, daß »der nach Petrograd mitgeteilte Brief nicht den erhofften Eindruck gemacht hat ... Aussicht auf Friedensangebote bestehen offenbar nicht.«

Die Reise der Wassiltschikowa

Dennoch bemühte sich die deutsche Regierung am Ende des Jahres 1915 erneut, den Zaren mit Hilfe seines hessischen Verwandten für eine Verständigung mit Deutschland zu gewinnen. Hierfür war schon seit März 1915 eine Hofdame der Zarin tätig, Maria Wassiltschikowa, seit langem Freundin des hessischen Hauses. Sie war vom Kriegsausbruch in Österreich überrascht worden und hatte dem Zaren schon dreimal im Auftrage des Auswärtigen Amtes in diesem Sinne geschrieben. Als sie für ihren dritten Brief (vom 27. Mai) zur persönlichen Instruktion durch Staatssekretär Jagow »nach Berlin geholt wurde«, machte sie in Darmstadt Station; und schon damals bot sie sich – nach Weisung Jagows – beim Zaren an, nach Petersburg zu reisen, wenn ihr dort die Rückkehr nach Deutschland gestattet würde. Im Dezember 1915 fuhr sie über Stockholm in die russische Hauptstadt. Dort übergab sie dem Außenminister Sasonow zwei eigenhändige Briefe des Großherzogs von Hessen an das Zarenpaar, von denen der an den Zaren unversiegelt war. In diesem bestätigte Ernst Ludwig, daß »Mascha« – wie die Wassiltschikowa von ihm und seinen Schwestern vertraulich genannt wurde – diese Reise wegen des Todes ihrer Mutter unternommen habe. Der Brief enthielt aber auch die Bitte an den Zaren, aus ihrem Munde anzuhören, was er, der Großherzog von Hessen, vor ihrer Abfahrt mit ihr besprochen habe.

Mit den Briefen zusammen händigte die Wassiltschikowa Sasonow eine Denkschrift aus, die sie, wie es darin hieß, aufgrund eines Gespräches mit dem Großherzog von Hessen verfaßt habe. Sasonow ließ später unter den westlichen Diplomaten kursieren, daß das Memorandum sogar in Gegenwart des Kaisers Wilhelm und des Prinzen Heinrich von Preußen vom Großherzog von Hessen diktiert worden sei. Darin wurde den Russen mitgeteilt, daß England sich seit drei Wochen um einen Sonderfrieden mit Deutschland bemühe. »England will immer die erste Rolle spielen«, heißt es dann, »und diesmal die Rolle des Friedensengels auf Kosten Rußlands.« Diese »erste Rolle« wünsche er aber für Rußland. Ernst Ludwig »flehte« den Zaren als seinen Verwandten an, »alles zu bedenken und jemanden zu schicken, der sich mit einem deutschen Abgesandten an einem von dem Zaren bezeichneten Ort treffen könnte«. Als russischen Vertreter schlug er den Direktor im russischen Außenministerium, van der Vlieth, vor, den er von seiner Tätigkeit als russischen Gesandten in Darmstadt her kannte. Als deutschen bot er sich selbst an. »Wenn der russische Zar zustimmt, ihn (d. h. van der Vlieth) nach Darmstadt oder irgendwohin auf deutschem Gebiet zu schicken, wird der Großherzog von Hessen sogleich ihn zu treffen suchen, um vom Frieden zu sprechen.« Er sei, so gab das

Sasonow überreichte Schriftstück die Worte des Großherzogs wieder, als der nahe Verwandte des Zaren und als Oberhaupt der Familie Hessen derjenige, »der das erste Wort des Friedens aussprechen wird, aber vom Zaren von Rußland werde der Friede ausgehen müssen«. Das Memorandum enthält aber auch eine Drohung. Wenn der Zar nichts von Verhandlungen wissen wolle, werde man in Deutschland »den neuen Plan gegen Rußland« verwirklichen – wohl in Anspielung an das angeblich englische Angebot.

Daß am 18. Dezember 1915 die Sendbotin des Großherzogs von Hessen vom russischen Außenminister empfangen wurde, bringt zwar die politische Bedeutung zum Ausdruck, die dieser Mission in Petersburg zugemessen wurde. Der Verlauf der Unterredung zeigte aber auch, auf wie schwachen Füßen die deutschen Bemühungen standen, auf solchen Wegen zum Frieden mit Rußland zu gelangen. Ohne längere Erwiderung und ohne vorher den Zaren zu fragen, wies Sasonow die Argumente für eine deutsch-russische Verständigung als nicht überzeugend zurück, mit der die Wassiltschikowa die Vorschläge des Memorandums noch mündlich ergänzte; er lehnte einen Frieden unter den gegenseitigen Umständen entschieden ab. Der Hofdame blieb nur noch übrig, den Minister zu bitten, dem Zaren die Angelegenheit vorzutragen.

Das geschah noch am Abend des gleichen Tages. Wie Nikolaus II. den Schritt seines Schwagers aufgenommen hatte, berichtete Sasonow den Ententebotschaftern. Es war wohl zweckbewußte Dramatisierung, wenn er schilderte, daß der Zar die Briefe des Großherzogs ungelesen auf den Schreibtisch geworfen und die Note ein Gewebe von Hinterlist und Lüge genannt habe. Aber der Tatbestand war die Beibehaltung des Kurses, wie er mit der englisch-russischen Entente von 1907 eingeschlagen war. Und Sasonow verriet den Ententebotschaftern so ziemlich alles, was in den Briefen des Großherzogs und in dem Memorandum stand, einschließlich des deutschen Versuches, ein angebliches englisches Separatfriedensangebot ins Spiel zu bringen.

Argwohn gegen »die Deutsche«

Indessen besuchte die ebenso unerschrockene wie robuste Hofdame nach ihrer erfolglosen Unterredung mit Sasonow alle möglichen einflußreichen Persönlichkeiten oder schickte ihnen Billette, in denen sie sich beklagte, in Petersburg nicht verstanden zu werden. Dabei streute sie ein, daß England Anstrengungen mache, mit Berlin in ein Friedensgespräch zu kommen. Und wer immer es wissen wollte, erfuhr von den Briefen an das Zarenpaar. In ein paar Tagen hatte die Maria Wassiltschikowa durch ihre Aktivität einen politischen Skandal in den Salons der obersten Gesellschaft heraufbeschworen. Bei der Durchsuchung ihrer Petersburger Wohnung wurden Dokumente und Listen gefunden mit Namen von Personen, die ihr bei ihrem Unternehmen möglicherweise helfen konnten und die Einfluß besaßen, einen Frieden mit den Zentralmächten zu fördern.

Die eigentliche Leidtragende der Affäre war die Zarenfamilie. Die Briefe des Großherzogs von Hessen und die Reise der Wassiltschikowa von Deutschland nach Petrograd nährten erneut den schon bestehenden Argwohn gegen die Zarin, die man allgemein die »Deutsche« nannte. Alle Vermutungen und böse Nachreden schienen mit einem Schlage bestätigt zu werden. In jener Zeit lief ein Gerücht um, wonach sie eine drahtlose Station auf ihrem Palast eingerichtet habe und in dauernder Verbindung mit Kaiser Wilhelm II. stehe. Das alles macht verständlich, warum der Zar so gereizt und streng reagierte und der Wassiltschikowa ohne Wissen seiner Gemahlin den Titel der Hofdame entzog. Sie durfte nicht mehr nach Deutschland oder Österreich zurück und sich nicht länger in Petersburg, vielmehr nur noch auf ihren Gütern aufhalten. Den Botschaftern der Entente wurde zu ihrer Genugtuung erzählt, die »Verräterin« sei in einem Kloster interniert.

In Deutschland warf der Ausgang der »Demarche«, vor allem durch die von Sasonow lancierte Veröffentlichung in der internationalen Presse, peinliche Fragen auf. Das Auswärtige Amt drängte den Großherzog von Hessen, die ganze Angelegenheit auf seine Schultern zu nehmen, vor allem mit Rücksicht auf den österreichisch-ungarischen Bundesgenossen. »Meine Vorgesetzten stehen auf dem Standpunkt, daß sie von der ganzen Reise Maschas nichts gewußt haben, sondern daß Du einer alten Freundin den Gefallen tun wolltest, daß sie nach dem Tode ihrer Mutter Gelegenheit findet, die Privatsachen in Rußland im Auge zu behalten.« So schreibt Prinz Isenburg, der im Auftrage Jagows die Angelegenheit bearbeitete und die Wassiltschikowa auf ihren Reisen in Deutschland begleitet hatte. Der Großherzog wurde sogar gebeten, einen Entschuldigungsbrief an den Kaiser Franz Joseph von Österreich zu schreiben. Ein Entwurf in Bleistift hierfür von seiner Hand ist erhalten. »Und da sie«, so heißt es da von der Hofdame, »ein sehr weitsichtiger und klarsichtiger Mensch ist, ging es mir durch den Kopf, ob ich nicht dem Kaiserpaar in Rußland, welches nur Lügen hört, durch die alte Freundin ein paar Wahrheiten über unsere gute Lage zukommen lassen könnte und auch, daß wir persönlich gegen sie nichts hätten.« Dann geht es weiter: »Diesen Plan habe ich allein ausgeführt und sie unter der Hand nach Rußland expediert ...« Doch stockte der Briefschreiber; offenbar schlug ihm das Gewissen. Der Brief ist nicht zustande gekommen.

15.
Österreich-Ungarn und die Bemühungen um einen russischen Sonderfrieden*

Es war am 18. November 1914, als der Reichskanzler von Bethmann Hollweg im Großen Hauptquartier feststellte, »daß keine Chancen mehr für einen militärischen Sieg beständen und der Krieg allenfalls wegen allgemeiner gegenseitiger Erschöpfung ohne ausgesprochene Niederlage der einen oder anderen Partei enden würde«. Eine völlige Besiegung und Vernichtung der Gegner in entscheidender Schlacht, so eröffnete ihm der Chef des Generalstabes von Falkenhayn, sei »ausgeschlossen«. Solange Rußland, Frankreich und England zusammenhielten, sei es unmöglich, »unsere Gegner so zu besiegen, daß wir zu einem anständigen Frieden kämen«[1]. Diese Auffassung hatte Falkenhayn schon zwei Tage zuvor dem Chef des Reichsmarineamtes von Tirpitz mitgeteilt, der sich bereits mit dem Generaladjutanten des Kaisers und dem ebenfalls in Charleville anwesenden Staatssekretär des Auswärtigen, von Jagow, in Verbindung gesetzt hatte. Es sei doch Wahnsinn, meint der Großadmiral, der stets eine Ostorientierung der deutschen Politik vertreten hatte, wenn sich Deutschland und Rußland, die keine wirklichen Interessengegensätze hätten, für England verbluteten[2].

So informierte der Kanzler den in Berlin amtierenden Unterstaatssekretär Zimmermann, daß er sich dem »fortgesetzten Drängen des Generals von Falkenhayn auf Separatverständigung mit Rußland« nicht habe entziehen können. Man müsse versuchen, »Rußland abzusprengen«. Es würde wohl, so schrieb er, dem Vorschlag des Generalstabschefs folgend, auf eine Verständigung mit Rußland über den status quo hinauslaufen,

Aus: Rußland – Deutschland – Amerika, Festschrift für Fritz T. Epstein zum 80. Geburtstag, hrsg. von Alexander Fischer, Günter Moltmann und Klaus Schwabe (1978), S. 163 ff.

* Für Österreich-Ungarn steht hier vor allem Conrad v. Hötzendorf, der eine Machtposition auch für den Kurs der Kriegspolitik innehatte.

1 Bethmann Hollweg an Zimmermann, 19. November 1914 (AA, Wk 2 geh.), (»November-Räsonnement«). Hierzu und zum folgenden vgl. E. Zechlin, »Friedensbestrebungen und Revolutionierungsversuche. Deutsche Bemühungen zur Ausschaltung Rußlands im Ersten Weltkrieg«, in: Aus Politik und Zeitgeschichte. Beilage »Das Parlament«, Nr. 20, 24, 25 (1961), 20, 22 (1963) (künftig zitiert: B 20/61 usw.).

2 Quellen hierzu bei Zechlin, B 20/61 (wie Anm. 1), 275.

d. h., daß die Verhältnisse dort »im wesentlichen so bleiben wie vor dem Krieg«.

Es traf sich, daß der dänische Reeder und Staatsrat Hans Niels Andersen, ein Vertrauensmann der dänischen Königsfamilie, von London kommend, am gleichen Tage beim deutschen Gesandten in Kopenhagen[3] und zwei Tage darauf in Berlin beim Generaldirektor der Hapag, Albert Ballin, erschien, der als eine der »wichtigsten Privatverbindungen zum deutschen Kaiser« galt[4]. »Auf Befehl seines Königs« und im Einverständnis mit dem dänischen Außenminister sollte er sich »ganz vertraulich« vergewissern, ob es S. M. dem deutschen Kaiser genehm sein würde, wenn König Christian aus eigener Initiative bei seinen Vettern, dem Zaren und dem König von England, um die Zustimmung dafür nachsuche, daß er sich an S. M. den deutschen Kaiser mit dem Anerbieten einer Friedensvermittlung wende[5].

Die deutsche Führung akzeptierte das Vermittlungsangebot des dänischen Königs, gab Andersen aber zu verstehen, daß es »vielleicht richtiger sei, wenn der König zunächst den Hebel in Rußland ansetze«[6]. Das geschah, da sich die Vorstellung von einem zeitlich begrenzten Krieg als eine »Illusion« erwiesen hatte[7], und zwar erstens, um den Rücken für die Kriegführung im Westen frei zu bekommen, zweitens, um die feindliche Koalition zu sprengen, wie das auch schon in der Julikrise erstrebt gewesen war, und schließlich, um auf diese Weise zu einem allgemeinen Frieden zu gelangen.

Die Vorstellung Bethmann Hollwegs läßt sich am besten mit seiner Antwort an Ballin wiedergeben, wonach ihm »vor allem an einer Sprengung der Koalition, also an einem Separatfrieden mit einem unserer Gegner und bei der jetzigen Kriegslage mit Rußland« läge[8]. Das bedeutete, daß er ebenso bereit gewesen wäre, Frankreich oder sogar England als

3 Brockdorff-Rantzau an AA, Tel.-Nr. 717, 19. November 1914 (AA, Wk 2 geh.).

4 So Andersen am 27. November 1914 an den mit ihm befreundeten Vetter des englischen Außenministers Lord Grey zur Weitergabe an diesen: PRO London, Fo 800/44.

5 Ballin an Wilhelm II. mit einer Aufzeichnung vom 21. November 1914 über die Unterredung mit Andersen am 20. November 1914: AA, Wk 2 geh.

6 Dies teilte Ballin am 2. Dezember 1914 in einem Gespräch Andersen mit: Ballin an Bethmann Hollweg, 2. Dezember 1914 (AA, Wk 2 geh.).

7 Hierzu E. Zechlin, »Deutschland zwischen Kabinettskrieg und Wirtschaftskrieg. Politik und Kriegführung in den ersten Monaten des Weltkrieges 1914«, HZ 199 (1964), S. 347-458 (auch englisch: H. W. Koch, Hrsg., »The Origins of the First World War«, London 1972, S. 145-256). Eine Zusammenfassung dieser These in meinem Beitrag zum XII. Internationalen Historikerkongreß, Wien 29. August bis 5. September 1965, Kongreßveröffentlichung, Bd. V, Actes, S. 730-736.

8 Bethmann Hollweg an Ballin, 25. Dezember 1914 (AA, Wk 2 geh.).

Separatfriedenspartner zu akzeptieren. Und obgleich die Bemühungen um den russischen Sonderfrieden auch im Laufe des Jahres 1915 und darüber hinaus für die militärische wie für die politische Führung im Mittelpunkt standen und damit die Frontstellung gegen England gegeben war, ist Bethmann Hollweg auch hier – ungeachtet bramarbasierender Äußerungen Wilhelms II. – bereit gewesen, sich mit einem Frieden der »Selbstbehauptung« zu begnügen[9]. Dabei hätte dann die Frage der Zukunft Belgiens bereinigt werden müssen, das für den Kanzler als »Faustpfand«, etwa für die Rückgabe der Kolonien, aber auch als militärstrategische Sicherheit von Bedeutung war[10]. Allerdings hatten sich die Mächte der Tripleentente in dem Londoner Abkommen vom 5. September 1914 gegenseitig verpflichtet, »keinen Separatfrieden zu schließen« und keine Friedensbedingungen ohne Befragung des Bundesgenossen zu stellen.

Österreich-Ungarn sollten die Verhandlungen nach den Wünschen Falkenhayns verheimlicht werden, da die Gefahr vorliege, daß man dort zu den Russen »mit beiden Händen zugreift, im Osten Militär schlapp wird und uns im Westen sitzen läßt«[11]. Kanzler und Staatssekretär aber setzten sich mit der Ansicht durch, daß man in Wien doch davon erfahren und auf diese Weise einen Vorwand zur eigenen Separatverständigung finden würde. Jagow wollte auch auf die Türkei Rücksicht nehmen, »da sie sonst im Kampf gegen England versagt«[12]. So wurde denn der Bündnispartner nur allgemein, ohne ernstliche Absichten erkennen zu lassen, informiert, damit »Pessimismus nicht überhand nimmt, aber keine Überhebung eintritt«[13], und in der Antwort an Andersen und somit an den dänischen König war ostentativ von einem Verteidigungskrieg »Deutschlands und seiner Verbündeten« die Rede.

II.

Die Sorge, daß man in Wien aus einer deutschen Friedensbereitschaft voreilige und gefährliche Konsequenzen ziehen würde, war nicht unberech-

9 Zum Thema »Kriegsziel der Selbstbehauptung«, s. E. Zechlin, B 20/63 vom 15. Mai 1963 (wie Anm. 1), S. 3 ff. und wie Anm. 7.

10 Randbemerkung Bethmann Hollwegs zu Brockdorff-Rantzau an AA, Tel.-Nr. 885, 17. Dezember 1914 zur Frage der Beendigung des Krieges durch das dänische Vermittlungsangebot: »Schließlich könnte vielleicht doch der Anstoß von England ausgehen.«

11 Bethmann Hollweg an Zimmermann, 25. November 1914 (AA, Wk 2 geh.).

12 Hierzu Jagow an Bethmann Hollweg, Tel.-Nr. 107, 26. November 1914; und Bethmann Hollweg an AA, Tel.-Nr. 122, 27. November 1914 (AA, Wk 2, geh.).

13 Bethmann Hollweg an AA, Tel.-Nr. 120, 26. November 1914 (AA, Wk 2 geh.).

tigt. Die Beziehungen der Bündnispartner waren gespannt, was sich in der Hauptsache aus dem Verlauf der militärischen Operationen ergab[14]. Während sich die deutschen Armeen in Frankreich noch in scheinbar unaufhaltsamem Vormarsch befanden, hatte die österreichisch-ungarische Offensive zwischen Weichsel und Bug einen Rückschlag erfahren. Die immer dringenderen Hilferufe an die deutsche Oberste Heeresleitung blieben ohne Erfolg. Als selbst ein direkter Vorstoß des k. u. k. Oberbefehlshabers, Erzherzog Friedrich, bei Wilhelm II. am 3. September nicht zu konkreten Zusicherungen führte, an diesem Tage aber österreichisch-ungarische Truppen bei Lemberg ohne nennenswerte Reserven zum Gegenstoß antraten, erschien Botschafter Prinz Hohenlohe-Schillingsfürst im Auswärtigen Amt in Berlin und drohte mit einem österreichisch-russischen Separatfrieden, falls die deutsche Waffenhilfe weiter ausbliebe. Er begründete dies mit dem Briefwechsel, in dem Moltke 1909, und zwar bevollmächtigt von Reichskanzler v. Bülow und Wilhelm II. Conrad v. Hötzendorf den casus foederis für den Fall zugesichert hatte, daß durch einen Einmarsch in Serbien ein aktives Einschreiten Rußlands ausgelöst würde. Dieser angebliche »Generalstabsvertrag«[15] war nicht einmal in der Julikrise von 1914 in Anspruch genommen, wenn auch praktisch mit der »Blankovollmacht« vom 5./6. Juli abgedeckt worden. Jetzt schob Conrad die Verantwortung für die unglücklich verlaufene Offensive, die er in Überschätzung seiner Kampfkraft am 21. August unternommen hatte, dem Ausbleiben der deutschen Entlastungsoffensive gegen die russische Narevlinie zu[16]. Er hielt die deutsche Führung für »kurzsichtig«, »illoyal«, »rücksichtslos« und »egoistisch«[17], weil sie infolge des Scheiterns des Frankreichfeldzugs an der Marne nicht imstande war, die Hauptkräfte des Westheeres nach sechs Wochen in den Osten zu überführen[18]. »Jetzt

14 Zum folgenden die Darstellung in: »Der Weltkrieg 1914-18«, hrsg. vom Reichsarchiv, 12 Bde. (Berlin 1915-39) (künftig zitiert: RA) II, S. 247 ff. und S. 331 ff. Zur grundsätzlichen Revision der Geschichtsschreibung des RA: K.-H. Janßen, »Der Kanzler und der General«, Göttingen 1967, S. 36 ff.

15 Die neuerlichen Ausführungen hierzu von S. Verosta, »Theorie und Realität von Bündnissen«, Wien 1971, S. 343 ff., können nicht überzeugen. – Im übrigen Berchthold an Hohenlohe, Tel.-Nr. 551, 8. September 1914 und dieser an Berchtold, Tel.-Nr. 1508, 9. September 1914 sowie Aufz. Berchtold, Nr. 4315, 9. September 1914 über Besprechung mit dem deutschen Botschafter (sämtlich HHStA Wien, PA I, 47 geh.).

16 Vgl. hierzu – aufgrund der dem Zweiten Weltkrieg zum Opfer gefallenen deutschen Heeresakten – T. v. Schäfer, »Deutsche Offensive aus Ostpreußen über den Narew auf Siedlce«, Militärwiss. Mitt. 61 (1930), S. 961-976.

17 Siehe unten Anm. 19.

18 In seiner letzten Unterredung mit Conrad vor dem Kriegsausbruch am 12. Mai 1914 hatte Moltke auf dessen besorgte Frage, was geschehen werde, wenn der Erfolg im Westen nicht einträfe, ausweichend geantwortet, »er

muß man allerdings dies alles hinabschlucken und vor der Welt die Pose der Übereinstimmung und innigsten Bundestreue zur Schau tragen – in meinem Innersten habe ich die Gesellschaft satt[19].«

Unter diesen Umständen kam in Wien die Idee auf, das Habsburger Reich durch einen Sonderfrieden zu retten. Noch vor der Aussprache Falkenhayns und Bethmann Hollwegs vom 18. November hatte der k. u. k. Verbindungsoffizier bei Oberost von einer »großen Depression in Österreich« gesprochen und davon, daß man sich dort mit dem Gedanken beschäftige, einen Separatfrieden zu schließen und Galizien Rußland als Siegespreis zu überlassen[20]. Als Conrad dann von diesem Offizier auch darüber informiert wurde, daß der deutsche Reichskanzler Mitte Dezember bei Hindenburg gewesen war, um ihn über die Bemühungen um einen russischen Sonderfrieden zu unterrichten, regte sich bei ihm – nicht ganz unberechtigt – der Verdacht, daß das deutsch-russische »Paktieren« auf Kosten der Donaumonarchie gehen würde und die Deutschen, um ihre Erfolge im Westen, d. h. in Belgien, zu sichern, dem schwächeren Bundesgenossen die Abtretung Ostgaliziens an Rußland zumuten würden, wenn dies russischerseits zur Bedingung gemacht würde. »Also, sie wollen Frieden schließen und uns im Pfeffer sitzen lassen?«, stellte Conrad die Frage[21].

Die Erbitterung in Wien steigerte sich, als Deutschland, um Rumänien und Italien von einem Kriegseintritt auf seiten der Gegner abzuhalten oder sie für die Mittelmächte zu gewinnen, auf Gebietsabtretungen, etwa

werde machen, was er könne«. Conrad von Hötzendorf, »Aus meiner Dienstzeit 1906-1918« III, Wien 1921-25, S. 669.

19 Conrad an Bolfras, 14. November 1914, in: Conrad, ebd. V, S. 543. »Dieses scharfe Wort«, so bemerkt Conrad in seinem Memoirenwerk, sei der Indignation darüber entsprungen, daß Falkenhayn jede Truppensendung nach dem Osten als eine Unterstützung Österreich-Ungarns hingestellt habe, anstatt sie vom Standpunkt gemeinsam paritätischen Handelns zu gemeinsamem Zweck aufzufassen. Es habe sich hier um die Rückzahlung einer großen Schuld gehandelt, »die wir in selbstloser Weise Deutschland bei Beginn des Krieges für seine Unternehmung in Frankreich vorgesteckt hatten und die es nach der Marneschlacht als Ganzes zu tilgen verpflichtet war«.

20 Zimmermann an Tschirschky, Tel.-Nr. 1169, 12. Dezember 1914 (AA, Wk 2, geh.). Ergänzend dazu Tschirschky an AA, Tel.-Nr. 701, 13. November 1914; Zimmermann an Jagow, Tel.-Nr. 1015, 13. November 1914; Bethmann Hollweg an AA, Tel.-Nr. 104, 14. November 1914; Zimmermann an Tschirschky, Tel.-Nr. 1179, 14. November 1914 (alles in AA, Wk 2, geh.).

21 Conrad über Gespräch mit Hauptmann Fleischmann vom 14. November 1914, siehe Conrad (wie Anm. 18), V, S. 752 ff., und vgl. Conrad an Berchtold, 14. Dezember 1914, ebd. S. 754 ff.; RA VI, S. 416, Anm. 2. Dazu Berchtold an Hohenlohe, 18. Dezember, und Antwort Hohenlohes vom 21. Dezember 1914 sowie dieser an Bethmann Hollweg, 31. Dezember 1914 (sämtlich HHStA Wien, PA I, 47 geh.); vgl. auch Conrad (wie Anm. 18), S. 884 u. S. 898 ff.

der Bukowina an Rumänien und des Trentino, also des von Italienern besiedelten Gebietes um die alte Bischofsstadt Trient, drängte, was Kaiser Franz Joseph energisch verweigerte. »Ein Separatfrieden Österreichs mit Rußland gehört keineswegs zu den Unmöglichkeiten«, schrieb Staatssekretär Jagow am 20. Februar 1915. »In Österreich besteht eine starke Strömung, namentlich in Kreisen des böhmischen Hochadels und Militärs, ... gegen das verachtete Italien statt gegen Rußland zu kämpfen, man sagt bereits, daß Österreich für Deutschland und seine Feindschaft mit England sich opfern müsse[22].«

Allerdings glaubten beide Bündnispartner, daß keiner von ihnen ohne großen Schaden allein handeln könne. Nach Ansicht des Unterstaatssekretärs Zimmermann würde ein solches Vorgehen Österreich-Ungarn nicht allein Galizien kosten, sondern auch Bosnien, die Bukowina, Siebenbürgen, Triest und das Trentino; denn Rußland würde den serbischen Freund nicht vergessen und sich bei den ersten Anzeichen österreichischer Kriegsmüdigkeit beeilen, Rumänien und Italien zum Zugreifen einzuladen[23]. Und der österreichisch-ungarische Botschafter in Berlin argumentierte, daß Deutschland nach dem Krieg, wie immer er ausfallen möge, die bestgehaßte Macht auf der ganzen Welt sein würde. »Daß es nun all diesen Feinden durch sein Verhalten auch noch Österreich-Ungarn zuführen sollte, ist kaum anzunehmen[24].« Die Mittelmächte waren gleichsam wie siamesische Zwillinge verbunden. Und da sich Wien auch weigerte, das Trentino preiszugeben, als der Kriegseintritt Italiens unmittelbar bevorstand, sah sich Deutschland schließlich genötigt, ihm dafür als Ersatz zusammen mit dem russisch-polnischen Kohlenrevier von Sosnowice eigenes Gebiet anzubieten. Am Abend des 6. März unterzeichnete Wilhelm II. aufgrund eines Beschlusses des preußischen Staatsministeriums ein Handschreiben an Kaiser Franz Joseph, in dem er sich »angesichts des großen Ernstes der Lage und der Katastrophe«, die mit einem Kriegseintritt Italiens drohe, bereit erklärte, »eine Gebietsabtretung in Form einer Grenzberichtigung an den Grenzen meines Königreiches Preußen« anzubieten – das »schlesische Angebot«[25].

22 Jagow an Botschaft Rom, 20. Februar 1915 (AA, Rußland 104, Nr. 2 geh.).

23 Zimmermann an Tschirschky, Tel.-Nr. 1169, 12. November 1914 (AA, Wk 2, geh.).

24 Hohenlohe an Berchtold, 21. Dezember 1914, vgl. auch 5. Januar 1915 (HHStA Wien, PA I, 47 geh.). Zimmermann spielte das »Gerücht« deutscher Sonderfriedensbestrebungen, das auch ihm zu Ohren gekommen sei, damit herunter, daß sich Vertreter des AA im Hauptquartier »aus Langeweile mit allerlei Ausarbeitungen beschäftigten«.

25 Hierzu im einzelnen: E. Zechlin, »das ›schlesische Angebot‹ und die italienische Kriegsgefahr 1915«, GWU 14 (1963), S. 533-556, auch abgedruckt in: W. Schieder (Hrsg.), »Erster Weltkrieg. Ursachen, Entstehung und Kriegsziele«, Köln 1969, S. 347-372.

Nun wurde zwar an jenem Vormittag des 8. März 1915 im Ministerrat unter Vorsitz Franz Josephs beschlossen, die Verhandlungen mit Italien auf der Grundlage einer Abtretung des Trentino einzuleiten; aber die Italiener erhoben jetzt Ansprüche, die weit darüber hinausgingen. Während sich der österreichisch-ungarische Außenminister, Graf Burian, weiterhin bemühte, den Akkord mit Italien herzustellen und den Dreibund wieder zu beleben, sah Conrad die Lage anders. In seinem alten Haß gegen die Italiener und angesichts italienischer Truppenverschiebungen an der österreichisch-ungarischen Grenze durchschaute er, daß »Italien die weiteren Verhandlungen mit Wien nur ganz formell zu führen gedachte«, um sich die begehrten Gebiete in großem Umfang im Bündnis mit der Tripleentente zu erkämpfen[26]. Und es ergibt sich auch, daß Italien damals nur den taktischen Zweck verfolgte, weitere Konzessionen Österreich-Ungarns bei den Alliierten auszuspielen. Auf diese Weise sollten die Westmächte gezwungen werden, den Widerstand Rußlands zu überwinden, das sich dagegen sträubte, Italien den Besitz der dalmatinischen Küste zu garantieren. Die deutsche OHL aber drängte, die Verhandlungen in Rom »unverzüglich in großzügigster Weise zum Abschluß zu bringen«. Es handele sich um »Sein oder Nichtsein«, und »Fragen der Abtenzung könnten keine Rolle mehr spielen«[27]. Das hieß, daß Österreich-Ungarn noch weitere Opfer bringen sollte, so das von den Italienern beanspruchte Isonzogebiet mit dem Adriahafen Triest.

III.

Zwischen unabsehbaren Forderungen der Italiener und dem harten deutschen Druck und während sich, nach dem Fall der Festung Przemysl (22. März), die Lage an der Karpatenfront immer schwieriger gestaltete, faßte Conrad einen radikalen Gedanken. »Bei der Perfidie Italiens«, so telegrafierte er am 2. April an Falkenhayn[28], sei damit zu rechnen, daß sich dessen Wünsche auch auf den österreichisch-ungarischen Küstenbesitz erstrecken würden, »womit unsere Existenz erledigt wäre«. »Diesfalls«,

26 Conrad an Falkenhayn, 1. April 1915 (Kriegsarchiv Wien, AOK, Op.-Abt. Fasz. 551, Op. Nr. 8625).

27 Falkenhayn an Conrad, 1. April 1915 (ebenda, AOK, Op.-Abt., Fasz. 551, Op. Nr. 8664). Um Kaiser Franz Joseph von der Notwendigkeit der Verhandlungen mit Italien zu überzeugen, wandte man sich sogar an die mit diesem befreundete Schauspielerin Katharina Schratt, die sich aber entschieden weigerte, auf ihn einzuwirken. Siehe Fürstin Marie Radziwill, »Briefe vom deutschen Kaiserhof«, 1889-1915 (Berlin 1936), S. 376 (14. Mai 1915).

28 Conrad an Falkenhayn, 2. April 1915 (Kriegsarchiv Wien, AOK, Oo.-Abt., Fasz. 551, Op. Nr. 8664).

so fuhr der General fort, bliebe »einvernehmlich mit Deutschland ein Abfinden mit Rußland und Frieden mit diesem übrig, um sodann den italienischen Anmaßungen gewaltsam begegnen zu können.« In einem Schreiben an seine Regierung in Wien zog er noch schärfere Konsequenzen[29]. Da es »ganz ausgeschlossen« sei, gegen Rußland und Italien gleichzeitig Krieg zu führen, und die »realen Machtmittel« Österreich-Ungarns auch der politischen Situation auf dem Balkan nicht mehr gewachsen sein würden, bleibe nur die Alternative, entweder mit Rußland oder mit Italien zu einer friedlichen Verständigung zu gelangen. Da aber die Italiener »immer eine drohende Gefahr in unserem Rücken« bleiben und jede Schwankung der Kriegslage zu »neuen Erpressungen« ausnutzen würden, sah der k. u. k. Generalstabschef keinen anderen Ausweg als den einer Einigung mit Rußland. Er schlug deshalb seiner Regierung vor, »in Form einer vorsichtigen Sondierung durch eine neutrale Macht, Fühler nach Petersburg auszustrecken«.

Die Verhandlungen mit Rußland dachte sich Conrad auf folgender Basis: Österreich-Ungarn sollte Galizien bis zum San und Dnjestr Rußland überlassen. Das sei »ein weit geringeres Opfer« als die Abtretung von lebenswichtigeren Gebieten im Südwesten an die Italiener. Dafür sollte Rußland der Donaumonarchie freie Hand gegen Serbien und Montenegro zugestehen. »Das Gebiet des Deutschen Reiches würde unberührt bleiben.« Über dieses Friedensabkommen hinaus erwog der k. u. k. Generalstabschef den »Abschluß eines Defensiv- und Offensivbündnisses Österreich-Ungarn und Deutschland einerseits und Rußland andererseits«, und zwar mit dem Zugeständnis von deutscher und österreichischer Seite, »das ausschließliche Interesse Rußlands am Besitz der Dardanellen und Konstantinopels voll anzuerkennen«. In Verbindung damit sollte der historische österreichisch-russische Balkanstreit im Wege einer Aufteilung der Interessengebiete geregelt werden: Rußland erhalte als zusätzlichen Schutz seiner Meerengenposition Rumänien und Bulgarien als Einflußsphäre, Österreich-Ungarn das bisherige Serbien, Montenegro und Albanien. Der Gedanke war nicht neu. Schon Bismarck hatte sich in den achtziger Jahren um eine Aufteilung der Interessensphären auf dem Balkan zwischen Rußland und Österreich-Ungarn bemüht, ja, um sein europäisches Balancesystem zu halten, im sogenannten Rückversicherungsvertrag dem Zaren Bulgarien und, um »den Schlüssel seines Hauses in Besitz zu nehmen«, sogar den Weg nach Konstantinopel überlassen. So wollte Conrad schon ein Jahr vor dem

29 Conrad an Burián, 2. April 1915 (HHStA Wien, Polit. Archiv I, Liasse Geheim XLVII/2^{b}, Karton 499); vgl. auch zum Folgenden. – Konzept mit eigenhändigen Verbesserungen Conrads, dat. 1. April, durch Kurier 2. April 1915 (Kriegsarchiv Wien, AOK, Op.-Abt., Fasz. 512, Op. Nr. 8657).

Kriegsausbruch von 1914 die serbische Frage auf der Basis lösen, daß der Osten, »also die Türkei«, Rußland überlassen würde und der Westen mit Serbien, Montenegro und Albanien Österreich. Damit wollte er freie Hand für einen Feldzug gegen Serbien und dessen Einverleibung gewinnen, »sei es wie Hannover, sei es wie Bayern [!] in das Deutsche Reich«. Dabei dürfe man sich nicht von Rücksicht auf Deutschland abhalten lassen, meinte er schon damals, da dieses umgekehrt die Donaumonarchie zum Mittun zwingen würde, wenn dies seine Interessen, etwa in Asien, erheischten[30].

Nun glaubte Conrad, eine Chance für eine Verständigung mit dem Zarenreich darin zu sehen, daß die russischen Truppen an der deutschen und österreichischen Front festgehalten wurden, während die Dardanellenoperation hauptsächlich von englisch-französischen Streitkräften durchgeführt wurde, die damit die spätere definitive Lösung des türkischen Problems bestimmen würden. »Würden die Russen dagegen mit den Zentralmächten Frieden schließen, hätten sie genügend Truppen frei, um nach Konstantinopel zu marschieren und die Meerengen in Besitz zu nehmen.«

Wenn der österreichisch-ungarische Generalstabschef auch wünschte, den Friedensschritt prinzipiell zusammen mit den deutschen Bundesgenossen zu unternehmen, so läßt sich aus seinen Ausführungen doch ersehen, daß er seinen Plan nicht davon abhängig machen wollte. Dieser traf das Deutsche Reich an einer entscheidenden Stelle, denn es sollte die Früchte seiner jahrelangen Türkenpolitik preisgeben, die mit dem Bagdadbahnbau, Militärmissionen und wirtschaftlichem Aufbau in Kleinasien ein wesentlicher Teil seiner »Weltpolitik« war. »Da ich jedoch einen anderen Ausweg aus dieser die Integrität und den Bestand der Dynastie in Frage stellenden Situation nicht sehe«, so heißt es in seinem Schreiben an den Außenminister, so müsse Deutschland die Frage vorgelegt werden, welchen Bundesgenossen es lieber opfern würde – Österreich-Ungarn oder die Türkei.

IV.

Die Spekulation, die Russen durch Überlassung der Türkei zu einem Sonderfrieden zu verlocken, war tief in einem geschichtlichen Anspruch begründet[30a]. Wenn die Westmächte im 19. Jahrhundert ihnen immer wieder den Zugang zum Mittelmeer verweigert hatten, um ihre Mittelmeer-

30 Conrad an Berchtold, 28. und 30. Juli 1913: Conrad (wie Anm. 18) III, S. 407 ff.

30a Siehe E. Zechlin, »Die türkischen Meerengen – ein Brennpunkt der Weltgeschichte«, in: Ströme und Meere, hrsg. v. d. Joachim-Jungius-Gesellschaft der Wissenschaften, Göttingen 1964, S. 35-65, und GWU 15 (1964), S. 1-31.

route nach Indien zu beschützen, so zeigt sich dieser Gegensatz auch noch in der Entstehungsgeschichte ihrer Dardanellenexpedition von 1915. Denn der an der Kaukasusfront bedrängte Höchstkommandierende, Großfürst Nikolaj Nikolaevič, hatte bei den Alliierten nur nach der Möglichkeit gefragt, »mit See- oder Landstreitkräften irgendwo gegen die Türken zu demonstrieren«[31]. Churchill aber ließ ihm damals mitteilen, daß man übereingekommen sei, »mehr zu tun, als nur zu demonstrieren«[32]. In Petersburg erkannte man sofort »die Gefährlichkeit des ersonnenen Unternehmens«, und da der türkische Vormarsch im Kaukasus im Winter mit einer Katastrophe geendet hatte, empfahl Sasonow dem Großfürsten, die veränderte Lage zu benutzen, um die Verbündeten zu bitten, »mit den in Aussicht genommenen Operationen gegen die Dardanellen einstweilen zu warten«[33]. Eine Eroberung der Meerengen durch die Alliierten war um so gefährlicher, als Rußland nicht in der Lage war, sich an einer solchen Unternehmung zu beteiligen. Eine bloß symbolische Mitwirkung durch ein Truppenkontingent beim Einzug in Konstantinopel, wie das vorübergehend erwogen worden war, entsprach nicht dem Prestige der Russen und hätte die Möglichkeit impliziert, daß die Meerengenfrage wieder zu einer internationalen statt zu einer russischen geworden wäre. Das hätte geheißen, Rußland »die Rolle einer Fliege auf den Ochsenhörnern aufzwingen, die sagen kann: Auch ich habe geackert«[34]. Und da die russischen Schiffe nur für vier Tage Kohlen mit sich führen konnten und der Befehlshaber der Schwarzmeerflotte die Eroberung eines Hafens an der Nordküste Kleinasiens für undurchführbar hielt, wäre allenfalls eine Kohlenbunkerung an der Küste Bulgariens in Betracht gekommen, was entweder einen Überfall oder langfristige Verhandlungen erfordert hätte. Vergeblich machte der vergrämte Großfürst die Verbündeten darauf aufmerksam, daß er nur um Unterstützung ersucht habe, um nicht die Streitkräfte von der Westfront abziehen zu müssen, und berief sich darauf, daß er »keinerlei Anregung gegeben habe, auf welche Weise der Plan durchgeführt werden könne«[35]. Um so dringlicher verlangte Rußland von den Alliierten Garantien, daß die Meerengen ausschließlich ihm zufallen wür-

31 Hierzu W. Churchill, »Weltkrisis«, 4 Bde. (Zürich 1925-28), II, S. 77 f.; vgl. auch Aufz. des Fürsten N. A. Kudašev vom 31. Dezember 1914, in: E. Adamow (Hrsg.), »Die europäischen Mächte und die Türkei während des Weltkrieges«, 6 Bde. (Dresden 1930-32) IV, Nr. 6.

32 Churchill (wie Anm. 31) II, S. 104.

33 Sasonow an Kudašev, 21. Januar 1915, in: Adamow (wie Anm. 31) IV, Nr. 13.

34 Kudašev an Sasonow, 22. Juni 1915, ebd., Nr. 87.

35 Buchanan an Grey, 25. Januar 1915, mit Denkschrift des Großfürsten vom 25. Januar 1915, identisch mit Kudaševs Aufz. o. D. nach dem französischen Text, in: Adamow (wie Anm. 31) IV, Nr. 15.

den. Dabei brachte es nunmehr die deutschen Bemühungen um einen Sonderfrieden ins Spiel.

Am 3. März kam es im britischen War Council zu einer entscheidenden Aussprache[36]. Während Churchill die russischen Forderungen auch jetzt noch dilatorisch behandeln wollte, erklärte Grey kategorisch, daß die Russen sich weder auf Verhandlungen noch auf unsichere Versprechungen einlassen würden. Vielmehr müsse alles vermieden werden, was zum Bruch mit Rußland führen könne, da Deutschland die entschiedene Absicht habe, einen Sonderfrieden mit Rußland zu schließen. Unter diesem Druck wurde der Beschluß gefaßt, »den traditionellen Standpunkt aufzugeben« und – unter der Voraussetzung, daß der Krieg bis zum siegreichen Abschluß fortgeführt werde und auch Großbritannien seine Kriegsziele verwirklichen könne – »den russischen Anspruch auf Konstantinopel, die Meerengen und die europäische Türkei bis zur Enos-Midia-Linie anzuerkennen«. Und da nunmehr auch die französische Regierung den von Rußland geforderten Wortlaut für die Garantie dieses Kriegsziels anerkannte, war ein wesentlicher Punkt von Conrads Friedensplan bereits unwirksam geworden.

Aber die Tripleallianz hatte noch ein Problem, das sich eben in diesen Tagen zu einer scharfen Auseinandersetzung zwischen den Westmächten und Rußland zuspitzte. Die italienischen Forderungen für den Kriegseintritt bezogen sich mit Teilen von Dalmatien und der Adriaküste auch auf Landschaften, die Serbien beanspruchte. Während die Westmächte die italienischen Wünsche unterstützten, machte sich Rußland zum Anwalt der Serben und wies die italienischen Aspirationen auf slawisches Gebiet zurück. »Einer der Gründe, die zu dem gegenwärtigen Krieg geführt haben«, so argumentierte Sasonow gegenüber den westlichen Verbündeten, »hatte seinen Ursprung in den fortgesetzten Bemühungen Österreichs, die Entwicklung Serbiens zu hemmen, indem es dieses eines Zugangs zum Meer beraubte.« Wenn die Mächte einen dauernden Frieden wünschten, könnten sie nicht zulassen, daß Serbien und Montenegro mangels einer ausreichenden Position an der Adriaküste anstelle Österreichs den italienischen Expansionsabsichten ausgeliefert bleibe[37]. In Petersburg befürchtete

36 Secretary's Notes of Meeting of War Council, 3. März 1915 (PRO London, Cab. 42/2). Dazu auch Secretary's Notes vom 10. März 1915, ebd. Näheres hierüber bringe ich an anderer Stelle.

37 Aide-mémoire des russischen Außenministeriums an den englischen und französischen Botschafter in Petrograd, Buchanan und Paléologue, 25. März 1915, in: Die Internationalen Beziehungen im Zeitalter des Imperialismus, Dokumente aus den Archiven der Zaristischen und der Provisorischen Regierung, dt. Ausg. hrsg. von O. Hoetzsch, Reihe II (Berlin 1933-36) (künftig zitiert RD) 7/2, Nr. 423.

man sogar, daß sich die Serben gezwungen sehen könnten, sich angesichts einer Ausdehnung des italienischen Machtbereiches auf das österreichisch-ungarische Dalmatien mit dem Habsburger Reich zu verständigen. Die italienischen Ansprüche, so gab der serbische Ministerpräsident Pašić dem russischen Gesandten zu verstehen, würden »den Keim eines unausbleiblichen Konfliktes« zwischen Italien und den Slawen »in naher Zukunft« erzeugen[38]. Und wie in der Meerengenfrage berief sich Sasonow in London auf die öffentliche Meinung in Rußland, die sich gegen England wenden würde, wenn die russische Regierung »geradezu auf Drängen von Grey hin« gezwungen würde, die Interessen Serbiens an einem Zugang zum Meer zu opfern und plötzlich als Verteidiger einer unteilbaren italienischen Herrschaft in der Adria aufzutreten[39]. Der russische Außenminister scheute sich nicht, die Frage des Allianzsystems zu berühren. Aber auch Frankreich zeigte sich nicht geneigt, die serbischen Interessen und damit den russischen Standpunkt anzuerkennen. Auf die Bemerkung Sasonows, daß die Ansprüche Italiens »dem slawischen Bewußtsein« Hohn sprächen, erwiderte Paléologue trocken: »Wir haben die Waffen ergriffen, um Serbien zu retten, weil der Zusammenbruch Serbiens die Vorherrschaft der germanischen Mächte inauguriert hätte; aber wir schlagen uns nicht, um die Wahngebilde des Slawismus zu verwirklichen. Der Verzicht auf Konstantinopel genügt uns schon[40].« Das war am 31. März.

Rußland hatte nicht nur die Garantie der Verbündeten für die Annexion Konstantinopels und der Meerengen in der Tasche, sondern konnte auch die Machtprobe mit den Westmächten um die Küste Dalmatiens durch einen Kompromiß beenden. Da nach einem Ausspruch Delcassés der endgültige Abbruch der Gespräche mit Italien »un vrai désastre« bilden würde[41], erhielt Sasonow am 6. April vom Zaren die Erlaubnis, die von Frankreichs Außenminister vorgeschlagene gütliche Lösung der dalmatinischen Frage zu akzeptieren, wonach die Halbinsel Sabbioncello Serbien zugesprochen, aber neutralisiert würde und die anliegenden Inseln an Italien fallen sollten[42].

Eben jetzt fiel der russischen Politik mit dem Friedensbedürfnis der Mittelmächte eine diplomatische Waffe in die Hand. Am 20. März überbrachte der schwedische Gesandte in Petersburg dem Außenministerium

38 Trubeckoj an Sasanow, 29. März 1915 (ebd. Nr. 446). Vgl. Tagesaufz. des russischen Außenministeriums, 25. März 1915 (ebd. Nr. 425) und vom 27. März 1915 (ebd. Nr. 434).

39 Sasonow an Beckendorff, 26. März 1915 (ebd. Nr. 431) und vom 31. März 1915 (ebd. Nr. 456), auch zum folgenden.

40 M. Paléologue, »Am Zarenhof während des Weltkrieges«. Tagebücher und Betrachtungen, München 1915, S. 315 (Tgb. 31. März 1915).

41 Iswolsky an Sasonow, 5. April 1915 (RD 7, II, 491).

42 Tagesaufz. des russ. Außenministeriums, 6. April 1915 (RD 7/II, 449 f.).

die Briefe der Wassiltschikowa, in denen die frühere Hofdame der Zarin an die Friedensliebe des Zarenpaares appellierte und sich auf Informationen berief, wonach die Mittelmächte Rußland die Durchfahrt durch die türkischen Meerengen verschaffen würden[43]. Nikolaus II. hielt sie nicht einmal einer Antwort für würdig und übergab sie Sasonow. Der benutzte sie als ein taktisches Mittel, um einen »heilsamen Einfluß auf die Unentschlossenheit der Neutralen auszuüben«[44]. Auf raffinierte Weise brachte sein Kanzleidirektor Schilling dem italienischen Botschafter Carlotti auf einem Dinner den Inhalt der Briefe zur Kenntnis, wobei er den Namen der Absenderin verschwieg und nur von einer dem Zaren selbst bekannten Persönlichkeit sprach, die im Auftrage von Personen, die in Österreich Gewicht und Stimme besäßen, die Bereitwilligkeit zu weitgehenden Zugeständnissen an Rußland kundgetan habe[45]. Dies, obgleich die Wassiltschikowa von »drei einflußreichen Persönlichkeiten« (zwei Deutsche und ein Österreicher) geschrieben hatte, die sie besucht hätten.

Dabei muß man sich vor Augen halten, was ein österreichisch-russischer Sonderfrieden für Italien bedeutet hätte. Durch ihn wäre nicht nur die Erfüllung seiner nationalen Ziele verhindert, sondern auch seine gegenwärtige Stellung am Mittelmeer gefährdet worden. Carlotti zeigte sich denn auch sichtlich beeindruckt, fürchtete, daß sich Italien zwischen zwei Stühle setze, und gab, wie er Sasonow später berichtete, nach Rom den Rat durch, »die Sehne des Bogens nicht zu überspannen«[46]. Auch in die Presse lancierte die russische Regierung Anspielungen auf eine österreichische Neigung zu einem Separatfrieden, und als sich der Direktor der politischen Abteilung im Hauptquartier nach den in der Öffentlichkeit verbreiteten Gerüchten erkundigte, benutzte Schilling diesen Umstand im Gespräch mit Carlotti und bezeichnete ihn als »mit der kürzlich von Österreich aufgeworfenen Frage im Zusammenhang stehend«[47]. Vier Tage später erinnerte er den Botschafter daran, daß der Großfürst Nikolai Nikolajewitsch, also der Höchstkommandierende, mit einer Montenegrinerin vermählt war. Das Übermaß der italienischen Forderungen, »sofern diese überhaupt von den Mächten angenommen würden«, könne dazu führen, daß Rußland und Italien zwar Verbündete würden, »aber gleichzeitig aufhörten, Freunde zu sein«[48].

43 Tagesaufz. des russ. Außenministeriums, 28. März 1915 (RD 7/2, Nr. 441).
44 Aide-mémoire des russ. Außenministeriums an Buchanan, 23. Januar 1915 (RD 7/1, Nr. 67).
45 Tagesaufz. des russ. Außenministeriums, 28. März 1915 (wie Anm. 42), auch zum folgenden.
46 Dgl., 7. April 1915 (RD 7/2, Nr. 494).
47 Dgl., 3. April 1915 (RD 7/2, Nr. 469).
48 Dgl., 7. April 1915 (wie Anm. 46).

Das russische Manöver verfehlte seine Wirkung nicht. Es ist bemerkenswert, in welchem Tempo und in welchem Umfange die Meldung Carlottis von dem angeblichen Friedensgesuch die Diplomatie bewegte. Die italienische Regierung beauftragte ihre Botschafter in Wien und Berlin und daraufhin das Auswärtige Amt die deutschen Vertreter in Wien und in Rom, der Sache nachzugehen. »Wir müssen annehmen, daß Wien uns von etwaiger démarche in Kenntnis setzen würde, wie auch wir Aktion Anderson dort mitgeteilt haben«, drahtete Jagow an Tschirschky[49]. Wenn der Staatssekretär freilich meinte, daß die Gefahr eines russisch-österreichischen Separatfriedens Italien zu einer schnellen Verständigung mit der Donaumonarchie zwingen würde, so hielt Bülow, der frühere Reichskanzler und jetzige Sonderbotschafter in Rom, dem mit Recht entgegen, daß ein solches Gerücht die Italiener vielmehr veranlassen könnte, ihre Forderungen bei den Alliierten möglichst rasch unter Dach und Fach zu bringen[50]. Tschirschky wiederum meldete aus Wien, daß man von einem solchen Schreiben im k. u. k. Außenministerium nichts wisse und die Nachricht für einen Versuch halte, »Mißtrauen zwischen uns und Österreich-Ungarn zu säen«[51]. Dabei stieß er bei seinen weiteren Nachforschungen auf die gleiche Fährte wie der italienische Botschafter in Wien und erfuhr von diesem, daß der Verfasser des Friedensgesuches an den Zaren vermutlich der Prinz Franz von Liechtenstein sei, der früher einmal Botschafter in Petersburg gewesen war. Damit war man nicht mehr weit von der Wahrheit entfernt, denn Maria Wassiltschikowa wohnte in einer Villa am Semmering, die diesem gehörte. Der Kreis schloß sich, als am 7. April in Petersburg Carlotti dem Baron Schilling ein Telegramm des italienischen Botschafters aus Berlin über ein Gespräch mit dem deutschen Kanzler vorlas. Danach hatte dieser erklärt, daß sich nach seinen Informationen ein angesehener Vertreter des höchsten österreichischen Feudaladels an den Zaren mit der Bitte um Frieden mit Österreich gewandt habe. Doch hätte das keinen Einfluß auf die jetzige Wiener Regierung, und diese habe auch nicht die Absicht, sich von Deutschland zu trennen[52].

V.

Dies also war die Situation auf seiten der Tripleallianz, als am 3. April der Friedensplan des österreichisch-ungarischen Generalstabschefs im deut-

49 Jagow an Tschirschky, Tel.-Nr. 1086, 1. April 1915 (AA, Wk 2, geh.).
50 Bülow an AA, Tel.-Nr. 441, 3. April 1915 (AA, Wk 2, geh.).
51 Tschirschky an AA, Tel.-Nr. 634, 5. April 1915 (AA, Wk 2, geh.).
52 Tagesaufz. des russ. Außenministeriums, 7. April 1915 (wie Anm. 46).

schen Hauptquartier eintraf. Falkenhayn nahm »die Sache der Anzapfung« durch Conrad zuerst nicht sehr ernst[53]. Auch sein engster Berater, der Generalquartiermeister Wild von Hohenborn, glaubte nicht daran, daß der österreichische Bundesgenosse »einvernehmlich« mit Deutschland unter Abtretung Galiziens einen Sonderfrieden mit Rußland abschließen könne, um sich mit aller Kraft auf Italien zu werfen. »So eine Utopie ... mit aller Kraft des verbrauchten Heeres gegen einen neuen, frischen Feind!« Und außerdem: »Welche Idee, sich mit Galizien von einem Krieg mit Rußland loszukaufen«, das im übrigen weit mehr Forderungen stellen wüde, vor allem mit Bosnien und Herzegowina einen Zugang zur Adria! Aber Wild erblickte in den österreichischen Vorschlägen »ein erstes schamhaftes Eingeständnis zur Schwäche und die große Gefahr beginnenden Abschwappens unserer Bundesbrüder«. So drang er denn auf Falkenhayn ein, Conrad bereits für den nächsten Tag nach Berlin kommen zu lassen; denn was die Zukunft bringe, könne ja kein Mensch sagen, »aber daß wir bei allen etwaigen Verhandlungen den Taktstock haben müssen, das ist klar. Extratouren gibt's nicht. Das wird dem C. morgen klar gemacht werden, und außerdem muß ihm überhaupt mal ein Licht aufgesteckt werden, das in seine phantastische, politische Dunkelkammer gründlich reinleuchtet«. Nicht den Separatfrieden lehnte er ab, wohl aber die in seinen Augen naiven Anschauungen Conrads über die Friedensbereitschaft Rußlands und die daraus resultierende Fehleinschätzung der russischen Forderungen, vor allem aber die Auflehnung des österreichischen Generalstabschefs gegen die Führerrolle Deutschlands. Falkenhayn zweifelte geradezu an Conrads »Geisteszustand«, der noch weit bedenklicher sei als die Aussicht auf »nur noch minimal« einzuschätzende Verhandlungen mit den Italienern und die Absicht, mit einer »zerfledderten Armee das frisch gerüstete Italien angreifen zu können«. Unmittelbar vor Conrads Abreise wurden diese Befürchtungen noch vertieft. Über die neuesten Eiffelturmtelegramme kam die Nachricht von einer angeblichen Friedensbereitschaft des Bundesgenossen. Falkenhayn erörterte die Angelegenheit mit dem Gesandten des Auswärtigen Amtes, der mit ihm den Verdacht teilte, »daß eine Indiskretion oder Schlimmeres vorliege«[54].

Die Beunruhigung der deutschen Regierung wird erst recht verständlich, wenn man bedenkt, daß sie selbst damit beschäftigt war, eine Anknüp-

53 Wild von Hohenborn an seine Frau, 3. April 1915 (Bundesarchiv-Militärarchiv, Freiburg), auch zum Folgenden. – Wild glaubte ebenso wie andere Militärs dieser Zeit (ungedr. Brief General Hoffmanns an seine Frau, Bundesarchiv/Militärarchiv Freiburg A 08/37), daß die Ostfront sogar bei einem Ausscheiden Österreichs zu halten sei.

54 Treutler an AA, Tel.-Nr. 252, 3. April 1915 (AA, Wk 2, geh.).

fung im Osten zu suchen. Der Reichskanzler war am 4. März im Hauptquartier Oberost gewesen, um von Hindenburg und Ludendorff zu hören, »sie würden Ostpreußen halten, den Russen noch Teilschlappen beibringen, aber keine große Entscheidung mehr herbeiführen«[55]. »Der Feldmarschall riet unter diesen Umständen, Frieden zu schließen[56].« Der Kanzler beeilte sich darauf, noch am 6. März dem dänischen Außenminister einen konkreten Vorschlag für den gerade in Petersburg verhandelnden Andersen zu lancieren – es war der gleiche Tag, an dem Wilhelm II. notgedrungen das Schreiben an Franz Joseph über die Abtretung eines Teiles von Schlesien an Österreich-Ungarn unterzeichnete. So ließ denn Bethmann Hollweg über Kopenhagen in Petersburg wissen, »daß unsere Bedingungen nicht schwer seien und wir nur kleinere Konzessionen zum Schutze unserer östlichen Grenzen (nicht aber Warschau) im Auge haben würden«[57]. Hier wurde die Wendung deutlich gegenüber Vorstellungen, die nach dem Kriegsausbruch und vor der Einsicht vom 18. November 1914 die deutsche Führung bewegt hatten, als sie das Zarenreich mit der Revolutionierung der Randvölker von der deutschen Grenze nach Möglichkeit abzudrängen gesucht und an die Gründung eines autonomen Polens in diesem oder jenem Umfange gedacht hatte. Auch äußerte sich der Kanzler in diesen Tagen wiederholt über die Abtretung Ostgaliziens an Rußland[58].

Aber aus Petersburg kam eine deutliche Absage. »Er habe eine unbedingte Einmütigkeit in der Ablehnung eines Friedensgedankens in allen, sogar den Finanzkreisen gefunden«, berichtete Andersen. »Alle in Betracht kommenden Instanzen vom Zaren bis zum auswärtigen Minister hätten insbesondere den Gedanken eines Separatfriedens weit von sich gewiesen[59].« Daß dies die unmittelbare Folge des »Constantinople Agreements« war, konnte man in Berlin freilich noch nicht wissen. Wenn aber jetzt Österreich-Ungarn in den Verdacht geriet, seinerseits zu einem Separatfrieden mit Rußland zu gelangen, so bedeutete dies die Gefahr, daß einer der beiden Verbündeten, um seine eigene Haut zu retten, den anderen Bündnispartner der sicheren Niederlage preisgegeben beziehungsweise der

55 Bethmann Hollweg an Valentini, 12. März 1915 (im Besitz des Verf.), abgedr. in: Zechlin, B 22/63 (wie Anm. 1), S. 46 f.

56 Lerchenfeld an Lößl, 6. März 1915 (GStA München, MA I 957 b: »Der Ausspruch Hindenburgs hat mit einem Schlage die Lage verdunkelt.«).

57 Bethmann Hollweg an Brockdorff-Rantzau, Tel.-Nr. 167, 6. März 1915 (AA, Wk 2, geh.), abgedr. in: Zechlin, B 22/63 (wie Anm. 1) S. 43; vgl. auch ebd. S. 14 ff.

58 Hierzu Zechlin, ebd., passim, bes. S. 21-23.

59 Brockdorff-Rantzau an AA, Tel.-Nr. 421, 9. März 1915 u. Tel.-Nr. 429, 11. März 1915 sowie Jagow an Trenten, Tel.-Nr. 102, 12. März 1915 (AA, Wk 2, geh.); im übrigen Zechlin, ebd.

Willkür der Entente ausgeliefert hätte. Näher lag – und dies befürchteten die Deutschen –, daß die Donaumonarchie hinter ihrem Rücken die Initiative ergriff, um die Bedingungen so zu gestalten, daß der Friedensschluß überwiegend zu Lasten Deutschlands ging – schon die Wahl des Zeitpunktes konnte dafür von Bedeutung sein. Deutschland wäre dann gezwungen worden, sich nolens volens den österreichischen Beschlüssen zu fügen, um nicht völlig vereinsamt gegen die feindliche Übermacht weiter kämpfen zu müssen. »Eventuelle Versuche zur Anknüpfung mit Rußland müssen uns vorbehalten bleiben«, meinte Jagow[60]. Es galt also unter allen Umständen, vor Österreich-Ungarn die Friedensverhandlungen einzuleiten, um nicht plötzlich vor jene unliebsame Entscheidung gestellt zu werden. Um so mißtrauischer beobachtete man in der OHL, wie in Wien die Verzweiflung wegen der italienischen Drohungen ständig wuchs.

Als am 4. April 1915, also zwei Tage nach dem alarmierenden Telegramm Conrads, die beiden Generalstabschefs in Berlin zusammentrafen[61], erörterten sie vor allem die bedenkliche Situation Österreichs zwischen dem drohenden Angriff Italiens und der festgefahrenen Lage an der Karpatenfront. Conrad hielt es für unmöglich, gegen einen neuen Feind zu kämpfen, bevor nicht mit dem alten, d. h. mit Rußland, ein Waffenstillstand erreicht sei. Im Gegensatz zu seinem Schreiben an Burián betonte er, daß er sich diesen Frieden nur in Gemeinschaft mit Deutschland vorstelle. Ein einseitiges Abkommen mit Rußland würde »nur eine Galgenfrist bedeuten, nach deren Ablauf Österreich aufhören würde, als Macht zu existieren«. Österreich denke nicht an einen solchen Frieden, und so verneinte er auch ausdrücklich die Frage, ob er etwa von Verhandlungen zwischen Wien und Petersburg wisse.

Falkenhayn, der noch am gleichen Tag persönlich den Reichskanzler informierte, konnte zunächst mit dem Ergebnis der Zusammenkunft zufrieden sein. Die Befürchtungen, daß die Donaumonarchie angesichts ihrer Spannungen mit Italien den Russen in die Arme laufen würde, waren zerstreut. Es schien Falkenhayn gelungen zu sein, den k. u. k. General-

60 Jagow an Wangenheim, 8. Juni 1915, Tel.-Nr. 1116, 8. Juni 1915 (AA, Rußland 104, Nr. 2 geh.). Es handelt sich darum, daß sowohl von deutscher als auch von österreichischer Seite mit dem Großwesir über einen russischen Separatfrieden gesprochen wurde. Nach einem Promemoria Jagows vom gleichen Tage (ebd.), glaubte man nicht, daß Eroberungen in den Ostseegebieten, in Polen und in Galizien Rußland friedensbereit machen würden, sondern nur die Überzeugung in Rußland, daß Englands und Frankreichs Wille und Macht nicht ausreichten, um die Dardanellen zu bezwingen und dem russischen Verbündeten die Krone von Byzanz zu verschaffen.

61 Zu folgendem Aufz. Bethmann Hollwegs über Mitteilungen Falkenhayns betr. seine Unterredung mit Conrad, 4. April 1915 (AA, Wk 2, geh.); Conrad an Bolfras, 6. April 1915 (RA VII, S. 340 f., 352, Anm. 2).

stabschef in bezug auf das italienische Problem zu beschwichtigen und für einen Augenblick die Hoffnung auf die Möglichkeit eines friedlichen Ausgleichs gestärkt zu haben. Conrad hatte sogar zugestanden, daß Wien den Italienern außer dem Trentino auch die Isonzolinie gewähren würde. Ja, er hatte sich sogar die Zusage abnehmen lassen, auch im Falle eines italienischen Einmarsches die österreichischen Truppen in den Karpaten zu belassen und gegen die Italiener zunächst nichts zu unternehmen.

Für Conrad war freilich das Berliner Gespräch nicht weniger befriedigend verlaufen. Er mußte sich von Falkenhayn mehr oder weniger überfahren fühlen. Die wichtigste Frage, was nämlich im Falle eines italienischen Kriegseintritts von deutscher Seite zur Unterstützung der Donaumonarchie geschehen würde, war unerörtert geblieben. Um hierauf eine klare Antwort von dem deutschen Generalstabschef zu erhalten, hatte er die Eventualität eines russisch-österreichisch-deutschen Sonderfriedens offen in die Debatte geworfen. Es ist schwer zu beurteilen, ob der Gedanke eines österreichisch-russischen Separatfriedens nur als taktisches Mittel gegenüber dem mächtigen Bundesgenossen ins Spiel gebracht worden war, oder ob er in der militärisch und politisch so zugespitzten Lage als letzter Ausweg erwogen wurde. Der Spielraum zwischen Drohung und Handlung, Taktik und Notwehr war jedenfalls gering. Theoretische und taktische Erörterungen richteten sich zu sehr nach den Zwangsläufigkeiten der tatsächlichen Politik, als daß sich zwischen ihnen eine scharfe Trennung ziehen ließe.

Schon am Tage nach seinem Besuch in Berlin machte Conrad in einem langen Telegramm an Falkenhayn die Abmachungen ihrer Unterredung zum größten Teil wieder rückgängig[62]. Er weigerte sich hartnäckig, im Kriegsfalle den Italienern die strittigen österreichisch-ungarischen Gebiete kampflos zu überlassen, wie das Falkenhayn vorgeschlagen hatte; denn, so argumentierte er, »so würde die Offensive Italiens unmittelbar und rasch ins Herz der Monarchie führen und uns bald völlig lahmlegen«[63]. In wiederholten eindringlichen Anfragen verlangte er Gewißheit über eine deutsche Unterstützung mit Forderungen »bis zu 12 Divisionen«[64]. Österreich verfüge über keine Reserven an mobilen Kräften und müßte die Truppen gegen Italien aus der Ostfront abziehen, »wodurch aber die Situation gegen Rußland unhaltbar würde«[65].

Nun hatte aber Falkenhayn nach dem Mißerfolg von Ypern und der

62 Conrad an Falkenhayn, 5. April 1915 (KA Wien, AOK, Op.-Nr. 8786).
63 Conrad an Falkenhayn, 6. April 1915 (KA Wien, AOK, Op.-Abt., Fasz. 512, Op. Nr. 8822).
64 Siehe unten Anm. 69.
65 Conrad an Falkenhayn, 5. April 1915 (wie Anm. 62).

pessimistischen Besprechung mit Bethmann Hollweg am 18. November 1914 durch Umgliederung des Westheeres wieder eine Heeresreserve und hoffte, mit einem Durchbruch großen Stils an der Westfront den Krieg erneut in Bewegung zu bringen und dort eine Entscheidung herbeizuführen[66]. Dagegen drängte Conrad angesichts des drohenden Kriegseintritts Italiens und der kritischen Lage an der Karpatenfront auf einen Schlag im Osten, der sich seiner Ansicht nach mit geringstem Zeitaufwand verwirklichen ließe. Dies würde einen stärkeren Eindruck auf die neutralen Staaten machen als etwa territoriale Zugeständnisse. Österreich-Ungarn würde dann auch »freie Hand für andere Ziele haben und vielleicht auch die Möglichkeit, mit Rußland zu einem Arrangement zu kommen«[67]. Eine Waffenentscheidung freilich, wie sie Conrad mit einem »gleichzeitigen Vorgehen von beiden Flügeln der Riesenfront« erwartete, hielt der deutsche Generalstabschef im Osten »nach Raum und Zeit, nach Wagen und Eisenbahnen« für unmöglich[68]. Auch befürchtete er von einem weiteren Ausharren der Truppen im Westen in »entnervender passiver Defensive« eine Minderung ihrer Kampfkraft. Nach dem Osten sollten erhebliche Kräfte nur geschickt werden, »wenn eine Notlage dort dazu *zwingt*«[69]. Diese aber war gegeben, nachdem seit der Kapitulation vom Przemyśl an der Karpatenfront ein Durchbruch der Russen nach Ungarn zu befürchten war[70].

VI.

So entschloß sich Falkenhayn am 13. April 1915 definitiv zum Durchbruch bei Gorlice[71]. Zuvor war das Dilemma der deutschen Stellung gegenüber

66 So Falkenhayn am 11. März 1915 mündlich zu Seeckt nach dessen wohl gleichzeitigem Brief, in: H. v. Seeckt, »Aus meinem Leben 1866-1917«, Leipzig 1938, S. 102. Für die ausgedehnte Diskussion um eine Westoffensive im März 1915 vgl. RA VII, S. 307 ff.

67 Conrad an Falkenhayn, Tel., 6. April 1915 (KA Wien, AOK, Op.-Abt., Fasz. 512, Op. Nr. 8822).

68 Falkenhayn an Conrad, Tel.-Nr. 682, 8. April 1915, ebd. Diese – wie sich später zeigte – grundlosen Befürchtungen auch in Falkenhayns Denkschrift vom 27. Dezember 1914 (RA VI, 422).

69 So das Resümee des Chefs der Op.-Abt. Tappen über Besprechungen mit Falkenhayn nach Tagebuch Tappen vom 6. April 1915 (Bundesarchiv/Militärarchiv Freiburg, H 08-56/1: Kriegstagebuch Gerhard Tappen 1914 bis 1919).

70 Vgl. für die Karpatenfront: RA VII, S. 358 ff., für Italien Tagebuch Tappen (wie Anm. 69) vom 10., 11. und 12. April 1915: »Lage scheint danach sehr gespannt.« Am 13. April schrieb Wild von Hohenborn an seine Frau: »Man muß stündlich mit dem Eintritt I[talien]s in den Krieg rechnen.« (wie Anm. 53).

71 Nach RA VII, 360, fand die Entscheidung bereits am 10. April statt. Doch

dem Bundesgenossen noch einmal erörtert worden. Hierfür gibt das Tagebuch des Chefs der Operationsabteilung, von Tappen, ein eindrucksvolles Bild: »Schwierigkeit bleibt bestehen: wird Conrad etwas versprochen, so werden seitens Österreich die Bedingungen Italiens kurz abgelehnt und wir haben Italien auch noch als Gegner, denn *wir* müssen den Krieg doch führen. Wird Conrad nichts versprochen, so trifft Österreich unter Umständen Sonderabmachungen mit Rußland und wir haben Rußland allein auf dem Hals[72].« Der zweite Fall war jetzt durch den Entschluß zur Offensive in Rußland, der Conrad noch am selben Tage mitgeteilt wurde[73], gegenstandslos geworden. So gelang es den verbündeten Generalstabschefs, sich am nächsten Tag (14. April) darauf zu einigen, die Verhandlungen mit Italien möglichst hinauszuziehen – mindestens vier Wochen – und es auf keinen Fall in dieser Zeit zum Krieg mit Italien kommen zu lassen. Zu diesem Zweck forderte Conrad, als Ergebnis der Besprechung, seinen Außenminister am folgenden Tage auf, in den Verhandlungen mit dem »wortbrüchigen perfiden Italien« sich jedes Mittels zu bedienen und von der Idee auszugehen, bei erster passender Gelegenheit das abgetretene Gebiet wieder zurückzunehmen und etwa gemachte Konzessionen zurückzuziehen[74].

Diese Taktik wurde am 24. April in einem erneuten Treffen der beiden Generalstabschefs in Berlin, an dem auch der Reichskanzler und der österreichisch-ungarische Außenminister Burián teilnahmen, noch einmal bekräftigt: »Jetzt die Verhandlungen hinausziehen, Schlag in Galizien abwarten und nach diesem Schlag sehen, was sich machen läßt[75].« Es illustriert jedoch die geradezu ausweglose Situation und demonstriert eine fast an Zynismus grenzende Ratlosigkeit, wenn die beiden militärischen Führer darin übereinstimmten, daß mit dem Kriegseintritt Italiens und dem ihm folgenden Rumänien der Krieg als verloren zu betrachten sei,

steht dagegen das Tagebuch Tappens vom 13. April 1915 (wie Anm. 69) und eine Notiz Plessens vom selben Tage, zit. bei Seeckt (wie Anm. 66), S. 111, Anm. 3. – Zum »Risiko von Gorlice« vgl. Janßen (wie Anm. 14), S. 104 ff.

72 Tagebuch Tappen vom 13. April 1915 (wie Anm. 69). Nach einer Zuschrift Falkenhayns an das Reichsarchiv vom 28. Februar 1920 hatte er auch am 4. April Conrad gegenüber deshalb nicht von einer Ostoffensive gesprochen, »weil dadurch jede Hoffnung, die Österreicher zum Nachgeben gegen Italien zu bringen, vernichtet worden wäre«: RA VII, S. 352, Anm. 2.

73 Vgl. Falkenhayn an Conrad, Tel.-Nr. 716, 13. April 1915, und Antwort Conrads vom selben Tage (beide KA Wien, AOK, Op.-Abt., Fasz. 512, Op. Nr. 9056).

74 Conrad an Burián, 15. April 1915 (Abschrift im KA Wien, AOK, Op.-Abt. Fasz., 512, fol. 34); auch zum folgenden.

75 Resümee der Besprechung vom 24. April 1915 in Tagebuch Kundmann (KA Wien, Conrad-Archiv B, Fasz. 13, fol. 55).

und der deutsche Kanzler den österreichisch-ungarischen Außenminister beschwor, daß dies »unter allen Umständen vermieden werde«, Burián ihm aber einen Sonderfrieden mit England empfahl, damit die deutschen Truppen der Westfront für den Krieg gegen Italien frei würden[76].

So endete die Konferenz in Berlin wieder mit dem Rezept, durch militärische Erfolge im Osten einen Weg zum russischen Separatfrieden zu erzwingen. Unter diesem Gesichtspunkt entwickelte sich aus dem Durchbruch von Gorlice am 1. Mai 1915 die bisher größte Operation der Mittelmächte im Osten. Bis zu den in Kurland zur Ablenkung vorstoßenden Kavalleriedivisionen reichte der von Truppe zu Truppe überspringende Jubel über die Meldung vom Fall Warschaus am 5. August[77].

Doch sollte auch dieser Feldzug die Grenzen und die Unwirksamkeit strategischer Siege unter den Bedingungen eines Krieges erweisen, der längst die vertrauten Dimensionen der rein operativen Kriegführung hinter sich gelassen hatte. »Seitdem die masurische Offensive nach wenigen Tagen an neuen Schützengräben und (der Zuführung russischer) Reserven zum Stillstand kam, seitdem man gesehen hat, daß in Frankreich jeder Vorstoß sich bald an den Defensivstellungen bricht«, schrieb der österreichisch-ungarische Botschafter in Rom am 4. Mai, »ist man hier gegen Siegesnachrichten sehr skeptisch geworden.« Daraus ergebe sich, »daß auch der jetzige Sieg in Galizien hier kaum eine so große Wirkung haben wird, daß er die italienische Chantage-Politik wesentlich beeinflussen würde«[78]. So war denn für den österreichisch-ungarischen Generalstabschef wieder eine Situation gegeben, wie sie ihn am 2. April zu dem Vorstoß für einen Sonderfrieden mit Rußland bewogen hatte. »Er erlaube sich«, so telegraphierte er am 18. Mai 1915, für Burián »in Anbetracht jetziger Lage erneut auf Verständigung mit Rußland hinzuweisen, wodurch unsere militärischen Kräfte gegen alle übrigen Gegner frei würden.« Die Antwort des Außenministers lautete freilich, der gegenwärtige Augenblick, »wo Rußland an dem bevorstehenden Eingreifen Italiens neuen Mut und Hoffnungen schöpft«, scheine ihm leider für den Versuch einer Verständigung »der wenigst geeignete«[79]. Drei Tage später – am 23. Mai – erklärte Italien der Donaumonarchie den Krieg.

76 Aufz. Bethmann Hollweg vom 25. April 1915 (AA, Wk 15, Bd. 1).

77 Persönl. Erinnerung des Verf., wie in der von der Abendsonne beschienenen Sommerlandschaft die »Hurras« der vormarschierenden Schwadronen sich fortpflanzten.

78 Macchio an Burián, Tel.-Nr. 588, 4. Mai 1915 (HHStA Wien, PA rot, Karton 509, geheim XLVII 15 a).

79 Graf Thurn, Tel.-Nr. 532, 18. Mai 1915, und Burián an Thurn, Tel.-Nr. 186, 20. Mai 1915, für Conrad (HHStA Wien, PA rot geh. 47/2).

VII.

Freilich hat weder die mit dem Durchbruch von Gorlice einsetzende Großoffensive im Osten noch eine damit kombinierte dritte Friedensmission Andersens nach Petersburg den russischen Sonderfrieden gebracht, den die militärische und politische Führung der Mittelmächte so dringend wünschte. Schon am 16. Juli prophezeite der Kriegsminister Wild von Hohenborn: »Leider wird es kein sogenannter vernichtender Schlag werden. Den Rückzug verstehen die Russen[80].« Zwischen dem 20. und 21. Juli trat dann im Großen Hauptquartier der Umschlag in der Lagebeurteilung ein. Angesichts der unerwarteten Schwierigkeiten bei der Überwindung der Narevlinie und der Langsamkeit der nach dreimonatigem Bewegungskrieg stark geschwächten Heeresgruppe Mackensens im Süden, gelang es den Russen, ihre Hauptmassen der geplanten Zangenbewegung oder, wie es auch hieß, dem »Flaschenhals« zu entziehen.

In diesem Augenblick traf wiederum ein Vorschlag Conrads für einen russischen Sonderfrieden ein, der, wie Falkenhayn feststellen konnte, zum Teil fast wörtlich dem seinigen vom 18. November 1914 entsprach (es hieß auch hier z. B. »goldene Brücken« bauen u. ä.)[81]. Danach sollte, »um für alle Zukunft ein dauerndes volles Einvernehmen zwischen uns und Deutschland einerseits und Rußland andererseits anzubahnen«, »vor allem jede Demütigung Rußlands streng vermieden, in erster Linie also unsererseits auf jede wesentliche Gebietsabtretung von seiten Rußlands unbedingt verzichtet werden«. Und für den Fall eines vollen Bündnisverhältnisses mit den Zentralmächten schlug Conrad vor, ihm die Dardanellendurchfahrt in Aussicht zu stellen.

Die Vorstellungen des österreichisch-ungarischen Generalstabschefs über eine solche versöhnliche Rußlandpolitik der Mittelmächte entsprachen sowohl denen Falkenhayns wie denen Bethmann Hollwegs. Dieser hatte erst wenige Wochen zuvor über Andersen dem Zaren die Bereitschaft der deutschen Regierung übermitteln lassen, mit Rußland einen »billigen, unsere gemeinsame Zukunft sichernden Frieden zu schließen«, der »unter Wahrung unserer nachbarlichen Interessen und Rechte den natürlichen Lebensbedingungen Rußlands voll Rechnung trägt«[82]. Er hatte aber auch

80 Wild von Hohenborn an seine Frau, 16. Juli 1914 (wie Anm. 53).

81 Falkenhayn an Bethmann Hollweg, 22. Juli 1915, mit Anlage Abschrift von Conrad an Burián, 21. Juli 1915 (AA, Wk 2 geh.); auch abgedr. bei Scherer-Grunewald, »L'Allemagne et les problèmes de la paix I« (1962), Nr. 117.

81 Bethmann Hollweg an AA, 25. Juni 1915, zur Weiterleitung nach Kopenhagen (AA, Wk 2, geh.).

82 Treutler an Bethmann Hollweg, 3. Juni 1915, und dessen Antwort vom gleichen Tage (AA, Wk 2, geh.); auch bei Scherer-Grunewald (wie Anm. 79), Nr. 96 und 97.

Falkenhayn widersprochen, als dieser meinte, den Zaren mit dem Angebot einer »Einstellung der Feindseligkeiten«, also einem Waffenstillstand, von dem Odium eines »Treubruchs« der Abmachungen vom 5. September 1914 für einen gemeinsamen Friedensschluß zu entlasten. Nikolaus II. befände sich nicht in der Zwangslage, so hielt er dem Generalstabschef vor, eine solche »Felonie« zu begehen, und wenn er wider Erwarten auf das Angebot einginge, so würde er das nur unter der Bedingung tun, daß die gegen Rußland eingesetzten Streitkräfte nicht auf einem anderen Kriegsschauplatz verwendet würden[83]. Der Kanzler hatte auch aufgrund ihm zugegangener Nachrichten festgestellt, daß der Krieg, der von vornherein in Rußland populär gewesen sei, mit einer Ausweitung der militärischen Operationen dort »mehr und mehr den Charakter des richtigen Volkskriegs gewinnt«[84].

Studiert man nun die österreichischen Akten, so ergibt sich, daß mit dem Vorschlag Conrad v. Hötzendorfs, ebenso wie mit dem Friedensvorschlag vom 2. April 1915, die Absicht verbunden war, das Kriegsziel einzubringen, um dessentwillen es zum Ausbruch des Weltkrieges gekommen war: die Annexion Serbiens und Albaniens und die Gründung eines Balkanbundes unter österreichisch-ungarischem Protektorat[85], wie er im Juli 1914 als Gegenmaßnahme zu einem von Rußland betriebenen neuen Balkanbund mit antiösterreichischer Spitze auch von Deutschland gebilligt worden war. Wenn Conrad hier aber wieder die Bismarcksche und von ihm schon vor dem Kriege vertretene Aufteilung des Balkans in zwei Interessensphären unter Opferung der Türkei aufnahm, so hatten bereits England und Frankreich mit dem »Constantinople Agreement« vom März den Russen den Weg zu den Meerengen und damit zum Balkan und dem Mittelmeer freigegeben. Es hätte also schon außer der Opferung des türkischen Bundesgenossen und der deutschen Orientpolitik eines radikalen Frontwechsels des Zarenreiches gegen seine Alliierten bedurft, um zu diesem Separatfrieden zu kommen. Auch befand sich der Zar in einer Zwangslage, da er schon wegen der innenpolitischen Auswirkungen die historische Funktion als Schutzmacht der slawisch-orthodoxen Balkanvölker jetzt noch weniger aufgeben konnte als in der Julikrise von 1914.

84 Lerchenfeld an Hertling, 19. Juli 1915 in: Briefwechsel Hertling-Lerchenfeld 1912-1917 I, hrsg. v. E. Deuerlein (1973). – Tatsächlich glaubten auch Sasonow und Paléologue, der französische Botschafter in Petersburg, »ein großartiges Wiedererwachen des Nationalgefühls« in Rußland feststellen zu können. Vgl. Paléologue (wie Anm. 40), I, S. 355 (Tgb. 20. Juni 1915). Dies prophezeite ihm Sasonow bereits am 6. Juni, ebd. S. 350.

85 Conrad an Burián, 12. Juli 1915 und Burián an Conrad vom 11. Juli 1915 mit Randbemerkungen Conrads (Kriegsarchiv Wien AOK Op.-Abt., Fasz. 551, Op.-Br. 12750).

Die Antwort auf die Denkschrift Conrads übermittelte Bethmann Hollweg an Falkenhayn (ohne Kenntnis vom Hintergrund der Bestrebungen Conrad v. Hötzendorfs) erst am 30. Juli, denn an diesem Tage erhielt er die Meldung über das Scheitern auch der dritten Mission Andersen. Der Zar sah sich weiterhin durch das Wort gebunden, nur gemeinsam mit seinen Alliierten Frieden zu schließen. Die schweren Niederlagen in Polen und Kurland würden nicht als entscheidend für den endgültigen Ausgang des Krieges betrachtet, und Rußland würde auch nach dem Rückzug aus Polen immer noch stark genug sein, bedeutende deutsche Kräfte zu binden und dadurch die Alliierten zu entlasten[86]. Angesichts dieses negativen Ergebnisses nach den »vielfachen und fortgesetzten Sondierungen Rußlands« erwartete der Kanzler, daß ein neues Friedensangebot nur als ein »Zeichen der Schwäche« angesehen würde.

Damit waren freilich weder die deutschen noch die österreichisch-ungarischen Bemühungen um einen russischen Sonderfrieden beendet – weder die, die auf eine gemeinsame Aktion hinzielten, noch solche, die auf Kosten der Bundesgenossen gehen würden. Nachdem es weder mit dem Druck der Sommeroffensive und ihren Eroberungen noch mit Hilfe der dänischen Friedensvermittlung gelungen war, den Zaren friedensreif zu machen, konzentrierten sich die Erwartungen hierfür auf die Öffnung des Weges nach Konstantinopel, wie ihn die Militärkonvention mit Bulgarien und der Serbienfeldzug ermöglichten. Damit sollte Rußland die Aussicht genommen werden, dieses zentrale Kriegsziel aus den Händen der Alliierten zu erhalten. Wenn es die Hoffnung auf den Fall der Dardanellen, die Gewinnung der Balkanstaaten und auf einen Durchbruch im Westen endgültig aufgegeben habe – so nannte Bethmann Hollweg »den springenden Punkt« – »werden wir stark genug dastehen, um, wenn unsere Gegner nicht kommen, selbst die Hand zum Frieden auszustrecken«[87].

86 Brockdorff-Rantzau an AA, 29. Juli 1915, pr. 30. Juli 1915, 1.27 Uhr (AA, Wk 2, geh.).

87 Bethmann Hollweg an Falkenhayn 30. Juli 1915 (AA, Wk 2, geh.), auch abgedr. bei Scherer-Grunewald (wie Anm. 80), Nr. 119. Die verschiedenen Vorentwürfe Jagows, Bethmann Hollwegs, Zimmermanns jetzt abgedr. bei Janßen (wie Anm. 14), S. 279 ff.; vgl. auch dessen treffende Analyse, S. 141 ff.

16.
Die türkischen Meerengen ein Brennpunkt der Weltgeschichte

Es war bei einer der Begegnungen Napoleons mit Alexander I. in Tilsit im Jahre 1807. Sieger und Besiegter reichten sich die Hand; sie schienen sich über die Teilung der Herrschaft in Europa zu verständigen. Als es aber darum ging, die »Grenze zwischen den Machtgebilden des Orients und des Okzidents zu bestimmen«, erhob der Zar Anspruch auf Konstantinopel. Damit stieß er auf entschiedenen Widerspruch. »Nein, Konstantinopel niemals!« rief Napoleon, »das wäre ja die Weltherrschaft[2]!«

So kamen die beiden Kaiser im Tilsiter Allianzvertrag zwar überein, unter gewissen Umständen die europäische Türkei untereinander aufzuteilen[3], aber Konstantinopel wurde ausdrücklich ausgenommen und mit ihm die Provinz Rumelien, also das Gebiet, das im Westen und Norden das Ägäische Meer begrenzt. Dementsprechend führten die weiteren Verhandlungen durch den französischen Botschafter in Petersburg nur insofern zu einer Einigung, als Ägypten und Syrien an Frankreich, Bosnien und Serbien an Österreich und der Balkan an Rußland fallen sollten. Die Meerengenfrage blieb jedoch ungelöst. Der Zar erhielt seinen Anspruch auf Konstantinopel aufrecht: »Die Geographie will, daß ich es habe. Besitzt es ein anderer, dann wäre ich nicht mehr Herr im eigenen Hause.« Aber sein französischer Gesprächspartner begegnete diesem scheinbar billigen und gerechten Wunsche nach dem »Schlüssel zu der Tür meines Hauses« schnell: »Dieser Schlüssel ist auch der Schlüssel zu Toulon, zu Korfu, zum Welthandel.«

Beide bedienten sich dabei der gleichen Argumentation: Konstantinopel sei im Besitz des Gegners eine Gefahr für die eigene Position, während umgekehrt das eigene Festsetzen an den Meerengen keineswegs eine Be-

Aus: »Ströme und Meere«, Vorträge der Joachim-Jungius-Gesellschaft der Wissenschaften, Verlag Vandenhoeck & Ruprecht, Göttingen (1964) sowie: »Geschichte in Wissenschaft und Unterricht« (1966), S. 1-31.

2 Nach dem Zeugnis des der Szene beiwohnenden Sekretärs des Kaisers, Baron Méneval (Mémoires, Bd. II, S. 105); vgl. August Fournier, »Napoleon I.«, [4]1922, Bd. II, S. 192 f. mit den dort angeführten weiteren Quellen.

3 Abgedr. in A. Fournier, a.a.O., S. 386 ff. Der Gedanke der Aufteilung findet sich hier in der euphemistischen Formel: ». . . et les deux Hautes Parties Contractantes s'entendront pour soustraire toutes les provinces de l'Empire Ottoman en Europa, la ville de Constantinople et la Province de Roumélie exceptées, au joug et aux vexations des Turcs«.

drohung für andere Mächte darstelle. So erklärte etwa Zar Alexander, Konstantinopel sei »nur eine Provinzstadt am Ende des russischen Reiches«, und ähnlich entgegnete der Franzose, es sei für Frankreich ebenfalls lediglich »ein sehr entlegener Besitz, eine Art Kolonie«, bedeute aber in den Händen der Russen »eine furchteinflößende Stellung«[4]. Doch auch die Idee wies der Zar zurück: daß Rußland am Bosporus das Schwarze Meer verteidige und Frankreich an den Dardanellen das Mittelmeer. Alexander beanspruchte auch die Dardanellen! Sei es, daß er einem Napoleon mißtraute, von dem es hieß, daß er die Weltherrschaft anstrebe, und zwar nach dem Kalkül, zunächst zu zweit zu sein, um dann allein übrigzubleiben[5]. Oder aber sei es – und das liegt näher –, daß es dem Zaren um die Ausfahrt ins Mittelmeer ging, d. h. um den Anschluß an den Welthandel und um den Operationsraum seiner Kriegsschiffe.

In diesen Dialogen werden bereits politische Probleme angesprochen, die auch weiterhin das Ringen um die türkischen Meerengen bestimmten. Dabei handelt es sich nicht nur um die Wasserstraße, also um die Durchfahrt durch den Bosporus, der das Marmarameer mit dem Schwarzen Meer verbindet, und die durch die Dardanellen zur Ägäis. Der Seeweg kreuzt sich mit einem zentralen Landweg. Denn hier kommen sich Europa und Asien so nahe, daß die Meerengen kaum schwieriger zu überwinden sind als ein breiter Strom. Wer über diesen geographischen Punkt verfügte, der hatte eine Basis zur Beherrschung der Balkanländer wie auch der Völker Kleinasiens. Und der hatte die Kontrolle über den Verkehrsweg, auf dem schon in der Antike die Getreideschiffe aus Südrußland in das Mittelmeer und im 19. Jahrhundert vor allem nach England gelangten. Vom Getreideexport aber war die Rentabilität der südrussischen Landwirtschaft und die Position der Grundbesitzer abhängig, der Erfolg dieser Ausfuhren erlaubte wiederum den Bezug dringend benötigter westlicher Industriefabrikate. »Rußland«, schrieb Helmut von Moltke nach seinem Aufenthalt in der Türkei, »wird durch seine geographische und kommerzielle Lage durchaus darauf hingewiesen, einen entscheidenden Einfluß zu Konstantinopel zu üben, ohne welchen es weder den innern Flor seiner mittäglichen Provinzen noch die Ausdehnung seiner Schiffahrt und die Sicherung seiner Südgrenze erlangen kann[6].«

4 Nach: Die Meerengenfrage (1942), »Nur für den Dienstgebrauch!« Im Auftrage des Auswärtigen Amtes bearbeitet vom Deutschen Institut für Außenpolitische Forschung (der Verfasser ist Werner Frauendienst), S. 23, auch zum folgenden.

5 Äußerung des österreichischen Ministers Cobenzl, nach Fournier, a.a.O., S. 196.

6 Helmuth von Moltke, »Der russisch-türkische Feldzug in der europäischen Türkei 1828 und 1829, dargestellt im Jahre 1845« ([2]1877), S. 9. S. Valentin

So war die Stadt am Goldenen Horn ein Brennpunkt der internationalen Politik und Machtfaktor im Kräftespiel der Mächte. »Dort kreuzten sich«, so schrieb ein im Ersten Weltkrieg in Konstantinopel tätiger kluger Beobachter, »die Interessen fast aller europäischen Großmächte, und es hatte den Anschein, als ob die eventuelle Erwerbung dieser Stadt samt den zugehörigen Meerengen für die Gestaltung der zukünftigen politischen Konstellation, ja sogar die Frage der Welthegemonie entscheidend werden müßte[7].«

Die russische Meerengenpolitik

In dem Jahrhundert zwischen jener Auseinandersetzung der Kaiser des Westens und des Ostens und dem Ausbruch des Ersten Weltkrieges hat die zaristische Politik immer wieder versucht, die Kontrolle über die Meerengen zu gewinnen. Wirtschaftliche, mystisch-ideologische und allgemein machtpolitische Motive wirkten zusammen: die Aufgabe, dem südrussischen Getreideexport den Anschluß an den Mittelmeer- und Atlantikhandel zu sichern, der Traum, mit der Wiedererrichtung des Kreuzes auf der Hagia Sophia das Erbe des byzantinischen Kaisertums anzutreten, und – nicht zuletzt – das Bedürfnis nach Schutz des Schwarzen Meeres und nach Operationsfreiheit im Mittelmeer. Zumal das russische Reich an seinen Küsten aus klimatischen Gründen nur über beschränkte Verkehrsmöglichkeiten verfügte, wurde fast jeder russische Staatsmann auf die Aufgabe der Lösung der Meerengenfrage hingewiesen. In der Geschichtsschreibung ist zwar kürzlich die Frage aufgeworfen worden, inwieweit es überhaupt erlaubt sei, von einer gleichbleibenden Tendenz der russischen Meerengenpolitik zu sprechen[8]. Sei es doch z. B. lediglich Ergebnis einer romantisierenden Geschichtsbetrachtung und Ausdruck politisch-diplomatischer Kalkulation gewesen, daß die russische Regierung im Ersten Weltkrieg das Kriegsziel der Meerengen bis auf den Kriegszug des Kiewer Fürsten Oleg nach Byzanz zurückgeführt und dieses Motiv auch als entscheidend für die Schwarzmeerpolitik Peters des Großen angesehen hat. Wenn man von einer traditionellen Außenpolitik Rußlands sprechen

Gitermann, »Geschichte Rußlands«, Bd. III (1949), S. 61. Dort auch über die wirtschaftlichen Motive des russischen Dranges zu den Meerengen.

7 Joseph Pomiankowski, »Der Zusammenbruch des Osmanischen Reiches«, 1928, S. 11 f. Der Verf. war z. Z. des Ersten Weltkrieges k. u. k. Militärbevollmächtigter in der Türkei.

8 Reinhard von Wittram, in: »Das Interesse an der Geschichte«, 1958, S. 104 f. und »Das russische Imperium und sein Gestaltwandel«, HZ 187, 1959, S. 586 f.

wolle, müsse Tradition in einem sehr weiten Sinn verstanden werden. Dennoch läßt sich wohl in der geographischen Konstante, mit der jede russische Regierung zu rechnen hatte, ein außenpolitisches Agens erkennen, das berechtigt, von mehr als nur einer vagen historischen Kontinuität des russischen Strebens nach den Meerengen zu sprechen[9]. Was – im 19. Jahrhundert – schwankte, waren – im Wandel der Machtverhältnisse – das Ausmaß der Forderungen und die Methoden der Versuche, sie zu realisieren. Bald wurde nur die Ausfahrt der Kriegsschiffe in das Mittelmeer, bald die territoriale Besitzergreifung der Stadt am Goldenen Horn erstrebt; und je nach dem Zustande des Osmanischen Reiches und der Struktur des europäischen Staatensystems hielt man verschiedene Wege für gangbar, den einer Verständigung mit der Türkei und diplomatischer Auseinandersetzung mit den Großmächten und den der militärischen Gewalt. Dabei pflegte die orthodoxe Kirche die Erinnerung an Byzanz.

Die Möglichkeiten der russischen Meerengenpolitik, die sich uns im folgenden immer wieder zeigen, wurden bereits 1802 dem Zaren Alexander I. als Alternative zur Entscheidung gestellt[10]. Angesichts der Nachricht, daß Napoleon beabsichtige, sich einiger türkischer Provinzen zu bemächtigen, beantwortete damals der Innenminister, Graf Kotschubey, die Frage nach der Haltung Rußlands mit der Alternativlösung: entweder hätte sich die russische Politik auf die Aufteilung der Türkei einzurichten, wobei, wie es später an anderer Stelle[11] hieß, »die russische Regierung die energischsten Maßnahmen ergreifen müsse, um nicht den Eingang ins Schwarze Meer in die Hände einer anderen Großmacht fallen zu lassen«. Oder – und dieser Weg wurde als günstiger empfohlen – Rußland arbeitete mit einer schwachen Türkei zusammen, die auf die Hilfe der russischen Großmacht angewiesen wäre. Auf diesem Wege gewann Rußland zum ersten Mal im Bündnis mit der Pforte von 1799 die Öffnung der Meerengen für seine Kriegsschiffe und in dem von 1805 ihre Sperrung für die anderen Mächte.

Dazu sah sich der Sultan genötigt, um Operationen Napoleons zu begegnen – im ersten Fall, als dieser nach der Landung in Ägypten mit seinem syrischen Feldzug Konstantinopel bedrohte. Aber diese Anlehnung

9 Otto Hoetzsch, »Grundzüge der Geschichte Rußlands«, 1949, S. 91, schreibt, daß die Orientpolitik bereits zur Zeit Katherina II. im Bewußtsein der russischen Gesellschaft Eingang gefunden habe.

10 Memorandum des Grafen Victor Kotschubey für Zar Alexander I, nach Serge Goriainow, »Le Bosphore et les Dardanelles«, 1910, S. 49 f.

11 In einer 1827 von einem Sonderausschuß unter dem Vorsitz des Grafen Kotschubey für Nikolaus I. verfaßten Denkschrift, nach (Frauendienst), »Die Meerengenfrage«, a.a.O., S. 25 f. Aus der übrigen umfangreichen Literatur sei zum folgenden noch angemerkt: Harry Nicholas Howard, »The Problem of the Turkish Straits« (1947).

an Rußland war nur Teil eines Wechselspiels, zu dem sich die Türkei jeweils im Wandel der europäischen Machtverhältnisse genötigt sah. Die säkulare Entscheidung des englischen Sieges über die Franzosen in der Seeschlacht von Trafalgar (Oktober 1805) hatte unmittelbar zur Folge, daß sich die Türkei einer britischen Flotte erwehren mußte, die vor der türkischen Hauptstadt erschien. Nun war es der Gesandte Napoleons und waren es französische Instruktionsoffiziere, die den Türken beistanden, Konstantinopel zu verteidigen. Der türkisch-britische Friede von 1809 hatte dann die alte Regelung zur Grundlage, wonach die Meerengen für Kriegsschiffe aller nichttürkischen Nationen gesperrt werden sollten. Aber 1833 sah sich der Sultan dann doch wieder genötigt – nachdem England ein türkisches Ersuchen abgelehnt hatte –, ein russisches Hilfsangebot anzunehmen, um Konstantinopel vor dem Anmarsch des rebellischen Vizekönigs von Ägypten, Mehmed Ali, zu retten. »Ein Ertrinkender klammert sich an eine Schlange«, soll der Sultan damals gesagt haben[12]. Nun ankerten russische Kriegsschiffe am Bosporus, und russische Truppen, wohldiszipliniert und ausgerüstet, etwa 13 000 Mann, lagerten auf dem asiatischen Ufer. Erst unter dem Druck der Westmächte zogen sie wieder ab, nicht ohne die gewonnene Machtposition vertraglich zu sichern. Rußland schloß mit der Türkei das Schutz- und Trutzbündnis von Hunkiar-Iskelesi, mit dem es – zunächst für acht Jahre – das Recht für die Durchfahrt seiner Kriegsschiffe durch die Meerengen, also in das Mittelmeer, erhielt und die Osmanische Regierung sich verpflichtete, die Benutzung anderen Mächten zu verwehren. Es war der Höhepunkt der russischen Meerengenpolitik, den sie immer wieder erstrebt hat.

Das englisch-russische Widerspiel.

Gegen das russisch-türkische Militärbündnis von Hunkiar-Iskelesi erhoben damals Frankreich und England Protest – mit identischen Noten in Petersburg und mit einer Flottendemonstration vor den Dardanellen; und es zeigt den Zusammenhang der Meerengenfrage mit der Mächtegruppierung im Staatensystem, daß dagegen die beiden Partner der Heiligen Allianz, Preußen und sogar Österreich, diesen Vertrag anerkannten. Der Widerstand der Westmächte richtete sich nicht nur gegen eine einseitige Abmachung über eine allgemein benötigte Wasserstraße, sondern betraf vor allem die Störung des europäischen Gleichgewichtes. Rußland, Führungsmacht in dem Block der drei Ostmächte, hatte nach dem Siege über

12 Nach Alfred Stern, »Geschichte Europas«, Bd. 4, 1905, S. 486 ff.

Napoleon bereits in Mitteleuropa eine Vormachtstellung inne, der die Westmächte die Waage halten mußten. Ihm dazu noch eine Machtposition am Mittelmeer einzuräumen, lag nicht in ihrem Interesse.

In den Londoner Meerengenkonventionen von 1840 und 1841 einigte sich die Pentarchie der Großmächte (Großbritannien, Rußland, Österreich, Frankreich, Preußen und die Türkei) auf ein Völkerrecht in der Meerengenfrage, das auch die kleineren Staaten (Belgien, Dänemark, Norwegen, Schweden) bald darauf anerkannten und das bis zum Ersten Weltkrieg gültig gewesen ist. Die bereits in den britisch-türkischen Friedensvertrag von 1809 übernommene alte Regelung der Türken wurde zum europäischen Prinzip erhoben: daß die Meerengen für Kriegsschiffe aller anderen Nationen im Frieden und im Krieg gesperrt waren. Die Innehaltung dieses Grundsatzes durch die Türkei wurde unter die Garantie, d. h. die Kollektivaufsicht, aber auch unter den Kollektivschutz der Signatarmächte gestellt.

Diese völkerrechtliche Regelung der Meerengenfrage von 1841 enthob die Türkei der Notwendigkeit, sich nur einer Schutzmacht auszuliefern, und bot aber auch Südrußland Sicherheit vor einem Angriff vom Mittelmeer aus. Aber sie machte die Russen zu »Gefangenen« des Schwarzen Meeres. Unbestritten war zwar die Freiheit der Handelsschiffahrt in den Meerengen, die schon Katharina II. 1774 im Frieden von Küçück Kaynarca und diesem folgend die anderen Staaten erworben hatten. Aber dies schloß nicht aus, daß die türkische Regierung kraft der geographischen Situation die Ausfahrt der russischen Getreideschiffe in das Mittelmeer hindern konnte. Ohne den Schutz der Kriegsschiffe – sowohl dort wie auch im Mittelmeer – war auch die Handelsschiffahrt nicht für alle Fälle gesichert.

Die machtpolitische Verfügung über die Meerengen zu erringen, war daher das Ziel des Türkenkrieges von 1853/54, der sich zu einem europäischen Krieg ausweitete, den die Westmächte, mit Transportflotten in das Schwarze Meer eindringend, auf der Halbinsel Krim führten. Im Pariser Frieden von 1856 zwangen sie den Zaren, das Meerengenstatut von 1841 wieder anzuerkennen, also den Grundsatz der Schließung der Meerengen für Kriegsschiffe aller Nationen; dazu kam nun noch die Entmilitarisierung des Schwarzen Meeres. Nur von dieser letzten Auflage, der Pontusklausel, konnte der Zar sich auf der Londoner Konferenz von 1871 mit Bismarcks Hilfe befreien. Doch durfte der Sultan nunmehr befreundeten oder verbündeten Kriegsschiffen in Friedenszeiten die Einfahrt gestatten, wenn dies zur Sicherstellung des Meerengenvertrages notwendig sei. Das kam der englischen Politik zugute, als im Türkenkrieg von 1877 die russischen Vortruppen das Marmarameer erreichten. Am Bosporus ankerte eine englische Flotte, und der Zar mußte den bereits für einen Handstreich der Schwarzmeerflotte auf Konstantinopel erteilten Befehl zurücknehmen. So bekannten sich auch die Russen zum Grundsatz der verschlossenen Meerengen unter internationaler Garantie. Auf dem Berliner Kongreß von 1878 gab der russische Vertreter zu Protokoll, »daß das Prinzip der Schließung der Meerengen ein *europäisches* Prinzip sei, und daß die Vereinbarungen, die zu diesem Zwecke 1841, 1856 und 1871 getroffen und jetzt durch den Berliner Vertrag bestätigt worden wären, für alle Mächte bindend wären, und zwar nicht allein gegenüber dem Sultan, sondern auch gegenüber allen Unterzeichnermächten«[13].

Immer mehr spitzte sich das Widerspiel östlicher und westlicher Politik in der Meerengenfrage auf den weltpolitischen Gegensatz zwischen der russischen Landmacht und der englischen Seemacht zu. Das muß in universalgeschichtlichem Zusammenhang verstanden werden. Die koloniale Expansion Rußlands, die sich noch zu Zeiten Napoleons I. über die Beringstraße nach Amerika bis Kalifornien und auf den Nordpazifik mit Hawaii erstreckte, bewegte sich im 19. Jahrhundert nach Süden, und zwar auf der ganzen Front vom Amur bis beiderseits des Kaspischen Meeres. Für die britische Kolonialpolitik wiederum wurde Indien zum Kernpunkt des Empire. Nachdem England im 18. Jahrhundert auf den Ozeanen und in den Kolonien den Weltkampf gegen Frankreich geführt und mit dem Siege über Napoleon I gewonnen hatte, mußte es sich nunmehr der russischen Expansion in Asien erwehren. Zu dem zur Sicherung Indiens dort aufgebauten Glacissystem gehörte der Schutz der Mittelmeerroute, die von Gibraltar über Malta als Stützpunkt in der Straße von Sizilien – seit 1878 auch über Zypern – durch den Suezkanal zur Insel Perim und Aden ins Rote Meer führte. So war es ein zentrales Anliegen der Empire-Politik, den Einbruch russischer Kriegsschiffe in das Mittelländische Meer zu verhindern.

Um so mehr war Konstantinopel ein Brennpunkt der internationalen Politik, als sich um die Wende vom 19. zum 20. Jahrhundert der Schwerpunkt der Auseinandersetzungen der Mächte auf die weltpolitischen Konflikte verlagerte. Hier war ein Krisenherd, um den sich die Mächte gruppierten. Von den Entscheidungen, die in der »orientalischen Frage« die Kabinette trafen, hing der Friede Europas ab. Im Sommer 1895 boten die Armeniermassaker in der türkischen Hauptstadt ein humanitäres Motiv zum Eingreifen. Sogleich bemühte sich Salisbury im Kabinett um einen Beschluß, die britische Mittelmeerflotte in die Dardanellen einfahren zu lassen[14]. Aber der Erste Lord der Admiralität machte darauf aufmerk-

13 Nach (Frauendienst), »Die Meerengenfrage«, a.a.O., S. 38.
14 Das folgende aufgrund von Mitteilungen des britischen Botschafters Sir

sam, daß sie sich dort in einer Falle befänden, sobald sich die Franzosen vor die Dardanellen legen würden. War doch das gerade abgeschlossene russisch-französische Militärbündnis damals weniger gegen Deutschland als gegen den gemeinsamen kolonialpolitischen Gegner Großbritannien gerichtet. Auch die russische Politik traf Vorbereitungen zur Mobilisierung der Schwarzmeerflotte, um wenigstens gleichzeitig mit der britischen in Konstantinopel einzutreffen, und sie richtete sich unter dem Einfluß ihres Botschafters in Konstantinopel, Nelidow, auch im folgenden Jahr darauf ein, die Stadt durch einen Handstreich zu besetzen, wobei sich freilich ergab, daß die Transportmittel nicht ausreichten. Und wenn Salisbury in der Kabinettssitzung der Marine entgegenhielt, daß er mit einer Flotte, die »aus Porzellan« sei, nicht Politik machen könne, so waren andererseits die russischen Kriegsschiffe im Schwarzen Meer in zu schlechtem Zustande, um für eine solche Aktion eingesetzt zu werden.

Wie notwendig die Verfügung über die Meerengen für Rußland war, machte der russisch-japanische Krieg deutlich, in dem die Schwarzmeerflotte durch die völkerrechtlichen Bestimmungen über die Dardanellen an einem Eingreifen gehindert wurde. Und um so dringender stellte sich das Meerengenproblem, als sich die russische Politik nach der Niederlage in Ostasien wieder mehr dem Balkan zuwandte. Nun suchte sie auf dem Wege diplomatischer Verständigung mit den europäischen Mächten die Öffnung der Meerengen für die russischen Kriegsschiffe zu erreichen. Das war einer der wesentlichen Gründe für den Anschluß Rußlands an das Ententesystem in den Verträgen von 1907. Die englische Politik hat es denn auch nicht versäumt, die Lockspeise der Meerengen, wenn auch unverbindlich, aufzutischen. Im Oktober 1908 handelte Iswolski in Buchlau für die Preisgabe von Bosnien und der Herzegowina die Zustimmung des österreichisch-ungarischen Außenministers zur Öffnung der Meerengen ein. Aber – um es mit den Worten des Hausherrn von Buchlau, des späteren Außenministers Graf Berchtold, zu sagen – der »Passierschein für die Dardanellendurchfahrt«, den er »bereits für immer in seiner Tasche geborgen wähnte«, wurde ihm in London von seinem Freunde wieder herausgezogen[15]. Schließlich forderte die elementare strategische Überlegung, den Russen nicht eine Ausfallpforte zur Verfügung zu stellen, durch die sie jederzeit wieder zurückflüchten konnten, ohne daß der Gegner, wenn er

F. Lascelles an Wilhelm II. und an Staatssekretär v. Rotenhahn, »Wilhelm II. an Marschall«, 27. August 1896, Gr. Pol. Bd. 12, S. 53, und Aufz. Rotenhahn vom 22. Januar 1897, Gr. Pol. Bd. 12, S. 75. Im übrigen William L. Lange, »The Diplomacy of Imperialism« (1935, Bd. I, S. 205 ff.

15 Aufz. Berchtholds, o. D., Nachlaß Berchthold, nach Hugo Hantsch, »Graf Berchtold«, 1963, Bd. I, S. 138.

nicht mit der Türkei in Konflikt geraten wollte, einzugreifen imstande war[16]. Grey bedeutete dem russischen Außenminister zwar, daß er die russische Einstellung in Sachen der Meerengen zu würdigen wisse und sich darüber zu einem späteren Zeitpunkt sprechen lasse[17], aber hinter den rhetorischen Konzessionen stand lediglich die Bereitschaft, »die Meerengen unter Bedingungen vollständiger Gleichberechtigung für alle freizugeben«[18]. Das war nun gerade, was die Russen am wenigsten wünschen konnten, daß Flotten anderer Großmächte am Bosporus erschienen und womöglich auf dem Schwarzen Meer operierten. Das hieße – berichtete der deutsche Militärattaché von Hintze am 16. Oktober 1908 –, »Rußland würde damit das Tor zu seinem Hofe öffnen, den Schlüssel und das Pförtneramt einem Fremden überlassen, auf den es nicht mehr Einfluß hat als andere«[19].

Unter diesen Umständen blieb auch der Versuch einer Episode, nach Art des Freundschaftsvertrages von Hunkiar-Iskelesi sich mit der Türkei zu verständigen. Er wurde 1911 von dem russischen Botschafter in Konstantinopel, Tscharykow, im Auftrag seines Außenministeriums unternommen. Danach wollte sich Rußland verpflichten, der Osmanischen Regierung »zur Aufrechterhaltung des gegenwärtigen Regimes der Meerengen des Bosporus und der Dardanellen ihre wirksame Unterstützung zu leihen«[20]. Das sollte auch für die Bedrohung der anliegenden Gebiete durch fremde Streitkräfte gelten. Die Türkei durfte sich dafür der Durchfahrt russischer Kriegsschiffe nicht widersetzen. Tscharykow verhehlte den Türken allerdings nicht – insofern seine Instruktion überschreitend, aber entsprechend dem Tatbestand –, daß die von ihm vorgeschlagene »Auslegung der in London am 13./14. März 1871 geschlossenen Konvention« der vorhergehenden Zustimmung der Signatarmächte bedürfe[21].

Doch Grey war auch jetzt nicht bereit, den nach russischer Auffasung 1907 ausgestellten Wechsel zu honorieren. Zwar wurde dem russischen

16 W. F. Hallgarten, »Imperialismus vor 1914« (²1963, Bd. II, S. 109, Anm.
17 Grey an Nicolson, 14. Oktober 1908. Die Britischen Amtlichen Dokumente über den Ursprung des Weltkrieges 1898-1914, hrsg. v. G. P. Gooch und Harold Temperly, Bd. 5, I, Nr. 379, S. 756 (cit.: Brit. Dok.).
18 Denkschrift Greys vom 14. Oktober 1908, Brit. Dok. 5, I, Nr. 377, S. 752 f.
19 Bericht des Kpt. z. S. v. Hintze vom 16. Oktober 1908, abgedr. G. v. Lambsdorf, »Die Militärbevollmächtigten Kaiser Wilhelm II. am Zarenhof 1904 bis 1914«, 1937, S. 298.
20 Neratow an Tscharykow, 2. Oktober 1911, »Die Internationalen Beziehungen im Zeitalter des Imperialismus«, dt. hrsg. v. Otto Hoetzsch, III, 1, 2, Nr. 509, Anl. II B, S. 623 f. (cit.: Russ. Dok.). Dazu Oswald Hauser, »Deutschland und der englisch-russische Gegensatz 1900-1914« (1958), insbesondere Kap.: »Die Tscharykow-Aktion«, S. 91 ff.
21 Tscharykow an Said Pascha, 12. Oktober 1911, Russ. Dok. III, 1, 2, Nr. 602, S. 724.

Botschafter in London erklärt, Rußlands Stellungnahme sei »unendlich interessant, wichtig, und die Sache sei an sich sehr gut«[22], aber schon als der Inhalt der Aktion Tscharykows nur gerüchtweise bekannt war, vermerkte Grey in einer Aktennotiz, es werde gut sein, zur Einsichtnahme bereitzuhalten, was bezüglich der Meerengen Iswolski 1908 in London gesagt worden war[23]. Und mit diesem Verweis auf die internationale Garantie des Meerengenstatus, bzw. seiner Veränderung» unter Bedingungen vollständiger Gleichberechtigung für alle«[24] begegnete der englische Außenminister auch der Anfrage der türkischen Regierung, wie weit sie bei Widerstand gegen die russischen Vorschläge auf Englands Unterstützung rechnen könne[25]. Wenn Grey es mit Rücksicht auf Rußland auch vermied, einen speziellen – in einem türkisch-englischen Vertrage formalrechtlich fixierten – Schutz für die Meerengen anzuführen, so lag dennoch für die Türkei eine Art englischer Rückendeckung darin, daß man in London auch jetzt wieder bereit war, Rußland zu sagen, daß »keinerlei Druck auf die Türkei ausgeübt werden dürfte«, und mit sanftem Nachdruck mitzuteilen, man hoffe, »Rußland würde die Frage jetzt zurückstellen«[26]. Unter Berufung darauf, d. h. »in Übereinstimmung mit den bis 1871 existierenden und auf dem Berliner Kongreß ratifizierten Verträgen«[27], erteilte die türkische Regierung am 8. Dezember dem russischen Botschafter Tscharykow ihre Absage.

Auswirkungen der Balkankriege ...

Was blieb den Russen noch übrig? Es war ihnen weder gelungen, mit den Türkenkriegen die Herrschaft über die Meerengen zu gewinnen, noch unter Verzicht auf die Zerschlagung des Osmanischen Reiches mit diplomatischen Mitteln den »Schlüssel ihres Hauses« in die Hand zu bekommen. Blieb noch der Weg, die Meerengenfrage über die Balkanpolitik in Bewegung zu bringen. Bereits das Schutzrecht über die griechisch-orthodoxen Balkanchristen, das Katharina II. im Frieden von Küçück

22 Benckendorff an Neratow, 25. Oktober 1911, Russ. Dok. III, 1, 2, Nr. 722, S. 834.
23 Vermerk Greys auf dem Telegramm des engl. Botschafters in der Türkei, Lowther, 16. (17.) Oktober 1941, Brit. Dok. 9, I, 1, Nr. 284, S. 504.
24 Denkschrift Greys vom 14. Oktober 1908, Brit. Dok. 5, I, Nr. 377, S. 752 f.
25 Vermerk Greys auf dem Telegramm des engl. Botschafters in der Türkei, Lowther, 16. (17.) Oktober 1911, Brit. Dok. 9, I, 1, Nr. 284, S. 504.
26 (Siehe Anm. 22) und Grey an Lowther, 15. Oktober 1908, Brit. Dok. 5, I, Nr. 383, S. 765.
27 Schultheß' Europ. Geschichtskalender, 1911, S. 521.

Kaynarca (1774) erwarb, war ein Hebel zur Erschütterung der türkischen Herrschaft in Europa. Über den Versuch der russischen Politik, dieses kirchliche Protektorat auszuweiten, war es zum Ausbruch des Krimkrieges gekommen. Nun sollte der von dem russischen Gesandten in Belgrad, Hartwig, inspirierte Balkanbund als ein politisches Instrument dienen – so Hartwig –, für die »eigene, säkulare, historische Aufgabe« im Nahen Osten: »festen Fuß am *Gestade des Bosporus* zu fassen, an der Eingangspforte des ›Russischen Sees‹«[28]. Mit dem Anmarsch der Bulgaren im November 1912 und im April 1913 drohte die Beute von anderen weggeschnappt zu werden. Daß diese ein erobertes Konstantinopel »aus Dankbarkeit für alle zahllosen Opfer, die der große Befreier gebracht hat«, dem Zaren übergeben würden, wie Hartwig aus Belgrad berichtete[29], war kaum zu erwarten; eher war anzunehmen, daß sie sich unter ihrem koburgischen König an Österreich-Ungarn anlehnen würden. Sogar die Gefahr einer Eroberung Konstantinopels von der Seeseite durch die Griechen tauchte damals auf. Diese vertraten das englische Prinzip des Durchfahrtrechts für Kriegsschiffe aller Nationen und konkurrierten überdies unter der Idee des griechischen Kaisertums im Anspruch auf das Erbe von Byzanz mit der Zarendynastie. Schließlich mußte Sasonow noch eine internationale Flottendemonstration in Konstantinopel abwenden, mit der sich die Mächte unter dem Vorwand des Schutzes ihrer Untertanen dort festzusetzen drohten. Eine vorhergehende Besetzung der türkischen Hauptstadt durch eine russische Expedition erwies sich aber nach militärischen Gutachten allein schon aus Mangel an Transportschiffen als »ganz einfach unausführbar«[30]. Und wieder mußte die russische Diplomatie, was schon 1908 als einziges Mittel zur Wahrung der russischen Interessen an den Dardanellen übriggeblieben war, mit einem »Hebel ohne Stützpunkt«[31] arbeiten.

28 Hartwig an Neratow, 5. November 1911, Russ. Dok. III, 1, 2, Nr. 806, S. 926.

29 Hartwig an Sasonow, 29. Oktober 1912, Russ. Dok. III, 4, I, Nr. 86, S. 92.

30 Bericht Sosonows an den Zaren vom 6. Dezember 1913: A. Zajončkovskij, »Rußlands Vorbereitung auf den Weltkrieg in den internationalen Beziehungen« (russ. 1926), S. 395, auch dt. in: »Der diplomatische Briefwechsel Iswolskis 1911-1914«, hrsg. v. F. Stieve, Bd. III (1925), S. 379. Im folgenden wird zitiert: Bericht Sasonow an den Zaren, 6. Dezember 1913, nach dem russ. Text s. o., da bereits von S. B. Fay und B. E. Schmitt die Übersetzung bei Stieve kritisiert wurde und mehrfach das irrige Datum des 8. Dezember eingeführt wird. Bericht Sasonows an den Zaren, 5. Januar 1914, nach: E. Adamow, »Die europäischen Mächte und die Türkei während des Weltkrieges«, Bd. I (1930), S. 77 ff.; Protokoll der Konferenz des Ministerrates vom 21. Februar 1914, Russ. Dok. I, 1, S. 283 ff. (Datierung jeweils nach dem gregorianischen Kalender).

31 Protokoll der Konferenz des Ministerrates vom 3. Februar 1908, in: M. Pokrowski, »Drei Konferenzen« (1920), S. 30.

Mit der drohenden Auflösung des Osmanischen Reiches als unmittelbarer Folge der Balkankriege war die historische Meerengenfrage für die Russen mit einer Dringlichkeit gestellt, der sie nicht mehr ausweichen zu können glaubten. Denn bevor jeder der Interessenten sich seinen Anteil am Erbe des »kranken Mannes« aneignen würde, hatte sich Rußland den seinen zu sichern. »Um ein Aufrollen der Frage der Meerengen kommen wir nicht herum«, hieß es schon im Juli 1911 in einer Aufzeichnung des russischen Außenministeriums[32]. Denn bei einem Zusammenbruch der Türkei würden sich die Meerengen automatisch öffnen, aber unter viel schlechteren Bedingungen, weil dann alle Mächte mit Forderungen hervortreten würden. »Deshalb«, so heißt es weiter, »kommt man zwangsweise zu dem Schluß, daß es in dem Augenblick einer Katastrophe in der Türkei, deren Möglichkeit unbedingt ins Auge gefaßt werden muß, keine Frage der Meerengen mehr geben darf.«

Zwei Ereignisse trugen wesentlich dazu bei, die Aktivität der russischen Staatsführung in der Meerengenfrage zu steigern. Einmal hatte bereits eine nur kurzfristige Schließung der Dardanellen im türkisch-italienischen Tripoliskrieg der russischen Wirtschaft erhebliche Schäden gebracht. Gehörte es schon zu den Motiven für die Türkenkriege Katharina II. und Nikolaus I., den Export des ukrainischen Getreides zu sichern, so war der Aufbau der südrussischen Industrie in den Kohle- und Erzgebieten am Don vom ungestörten Anschluß an den Mittelmeerhandel und damit an die Weltwirtschaft abhängig. Die Verfügung über den Ausgang zum Mittelmeer war nicht nur eine Forderung der Marine und strategischer Überlegungen. Gerade der Außenminister Sasonow stellte immer wieder das ökonomische Argument in den Vordergrund[33].

... und der türkischen Reformen

Das zweite Ereignis, das die Meerengenfrage aktualisierte, waren Reformen, die die Regierung der Jungtürken nach den Erfahrungen der Balkankriege in Angriff nahm, um ihren Staat nicht nur am Leben zu halten, sondern ihn auch zu kräftigen. Hierfür stellte sie ausländische Fachkräfte in ihren Dienst, Engländer, Deutsche, Franzosen, Schweden, aber keine Russen. Der Zerfallsprozeß des Osmanischen Reiches, auf den die russi-

32 Tagesaufz. des russ. Außenministeriums, 27. Juli 1911, Russ. Dok. III, 1, I, Nr. 253, S. 316.

33 Über die »soziologischen Grundlagen der russischen Außenpolitik« und dem »soziologischen Zentralmotiv der Meerengenpolitik«, Hallgarten, a.a.O., Bd. II, S. 103 ff., 170 ff. und 447 ff.

sche Politik seit mehr als einem Jahrhundert spekulierte, wurde also mit Hilfe des nichtrussischen Europa aufgehalten. Und zwar betrieben auch die Ententepartner die türkische Aufrüstung, die Engländer mit einer Marinemission und mit Stapellegung hochmoderner Schlachtschiffe für die türkische Marine, die Franzosen mit Anleihen. Die Russen suchten denn auch diese französische Finanzpolitik zu unterbinden, ihr Unwille konzentrierte sich jedoch vor allem auf die Tätigkeit der deutschen Offiziere, die jetzt nicht mehr wie General v. d. Goltz nur Berater waren.

Die Krise um die Mission Liman von Sanders[34] ist bekanntlich damit beigelegt worden, daß Wilhelm II. den Generalleutnant zum General der Kavallerie beförderte, was seine Ernennung zum türkischen Marschall zur Folge hatte; damit konnte er auf den Posten eines Generalinspektors berufen werden. Doch die Krise schwelte weiter. Noch im April 1914 erklärte Sasonow einem deutschen Besucher, der ihn über die »zwei Dutzend« Offiziere in Konstantinopel zu beruhigen suchte: »Sie wissen, welches Interesse wir am Bosporus haben, wie empfindlich wir an dieser Stelle sind. Ganz Südrußland hängt davon ab, und nun setzen Sie uns eine preußische Garnison vor die Nase[35].« »Der deutsche Reichskanzler mußte wissen«, so legte er in seinen Erinnerungen dar[36], »daß, wenn es auf der Erdkugel einen Punkt gäbe, auf den unsere eifersüchtige Aufmerksamkeit konzentriert wäre ..., dies Konstantinopel wäre, das uns in gleicher Weise den Zugang ins Mittelländische Meer öffne und sperre.« Auch der Zar beklagte sich beim englischen Botschafter, daß Deutschland in Konstantinopel eine Position zu erringen suche, die es in den Stand setzen würde, »Rußland im Schwarzen Meer völlig einzuschließen«[37]. Es kennzeichnet sowohl die Situation wie das Dilemma, in dem sich die russische Politik vor Ausbruch des Ersten Weltkrieges gegenüber dem türkischen Problem

34 Dazu die eingehende Untersuchung von Hans Herzfeld, »Die Liman-Krise und die Politik der Großmächte in der Jahreswende 1913/14«, in Berl. Monatsh. Jahrg. XI (1933), S. 837 ff. und 973 ff.; dort auch Auseinandersetzung mit der bis dahin erschienenen Literatur, vor allem S. B. Fay, B. E. Schmitt und A. Zacher. Ergänzend noch: Gustav Roloff, »Zur Mission Liman von Sanders«, in: Berl. Monatsh., Jahrg. XIV (1936), S. 789. Es muß wohl ein technisches Versehen sein, daß die Liman-Krise im Gebhardt, Handbuch der deutschen Geschichte, Bd. III (^{8}1960), nicht einmal erwähnt wird.

35 Der Gesprächspartner des russ. Außenministers war Georg Cleinow, der Herausgeber des »Grenzboten«. Sein Bericht über die Unterredung s. als Anlage in einem Brief Lucius' an Bethmann Hollweg, 11. April 1914, in: Gr. Pol. Bd. 38, Nr. 15531, S. 313 ff.

36 S. D. Sasonow, »Sechs schwere Jahre« (1927, S. 145.

37 Buchanan an Grey, 3. April 1914, Brit. Dok. 10, II, 2, Nr. 537, S. 1269. Nach dem Bericht Buchanans soll der Zar sogar geäußert haben, daß er, falls Deutschland diese Politik durchzuführen versuche, »dem mit seiner ganzen Macht entgegentreten müsse, selbst wenn ein Krieg der einzige Ausweg wäre«; s. auch G. Buchanan, »Meine Mission in Rußland«, 1926, S. 100.

befand, wenn Sasonow in seiner Denkschrift für den Zaren vom 6. Dezember 1913 feststellte: »Die Meerengenfrage hat sich in letzter Zeit durch neue Umstände verwickelt, die einerseits den wirtschaftlichen Wert der Meerengen für Rußland erhöht und andererseits die politischen und strategischen Schwierigkeiten auf dem Wege zu ihrer eventuellen Erwerbung vermehrt haben[38].«

Das Verhalten des russischen Außenministers in der Liman-Krise offenbart, daß er in der Meerengenfrage nicht vor Maßnahmen zurückschreckte, die bis an den Rand des Weltkrieges führen konnten[39]. Die Repressalien, die er gegenüber der Türkei vorschlug, um die Entfernung des deutschen Generals durchzusetzen – so die Besetzung von Küstenstädten im Norden und Westen Kleinasiens durch die Ententemächte –, hätten nach Ansicht des Ministerpräsidenten Kokovzow unvermeidlich zum Eingreifen Deutschlands führen müssen. Dieser erklärte sich denn auch lediglich mit einem finanziellen Boykott der Türkei einverstanden. Auch Sasonow wünschte nicht etwa den Krieg und konnte das auch gar nicht angesichts der innerpolitischen Lage und der Unfertigkeit der russischen Rüstungen. Aber er erwartete, daß Deutschland klein beigeben würde, wenn die Ententemächte einmütig auftraten. Insbesondere spekulierte er darauf, daß Deutschland einen Krieg mit der englischen Seemacht nicht riskieren würde. Rußland und Frankreich, so meinte er auf der Sonderkonferenz vom 13. Januar 1914, wären wohl kaum imstande, »Deutschland einen tödlichen Schlag zu versetzen«, aber in einem Kriege mit England würde es »binnen sechs Wochen einer völligen sozialen Katastrophe entgegengeführt«. Immerhin gab Sasonow die Gefährlichkeit seiner Pressionspolitik zu, wenn er sagte, daß diese Politik »nicht unbedingt den Krieg mit Deutschland zur Folge haben müßte«, und eingestand, daß es ohne die aktive Beteiligung der Westmächte nicht möglich sein werde, »zu Druckmitteln zu greifen, die einen Krieg mit Deutschland zur Folge haben könnten«. In diesem Falle, so heißt es in seinem Schreiben an den Zaren vom 5. Januar 1914[40], »kann die Lösung der Frage aus Konstantinopel

38 Bericht Sasonows an den Zaren vom 6. Dezember 1913, in: Zajončkovskij, a.a.O., S. 393; dt. Stieve, a.a.O., S. 376.

39 Protokoll der Konferenz des Ministerrates vom 13. Januar 1914, M. Pokrowskij, a.a.O., S. 32 ff.; S. 41, auch zum folgenden. In einem Brief vom 23. April 1929 an M. T. Florinsky hat Kokovzow später dargelegt, daß er vielmehr mit Sasonow übereingestimmt habe (Foreign Affairs, Oktober 1929, S. 4 ff.) Im übrigen vgl. Hans Herzfeld, »Die russische Politik am Vorabend des Weltkrieges« (Januar bis Juli 1914), in: Vergangenheit und Gegenwart 22 (1932), S. 458 ff., S. 534 ff.

40 Bericht Sasonows an den Zaren, 5. Januar 1914, E. Adamow, a.a.O., S. 77 ff., S. 79; vgl. Michael Freiherr von Taube, »Der großen Katastrophe entgegen« (dt. Ausg. 1929), S. 291 f.

und der Türkei an unsere Westgrenze übertragen werden samt allen Folgen, die sich daraus ergeben«. Seine Frage war, ob die Ministerien des Krieges und der Marine es für möglich erachteten, sich an ernste Verwicklungen heranzuwagen. Er selbst erklärte sich jedenfalls für entschlossen, »bei aller notwendigen Zurückhaltung und Vorsicht zur möglichen Verhinderung von Entwicklungen unsere Interessen bis ans Ende zu führen«.

Sasonow ist damals in der Liman-Krise mit einer solchen Pressionspolitik bei den Engländern nicht durchgekommen. Deren Interessen standen nach wie vor im Gegensatz zu denen der russischen Meerengenpolitik. Schon daß die türkische Flotte von englischen Seeoffizieren reformiert wurde, bringt das zum Ausdruck und traf die Russen um so mehr angesichts der Unterlegenheit ihrer Schwarzmeerflotte. Wie Arthur Nicolson damals dem britischen Geschäftsträger in Petersburg schrieb[41], hatte England denn auch keine »besondere Lust, für Rußland die Kastanien aus dem Feuer zu holen« oder sich wegen der Meerengen gar in einen Krieg mit Deutschland hineinziehen zu lassen. Nur zu abgeschwächten Vorstellungen in Konstantinopel ließ es sich herbei, so mit der doppeldeutigen Warnung: wenn ein deutscher General über den Schlüssel der Meerengen verfüge, so könne das auch von den anderen Mächten verlangt werden[42]. Aber der russische Außenminister hatte geradezu die Bündnisfrage gestellt und nannte das Verhalten der englischen Politik einen »Prüfstein für den wirklichen Wert des Dreiverbandes«[43]. Das Ententesystem aber wollte Grey nicht gefährden. Wie denn König Georg damals die Situation charakterisierte: das Wesentliche sei, Rußland nicht im Stiche zu lassen, wenn es zum ersten Mal einen Appell an die englische Freundschaft richte[44].

Die Petersburger Sonderkonferenz vom 21. Februar 1914

So sah denn Sasonow nunmehr die Hauptaufgabe seiner Außenpolitik darin, die Beziehungen Rußlands zu England zu intensivieren (Marinekonvention usw.), um bei der nächsten Meerengenkrise ein gefestigtes Ententesystem ins Spiel zu bringen (denn der französische Partner hatte

41 Nicolson an O'Beirne, 2. Dezember 1913, Brit. Dok. 10, 1, 1, S. 571, Nr. 393.
42 Grey an Mallet, 2. Dezember 1913, ebd., Nr. 387, S. 562.
43 O'Beirne an Grey, 1. Dezember 1913, ebd., Nr. 385, S. 560, O'Beirne an Grey, 9. Dezember 1913, ebd., Nr. 412, S. 590; O'Beirne an Nicolson, 11. Dezember 1913, ebd., Nr. 418, S. 599.
44 Delcassé an Doumergue, 30. Dezember 13, Documents diplomatiques français (1871-1914), III, Bd. 8, Nr. 690, S. 870 f.

sich in der Liman-Krise hinter die russische Politik gestellt, um den Bundesgenossen nicht zu verlieren). Parallel mit diesen diplomatischen Bemühungen sollten militärische Vorbereitungen getroffen werden, um Rußland instand zu setzen, sich Konstantinopels und der Meerengen zu bemächtigen. Noch im Mai 1913 hatte der Zar in einem Gespräch mit Wilhelm II. bemerkt, daß die »Pforte die beste Wächterin der Dardanellen« sei und Konstantinopel bei der Türkei bleiben solle[45]. Das war fraglich geworden, wenn sich dort fremde Mächte einschalteten, und es entstand die Frage, ob sich die russische Politik nicht wieder auf den anderen der beiden Wege begeben sollte, die zu Beginn des 19. Jahrhunderts dem Zaren Alexander I. für eine Lösung der Meerengenfrage vorgetragen worden waren[46], d. h., statt das Schutzbedürfnis einer schwachen Türkei zu benutzen, um die Meerengen in die Hand zu bekommen, galt es, sich des seit mehr als einem Jahrhundert erstrebten Objektes mit militärischer Gewalt zu bemächtigen: nicht in einem langwierigen Türkenkriege, sondern mit einem Überfall auf Konstantinopel. Solch ein Handstreich zur Besetzung der Meerengen war in der Geschichte Rußlands wiederholt geplant worden und doch nie zustande gekommen. Beim Ausbruch des Krimkrieges 1853 scheiterte er an der Wachsamkeit der Türken und 1877, weil die britische Flotte sich schützend vor die türkische Hauptstadt legte, und 1895 aus Mangel an Transportmitteln und wegen des schlechten Zustandes der Kriegsschiffe. Immerhin hatte der russische Botschafter in Konstantinopel, Nelidow, 1896 sogar die Vollmacht erhalten, im Falle von Unruhen in Konstantinopel den Kommandanten der Schwarzmeerflotte unmittelbar zu verständigen[47]. Auch als sich, wie wir sahen, eine solche Aktion während der Balkankrise anbot, fehlten dafür die militärischtechnischen Voraussetzungen.

So traten denn am 21. Februar 1914 die Minister der beteiligten Ressorts zu einer Sonderkonferenz zusammen, um die »aus der Vorbereitung der vielleicht in naher Zukunft erforderlichen Besitznahme der Meerengen sich ergebenden Fragen« zu erörtern[48]. Das Sitzungsprotokoll gibt nicht nur einen Einblick in die Ziele und Motive der russischen Staatsführung, sondern offenbart auch das Dilemma der russischen Politik in der Meerengenfrage. In der Überzeugung, so führte der Außenminister aus, daß sich die internationale Lage an den Meerengen grundlegend ändern, Ruß-

45 Aufz. Berchtolds, 26. Oktober 1913, Diplomatische Aktenstücke des österreichisch-ungarischen Ministeriums des Äußeren, Bd. VII, Nr. 8934, S. 514 (cit.: Österr. Dok.).
46 Siehe Anm. 37.
47 Dazu (Frauendienst), »Die Meerengenfrage, a. a.O., S. 40, S. 49.
48 Protokoll der Konferenz des Ministerrates vom 21. Februar 1914, Russ. Dok. I, 1, Nr. 295, S. 283 ff.

land aber keinesfalls zulassen könnte, daß sich eine andere Macht an seinen Grenzen festsetzte, werde es gezwungen sein, »Besitz von ihnen zu ergreifen und am Bosporus und an den Dardanellen irgendeine den russischen Interessen entsprechende Ordnung der Dinge herzustellen«[49]. Auf Antrag des Außenministers wurde dem Zaren der »allgemeine Wunsch« der Konferenzteilnehmer unterbreitet, den er am 5. April auch billigte, daß die Ressorts »alle Maßnahmen« treffen sollten, »welche die technische Durchführung des Unternehmens verlangt«[50]. Geplant waren Verstärkungen der Schwarzmeerflotte durch ein zweites Geschwader modernster und stärkster Dreadnoughts, zum Teil mit Ankauf im Ausland, ferner Subventionierung der Handelsschiffahrt zum Bau von Schiffen, die nach Typ und Ausrüstung für Truppentransporte dienen konnten, Ausbau der strategischen Eisenbahnen zur Kaukasusfront und Aufstellung einer ersten Staffel für den Handstreich auf die türkische Hauptstadt.

Doch war man sich auch bewußt, daß »ein Kampf um Konstantinopel ohne einen allgemeinen europäischen Krieg nicht möglich« sei[51]. Dieser Tenor, den schon die der Beratung zugrunde liegende Denkschrift Sasonows enthält, tritt in den Äußerungen der Teilnehmer mehrfach hervor. In diesem Fall aber, so legten die Militärs dar, sei die Aktion nicht durchführbar, weil alle Kräfte im Kampf mit Deutschland und Österreich-Ungarn gebraucht würden. Vom Siege auf diesem Hauptkriegsschauplatz hinge auch die Entscheidung über die Meerengen ab, und erst dann könnten dafür Truppen eingesetzt werden.

Meerengenfrage, Balkanpolitik und Kriegsausbruch

Das Attentat von Sarajewo brachte den bereits seit langem schwebenden Konflikt des Habsburger Reiches mit der großserbischen Nationalbewegung zum offenen Ausbruch. Der serbische Staat erhob nicht nur Anspruch auf die serbische Irredenta in der Donaumonarchie, sondern er betrachtete sich als Führungsmacht einer »jugoslawischen« Bewegung, die auch Kroaten und Slowenen umfassen sollte, d. h., die serbische Staatspolitik zielte auf die Befreiung der Südslawen in Bosnien-Herzegowina, Dalmatien und in weiteren Gebieten Ungarns und Österreichs. Für den Kaiserstaat war das um so gefährlicher, als Serbien den Rückhalt der russischen Großmacht besaß. Geistiges Bindeglied war die Ideologie des Panslawismus, der auch in seiner neopanslawistischen Form, die den slawischen Völkern die Sorge vor der Herrschaft des Großrussentums nehmen sollte, auf die

49 Ebd., S. 284.
50 Ebd., S. 296.

Auflösung des mit Nationalitätenproblemen kämpfenden Staatsgebildes der Habsburger Dynastie spekulierte.

Die Unterstützung Serbiens mit der südslawischen Bewegung gehörte aber auch zu den Maßnahmen, die am 21. Februar 1914 in Petersburg für eine »möglicherweise in naher Zukunft erforderliche Besitzergreifung der Meerengen« beschlossen waren. Damals wurde dem Außenminister aufgegeben, die politischen Verhältnisse auf dem Balkan entsprechend zu gestalten. So erklärte Sasonow seinen Kollegen, wie sich die einzelnen Balkanstaaten zu einer Besitzergreifung der Meerengen durch Rußland verhalten würden. Wenn etwa Griechenland oder Bulgarien dem entgegenträten, so würde wegen ihrer historischen Feindschaft und widerstreitenden Interessen jeweils der andere sich auf die Seite Rußlands stellen. Über Serbien sagte der Außenminister laut Protokoll: »Man dürfe nicht annehmen, daß unsere Operationen gegen die Meerengen ohne einen europäischen Krieg vorübergehen würden, und es sei damit zu rechnen, daß Serbien unter diesen Umständen alle Kräfte gegen Österreich-Ungarn einsetzen würde[52].« In den folgenden Monaten arbeitete die russische Diplomatie, und zwar mit Unterstützung des französischen Bundesgenossen, daran, die Balkanstaaten zusammenzuführen, um für die russische Politik ein wirksames Instrument zu gewinnen. So schilderte es der österreichisch-ungarische Gesandte in Bukarest, Graf Czernin, sechs Tage vor Sarajewo[53]: »Vor uns vollzieht sich am hellichten Tage, offen und deutlich, sonnenklar, mit schamloser Dreistigkeit, Schritt für Schritt, die Einkreisung der Monarchie; – unter russisch-französischer Patronanz schweißt sich ein neuer Balkanbund zusammen, dessen heute noch anscheinend komplizierter Zweck sich bald in verblüffender Einfachheit lösen wird – gegen die Monarchie.«

Die russische Neuordnung der Balkanverhältnisse lief darauf hinaus, daß sich die Balkanstaaten mit ihren territorialen Ansprüchen letzten Endes auf Kosten Österreich-Ungarns arrangieren sollten. Wie in Belgrad der großserbisch-südslawische Gedanke, so fand in Bukarest die großrumänische Idee die Unterstützung der Russen. Rühmt sich doch Sasonow noch in seinen Memoiren, daß er am 3. Juni 1914 – also kaum mehr als drei Wochen vor Sarajewo – mit dem rumänischen Ministerpräsidenten Bratianu im Automobil von Sinaia aus einige Werst über die ungarische Grenze nach Siebenbürgen gefahren sei, beide unausgesprochen in dem Gedanken, »daß wir uns auf rumänischer Erde befanden, die ihre Befreiung von der Magyarenherrschaft und ihre Wiedervereinigung mit dem

51 Ebd., S. 285, auch zum folgenden.
52 Russ. Dok., I, 1, a.a.O., S. 285.
53 Czernin an Berchtold, 22. Juni 1914, Österr. Dok., Bd. 8, Nr. 9902, S. 174 f.

Brudervolk jenseits der Grenze erwartete«[54]. Es war nur die Konsequenz dieser Politik, daß Sasonow am 30. Juli, dem Tage der russischen Gesamtmobilmachung, den Rumänen das ungarische Siebenbürgen versprach[55] und am 31. Juli Serbien zu veranlassen versuchte, im Austausch für die Erwerbung österreichisch-ungarischen Gebietes den Bulgaren Mazedonien zu überlassen[56]. In diesen Projekten deuteten sich bereits die Kriegszielverträge des Weltkrieges an.

So war es denn eine politische Gegenoffensive, als in einer programmatischen Denkschrift des österreichisch-ungarischen Außenministeriums eine Neuorientierung der Balkanpolitik empfohlen wurde[57]. Gerade in den Tagen von Sarajewo fertiggestellt, wurde sie – ein Gegenstück zu der Sasonows vom 6. Dezember 1913 und dem Aktionsprogramm der Sonderkonferenz vom 21. Februar – die Grundlage für die Entscheidung in Wien und für die in Berlin, die unter dem Schlagwort der »Blankovollmacht« bekannt ist. Aber bisher hatte es sich nur darum gehandelt, von einer passiven Haltung zu einer aktiven Balkanpolitik überzugehen, die, mit Mitteln der Diplomatie und auf längere Zeit geplant, den serbischen und den russischen Bestrebungen entgegenarbeitete. Nun jedoch bot die durch das Attentat gewonnene moralische Position mit der Möglichkeit einer Strafexpedition die Gelegenheit zum Einsatz des militärischen Machtmittels, um eine sofortige und radikale Lösung der südslawischen Frage und darüber hinaus eine Neuordnung der Balkanverhältnisse zu erzwingen. Ziel dieser Aktion war die »Isolierung und Verkleinerung« Serbiens, damit dieser »Angelpunkt der panslawistischen Politik« – so hieß es in einem Handschreiben Franz Josephs an Wilhelm II.[58] – »als politischer Machtfaktor am Balkan ausgeschaltet wird«. Doch hoffte man, dadurch nicht nur den Gefahrenherd zu beseitigen, der die Integrität und die Existenz des Kaiserreiches bedrohte, sondern auch ein territoriales Arrangement der Balkanstaaten zu ermöglichen, um einen neuen Balkanbund zu gründen. Was die russische Politik letzten Endes auf Kosten österreichisch-ungarischen Gebietes erstrebte, sollte hier durch Zerschlagung Serbiens er-

54 S. D. Sasonow, a.a.O., S. 137.

55 Sasonow an den Gesandten in Bukarest, Poklewski, 30. Juli 1914, Russ. Dok., I, 5, S. 194.

56 Sasonow an den Geschäftsträger in Belgrad, Stradtmann, 31. Juli 1914, Russ. Dok., I, 5, S. 222.

57 In ihrer letzten Fassung vom 2. Juli 1914, Österr. Dok., Bd. 8, Beilage zu Nr. 9984, S. 253 f.; über ihre Entstehung bereits Roderich Gooss, »Das Wiener Kabinett und die Entstehung des Weltkrieges« (1919). Vgl. jetzt die Analyse bei Hantsch, a.a.O., Bd. 2, S. 545 ff.

58 Abgedruckt in: »Die deutschen Dok. z. Kriegsausbruch« (1919), Bd. 1, S. 19, sowie in: Österr. Dok., Bd. 8, Nr. 9984, S. 250 ff., in beiden Fällen o. D. Jedenfalls wurden Handschreiben und Denkschrift von Hoyos am 4. Juli nach Berlin mitgenommen und am 5. Juli von Szögyény unterbreitet.

reicht werden, das in den Balkankriegen sein Staatsgebiet verdoppelt hatte. Wurde auf diese Weise Bulgarien mit Mazedonien befriedigt, so bestand Aussicht, es an den Dreibund heranzuziehen und etwa mit Rumänien zu versöhnen. Ebenso konnte Albanien, das zum Machtgebiet der Mittelmächte gehörte, verstärkt werden. Auch wollte man den Versuch machen, Griechenland mit Bulgarien und mit der Türkei auszugleichen. So hoffte die österreichisch-ungarische Diplomatie die Voraussetzung für die Bildung eines Balkanbundes zu schaffen, der nunmehr statt unter russischer Hegemonie »unter Patronanz des Dreibundes« stehen würde, mit der Aufgabe, »dem Vordringen der panslawistischen Hochflut ein Ziel zu setzen und unseren Ländern den Frieden zu sichern«. So stand es in dem Handschreiben Kaiser Franz Josephs, das am 5. Juli 1914 in Berlin übergeben wurde.

In der Julikrise stießen also zwei Konzeptionen für eine Neuordnung der Balkanverhältnisse aufeinander. Das war im Grunde ein historischer Machtkampf, der sich seit seinem Wiederaufleben im Krimkriege wiederholt zu einer allgemeinen Kriegsgefahr gesteigert hatte. Und nicht minder als 1853/54 und 1877/78 stand die russische Balkanpolitik in engem Zusammenhang mit dem traditionellen Ziel der Herrschaft über die türkischen Meerengen. Auch unausgesprochen motivierte dieses Ziel im Hintergrund die Entscheidungen in jenen Wochen. Sasonow hatte zwar nicht etwa – das war in der früheren Zeit der »Kriegsschuldforschung« vertreten worden – den Konflikt verschärft, um eine europäische Krise zu schaffen, wie er sie in der Konferenz vom 21. Februar als Voraussetzung für eine russische Lösung der Meerengenfrage genannt hatte. Den Weltkrieg zu provozieren, lag auch im Juli 1914 nicht im Interesse des militärisch unfertigen und von der Revolution bedrohten Reiches. Das gilt auch für den Entschluß in Petersburg vom 25. Juli, Serbien mit militärischen Maßnahmen zu Hilfe zu kommen. Für den russischen Außenminister war der Einsatz der militärischen Macht primär ein diplomatisches Druckmittel, um Österreich-Ungarn von dem den Weltfrieden bedrohenden Einmarsch in Serbien abzuhalten, es »wirksam zur Ordnung rufen« zu können[59]. Allerdings glaubte Sasonow auch, das Risiko des Weltkrieges auf sich nehmen zu müssen, und traf dementsprechende Vorbereitungen. Ging es doch nicht nur darum, eine diplomatische Niederlage und damit einen kaum wieder einzubringenden Prestigeverlust bei den Balkanvölkern zu vermeiden, sondern eine zentrale Machtposition zu halten, den Eckstein eines politischen Gebäudes für die »vielleicht in naher Zukunft erforderliche Besitznahme der Meerengen«. Der russische Außenminister

59 Vgl. W. A. Suchomlinow, »Erinnerungen«, (1914), S. 358.

hat später dargelegt[60], was es für Rußland bedeutet hätte, daß der russische Einfluß, »das Erbe hartnäckiger Bemühungen und schwerer Opfer von anderthalb Jahrhunderten, ein für allemal vom Balkan verdrängt und den Österreichern der ungehinderte Zugang nach Saloniki, den Deutschen aber nach dem ersehnten Konstantinopel eröffnet« worden wäre. »Unmöglich habe Rußland den Balkan ohne Kampf preisgeben und den Kaiser als Wächter der Meerengen« anerkennen können. Und in der österreichisch-ungarischen Denkschrift heißt es[61]: »Wenn man ... bedenkt, daß dieses große Reich durch seine Lage und durch Verträge vom freien Meer noch immer so gut wie abgeschnitten ist, dann begreift man die Notwendigkeit des der russischen Politik seit jeher immanenten Charakters.«

Damit ist ein weltpolitischer Gegensatz zwischen Rußland und dem Deutschen Reich angesprochen, den in seinem Anteil an der Vorgeschichte des Kriegsausbruchs zu untersuchen noch eine Aufgabe der Forschung ist. In seinen Memoiren stellt Sasonow die Meerengenfrage geradezu in den Mittelpunkt der Betrachtung über den Kriegsausbruch. Als Deutschland mit der Limanmission die Herrschaft über die Meerengen an sich gerissen habe, sei der »entscheidende Augenblick« eingetreten, die »Umgestaltung des Dreiverbandes in das größte in der Geschichte der Menschheit bekannte politische Bündnis« zu verfolgen[62]. Ungeachtet des defensiven Charakters, mit dem der ehemalige Außenminister hier seine Politik, die Rußland auf den Weg zur Katastrophe geführt hat, zu rechtfertigen suchte, bestätigen die russischen und englischen Akten, daß es die Meerengenfrage war, die ihn dazu getrieben hat, die Entente mit England zu intensivieren[63]. Das aber wirkte sich wiederum auf die deutsche Politik aus, die ihre Aufgabe mehr und mehr darin sah, einer »Einkreisung« mit einer aktiven Politik zu begegnen. Damit traf sie sich jetzt mit dem Anliegen der Denkschrift des Wiener Außenministeriums, in der die drohende russische Balkanhegemonie geradezu als das noch fehlende Glied der Einkreisung erschien. Wie denn Berchtold noch angesichts des Zusammenbruchs 1918 die Quintessenz seiner Überlegungen über die Ursachen des Kriegsausbruchs in die Worte gefaßt hat: »Wir haben den Krieg geführt, weil uns die Gegner eine Schnur um den Hals gelegt hatten und nur mehr im richtigen Moment anzuziehen brauchten, um uns zu erdrosseln[64].«

60 Sasonow, a.a.O., S. 221 f.
61 Österr. Dok., Bd. 8, Beilage zu Nr. 9984, S. 260.
62 Sasonow, a.a.O., S. 155.
63 Vgl. Herzfeld, »Die russische Politik am Vorabend des Weltkrieges«, s. o. Anm. 39.
64 Tagesaufzeichnung 10. September 1918, Hantsch, a.a.O., Bd. II, S. 829.

Andererseits lassen die deutschen Akten erkennen, daß in Konstantinopel von den deutschen Offizieren Politik getrieben wurde, der sich der Botschafter von Wangenheim und das Auswärtige Amt nur mühsam erwehrten[65].

Was aber hieß es denn, daß dort auch die Engländer sich militärisch für das Osmanische Reich engagierten: mit ihrer Marinemission, dem Bau von Schlachtschiffen für die Türken und damit, daß ein englischer Admiral Kommandogewalt über die türkische Flotte hatte? Sasonow versuchte das damals und später damit zu bagatellisieren, daß das türkische Heer einen größeren Kampfwert habe als die Marine und England als Ententepartner keine feindlichen Absichten gegen Rußland haben könne[66]. In der Sonderkonferenz vom 21. Februar war aber gerade festgestellt worden, daß als Voraussetzung für die Beherrschung von Meerengen, insbesondere für einen Handstreich auf Konstantinopel, die Seeherrschaft im Schwarzen Meer gewonnen werden müsse; dementsprechend wurden alle Anstrengungen unternommen, um die russische Schwarzmeerflotte zu verstärken und zu modernisieren. Trotz der russisch-englischen Entente und trotz einer Marinekonvention lebte aber der historische Gegensatz der beiden Weltmächte in der Meerengenfrage wieder auf. Dessen war man sich damals auch in der europäischen Diplomatie bewußt. So bezog sich der russische Geschäftsträger in Wien in seinem Bericht vom 26. Juni 1914 auf die Verstärkung der russischen Schwarzmeerflotte und auf die Möglichkeit, daß Rußland erneut eine Öffnung der Meerengen anregen würde. »Nach Ansicht hiesiger Politiker«, hieß es dann weiter, gebe dies dem »alten Feind und Nebenbuhler Rußlands im Nahen und Fernen Osten Anlaß, von neuem für die Sicherheit seiner Verbindungen mit Indien zu bangen und eine Störung des gegenwärtig bestehenden Gleichgewichts der Kräfte im Mittelmeer zu befürchten[67].« Grey hatte es allerdings mehrfach verstanden, um seine Beziehungen zu Rußland und damit die Tripleentente nicht zu belasten, die Interessen Frankreichs, Österreichs, Italiens oder Griechenlands gegen die russische Meerengenwünsche auszuspielen. Daher hatte noch gegenüber der Tscharykowaktion Kiderlen Wächter den deutschen Botschafter in Konstantinopel angewiesen, »äußerste Zurückhaltung zu bewahren, da wir keinen Anlaß haben, Geschäfte der Westmächte zu machen«[68]; und als Marschall darauf mit seinem Rücktritt drohte, setzte

65 Darüber Hallgarten, a.a.O., Bd. II, S. 429 ff.
66 Sasonow, a.a.O., vgl. auch zu Cleinow am 8. April 1914, s. o. Anm. 35.
67 Schebeko an Sasonow, 26. Juni 1914, Russ. Dok. I, 3, Nr. 382, S. 328. Vgl. Hauser, a.a.O., S. 263 ff., auch zum folgenden.
68 Kiderlen-Wächter an Marschall v. Biberstein, 7. Dezember 1911, Gr. Pol., Bd. 30, 1, Nr. 1084, S. 219. Vgl. an denselben, 3. Dezember 1911, ebd., Nr. 10980, S. 214.

sich Bethmann Hollweg energisch bei Wilhelm II. für den Kurs des Staatssekretärs ein[69].

Jetzt aber schienen die Deutschen jedenfalls seit der Limanmission die »Geschäfte der Westmächte« zu besorgen. Daß sie sich außerdem mit den Engländern im Juni 1914 über die Bagdadbahn verständigten, gegen die die Russen sich immer gewandt hatten, war nur geeignet, deren Argwohn zu wecken, da nun nicht mehr der Persische Golf, sondern die Südgrenze Rußlands als strategisches Ziel dieser Bahn in Betracht kam. Jetzt bezeichnete man in Rußland Deutschland als das »Bollwerk des Osmanischen Reiches«, als den »deutschen Vorposten am Bosporus«. Auf Schritt und Tritt, in der ganzen Levante stoße Rußland »bei der Lösung seiner vitalsten Aufgabe – der Orientfrage –« auf den Widerstand der Deutschen, argumentierte ein russischer Historiker in einem Briefe an seinen ehemaligen deutschen Lehrer Hans Delbrück[70]. Rußland könne aber weder den Ausgang der Meerengen und damit seine Existenz von Zufällen und fremder Willkür abhängig machen noch die Balkanstaaten aufgeben, die eine »Rückendeckung für die Meerengen« seien. Krieg und Frieden hingen davon ab, so endete der Brief, daß Deutschland nicht mehr mit Rußlands Feinden Hand in Hand ginge und daß es die Lage und die Stärke Rußlands berücksichtige. Und es mag nicht minder symptomatisch sein, wie Delbrück dieses Stimmungsbild kommentierte, dem nach seiner Meinung objektiv ebenso Bedeutung zuzumessen sei wie subjektiv der Person des Verfassers. Die Russen, so schrieb er dazu im Juni 1914, »kündigen uns also den Krieg an, wenn wir ihnen nicht gestatten, den Türken die Pforten des Schwarzen Meeres zu entreißen und die südslawischen Gebiete aus dem Gefüge der Habsburger Monarchie herauszulösen, das österreichisch-ungarische Reich also zu zertrümmern«.

So fügt sich denn die Meerengenfrage in die Vorgeschichte des Ersten Weltkriegs ein. Bis vor wenigen Jahren hatte sich Rußland noch mit der Gegenwehr der Westmächte und jener Mittelmeermächte auseinanderzusetzen, die ihm unter der offenen oder latenten Führung Englands den Zutritt zum Mittelmeer verwehrten. Und lange war der Balkan lediglich ein Streitobjekt zwischen der russischen und der habsburgischen Reichspolitik gewesen. Jetzt aber richtete sich die Spitze der russischen Meerengenpolitik vor allem gegen Deutschland. Und jetzt war, wie der deut-

69 Bethmann Hollweg an Wilhelm II., 11. Dezember 1911, ebd., Nr. 10993, S. 235 ff. Bethmann Hollweg an Marschall, 13. Dezember 1911, ebd., Nr. 10995, S. 239 f.

70 Paul v. Mitrofanoff, »Offener Brief über das Verhältnis von Rußland und Deutschland vom 12. April 1914«, Vor- und Nachwort von Hans Delbrück, in: Preuß. Jahrbücher, Bd. 156 (1914), S. 385 ff.

sche Staatssekretär von Jagow am 18. Juli 1914 schrieb, »eine absolute Stabilisierung der russischen Hegemonie im Balkan indirekt auch für uns nicht admissibel«[71].

Und das in einer Situation, da sich im europäischen Staatensystem zwei Bündnisgruppen gegenüberstanden, die beide darauf angewiesen waren, daß keiner ihrer Partner geschwächt wurde oder gar mangels Unterstützung abfiel. So wollte Rußland in der Julikrise das Prestige und den Bestand des serbischen Staates erhalten, und so schien es der deutschen Politik nicht minder unumgänglich und notwendig, dem österreichisch-ungarischen Bundesgenossen eine »letzte Möglichkeit politischer Rehabilitierung zu bieten« und ihn damit vor dem Verlust seiner Großmachtstellung und dem inneren Zerfall zu bewahren. Wollte Rußland Serbien erhalten und zudem die übrigen Balkanstaaten gewinnen, so war man in Berlin in Sorge, der österreichisch-ungarische Bundesgenosse könne gar in das Lager der Entente abschwenken und Deutschland dann völlig isoliert werden; wie wiederum in Wien der Gedanke umging, daß die Monarchie mit einer Kraftanstrengung ihre Bündniswürdigkeit beweisen müsse. Für beide, für Deutschland wie für die Donaumonarchie, bedeutete zudem Rußland mit seinen Menschenmassen, seinen Rüstungen und seinen panslawistischen Expansionstendenzen eine wachsende Gefahr, der zu begegnen man sogar das Risiko eines Weltkrieges übernahm. So weitete sich denn die Krise aus zu einer Machtprobe der Bündnissysteme, in der es nicht mehr nur um einzelne Ziele ging und galt, Machtpositionen zu behaupten oder zu gewinnen, sondern darum, das eigene System zu erhalten und das des Gegners zu schwächen oder gar zu zerstören, und schließlich, im Hinblick auf die Zukunft, eine Neurordnung der Machtverhältnisse im Staatensystem einzuleiten.

Das »Contantinopel-agreement«

Nach dem Ausbruch des Ersten Weltkrieges verhandelten die Türken noch wochenlang mit Rußland und mit seinen Partnern über einen Übertritt in das Ententelager. Das Bündnis mit Deutschland war – ohne Wissen eines Teils des türkischen Kabinetts – am 2. August unterzeichnet worden, noch ohne daß man mit dem Kriegseintritt Englands und mit der Neutralität des italienischen Dreibundpartners rechnete. Doch selbst die mit der Entente schließlich ausgehandelte, auf die Dauer des Krieges beschränkte Garantie des türkischen Besitzstandes erwies sich als so fraglich, daß den

71 Jagow an Lichnowsky, 18. Juli 1914, »Die deutschen Dokumente zum Kriegsausbruch«, Bd. 1 (1922), S. 99 f.; auch zum folgenden.

Türken kaum etwas anderes übrigblieb, als sich auf einen Sieg der Mittelmächte zu verlassen. Deutsche Goldtransporte, die über Rumänien ihr Ziel in Konstantinopel im Oktober erreichten[72], halfen dann ebenso nach wie die Beschießung der russischen Schwarzmeerhäfen durch die »Göben« und die »Breslau«. Die russische Regierung hatte bis zum November 1914 vermieden, die Meerengen in der Öffentlichkeit als Kriegsziel zu proklamieren. Auch in dem umfangreichen Kriegszielprogramm, das Sasonow am 14. September 1914 der französischen Regierung übermittelte, findet sich kein Wort über Konstantinopel und die Meerengen[73]. Weder sollten die Westmächte in der Dardanellenfrage vor den Kopf gestoßen werden, noch wollte man die Türkei in das feindliche Lager treiben. Aber beim Ausbruch des russisch-türkischen Krieges sprach der Zar in seiner öffentlichen Kundgebung von der »Lösung des historischen Problems an den Ufern des Schwarzen Meeres«, das den Russen von ihren Vorfahren vererbt sei[74]. Schon vorher verzeichnete der französische Botschafter in Petersburg in der öffentlichen Meinung ein Wiedererwachen des alten byzantinischen Traumes: »Dieser Krieg hätte keinen Sinn für uns, wenn er uns nicht Konstantinopel und die Meerengen einbrächte ... Zarigrad muß uns gehören ... nur uns allein ... Es ist unsere historische Sendung, unsere heilige Pflicht, das Kreuz des Pravoslawje, das Kreuz des orthodoxen Glaubens auf der Kuppel der Hagia Sophia wieder aufzupflanzen ... Rußland wäre nicht das auserwählte Volk, wenn es nicht endlich die Jahrhunderte alte Schmach der Christenheit rächte ...[75].« Nun wurden Konstantinopel und die Dardanellen zu einem nationalen Kriegsziel, das vor allem in der Duma lebhaften Widerhall fand. Über die Aufgabe der Verteidigung des Vaterlandes hinaus gewannen die ungeheuren Opfer einen historischen Sinn. Der Zar bekannte sich zu einem Erbe, das seit mehr als hundert Jahren in der russischen Geschichte lebendig war.

Doch da war noch ein Problem. Es fehlten alle militärischen Voraussetzungen, um sich in den Besitz dieses Zieles zu setzen. In der Sitzung vom 21. Februar 1914 hatte der Generalquartiermeister, General Danilow, seinen Ausführungen über die Unmöglichkeit gleichzeitiger Operationen im Westen und an den Meerengen die Worte hinzugefügt, die Sicherung gegen eine Besitzergreifung durch dritte Mächte müsse eine be-

72 Hierzu Ulrich Trumpener, »Turkey's Entry into World War I: Assessment of Responsibilities«, in: The Journal of Modern History, Bd. 34 (1962), S. 269 ff.

73 Paléologue an Declassé, 14. September 1914, Russ. Dok. II, 6, 1, Nr. 256, S. 193 f.

74 Maurice Paléologue, »Am Zarenhof während des Weltkrieges«, Bd. I (dt. Ausg. 1926), S. 172.

75 Ebd., S. 145.

sondere Aufgabe der Politik sein[76]. Es war nicht nur Ausdruck der üblichen Rivalität zwischen Heer und Marine, sondern traf eine politische Kernfrage, wenn der Chef der Operationsabteilung im Admiralsstab, Kapitän Nemitz, damals dem entgegenhielt, daß auf diese Weise Konstantinopel und die Meerengen kaum für Rußland zu gewinnen seien. Denn der Gedankengang der Armee sei nur dann richtig, »wenn wir auf dem Wege zu den Meerengen und Konstantinopel wirklich denselben Hauptgegner wie an der Westfront hätten. Dann wäre unsere Aufgabe natürlich nur, die deutsche und die österreichische Armee zu zerschmettern; nach Diktierung unseres Willens in Berlin und Wien würden uns die Meerengen zufallen.« Aber, so prophezeite der Kapitän: »Wie glücklich auch die Operationen an der Westfront verlaufen mögen, sie werden uns nie die Meerengen und Konstantinopel geben, denn diese könnten während unserer Kämpfe an der Westfront von fremden Flotten und Armeen eingenommen werden.« Darum hielt er es für erforderlich, Konstantinopel und die Meerengen gleichzeitig mit den Operationen an der Westfront mit Waffengewalt zu besetzen, »um dadurch für den Augenblick der Friedensverhandlungen die vollendete Tatsache unserer Besitzergreifung zu schaffen. Nur in diesem Falle wird Europa mit einer Entscheidung in der Meerengenfrage in dem für uns unumgänglich nötigen Sinn einverstanden sein«.

Was der Kapitän Nemitz vorausgesagt hatte, schien sich zu bestätigen, als im Februar 1915 der Flottenangriff der Westmächte auf die Dardanellen begann. Zwar es für die Versorgung der russischen Armeen mit Kriegsmaterial lebenswichtig, daß die Meerengen geöffnet würden. Noch in der Rückschau seiner Erinnerungen sah Sasonow den Hauptgrund für den Zusammenbruch des Zarenreiches in dessen wirtschaftlicher und politischer Isolierung[77]. Aber mit einer Eroberung Konstantinopels durch die Westmächte wäre jene Situation geschaffen worden, die zu verhindern seit mehr als einem Jahrhundert die Hauptaufgabe der russischen Meerengenpolitik gewesen war. Wenn dort andere Mächte erschienen, dann war der Monopolanspruch der Russen bereits gebrochen; dann war schon geschehen, was die englische Politik als Prinzip vertrat: die Öffnung der Meerengen für Kriegsschiffe *aller* Nationen; dann war die Sicherheit Südrußlands mehr bedroht denn je zuvor! So zweifelte man in Petrograd, ob sich die Alliierten im Falle eines erfolgreichen Ausganges ihrer Meerengenaktion so verhalten würden, wie es dem russischen Interesse an den türkischen Schlüsselpunkten entsprochen hätte; man glaubte zu durchschauen,

76 Protokoll der Konferenz des Ministerrates vom 21. Februar 1914, a.a.O., S. 287, auch zum folgenden.
77 S. D. Sasonow, a.a.O., S. 284.

daß diese Operationen eher unternommen würden, um zu verhindern, daß die Meerengen in russische Hände gelangten[78].

Zum wesentlichen Teil aus diesem Argwohn gegenüber den Verbündeten ist das »Constantinopel-agreement« entstanden, mit dem die Westmächte das russische Memorandum vom 4. März 1915 anerkannten[79]. In diesem hatte die russische Regierung den Anspruch erhoben, »daß die Frage Konstantinopels und der Meerengen endgültig und im Sinne der jahrhundertelangen Bestrebungen Rußlands entschieden werden muß«. »Jede Lösung«, so lautete der Text kategorisch, »wird ungenügend und unsicher sein, wenn die Stadt Konstantinopel, das Westufer des Bosporus, des Marmaremeeres und der Dardanellen, ebenso Süd-Thrazien bis zur Linie Enos-Midia von nun an nicht in den Bereich des russischen Reiches einbezogen werden.« Aber es hatte der schärfsten Druckmittel des russischen Außenministers bedurft, um dieses zu erreichen. Von Duma- und Militärkreisen selbst gedrängt[80], benutzte er die öffentliche Meinung als Rückhalt und vor allem Bemühungen der deutschen Regierung um einen Sonderfrieden mit Rußland, um diesen Vertrag zu erzwingen. Gerade in den letzten Februar- und ersten Märztagen weilte doch wieder ein neutraler Friedensvermittler in Petrograd, durch den die deutsche Regierung die Verbindung mit dem Zaren zu erlangen suchte und der entsprechend argwöhnisch von dem englischen Botschafter beobachtet wurde[81]. Auch die Fühlungnahmen der deutschen Regierung mit dem früheren Ministerpräsidenten Witte in jenen Tagen beunruhigte die Engländer und gab Sasonow Gelegenheit, ihnen mit einem Kabinettswechsel zu drohen, d. h. mit seinem Rücktritt zugunsten eines Ministeriums, das den mit den Verträgen von 1907 eingegangenen ententefreundlichen Kurs verlassen und sich mit den Deutschen verständigen würde[2].

Schon daß dieser Vertrag den Westmächten geradezu abgepreßt worden war, machte zumindestens unsicher, ob sie ihn erfüllen würden. Auch mußten neutrale Staaten für die Entente gewonnen werden, die von einer

78 »Sosehr ich den Gedanken an einen Keil zwischen der Türkei und Bulgarien einerseits und den Zentralmächten andererseits begrüßte«, schreibt Sasonow in seinen Memoiren (a.a.O., S. 310), »so unangenehm erschien mir die Möglichkeit der Besitzergreifung der Meerengen und Konstantinopels durch die Verbündeten und nicht durch unsere Truppen und die Schwarzmeerflotte.« S. Sasonow an Kudaschew, 21. Januar 1915, Adamow, Bd. IV (1932), S. 19, vgl. Carlotti an Sinnino, 26. Februar 1915, Adamow, Bd. II (1930), S. 197.

79 Memorandum Sasonow an Paléologue und Buchanan, 4. März 1915, Adamow, Bd. II, S. 130.

80 Sasonow, a.a.O., S. 306.

81 Zu der Reise des Etatsrates Anderson nach Petersburg, s. Zechlin, »Egmont«, a.a.O., S. 21 f.

82 Tagesaufz. des russ. Außenministeriums, 5. März 1915, Russ. Dok. II, 7, 1, S. 288, vgl. S. D. Sasonow, a.a.O., S. 303.

Festsetzung Rußlands in Konstantinopel jedenfalls mehr zu befürchten hatten, als für sie durch die Beteiligung an der türkischen Erbschaft zu gewinnen war. Rumänien, der einzige Küstenstaat am Schwarzen Meer, der keinen anderen Ausgang zum offenen Meer hatte als die türkischen Meerengen, war bereits in großer Sorge über die starke Resonanz, die diese Forderung in der Duma gefunden hatte, und ließ dies auch in Petersburg wissen[83]. Italien fürchtete angesichts des Dardanellenangriffs, daß das »ausschließliche Übergewicht« der drei Ententemächte im östlichen Mittelmeerrraum eine Machtverschiebung bringen würde, die seine Großmacht gefährdete[84]. Sasonow wiederum wollte die von den Westmächten erstrebte Beteiligung Griechenlands an der Dardanellenoperation nur unter der Voraussetzung zulassen, daß es nicht etwa Anspruch auf territoriale Entschädigung in Süd-Thrazien, d. h. in der Nähe der Meerengen, erheben würde; auch dürfe die griechische Armee »unter keinen Umständen in Konstantinopel einziehen«[85].

War schon unter all diesen Umständen der Wert des »Constantinopelagreement« begrenzt, so war seine Durchführung zudem noch an die Bedingungen geknüpft, daß »der Krieg bis zum erfolgreichen Ende durchgeführt wird und die Wünsche Großbritanniens und Frankreichs im Osmanischen Reich und anderwärts ... verwirklicht sind«[86]. Hatten die Westmächte es aber nach beendetem Kriege noch nötig, einem dann bis zum letzten geschwächten Rußland diesen Siegespreis auch wirklich zu geben? Wurde ihm nicht vielmehr nur ein Köder vorgehalten, um den Ausfall des Kampfgenossen an der Kriegsfront zu verhindern? Immerhin finden sich in der Memoirenliteratur Andeutungen, daß England damals nicht gesonnen gewesen sei, nach einem siegreichen Kriege den Russen die Machtposition am Mittelmeer einzuräumen, die es ihnen bisher immer wieder verwehrt hatte[87]. Doch bedarf es, um diese Frage zu beantworten, des Zuganges zu den Akten des Foreign Office, die der Forschung noch gesperrt sind.

Die Unsicherheit über den Wert des »Constantinopel-agreement« hat die deutsche Diplomatie zu nutzen versucht, um in Zusammenarbeit mit der türkischen Regierung eine Verständigung mit Rußland in der Meerengenfrage zu erreichen. Welche Rolle dies in den Kalkulationen und

83 Tagesaufz. des russ. Außenministeriums, 15. und 26. Februar 1915, Russ. Dok. II, 7, 1, S. 180, S. 239.
84 Dragumis an Zaimis über Gespräch mit ital. Botschafter, 7. März 1915, Russ. Dok. II, 7, 1, S. 300.
85 Sasonow an Benckendorff, 7. März 1915, Russ. Dok. II, 7, 1, S. 299.
86 Engl. und franz. Antwortmemorandum auf das russ. Memorandum vom 4. März 1915, Adamow, Bd. II, S. 156 f., S. 180 f.
87 Vgl. Taube, a.a.O., S. 366, Anm. 1, und Adamow, Bd. II, S. 181 f.

Friedensbemühungen des Auswärtigen Amtes gespielt hat, wird an anderer Stelle ausgeführt werden, wie dort auch von der Bedeutung zu sprechen ist, die das Ringen um die türkischen Meerengen für die Gesamtpolitik im Ersten Weltkrieg gehabt hat. Noch im Dezember 1916 versuchten der Ministerpräsident Trepow in Dumareden und der Zar in einem Manifest an Armee und Marine, die Nation mit dem Blick auf den Siegespreis Konstantinopel-Zarigrad zu neuen Anstrengungen anzuspornen. In einer Denkschrift, die der letzte Außenminister des Zaren, Pokrowski, noch am 3. März 1917 unterzeichnete[88], wurde Nikolaus II. noch wenige Tage vor dem Sturz der Monarchie beschworen, die »besonders günstige Gestaltung« zur Lösung der historischen Aufgabe zu nutzen, bevor der geeignete Moment verpaßt sei. »Durch unsere Erklärungen urbi et orbi über unsere Ansprüche auf Konstantinopel und den Bosporus und die Dardanellen haben wir, wie keine andere Macht in diesem Kriege, mit voller Klarheit und Offenheit vor unseren Feinden und Freunden unser politisches Programm enthüllt, auf dessen Erfüllung die künftige politische Bedeutung Rußlands im Nahen Osten beruht.« Auch die Provisorische Regierung der Märzrevolution hielt an den Kriegszielen fest, wie sie mit den Alliierten vereinbart waren, bis Miljukow im Mai 1917 unter dem Druck des für den »Frieden ohne Annexionen und Kontributionen« eintretenden Petrograder Sowjets zu Fall kam.

So wurden die Westmächte von den Russen selbst aus ihrer Verpflichtung entlassen, und es kam wieder ihre historische Konzeption für eine Lösung der Meerengenfrage zum Zuge. In Reden vom Januar 1918 vertraten Lloyd George und Wilson (im 12. der 14 Punkte) das Prinzip der Freiheit der Schiffahrt in den türkischen Meerengen für alle Nationen. Ihre Öffnung, und zwar für Handels- und Kriegsschiffe sowie Luftfahrzeuge in Krieg und Frieden, wurde jedoch im Friedensschluß von Sèvres damit verbunden, daß der Türkei die Verfügungsgewalt über die Meerengen entzogen wurde durch die Entmilitarisierung einer auch vorliegende Inseln umfassenden 25 km breiten Zone und die Beaufsichtigung durch eine Kontrollkommission, die mit Hoheitsrechten wie Polizeigewalt und Verwaltungsbefugnissen ausgestattet war. Erst im Zuge ihres nationalen Befreiungskampfes gewann die Türkei im Vertrage von Lausanne 1923 ihre völkerrechtliche Unabhängigkeit zurück und mit der Meerengenkonvention von Montreux im Jahre 1936 auch die Abschaffung der internationalen Kontrolle auch wieder die Souveränität über die entmilitarisierte Zone mit dem Recht auf ihre Wiederbefestigung.

88 Denkschr. des Außenministers N. Pokrowski, in: M. Pokrowski, a.a.O., S. 68 ff.

Das Meerengenabkommen, das am 20. Juli 1936 in Montreux von Bulgarien, Frankreich, Großbritannien, den Dominien, Griechenland, Japan, Rumänien, der Türkei, der Sowjetunion und Jugoslawien unterzeichnet wurde, beruhte auf dem »Grundsatz der Freiheit der Durchfahrt und der Fahrt in den Meerengen«[89]. Doch gab es für die dem Schwarzen Meer nicht anliegenden Staaten Beschränkungen. Die Schiffe waren an eine Höchstgrenze der Tonnage und der Geschützkaliber sowie an eine Begrenzung der Gesamttonnage gebunden, und ihre Aufenthaltszeit im Schwarzen Meer war auf 21 Tage befristet; dazu kam die Auflage einer vorhergehenden diplomatischen Anmeldung bei der türkischen Regierung. Das letztere galt auch für die Schwarzmeerstaaten; aber sie unterlagen keiner Beschränkung der Tonnage oder der Schiffsklasse, d. h., auch Linienschiffe durften, jedenfalls einzeln, passieren und sich von zwei Torpedobooten begleiten lassen, ebenso reparaturbedürftige U-Boote. Das bedeutete also, daß die Russen ihre Schwarzmeerflotte im Mittelmeer zum Einsatz bringen konnten. Allerdings hatte die türkische Regierung im Fall drohender Kriegsgefahr das Recht, die Meerengen für Kriegsschiffe zu sperren, und zwar lag die Deklarierung einer solchen Situation in ihrem eigenen Ermessen.

Die völkerrechtliche Regelung der Meerengenfrage von Montreux ist auch heute gültig. Dennoch ist es instruktiv, ein Zwischenspiel kennenzulernen, das sich im Ringen um die türkischen Meerengen bei Beendigung des Zweiten Weltkrieges ergab.

Die Meerengen auf der Potsdamer Konferenz

Wieder bot sich eine Front zwischen West und Ost, wie sie unser geschichtlicher Abriß zeigte. Diesmal stand ein »roter Zar« dem Premierminister von Großbritannien und dem Präsidenten der USA gegenüber, und auch diesmal ging es darum, sich über eine Neuordnung der Welt zu verständigen. Wie für Napoleon I. und Alexander I. in Tilsit waren Konstantinopel und die Meerengen ein Machtfaktor, den keiner dem anderen überlassen wollte. Und wiederum beanspruchten die Russen, die Meerengenfrage als eine lediglich russisch-türkische zu lösen, während der Westen auf einer internationalen Behandlung bestand. Stalin hatte bereits auf der

89 Das dokumentarische Material ist zu finden in: Actes de la conférence de Montreux, Paris 1936. Im Institut für Auswärtige Politik in Hamburg befinden sich zahlreiche Dissertationen der verschiedenen europäischen Universitäten über die Konferenzen von Lausanne und Montreux. Vgl. z. B. Joachim Suche, »Der Meerengenvertrag von Montreux« (1936).

Jalta-Konferenz eine Revision der Meerengenkonvention von Montreux angeregt[90]. Die Sowjets hatte es besonders getroffen, daß die Türkei nach diesen Bestimmungen die Meerengen für Kriegsschiffe kriegführender Staaten gesperrt hatte[91]; d. h., auch im Zweiten Weltkrieg konnten die russischen Kriegsschiffe das Schwarze Meer nicht verlassen. Rußland, erklärte Stalin, könne nicht zulassen, daß die Türkei »die Hand an Rußlands Gurgel« habe[92]. Churchill gestand den Russen in Jalta auch zu, daß sie künftig für die Benutzung des »schmalen Ausgangs« aus dem Schwarzen Meer nicht mehr vom Gutdünken der Türkei abhängig sein sollten[93]. Die »Großen Drei« einigten sich, daß auf einer Sitzung der drei Außenminister die Vorschläge der Sowjets über eine Revision der Konvention von Montreux, die nach Angabe Stalins mäßig seien, behandelt und daß die Türkei darüber informiert werden sollte.

Nun aber nutzten die Sowjets den Sieg der Alliierten aus, um von der Türkei die Überlassung von Militärstützpunkten an den Meerengen zu verlangen (dazu noch Gebietsabtretungen am Kaukasus). Im Juni 1945 verdichteten sich die Berichte des englischen und des amerikanischen Botschafters aus Ankara zu einer Anklage gegen die Sowjets und zu der ernsten Sorge um die Unabhängigkeit der Türkei[94]. Schon vorher hatte Churchill in Telegrammen an Präsident Truman vom 11. und 12. Mai 1945 seine tiefe Besorgnis über die russischen Machinationen in Osteuropa ausgesprochen, ein Vorgang, für den es keine Parallele in der Geschichte Europas gäbe. »Längs der russischen Front ist ein Eiserner Vorhang niedergegangen. Was dahinter vorgeht, wissen wir nicht[95].« Zu den Kompensationsobjekten, die er dem Präsidenten vorschlug, um mit den Russen zu einer friedlichen Regelung zu kommen, gehörte, »daß wir ihnen in bezug auf die Schwarzmeer- und Ostseeausgänge als Teil einer allgemeinen Regelung entgegenkommen können«[96].

90 Protokoll über die Verhandlungen auf der Krim-Konferenz vom 11. Februar 1945, »Die Konferenzen von Malta und Jalta« (dt. Ausg. 1956), S. 907, auch abgedruckt in: The Conference of Berlin (Potsdam) 1945. Zwei Bde. (1960, Bd. II, S. 1573 (zit.: Conf. Berlin).

91 Vgl. »Das sowjetische Völkerrecht« (ostzon. Übers. 1960), S. 232, und (Hamburger Übers. 1960), S. 239.

92 Memorandum G. M. Elsey, o. D., Conf. Berlin I, S. 1011.

93 Robert E. Sherwood, »Roosevelt und Hopkins« (dt. Ausg. 1950), S. 708. Dazu ferner Churchill an Roosevelt, 22. Oktober 1944, »Die Konferenzen von Malta und Jalta«, a.a.O,. S. 307.

94 Die Berichte aus der Zeit von Mitte Juni bis Mitte Juli 1945, abgedr. in Conf. Berlin I, S. 1007 ff.

95 Telegramm Churchill an Trumann, 12. Mai 1945, Conf. Berlin I, S. 8, sowie Churchill: »Der Zweite Weltkrieg«, VI, 2 (dt. Ausg. 1954), S. 262.

96 Telegramm Churchill an Truman, 11. Mai 1945, Conf. Berlin I, S. 6, sowie Churchill, a.a.O.

Die Angelegenheit kam in Potsdam zunächst bei einem privaten Dinner zur Sprache, zu dem sich Churchill und Stalin, nur von ihren Dolmetschern begleitet, am 18. Juli getroffen hatten[97]. Nachdem sie zunächst die Zeit »in angenehmer Unterhaltung« verbracht hatten, ohne einen heiklen Punkt zu berühren, gerieten sie um zweieinhalb Uhr an die Meerengenfrage. Churchill erkannte den Drang Rußlands zu den Meerengen an; er verglich das Russische Reich mit einem Riesen, »dem die engen Ausgänge aus dem Schwarzen Meer und der Ostsee den Atem geraubt hätten«. Rußland sei ihm, so sagte er, als Seemacht und mit dem Erscheinen seiner Schiffe auf den Weltmeeren durchaus willkommen. Aber er brachte auch unmißverständlich seine Sorge über die jüngste Meerengenpolitik der Sowjets, d. h. ihr Ansinnen an die Türkei, zum Ausdruck. Auf der 6. Vollversammlung am 22. Juli[98] erhoben Stalin und Molotow unverblümt Anspruch auf Errichtung sowjetischer Militärstützpunkte an den Meerengen, also nicht nur am Eingang zum Schwarzen Meer, sondern auch an den Dardanellen, dem Ausgang zum Mittelmeer. Die Türkei sei zu schwach, so war ihre Begründung, um im Falle von Komplikationen die freie Durchfahrt zu garantieren; deshalb müßten die Meerengen von Rußland mitverteidigt werden. Ein entsprechendes Schriftstück legten sie vor[99]. Churchill, nachdem er es gelesen hatte, erklärte, daß es sehr bedeutsam sei, aber weit über das Thema der Diskussion hinausginge. Auf den Einwurf, daß die Meerengenfrage nicht nur eine russisch-türkische Angelegenheit sei und daß die Türkei niemals den russischen Forderungen zustimmen würde, rief Molotow die Geschichte zu Hilfe: Er machte geltend, daß »ähnliche zweiseitige Verträge zwischen Rußland und der Türkei auch schon früher bestanden hätten, so in den Jahren 1805 und 1833«[100]. Worauf Churchill nur sagte, daß ihm diese alten Verträge nicht gegenwärtig seien, sein Stab sie aber nachschlagen werde, und noch einmal betonte, daß er sich in dieser Sache als gänzlich frei betrachtete. Ja, er besäße Handlungsfreiheit, beendete Stalin die Debatte.

Präsident Truman hatte sich an der Diskussion vom 22. Juli nicht beteiligt. Die USA gehörten nicht zu den Unterzeichnern der Konvention von

97 Churchill, a.a.O., S. 329 f., auch zum folgenden.

98 Dazu a) Thompson minutes, Conf. Berlin II, S. 256 ff. und b) Cohen notes, Conf. Berlin II, S. 266 ff. Über die Unterschiede s. die jeweiligen Fußnoten der Hrsg. sowie Einl. Bd. II, S. XXXII, s. ferner Harry S. Truman, »Memoiren«, Bd. I (dt. Ausg. 1955), S. 347 ff. – Vgl. Herbert Feis, »Zwischen Krieg und Frieden. Das Potsdamer Abkommen« (dt. Ausg. 1962), S. 271 ff.

99 Dok. Nr. 1369, Conf. Berlin, II. S. 1427.

100 Truman, a.a.O., Bd. I, S. 375; vgl. Cohen notes, Conf. Berlin II, S. 267, und Thompson minutes, ebd., S. 258. Cohen schreibt diese Äußerung Stalin zu.

Montreux. Für die Sitzung des folgenden Tages erhielt er von seinem Stab zur Information eine Aufzeichnung über die Geschichte der Meerengenfrage, in der durchaus sachkundig ihre historische Problematik aufgezeigt war[101]. Darin wurde erklärt, daß sowohl die russische wie die britische Meerengenpolitik von je zwei Leitgedanken beherrscht würden, die russische seit 150 Jahren vom Drang nach dem Mittelmeer und dem Bedürfnis der Sicherung des Schwarzen Meeres vor dem Eindringen fremder Flotten, und die britische davon, daß sie die Lebenslinie nach Indien sichern und die »balance of power« in Europa aufrechterhalten wolle. Es wurde auch dargestellt, daß die Türkei sich genötigt sah, bald mit den Franzosen gegen die Engländer, bald mit den Engländern gegen die Franzosen, bald gegen beide und dann wieder mit Deutschland gegen England oder mit England gegen Deutschland zu operieren, und daß die Meerengenfrage eine Quelle der Kriegsgefahr sei.

In den Sitzungen vom 23. und 24. Juli[102] motivierten Stalin und Molotow erneut und noch schärfer ihre Forderung einer russischen Mitverteidigung der Meerengen. Die Konvention von Montreux sei unfreundlich gegenüber Rußland, und dieses könne nicht zulassen, daß es von einem kleinen Staat, der von England unterstützt würde, »an der Gurgel gepackt würde«. Darauf brachte Truman den Plan vor, die türkischen Meerengen zu einer offenen Wasserstraße zu erklären mit internationaler Garantie und Überwachung durch die drei Großmächte »und andere Staaten«. Das war im Grunde eine Rückkehr zum 12. der 14 Punkte Wilsons, wonach die freie Durchfahrt durch die Dardanellen unter internationale Garantie gestellt werden sollte, und zu den Bestimmungen des Friedens von Lausanne 1923, die abzuschaffen man sich 1936 auf der Konferenz von Montreux geeinigt hatte. Die immer schärfer werdende Diskussion spitzte sich nun darauf zu, daß den Russen vorgeworfen wurde, sie zögen die Gewalt dem Gesetz bzw. einem Garantieversprechen vor. Erklärten Churchill und Truman, daß die Türkei dem sowjetischen Vorschlag niemals zustimmen würde, so konnte Stalin entgegnen, sie würde vielmehr eine Entmilitarisierung der Meerengen, wie sie Truman ausdrücklich verlangte, nicht hinnehmen. Damit hatten beide Parteien recht, denn die türkische Regierung

101 Übersandt am 22. Juli 1945 vom Chairman des »War Relief Control Board«, Joseph E. Davies: Conf. Berlin II, S. 1428 ff. Eine frühere Fassung o. D. war Staatssekretär Byrnes am 4. Juli übergeben worden, Conf. Berlin I, S. 1037.

102 Departement of State, minutes, Conf. Berlin II, S. 301 ff., und Cohen notes, ebd., S. 312 ff., für die 7. Sitzung vom 23. Juli, sowie Thompson minutes Dazu United States Delegation Memorandum vom 25. Juli 1945 über den II, S. 365, und Cohen notes II, S. 372, für die 8. Sitzung vom 24. Juli. Stand der Probleme vor der Konferenz vom 25. Juli, ebd., S. 393; Truman, a.a.O., S. 376 ff.

lehnte diese amerikanische Idee sofort ab, da sie nicht wieder wie nach dem Ersten Weltkrieg daran gehindert werden wollte, Verteidigungsanlagen an den Meerengen zu unterhalten.

Der amerikanische Präsident schlug nun vor – und verlas darüber ein Schriftstück[103] –, daß mit der Internationalisierung der türkischen Meerengen der Anfang einer Internationalisierung der Binnenwasserstraßen in Europa gemacht werden solle, ein Plan, zu dem er »durch eingehendes Studium der Geschichte« gekommen sei. Es war die Rede von der Donau und vom Rhein und dann auch vom Kieler Kanal. Er wolle vermeiden, sagte Truman, daß die Welt in 25 Jahren wegen der Donau oder der Dardanellen in einen neuen Krieg verwickelt würde. Das traf nun die Sowjets, die bereits die Kontrolle über die Donau von Österreich bis zum Schwarzen Meer ausübten, noch an einer weiteren Stelle.

Bereits Franklin Roosevelt hatte für die Jaltakonferenz von seinen Beratern eine Aufzeichnung erhalten, in der er gewarnt wurde, die Internationalisierung der türkischen Meerengen zu befürworten, weil dann logischerweise für den Panamakanal und den Suezkanal dieselbe Regelung getroffen werden müßte[104]. Genau das führten Stalin und Molotow nun in Potsdam ins Feld, daß doch die amerikanische Marine den Panamakanal verteidige und die britische den Suezkanal. Damit wurde ein Kernpunkt des Meerengenproblems berührt, dessen man sich bereits in der Völkerrechtswissenschaft im Ersten Weltkrieg bewußt geworden war[105].

103 Dok. Nr. 755, vgl. auch die Fassung vom 25. Juli 1945, Nr. 757 und Nr. 758, sowie den Vorschlag der britischen Delegation vom 27. Juli. Der Vorschlag, den Truman der Versammlung am 23. Juli unterbreitete, nannte nur die Donau und den Rhein und nicht, was Stalin sofort bemerkte, die türkischen Meerengen. Er wurde dann auf Beschluß der 11. Sitzung vom 31. Juli dem Rat der Außenminister überwiesen. Conf. Berlin II, S. 527.

104 Memorandum über die Frage der türkischen Meerengen o. D. Die Konferenzen von Malta und Jalta (dt. Ausg.), S. 307 f. Eine Notiz besagt, daß Marine- und Kriegsministerium mit dem oben Gesagten übereinstimmten.

105 So telegraphierte Laun am 13. Januar 1915 an die »Zentralorganisation für einen dauernden Frieden« in Den Haag: »Internationalisierung Dardanellen ist viel schwieriger als aller andern Meeresstraßen. Immerhin vielleicht erreichbar, wenn gleichzeitig Panamakanal, Suezkanal, Gibralta wahrhaft internationalisiert würden.« Dieses Telegramm wurde als Konzept dem Wiener Ministerium des Äußeren zur Begutachtung vorgelegt. Faksimile des Konzepts bei Egmont Zechlin, »Die Zentralorganisation für einen dauernden Frieden und die Mittelmächte« in Festschrift für Rudolf Laun (1962) und Jahrbuch für intern. Recht (Kiel), Bd. 11 (1962), S. 448 ff. Rudolf Laun genoß im Ersten Weltkrieg als Staats- und Völkerrechtslehrer auch in neutralen Kreisen und in vielen internationalen Organisationen der Friedens- und Völkerbundsbewegung großes Ansehen. Dazu auch Rudolf Laun, »Die Internationalisierung der Meerengen und Kanäle« (1918), eine Arbeit, die von ihm im Zusammenhang mit seiner Mitarbeit in verschiedenen Friedensorganisationen und in deren Auftrag erarbeitet und vorgelegt wurde.

Jetzt, in Potsdam, berief sich Eden darauf, daß im Falle des Suezkanals England an Verträge mit Ägypten gebunden sei. Damit stützte er aber die russische These eines russisch-türkischen Vertrages zur gemeinsamen Verteidigung der Meerengen. Ebenso wie die britische Flotte den Suezkanal und die amerikanische den Panamakanal, würde die Sowjetunion die Meerengen mit Gewalt verteidigen, erklärte Stalin. Und Molotow meinte maliziös, warum denn nicht ein angeblich so ausgezeichnetes Prinzip wie das der Internationalisierung auch auf den Suezkanal Anwendung finden sollte. Die erbitterte Kontroverse endete schließlich damit, daß der Marschall ungehalten erklärte, wenn die Meinungen so weit auseinandergingen, solle man lieber aufhören, von den Meerengen zu sprechen.

Angesichts des Widerstandes der Westmächte hatte Stalin in der Sitzung vom 23. Juli vorgeschlagen, die Sowjetunion doch einen Mittelmeerhafen auf nichttürkischem Gebiet zu überlassen. Am Abend dieses Tages fand er auf dem Abschiedsbankett Churchills Gelegenheit, diesen Anspruch vorzubringen. Den britischen Staatsmann reizte es, erneut auf seine Weise Stalin herauszufordern. »Ich füllte«, so beschrieb Churchill die Szene[106], »zwei kleine Rotweingläser mit Brandy und sah ihn voll an. Beide leerten wir unsere Gläser in einem Zuge und blickten uns anerkennend in die Augen. Nach einer Pause sagte er: ›Wenn Sie sich nicht damit einverstanden erklären können, uns im Marmarameer einen Kriegshafen zu geben, könnten wir dann nicht einen Stützpunkt in Dedeagatsch bekommen?‹« Das hieß also, daß ein in der Nähe der Dardanellen gelegener griechischer Hafen den Sowjets überantwortet werden sollte. Churchill gab – nach seiner Erzählung – lediglich zur Antwort, er werde Rußlands Anspruch auf einen eisfreien Zugang zu den Weltmeeren immer unterstützten.

Im Zuge der Frontbildung von Ost und West spitzte sich dann auch die Meerengenfrage immer mehr zu. Zwar legten die USA in Übereinstimmung mit ihrer bisherigen Politik am 2. November und ihnen folgend Großbritannien am 21. November 1945 einen Abänderungsvorschlag vor, der den russischen Wünschen in der Frage der Durchfahrt erheblich entgegenkam. Denn die Schwarzmeerstaaten sollten das freie Durchfahrtsrecht für ihre Kriegsschiffe im Kriege wie im Frieden erhalten, während dies für die Kriegsschiffe anderer Staaten an die ausdrückliche Zustimmung sämtlicher Uferstaaten des Schwarzen Meeres gebunden war, es sei denn, daß die Durchfahrt in Ausführung eines von der UNO erteilten Auftrages erfolge. Die Kontrolle der Durchführung der Bestimmungen sollten bei der Türkei und beim Sicherheitsrat der UNO liegen[107]. Aber

106 Churchill, a.a.O., S. 370.
107 Dazu und zum folgenden Truman, a.a.O., II, S. 105 ff. und Harry N. Howard, »Some Recent Developments in the Problem of the Turkish

die Sowjets beharrten auf dem Standpunkt, den sie in Potsdam eingenommen hatten, daß für die Regelung der Meerengenfrage nur die drei kommunistischen Schwarzmeerstaaten zuständig seien. Da sie im Schlußprotokoll in Potsdam erreicht hatten, daß »die Angelegenheit als nächster Schritt Gegenstand direkter Besprechungen zwischen jeder der drei Regierungen und der türkischen Regierung« sein solle, konnten sie erneut darüber mit den Türken verhandeln. Im August 1946 verlangte die UdSSR in Ankara, unmittelbar an der Verteidigung der Dardanellen beteiligt zu werden. Angesichts der Methoden sowjetischer Machtexpansion, wie sie in Osteuropa praktiziert wurden, war freilich von einer Stationierung russischer Truppen an den Meerengen die Einbeziehung der Türkei in das sowjetische System zu erwarten. Auf eine Anfrage der türkischen Regierung empfahl Truman nach Beratung mit den Stabschefs und Fühlungnahme mit Großbritannien und Frankreich, die russischen Forderungen abzulehnen. Darauf rüsteten die Türken sich, der Sowjetunion mit Waffengewalt zu begegnen. Eine in Moskau übergebene Note der USA habe keinen Zweifel gelassen, schreibt Truman in seinen Erinnerungen, daß bei einem russischen Vorgehen gegen die Meerengen der Sicherheitsrat zum Handeln gezwungen wäre.

So mündete um die Wende 1946/47 das historische Problem der türkischen Meerengen ein in das der Mächtegruppierung unserer Zeit. Die Türkei trat der NATO bei, und die Sowjetregierung teilte ihr in einer Note vom 30. Mai 1953 mit, daß sie auf eine Revision der Verträge von Montreux verzichtete.

Straits«, 1945-1946, in: The Department of State Bulletin 15 (1947), No. 395, S. 143 ff.

Die Entwicklung des Dardanellenstatuts

Abkommen	*Beteiligte Staaten*	*Bestimmungen für Handelsschiffe*	*Bestimmungen für Kriegsschiffe* der Schwarzmeerstaaten	*Bestimmungen für Kriegsschiffe* fremder Staaten	*Kontrolle über die Durchführung*
Friede von Küçük Kaynarca 21. 7. 1774	Rußland, Osmanisches Reich	für russische Handelsschiffe geöffnet		[gesperrt]	Osmanisches Reich
Bündnis 1799	Rußland, Osmanisches Reich	[für russische Handelsschiffe geöffnet]	für die Dauer des russisch-französischen Krieges für russische Kriegsschiffe geöffnet	gesperrt	Osmanisches Reich und Rußland
Bündnis 1805	Rußland, Osmanisches Reich	[für russische Handelsschiffe geöffnet]	für russische Kriegsschiffe geöffnet	gesperrt	Osmanisches Reich und Rußland
Dardanellen-Friede 5. 1. 1809	Großbritannien, Osmanisches Reich		gesperrt	gesperrt	Osmanisches Reich
Konvention von Akkerman 4. 9. 1826	Rußland, Osmanisches Reich	für Schwarzes Meer russische Vermittlung notwendig			Osmanisches Reich
Friede von Adrianopel 14. 9. 1829	Großbritannien, Frankreich, Rußland, Osmanisches Reich	geöffnet	[gesperrt]	[gesperrt]	Osmanisches Reich unter Aufsicht Rußlands
Bündnis von Hunkâr Iskelesi (für 8 Jahre) 8. 7. 1833	Rußland, Osmanisches Reich	[geöffnet]	für russische Kriegsschiffe geöffnet	gesperrt	Osmanisches Reich und Rußland
1. Londoner Konvention 15. 7. 1840	Großbritannien, Österreich, Preußen, Rußland, Osmanisches Reich	[geöffnet]	gesperrt, solange sich das Osmanische Reich im Frieden befindet		Osmanisches Reich unter Garantie der Mächte
2. Londoner Konvention 13. 7. 1841	Großbritannien, Frankreich, Österreich, Preußen, Rußland, Osmanisches Reich, später Belgien, Dänemark, Schweden, Norwegen	[geöffnet]	gesperrt, solange sich das Osmanische Reich im Frieden befindet		Osmanisches Reich unter Garantie der Mächte

Pariser Friede mit Meerengenkonvention 30. 3. 1856	Großbritannien, Frankreich, Osmanisches Reich, Rußland	geöffnet	gesperrt; Schwarzes Meer für Kriegsschiffe aller Nationen verboten (diese „Pontus-Klausel“ kündigt Rußland 19. 10. 1870)		Osmanisches Reich unter Garantie der Mächte
Pontus-Vertrag 13. 3. 1871	wie 2. Londoner Konvention	[geöffnet]	gesperrt; Osmanisches Reich darf öffnen		Osmanisches Reich
Friede von San Stefano 3. 3. 1878	Rußland, Osmanisches Reich	geöffnet, für neutrale Handelsschiffe auch im Kriege	[gesperrt; Osmanisches Reich darf öffnen]		Osmanisches Reich
Berliner Kongreßakte 13. 7. 1878	Großbritannien, Frankreich, Österreich, Deutsches Reich, Rußland, Osmanisches Reich	geöffnet	gesperrt; Osmanisches Reich darf öffnen		Osmanisches Reich
Waffenstillstand von Mudros 30. 10. 1918	Alliierte, Osmanisches Reich	geöffnet	geöffnet		Alliierte
Friede von Sèvres 10. 8. 1920 (nicht in Kraft getreten)	Großbritannien, Fankreich, Italien, Japan, Griechenland, Rumänien, Türkei und andere	geöffnet	geöffnet		internationale Meerengen-kommission
Abkommen von Lausanne 24. 7. 1923 (Türkei kündigt 11. 4. 1936)	Großbritannien, Frankreich, Italien, Japan, Bulgarien, Griechenland, Jugoslawien (nicht unterzeichnet), Rumänien, Sowjet-Union (nicht ratifiziert), Türkei	geöffnet; bei Teilnahme der Türkei an einem Kriege nur für neutrale Handelsschiffe geöffnet, sofern sie den Feind nicht unterstützen	geöffnet; bei Teilnahme der Türkei an einem Kriege nur für neutrale Kriegsschiffe geöffnet	geöffnet, doch für jedes Land nur bis höchstens zu einer Flottenstärke, die der der stärksten Schwarzmeerflotte entspricht; im Krieg bei türkischer Neutralität desgleichen, doch darf keine kriegführende Partei durch Beschränkungen benachteiligt werden; bei türkischer Kriegführung für neutrale Kriegsschiffe geöffnet	internationale Meerengen-kommission; Exekutive bei den Signatarmächten (Großmächten)

Übersicht über die Entwicklung des Dardanellenstatuts (Fortsetzung)

<table>
<tr><th rowspan="2">Abkommen</th><th rowspan="2">Beteiligte Staaten</th><th rowspan="2">Bestimmungen für Handelsschiffe</th><th colspan="2">Bestimmungen für Kriegsschiffe</th><th rowspan="2">Kontrolle über die Durchführung</th></tr>
<tr><th>der Schwarzmeer-staaten</th><th>fremder Staaten</th></tr>
<tr><td rowspan="2">Abkommen von Montreux
20. 7. 1936
(Sowjet-Union beantragt Revision 7. 8. 1946)</td><td rowspan="2">Bulgarien, Frankreich, Großbritannien, Griechenland, Japan, Rumänien, Türkei, Sowjet-Union, Jugoslawien,
2. 5. 1938 Italien</td><td rowspan="2">geöffnet;

bei Teilnahme der Türkei an einem Kriege nur für neutrale Handelsschiffe geöffnet, sofern sie den Feind nicht unterstützen</td><td>geöffnet nach Voranmeldung;</td><td>geöffnet nach Voranmeldung, doch nur bis zu festgesetztem Maximum;</td><td rowspan="2">Türkei unter Bindung an Völkerbunds- und Beistandspakte</td></tr>
<tr><td colspan="2">im Krieg bei türkischer Neutralität für Kriegsschiffe geöffnet, die nach Völkerbunds- oder Beistandspakt handeln;
bei Teilnahme der Türkei an einem Kriege und bei Kriegsdrohung im Belieben der Türkei</td></tr>
<tr><td>Abänderungsvorschlag der Vereinigten Staaten von Amerika
2. 11. 1945,
Großbritanniens
21. 11. 1945</td><td>Bulgarien, Frankreich, Großbritannien, Griechenland, Italien, Rumänien, Türkei, Sowjet-Union, Jugoslawien, Vereinigte Staaten</td><td>geöffnet</td><td>geöffnet</td><td>gesperrt, außer bei Einwilligung der Schwarzmeerstaaten oder der Vereinten Nationen</td><td>Türkei und Sicherheitsrat</td></tr>
<tr><td>Abänderungsvorschlag der Sowjet-Union
7. 8. 1946</td><td>Sowjet-Union, Rumänien, Bulgarien, Türkei</td><td>geöffnet</td><td>geöffnet</td><td>gesperrt, außer in besonderen Fällen</td><td>Türkei und Sowjet-Union</td></tr>
</table>

In [eckigen] Klammern stehen Bestimmungen, die in den betreffenden Abkommen nicht ausdrücklich erwähnt sind, sich jedoch als selbstverständlich voraussetzen lassen.

Die Übersicht ist abgedruckt in: Europa-Archiv 2 (1947), S. 991 f.

17.
Weltpolitische Schatten um eine unbekannte Frau
Ein Beitrag zum Anastasia-Problem

Am 29. März findet in Wiesbaden eine Verhandlung des Hamburger Landgerichtes statt, in der die Identität jener Frau geklärt werden soll, die mit ihrem bürgerlichen Namen Anderson heißt, jedoch von vielen als die Zarentochter Anastasia angesehen wird. Bekanntlich spielt in der Auseinandersetzung ihre Behauptung eine Rolle, daß sie im Jahre 1916 ihren Onkel, den Großherzog von Hessen, in Petersburg gesehen habe. – In der folgenden Untersuchung nimmt – mit neuen Aufschlüssen auch allgemeiner Art – der Historiker das Wort in dieser Sache, die so viel Aufsehen erregt.

»Nur ein König kann in diesem Tumult noch vermitteln«, sagte Wilhelm II. dem dänischen Staatsrat Andersen, der am 19. März 1915 im Auftrage Christian X. im deutschen Hauptquartier erschienen war, um eine Verbindung zwischen dem deutschen Kaiser und Zar Nikolaus II. herzustellen. Diese Worte monarchischer Solidarität waren nicht nur für den dänischen König, sondern auch für den Zaren bestimmt. Andersen war gerade in Zarskoje Selo gewesen, ehe er nun mit Bethmann Hollweg nach Charleville gekommen. Seine Aufzeichnungen über die Verhandlungen mit dem deutschen Reichskanzler und deutschen Kaiser liegen vor. Sie wurden von den Bolschewisten in den Privatakten des Zaren gefunden, zugleich mit einem statistischen Vergleich der Verluste der Kriegführenden, den Wilhelm II. persönlich angefertigt hatte. Die Zahlen sollten dem Zaren zeigen, daß es sich da um ein Verhältnis von 1:2,5 zu ungunsten der Ententemächte handelte. Ferner konnte Zar Nikolaus den Aufzeichnungen des dänischen Vermittlers entnehmen, daß der deutsche Kaiser einen *Weg zum Frieden* über »das gute Herz des Zaren« zu finden hoffe.

Aber die deutsche Reichsleitung spann nicht nur Fäden zum Zaren, sondern auch zu jenen russischen Kreisen, die unter der dämonischen Einwirkung des Wundertäters Rasputin die Entschlüsse des Zarenpaares beeinflußten. Und zwar hatte sich eine Österreicherin, eine Theosophin, die durch Heirat mit einem baltischen Baron russische Untertanin geworden war, an Albert Ballin, den Generaldirektor der HAPAG, mit dem Angebot gewandt, durch schwedische »Kuriere« die Verbindung mit der Vertrauten der Zarin, Anna Wyrubowa herzustellen. Diese Frau war fast

Aus der Wochenzeitung »Die Zeit«, Nr. 13, vom 27. März 1958.

täglich mit der Zarin zusammen; sie war es auch, die Rasputin am Hofe eingeführt hatte. Die westlichen Botschafter wunderten sich immer wieder, daß eine so kleinbürgerliche Frau, wie diese Wyrubowa, ein »so an Leib und Seele nichtssagendes Wesen«, eine solche Wirkung auf Rußlands Schicksal ausüben konnte. Denn wer die Zarin beeinflußte, dirigierte auch den Zaren. In dieser Ehe hatte die Frau zu sagen. »Der Kaiser herrscht, aber die Kaiserin regiert . . . unter der Eingebung Rasputins«, sagte später der Außenminister Sasonow, als er seine Entlassung erhielt, weil er sich erdreistet hatte, den »Teufel« in sein Heimatdorf zu verbannen. (Rasputin kehrte denn auch sogleich an den Hof zurück.)

Wieso aber war in dem Angebot an Ballin von »schwedischen Kurieren« die Rede? Nun, die Königin Viktoria von Schweden war eine Kusine des Prinzen Max von Baden. Sie hat Anfang Juli 1915 einen Briefwechsel zwischen diesem ihrem Vetter und der Zarin vermittelt und zwar – das ist nun allerdings frappierend – über die Wyrubowa! Ja, in einem Schreiben vom 16. Februar 1915 hatte schon König Gustav selbst dem Zaren angeboten, »in jedem Augenblick zu vermitteln, um dem schrecklichen Blutvergießen ein baldiges Ende zu machen«.

Nach alledem ist es verständlich, daß sich Bethmann Hollweg und das Auswärtige Amt für den Plan interessierten. Anstelle Ballins wurde der Publizist Ernst Jäckh zu Besprechungen nach Hollenkolmen bei Christiana und sodann nach Kopenhagen entsandt. Der Reichskanzler und sein Unterstaatssekretär Zimmermann bewilligten sogar 30 000 Kronen, die von den Theosophen (denn um diese Kreise handelte es sich ja) »zur Honorierung der Kuriere und anderer damit verbundener Ausgaben« angefordert wurden. Die Geschichte geht dann freilich reichlich ins Phantastische und bedarf noch quellenkritischer Untersuchung. Es sieht aber ganz danach aus, daß diese Theosophen Leuten zum Opfer gefallen sind, die sich auf diese Weise die Taschen füllen wollten.

Deutsche Fußangeln für den Zaren

Ein anderer Versuch des Auswärtigen Amtes, Friedensfühler nach Rußland auszustrecken, muß dagegen ernst genommen werden: Da war eine Hofdame der Zarin vom Kriegsausbruch in Österreich überrascht worden, »wohl die einzige Russin« – wie sie schrieb –, »die zu Ew. Majestät Zutritt hat und in Feindesland lebt«. Ihr Name war Maria Wassiltschikowa, und sie schlug dem Zaren vor, einen Beauftragten in ein neutrales Land zu schicken, um in Verhandlungen mit Vertretern der Mittelmächte die Dardanellenfrage im russischen Sinne zu lösen. Obgleich sie sich auf Beziehungen zu österreichischen und deutschen Diplomaten berief, wurden ihre Briefe, die sie an russische Politiker schrieb, in Petersburg als »reichlich naiv« angesehen; allerdings notierte Kriegsminister Suchomlimow in seinem Tagebuch »Fußangeln, die der deutsche Kaiser nach Seiner Majestät, dem Zaren, auslegt«. Immerhin wurde im russischen Außenministerium beschlossen, die Angebote der »Mascha« – wie sie im Briefwechsel des Zarenpaares genannt wird – »in gewissem Grade auszunutzen«. Und der Entwurf eines dann doch nicht abgesandten Antwortschreibens an Frau Wassiltschikowa verrät die Absicht, ein österreichisches Separatfriedensangebot hervorzulocken.

»Langer, lieber Brief von Erni«

Doch bald sollte sich zeigen, daß die deutschen Bemühungen – und die Briefe der Wassiltschikowa – einen ernsthaften Hintergrund hatten. Zwar versah der Zar in seinem Hauptquartier noch am 20. April 1915 einen Brief der Hofdame lediglich mit dem Vermerk: »Inhalt ist wie der vorige«, aber zehn Tage später hielt die Zarin in Zarskoje Selo ein ähnliches Schreiben in den Händen. Es kam aus Deutschland und empfahl eine Zusammenkunft deutscher und russischer »Vertrauensleute«. Absender war ihr Bruder, der Großherzog Ernst-Ludwig von Hessen-Darmstadt. Und in diesem »langen, lieben Brief von Erni« – von dem die Zarin ihrem Gatten am 30. April 1915 berichtete – bat dieser seinen Schwager, einen vertrauenswürdigen Mann nach Stockholm zu schicken, wo er mit einem deutschen Abgesandten zusammentreffen könne. Dieser war sogar schon abgereist, ja, er wartete – wie sich die Zarin ausrechnete – seit zwei Tagen in Stockholm. Es war dies der Kabinettsekretär des Großherzogs von Hessen, Dr. Kranzbühler.

In dieser Situation nahm die Zarin ihrem Mann die Entscheidung ab. Obgleich »Erni«, wie sie meint, »enttäuscht sein wird«, schreibt sie ihm einen Absagebrief und schickt dies Schreiben dem Abgesandten des Großherzogs nach Stockholm, und zwar auf demselben Wege, auf dem sie den Brief ihres Bruders empfangen hat: nämlich über»Daisy«, die schwedische Kronprinzessin Margarete, eine geborene Engländerin. Sie teilt ihm mit, daß der Zar noch nicht zurückgekehrt sei und daß der Abgesandte nicht länger warten solle. Die Zeit für Frieden sei noch nicht reif, wenn auch alle danach lechzten.

Es mag sein, daß der Vorstoß des Großherzogs seiner eigenen Initiative entsprang. Die Zarin jedenfalls versicherte ihrem Manne, daß Wilhelm II. nichts davon wisse. Sehr viel wahrscheinlicher ist aber, daß der Großherzog in Übereinstimmung mit dem Auswärtigen Amt gehandelt hat. Denn von jetzt ab fanden sich die *privaten* Beziehungen der russischen, nach Österreich verschlagenen Hofdame, die *verwandtschaftlichen* Bemühungen des Hessenhauses und die *amtlichen* Aktionen der Reichsregierung zusammen. In der ersten Maihälfte oder Ende April wurde die Wassiltschikowa »nach Berlin geholt«, wie sie sich dem Zaren gegenüber ausdrückte. In Frankfurt erhielt sie eine telephonische Einladung des Großherzogs von Hessen nach Wolfsgarten, wo er ihr von seiner Liebe zur Zarin und zum Zaren sprach und beteuerte, wie aufrichtig er den Frieden wünsche und wie er sich freue, daß Jagow sich zu einer Aussprache mit ihr entschlossen habe.

Denn es ist der deutsche Außenminister selbst, Staatssekretär v. Jagow, der sich fortan der Verbindung dieser Hofdame zum Zarenhofe bedient. Er persönlich instruiert Frau Wassiltschikowa darüber, was sie »als *seinen* Wunsch und mit *seinem* Wissen« dem Zaren schreiben solle. Vor allem versucht er dabei, den Zaren zu überzeugen, er könne sein Kriegsziel, die Dardanellen, eher auf seiten der Mittelmächte erreichen; England strebe doch selbst nach Einfluß in Konstantinopel ...

Dies teilt die Wassiltschikowa dem Zaren in einem langen Briefe vom 14. Mai mit, in dem sie sich sowohl auf Jagow wie auf den Großherzog von Hessen beruft. Daß Jagow gute Gründe hat, sich bei den Russen bemerkbar zu machen, enthüllen übrigens die deutschen Akten: Am 19. April hatte er durch den deutschen Botschafter in Konstantinopel »zum eventuellen Gebrauch« die Zusage der türkischen Regierung erhalten, Rußland wirtschaftliche und militärische Vorrechte in den Meerengen einzuräumen ...

Unter vier Augen mit Nikolaus

Ihren Höhepunkt erreichen die deutschen Angebote an Rußland aber in der zweiten Julihälfte 1915. Es ist gerade die *militärische* Führung, die den Reichskanzler drängt, »die momentan günstige Lage des Feldzuges gegen Rußland auszunutzen und den ernsthaften Versuch zu machen, zu einer Einstellung der Feindseligkeiten zwischen uns und Rußland zu gelangen« (Falkenhayn an Bethmann Hollweg am 3. Juni 1915).

Am 22. Juli 1915 traf der dänische Staatsrat Andersen den Zaren, und den Notizen, die Nikolaus über den Inhalt des Gesprächs – das anscheinend unter vier Augen stattfand – seinem Außenminister mitteilte, ist zu entnehmen, daß der Däne die Bereitschaft Bethmann Hollwegs und Jagows zu einem Sonderfrieden mit Rußland stark unterstrich. Gleichzeitig aber erhielt die russische Regierung auch ein weitreichendes Angebot der Deutschen zur Darnallenfrage und zur »Regulierung der Grenzen« in Osteuropa. Dies Angebot wurde dem Außenminister Sasonow über seinen Gesandten in Stockholm, Nekljudow, telegraphisch am 20. Juli und detailliert am 28. Juli übermittelt. Es ist die Niederschrift von Besprechungen, die ein »russisch-polnisch-halbjüdischer Kaufmann« in Malmö mit einem deutschen Privatmann geführt hat, mit dem Direktor der Deutschen Bank, Mankiewitz. Dieser aber war nicht nur Vertreter einer mächtigen deutschen Wirtschaftsgruppe, die an Beziehungen der deutschen Industrie mit dem an Bodenschätzen reichen Nachbarstaat Rußland interessiert war, sondern Mankiewitz brachte – wie der Gesandte Nekljudow seinem Zaren ausdrücklich berichtete – den Wunsch der deutschen Regierung zum Ausdruck, einen Sonderfrieden mit Rußland zu schließen.

Rußland lehnte stets ab

Es gibt eine ganze Reihe von Dokumenten dafür, daß die deutschen Sondierungen den führenden russischen Staatsmännern zugängig gemacht wurden. Freilich, beim Zaren blieb die Stimmung vorherrschend, daß er keinen Verrat gegenüber seinen Alliierten begehen dürfe. Die russischen Militärs erklärten, wie dies der Vertreter des Außenministeriums im Großen Hauptquartier, Fürst Kudaschew, nach einer Rücksprache mit dem Chef des Generalstabs, General Januschkewitsch, berichtet hat, daß es undenkbar sei, den Krieg mit einem Mißerfolg zu beenden. Und nach einer äußerst deutschfeindlichen Debatte in der Duma bestätigte schließlich ein Ministerrat unter dem Vorsitz des Zaren den schon früher gefaßten Entschluß, es sollte auf keineerlei Friedensvorschläge überhaupt geantwortet werden, ehe nicht ein endgültiger Sieg errungen sei. Bethmann Hollweg hatte die Situation richtig charakterisiert, als er am 30. Juli der Obersten Heeresleitung mitteilte, daß er zwar seit Monaten fortgesetzt eingehend die Frage prüfe, ob Rußland zu einem Sonderfrieden mit Deutschland geneigt sei, daß die russische Regierung jedoch stets in ablehnendem Sinne geantwortet habe, obwohl sie darüber orientiert worden sei, daß Deutschland sich mit billigen Bedingungen abfinden würde.

All diese Vorgänge wollen betrachtet und berücksichtigt werden, wenn es gilt, die Identität jener Frau zu klären, die sich Anastasia von Rußland nennt. Die Frage ist dabei, ob außer den hier angeführten Friedensfühlern der deutschen Regierung, die durch die Vermittlung des dänischen Abgesandten Andersen und seines Königs, durch Hilfe des schwedischen Königspaares, durch die Bereitschaft der Wassiltschikowa, durch den Versuch der Theosophen und die Gespräche des Bankdirektors Mankiewitz erfolgten, noch weitere Bemühungen des Großherzogs von Hessen stattfanden, nachdem seine Schwester ihm am 30. April 1915 den Absagebrief geschrieben hatte. Denn Frau Anastasia-Anderson hat bekanntlich angegeben, daß sie ihren Onkel *zuletzt im Jahre 1916 in Petersburg* gesehen habe . . .

War der Großherzog in Petersburg?

Es ist fast zu einem zentralen Problem im Streit der Parteien geworden, ob der Großherzog tatsächlich mitten im Weltkriege eine Reise nach Rußland unternommen hat oder nicht. Und in der Tat: Sollte dies der Fall sein, so spräche es wesentlich für die Glaubwürdigkeit der Frau Anderson. Schon hörte man von Zeugnissen, daß der Großherzog in Rußland und auf dem Wege dorthin, in Finnland, gesehen worden sei, oder daß ein russischer Diplomat in Oslo vom Zustandekommen einer solchen Reise gesprochen habe. Man weiß auch, daß die Kronprinzessin Cäcilie 1953 eine Erklärung unterzeichnet hat – und zwar mit Berufung auf Wilhelm II. –, daß in ihren Kreisen schon damals dieser Besuch bekannt gewesen sei. Aber dies alles sind Aussagen dritter Personen und fordern schon durch ihre Formulierung zu einer methodischen Kritik heraus. Großherzog Ernst Ludwig wiederum hat sich bis zu seinem Tode im Jahre 1938 nicht dazu verstehen können, eine Erklärung abzugeben. Er hat immer nur durch den Chef seiner Vermögensverwaltung, Graf Hardenberg, sagen lassen, daß er als deutscher General selbstverständlich niemals im Kriege Gast des Zaren in Rußland gewesen sei. Auch liegen von seinem Flügeladjutanten aus der Zeit des Ersten Weltkrieges, v. Massenbach, Erklärungen vor mit der Wiedergabe von Eintragungen in Dienst- und Tagebüchern seit dem 1. Januar 1916, nach denen der Großherzog in der fraglichen Zeit unmöglich nach Rußland gefahren sein kann. Vor allem aber gibt es eine Auskunft des hessischen Staatsarchivs folgenden Inhalts: Nach amtlichen Unterlagen der hessischen Landesregierung und des hessischen Staatsarchivs ergeben sich »keine Anhaltspunkte dafür, daß der vormalige Großherzog Ernst Ludwig von Hessen während des Weltkrieges im Jahre 1916 in Rußland, insbesondere in Zarskoje Selo, gewesen sein könnte«.

Darf man sich aber an das Jahr 1916 klammern? Chronologische Irrtümer in den Jahreszahlen sind in der Erinnerung häufig und verständlich. Es geht vielmehr darum, ob überhaupt während des Krieges ein Aufenthalt des Großherzogs in Rußland nachgewiesen werden kann.

Und da wird nun eine Zeitungsnotiz wichtig, die den Prozeßparteien in den nun schon mehr als drei Jahrzehnte andauernden Untersuchungen bisher entgangen ist: Unter der Überschrift »Der Großherzog von Hessen-Darmstadt in Petersburg« brachte das ›Journal de Genève‹ vom 11. Juli 1915 eine Meldung eines Korrespondenten aus Paris, die in der Übersetzung folgendermaßen lautet:

»Ich kann Ihnen heute ausdrücklich bestätigen, daß der Großherzog von Hessen, Bruder der russischen Zarin, in Petersburg eingetroffen ist. Es ist mir natürlich nicht möglich zu bekräftigen (affirmer), daß seine Mission in Verbindung steht mit einem Sonderfriedensprojekt.«

Versucht man, diese Meldung auf ihre Glaubwürdigkeit hin zu prüfen, so besagt es nichts, daß der russische Botschafter in Paris, Iswolski, sich vom Außenministerium anweisen ließ, diese »Lügennachricht« kategorisch zu dementieren. Man wird vielmehr fragen müssen, ob es jemanden gab, der daran interessiert sein konnte, sie zu lancieren.

Ende Juni war in Petersburg Paléologue, der französische Diplomat und Schriftsteller, der damals Botschafter seines Landes in Rußland war, bemüht, Gerüchten über deutsch-russische Sonderfriedensverhandlungen nachzugehen. Er versuchte, durch Mittelsmänner die Zarin aushorchen zu lassen. Diese gab (am 27. Juni) ostentativ zur Antwort, daß Rußland nicht an Frieden denken könne, weil dies eine Revolution hervorrufen würde – eine Auffassung, in der sie vom Zaren bestätigt wurde, und für die sich Paléologue zwei Tage darauf in feierlichen Worten bedankt mit der Versicherung, daß er von nun an das Recht habe, Ungläubigen gegenüber zu erklären: »Ich glaube nicht nur, ich *weiß* auch!« (Nämlich, daß keine Separatfriedensverhandlungen geführt würden.)

Paléologue erzählt in seinen Tagebüchern aber auch von Unruhen, die deshalb entstanden, weil das Volk in der Zarin eine Deutsche sah, der man mißtrauen müsse. Es wurde die Übertragung der Krone an Großfürst Nikolaus und der Galgen für Rasputin gefordert, die Zarin aber sollte in ein Kloster eingesperrt werden. Stürmische Kundgebungen fanden insbesondere vor *einem* Kloster in Moskau statt, dessen Äbtissin die *Schwester der Zarin* war, die Großfürstin Elisabeth Feodorowna: »Denn das Volk« – so notierte Paléologue – »ist schon lange überzeugt, daß sie eine deutsche Spionin sei, ja sogar, daß sie ihren Bruder, den Großherzog von Hessen, in ihrem Kloster beherberge!«

War es eine Verwechslung?

Aber was war das nun wieder für ein Gerücht, das dort in Moskau verbreitet wurde? Nun, das Argument, daß der Großherzog von Hessen als deutscher General seinen Posten nicht verlassen konnte, dürfte damit entfallen, daß – wie wir hörten – gerade die Oberste Heeresleitung damals auf Sonderfrieden mit Rußland drängte. Auch der Großfürstin Elisabeth, die – nachdem ihr Mann einem nihilistischen Attentat zum Opfer gefallen war – sich christlich-humanitären Aufgaben widmete, wäre es schon zuzutrauen, daß sie sich als Äbtissin in den Dienst des Friedens gestellt hatte. Aber wäre es nicht sehr schwierig für sie, die schon bald nach Kriegsausbruch verdächtigt wurde, gewesen, mit den Deutschen in geheimem Briefwechsel zu stehen, ihren Bruder, einen *deutschen* Fürsten und Offizier, zu beherbergen, noch dazu in Moskau, das seit Jahrhunderten die Hochburg des orthodoxen Slawismus und nationaler Leidenschaften war?

Ist es nicht möglich, daß zuerst ein solches Gerücht von der Anwesenheit des Großherzogs in Moskau verbreitet war, und daß es dann auch Leute gegeben hat, die den Bruder der Alexandra und Elisabeth in dieser oder jener vermummten Gestalt *erkannt zu haben glaubten*?

Es gibt aber auch eine zweite Möglichkeit einer Erklärung der Zeitungsmeldung vom 11. Juli: Am 8. Juli nämlich hatte die Zarin einen Amerikaner vom Christlichen Verein Junger Männer empfangen, der sowohl die russischen Kriegsgefangenenlager in Deutschland wie die Lager der deutschen Gefangenen in Rußland besucht hatte und am nächsten Tage wieder nach Deutschland fuhr. Die Zarin hat ihm eine Menge Papiere mitgegeben und ihn besonders beauftragt, den Prinzen Max von Baden aufzusuchen. Sollte dieser Amerikaner, der wieder nach Deutschland reiste und bei der Zarin in Zarskoje Selo war, für ihren deutschen Bruder gehalten worden sein?

Nachspiel der Friedensfühler

Übrigens, es gab noch ein Nachspiel der deutschen Friedensfühler von 1915, an dem wiederum der Großherzog von Hessen erheblich beteiligt war. Ende Dezember 1915 erschien Maria Wassiltschikowa tatsächlich in Petersburg. Sie wurde auf ihrer Durchreise in Stockholm vom russischen Botschafter offiziell betreut und erzählte ihm von Gesprächen mit dem Großherzog. Sie wurde von Sasonow empfangen. Man weiß ferner, daß sie mehrmals bei der Zarin war. Sie brachte Briefe des hessischen Großherzogs und – nach Sasonows Schilderung – auch noch ein politisches Memorandum mit, das ihr der Großherzog diktiert habe. Der Innenminister Chwostow, der – und dies höchstpersönlich – in ihrem Hotelzimmer Haussuchung hielt, soll neben einem Brief an die Äbtissin Elisabeth auch Hinweise auf einen Besuch bei Wilhelm II., und Weisungen Bethmann Hollwegs und einen Brief Kaiser Franz Josephs gefunden haben. Tatsächlich unternahm man damals in Berlin einen neuen Versuch zu einem Sonderfrieden.

Wiederum nach Sasonows Schilderung hat aber der Zar die Briefe, ohne sie zu lesen, auf den Schreibtisch geworfen, das Memorandum seines Schwagers studiert und dann unter Entrüstungsrufen den Befehl gegeben, die Wassiltschikowa in einem Kloster zu internieren ...

Frau Anderson und Anastasia »personengleich«?

Was sagt dies alles für den »Anastasia-Prozeß« aus? –

Dem Historiker geht es stets nur darum, die Zusammenhänge der Ereignisse und die Motive und Ziele der geschichtlich wirksamer Persönlichkeiten zu ermitteln. Aktuelle Auseinandersetzungen geben ihm zwar oft die Impulse, diesem oder jenem Ereignis der Vergangenheit nachzuspüren. Aber mit seinen Erkenntnissen will und darf der Historiker weder Verteidiger sein noch Staatsanwalt oder gar Richter. Um so mehr ist es ihm eine elementare Aufgabe, zur Klärung aktueller Probleme beizutragen – im politischen Leben wie auch in manchem, was sonst die Öffentlichkeit bewegt.

Meine Untersuchung dürfte gezeigt haben, wie sehr der deutschen Regierung im ersten Kriegsjahr daran gelegen war, mit dem zaristischen Rußland einen Sonderfrieden abzuschließen. Dabei hatte der Großherzog von Hessen-Darmstadt einen besonderen Anteil. Es ist ihm in dem Streit um die Identität der Prinzessin Anastasia vorgeworfen worden, daß er die behauptete Reise nach Rußland nur deshalb abgestritten habe, weil er nicht in den Verdacht landesverräterischer oder gar separatistischer Umtriebe geraten wollte. Aber dieses argumentum e silentio dürfte im Falle des hessischen Großherzogs damit erledigt sein, daß erstens seine Bemühungen um den Frieden gar nicht abzustreiten sind und daß vor allem – wie wir sahen – damals fast jedermann, der etwas in der Außenpolitik zu sagen hatte, um einen Sonderfrieden mit den Russen bemüht war: Kaiser Wilhelm II., der deutsche Reichskanzler, sein Außenminister, die Oberste Heeresleitung, der österreichische Generalstabschef, aber auch Männer der Wirtschaft wie Ballin und Mankiewitz. Später waren es Stinnes und Warburg: und von Anfang an war es Großadmiral v. Tirpitz.

Die Aktionen erhielten – wie bekannt – ihre pikante Fortsetzung, als die deutsche Regierung im April 1917 Lenin nach Rußland schickte und alsobald die bolschewistischen Revolutionäre mit Geld versorgten, damit sie die Regierung der Februar-Revolution beseitigten, die – am Bündnis mit der Entente festhaltend – den Krieg gegen Deutschland fortsetzt. Es war jene liberale Opposition, gegen die die Zarin und Rasputin angekämpft hatten ...

Inmitten dieser Schicksalsfragen der Weltgeschichte steht nun ein persönliches Problem, das heute die Öffentlichkeit bewegt: die Frage, ob »zwei Menschen« – wie das Fachwort heißt – »personengleich« sind: jene unglückliche Unbekannte, von der der Berliner Polizeibericht am 16. Juni 1920 meldete, daß sie »in selbstmörderischer Absicht in den Landwehrkanal sprang« und nach der Rettung durch einen Polizeiwachtmeister jegliche Auskünft über ihre Person oder die Motive der Tat verweigerte. Und dem gegenüber die Zarentochter, die zu den Unglücklichen gehört, die in der Nacht vom 16. zum 17. Juli 1918 in Jekaterinenburg von den Schüssen, Bajonettstichen oder Kolbenhieben des bolschewistischen Exekutionskommandos getroffen wurden ...

18.
Ein Gutachten im Anastasia-Prozeß

Hanseatisches Oberlandesgericht

2 U 70/65

Hamburg, den 22. November 1965

Gegenwärtig:

1. Senatspräsident
 Dr. Petersen als Vorsitzender,
2. Oberlandesgerichtsrat Bätge,
3. Oberlandesgerichtsrat Pruss als Beisitzer, Justizangestellte Busch als Urkundsbeamtin der Geschäftsstelle.

Öffentliche Sitzung

In dem Rechtsstreit Anderson gegen Herzogin zu Mecklenburg
Nebenintervenient:
Prinz Ludwig von Hessen und bei Rhein
erscheinen bei Aufruf
Rechtsanwalt Carl-August Wollmann für die Klägerin
mit dem Generalbevollmächtigten der Klägerin,
Prinz Friedrich Ernst von Sachsen-Altenburg,
Rechtsanwalt Dr. G. v. Berenberg-Gossler
für die Beklagte und den Nebenintervenienten,
der sachverständige Zeuge Prof. Zechlin.

Der sachverständige Zeuge Prof. Zechlin wird auf seine Zeugenpflichten hingewiesen und sodann wie folgt gehört:

Zur Person:

Egmont Friedrich Johann Georg *Zechlin*, geboren am 27. Juni 1896, ordentlicher Professor an der Universität Hamburg für mittlere und neuere Geschichte, mit den Parteien nicht verwandt und nicht verschwägert.

Die Prozeßbevollmächtigten beider Parteien erklären sich damit einverstanden, daß die Sachausführungen des sachverständigen Zeugen von einem im Gerichtssaal befindlichen Tonbandgerät aufgenommen werden und daß die sich aus diesem Tonbandgerät ergebende Übertragung als Grundlage für den Rechtsstreit benutzt werden soll. Die Parteien verzichten insoweit auf eine unmittelbare Protokollierung der Aussagen.

Der sachverständige Zeuge macht seine Ausführungen. Die Übertragung vom Tonbandgerät ist dem Protokoll als Anlage beigefügt.

Der sachverständige Zeuge überreicht dem Senat die Anlagen 4, 5, 6, 8 und 9 zu seinen mündlichen Ausführungen. Die gleichen Anlagen sind dem Prozeßbevollmächtigten der Klägerin ausgehändigt worden.

Der Prozeßbevollmächtigte der Beklagten beantragt die Beeidigung des sachverständigen Zeugen Prof. Zechlin. Der Prozeßbevollmächtigte der Klägerin widerspricht diesem Antrag.

Die Parteien erklären sich damit einverstanden, daß die Entscheidung über diese Anträge einstweilen ausgesetzt wird.

Der sachverständige Zeuge Prof. Zechlin macht folgende Ausführungen:

Herr Senatspräsident!

Die Frage, ob der Großherzog Ernst Ludwig von Hessen im Ersten Weltkrieg nach Zarskoje Selo gereist ist, gehört zu dem großen Problemkreis der deutschen Friedensbemühungen, insbesondere der Versuche, Rußland zu einem Sonderfrieden, d. h. zum Abfall von den Alliierten zu veranlassen. Es versteht sich, daß es weder möglich noch angebracht ist, auch nur diese Sonderfriedenspolitik hier zu schildern, bereits das ist ein zu vielfältiger Komplex. Auch ist es ja meine Aufgabe, nur das vorzubringen, was zur Beantwortung der Frage dienen könnte, ob nach Aussage der Frau Anderson, objektiv ausgedrückt, die Zarentochter Anastasia, ihren Onkel im Winter 1916 in Zarskoje Selo gesehen haben kann. Dennoch wird es zweckmäßig sein, wenigstens in kurzen Strichen, und so habe ich mein Referat aufgebaut, erstens zu berichten, welche Tatsachen sich über die Kontakte des Großherzogs zum Zarenpaar während des Krieges ermitteln lassen, zweitens Meldungen aufzuführen, nach denen er in Rußland gesehen worden sei und dann drittens zu untersuchen, ob er wirklich dagewesen sein kann.

Zuerst also über die Kontakte, ihre Form, ihren Zweck und etwa die politische Rolle, die der Großherzog in der deutschen Sonderfriedenspolitik gehabt hat. Hierfür, für die Sonderfriedenspolitik, hat das Auswärtige Amt im Laufe des Krieges eine ganze Reihe von Persönlichkeiten benutzt, um Verbindungen mit reichen oder sogar entscheidungsbestimmenden Kreisen in Rußland zu bekommen, Bankiers, Kaufleute, Journalisten. Bisweilen erlag man auch Scharlatanen, die es verstanden, ihre Dienste anzubieten, um dann dem Staatssekretär oder gar dem Reichskanzler große Geldsummen zu entlocken. Einmal beklagte sich Bethmann Hollweg auch, daß Leute unter Vorspiegelung eines amtlichen Auftrages Friedensangebote in Petersburg gemacht hätten. Unsere Frage nun, ob der Großherzog von Hessen im Ersten Weltkrieg nach Rußland gereist ist oder nicht, weist auf einen weiteren Weg hin, auf dem man zu einem Sonderfrieden mit Rußland zu gelangen suchte, nämlich auf den Versuch, wie es immer wieder in den Akten heißt, auf das gute Herz des Zaren einzuwirken. Und hierfür war man nun bemüht, die verwandtschaftlichen Beziehungen, und zwar sowohl neutraler Fürstenhöfe wie aber ganz besonders der deutschen Fürstenhäuser zu den Romanows auszunutzen. Da war es natürlich, daß man da ganz besonders zurückgriff auf den Großherzog Ernst-Ludwig von Hessen, dessen Schwester ja die Zarin Alexandra Feodorowna war. Die geschwisterliche Verbindung ist immer sehr eng gewesen. Wenn das Zarenpaar nach Deutschland kam, z. B. zur Potsdamer Konferenz, hat es immer einige Tage in Wolfsgarten verbracht, und noch unmittelbar vor Kriegsausbruch hat der frühere russische Ministerpräsident Witte der deutschen Regierung geraten, den Großherzog von Hessen an seine Schwester schreiben zu lassen und zur Rettung des Friedens eine Zusammenkunft zwischen Wilhelm II. und dem Zaren herbeizuführen, und sogar noch nach der russischen Mobilmachung schickte die Zarin ihrem Bruder ein Telegramm nach Wolfsgarten.

Bevor ich nun schildere, welche Kontakte zwischen dem Großherzog und seiner Schwester im Ersten Weltkrieg bestanden, und welche Rolle der Großherzog Ernst-Ludwig dabei spielte, um dann das Problem zu behandeln, ob er dabei in Petrowgrad gewesen ist, muß ich wohl über das Material sprechen, das meiner Untersuchung zugrunde liegt. Über die Literatur brauche ich mich wohl hier nicht zu verbreiten, weil das, was ich zu sagen habe und auch das, was ich darüber publiziert habe, in der Hauptsache auf unveröffentlichten Quellen beruht, so daß also die Darstellung der Literatur meiner Ansicht nach zu diesem Thema überholt ist. Da sind vor allem die deutschen politischen Akten aus dem Ersten Weltkrieg. Diese waren nämlich im Gegensatz zu den militärischen Akten, die inzwischen verbrannt sind, der Forschung bis lange nach dem Zweiten Weltkrieg verschlossen. Es handelt sich da einmal um die Akten des politischen Archivs des Auswärtigen Amtes, die 1945 von den Alliierten in Berlin erbeutet wurden und seit ihrer Rückgabe 1958 im Bonner Auswärtigen Amt benutzt werden können. Es handelt sich zum anderen um solches Material, das während des Krieges in der Sowjetzone ausgelagert war, das sind vor allem die Akten der Reichsministerien, dann die Akten der Reichskanzlei und der Preußischen Ministerien, die also heute im deutschen Zentralarchiv in Potsdam und in Merseburg benutzt werden können. Dazu kommt nun, was an Nachlässen vor allen Dingen im Bundesarchiv Koblenz liegt und dann in den Landesarchiven in München und Karlsruhe. Auch hier bietet sich in den Berichten der Gesandten aus Darmstadt doch allerlei Stoff zu unserem Thema. Ich habe auch Meldungen über das Problem einer Reise des Großherzogs nach Rußland gefunden in den Akten des Haus-, Hof- und Staatsarchivs in Wien; dieses Archiv habe ich auch benutzt. Und dazu kommen dann Nachlässe, die sich eben in Privatbesitz befinden, so der des Prinzen Max von Baden, des späteren Reichskanzlers, in Salem, und eben natürlich vor allem für diesen Fall der Nachlaß des Großherzogs Ernst Ludwig selbst in Wolfsgarten. Die russischen Akten liegen in einer autorisierten deutschen Übersetzung vor für die Monate bis Herbst 1915, und was nicht übersetzt ist, besitze ich in Mikrofilmen, das geht etwa bis Anfang 1916. Und natürlich ist eine primäre Quelle, die dem Gericht ja bekannt ist, der Briefwechsel des Zarenpaares. Da gibt es mehrere verschiedene Ausgaben. Die deutsche Übersetzung, die hier benutzt wird, ist in der Übersetzung korrekt, aber unvollständig. Nun wäre es ein kaum durchführbares Unterfangen, diese Akten lediglich zu dem Zwecke der hier zur Diskussion stehenden Frage durchforschen zu wollen. Die hierfür interessanten Aktenstücke sind überall verstreut. Aber dadurch, daß ich mich überhaupt mit der deutschen Politik im Ersten Weltkrieg befasse, ist es mir möglich gewesen, auch hier aufzupassen. Ich darf also wohl sagen, daß insofern ein Maximum an wichtiger Forschungsarbeit hier auf diese Weise geleistet werden konnte.

Nun aber zum ersten Teil meiner Darlegungen: Stand der Großherzog während des Krieges mit seiner Schwester und seinem Schwager in Verbindung, wenn ja, in welcher Form, zu welchem Zwecke? Diese Frage ist zunächst einmal zu bantworten und dann an diejenige heranzugehen, ob er zu diesem Zwecke nach Rußland gefahren ist. Die Bemühungen der deutschen Regierung, auf dem Wege der dynastischen Verwandtschaften eine Verbindung zum Zaren aufzunehmen, setzen ein im November 1914, nämlich unmittelbar, nach dem am 18. November 1914 der Chef des Generalstabes von Falkenhayn und der Reichskanzler von Bethmann Hollweg zu der Einsicht gekommen waren, daß, wie es in einem Schreiben Bethmann Hollwegs heißt, die Mittelmächte keinem ihrer Gegner ganz Herr werden können, d. h. ihre militärische Niederwerfung ausgeschlossen sei. Und deshalb sollte nun versucht werden, Frankreich oder Rußland für einen Sonderfrieden zu gewinnen. Nun ist also zunächst versucht worden, auf diese Weise mit dem Zaren ins Gespräch zu kommen über das dänische und über das schwedische Königshaus. Ein Vertrauensmann König Christians von Dänemark ist dann die ganze Zeit bis zur russischen Revolution zwischen dem deutschen Hauptquartier und Audienzen bei Wilhelm II., dem König von England und dem russischen Zaren, jeweils war auch der Reichskanzler dabei bei den Verhandlungen mit Deutschland, hin- und hergereist zwischen Berlin und London und Petersburg. Erst am 17. April 1915 wurde der Großherzog von Hessen zum Staatssekretär Jagow nach Berlin gebeten, um nun seiner Schwester einen Brief zu schicken, den Jagow entworfen hat, der nun beginnend mit Privatnachrichten mit dem Vorschlag endete, daß der Zar einen Vertrauensmann nach Stockholm schicken solle, um dort mit einem Vertrauensmann des Großherzogs zusammenzukommen. Hierfür wurde der frühere Kabinettssekretär des Großherzogs, Dr. Kranzmüller, schon vorher von der Militärverwaltung aus Belgien vom Auswärtigen Amt angefordert und wurde nun also nach Stockholm geschickt, um auf den durch den Brief des Großherzogs angeforderten Vertrauensmann des Zaren zu warten. Aber noch am gleichen Tage, an dem die Zarin den Brief des Bruders erhalten hat, am 30. April, schrieb sie, den abwesenden Zaren darüber verständigend, ihrem Bruder einen Absagebrief. Dieser Brief ist im Nachlaß des Großherzogs in Wolfsgarten erhalten. Darin wird also der Friedensgedanke völlig abgelehnt und geradezu herausgestellt, daß man in Rußland vielmehr von Siegeszuversicht erfüllt sei. Im Juni/Juli 1915 versuchte dann das Auswärtige Amt von neuem durch eine Briefaktion, an der gleich drei deutsche Dynastien beteiligt waren, auf den Zaren einzuwirken, einmal durch die Herzogin von Coburg-Gotha, die eine geborene russische Großfürstin war und die nun nach Notizen des Staatssekretärs Jagow einen Brief schrieb; als russische Patriotin sollte sie schreiben, was ihr aufgegeben worden. Und, da der Großherzog von Hessen nach der Absage vom April schlecht selbst noch einmal an die Zarin schreiben konnte, hatte man sich was Besonderes ausgedacht, nämlich die Großbadische Großherzogin Luise schrieb einen Brief an den Großherzog von Hessen. In diesem Brief waren die gemeinsamen Empfindungen ausgedrückt, die sie über diesen friedliebenden Zaren hätten (Haager Schiedsgericht und solche Sachen). Und nun bekam der Großherzog von Hessen den Auftrag und hat es auch getan – er war damals an der Front –, diesen Brief seiner Tante an seine Schwester zu schicken. Er hat dies mit ziemlicher Skepsis getan. Den Gedankengang für diesen Brief hat Kaiser Wilhelm II. selbst ausgearbeitet, wie überhaupt für jede der Aktionen immer davor die Genehmigung des deutschen Kaisers eingeholt worden ist, immer durch den Reichskanzler, da, so schrieb Jagow, es doch nicht für gangbar zu erachten sei, daß ein deutscher Bundesfürst in der jetzigen Lage ohne Wissen Seiner Majestät an die Zarin schreibe. Es ging dieses Mal vor allem darum, dem Zaren klarzumachen, daß er nicht von seinen fürstlichen Standesgenossen als Verräter angesehen würde, wenn er etwa seine Alliierten verraten und die Londoner Verträge brechen würde. Außerdem hatte Kaiser Wilhelm II. darauf Wert gelegt, daß in diesem Brief stände, daß die Gesinnung ihres (also der Großherzogin Luise) Neffen Wilhelm die sichere Bürgschaft dafür böte, daß das Wort Menschlichkeit und christliche Nächstenliebe bei ihm entsprechenden Widerhall finden würde. Für das Schicksal des gesamten Briefwechsels jener Wochen gilt, was dann über Schweden nach Karlsruhe mitgeteilt wurde und am 12. August 1915 dem Auswärtigen Amt weitergegeben wurde, daß der nach Petrowgrad mitgeteilte Brief nicht den erhofften Eindruck gemacht habe.

Lassen Sie mich nun der Kürze halber nur erwähnen, daß im Oktober neue Briefaktionen gingen. Einmal hatte der Herzog Albrecht von Mecklenburg an seinen Neffen, den Großfürsten Kyrill zu schreiben (im Auftrage des Auswärtigen Amtes) und dann der Hofmarschall von Oldenburg an seinen Kollegen, den Hofmeister des Zaren, Graf Frederik. Die Reaktion dieser Aktion läßt sich überall nachlesen in den russischen Akten bzw. den Memoiren.

Und nun die schwerste Attacke, die das Auswärtige Amt mit Hilfe des Großherzogs von Hessen auf den Zaren gemacht hat: Im Dezember 1915 die Mission der Wassiltschikowa, einer Hofdame der Zarin, die auch vorher Hofdame bei der Großfürstin Elisabeth in Moskau, einer anderen Schwester des Großherzogs, gewesen war, und die nun vom Kriegsausbruch in Österreich überrascht worden war und schon seit März in Briefen an den Zaren geschrieben hatte. Sie überbrachte – sie wurde extra nach Berlin geholt, sie hatte einen Begleiter, den Prinzen von Isenburg-Birstein, der ihr alle Wege geöffnet hat – am 18. Dezember 1915 (das kann man ausführlich auch in den russischen Akten nachlesen) in Petersburg dem Außenminister Sasonow Briefe des Großherzogs für das Zarenpaar sowie eine Denkschrift, die sie – so hat sie es dem russischen Außenminister vorgetragen – aufgrund eines Gespräches mit dem Großherzog von Hessen verfaßt habe (in einem sehr schlechten, komischen Französisch abgefaßt), an der aber nun das Auswärtige Amt beteiligt war. Sasonow hat später überall verbreitet, daß die Denkschrift im Beisein des Prinzen Heinrich und des Reichskanzlers in Gegenwart des Kaiser Wilhelms aufgesetzt worden sei. In diesem Memorandum flehte nun Ernst Ludwig den Zaren als seinen Verwandten an, den früheren russischen Gesandten in Darmstadt, van der Vlieth, der jetzt Ministerialdirektor im Auswärtigen Amte in Petersburg war, wie es heißt, nach Darmstadt oder irgendwohin auf deutsches Gebiet zu schicken, wo ihn der Großherzog von Hessen sogleich zu treffen versuchen würde, um vom Frieden zu sprechen. Der Ausgang dieser Aktion, die sich in allen Einzelheiten rekonstruieren läßt, war nun eine so brüske Ablehnung, wie sie in dieser schroffen Form bisher noch nicht dagewesen war; und schon dies – das darf ich vielleicht zur Diskussion hier gleich sagen – macht es unwahrscheinlich, daß sich der Großherzog danach noch persönlich nach Petersburg begeben haben sollte. Nicht nur lehnte Sasonow die speziellen Vorschläge des Memorandums ab, sondern überhaupt rundweg, daß unter den bestehenden Verhältnissen vom Frieden gesprochen werden könne. Nach Sasonows Schilderung, wie er sie wohl mit dramatischer Zuspitzung den Botschaftern der Entente gegeben hat, habe der Zar die Briefe des Großherzogs ungelesen auf den Schreibtisch geworfen und das Memorandum ein Gewebe von Hinterlist und Lüge genannt. Und da die ebenso robuste wie unerschrockene Hofdame nicht Ruhe gab und überall jedem, der es wissen und nicht wissen wollte, von ihrer Idee eines deutsch-russischen Friedens erzählte und dann schließlich auch noch bei einer Haussuchung Listen mit Persönlichkeiten gefunden wurden, die ihr dabei helfen sollten, wurde die ganze Angelegenheit zu einem politischen Skandal; und zwar nicht nur in der Petersburger Gesellschaft, sondern auch in der Öffentlichkeit, in Zeitungsartikeln, ja selbst in der Budgetkommission der Duma kam sie als eine staatsgefährliche Angelegenheit zur Sprache. Die deutsche Postüberwachungsstelle hat allerlei Berichte des niederländischen Gesandten aus Petersburg abgefangen, in der das in allen Einzelheiten geschildert ist, wie man sich, wie es hieß, von diesem Scheusal, der Wassiltschikowa, distanzierte. Alle Verwandten haben sich von ihr distanziert. Nun, Leidtragender der Angelegenheit war die Zarenfamilie. Es nützte dem Zaren nichts, daß er sich überall von der Wassiltschikowa als einer Verrückten und elenden Intrigantin distanzierte und ihr den Rang einer Hofdame aberkannte. Sie wurde auf ihre Güter verbannt. Von den Ententebotschaftern wurde gesagt, sie wäre in ein Kloster gesperrt worden. Das Mißtrauen gegen die deutsche Zarin, die übrigens in Wirklichkeit keineswegs eine deutsche Patriotin gewesen ist, sondern nur eine hessische, steigerte sich bis zu dem Gerücht, daß sie in ihrem Palast eine drahtlose Station habe, mit der sie in dauernder Verbindung mit Wilhelm II. stände. Und außerdem kann man aus englischen Quellen ersehen, daß nunmehr die Zarin insgeheim überwacht wurde, ich weiß nicht, ob durch den Secret Service oder durch andere Leute, jedenfalls hat der Botschafter Buchanan sie von da an überhaupt überwacht. Kompromittiert war vor allem aber nun auch der Großherzog. Nicht nur machte er sich Gewissensbisse, daß er nun seiner Schwester so geschadet habe, nun war er ja selbst vor den fürstlichen Standesgenossen Europas entlarvt als ein Mann, der unter dem Schein brüderlicher Anhänglichkeit die Geschäfte des deutschen Kaisers besorge, um den Zaren mit seinen Alliierten zu entzweien, und der nun auch noch den eigenen Bundesgenossen Österreich-Ungarn hintergangen habe. Denn die, die die ganze Angelegenheit angestiftet hatten, das Auswärtige Amt, die distanzierten sich. Meine Vorgesetzten stehen auf dem Standpunkt – so schrieb der Prinz Isenburg, der

Sachbearbeiter dieser Dinge, über den die ganzen Sachen liefen –, daß sie von der ganzen Reise Maschas nichts gewußt hätten, sondern, schreibt Isenburg dazu, »einer alten Freundin den Gefallen tun wollten, daß sie nach dem Tode ihrer Mutter Gelegenheit finde, die Privatsachen in Rußland im Auge zu behalten. Ja, das Auswärtige Amt verlangte nun vom Großherzog, daß er einen Entschuldigungsbrief an den Kaiser von Österreich schicke. Ein Entwurf hierfür, von seiner Hand mit Bleistift geschrieben, ist erhalten; er bricht bei den Worten ab, »diesen Plan habe ich allein ausgeführt und sie – die Wassiltschikowa – unter der Hand nach Rußland expediert«. Hier stockte der Briefschreiber und machte den Vermerk: »Nicht abgesandt.«

In Berlin in den folgenden Jahren hat man trotzdem nicht abgelassen, also im Jahre 1916 nunmehr, die verwandtschaftlichen Beziehungen deutscher Fürstenhäuser zur Zarenfamilie einzusetzen, aber man griff nun auf andere Persönlichkeiten zurück, vor allen Dingen auf den Prinzen Max von Baden, der im Dienste der internationalen Kriegsfürsorge stehend, immer wieder Gelegenheit hatte, nach Stockholm zu fahren und auch dem dabei tätigen Herrn vom YMCA ein paar Briefe mitzugeben an den Zaren. Es wird auch auf die Herzogin von Coburg-Gotha zurückgegriffen, auch auf die Oldenburger, die ja auch einem russischen Geschlecht gleichen Namens entsprachen. Was nun aber den Großherzog von Hessen betrifft, so gilt, was der bayerische Gesandte am 15. April 1916 aus Karlsruhe berichtete. Er schreibt also nach einem Gespräch mit dem Staatsminister Ewald, der Großherzog habe mit Hilfe der Wassiltschikowa im vergangenen Winter einen Versuch gemacht, einen Sonderfrieden mit Rußland anzubahnen. Der Großherzog, so heißt es da, hat zu seinem größten Leidwesen seine Bemühungen einstellen müssen. Es blieb aber zwischen dem hessischen Hause und dem der Romanows ein familiärer Gruß- und Schriftverkehr. Da gibt es Postkarten der Zarin, auch solche z. B. zu Weihnachten 1916/17, auch Postkarten der Kinder mit Unterschriften von Tatjana, von Maria, von Anastasia mit Grüßen an Bekannte, z. B. an die Hofdame Rotsmann und viele andere. Vermittelt wurden solche Postkarten und Zettel vor allen Dingen durch den Austausch von Krankenschwestern. Da wurden nämlich russische Krankenschwestern zur Betreuung der russischen Kriegsgefangenen in Deutschland und deutsche nach Rußland vermittelt. So taucht etwa in Wolfsgarten eine russische Krankenschwester auf, die Briefe oder Nachrichten von der Zarin bringt, und aus den Postkarten und Zetteln der Zarin geht z. B. hervor, sie schreibt einnmal, daß sie große Schwierigkeiten gehabt habe, um durchzusetzen, daß die nach Rußland geschickten deutschen Krankenschwestern zuerst von ihr empfangen würden, weil sie eben da Nachrichten auf diese Weise über Wohlbefinden, Gesundheit u. dgl. ihrer Verwandten bekommen hätte. Auffällig ist nun, daß keine dieser Karten oder Notizen etwa an ihren Bruder gerichtet ist, sondern sie gehen immer an die Schwägerin, an die Großherzogin Eleonore, die den Namen Onor hat. Einmal, und zwar am 10. März 1916, eine wichtige Phase in unseren Dingen, schickt die Zarin auf einem halben, von einem Schreibblock abgerissenen Zettel Notizen mit der Bemerkung: »Tell Ernie« (erzähle es Ernie). Und vielleicht ergibt sich nachher, wenn wir auf diese Dinge zu sprechen kommen, eine Gelegenheit, auch von dieser Sache zu sprechen.

Dennoch wurde nun schon damals, und nicht erst durch Frau Anderson nach dem Kriege, verschiedentlich die Behauptung aufgestellt, daß der Großherzog von Hessen in Rußland gewesen sei. Bereits am 29. November 1914 erhielt das Auswärtige Amt in Berlin ein Telegramm des deutschen Gesandten in Kopenhagen, das von einem in Petersburg umlaufenden Gerücht berichtete. Vor Wochen, heißt es da, habe unter dem Vorsitz des Zaren ein kaiserlicher Familienrat stattgefunden, an dem auch der Großherzog von Hessen und Großfürstin Serge, also die andere Schwester, teilgenommen haben. Ergebnis unbekannt. In einer ganzen Reihe von Gesandtschaftsberichten, z. B. des österreichisch-ungarischen Gesandten in Dresden vom 12. Januar 1915, wird, wie es heißt, immer unter aller Reserve, von dem Gerücht berichtet, daß einerseits der Großfürst Kyrill in Berlin und andererseits der Großherzog von Hessen gleichzeitig in Petersburg eingetroffen seien. Und ein Höhepunkt der Nachrichten über einen angeblichen Aufenthalt des Großherzogs in Rußland waren Meldungen vom »Journal de Genève« vom Juli 1915, offensichtlich auch noch lanciert im Zuge der damals auf dem Höhepunkt befindlichen Versuche, einen russischen Sonderfrieden zu durchkreuzen. Ich konnte ja feststellen, daß diese Meldungen zurückgingen auf die Kreise um Deleassé und Iswolski in Paris. Schließlich gibt es noch – ich will es kurz machen mit diesen Gerüchten – eine mysteriöse Veröffentlichung, die bald nach dem Kriege in Paris erschienen ist, in der nun für die Zeit der Frühjahrsrevolution, also Februar/März 1917, Briefe des Großherzogs von Hessen ohne Adresse, aber an die Zarin nach ihrem Inhalt abgedruckt sind. Das sind Briefe, die ganz offensichtlich gefälscht sind. Nach diesen Briefen müßte er sich also in ihrer unmittelbaren Nähe aufgehalten haben.

Und nun also zum dritten Teil meiner Ausführungen, zu der Frage, wo aber hat sich denn nun der Großherzog von Hessen tatsächlich befunden? Nun wird es wahrscheinlich für jeden von uns hier in diesem Saale aussichtslos sein, beweisen zu können, an welchem Tage und wo er sich vor 50 Jahren befunden hat. Wenn ich mich nun trotzdem unterfange, dies in diesem Falle des Großherzogs von Hessen zu tun und nachzuweisen, wo er gewesen ist, so glaube ich das aus drei Gründen tun zu können. Erstens, weil regierende Fürsten von einem Gefolge umgeben waren, Dienerschaften usw., bei denen dann doch schon mal allerlei Aufzeichnungen, Terminkalender und dgl. zu finden sind. Zweitens, weil das großherzogliche Ehepaar jeweils im Falle einer Trennung mit einer, ich möchte sagen, selbst für damalige Verhältnisse ungewöhnlichen Häufigkeit miteinander korrespondierte und dabei von einem Mitteilungsbedürfnis gewesen ist, das sich von der Wiedergabe großer militärischer Entscheidungen und Ereignisse bis in kleinste Geringfügigkeiten erstreckte. Und drittens, weil der Nachlaß des großherzoglichen Paares in Wolfsgarten die Verwüstungen des Zweiten Weltkrieges überstanden hat und deshalb alle unter eins und zwei eben angeführten Quellen zu der Auswertung verfügbar waren. Da ist also erstens einmal ein Tagebuch des Großherzogs mit beinahe täglichen Eintragungen für die Zeit seiner Abwesenheit von Darmstadt und Wolfsgarten. Das ist ja in Fotokopie hier dem Gericht überreicht. (Es folgt eine nicht verständliche Bemerkung betreffs einer etwaigen Überreichung einer Fotokopie an das Gericht.) Und dann da nun eine umfangreiche und vollständige Korrespondenz zwischen den beiden Gatten, die nun als Hauptquelle für die Authentizität der Frontreisen des Großherzogs anzusehen ist. Auch hier sind der Anschauung halber – natürlich nicht alle – Briefe in Fotokopie bereits dem Gericht übergeben worden. Dann habe ich für die Zeit seiner Anwesenheit in Darmstadt und Wolfsgarten die Tagebücher der Hofdame von Rotsmann. Ich habe eins als Beispiel mitgebracht, als Anschauungsmaterial kann ich das hier übergeben. Es folgt eine nicht ganz verständliche Unterhaltung betreffs der Übergabe von Tagebüchern, wovon die folgenden Teile zu verstehen waren:

»Ich habe dieses Tagebuch und dann noch eins des Kammerdieners, das ich auch noch habe, ausgewertet und werde Ihnen gleich Auszüge daraus überreichen.«

Rechtsanwalt Dr. v. Berenberg-Gossler:

Es dient vor allem zur Illustration für die Ausführungen des Sachverständigen, wie so etwas aussieht, und ich glaube nur, es wäre nicht richtig, daß dies aus dem Gerichtsgebäude herausgeht, daß es hier vielleicht eingeschlossen wird, es ist eine Originalurkunde.

Sachverständiger Zeuge:

Und dann sind hier nun noch Tagebucheintragungen der diensttuenden Kammerdienern Rudolf Lang und Küster. Da habe ich nun auch Auszüge machen lassen für das Jahr 1916, habe aber auch die Originale hier, auch nur als Anschauungsmaterial.

Es scheint mir nun also Aufgabe meiner Untersuchungen zu sein festzustellen, wo der Großherzog gewesen ist, und zwar a) in Zeiten, da er nach den vorhin aufgeführten Meldungen oder nach Angaben, die hier vor Gericht gemacht sind, in Rußland gesehen worden sei, und b) in Zeiten, in denen er nachweislich, d. h. also nach dem Bericht der vorliegenden Angaben des Flügeladjutanten von Massenbach seine Residenz Darmstadt oder sein Schloß Wolfsgarten verlassen hat. Dabei brauche ich auf das Jahr 1915 nicht weiter einzugehen, auch schon, weil die vorhin von mir geschilderten Tatsachen die Anwesenheit in Petersburg ausschließen. Ich erwähne nur den Brief der Zarin an Nikolaus II vom 12. Dezember 1915, in dem sie mit Entrüstung von dem Gerücht berichtete, ihr Bruder sei bei ihr gewesen. Ich habe aber vorsichtshalber mit Rücksicht auf jene Meldung des Grafen Brockdorff-Rantzau vom 29. November 1914 nach dem Tagebuch des Großherzogs eine Aufstellung über die tatsächlichen Aufenthaltsorte im Felde von 1914 – das wäre Anlage 5 – (Überreichung der Anlage) gemacht. Und ich kann vielleicht bloß noch sagen, daß sich gleichzeitig auch für die Zeit der Gerüchte vom Juli 1915 aufgrund der Korrespondenz des großherzoglichen Ehepaares der Nachweis für den jeweiligen Aufenthaltsort des Großherzogs führen lassen wird.

Nun also zu unserem Thema: Wenn ich recht verstehe, soll ja das Jahr 1916 in Betracht kommen, zumal ja die Aussage der Frau Anderson lautet, daß sie ihren Onkel im Winter 1916 in Zarskoje Selo gesehen habe. Und ich habe hier für meine Beweisführung eine Tabelle hergestellt, die dem Zwecke dient, für jeden Tag zwischen dem 1. Januar 1916 und dem 31. März 1917 den Aufenthalt des Großherzogs in Darmstadt, Wolfsgarten oder im Felde nachzuweisen (Überreichung der Anlage 6). Es wird aus dieser Übersicht deutlich, daß für Darmstadt oder Wolfsgarten als Aufenthaltsort des Großherzogs in dem gesamten Zeitraum von 15 Monaten nie mehr als drei aufeinanderfolgende Tage unbelegt sind. Ich habe also rot unterstrichen die *nicht* belegten Tage, und das sind nie mehr als drei, und in drei Tagen kann man ja nicht nach Petersburg reisen, eine Zeitspanne, die nicht für Hin- und Rückreise nach Rußland gereicht hätte. Das Interesse konzentriert sich nun auf die Zeitabschnitte, in denen der Großherzog im Jahre 1916 Frontreisen unternommen hat. Hierbei sind in meiner Aufstellung die beiden Reisen vom 22. bis 27. Januar 1916 und vom 13. bis 18. November 1916 wohl wegen ihrer kurzen Dauer uninteressant. Das ist wohl nicht anzuzweifeln (vier Tage). Ebenso ist der Aufenthalt des großherzoglichen Paares in Schönwald im Schwarzwald, der dort verzeichnet ist, vom 31. Dezember 1916 bis 7. Januar 1917, authentisch. Hier sind lückenlose Tagebucheintragungen, vor allem der begleitenden Hofdame von Rotsmann, vorhanden. Das Augenmerk hat sich, jedenfalls vor etwa ein oder zwei Jahren, besonders gerichtet auf die Zeit vom 7. bis 21. Oktober 1916, weil nach der Massenbachschen Erklärung, mit der ich mich jedenfalls zeitlich auseinandersetzen kann, es Vermehren so erschienen war, als ob er da nicht in Wolfsgarten gewesen sei. Ich habe jetzt nun in meiner Aufstellung diese Tage vom 7. bis 21. Oktober noch Massenbach mit eingesetzt, weil meiner Ansicht nach a) sowohl nach der Massenbaschen Erklärung er damals in Wolfsgarten gewesen ist und b) aus gleichzeitigen Eintragungen der Kammerdiener wie auch der Rotsmann usw. ganz deutlich ist, daß er im Oktober, während dieser Zeit also, in Wolfsgarten gewesen ist; aber ich kann natürlich jederzeit noch darüber sprechen.

Das Augenmerk ist besonders gerichtet nun einmal auf die Frontreise vom 18. Februar bis 9. April und dann auf die vom 30. November bis 8. Dezember. Was zunächst die Reise vom 30. November bis 8. Dezember 1916 betrifft, so läßt sich hier nachweisen, daß der Großherzog in St. Quentin bei der 25. Infanteriedivision war. Für diesen Zeitraum liegen vor, einmal die täglichen Tagebucheintragungen des Großherzogs, und zum anderen liegen Feldpostbriefe vor. Ich habe Umschläge mitgebracht in diesem Falle, damit das Gericht eine Vorstellung hat, wie das hier mit Poststempeln und dgl. aussieht.

(Gespräch über die Umschläge.)

Also, nun konzentriert sich – ich glaube, das wird wohl auch im Sinne von Herrn Wollmann sein – unsere Fragestellung auf die eben schon genannten acht Wochen vom 16. Februar bis 8. April, das ist ja auch wohl die Zeit, auf die sich neulich wohl die Aussage des Fürsten Galitzin zugespitzt hat. Hierfür liegt nun also folgendes Material vor: Erstens das Tagebuch des Großherzogs mit täglichen Eintragungen; nur an einem Tage, am 21. März, ist keine Eintragung. Zweitens die Korrespondenz des Großherzogs; ausgenommen den 19. Februar, den 8. März und den 8. April hat der Großherzog jeden Tag einen Brief nach Darmstadt geschickt. Drittens gibt es noch Regimentsgeschichten der großherzoglichhessischen Regimenter der 25. Infanteriedivision. Daraus ergibt sich nun, daß sich Ernst Ludwig vom 18. Februar bis zum 7. April morgens bei der 25 ID aufgehalten hat, die zusammen mit der 21. das 18. Armeekorps gebildet hat. Diese 25. ID bestand fast ausschließlich aus großherzoglichhessischen Regimentern, was auch bedeutete, daß der Großherzog große Teile des Offizierskorps persönlich kannte. Er hielt sich während seines Besuches auf nacheinander in den Orten Rippe vom 18. Februar bis 28. Februar, St. Lorrain 29. Februar bis 11. März, Merles 12. März bis 22. März, St. Caranté vom 23. März bis 7. April, alle innerhalb eines Kreises von weniger als 15 km Durchmesser, etwa 25 km östlich und südöstlich von Stenay, dem Hauptquartier der unter dem Oberkommando des Kronprinzen stehenden 5. Armee. Die Orte waren zwischen 18 km und 30 km von der vordersten Frontlinie entfernt. Über den Frontverlauf von Anfang April 1916 im Grunde (*undeutlich*). Ich weiß nicht, ob ich etwas kürzen soll. Das kann man ja immer noch machen. Viele Einzelheiten werden aufgeführt, etwa ein Besuch Wilhelms bei der 18. Armee am 1. April und dgl. Das alles wird berichtet in diesen Briefen und Tagebucheintragungen.

Nun ist der Verdacht erhoben worden, daß diese Briefe zur Tarnung vorher gefälscht seien. Wir werden also vor der Frage stehen, ob das eben von mir bezeichnete Frontjournal des Großherzogs richtig ist oder ob man sagen könnte, daß ein mehr oder minder längerer Aufenthalt des Großherzogs an einem bestimmten Ort nur fingiert wurde. Also dafür gilt es vor allem nachzuweisen, ob der gesamte Briefwechsel zwischen Großherzog und Großherzogin als echt anzusehen ist. Hierzu möchte ich einige sozusagen von meinem Fach aus methodische Bemerkungen machen.

1. Da ist die Tatsache, daß die Tagebuchaufzeichnungen des Großherzogs, die sich im wesentlichen auf den Verlauf der militärischen Ereignisse beschränken und demgegenüber auch die informativen Briefpartien seiner Briefe an die Großherzogin, daß sich das inhaltlich deckt, daß das oft bis in Details übereinstimmt. Man muß das meiner Ansicht nach als ein Indiz für die Echtheit des Briefwechsels werten, denn es ist ja gerade das Wesen eines Tagebuches, daß es nicht ad usum delphini geschrieben wird, sondern nur zum eigenen Gebrauch.

2. Dieser Briefwechsel stellt sich insgesamt dar als ein Zwiegespräch zweier sich liebenden Gatten, das ohne inneren Bruch am 18. Februar begonnen und bis zur Rückkehr des Großherzogs nach Darmstadt fortgeführt worden ist. Und nun eine textkritische spezielle Untersuchung dieses Briefwechsels auf Echtheit hin: Dafür gibt es zwei quellenkritische Wege. 1. Die Frage nach den *äußeren* Merkmalen, ob die einen Verdacht der Fälschung nahelegen und 2. die nach den *inneren* Merkmalen, ob die einen solchen Verdacht etwa womöglich noch bestätigen würden. Ich habe nun in zwei Anlagen das Ergebnis meiner Untersuchung über die Frage der Echtheit hier diktiert und habe dazu einige Erläuterungen zu sagen. Das ist 1. eine synoptische tabellarische Auswertung der Datums- und Postausgaben, und zwar erstens beruhend auf den Tagebuchaufzeichnungen des Großherzogs und zweitens beruhend auf dem Briefwechsel des Großherzogs mit seiner Frau, wobei ich nun besonders berücksichtigt habe die Eingangsvermerke, die auf den Briefen, sowohl dem einen als auch dem anderen, von den Empfängern gemacht worden sind.

(Unterhaltung und Überreichung weiterer Anlagen.)

Also, das zeigt nun auch, daß sich die drei genannten Quellen Tagebuch und Briefe lückenlos und bruchlos ineinanderfügen und daß der Reiseweg des Großherzogs auch aus diesen äußeren Zeit- und Ortsangaben meiner Ansicht nach widerspruchsfrei rekonstruierbar ist. Der Vergleich der Schriftbilder, der Briefe, des einen Briefpartners, untereinander, und dann mit den eigenthändigen Eingangsvermerken auf den einlaufenden Briefen läßt jeweils die gleiche Hand erkennen, wobei der Großherzog sogar für Briefe und Eingangsvermerke dasselbe Schreibgerät benutzt, nämlich so einen Kopierstift, einen lilafarbenen Tintenstift, wie ihn man damals hatte. Daß beide Briefpartner fast ohne Ausnahme die eingehenden Briefe von eigener Hand mit Eingangsvermerken versahen, gibt die Voraussetzung dazu, in der gesamten Korrespondenz jeweils Brief und Antwortbrief zu unterscheiden und für den Einzelfall die briefliche Diskussion eines bestimmten Gegenstandes aufgrund dieser äußeren Merkmale in ihrer Chronologie zu analysieren. Neben den zweifelsfreien äußeren Merkmalen der Korrespondenz müssen nun jedoch für einen stichhaltigen Echtheitsbeweis auch die inneren Merkmale widerspruchsfrei in einem umfassenden logischen und historischen Zusammenhang sein, oder anders ausgedrückt, es muß versucht werden, innere Merkmale der Korrespondenz beizubringen, die eine Fälschung prae eventu unwahrscheinlich machen oder sogar mit Sicherheit ausschließen würden. Und diesen Weg habe ich beschritten mit einer zweiten Tafel, das ist die Anlage 9, eine tabellarische Übersicht über die inneren Echtheitsmerkmale. Da habe ich nun, und zwar jeweils in einem Abstand von drei bis vier Tagen, solche mitgeteilten Ereignisse so aufgeschrieben, daß immer auch gleich die sofortige Reaktion hier sichtbar ist. Da wäre die vorherige Fingierung eines Frage- und Antwortspiels nur möglich, d. h. wenn man ganz scharf ist, könnte man ja vorher private Dinge vorher ausmachen; aber man kann das nicht mit öffentlichen Ereignissen, die sich ja dann erst später ereignen. So scheint mir, daß also hier dieses Mitteilen und Reagieren wesentlich ist, z. B. betr. die Kriegserklärung von Portugal, das kann man ja nun nicht vorher wissen, oder die Abfahrt der Bagdad-Expedition deutscher Schwestern von Konstantinopel u. dgl., oder was immer dort an großen Ereignissen erwähnt ist über den Angriff auf Verdun und daß er wieder verschoben wird und solche Sachen.

Zur Gruppe der inneren Merkmale, die eine Fälschung prae eventu mit Sicherheit ausschließen, gehören nun die Briefstellen, also was ich eben schon sagte, in denen der Großherzog von nicht voraussehbaren Ereignissen berichtet. Wie man ersehen kann, handelt es sich hierbei in der Mehrzahl auch um Mitteilungen des Großherzogs und um Informationen, die nur ein Eingeweihter unmittelbar an oder hinter der Front haben konnte, etwa die kurzfristige Angriffsterminverschiebung auf Verdun.

Alle Angaben des Großherzogs finden teils sogar in sekundären Details eine fast lückenlose Bestätigung im Band 10 der Kriegsgeschichte des ehemaligen Reichsarchivs. Ich habe das sehr genau verglichen, ob das nun stimmt, und das stimmt also überein. Nun, Beispiele solcher beweiskräftigen inneren Merkmale ließen sich in der Korrespondenz aus jedem Briefe beibringen. Die Liste unserer Beweisführung innerhalb des Gesamtzeitraums vom 18. Februar bis zum 9. April, aus Briefen ausgewählt, zeigt keinen größeren Abstand als drei oder vier Tage, das ist die unterste Grenze, die man zumindest theoretisch für eine Hin- und Rückreise nach Petersburg nehmen könnte. Nun könnte ja aber doch die Frage auftauchen, ob nicht dieser Briefwechsel *hinterher* gefälscht wäre, post eventum. Da muß ich sagen, eine solche Vermutung würde die historischen Bedingungen verkennen, unter denen eine solche dem Großherzog unterstellte geheime Mission nach Petersburg hätte durchgeführt werden müssen. Es hat ja nur Sinn, wenn man vorher fälscht, vorher abschirmt zur Geheimhaltung und zur Wahrung des Inkognitos. Daß aber eine vorherige Fälschung des Briefwechsels mit Sicherheit verneint werden kann, darf ich also hier sagen.

Damit bin ich am Abschluß meiner Ausführungen, um nun am Schluß vielleicht folgendes zu sagen: Wenn behauptet wird, daß der Großherzog von Hessen am Zarenhof gesehen worden sei, also im Winter 1916 nach der Aussage der Frau Anderson, oder im Oktober oder Frühjahr 1916 nach Aussage des Zeugen Fürst Galitzin, so glaube ich bewiesen zu haben, daß es ausgeschlossen ist, daß der Großherzog in Rußland gewesen ist, nicht in dieser Zeit, überhaupt nicht im Ersten Weltkrieg. Nach meiner Ansicht als Historiker gehört alles andere, was etwa auf Hörensagen beruht, in den Kreis von Quellen sehr viel späterer Ordnung, die meiner Ansicht nach widerlegt sind durch das primäre zeitgeschichtliche Quellenmaterial jener Zeit.

Anmerkung

Dazu die anschließende Diskussion (im Protokoll S. 21-65) und das zustimmende Urteil des Bundesgerichtshofs vom 17. Februar 1970 III 139/678, S. 2i, 55, 107 f. und 117. – Der Bundesgerichtshof schloß sich auch dem Berufungsurteil des Oberlandesgerichtes an, wonach die Beweisaufnahme die Behauptung der Klägerin nicht bestätigt habe, daß sie die jüngste Zarentochter, Großfürstin Anastasia Romanow sei. Den Nachweis einer Identität mit Franziska Schanzkowski hielten das Oberlandesgericht und ihm folgend das Bundesgericht »für unerheblich«. Das mir vorliegende Prozeßmaterial läßt den Schluß zu, daß die angebliche Anastasia in Wahrheit die am 16. Dezember 1896 in Bork (Posen) geborene Tochter des Landarbeiters Schanzkowski ist, der einer verarmten polnischen Adelsfamilie entstammte.

Dazu ist zu sagen, daß es sich für die Gerichte nur um die Anfechtung eines Erbscheines handelte, den das Amtsgericht Berlin am 8. September 1933 u. a. für die Herzogin Barbara zu Mecklenburg ausgestellt hatte, deren Großmutter die Prinzessin Irene, Schwester der Zarin und des Großherzogs Ernst-Ludwig von Hessen war. Prinzessin Irene, verwitwete Prinzessin Heinrich, hatte vor dem Zweiten Weltkriege einen Reichsmarkbetrag ausgezahlt erhalten, dessen Wert nach der Umstellung der Währungsreform 1948 sich auf 14 967,15 DM belief. Es handelte sich dabei um ein Depot bei dem Bankhaus Mendelssohn & Co., das Nikolaus II. 1905 bzw. 1906 für seine Familie in Berlin eingerichtet hatte.